Aus dem Programm Huber: Psychologie Lehrbuch

Jürgen Rost

Lehrbuch Testtheorie Testkonstruktion

Verlag Hans Huber
Bern · Göttingen · Toronto · Seattle

Das Umschlagbild stammt von Carl Lambertz. Es trägt den Titel „Marionettentänzerin“ (1982, Gouache, 70 cm × 51 cm). Wiedergabe mit freundlicher Erlaubnis des Künstlers.

Adresse des Autors:
Prof. Dr. Jürgen Rost
Institut für die Pädagogik der Naturwissenschaften
Olshausenstraße 62
D-24098 Kiel

Die Deutsche Bibliothek – CIP-Einheitsaufnahme

Rost, Jürgen:
Lehrbuch Testtheorie, Testkonstruktion / Jürgen Rost. –
1. Aufl. – Bern ; Göttingen ; Toronto ; Seattle : Huber, 1996
(Aus dem Programm Huber: Psychologie-Lehrbuch)
ISBN 3-456-82480-7

1. Auflage 1996

Druck: Hubert & Co., Göttingen
Printed in Germany

Inhaltsverzeichnis

Über dieses Buch

Die Konzeption dieses Buches ist durch zwei Merkmale geprägt, die es von den meisten vergleichbaren Texten unterscheidet: Erstens, es macht Schluß mit der künstlichen Alternative zwischen sogenannter *klassischer* und *probabilistischer* Testtheorie, indem es beide Ansätze als komplementäre, nicht als konkurrierende Theorien behandelt (s.u. den Abschnitt über klassische Testtheorie). Zweitens, werden nicht nur Methoden behandelt, die Personeneigenschaften mittels Tests *quantifizieren*, sondern auch solche, die Personen anhand von Testergebnissen *klassifizieren*, also qualitative Personenunterschiede erfassen (s.u. den Abschnitt über klassifizierende Testtheorie). Beide Merkmale sind nicht unproblematisch, denn mehr als 95 % aller standardisierten Test- und Fragebogeninstrumente sind nach der *klassischen* Testtheorie entwickelt worden, und ein ebenso großer Anteil von Test- und Fragebogenverfahren zielt darauf ab, *quantitative* Personenmerkmale zu erheben.

Schaut man sich dagegen an, was auf dem Gebiet der Psychometrie und Testtheorie derzeit an Methoden entwickelt und publiziert wird, so scheint dieses Unterfangen weniger gewagt: Arbeiten zur probabilistischen Testtheorie dominieren die Szene ebenso, wie es auch immer mehr psychometrische Arbeiten gibt, die qualitativen Unterschieden zwischen den getesteten Personen Rechnung tragen. Dabei ist die Gesamtheit der Neuentwicklungen in den letzten dreißig Jahren durchaus nicht divergent oder zersplittert, sondern sie stellt ein - zwar mosaikartig zusammengefügtes - aber letztlich einheitliches und konsistentes Gebäude psychometrischer Verfahren dar. Es ist das Anliegen dieses Buches, einen Einblick in dieses Gebäude zu vermitteln und dem Leser die damit verbundenen vielfältigen Möglichkeiten psychometrischer Methoden zu erschließen.

Wie in allen Bereichen der universitären Ausbildung dürfen sich auch die Inhalte der Testtheorie nicht daran orientieren, was derzeit der Standard der *Testpraxis* ist, sondern daran, welche Möglichkeiten für die Praxis der derzeitige *Forschungsstand* bietet. Das Potential der Testtheorie für eine Verbesserung der Testpraxis ist enorm groß, jedoch ist die Nutzung dieses Potentials an eine wesentliche Voraussetzung geknüpft: Neue Verfahren müssen *anwendbar* sein, d.h., es muß benutzerfreundliche Computerprogramme geben. So werden in diesem Buch auch nur solche Verfahren und Methoden vorgestellt, für die entsprechende Software angeboten wird. Für die wichtigsten in diesem Buch dargestellten Verfahren der Testanalyse steht ein Programmsystem zur Verfügung (WINMIRA), das in einer Übungs-Version kostenlos vom Programmautor angefordert werden kann (siehe den Anforderungsschein auf der letzten Seite des Buches). Mit dieser Demoversion können fast alle im Text verwendeten Rechenbeispiele nachgerechnet werden. Für alle anderen, nicht durch WINMIRA abgedeckten Auswertungsverfahren, wird auf entsprechende, allgemein zugängliche Software verwiesen.

Das Buch versteht sich nicht als Aufbaukurs für Studierende, die 'noch etwas mehr' lernen möchten, sondern als *Basisliteratur* für alle Studiengänge der Psychologie, Soziologie und Pädagogik, in denen Kenntnisse der Test- und Fragebogenkonstruktion und -analyse zur Grundausbildung gehören. Deshalb werden auch keine besonderen Kenntnisse der Wahrscheinlichkeitsrechnung und Statistik vorausgesetzt, sondern es werden alle benötigten Begriffe bei ihrem ersten Auftauchen im Text erläutert.

Klassische Testtheorie

Jedes Auswertungsverfahren beruht auf bestimmten *Annahmen* über die empirischen Daten und macht sich die - behauptete oder nachgewiesene - Geltung dieser Annahmen zunutze, um einzelne Auswertungsschritte zu rechtfertigen oder zu begründen. Die Annahmen der sogenannten klassischen Testtheorie beziehen sich auf vorliegende, fehlerbehaftete *Meßwerte* von Personen. Diese Annahmen bestehen aus bestimmten Aussagen über den Meßfehler dieser Meßwerte, z.B. über seine Größe oder darüber, daß er nicht mit dem Meßfehler anderer Meßwerte korreliert. Die *Existenz* von Meßwerten, wenn auch fehlerbehafteter, wird aber *vorausgesetzt*.

Anders verhält es sich mit der sogenannten probabilistischen Testtheorie, deren Annahmen sich darauf beziehen, *wie* die beobachteten Antworten in einem Test von der zu messenden Eigenschaft abhängen. Die Berechnung von Meßwerten für die Personen ist hier erst das *Ergebnis* einer Testanalyse und nicht ihre *Voraussetzung*. Insofern ergänzen sich die klassische und die probabilistische Testtheorie: die eine fängt dort an (die klassische Testtheorie), wo die andere aufhört (die probabilistische Testtheorie), nämlich bei den Meßwerten.

Beide Begriffe sind zudem höchst irreführend: die klassische Testtheorie ist ebensowenig eine Theorie über Tests, wie die probabilistische Testtheorie unbedingt probabilistisch sein muß. Erstere wird in diesem Buch daher als *allgemeine Meßfehlertheorie* bezeichnet und letztere untergliedert sich in eine Vielzahl von *Testmodellen* - probabilistische und deterministische. Die Behandlung dieser Testmodelle nimmt zweifelsohne den größeren Raum in diesem Buch ein - weil es so viele interessante und brauchbare Testmodelle gibt und weil in ihnen die psychologischen Annahmen über das Verhalten der Personen bei der Beantwortung der Testaufgaben stecken.

Dennoch wird auch die klassische Testtheorie (die Meßfehlertheorie) in diesem Buch recht ausführlich behandelt, allerdings verteilt auf mehrere Kapitel. Im Abschnitt 'Lesehinweise' wird ein Lesevorschlag gemacht, der einem Kurs in klassischer Testtheorie gleichkommt: von den Testgütekriterien über die Axiome der klassischen Testtheorie, die Berechnung der Objektivität, Reliabilität und Validität, die Bestimmung von Vertrauensintervallen, Reliabilitätssteigerung durch Testverlängerung, Verdünnungsformeln, Reliabilitäts-Validitäts-Dilemma, normorientierte Testauswertung bis hin zu den klassischen Problemen der Veränderungsmessung.

Klassifizierende Testtheorie

Jede Art der Testauswertung basiert auf einer Annahme über die *Art der Personenunterschiede*, die der Test oder Fragebogen erfassen soll. Zumeist erfaßt ein Test *quantitative* Personenunterschiede, d.h. er soll den Ausprägungsgrad der Intelligenz, der Extraversion oder der Einstellung zum Umweltschutz ermitteln, also quantifizieren. Das Gegenstück hierzu besteht darin, *qualitative* Personenunterschiede zu erfassen, also z.B. Attributionsstile, Coping-stile, kognitive Stile oder Strategien, Einstellungsstrukturen, generalisierte Kognitionen oder persönlichkeitspsychologische Typenkonstrukte.

Die Erfassung qualitativer Personenunterschiede kommt dabei einer *Klassifizierung* der Person gleich, da man über Personen, die sich qualitativ voneinander unterscheiden, nur sagen kann, daß sie unterschiedlichen Gruppen, Typen, Kategorien oder eben 'Klassen' angehören. Der Begriff 'klassifizierende' Testtheorie wird hier bevorzugt, um die Diskussion um 'qualitative Methoden' zu entlasten.

Während es in der inhaltlichen Theorienbildung eine Vielzahl solcher Konstrukte gibt, mit denen *qualitative* Personenunterschiede beschrieben werden, wird bei ihrer Erfassung durch einen Test oder Fragebogen in der Regel dann doch quantifiziert. Wann immer man einen *Summenwert* über die Items eines Tests bildet, also etwa die mit 'ja' beantworteten Fragen zusammenzählt, hat man die Schwelle zur Quantifizierung unwiederbringlich überschritten: Ein Summenwert enthält nicht mehr die Information, *welche* Person *welches* Item bejaht hat, sondern nur den quantitativen Aspekt, *wieviele* Fragen bejaht wurden. Eine qualitative oder klassifizierende Testtheorie berücksichtigt dagegen, *welche* Fragen mit 'ja' und welche mit 'nein' beantwortet wurden, also das *Antwortmuster*.

Es stellt keine böse Unterstellung gegenüber Testkonstrukteuren dar, wenn man sagt, daß deswegen immer wieder auf eine quantifizierende Testauswertung zurückgegriffen wird, weil keine Alternativen bekannt sind: Es *gab* diese Alternativen einer qualitativen Testtheorie bislang nicht und sie sind auch bis heute nicht so ausgereift wie quantitative Auswertungsverfahren. Trotzdem werden klassifizierende Testmodelle in diesem Buch gleichberechtigt neben quantifizierenden Modellen behandelt.

Der Hauptgrund für diese Gleichbehandlung liegt in der Überzeugung, daß es der Testpraxis nur gut tut und berechtigte Kritik an der Testpraxis entkräftet, wenn man qualitative Personenunterschiede auch als solche erfaßt und nicht stets und überall quantifiziert. Aber es gibt noch weitere Gründe. Gerade wenn man eine *quantitative* Personenvariable messen will, können klassifizierende Testmodelle dabei helfen. Zum einen läßt sich durch einen Vergleich eines quantitativen und eines klassifizierenden Modells *prüfen*, ob die Personenunterschiede tatsächlich quantitativer Natur sind. Zum anderen können sie bei der Testoptimierung durch Selektion von Personen oder Items herangezogen werden, um einen quantitativen Test zu verbessern. Schließlich stellen sie einfach einen brauchbaren Ausweg dar, wenn es *nicht* gelingt, einen quantifizierenden Test zu konstruieren: Anstatt den Test als unbrauchbar aufzugeben, kann er unter Umständen mit einem klassifizierenden Testmodell ausgewertet werden.

In ein 'Lehrbuch' gehören klassifizierende Testmodelle allein schon aus didaktischen Gründen: Die Beschäftigung mit ihnen fördert das Verständnis dafür, was es heißt, wenn man mit einem Test oder Fragebogen eine Personeneigenschaft *quantifizieren* möchte.

Zur Didaktik des Buches

Eines der hilfreichsten Merkmale der Testtheorie ist zugleich ihr problematischstes Merkmal: Hier werden psychologische Annahmen über das Verhalten von Menschen, nämlich über ihr Antwortverhalten, in Formeln verpackt. Tatsächlich sind die meisten, in diesem Buch abgedruckten Formeln so etwas wie 'Verhaltensgleichungen': Sie beschreiben die Abhängigkeit des beobachtbaren Verhaltens von Personen- und Situationsmerkmalen. Dies ist sehr hilfreich, denn es führt zu eindeutigen Auswertungsverfahren und sichert ein wichtiges Gütemerkmal von Tests, ihre Objektivität. Es ist aber deshalb problematisch, weil sich viele Studierende von Formeln derart abschrecken lassen, daß sie die Psychologie dahinter nicht mehr sehen. Auch wenn die formalisierten Annahmen oft nicht besonders tiefschürfend sind, ist es umso wichtiger, sie zu erkennen und zu durchschauen.

Es gibt (mindestens) vier verschiedene Modi der Wissensvermittlung in einem solchen Gebiet wie der Testtheorie: den verbalen, den graphischen, den numerischen und den formalen Modus. Besonders im zentralen, dritten Kapitel wurde versucht, alle 4 Modi zur Darstellung eines Testmodells einzusetzen: Seine Annahmen und Eigenschaften werden verbal beschrieben, der Zusammenhang zwischen der zu messenden Personeneigenschaft und dem Antwortverhalten wird durch Graphiken dargestellt, es werden Zahlenbeispiele vorgeführt und - so spät wie möglich in jedem Unterkapitel - wird die Formalisierung eingeführt. Was mit diesen 4 Darstellungsmodi vermittelt wird, ist weitgehend redundant, so daß es dem Verständnis vieler Kapitel keinen entscheidenden Abbruch tut, wenn man z.B. mit den Formeln nicht klar kommt.

Trotzdem wurde einiges unternommen, um auch die Formalisierung der Testtheorie verständlich zu machen. Alle Funktionszeichen, mathematischen Symbole und Rechenregeln, die über das Abiturwissen im Fach Mathematik hinausgehen, werden bei ihrem ersten Auftreten erläutert. Über die verwendete *Notation* gibt eine ausführliche Tabelle am Ende des Buches Auskunft. Statistische Konzepte wie 'Varianz' und 'Korrelation' werden ebenfalls bei ihrem ersten Auftreten erläutert, die entsprechende Seitenzahl läßt sich über das Stichwortverzeichnis jederzeit wiederfinden.

Längere *Ableitungen* und Beweise werden aus dem laufenden Text herausgenommen, um den ungeübten Leser nicht zu irritieren. Solche Ableitungen finden sich in abgesetzten Kästchen wieder. Obwohl es empfehlenswert ist, diese Ableitungen nachzuvollziehen, ist es für das weitere Verständnis des Textes nicht erforderlich. Oft dienen die ebenfalls in abgesetzten Kästchen wiedergegebenen *Datenbeispiele* allein dazu, die Bedeutung der in den Formeln auftauchenden Modellparameter plastischer zu machen.

Schließlich werden in den *Übungsaufgaben* keine Beweisführungen verlangt, sondern es handelt sich um Anwendungsaufgaben, Kreativleistungen oder Abfragen mit leichter Transferanforderung. Kieler Studierende des Wintersemesters 94/95 baten mich, ausdrücklich darauf hinzuweisen, daß es bei vielen Aufgaben *nicht* zielführend ist, die entsprechenden Formeln zu suchen, um die Antwort zu berechnen. Die Lösung ist oft leichter durch logische Schlüsse zu finden.

Ein heikles Kapitel stellt das Thema *Literaturverweise* dar. Es nützt den Studierenden wenig, wenn sie im laufenden Text erfahren, daß Mayer (1974) oder Schulze (1975) auch zu diesem Thema etwas geschrieben haben, was man eigentlich lesen sollte, aber nie lesen wird. Für mich war es eine notwendige Konsequenz, auf solche Verweise beim Schreiben ganz zu verzichten. Es beeinflußt nämlich den Schreibstil sehr, wenn man stets die Verantwortung für das Geschriebene anderen Autoren zuschreiben darf oder muß.
Die notwendigen Referenzen auf die jeweiligen Originalarbeiten oder andere lesenswerte Texte erfolgt am Ende jedes Unterkapitels in Literatur-Kästchen. Aber auch hier stellt sich ein Problem, nämlich das der ungeheuren Fülle testtheoretischer Arbeiten. Es kann nicht die Aufgabe eines Lehrbuchs sein, ganze Jahrgänge von einschlägigen Fachzeitschriften zu zitieren. Einige Kriterien für die sicherlich subjektive Auswahl an Literatur sind:

- historisch bedeutsame Arbeiten, in denen ein Ansatz erstmals ausführlich behandelt wurde,

- Arbeiten, die von ihrem Inhalt und Stil her geeignet sind, von den Adressaten dieses Buches, also Studierenden der Fächer Psychologie, Pädagogik und Soziologie gewinnbringend als Teil ihres Studiums gelesen zu werden,

- Arbeiten, die dieselben Inhalte anders darstellen, also als Konkurrenz oder Alternative zu diesem Lehrbuch fungieren können.

Danksagungen

Dank der vielen helfenden Köpfe und Hände hat die Fertigstellung dieses Buches richtig Spaß gemacht. Renate Reimer schrieb große Teile des Manuskriptes, Anneliese Hirsch schrieb weitere Teile und gestaltete mit großer Sorgfalt und Kompetenz die Formeln, Tabellen und das Layout. Die studentischen Hilfskräfte Claus Carstensen, Marten Clausen, Ingmar Hosenfeld, Knud Sievers, Corinna ten Thoren und Martin Wolf haben sich erfolgreich um die Notation, das Literaturverzeichnis, die Abbildungen, das Stichwortverzeichnis, die Musterlösungen der Übungsaufgaben und den Sprachstil gekümmert. Die Studierenden mehrerer Semester der Jahre 1992 bis 1994 im Fach Psychologie des Kieler Instituts für Psychologie haben mit konstruktiven Kommentaren zur Verbesserung des Textes beigetragen. Matthias von Davier hat die Software geschaffen, die dem Buch die Dynamik verleiht, WINMIRA. Mehrere Personen haben einen ideellen Anteil an der Entstehung dieses Buches: Meine früheren Lehrmeister auf dem Gebiet der Testtheorie, Hans Spada und David Andrich sowie Jürgen Baumert als Geschäftsführender Direktor des IPN (Institut für die Pädagogik der Naturwissenschaften). Meine beiden Kinder, Lisa und Robert, gaben mir die Kraft und innere Ruhe, dieses Buch zu schreiben.

Lesehinweise

Die Untergliederung des Buches in 6 Kapitel stellt insofern eine chronologische Gliederung dar als die Kapitel den Ablauf einer Testentwicklung widerspiegeln: Nach der Testkonstruktion (Kapitel 2) folgt die Auswahl und Anwendung eines geeigneten Testmodells (Kapitel 3). Zunächst müssen die Parameter dieses Testmodells geschätzt werden (Kapitel 4), welche dann die Grundlage für Modellgeltungskontrollen darstellen (Kapitel 5). Der letzte und vielleicht wichtigste Schritt einer Testentwicklung besteht in der Optimierung des Tests oder Fragebogens hinsichtlich Meßgenauigkeit und Gültigkeit (Kapitel 6). Wissenschaftstheoretische Überlegungen sollten stets am Anfang stehen und werden in Kapitel 1 behandelt.

Dieses Gliederungsprinzip muß unter didaktischen Gesichtspunkten nicht das sinnvollste sein, denn oft versteht man die ersten Schritte besser, wenn man schon weiß, welche Schritte noch folgen. Insbesondere ist es wohl nicht sinnvoll, das ganze Buch von vorne bis hinten durchzulesen, und geradezu fatal wäre es, nur die erste Hälfte durchzuarbeiten und auf die zweite Hälfte aus Zeitgründen zu verzichten. Aus diesem Grund werden im folgenden 5 Lesevorschläge gemacht, die sich sowohl zur Strukturierung von Lehrveranstaltungen als auch zum Selbststudium eignen.

Der Standardkurs

Entweder als 2-stdg. Vorlesung mit Tutorium zur Besprechung der Übungsaufgaben oder als Lektürekurs in Form eines 2-stdg. Seminars. Die zweite Variante stellt hohe Anforderungen an dic Studierenden, da der Stoff nur zu bewältigen ist, wenn alle TeilnehmerInnen die angegebenen Kapitel vor der jeweiligen Seminarstunde gelesen haben. Gegebenenfalls ist der Stoff auf 2 Semester zu verteilen.

1. Wissenschaftstheorie der Testauswertung und Testgütekriterien (1,2.1)
2. Testkonstruktion (2.2 - 2.5)
3. Das Antwortverhalten bei richtig-falsch Antworten (3 - 3.1.1.2.1)
4. Logistische Antwortfunktionen (3.1.1.2.2 - 3.1.1.2.4)
5. Die Berechnung quantitativer Meßwerte (4.1, 4.2.1)
6. Die Prüfung der Modellannahmen (5.3)
7. Klassifizierende Testauswertung (3.1.2)
8. Gleichzeitig Klassifizieren und Quantifizieren (3.1.3)
9. Die Identifizierung von latenten Klassen (4.2.2)
10. Metrische Skalen aus ordinalen Antworten (3.3.1, 3.3.2)
11. Klassifizieren mit ordinalen Antworten (3.3.3 - 3.3.5)
12. Die Angemessenheit der Testauswertung (5.1, 5.2)
13. Erhöhung der Meßgenauigkeit (4.4, 6.1)
14. Testoptimierung durch Item- und Personenselektion (6.2, 6.3)
15. Externe Validität und Normierung (6.4, 6.5)

Ein Aufbaukurs

Dieser Vorschlag für ein zweistündiges Forgeschrittenenseminar setzt den Standardkurs voraus. Der Lesestoff dieses Buches pro Thema ist im Umfang gering, aber inhaltlich komprimiert und sollte durch eine oder zwei der dort angegebenen Literaturstellen ergänzt werden.

1. Nichtmonotone Itemfunktionen (3.1.1.3)
2. Latente Klassenanalyse nominaler Daten (3.2.1)
3. Das mehrdimensionale Rasch-Modell (3.2.2)
4. Das linear logistische Testmodell (3.4.1)
5. Das mehrdimensionale Komponentenmodell (3.4.2)
6. Die linear logistische Klassenanalyse (3.4.1)
7. Klassische Probleme der Veränderungsmessung (3.5.1)
8. Dreifaktorielle Testmodelle (3.5.2)
9. Personenspezifisches Lernen während des Tests (3.5.3.1)
10. Itemspezifisches Lernen während des Tests (3.5.3.2)
11. Reaktionskontingentes Lernen (3.5.3.3)
12. Die Messung von Wirksamkeit (3.5.4)

Klassische Testtheorie

Die folgende Auflistung von Themen und Kapitelnummern gibt eine Übersicht, welche Inhalte der klassischen Testtheorie in diesem Buch behandelt werden. Da die klassische Testtheorie in diesem Buch jedoch nicht als eigenständige Grundlage für eine Testauswertung, sondern als Meßfehlertheorie behandelt wird, stellt die Aneinanderreihung dieser Themen nicht unbedingt einen didaktisch sinnvollen Kurs in klassischer Testtheorie dar. Ein wichtiges Thema, nämlich die Methoden der Reliabilitätsberechnung im Rahmen der klassischen Testtheorie, wird nur gestreift, da die Bestimmung der Reliabilität eines Tests im Rahmen probabilistischer Testmodelle über die Schätzfehlervarianzen (vgl. Kap. 6.1.1) sehr viel effektiver und präziser erfolgen kann.

1. Testgütekriterien und Axiome der Meßfehlertheorie (1.1, 2.1)
2. Testkonstruktion (2.2, 2.3)
3. Berechnung der Auswertungsobjektivität (2.4, 2.5)
4. Die Testmodelle der klassischen Testtheorie (3.1.1.2.1)
5. Reliabilitätssteigerung durch Testverlängerung und Vertrauensintervalle (6.1.1, 6.1.2, 6.1.3)
6. Trennschärfe und Faktorenanalyse als Testmodell (6.2.1, 6.2.3)
7. Validität, Verdünnungsformeln und Reliabilitäts-Validitäts-Dilemma (6.4)
8. Normorientierte und kriteriumsorientierte Testinterpretation (6.5)
9. Klassische Probleme der Veränderungsmessung (3.5.1)
10. Ipsative Meßwerte (3.2.2)

Rasch-Meßtheorie

Dieser Kurs richtet sich an Studierende, die schon an einer Lehrveranstaltung über Testkonstruktion und die sog. klassische Testtheorie teilgenommen haben und jetzt einen Einblick in die Rasch-Meßtheorie erhalten möchten. Die angegebenen Themen und Kapitel eignen sich gut für ein 2-stündiges Seminar.

1. Formale Modelle und Testmodelle (1.2)
2. Das Binomialmodell (Einl. v. 3, 3.1, 3.1.1, 3.1.1.2.1)
3. Das Rasch-Modell (3.1.1.2.2)
4. Parameterschätzung (4.1, 4.2.1)
5. Eindeutigkeit und Meßgenauigkeit der Parameterschätzungen (4.3, 4.4, 6.1.1)
6. Das mixed Rasch-Modell (3.1.3)
7. Modellgeltungstests (5.3)
8. Modellvergleiche (5.1, 5.2)
9. Item-fit Maße (6.2.1)
10. Unskalierbare Personen (6.3)
11. Das mehrdimensionale Rasch-Modell (3.2.2)
12. Das ordinale Rasch-Modell (3.3.1)
13. Ratingskalen Modelle und ordinale mixed Rasch-Modelle (3.3.2, 3.3.5)
14. Linear-logistische Testmodelle (3.4.1, 3.4.2)
15. Die Messung von Wirksamkeit (3.5.4)

Klassifizierende Testtheorie

Dieser Kurs richtet sich an alle Studierenden, für die 'Testauswertung' bisher gleichbedeutend war mit 'Quantifizierung' von Personeneigenschaften. Er soll einen Einblick in die Möglichkeiten eröffnen, Tests unter Berücksichtigung des Antwortmusters oder Antwortprofils auszuwerten. Er eignet sich ebenfalls für ein 2-stündiges Seminar, wobei - je nach Vorkenntnissen - des öfteren auf andere Kapitel zurückgegriffen werden muß.

1. Quantitative und kategoriale Personenvariablen (2.2.1, Einl. v. 3, 3.1, 3.1.1, Kap. 3.1.1.1)
2. Deterministische und probabilistische Klassen (Einl. 3.1.2, 3.1.2.1, 3.1.2.2)
3. Die Identifizierung der Klassen (4.1, 4.2.2)
4. Restringierte Parameter (3.1.2.3, 3.1.2.4)
5. Das mixed Rasch-Modell (3.1.3)
6. Modellgeltungstests (5.1, 5.2)
7. Klassenanalyse nominaler Daten (3.2.1)
8. Ordinales Rasch-Modell und ordinale Klassenanalyse (3.3.1, 3.3.3)
9. Ratingskalen-Modelle (3.3.2, 3.3.4)
10. Ordinales mixed Rasch-Modell (3.3.5)
11. Linear-logistische Klassenanalyse (3.4.3)
12. Genauigkeit der Parameterschätzungen (4.3, 4.4)
13. Itemselektion (6.1.4, 6.2.2)
14. Klassen unskalierbarer Personen (6.3.2)
15. Validitätsberechnung und normorientierte Interpretation (6.4.1, 6.5)

1. Was ist Testtheorie?

In diesem Kapitel soll beschrieben werden, was Tests sind, was Testtheorie ist (Kap. 1.1), wozu man sie braucht und inwiefern es sich bei der Testtheorie um eine wissenschaftliche Teildisziplin der Psychologie handelt (Kap. 1.2). Dabei wird deutlich, daß das wissenschaftstheoretische Grundverständnis identisch ist mit dem der gesamten empirischen Psychologie.

1.1 Der Gegenstand der Testtheorie

In der sozialwissenschaftlichen Methodenlehre gibt es *zwei Begriffe von Testtheorie.* Der eine bezeichnet die Theorie über statistische Schlüsse, also Schlüsse, die man aufgrund von Stichprobendaten bezüglich bestimmter Eigenschaften der Population zieht. Man nennt solch einen statistischen Schluß einen *Test*, weil man damit eine Hypothese testet, d.h. sie einer Prüfung unterzieht. Dieser Begriff von Testtheorie ist *nicht* Gegenstand dieses Buches, auch wenn in vielen Kapiteln von derartigen '*statistischen Tests*' die Rede sein wird.

Der geläufigere Begriff, der auch hier gemeint ist, bezeichnet dagegen die Theorie über '*psychologische Tests*', also Verfahren zur Erfassung psychischer Eigenschaften oder Merkmale von Personen. Solche Tests können sehr unterschiedlich aussehen: Unter Tests im *weiteren* Sinne kann man auch Fragebögen, standardisierte Interviews und standardisierte Beobachtungen verstehen, Tests im *engeren* Sinne sind nur solche Verfahren, die die getestete Person nicht willentlich in eine gewünschte Richtung verfälschen kann.

Der Gegenstand der Testtheorie sind Tests im weiteren Sinne, also auch Daten von Fragebögen, Beobachtungen und Interviews.

1.1.1 Was ist ein Test?

Eine klassische Definition von Tests lautet:

'Ein Test ist ein wissenschaftliches Routineverfahren zur Untersuchung eines oder mehrerer empirisch abgrenzbarer Persönlichkeitsmerkmale mit dem Ziel einer möglichst quantitativen Aussage über den relativen Grad der individuellen Merkmalsausprägung', (Lienert, 1969, S.7).

Diese Definition ist auch heute noch recht brauchbar, auch wenn sie in einem wesentlichen Punkt erweitert werden muß. Doch zunächst die Aspekte, die beibehalten werden sollen:

- Ein Test ist insofern ein *Routineverfahren* als er hinsichtlich seiner Durchführung und Auswertung bereits an einer größeren Stichprobe erprobt und so detailliert beschrieben sein muß, daß er auch von anderen Personen mit anderen Testleitern durchgeführt werden kann.
- Ein solches Verfahren wird dadurch '*wissenschaftlich*', daß es eine Theorie darüber gibt, unter welchen Bedingungen aus den Testergebnissen welche Aussagen über die getesteten Personen abgeleitet werden können (eben eine 'Testtheorie').
- *Persönlichkeitsmerkmale* sind insofern Gegenstand der Untersuchung, als es stets um die Erfassung eines relativ stabilen und konsistenten Merkmals der Personen geht, das für das im Test gezeigte Verhalten verantwortlich ist.

Zu eng gefaßt ist diese Definition insofern, als es nicht immer um eine 'möglichst *quantitative* Aussage über den relativen Grad der individuellen Merkmalsausprägung' gehen muß. Vielmehr können auch *qualitative, d.h. kategoriale* Aussagen über die individuelle Ausprägung eines (nominal skalierten) Merkmals Ziel des Testens sein.

Nicht nur im Alltagsverständnis weisen die Begriffe 'Psychologischer Test' und 'Psychologisches Experiment' eine gewisse Verwandtschaft auf. Es stellt sich daher die Frage, worin sich ein *Test* von einem *Experiment* unterscheidet, zumal die experimentelle Methode in der empirischen Psychologie eine exponierte Stellung einnimmt.

Bei näherer Betrachtung stellt sich ein psychologischer Test als ein spezieller Fall eines Experiments dar. Ein Experiment zeichnet sich durch eine bewußte, vom Versuchsleiter durchgeführte Variation einer Variable aus, der sogenannten *unabhängigen Variable*. Unter den so hergestellten, verschiedenen Versuchsbedingungen wird die abhängige Variable beobachtet oder gemessen. Das Ziel eines Experiments besteht meistens darin, Aussagen über die Wirkungen der unabhängigen Variable auf die abhängige Variable zu machen.

Bei einem Test besteht die unabhängige Variable darin, daß verschiedene Items vorgegeben werden. Die unabhängige Variable hat also so viel Stufen wie der Test Items hat. Jede Person wird unter jeder Experimentalbedingung, sprich bezüglich jedes Items, beobachtet. Die abhängige Variable ist die Itemantwort. In Form der abhängigen Variablen wird registriert, wie die 'Versuchsperson' auf die verschiedenen Bedingungen (Items) reagiert.

Was ist ein Item?

Als Item (das Wort wird üblicherweise englisch ausgesprochen und dekliniert) bezeichnet man die Bestandteile eines Tests, die eine Reaktion oder Antwort hervorrufen sollen, also die Fragen, Aufgaben, Bilder etc. Wenn auch die Items von Test zu Test sehr unterschiedlich aussehen können, sind sie innerhalb eines Tests sehr ähnlich (homogen), da sie dasselbe Merkmal der Personen ansprechen.

Bei der unabhängigen Variable handelt es sich - versuchsplanerisch ausgedrückt - um einen Meßwiederholungsfaktor, da jede Versuchsperson alle Items beantwortet. Im Gegensatz zu einem 'normalen' Experiment ist man bei Tests jedoch weniger an dem Haupteffekt der unabhängigen Variable 'Items' interessiert, sondern an den Unterschieden zwischen den Personen hinsichtlich ihrer Reaktionen auf alle Items. Auch dies ist im Rahmen experimenteller Untersuchungsdesigns vorgesehen, da man die Versuchspersonen als zweiten Faktor betrachten kann, und man so ein zweifaktorielles Design mit einer Beobachtung pro Zelle erhält:

		Faktor: Item					
		1	2	3	4	5	6
Faktor: Person	1						
	2						
	3						
	4						
	5						
	6						
	7						

Diese Analogie zur experimentellen Versuchsplanung ließe sich weiter ausbauen. An dieser Stelle dient sie jedoch nur zur Begründung der folgenden Definition:

Bei einem Test handelt es sich um ein spezielles psychologisches Experiment mit dem Ziel, vergleichende Aussagen über die Personen abzuleiten.

Einen weiteren Nutzen hat diese Einordnung in die Experimentalpsychologie insofern, als viele Prinzipien der Versuchsplanung, Durchführung und Auswertung gleichermaßen für die Konstruktion, Durchführung und Auswertung von Tests gelten. Ein bedeutsamer Unterschied besteht allerdings in der Tatsache, daß die abhängige Variable bei Tests in der Regel *kategorial* ist, d.h. man registriert, in welche 'Kategorie' dieAntwort einer Versuchsperson auf ein Item fällt. Die *Itemantwort* als abhängige Variable ist also nur nominalskaliert (sofern die verschiedenen Kategorien qualitativ unterschiedlich sind), oder ordinalskaliert (sofern sie sich quantitativ unterscheiden). Somit verbieten sich für die Testauswertung alle Verfahren, die man zur Auswertung von Experimenten zur Verfügung hat, da diese Intervallskalenniveau der abhängigen Variable voraussetzen.

Variablen und ihr Skalenniveau

Eine Variable stellt das Gegenstück zu einer Konstanten dar. Mit 'Variable' bezeichnet man *eine* Eigenschaft, meist von Personen, welche in mehreren Ausprägungen vorkommt. Jede Person hat dann genau eine Ausprägung dieser Eigenschaft. Ordnet man den verschiedenen Ausprägungen der Eigenschaft unterschiedliche Zahlenwerte zu, so erhält man eine *numerische Variable*. Die Zahlenwerte einer numerischen Variable können jedoch Unterschiedliches bedeuten.

Ordnet man z.B. der Eigenschaft 'Haarfarbe' die Werte 1 für 'blond', 2 für 'schwarz', 3 für 'rot' usw. zu, so besagt die Variablenausprägung '2' lediglich, daß es sich um eine andere Haarfarbe handelt als '1' oder '3'. Daß die Zahl 2 größer ist als 1 und kleiner als 3, hat keine Bedeutung. Man spricht hier von einer kategorialen oder *nominalen Variable*, da ihre Zahlenwerte nur Kategorien bezeichnen und nichts anderes als Namen (lat. nomen) für die Eigenschaftsausprägungen darstellen.

Ordnet man der Eigenschaft 'Körpergröße' die Werte 1 für 'klein', 2 für 'mittel' und 3 für 'groß' zu, so spiegelt die Größe der Zahlen die Rangordnung der Personen hinsichtlich ihrer Körpergröße wider. Solche Variablen heißen *ordinale Variablen*, weil die Zahlenwerte die Ordnung der Personen hinsichtlich einer Eigenschaft repräsentieren. Ordinale Variablen lassen sich nur für quantitative Eigenschaften (wie Körpergröße) konstruieren oder für einen quantitativen Aspekt einer qualitativen Variable (wie die Helligkeit der Haarfarbe).

Haben darüber hinaus auch die *Abstände* (Intervalle) zwischen den Werten einer numerischen Variable eine Bedeutung, z.B. wenn man die Körpergröße in Zentimetern mißt, so spricht man von *intervallskalierten Variablen*.

Diese unterschiedlichen Bedeutungen der Zahlenwerte einer Variable bestimmen das *Skalenniveau* der Variable. Von den drei genannten stellt die *Nominalskala* das unterste, die *Ordinalskala* das mittlere und die *Intervallskala* das höchste Skalenniveau dar. Der Begriff Nominalskala stellt jedoch einen Widerspruch in sich dar, denn 'Skala' bedeutet soviel wie 'Treppe', während die Kategorien einer nominalen Variable gerade *keine* Treppenstufen darstellen. Eine detailliertere Beschreibung der Skalenniveaus oder Skalentypen findet sich bei Bortz (1977).

Aus dieser Charakterisierung eines Tests als Experiment folgt auch, daß ein Test immer aus mehreren, d.h. mindestens zwei Items bestehen muß, da es sonst keine unabhängige Variable gibt, die variiert wird. Tatsächlich braucht man für einen Test, der aus einem einzelnen Item besteht, auch keine Testtheorie.

Es fragt sich allerdings, warum man für Tests überhaupt eine Theorie braucht und ob es dafür eine einheitliche Theorie geben kann.

1.1.2 Warum eine Theorie über Tests?

Genauer betrachtet handelt es sich bei der Testtheorie *nicht* um eine Theorie über Tests, also z.B. über verschiedene Arten von Tests, ihren Aufbau und ihre Konstruktionsprinzipien. Vielmehr geht es um eine Theorie darüber, wie das zu erfassende psychische Merkmal der Personen ihr Verhalten im Test beeinflußt, also zum Beispiel ihre Antworten in einem Fragebogen. Eine solche Theorie ist wichtig, weil man bei der Auswertung eines Tests den umgekehrten Weg geht: man schließt von dem Antwortverhalten im Test auf das psychische Merkmal.

Ein solcher Schluß bedarf aber einer Theorie über den Zusammenhang von beidem, dem psychischen Merkmal und dem Testverhalten.

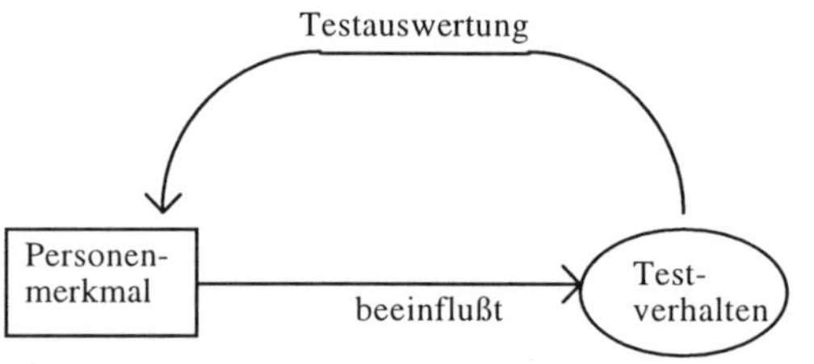

Abbildung 1: Der Gegenstandsbereich der Testtheorie

Die Testtheorie beschäftigt sich mit dem Zusammenhang von Testverhalten und dem zu erfassenden psychischen Merkmal.

Aus dieser vorläufigen Definition wird deutlich, daß es sich bei der Testtheorie um eine ureigenst psychologische Disziplin handelt, denn es wird menschliches Verhalten mit intrapsychischen Strukturen in Verbindung gebracht.

Es wird allerdings auch deutlich, daß man immer dann *keine* Testtheorie braucht, wenn das Antwortverhalten in einem Test oder Fragebogen selbst dasjenige ist, was erfaßt werden soll. Das ist z.B. dann der Fall, wenn man in einem Fragebogen nach der Mitgliedschaft in einer Umweltschutzorganisation fragt, man aber an der Tatsache selbst interessiert ist und sie nicht als Indikator für ein hohes Umweltbewußtsein nimmt.

Natürlich gibt es auch keine *einheitliche* Theorie, die sich auf *den* Zusammenhang von Testverhalten und psychischen Merkmalen bezieht. Vielmehr handelt es sich - im besten Fall - um eine formale Rahmentheorie, die sich in mehrere *formale Modelle* untergliedert, welche wiederum erst durch Anwendung auf einen bestimmten Test, eine bestimmte Stichprobe und ein bestimmtes psychisches Merkmal zu einer Theorie werden. Hierauf wird in Kapitel 1.2 näher eingegangen.

Es gibt auch die Auffassung, daß man *keine* Theorie über den Zusammenhang von Antwortverhalten in einem Test und dem zu erfassenden psychischen Merkmal braucht. Nach dieser Auffassung ist es legitim, aus den Antworten in einem Test ein Maß für eine Eigenschaft abzuleiten, z.B. die Anzahl der mit 'ja' beantworteten Fragen. Erst in einem zweiten Schritt ist dann die Brauchbarkeit dieses Maßes empirisch nachzuweisen.

Man nennt solch eine Art von Messung *'per fiat'-Messung* (fiat = es möge sein! (lat.)). Etwas wissenschaftlicher ausgedrückt, ist eine solche Messung Bestandteil einer *operationalen Definition.*

Eine operationale Definition beschreibt eine Variable lediglich dadurch, daß sie die Operationen festlegt, mit Hilfe derer man sie messen kann. Ein klassisches Beispiel für eine operationale Definition wäre der Satz: 'Intelligenz ist das, was der Intelligenztest xy mißt.' Obwohl jede empirische Überprüfung einer psychologischen Theorie erfordert, daß die Variablen operationalisiert werden, läuft ein empirisches Vorgehen, das sich ausschließlich auf operationale Definitionen stützt, Gefahr theorielos zu werden.

Im Falle von Testresultaten, die man per fiat zu Messungen erklärt ohne eine Testtheorie heranzuziehen, handelt es sich um ein Stück vermeidbare 'Theorielosigkeit'. Trotzdem ist diese Auffassung sehr weit verbreitet, und bezeichnenderweise hat sogar der 'grand old man' der US-amerikanischen Testtheorie, Frederik Lord, diese Position am treffendsten ausgedrückt:

'Wenn man einen Testwert, z.B. durch Aufsummierung richtiger Antworten bildet und die resultierenden Werte so behandelt als hätten sie Intervalleigenschaften, so kann dieses Verfahren einen guten Prädiktor für ein bestimmtes Kriterium hervorbringen, muß aber nicht. Im dem Ausmaß, in dem diese Skalierungsprozedur einen guten empirischen Prädiktor hervorbringt, ist auch die postulierte Intervallskala gerechtfertigt' (Lord & Novick 1968, S.22, Übers. d. Verf.).

Das Ausmaß, in dem ein Testergebnis mit einem externen Kriterium zusammenhängt, wird *externe Validität* genannt. Die externe Validität von Meßwerten als Nachweis für die Richtigkeit des Meßvorganges zu nehmen - wie in diesem Zitat ausgedrückt wird - ist jedoch sehr problematisch. Das setzt nämlich voraus, daß bei jeder Neuentwicklung eines Tests bereits eine Theorie besteht, mit welchen anderen Variablen das Testergebnis zusammenhängt, und daß diese Variablen auch zuverlässig gemessen werden können.

Der in diesem Buch beschrittene Weg, ein Testergebnis zu legitimieren, besteht darin, die Gültigkeit eines Testmodells für einen bestimmten Test nachzuweisen. Diese wissenschaftstheoretische Auffassung über psychologische Tests wird im folgenden Kapitel näher ausgeführt.

1.2 Die wissenschaftstheoretischen Grundlagen der Testtheorie

Wissenschaftliches Arbeiten zeichnet sich dadurch aus, daß das Verhältnis von Theorie und Empirie in nachvollziehbarer Weise offengelegt wird. Eine Aussage wie z.B. 'Person a ist intelligenter als Person b' ist dann wissenschaftlich, wenn ich angeben kann, aufgrund welcher theoretischen Annahmen und aufgrund welcher Beobachtungen ich diese Aussage für wahr halte. Wohlgemerkt zeichnen sich wissenschaftliche Aussagen *nicht* dadurch aus, daß man sie beweisen kann oder ihren Wahrheitsgehalt objektiv nachweisen kann. Dies wäre ein positivistischer Wissenschaftsbegriff, der nach den radikalen philosophischen Arbeiten von Sir Karl Popper nicht mehr Grundlage der empirischen Wissenschaften sein kann.

Vielmehr entwerfen sich Wissenschaftler mit Theorien Abbilder der Welt (oder von Teilen der Welt), die mit möglichst vielen Beobachtungen in Einklang stehen oder zumindest nicht von diesen widerlegt werden sollten.

Theorien sind der Intention nach *Abbilder der Welt*, die man immer wieder daraufhin prüft, ob sie diese Abbildungsfunktion auch erfüllen. *Wie* dies geschieht, ist sehr schwer zu sagen, und wissenschaftliche Disziplinen wie auch einzelne Forschungsrichtungen innerhalb derselben Disziplin unterscheiden sich in der Art der Theorienprüfung sehr. Dieser Frage kommt auch in diesem Buch ein großer Stellenwert zu; speziell geht Kapitel 5 auf entsprechende Methoden ein.

1.2.1 Was sind Theorien?

Eine Theorie ist zunächst einmal nichts anderes als eine *Menge von Aussagen*, wobei eine Aussage ein sprachliches Gebilde ist, das wahr oder falsch sein kann. So gesehen kann die eingangs gemachte Aussage

'Person a ist intelligenter als Person b'

bereits eine Theorie sein, denn eine Menge (von Aussagen) kann auch aus nur einem Element bestehen. Allerdings muß dieses sprachliche Gebilde einen *Wahrheitswert* haben, d.h. es muß möglich sein, den Wert 'wahr' oder 'falsch' zuzuordnen. Diesen Wahrheitswert muß man nicht kennen, er muß nur 'potentiell' bestimmbar sein.

An diesem Beispiel erkennt man ein Hauptproblem psychologischer Theorien: Niemand hätte Probleme, das sprachliche Gebilde 'Person a ist größer als Person b' als Aussage (mit Wahrheitswert!) anzuerkennen, da jeder Zollstock den Wahrheitswert zutage fördert. Bei 'intelligenter als' muß man dagegen erst angeben, was man unter 'intelligenter als' versteht und wie man den Wahrheitswert der Aussage ermitteln kann. Das wäre dann ein Bestandteil der Theorie. Genau mit solchen Fragen befaßt sich die Testtheorie, und im folgenden ist dargestellt, wie das Problem gelöst wird.

Der Wahrheitswert der Beispiel-Aussage kann nicht allein damit bestimmt werden, daß nur die Personen a und b beobachtet werden, und auch nicht damit, daß nur *ein* Indikator für Intelligenz beobachtet wird. Vielmehr wird das Prädikat 'intelligenter als' dadurch zu einem *'wissenschaftlichen' Prädikat* gemacht, daß eine Theorie formuliert und überprüft wird, nach der sich Personen tatsächlich entlang eines Kontinuums als 'intelligenter' oder 'weniger intelligent' anordnen lassen.

Nur wenn sich diese Theorie bestätigen läßt, d.h. nach einem vorher festgelegten Kriterium in Einklang mit empirischen Beobachtungen steht, ist die Aussage 'Person a ist intelligenter als Person b' eine wissenschaftliche Aussage. Sie ist das auch nur als *Bestandteil der jeweiligen Theorie* über das Intelligenzkontinuum, die man zugrunde gelegt hat.

Wie sehen Theorien aus, in deren Rahmen Aussagen wie 'a ist intelligenter als b' sinnvoll sind, d.h. einen Wahrheitswert erlangen können? Wie in jeder psychologischen Theorie, die sich mit der Abhängigkeit der Verhaltens V von der Person P und der Situation U (wie Umwelt) nach der klassischen Verhaltensgleichung:

$$V = P \times U$$

befaßt, so muß auch in einer solchen Theorie festgelegt werden:

- welche *Verhaltensweisen* muß man
- bei welchen *Personen*
- in welchen *Situationen* beobachten.

Mit diesen drei Bestimmungsstücken formuliert eine Theorie dann die Abhängigkeit des Verhaltens von Eigenschaften der Personen und Situationen. Inhaltlich sind diese Theorien recht *einfach* und oft nicht sehr spannend, denn sie dienen *nur als Mittel zum Zweck*, nämlich dem Zweck, Aussagen wie 'a ist intelligenter als b' Sinn zu verleihen. Andererseits dürfen die Theorien nicht zu stark vereinfachen, sonst kann man ihre Übereinstimmung mit der Empirie nicht mehr zeigen, und sie sind wertlos.

Hier zwei Beispiele, wie der Zusammenhang von Verhalten, Personeneigenschaften und Situationsmerkmalen in der Theorie formuliert wird:

Theorie A:

Die Situationen sind definiert durch die Menge aller verbalen *Analogieaufgaben* des Typs

'Vogel' verhält sich zu 'Flügel'
wie 'Fisch' zu '?'

Als Verhaltensweisen werden nur unterschieden: 'sinnvoll ergänzt' und 'unsinnig oder gar nicht ergänzt'. Die Theorie soll sich auf alle erwachsenen Personen mit Deutsch als Muttersprache beziehen. Die Theorie besagt, daß die Wahrscheinlichkeit einer sinnvollen Ergänzung abhängt von einer *quantitativen Eigenschaft* der Person, die 'Intelligenz' genannt werden soll, und von der jeweiligen 'Leichtigkeit' der Analogie.

Theorie B:

Die Situationen sind durch die Notenbekanntgabe von Klassenarbeiten und Klausuren in allgemeinbildenden Schulen definiert. Als Verhaltensweisen werden *externe und interne Attributionen* des jeweiligen Erfolgs oder Mißerfolgs unterschieden (Aussagen wie 'es lag an mir' (= intern) oder 'es war Zufall' (= extern)). Die Theorie soll sich auf alle Schülerinnen und Schüler beziehen und besagt, daß es einen *Typ von Schülerinnen und Schülern* gibt, die Erfolge (gute Noten) extern und Mißerfolge intern attribuieren.

Mit Theorie A ist beabsichtigt, Aussagen wie 'Person a ist intelligenter als Person b' mit Theorie B Aussagen wie 'Schüler a hat einen negativen Attributionsstil' sinnvoll zu machen.

Wie läßt sich prüfen, ob diese Theorien gelten? Man benötigt hierfür ein *formales Modell*, das in Form einer mathematischen Gleichung den angenommenen Zusammenhang zwischen der Wahrscheinlichkeit des Auftretens der Verhaltensweisen ('sinnvolle Ergänzung', 'interne Attribution') und der Personeneigenschaft ('Intelligenz', 'Attributionsstil') sowie den Situationsmerkmalen ('Leichtigkeit', 'Erfolg oder Mißerfolg') beschreibt. Ein formales Modell ist notwendig, weil sonst nicht über die Gültigkeit der Theorie und somit die Wissenschaftlichkeit der Aussagen entschieden werden kann.

Ein solches formales Modell hat die allgemeine Form

$$p(V_{pu}) = f(M_p, M_u),$$

d.h., die Wahrscheinlichkeit p eines Verhaltens V_{pu} der Person p in Situation u ist eine Funktion f einer Personeneigenschaft M_p und eines Situationsmerkmals M_u. Derartige formale Modelle werden Testmodelle genannt und stehen im Zentrum der Testtheorie (vgl. Kap. 3.). Abbildung 2 veranschaulicht den dargestellten Zusammenhang von Theorie und Empirie.

Die zentrale Aussage dieser Abbildung lautet: ein einzelnes Testergebnis erlangt seinen Anspruch auf Wissenschaftlichkeit dadurch, daß es *Teil einer Theorie über das Antwortverhalten* in diesem Test ist, welche empirisch überprüft sein muß. Die Überprüfung der Theorie kann mit Hilfe von mathematischen (formalen) Modellen erfolgen, die gleichzeitig festlegen, welche Aussagen über einzelne Personen sinnvoll und welche sinnlos sind.

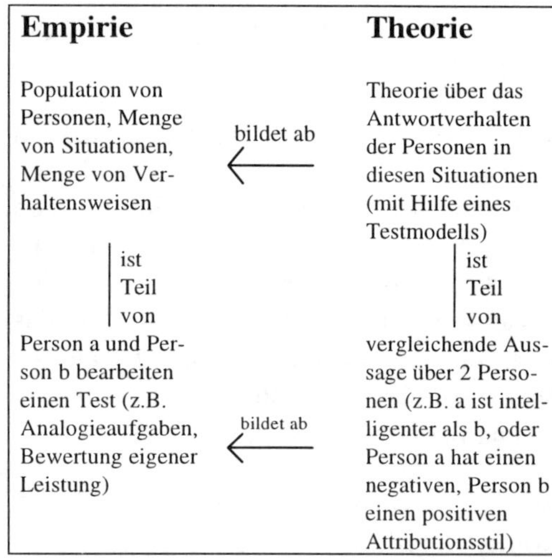

Abbildung 2: Vereinfachtes Schema des Verhältnisses von Theorie und Empirie beim Testen

1.2.2 Was ist ein formales Modell?

Ein Modell ist dem allgemeinen Sprachverständnis nach ein *reduziertes* Abbild der Wirklichkeit. Die Wirklichkeit wird in Modellen auf diejenigen Aspekte reduziert, die gerade von Interesse sind.

Beispiele von Modellen:

Auf dem Computer kann man Modelle für bestimmte Ausschnitte der Wirklichkeit programmieren. Derartige Modelle nennt man *Computer-Simulations-Modelle*. *Automodelle* im Spielzeugladen sind oft nur Modelle für das äußere Erscheinungsbild und die Fortbewegungsart, nicht aber für den Antriebsmechanismus. Hierfür gibt es in der Fahrschule andere Modelle. *Wasserkreislaufmodelle* für den elektrischen Stromkreis haben für einige zentrale Gesetzmäßigkeiten des elektrischen Stroms Abbildungsqualität, bei näherer Betrachtung sind sie jedoch falsch.

Ein mathematisches oder formales Modell ist eine algebraische Struktur, die zunächst *auf keinen Inhalt bezogen* ist. Man kann das formale Modell aber auf einen konkreten Inhalt anwenden, so daß daraus eine *Theorie* wird.

Ein formales Modell, das auf einen Inhalt angewendet wird, wird zu einer Theorie.

So kann ein Computer-Simulations-Modell für Binnengewässer zu einer Theorie über den Bodensee werden, wenn man behauptet, daß es - mit den richtigen Parametern 'gefüttert' - zu korrekten Aussagen über den Bodensee führt.

Das Gesagte sei anhand eines einfachen formalen Modells erläutert. Die meisten biologisch bedingten quantitativen Merkmale einer Spezies, wie z.B. Körpergröße, Körpergewicht, mittlere Herzfrequenz etc., folgen einer *glockenförmigen Verteilung* wie sie in Abbildung 3 dargestellt ist.

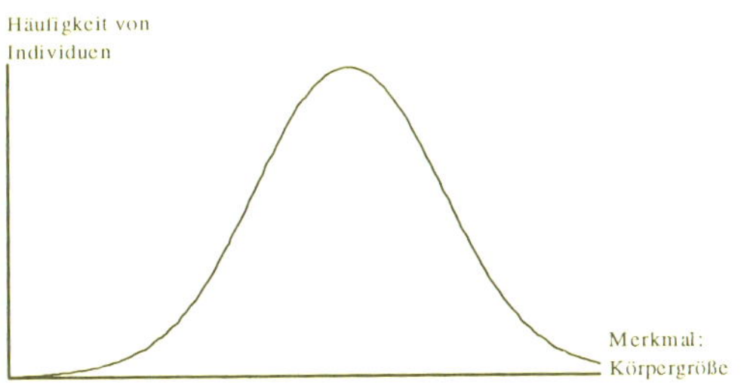

Abbildung 3: Die Gauss`sche Glockenkurve oder Normalverteilung

Diese Kurve ist zunächst ein *graphisches* Modell. Es wird zu einer Theorie, wenn man für ein bestimmtes Merkmal behauptet, daß seine Verteilung diese Form habe. Die Theorie kann falsch werden, wenn man für dieses Merkmal eine andere Verteilungsform beobachtet. Das Modell selbst (d.h. die Kurve) kann nicht falsch werden, nur seine *Anwendung* auf einen konkreten Inhalt.

Um die Geltung dieses Modells für einen Inhalt (ein Merkmal) genau prüfen zu können, muß man die Kurve durch eine mathematische Gleichung beschreiben. Diese Gleichung, die der Mathematiker Gauss abgeleitet hat, lautet

$$f(x) = \frac{1}{\sigma\sqrt{2\pi}} e^{-\frac{(x-\mu)^2}{2\sigma^2}} .$$

Sie findet sich unter anderem auf jedem 10 DM Schein:

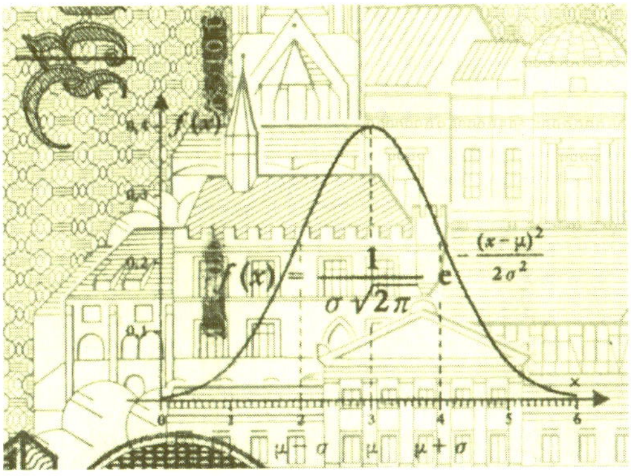

Abbildung 4: Ausschnitt aus einem 10 DM Schein

In dieser Gleichung bezeichnet x die Merkmalsausprägungen, deren Wahrscheinlichkeitsverteilung (Dichtefunktion) f(x) durch eben diese Gleichung definiert wird. Die Konstante e = 2.7... ist die Eulersche Zahl und π = 3.14... die Konstante Pi. Es verbleiben zwei unbekannte Größen, nämlich μ (My) und σ (Sigma). Sie sind die beiden *freien Parameter* dieses Modells. μ bezeichnet den *Populationsmittelwert* des Merkmals, also den Abszissenwert des Gipfelpunktes der Kurve. σ beschreibt die *Breite der Glockenkurve*, und zwar genau den Abstand der beiden Wendepunkte vom Mittelwert. Das ist auch in Abbildung 4 eingezeichnet. Die Parameter heißen solange 'freie' Parameter, wie sie noch nicht durch konkrete Zahlenwerte ersetzt worden sind.

Wendet man das Modell der Glockenkurve oder Normalverteilung auf ein konkretes Merkmal an, so sind zunächst die beiden freien Parameter μ und σ zu bestimmen. Man kann sie nie genau berechnen, da es unbekannte Größen der Population sind. Man kann sie nur mehr oder weniger genau anhand von Stichprobendaten *schätzen* und spricht daher von *'Parameterschätzung'*. Wie man die Parameter eines Modells schätzt, ist eine Frage, die bei jeder Modellentwicklung geklärt werden muß. Sie wird in Kapitel 4 für die dargestellten Testmodelle behandelt.

In jedem Fall wird ein Modell erst mit der Schätzung der Modellparameter zu einer Theorie für den betreffenden Inhalt. Diese Parameterschätzungen stellen einerseits *selbst ein Ergebnis* dar, denn es ist z.B. eine Information zu wissen, daß der Populationsmittelwert der Körpergröße $\mu = 172$ cm und ihre Streuung $\sigma = 10.3$ cm in dem Modell der Glockenkurve beträgt (hypothetische Zahlen).

Andererseits werden die Parameterschätzungen selbst zu einem *Teil der Theorie*, wenn man mit dem Modell andere Aussagen ableiten will, z.B. ob die Kieler Psychologiestudenten im Durchschnitt größer sind als erwachsene Bundesbürger. Dann wird ein Stichprobenmittelwert der Kieler Psychologiestudenten mit einem Populationsmittelwert verglichen, nämlich mit dem geschätzten Parameter μ der Population aller Erwachsenen. Die Theorie kann dann behaupten, daß die Kieler Psychologiestudenten eine Teilmenge dieser Population sind oder gerade nicht. In jedem Fall sind die (geschätzten) Populationsparameter, μ und σ, Bestandteil der Theorie, denn sie definieren die fragliche Population der Erwachsenen.

Zusammenfassend kann man sagen, daß ein formales Modell eine Vorstufe für eine Theorie ist, sozusagen ein *'Theorie-Gerippe'*. Hinzukommen müssen zwei Dinge, nämlich ein *konkreter Realitätsbereich*, auf den man das Modell anwendet, und die *Schätzungen der freien Modellparameter* für diesen Realitätsbereich. Gemeinsam mit den Parameterschätzungen bildet das Modell den Realitätsbereich ab, ist also eine Theorie (die natürlich auch falsch sein kann).

Bei näherer Betrachtung stellt *jede statistische Auswertung* von empirischen Daten eine Anwendung eines formalen Modells dar. Jedes Auswertungsverfahren beruht nämlich auf bestimmten Annahmen über die Daten und somit über den untersuchten Realitätsbereich. Die übliche Prüfung der Voraussetzungen von statistischen Verfahren entspricht der Prüfung der Gültigkeit eines formalen Modells. Nur wenn dieses Modell paßt (die Voraussetzungen erfüllt sind), machen die Ergebnisse einen Sinn.

Formale Modelle sind also im wahrsten Sinne des Wortes überall in der empirischen Forschung anzutreffen. Im folgenden soll jedoch nur ein bestimmter Typ von formalen Modellen von Interesse sein, die 'Testmodelle'.

1.2.3 Was sind Testmodelle?

Testmodelle sind spezielle formale Modelle, die durch die Art der empirischen Daten, auf die sie sich anwenden lassen, definiert sind. So wie die Gauss`sche Glockenkurve als 'Verteilungsmodell' bezeichnet werden kann, da sie sich nur auf Verteilungen eindimensionaler Merkmale anwenden läßt, lassen sich auch Testmodelle nur auf Datenstrukturen anwenden, wie man sie mit Hilfe von Tests erhält.

Diese *Datenstruktur* zeichnet sich dadurch aus, daß eine Menge von Personen auf eine Menge von Items geantwortet hat. Die Daten lassen sich somit in einer rechteckigen Personen × Item Matrix darstellen, in deren Zellen die kodierte Itemantwort, also eine Kodezahl für das beobachtete Verhalten steht, siehe Abbildung 5.

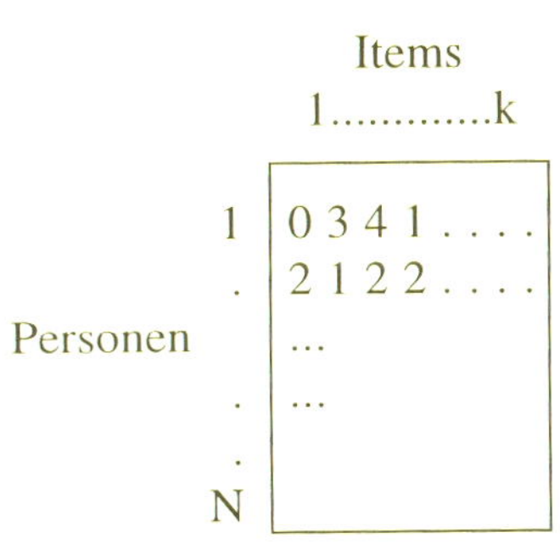

Abbildung 5: Datenstruktur für Testmodelle

Formale Modelle, die sich auf solche Daten anwenden lassen, werden in Kapitel 3 behandelt. Es stellt sich hier jedoch die Frage, warum man Testmodelle *unabhängig von einer konkreten inhaltlichen* Anwendung entwickelt (und in Lehrbüchern behandelt) und wie man - wenn es schon verschiedene Testmodelle gibt - ein geeignetes Modell für einen bestimmten Test auswählt. Beide Fragen hängen zusammen.

Idealerweise sollte man natürlich für jedes inhaltliche Problem ein 'passendes' Testmodell (deduktiv) ableiten. Es ist aber leicht einzusehen, daß sehr viele *psychometrische Probleme* (Psychometrie bezeichnet die Messung psychischer Eigenschaften) zu demselben formalen Modell führen würden, da die Struktur dessen, was mit einem Test erfaßt werden soll, ähnlich ist. Aus ökonomischen Gründen ist es daher sehr sinnvoll, verschiedene Modelle 'zur Auswahl' zu haben.

Das beantwortet auch die Frage, welches Modell man auswählt: natürlich dasjenige, welches die *Annahmen der jeweiligen Theorie* am besten widerspiegelt und welches diejenigen Aspekte der Wirklichkeit abzubilden vermag, die mit dem Test erfaßt werden sollen.

Da ein Modell, wie oben ausgeführt, immer eine *Reduktion* der Wirklichkeit ist, ist es wichtig, diese auf die *gewünschten* Merkmale zu reduzieren. So wäre es z.B. falsch, mit dem Modell der Glockenkurve für die Intelligenzverteilung zu arbeiten, wenn man nachweisen will, daß die Population der Mathematikstudenten besonders viele extrem intelligente Individuen umfaßt. Damit würde man eine asymmetrische, 'nach oben hin' gestreckte Intelligenzverteilung für diese Population annehmen, die mit dem Modell der Glockenkurve gar nicht abgebildet werden kann.

Im Falle von Testmodellen wäre es genauso unsinnig, ein Modell mit einer quantitativen Personenvariable anzuwenden, wenn man qualitative Unterschiede zwischen Gruppen von Personen bezüglich ihres Antwortverhaltens nachweisen will.

Die wissenschaftliche Fundierung von Aussagen wie 'a ist intelligenter als b' mit Hilfe von Theorien über das Antwortverhalten hat also zwei *Seiten von 'Modellgültigkeit'*: zum einen muß das Modell diejenigen Aspekte des Testverhaltens korrekt *abbilden können*, die für die spätere Interpretation wichtig sind; zum anderen muß das Modell auch *auf die Daten passen*. Beides kann durchaus zueinander im Widerspruch stehen, d.h. es kann ein Modell passen, das die gewünschten Aussagen gar nicht abzuleiten gestattet. Insofern kann sich eine richtig verstandene Testtheorie als größter Kritiker der Testpraxis erweisen.

1.2.4 Was erklären Theorien über das Testverhalten?

Theorien sollen dem allgemeinen Sprachverständnis nach etwas erklären und nicht bloß beschreiben. Tatsächlich ist die Unterscheidung von 'Erklären' und 'Beschreiben' wissenschaftstheoretisch sehr schwer zu fassen. Dennoch fällt auf, daß in der bisherigen Darstellung der Aspekt der *Beschreibung* von Wirklichkeit durch Theorien dominierte.

Was *erklären* denn Testmodelle, die man auf einen Inhalt anwendet und die sich für einen Test als gültig erwiesen haben, eigentlich?

Sehr abstrakt ausgedrückt, erklärt ein Testmodell *systematische Zusammenhänge zwischen den Antworten* oder Reaktionen der Personen bezüglich der verschiedenen Items dadurch, daß *latente Personenvariablen* eingeführt werden. Dies ist folgendermaßen zu verstehen.

In der Testdatenmatrix (s. Abb. 5.) wird es in aller Regel bestimmte systematische Zusammenhänge zwischen den Itemantworten geben, d.h. Personen, die bei einem Item eine bestimmte Verhaltensweise zeigen, werden auch überzufällig oft bei einem anderen Item entweder dieselbe oder eine bestimmte andere Verhaltensweise zeigen. Etwas genauer lassen sich '*Zusammenhänge zwischen den Itemantworten*' folgendermaßen definieren:

Die Spalten in dieser Datenmatrix enthalten die Ausprägungen der einzelnen *Itemvariablen*. Diese Itemvariablen werden als *manifeste Variablen* bezeichnet, da sie direkt beobachtbar sind, also selbst Manifestationen im Verhalten darstellen.

Diese manifesten Variablen sind nicht unabhängig voneinander, sondern weisen - wie zuvor beschrieben - bestimmte Zusammenhänge oder *Kontingenzen* auf.

Kontingenz

Der Begriff *'Kontingenz'* bezeichnet die Eigenschaft zweier Variablen, daß bestimmte Ausprägungen der einen Variable gehäuft mit bestimmten Ausprägungen der anderen Variablen zusammen auftreten.

Nehmen beide Variablen nur zwei Werte an, '0' und '1', so läßt sich ihre Kontingenz anhand einer *Vierfeldertafel* darstellen. Ohne darauf einzugehen, wie man die Kontingenz berechnet, läßt sich an dem folgenden Beispiel sehen, daß in der linken Vierfeldertafel keine, in der rechten eine starke Kontingenz gegeben ist:

	0	1
0	4	6
1	6	9

	0	1
0	1	9
1	9	6

In der linken Tafel ist das Verhältnis von 0-Werten zu 1-Werten stets 2:3, in der rechten Tafel treten dagegen die Kombinationen 0-1 und 1-0 extrem häufg auf.

Um diese Kontingenzen zu erklären, erfindet oder *konstruiert* man eine oder mehrere *latente* Personenvariable(n) (latent = verborgen, nicht sichtbar), die für das Antwortverhalten im Test verantwortlich ist (sind).

Latente Variable oder Konstrukte?

Latente Variablen heißen auch *Konstrukte*, weil sie im Rahmen der Theorienbildung konstruiert worden sind. Dies gilt auch für eine so prominente Variable wie 'Intelligenz'.

Im Gegensatz zum Begriff des 'Konstruktes', der keine speziellen meß- oder testtheoretischen Eigenschaften impliziert, ist mit 'latente Variable' in der Regel gemeint, daß es sich um genau *eine* Variable handelt, die allerdings quantitativ oder kategorial (nominal) sein kann.

Im Falle der oben genannten Beispiele ist die latente Variable die Intelligenz der Person oder ihr Attributionsstil. Abbildung 6 verdeutlicht das Vorgehen.

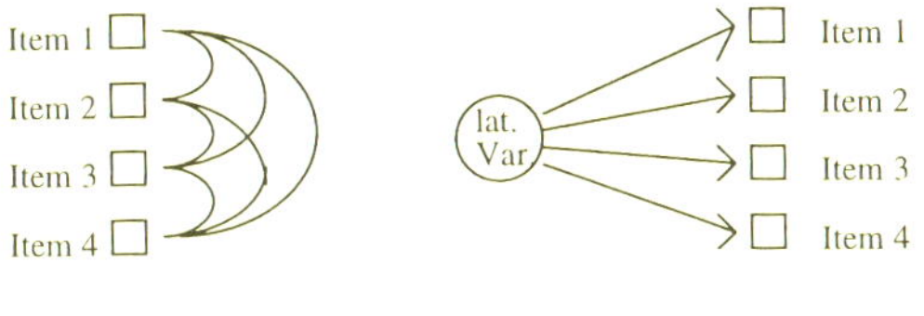

Abbildung 6: Beobachtete Zusammenhänge zwischen den manifesten Variablen (den Items, linkes Bild) werden auf den Einfluß einer latenten Personenvariable zurückgeführt (rechtes Bild).

Es wird also angenommen, daß eine (zunächst unbekannte) Variable für das Zustandekommen der Itemantworten 'verantwortlich' ist und daher deren beobachtbare Kontingenzen (Zusammenhänge) 'produziert'. Wenn diese 'Erklärung' der Daten (Itemantwort) richtig ist, so müßten die Zusammenhänge zwischen den Items 'verschwinden', wenn man die latente Variable 'ausschaltet', also z.B. konstant hält. Genau das wird in den meisten Testmodellen angestrebt: wenn ein bestimmtes Testmodell gelten soll, dürfen die Itemantworten bei festgehaltener latenter Variable untereinander keine Zusammenhänge mehr aufweisen.

Ein Dialog zum Erklärungswert von Testmodellen

Frage: Warum löst Person A fast alle Aufgaben in diesem Test und Person B fast gar keine?

Antwort: Weil A intelligenter ist als B.

Frage: Aha. Du meinst Person A ist intelligenter, weil sie mehr Aufgaben löst!

Antwort: Genau!

Frage: Das ist doch zirkulär! Du erklärst das eine mit dem anderen!

Antwort: Ich definiere eben Intelligenz als die Fähigkeit, genau diese Aufgaben zu lösen.

Frage: Und was hat das für einen Erklärungwert?

Antwort: Die Definition hat gar keinen Erklärungswert. Aber wenn ich Dir zeigen kann, daß es tatsächlich nur eine einzige Variable gibt, von der es abhängt, ob ein Item gelöst wird oder nicht, dann hat das Erklärungswert. Und diese eine Variable nenne ich dann einfach Intelligenz.

Frage: Wie willst Du denn zeigen, daß das Antwortverhalten nur von einer einzigen Variable abhängt?

Antwort: Z.B. indem ich mir Gruppen von Personen mit jeweils gleichem Intelligenzgrad anschaue. Innerhalb dieser Gruppen dürfte es keine systematischen Zusammenhänge mehr zwischen den Itemantworten geben.

Frage: Was meinst Du mit 'systematische Zusammenhänge'?

Antwort: Na, z.B. daß Personen, die häufiger Item x lösen auch häufiger Item y lösen.

Frage: Aber es könnte doch sein, daß diese Personen einen Trick kennen, mit dem man genau diese beiden Items x und y gut lösen kann.

Antwort: Ja, aber dann erklärt mein Intelligenzbegriff nicht mehr die Daten, weil ich zusätzlich annehmen muß, daß es 'Tricks' gibt, die nur einige Personen kennen.

Frage: Ach, das meinst Du mit 'erklären'.

Antwort: Genau.

Als *Resümee* zum Erklärungswert von Testtheorien sei festgehalten: Gilt ein Testmodell, in dem eine latente Variable angenommen wird, für eine Datenmatrix, so hat dies insofern eine Erklärungsfunktion, als eine einzige erfundene latente Variable die Zusammenhänge zwischen sehr vielen manifesten Variablen beschreibt. Die Beschreibung eines relativ komplexen Sachverhalts (die multivariaten Zusammenhänge zwischen den manifesten Variablen) durch eine relativ einfache 'Erfindung' (die latente Variable) kann als 'Erklärung' gelten.

Literatur

Mit der Definition und Problematik psychologischer Tests setzen sich die Bücher von Lienert (1969; Lienert & Raatz 1994) und Grubitzsch & Rexilius (1978) sowie alle größeren Lehrbücher der psychologischen Diagnostik auseinander. Eine Einführung in die Grundlagen der Experimentalpsychologie gibt Sarris (1990). Die Wissenschaftstheorie von Popper (1972) sowie konkurrierende Ansätze sind in vielen Lehrbüchern dargestellt, z.B. Schnell, Hill & Esser (1989). Mit der Modellbildung in der Psychologie befaßt sich Gigerenzer (1981).

Übungsaufgaben

1. Was unterscheidet ein Experiment von der Durchführung eines Tests?
2. Nennen Sie drei psychologische Variablen mit unterschiedlichem Skalenniveau und geben Sie für jede der Variablen eine operationale Definition an, aus der das Skalenniveau ersichtlich ist.
3. Worin besteht das formale Modell, was sind die Modellparameter und wann ist eine Anwendung falsifiziert, wenn Sie
   - eine Vierfelder-Häufigkeitstabelle mit dem χ^2-Test auf Signifikanz testen.
   - eine einfaktorielle Varianzanalyse für drei Gruppen rechnen.
4. Erklären Sie unter Heranziehung einer latenten Variable die empirisch ermittelte Kontingenz zwischen Geschwisterposition und beruflichem Erfolg (Erstgeborene sind erfolgreicher). Wie könnten Sie untersuchen, ob diese Erklärung zutrifft?

2. Testkonstruktion

Dieses Kapitel befaßt sich mit Fragen und Problemen der Entwicklung und Konstruktion von Fragebögen und Testinstrumenten. Die Erörterung von Fragen der Testkonstruktion wendet sich dabei nicht allein an diejenigen LeserInnen, die tatsächlich selbst einen *Test entwickeln* möchten (obwohl das im Rahmen vieler Diplomarbeiten im Fach Psychologie der Fall ist). Die Darstellung soll vielmehr auch dem Verständnis und der kritischen Beurteilung *existierender Verfahren* dienen.

Das Gliederungsprinzip des Kapitels ergibt sich aus den Phasen, die bei einer Testentwicklung zu durchlaufen sind. Kapitel 2.1 befaßt sich mit den Gütekriterien für Tests, d.h. mit der Frage, wodurch sich ein 'guter' Test auszeichnet. Kapitel 2.2 beschreibt die *Schritte*, die idealerweise durchlaufen werden sollten, wenn man ein neues Testinstrument konstruiert. Kapitel 2.3 geht dann konkret auf Fragen der *Itemkonstruktion* ein, d.h. auf die praktische Seite der Testentwicklung. Nach der Darstellung von Problemen der *Datenerhebung* in Kapitel 2.4 beschäftigt sich Kapitel 2.5 abschließend mit der *Kodierung* der Testantworten, d.h. mit der Transformation der Itemantworten in Zahlen, auf die man Testmodelle anwenden kann.

2.1 Gütekriterien für Tests

Wenn man einen Test konstruieren will, muß man eine Vorstellung davon haben, was einen 'guten' Test auszeichnet. Das ist die Frage nach den sogenannten *Gütekriterien* für Tests. Klassischerweise werden hier drei Gütekriterien genannt, nämlich Objektivität, Reliabilität und Validität, die jeder Test zu einem Mindestausmaß zu erfüllen hat.

> Mit *Objektivität* ist gemeint, inwieweit das Testergebnis unabhängig ist von jeglichen Einflüssen außerhalb der getesteten Person, also vom Versuchsleiter, der Art der Auswertung, den situationalen Bedingungen, der Zufallsauswahl, von den Testitems usw. Es ist ersichtlich, daß es sehr viele verschiedene Arten von Objektivität bei Tests zu unterscheiden gilt.
>
> Mit *Reliabilität* (Zuverlässigkeit) ist das Ausmaß gemeint, wie genau der Test das mißt, was er mißt (egal, was er mißt). Es ist hier lediglich die *Meßgenauigkeit*, die numerische Präzision der Messung angesprochen, unabhängig davon, was der Test überhaupt mißt. Als Meßgenauigkeit wird dabei nicht die Zahl der Dezimalstellen der Meßwerte bezeichnet, sondern die Zuverlässigkeit, mit der bei einer wiederholten Messung unter gleichen Bedingungen dasselbe Meßergebnis herauskommt.
>
> Mit *Validität* ist gemeint, inwieweit der Test das mißt, was er messen soll. Es geht also um den Grad der *Gültigkeit* der Messung oder der Aussagefähigkeit des Testergebnisses bezüglich der Meßintention.

Diese *klassische Trias* von Testgütekriterien entstammt einer testtheoretischen Tradition, die die Auswertung von Tests noch *nicht* aus dem Blickwinkel der *Anwendung eines Testmodells* sah. Trotzdem lassen sich die drei Konzepte der Objektivität, Reliabilität und Validität weiterhin zur Beschreibung, der Güte eines Tests verwenden.

Alle drei Gütekriterien haben verschiedene Teilaspekte, und es gibt für jedes auch verschiedene Arten, es zu operationalisieren und in konkrete Zahlen zu fassen. Die konzeptuellen Ausdifferenzierungen werden in den folgenden drei Unterkapiteln beschrieben, die konkreten Berechnungsmöglichkeiten erst in Kapitel 6 (Testoptimierung). Kapitel 2.1.4 geht auf *die logischen Beziehungen* ein, die zwischen diesen Konzepten bestehen. Kapitel 2.1.5 behandelt schließlich ein weiteres Gütekriterium, nämlich die *Normierung*. Geordnet sind die Kapitel nach der Wichtigkeit der Gütekriterien, beginnend mit dem wichtigsten, der Validität.

2.1.1 Validität

Unter der Validität eines Test versteht man das *Ausmaß, in dem der Test das mißt, was er messen soll.*

Wie beurteilt man aber, inwieweit der Test mißt, was er messen soll? Hier gibt es prinzipiell zwei Möglichkeiten. Die eine Möglichkeit setzt voraus, daß eine *andere Messung* dessen, was der Test messen soll, *verfügbar* ist. In diesem Fall braucht man nur an einer Stichprobe von Personen beide Arten der Messung vorzunehmen und zu prüfen ob die Ergebnisse bei allen Personen übereinstimmen.

Beispiel

Man möchte einen besonders ökonomischen (kurzen) Intelligenztest entwickeln und hat zufällig eine Stichprobe von Personen zur Verfügung, die schon vor einiger Zeit hinsichtlich ihrer Intelligenz untersucht worden sind und deren Intelligenzgrad daher bekannt ist. Diesen Personen gibt man dann auch den Kurztest vor. Die *Korrelation* zwischen beiden Meßwertreihen ist dann ein Maß für die Validität des Kurztests.

Nach dieser Möglichkeit entspricht die Validität eines Tests der Korrelation des Testergebnisses mit einer anderen Variable, die eine Messung desselben Merkmals darstellt.

Was ist eine Korrelation?

Als Korrelation bezeichnet man den Zusammenhang zwischen zwei quantitativen Variablen. Es handelt sich also um eine spezielle Art der Kontingenz (s. Kap. 1.2.4). Die Höhe der Korrelation, also die Stärke des Zusammenhangs wird durch den Korrelationskoeffizienten ausgedrückt.

Dieser kann Werte zwischen –1 und +1 annehmen, wobei eine Korrelation von 0 bedeutet, daß zwischen den beiden Variablen kein Zusammenhang besteht. Eine negative Korrelation bedeutet, daß hohe Werte auf der einen Variable mit niedrigen Werten auf der anderen Variable einhergehen, während eine positive Korrelation bedeutet, daß hohe Werte auf beiden Variablen bzw. niedrige Werte auf beiden Variablen miteinander gepaart sind.

Der Korrelationskoeffizient zwischen zwei Variablen X und Y wird folgendermaßen berechnet

$$\mathrm{Korr}(X,Y) = \frac{\mathrm{Cov}(X,Y)}{\sqrt{\mathrm{Var}(X)\cdot \mathrm{Var}(Y)}}.$$

Die Kovarianz im Zähler ist das durchschnittliche Produkt der Abweichungen beider Meßwerte von ihrem jeweiligen Mittelwert,

$$\bar{x} = \frac{1}{N}\sum_{v=1}^{N} x_v\,, \text{ bzw. } \bar{y} = \frac{1}{N}\sum_{v=1}^{N} y_v$$

$$\mathrm{Cov}(X,Y) = \frac{1}{N}\cdot\sum_{v=1}^{N}(x_v - \bar{x})\cdot(y_v - \bar{y}).$$

N bezeichnet die Anzahl und v den Summationsindex der Personen.

Im Nenner des Korrelationskoeffizienten steht die Wurzel aus dem Produkt beider Varianzen, wobei die *Varianz* einer Variable X definiert ist als die durchschnittliche quadrierte Abweichung aller Meßwerte von ihrem Mittelwert:

$$\mathrm{Var}(X) = \frac{1}{N} \sum_{v=1}^{N} \left(x_v - \bar{x}\right)^2 .$$

Diese Art der Validität nennt man *externe Validität*, weil ihre Bestimmung anhand der Testergebnisse eine externe (d.h. außerhalb des Tests liegende) Variable voraussetzt, und zwar genau die Variable, die der Test erfassen will.

Die zweite Möglichkeit zu prüfen, ob der Test das mißt, was er messen soll, benutzt allein die Daten, die aufgrund der Testdurchführung vorliegen. Hier wird geprüft, ob die Personen auf die Items so antworten, wie man es aufgrund der Theorie über die zu messende Personeneigenschaft erwarten würde. Dabei wird natürlich *nicht* vorausgesetzt, daß man die Ausprägungen der Personeneigenschaft bereits kennt.

Beispiel

Ein Steinzeitmensch möchte die Muskelkraft seiner Stammesgenossen testen und sucht sich hierfür eine Reihe unterschiedlich großer Steine und Felsbrocken zusammen. Die Größe der Steine ist unterschiedlich genug, so daß man sie 'mit dem Auge' der Größe nach ordnen und (sofern die Zahlen schon erfunden sind) der Größe nach durchnumerieren kann. Jeder Stammesgenosse muß versuchen, alle Steine anzuheben und die Nummer des größten Steins, den er anheben kann, ist der Meßwert für seine Muskelkraft.

Aus der Steinzeittheorie über die Personeneigenschaft 'Muskelkraft' folgt, daß jede Person alle Steine bis zu einer Größe, die ihrer Kraft entspricht, anheben kann. Beobachtet der Steinzeitmensch nun, daß jede Person alle Steine, die kleiner sind als der größte, den sie heben kann, auch anheben kann, so ist der Test *intern valide*.

Dies ist nur *ein* Beispiel für einen möglichen Zusammenhang zwischen der Personeneigenschaft und dem Testverhalten. Es macht deutlich, daß der Begriff der *internen Validität* gleichzusetzen ist mit der Gültigkeit des jeweils zugrunde gelegten Testmodells.

> Ein Test heißt *intern valide*, wenn sich die Annahmen über das Antwortverhalten anhand der Datenmatrix bestätigen lassen.

Je strenger die Annahmen über das Antwortverhalten, desto überzeugender läßt sich die interne Validität eines Tests nachweisen. Während man zum Nachweis der externen Validität ein *Validitätskriterium* braucht (so nennt man die externe Variable, die das repräsentiert, was der Test messen soll), erfordert der Nachweis der internen Validität *präexperimentelle Annahmen* über das Antwortverhalten bei den einzelnen Items.

Beide Aspekte der Validität *bedingen sich nicht* unbedingt gegenseitig. So kann es z.B. sein, daß mit einem intern validen Test, für den das angenommene Testmodell sehr gut paßt, eine Variable gemessen wird, die keinerlei Erklärungswert für das sonstige Verhalten der Personen hat. Genauso kann irgendein Testergebnis einen guten Vorhersagewert für bestimmte andere Variablen besitzen, ohne daß man eine Theorie über die Itemantworten hat.

Es wird deutlich, daß interne und externe Validität zwei sehr unterschiedliche Seiten desselben Gütekriteriums sind. Während die Prüfung der internen Validität ein zentrales Thema der Testtheorie darstellt, überschreitet die Frage der *externen Validität* den Bereich der Testtheorie. Ob ein Test extern valide ist, kann mit den üblichen Methoden statistischer Datenanalyse untersucht werden. Kapitel 6.4 geht auf die einfachsten Arten der Validitätsberechnung ein und beschreibt den Einfluß der Meßgenauigkeit eines Tests auf die Höhe der errechneten externen Validität.

Ganz anders verhält es sich mit der *internen Validität* eines Tests. Sie ist abzulesen an der Geltung des jeweiligen Testmodells für den Datensatz der Testentwicklung. Hier gibt es jedoch andere Probleme. Ob ein Testmodell gilt oder nicht gilt, ist oft keine Ja-Nein-Entscheidung, sondern kann durchaus ein graduelles Urteil sein, d.h. ein Testmodell kann mehr oder weniger gut passen. Oft ist die Entscheidung, ob ein Testmodell paßt oder nicht, auch *nur relativ zu anderen Testmodellen* zu beantworten, d.h. es läßt sich lediglich sagen, ob ein bestimmtes Testmodell besser paßt als ein bestimmtes Vergleichsmodell. In diesen Fällen gibt es nicht mal mehr eine quantitative Aussage, wie gut ein Modell paßt, sondern lediglich eine relative Aussage, die davon abhängt, welche Vergleichsmodelle man überhaupt geprüft hat. Hierauf wird in Kapitel 5 im Detail eingegangen.

2.1.2 Reliabilität und Meßgenauigkeit

Die Reliabilität oder zu deutsch die *Zuverlässigkeit* eines Tests bezeichnet die Präzision oder Genauigkeit, mit der ein Test eine Personeneigenschaft mißt. *Reliabilität im engeren Sinne* meint jedoch eine bestimmte Definition von *Meßgenauigkeit*, die nicht die einzig mögliche ist und auch nicht bei jedem Testmodell Sinn macht. Um diese Definition verständlich zu machen, wird zunächst dargestellt, was ein *Meßfehler* ist.

Angenommen, man hat bei einer Anzahl von N Personen intervallskalierte Meßwerte erhoben. Der Meßwert einer Person v wird mit x_v bezeichnet und stellt den sog. *beobachteten Wert* dar.

Von diesem Meßwert nimmt man an, daß er die 'wirkliche' Eigenschaftsausprägung ziemlich genau, aber nie 'ganz genau' widerspiegelt. Die hypothetische wirkliche Eigenschaftsausprägung einer Person wird mit t_v bezeichnet (t wie true = wahr) und stellt den sog. *wahren Wert* dar.

Den kleinen Betrag, um den der beobachtete Wert von dem wahren Wert abweicht, nennt man *Meßfehler* und bezeichnet ihn mit e_v (e wie error = Fehler). Aus diesen Überlegungen ergibt sich die *Grundgleichung der Meßfehlertheorie:*

$$x_v = t_v + e_v$$

Da die Grundgleichung der Meßfehlertheorie für alle Personen v gelten soll, läßt sie sich auch als Beziehung zwischen den Variablen schreiben:

$$X = T + E$$

X bezeichnet die Meßwertvariable, T die Variable der wahren Werte und E die Fehlervariable.

Anmerkung
Variablen werden hier und im folgenden mit großen lateinischen Buchstaben bezeichnet, ihre Ausprägungen mit den zugehörigen Kleinbuchstaben.

Diese Gleichungen zerlegen das beobachtete Testergebnis x_v in zwei Komponenten, t_v und e_v, die man beide nicht kennt. Über den wahren Wert kann man nicht viel sagen, aber einen Meßfehler zeichnen zwei Eigenschaften aus:

Erstens zeichnet sich ein Meßfehler dadurch aus, daß er dazu beiträgt, den wahren Wert manchmal zu überschätzen, und manchmal zu unterschätzen. Genau das unterscheidet einen Meßfehler von einem systematischen Fehler, auch '*Bias*' genannt: er ist im Mittel 'neutral'. Mit anderen Worten, der Mittelwert oder *Erwartungswert der Meßfehlervariable E* über eine große Anzahl von Personen *ist 0*:

$$\text{Erw}(E) = 0. \qquad \text{(I)}$$

Was ist ein Erwartungswert?

Der Erwartungswert ist eine Kenngröße einer numerischen Variable. Treten die Werte x einer Variable X mit der Wahrscheinlichkeit p(x) auf, so ist der Erwartungswert definiert durch

$$\text{Erw}(X) = \sum_x x\,p(x).$$

Summiert wird hier über alle möglichen Werte der Variable X. In dem Beispiel

x	1	2	3
p(x)	0.5	0.3	0.2

beträgt der Erwartungswert $1 \cdot 0.5 + 2 \cdot 0.3 + 3 \cdot 0.2 = 1.7$. Kennt man nicht die Wahrscheinlichkeitsverteilung einer Variable, also die Werte p(x), sondern hat man N Ausprägungen der Variable x beobachtet, so entspricht der Mittelwert dieser Werte

$$\overline{X} = \frac{1}{N} \sum_{v=1}^{N} x_v$$

näherungsweise dem Erwartungswert von X. Hat man in dem o.g. Beispiel von 10 Beobachtungen 5-mal die 1, 3-mal die 2 und 2-mal die 3 beobachtet, so beträgt der Mittelwert von X ebenfalls $\overline{x} = 1.7$.

Zweitens gehört zum Konzept eines Meßfehlers, daß er *nicht mit dem wahren Wert korreliert* ist, d.h. es darf nicht sein, daß z.B. hohe wahre Werte überschätzt werden und niedrige wahre Werte unterschätzt werden. In einem solchen Fall würde man ebenfalls von einem systematischen Fehler oder Bias sprechen. Meßfehler zeichnen sich daher auch dadurch aus, daß:

$$\text{Korr}(E,T) = 0. \qquad \text{(II)}$$

Überhaupt gehört zum Konzept eines Meßfehlers dazu, daß er *mit keiner anderen Variable* korreliert, also nicht mit den wahren Werten einer Variable Y:

$$\text{Korr}(E_x,T_y) = 0, \qquad \text{(III)}$$

und auch nicht mit deren Meßfehler E_y:

$$\text{Korr}(E_x,E_y) = 0. \qquad \text{(IV)}$$

Diese vier Gleichungen (I) bis (IV) nennt man auch die *Axiome der klassischen Testtheorie*. Sie wurden von Gulliksen (1950) formuliert und beschreiben nichts anderes als die *Eigenschaften eines Meß-*

fehlers. Aus ihnen ist keine Testtheorie im Sinne von Kapitel 1 ableitbar, sondern nur eine Theorie über das Verhalten des Meßfehlers. Sie wird daher im folgenden als *Meßfehlertheorie* bezeichnet.

Im Unterschied zu einer Testtheorie, die sich auf nominale oder ordinale Itemantworten bezieht, geht die Meßfehlertheorie von fertigen *Meßwerten* X und Y aus. Die vier Gleichungen (I) bis (IV) stellen genauso wie Testmodelle ein *formales Modell* dar, nur bezieht sich dieses formale Modell auf eine *andere Datenstruktur*.

Aus dem formalen Modell wird (wie immer) eine Theorie, wenn man es auf einen konkreten Inhalt (konkrete Meßwerte X und Y) anwendet und die Parameter des Modells schätzt (s.o. Kap. 1). In diesem Fall macht die Meßfehlertheorie die Aussage, daß ein Meßwert X *nur eine latente Variable* T_X repräsentiert und die Abweichungen der Meßwerte von den wahren Variablenausprägungen den *Erwartungswert 0 haben und mit nichts anderem korrelieren*.

Diese Theorie ist z.B. dann *falsifiziert*, wenn sich herausstellt, daß der (vermeintliche) Meßfehler die soziale Erwünschtheit beinhaltet (s.o. Kap. 1). Dann gibt es nämlich eine Variable, die mit dem Meßfehler korreliert, nämlich die Tendenz der Personen, sozial erwünscht zu antworten.

Wie im Fall von Testmodellen, so gibt es auch bei Meßfehlermodellen nicht nur *ein* Modell. Vielmehr entstehen durch verschiedene Zusatzannahmen und Erweiterungen viele *Meßfehlermodelle*, die hinsichtlich ihrer Gültigkeit miteinander verglichen werden können. Auf diese unterschiedlichen Meßfehlermodelle wird in Kapitel 3.1.1.2.1 kurz eingegangen.

Testmodelle und Meßfehlermodelle schließen sich also nicht gegenseitig aus, sondern sie ergänzen einander:

Testmodelle wendet man auf Itemantworten an, um daraus Meßwerte zu machen, Meßfehlermodelle wendet man auf die erhaltenen Meßwerte an, um deren Fehleranteil zu bestimmen.

Die gerade dargestellte Meßfehlertheorie bezieht sich ausschließlich auf *quantitative, mindestens intervall-skalierte Personenvariablen*. Das gleiche gilt für die folgende Definition der Reliabilität eines Tests. Nach dieser Definition ist *Reliabilität* ein Varianzanteil, nämlich das Verhältnis von wahrer Varianz zu beobachteter Varianz.

$$\text{Reliabilität} = \frac{\text{wahre Varianz}}{\text{beobachtete Varianz}} = \frac{\mathrm{Var}(T_X)}{\mathrm{Var}(X)}$$

Mit *wahrer Varianz* bezeichnet man die Varianz der nicht beobachtbaren, imaginären wahren Testergebnisse und mit *beobachteter Varianz* die Varianz der tatsächlich in einem Test erhaltenen Ergebnisse.

Aus den Annahmen der Meßfehlertheorie folgt, daß die wahre Varianz stets kleiner ist als die beobachtete Varianz.

Beweis

Die Varianz der Summe zweier Zufallsvariablen X und Y läßt sich nach der Formel berechnen:

$$\mathrm{Var}(X+Y) = \mathrm{Var}(X) + \mathrm{Var}(Y) + 2\,\mathrm{Cov}(X,Y).$$

Mit Cov(X,Y) wird die Kovarianz von X und Y bezeichnet (s. Kap. 2.1.1). Diese ist definitionsgemäß gleich 0, wenn die Korrelation von X und Y gleich 0 ist.

Die Grundgleichung der Meßfehlertheorie zerlegt den Meßwert in die Summe zweier *unkorrelierter* Variablen (laut Axiom II):

$$X = T_X + E_X ,$$

deren Varianzen sich folglich auch addieren:

$$\mathrm{Var}(X) = \mathrm{Var}(T_X) + \mathrm{Var}(E_X),$$

Da Varianzen stets positiv sind, ist auch die wahre Varianz stets kleiner als die beobachtete Varianz:

$$\mathrm{Var}(T_X) < \mathrm{Var}(X) .$$

Dies mag auf den ersten Blick nicht einleuchten, kann man sich doch z.B. folgenden Fall vorstellen:

X	5	10	15	20	25
T_X	2	8	15	22	28

Hier wäre die wahre Varianz größer als die beobachtete. Bei näherer Betrachtung sieht man jedoch, daß das Axiom II verletzt ist, denn die Fehlervariable, im Beispiel:

E_X	3	2	0	–2	–3

ist natürlich hoch (negativ) mit dem wahren Wert korreliert.

Bei Geltung der Voraussetzungen ist tatsächlich die wahre Varianz stets kleiner als die beobachtete Varianz, so daß nach der obigen Definition die Reliabilität eines Tests stets zwischen Null und Eins liegt:

$$0 < \mathrm{Rel.} < 1.$$

Dieses Maß für die Meßgenauigkeit eines Tests gibt an, welcher *Anteil an der Varianz der Meßwerte* wirklich auf Personenunterschiede zurückgeht und ist als Varianzanteil daher ähnlich interpretierbar wie das Quadrat eines Korrelationskoeffizienten (= Anteil gemeinsamer Varianz) oder ein Erblichkeitsindex (= Anteil der erblich bedingten Varianz).

Wie man die Reliabilität eines Tests konkret berechnet, wird in Kapitel 6 beschrieben.

Soviel zu dem klassischen Reliabilitätsbegriff, der nur *eine* Art der Definition der Meßgenauigkeit von Tests darstellt. Für Tests mit einer *kategorialen Personenvariable* gibt es keine vergleichbare einheitliche Definition der Meßgenauigkeit. Hier kann sich eine hohe Meßgenauigkeit z.B. darin ausdrücken, daß die Anzahl der 'Fehlklassifikationen' der Personen zu den Valenzen der kategorialen Personenvariable sehr gering ist (s. Kap. 6).

2.1.3 Objektivität

Wenn ein Testergebnis nicht unabhängig vom Testleiter, von Situationsmerkmalen, von störenden Randbedingungen, vom Testauswerter oder sonstigen Personen ist, so wird der Test auch keine interne Validität und keine besonders hohe Meßgenauigkeit erlangen können. Insofern ist *Objektivität* der Testdurchführung eine *logische Voraussetzung für Reliabilität und Validität*. Eine hohe Objektivität bei der Testentwicklung zu erreichen, ist somit kein Selbstzweck im Sinne eines positivistischen Wissenschaftsbegriffes, sondern lediglich Mittel, um Genauigkeit und Validität zu erreichen.

Im einzelnen ist bei der Testentwicklung anzustreben, daß das Testergebnis unabhängig davon ist,

- wer den Test vorgibt (*Durchführungsobjektivität*),

- wer den Test auswertet (*Auswertungsobjektivität*) und
- wer den Test interpretiert (*Interpretationsobjektivität*).

Zusätzlich gibt es verschiedene Unterformen dieser Objektivitätsaspekte wie z.B. die *Signierobjektivität*, die sich auf die Objektivität bei der Kodierung freier Antworten bezieht. Sie ist ein Teilaspekt der Auswertungsobjektivität.

Neben diesen Objektivitätsaspekten, die sich auf die Unabhängigkeit von anderen *Personen* beziehen, gibt es auch die Objektivität im Sinne einer Unabhängigkeit von anderen *Dingen*. So sollte das Testergebnis z.B. weitgehend davon unabhängig sein, in welcher *Situation* der Test durchgeführt wurde. Damit kann natürlich nur eine Unabhängigkeit innerhalb eines Spektrums 'normaler' Situationen gemeint sein.

Vermutet man eine starke Situationsabhängigkeit des Testergebnisses und hält deshalb die Testsituation konstant, indem man den Test quasi unter Laborbedingungen durchführt, so hat das unterschiedliche Auswirkungen auf die *interne und externe Validität* des Testergebnisses. Während die interne Validität sogar steigen kann, je stärker man die situationalen Bedingungen konstant hält (da ein bestimmtes Testmodell unter Idealbedingungen vielleicht besser paßt), dürfte die externe Validität im allgemeinen sinken: Wenn ein Testergebnis nicht mal auf andere Testsituationen *generalisierbar* ist, so wird auch seine Korrelation mit externen Variablen nicht hoch sein.

Hier zeigt sich die semantische Ähnlichkeit des Begriffspaares 'interne und externe Validität' mit den gleichlautenden Begriffen aus der *Versuchsplanung* besonders deutlich: bei Experimenten bezeichnet man als externe Validität ebenfalls die Aussagekraft und die Generalisierbarkeit des Ergebnisses über die Experimentalsituation hinaus.

Ebenfalls eine Objektivität im Sinne einer Unabhängigkeit von anderen Dingen ist mit dem Begriff der *spezifischen Objektivität* gemeint. Spezifische Objektivität bezeichnet die Unabhängigkeit eines Testergebnisses von der Itemauswahl aus einem hypothetischen Item-Universum. Dahinter steht die Überlegung, daß jeder Test nur eine sehr begrenzte Anzahl von Items umfassen kann, das Testergebnis aber nicht nur etwas über die Fähigkeit zur Beantwortung *dieser* Items aussagen soll, sondern über die Fähigkeit zur Beantwortung *dieses Typs von Items*.

Eine Eigenschaftsmessung bezieht sich also immer auf ein ganzes Itemuniversum, das unendlich viele Items umfaßt. Ein wichtiger Objektivitätsaspekt ist daher mit der Frage angesprochen, ob bei jeder beliebigen Itemauswahl stets dasselbe Testergebnis (abgesehen vom Meßfehler) herauskommt.

Diese sogenannte spezifische Objektivität ist nicht nur eine Eigenschaft eines Tests, sondern auch des jeweiligen *Testmodells:* Bei den meisten der in Kapitel 3 behandelten quantitativen Testmodelle sind die Meßwerte spezifisch objektiv, sofern das Modell für die Daten gültig ist.

2.1.4 Logische Beziehungen zwischen den drei Gütekriterien

Zwischen den drei Gütekriterien eines Tests bestehen verschiedene *logische Beziehungen*, die sich unter bestimmten mathematischen Annahmen sogar in Formeln beschreiben lassen. Und zwar ist die Objektivität eine logische Voraussetzung für die Reliabilität und diese wiederum ist logische Voraussetzung für die externe Validität:

Validität (ext.)
↑
Reliabilität
↑
Objektivität

Ein Test, der bei einem anderen Testleiter oder in einem anderen Raum bei denselben Personen gänzlich andere Resultate erbringt, also nicht objektiv ist, kann auch keine hohe Meßgenauigkeit haben, d.h. nicht reliabel sein.

Ebenso kann ein Test mit einer sehr geringen Meßgenauigkeit (Reliabilität) keine besonders hohe *externe Validität* erreichen. Soll z.B. ein Test entwickelt werden, der die Schulleistung vorherzusagen gestattet, so kann diese Vorhersage nicht besonders gut ausfallen, wenn der Test nur sehr ungenau mißt.

Eine solche Voraussetzungsbeziehung besteht nicht zwischen der Meßgenauigkeit und der *internen Validität*. Auch ein ungenau messender Test kann intern valide sein.

Andererseits besteht zwischen Meßgenauigkeit, interner und externer Validität auch ein *kontradiktorisches Verhältnis*:

Das Streben nach einer möglichst hohen Meßgenauigkeit bei der Testentwicklung kann in einem Widerspruch stehen zum Ziel einer möglichst hohen Validität. Dieser Widerspruch ergibt sich daraus, daß sich die Meßgenauigkeit im allgemeinen dadurch steigern läßt, daß man den *Test verlängert*, d.h. zusätzliche Items aufnimmt (s. Kap. 6.1.2).

Durch eine *Testverlängerung*, die den Test rein theoretisch beliebig genau machen könnte, können Items hineinkommen, die einen etwas anderen Aspekt der latenten Variable ansprechen, es können Bearbeitungseffekte wie Ermüdung, Konzentrationsmangel, Wechsel der Antwortstrategie, Erinnerungseffekte, Lerneffekte und ähnliches eintreten. Diese Effekte können sowohl die präexperimentelle Theorie über das Antwortverhalten, d.h. das Testmodell, in seiner Gültigkeit einschränken, als auch die Korrelation mit einem Validitätskriterium, also die externe Validität, beeinträchtigen.

Auch die Ziele einer möglichst hohen internen und externen Validität können bei der Testentwicklung miteinander in einem Konflikt stehen. So läßt sich die interne Validität im allgemeinen dadurch steigern, daß man den Test *homogener* macht, d.h. möglichst ähnliche Aufgaben auswählt. Damit erfaßt man aber eine sehr eng gefaßte, spezielle Personeneigenschaft, die nur noch geringe Korrelationen mit einem Validitätskriterium aufweist.

Die immanenten Widersprüche zwischen Reliabilität und Validität werden auch als *Reliabilitäts-Validitäts-Dilemma* der Testtheorie bezeichnet (s. Kap. 6.4.3). Dieses Dilemma ist letztlich Ursache für den weitverbreiteten Argwohn, daß Tests entweder mit einer hohen Präzision etwas völlig Irrelevantes messen, oder eine Personeneigenschaft in ihrer ganzen Breite, aber völlig unzuverlässig erfassen.

2.1.5 Normierung

Neben den drei klassischen Gütekriterien gibt es das mehr pragmatische Kriterium der Normierung. Dieses betrifft die Frage, inwieweit es für die Ergebnisse eines Tests *Vergleichsdaten* gibt, anhand derer sich Einzelergebnisse interpretieren lassen. Solche Vergleichsdaten, die an repräsentativen Stichproben verschiedener Teilpopulationen der Bevölkerung erhoben worden sind, bilden dann die *Normen*, anhand derer das Ergebnis einer einzelnen Person beurteilt und interpretiert werden kann.

Interpretiert man ein Ergebnis indem man es mit der Norm einer Referenzpopulation vergleicht, so spricht man auch von *normorientiertem Testen*. Das Gegenstück hierzu ist das sogenannte *kriteriumsorientierte Testen*. Hier wird das einzelne Testergebnis nicht über den Vergleich mit den Werten einer Referenzpopulation interpretiert, sondern anhand eines inhaltlichen, vorher vom Testkonstrukteur gesetzten Kriteriums.

Ein prominentes Beispiel für diesen Unterschied ist die *Zensurenvergabe* in der Schule. Ein normorientiertes Vorgehen besteht darin, daß zunächst für jeden Schüler Punkte vergeben werden, um dann anhand der Punkteverteilung eine Notenzuordnung durchzuführen. Diese soll sicherstellen, daß auf jeden Fall ein paar Einsen und ein paar Fünfen dabei sind.

Beispiel:

Punkte in Klausur

2 2 3	5 7 7	9 11 12 14 16	20 20	25
5	4	3	2	1

Note

Eine solche Zensur ist für den Schüler normorientiert, d.h. sie informiert ihn nur über seine *relative Stellung* in der Klasse, seiner Referenzpopulation, aber nicht relativ zum Leistungsziel.

Bei einer *kriteriumsorientierten* Zensurenvergabe würde der Lehrer *vorher* festlegen, bei welcher Punktzahl es eine Eins, eine Zwei usw. gibt. Die resultierenden Zensuren sagen etwas darüber aus, wie der einzelne Schüler zum gesteckten Leistungsziel, dem Kriterium, steht, aber nicht unbedingt, wie er im Vergleich zu den anderen Schülern dasteht.

Wie bei diesem Beispiel der Schulleistungsbewertung gibt es generell bei psychologischen Tests die Alternative zwischen einer Normorientierung und einer Kriteriumsorientierung.

Soll ein Test später für individual diagnostische Zwecke eingesetzt werden, so sind im allgemeinen Normtabellen sehr hilfreich, da sie über die Verteilung der Testergebnisse in verschiedenen Referenzpopulationen Aufschluß geben, z.B. in Altersgruppen, Geschlechtsgruppen oder nach der Schulbildung definierten Gruppen. Von daher wird die *Normierung* eines Tests im allgemeinen *als ein Gütekriterium* angesehen, da diese die Interpretation erleichtert und in einem gewissen Sinne auch objektiver macht (objektiv in dem Sinne der Unabhängigkeit von der subjektiven Setzung eines inhaltlichen Kriteriums).

Dennoch ist die Normierung eines Tests kein für alle Zwecke einer Testentwicklung sinnvolles Gütekriterium. Auch bei individualdiagnostischen Fragestellungen kann eine rein kriteriumsorientierte Interpretation des Testergebnisses wesentlich sinnvoller sein, z.B. bei der Frage, ob ein bestimmtes Krankheitsbild vorliegt oder nicht. In diesem Falle ist vom Testkonstrukteur nicht eine Normierung des Tests vorzunehmen, es muß vielmehr ein inhaltliches Kriterium oder mehrere solcher *Kriterien für die Interpretation* der Testresultate bereitgestellt werden.

Für viele Zwecke der Testentwicklung stellt eine Normierung keine Notwendigkeit und auch kein Gütekriterium dar. Geht es z.B. darum, im Rahmen von *Forschungsarbeiten* eine Personenvariable mit einem Test zu messen, um sie mit anderen Variablen in Beziehung zu setzen, so ist eine Normierung der Testresultate überflüssig: Sollen etwa zwei verschiedene Personengruppen hinsichtlich ihres Ergebnisses in einem Test miteinander verglichen werden oder soll eine quantitative Personenvariable mit einer anderen Persönlichkeitsvariable wie Extraversion oder Intelligenz korreliert werden, so ist es völlig unerheblich, ob ein Test normiert ist oder nicht. Eine Normierung schlägt sich weder in Mittelwertsdifferenzen noch in Korrelationen nieder.

Das Gütekriterium der Normierung wird oft *überbewertet*, d.h. man begeht leicht den Fehlschluß anzunehmen, daß ein normierter Test auch etwas Sinnvolles mißt. Das kann, muß aber nicht der Fall sein: Das Gütekriterium der Normierung steht in keinerlei logischer Beziehung zu den anderen drei Gütekriterien der Objektivität, Meßgenauigkeit und Validität. Auch ein wenig objektiver, wenig reliabler und wenig valider Test läßt sich einer repräsentativen Bevölkerungsstichprobe vorgeben und an ihr normieren (s. Kap. 6.5).

Literatur

Die Gütekriterien für Tests werden von Lienert und Raatz (1994) aber auch in den meisten Diagnostik-Lehrbüchern (z.B. Guthke, Böttcher & Sprung 1990) behandelt. Fischer (1974) und Steyer & Eid (1993) führen aus, daß die Axiome der Meßfehlertheorie keine Axiomatik im mathematischen Sinne darstellen. Das Konzept der spezifischen Objektivität wird von Rasch (1977) und Fischer (1987) diskutiert. Die Abhängigkeit der Testergebnisse von Situationen wird von Eid (1995) systematisch in die Formalisierung von Testmodellen einbezogen.

Übungsaufgaben

1. Sie haben die Meßwerte einer Variablen X, die wahren Werte derselben Variable, T_X, und die Meßwerte eines Validitätskriteriums Y von 5 Personen:

	Personen				
	1	2	3	4	5
T_X:	1	1	5	9	9
X :	2	0	5	10	8
Y :	3	4	4	4	5

   Prüfen Sie, ob für den Meßfehler der Meßwerte X die ersten beiden Axiome der Meßfehlertheorie gelten. Berechnen Sie die Reliabilität und die externe Validität von X.

2. Nennen Sie 5 möglichst unterschiedliche Faktoren, die die Objektivität eines Tests beeinträchtigen können.

3. Ein Schüler hat in einer Klausur 84% aller gestellten Aufgaben richtig gelöst. Ermöglicht dieses Ergebnis bereits eine normorientierte oder kriteriumsorientierte Interpretation? Welche Zusatzinformation benötigt man, um das Ergebnis normorientiert oder kriteriumsorientiert interpretieren zu können?

2.2 Schritte der Testentwicklung

Jede Testentwicklung nimmt ihren Ausgangspunkt in einer Theorie über die Personeneigenschaft, die der Test erfassen soll. Eine solche Theorie ist oft sehr wenig präzise und muß hinsichtlich verschiedener Aspekte konkretisiert werden, um Grundlage einer Testentwicklung sein zu können.

Idealerweise findet diese Präzisierung in fünf Schritten statt:

- *Erstens* muß man sich darüber klar werden, welcher Art die *Personenvariable* überhaupt ist.
- *Zweitens* kann man sich darüber Gedanken machen, über welche Art von Testverhalten man diese Personeneigenschaft am besten erfassen könnte.
- *Drittens* sollte man den Typ von Items, die den gewünschten Schluß vom Testverhalten auf die Personeneigenschaft zulassen, als Itemuniversum formulieren.
- Den *vierten* Schritt stellt die Auswahl einer geeigneten Itemstichprobe aus diesem Universum dar.
- Schließlich sollte man sich *fünftens* auch schon vor der Testkonstruktion Gedanken über das Testmodell machen, das auf diese Daten passen soll.

Diese Punkte werden in den folgenden Unterkapiteln abgehandelt.

2.2.1 Arten von latenten Variablen

Aus der Theorie sollte ableitbar sein, ob die zu testende Personeneigenschaft *quantitativer Natur oder qualitativer Natur* ist. Mit quantitativer Natur ist gemeint, daß sich die Personen hinsichtlich eines 'mehr oder weniger' voneinander unterscheiden, das zu testende Personenmerkmal also graduelle Abstufungen annimmt.

Mit qualitativer Natur ist gemeint, daß Personenunterschiede getestet werden sollen, die sich darin ausdrücken, daß sich *Gruppen von Personen* qualitativ voneinander unterscheiden. Das zu messende Personenmerkmal ist dann lediglich *nominal skaliert*.

Weiterhin sollte aus der Theorie ableitbar sein, ob es sich um ein *univariates oder ein multivariates* Persönlichkeitsmerkmal handelt. Univariat bedeutet, daß nur *eine* Variable variiert, multivariat heißt ein Merkmal, das sich nur mit Hilfe von *mehreren* Variablen beschreiben läßt. Im Fall von mehreren quantitativen Personeneigenschaften spricht man auch von einer *mehrdimensionalen* Personenvariable.

Ein Beispiel ist das Konstrukt *Ängstlichkeit*, das sich als eine mehrdimensionale Variable definieren läßt. Die einzelnen Dimensionen ergeben sich aus den Gegenstandsbereichen, in denen sich Ängstlichkeit manifestiert, also z.B. Angst vor physischer Verletzung, Angst vor sozialer Ablehnung, Angst vor medizinischer Behandlung etc.

Auch bei *kategorialen* oder qualitativen Eigenschaften gibt es *multivariate Konzeptionen*. Ein Beispiel hierfür ist die Messung des Attributionsstils, welcher als eine bivariate Personeneigenschaft aufgefaßt werden kann:

Die erste kategoriale Personenvariable unterscheidet, ob die Person primär intern oder primär extern attribuiert ('es liegt alles an mir' oder 'es lag an den äußeren Umständen'). Die zweite kategoriale Personenvariable unterscheidet stabile versus labile Attributionen ('das ist immer so' oder 'in diesem einzelnen Fall war das so').

Es gibt also sowohl bei kategorialen als auch bei quantitativen Personenvariablen univariate und multivariate Konzeptionen von Personeneigenschaften. Sind die Personenvariablen *kategorial*, so läßt sich aus ihnen eine einzelne Variable konstruieren, die als Kategorien die möglichen Kombinationen der Kategorien der Ausgangsvariablen hat. Im obigen Beispiel würde man also eine latente Variable mit vier Ausprägungen bilden:

intern - labil
intern - stabil
extern - labil
extern - stabil

Sofern die Variablen *quantitativ* sind, es sich also um eine *mehrdimensionale* Variable handelt, sind die möglichen Implikationen für die Testentwicklung vielfältig.

Der einfachste Fall besteht darin, daß man versucht, die verschiedenen Dimensionen *mit unterschiedlichen Items* zu erfassen. Im oben genannten Beispiel eines Angstfragebogens konstruiert man also Fragen zur Angst vor physischer Verletzung, zur Angst vor sozialer Ablehnung etc. In diesem Fall kann man jede Teilmenge von Items, jeden sogenannten Subtest, als eigenständigen Test konstruieren und auswerten. Anschließend können die Zusammenhänge der Meßwerte auf den verschiedenen Dimensionen analysiert werden.

Komplizierter ist der Fall, daß *dieselben Items* mehrere Dimensionen ansprechen. Z.B. wird die Beantwortung der Frage:

Wie unangenehm ist es Ihnen, sich nachts in einem Gasthaus in einer fremden Gegend nach dem Weg erkundigen zu müssen?

sowohl von der Angst vor physischer Verletzung, als auch von der Angst vor sozialer Ablehnung beeinflußt sein. Generell ist von der Konstruktion derartiger mehrdimensionaler Tests abzuraten, obwohl es Testmodelle gibt, mit denen man auch solche Tests auswerten kann (s. z.B. Kap. 3.4.2).

Der dritte Fall mehrdimensionaler Tests besteht darin, daß man nicht die Items sondern die *Antwortkategorien* danach unterscheidet, welche Dimension sie ansprechen. Ein Beispiel ist die Frage:

Was würden Sie heute abend am liebsten unternehmen?

- *ins Theater gehen*
- *Freunde besuchen*
- *gutes Essen zubereiten*

Die Auswahl der Antwort wird in diesem Beispiel von drei Dimensionen des Freizeitinteresses bestimmt: das Interesse an kulturellen Aktivitäten, an sozialen Aktivitäten und an gestaltenden Beschäftigungen. Diese Art der Erfassung mehrdimensionaler Eigenschaft birgt gewisse Schwierigkeiten, auf die im Kapitel 3.2.2 eingegangen wird, und kommt in der Praxis selten vor. Trotzdem gibt es auch für diesen Fall geeignete Testmodelle (Kap. 3.2.2).

Schließlich gibt es einen speziellen Fall der *Kombination* einer kategorialen und einer quantitativen Personenvariable. Dieser ist dann gegeben, wenn eine *quantitative Personenvariable* gemessen werden soll, aber damit zu rechnen ist, daß *verschiedene Personengruppen* diesen

Test auf unterschiedliche Art und Weise bearbeiten.

Beispiel

Die Messung des *räumlichen Vorstellungsvermögens* ist zweifellos ein Beispiel für die Messung einer quantitativen Personenvariable. Es folgt allerdings aus der Theorie, daß es zwei unterschiedliche Arten von Lösungsstrategien für die Testitems gibt, nämlich eine analytische und eine holistische Strategie. Weiterhin wird angenommen, daß jede Person eine dieser beiden Strategien bevorzugt und daher auch einen Raumvorstellungstest primär mit der von ihr bevorzugten Strategie löst. In diesem Falle gibt es eine kategoriale Personenvariable (holistische versus analytische Strategiepräferenz) und eine quantitative Personenvariable, nämlich die Fähigkeit, mit der jeweiligen Strategie Raumvorstellungsaufgaben zu lösen.

Auch für diesen Spezialfall einer Kombination von kategorialer und quantitativer Personenvariable gibt es spezielle Testmodelle, die in Kapitel 3.1.3 und 3.3.5 behandelt werden.

Die Klärung der Frage, welcher Art die latente Variable ist, die der Test erfassen soll (kategorial oder quantitativ, ein- oder mehrdimensional) stellt deswegen den ersten Planungsschritt bei der Testentwicklung dar, weil die Beantwortung dieser Frage weitgehend von der psychologischen *Theorie* über die betreffende Persönlichkeitseigenschaft bestimmt sein sollte. Die konkreten Implikationen für die Testkonstruktion ergeben sich aber erst aus der Kenntnis der Testmodelle, die man für den jeweiligen Zweck heranziehen kann.

2.2.2 Arten von Tests

Hat man sich Klarheit darüber veschafft, welcher Art die zu messende Personeneigenschaft ist, so stellt sich als nächstes die Frage, welcher Art das zu beobachtende *Testverhalten* ist, und wie es mit der Personeneigenschaft zusammenhängt. Je nach der Art des im Test erfaßten *Verhaltens* lassen sich folgende Arten von Tests unterscheiden:

Leistungstests
Persönlichkeitsfragebögen
objektive Persönlichkeitstests
Projektive Tests
Situationsfragebögen
Symptomlisten
Einstellungstests
Motivations- und Interessensfragebögen
Verhaltensfragebögen

Im folgenden soll das Charakteristische der Beziehung zwischen Personeneigenschaft und Testverhalten bei diesen Testarten dargestellt werden.

2.2.2.1 Leistungstests

Leistungstests zeichnen sich dadurch aus, daß von den Personen die Lösung von Aufgaben oder Problemen verlangt wird, die Reproduktion von Wissen, das Unterbeweisstellen von Können, Ausdauer oder Konzentrationsfähigkeit. So heterogen diese Aufzählung klingen mag, Leistungstests haben die wichtige Eigenschaft gemeinsam, daß die getesteten Personen das Ergebnis willentlich *nur in einer Richtung verfälschen* können, nämlich 'nach unten'. Man kann sich 'dümmer' stellen als man ist, man kann sich keine Mühe geben bei der Testbearbeitung oder die Antworten einfach zu erraten versuchen. Man kann aber nicht in Verfälschungsabsicht eine höhere Leistung erbringen als die, zu der man imstande ist.

Leistungstests sind daher schon von vornherein als 'halb-objektiv' zu bezeichnen, obwohl die Verfälschungsmöglichkeit 'nach unten' aufgrund mangelnder Testmotivation, z.B. bei Felduntersuchungen, sehr gravierende Einschränkungen der Interpretierbarkeit der Ergebnisse mit sich bringen kann. Das Phänomen des *Erratens* der richtigen Lösung kann mit Mitteln der Itemkonstruktion eingeschränkt und mit geeigneten Testmodellen kontrolliert werden.

Innerhalb der Kategorie der Leistungstests gibt es eine weitere Unterteilung in sogenannte *speed- und power-Tests*. Bei speed-Tests wird durch eine begrenzte Zeitvorgabe neben der Qualität der Leistung auch die Geschwindigkeit erhoben, mit der eine Leistung erbracht wird. Bei power-Tests zählt dagegen nur, ob die Aufgaben richtig oder falsch gelöst wurden, und nicht wieviel Zeit die Person dafür benötigt.

Reine *power-Tests* sind schon aus technischen Gründen kaum durchführbar, da jede Testvorgabe eine zeitliche Begrenzung haben muß. Diese Grenze sollte aber so bemessen sein, daß in der Regel alle Personen bis zur letzten Testaufgabe vordringen. Nur in diesem Fall lassen sich die meisten Testmodelle auf die resultierenden Daten anwenden: die unterschiedliche Anzahl von nicht bearbeiteten Aufgaben wirft rechnerische Probleme, vor allem aber auch Interpretationsprobleme auf.

Relativiert man die erbrachte Leistung an der Zahl der *bearbeiteten Aufgaben*, so bewertet man die langsamen Personen zu gut, da sie sich für jede Aufgabe mehr Zeit als die schnellen Personen genommen haben. Relativiert man die Leistung an der *Gesamtzahl der angebotenen Aufgaben*, so bewertet man die Qualität der Leistung von langsamen Personen zu schlecht, da man nicht berücksichtigt, wieviele der nicht bearbeiteten Aufgaben sie noch hätten lösen können.

Auf jeden Fall stellt die Verquickung von Qualität und Geschwindigkeit bei 'gespeedeten' Leistungstests ein Problem dar, für dessen Lösung es zwar einige Ansätze in der Testtheorie gibt, von denen aber keiner ganz befriedigend ist. Günstiger ist es, die *Bearbeitungszeit pro Aufgabe* zu begrenzen. Hier hat jede Person dieselben Bedingungen für jede Aufgabe und es lassen sich die meisten Testmodelle problemlos anwenden.

Für einige Varianten von *speed-Tests* benötigt man allerdings auch keine Testmodelle. Mißt man etwa die Zeit, die eine Person für eine vorgegebene Menge von Aufgaben benötigt, so hat man mit der gemessenen Zeitdauer bereits eine metrische Personenvariable. Um den Qualitätsaspekt aus dieser Zeitmessung ganz zu eliminieren, kann man falsch gelöste Aufgaben wiederholt vorlegen (z.B. beim computerunterstützten Testen), so daß die Zeit für die *richtige Lösung aller Aufgaben* gemessen wird.

Mit einer gewissen Berechtigung läßt sich bei Vorgabe eines *festen Zeitintervalls* auch die Anzahl der richtig gelösten Aufgaben als eine Häufigkeit, und somit als eine metrische Variable auffassen und man kann ebenfalls von der Anwendung eines Testmodells absehen.

Spielt also die Geschwindigkeit eines Verhaltens die zentrale Rolle bei der Messung einer Personeneigenschaft, so läßt sich die physikalische Größe 'Zeit' auch zur (metrischen) Operationalisierung dieser Personeneigenschaft nutzen.

2.2.2.2 Persönlichkeitsfragebögen

Persönlichkeitsfragebögen sind dadurch charakterisiert, daß von der befragten Personen eine *Selbstauskunft* (self report) verlangt wird. Fragen wie

> *Sorgen Sie sich um schreckliche Dinge, die vielleicht geschehen könnten ?*
> *ja - nein*
> *(Item aus dem EPI, Eggert 1974)*

stellen verschiedene Anforderungen an den Beantwortungsprozeß, wenn der Schluß von der Itemantwort auf die Personeneigenschaft (hier: Neurotizismus) gerechtfertigt sein soll.

Zunächst einmal muß die erfragte Selbstkenntnis vorhanden sein, d.h. die Person muß *wissen*, ob sie sich um schreckliche Dinge sorgt. Dies ist ein Aspekt der *Metakognition* (das ist die Einsicht in eigene kognitive Prozesse) der befragten Person, die durchaus nicht immer vorhanden sein muß. Ist diese Metakognition nicht vorhanden, oder entspricht sie ganz und gar nicht der Realität, so kann man von der Itemantwort bestenfalls auf das *Selbstbild* der Person, aber nicht auf ihre Persönlichkeit schließen. Beispiel: eine Person meint, sie mache sich Sorgen über schreckliche Dinge, sorgt sich aber tatsächlich nur darum, daß das Geld nicht bis zum Monatsende reichen könnte.

Sodann muß eine *Offenbarungsbereitschaft* vorhanden sein, d.h. die Person muß bereit sein, gemäß ihrer Metakognition zu antworten. Es kann z.B. sein, daß eine Person zwar die Bereitschaft hat, den Test auszufüllen, aber ihr *Ideal-Selbstbild* anstelle des Real-Selbstbildes wiedergibt. Mit Ideal-Selbstbild ist hier dasjenige Selbstbild gemeint, das die Person gerne gegenüber demjenigen, der den Test vorgibt, zeichnen möchte.

Man hat den Tendenzen, sich in einem Persönlichkeitsfragebogen anders darzustellen als man wirklich ist, verschiedene Namen gegeben: Beantwortet eine Person die Fragen so, daß ein posititves, in unserer Gesellschaft allgemein akzeptiertes Bild entsteht, so beeinflußt die Variable der *sozialen Erwünschtheit* ihr Antwortverhalten. Eine zweite Variable, die die Ehrlichkeit der Antworten in einem Persönlichkeitsfragebogen beeinflußt, ist die Tendenz zur *Selbstpräsentation* *(self-monitoring)*. Personen, die sich stets der jeweiligen Situation angepaßt darstellen, also die Eigenschaft eines Chamäleons haben, tun dies eventuell auch bei der Beantwortung eines Persönlichkeitsfragebogens.

Ist die Metakognition und die Offenbarungsbereitschaft gegeben, so ist als drittes eine geeigneter *Beurteilungsmaßstab* vorauszusetzen, der Daten *aus sozialen Vergleichsprozessen* erfordert. So beinhaltet z.B. die Frage, ob man sich Sorgen um schreckliche Dinge macht, auch den Aspekt, ob die befragte Person das häufiger oder intensiver tut als andere Personen. Dies setzt bei der Beantwortung der Frage voraus, daß die Person es einschätzen kann, inwieweit sich *andere* Menschen Sorgen um schreckliche Dinge machen.

Wird eine Frage *ohne* einen solchen Beurteilungsmaßstab beantwortet, so sagt die Antwort zwar auch etwas über die Person aus (nämlich, daß sie *meint*, daß sie sich mehr als andere Personen Sorgen macht). Sie sagt dann aber weniger über den 'tatsächlichen' Neurotizismusgrad der Person aus, sondern vielleicht etwas über ihren Leidensdruck oder ihren Glauben, daß es anderen Leuten besser geht als ihr.

Neben diesen drei Voraussetzungen für eine brauchbare Selbstauskunft ist ein weiteres Charakteristikum von Persönlichkeitsfragebögen ihre *Durchschaubarkeit*. Jugendliche und Erwachsene mit einem gewissen psychologischen Reflexionsniveau werden bei vielen Fragen aus Persönlichkeitsfragebögen durchaus richtig raten, auf welche Personeneigenschaften aus der Antwort geschlossen werden soll.

Diese Durchschaubarkeit beinhaltet eine leichte *Verfälschbarkeit* im Sinne einer gezielten Beeinflussung des gesamten Testresultates. Im Gegensatz zu Leistungstests, kann diese Beeinflussung in beide Richtungen gehen, z.B. kann man sich aufgrund der Durchschaubarkeit bewußt neurotischer oder weniger neurotisch darstellen.

2.2.2.3 Objektive Persönlichkeitstests

Dieser Begriff geht auf den Persönlichkeitsforscher R.B. Cattell zurück. Dieser forderte als Ergänzung und Kontrolle von Persönlichkeitsfragebögen noch eine zweite Art von Tests, die er objektive Persönlichkeitstests nannte. Sie sind in dem Sinne *objektiv*, als eine Verfälschung wegen Undurchschaubarkeit ausgeschlossen sein soll.

Schmidt (1975, S.19) definiert objektive Tests folgendermaßen:

> *'Objektive Tests zur Messung der Persönlichkeit und Motivation sind Verfahren, die unmittelbar das Verhalten eines Individuums in einer standardisierten Situation erfassen, ohne daß diese sich in der Regel selbst beurteilen muß. Die Verfahren sollen für den Probanden keine mit der Meßintention übereinstimmende Augenscheinvalidität haben.'*

Unter *Augenscheinvalidität* versteht man die Eigenschaft von Tests, daß man ihnen 'ansicht' was sie messen sollen und welches Verhalten man damit vorhersagen möchte.

Die Idee objektiver Persönlichkeitstests besteht also darin, aus Itemantworten auf Personeneigenschaften zu schließen, die gar nicht Gegenstand der Fragen waren. Z.B. soll die befragte Person in einem Untertest der Cattell'schen Testbatterie (Schmidt et al. 1994) beurteilen, ob jede Feststellung einer vorgegebenen Liste 'sinnvoll ist und einen guten Eindruck hinterläßt' oder aber 'sinnlos ist und ein schlechtes Licht auf den wirft, der sie benutzt'. Es folgt dann eine Reihe klischeehafter Feststellungen, wie

Frauen können sich nie entscheiden
Jeder Mensch braucht Freunde
Geld ist der Grund vieler Bosheit
Wer Geld hat, hat auch Freunde...u.s.w.

Während der Befragte gemäß der Testinstruktion nach Sinn und Unsinn jeder einzelnen Feststellung ringt, wird am Ende nur ausgezählt, *wieviele* Feststellungen man für sinnvoll hält - als Maß für die 'Hausbackenheit' des Befragten.

Auch viele der wöchentlich neu konstruierten 'Psycho-Tests' in Illustrierten sind von diesem Typ, etwa wenn aus der Beantwortung der Frage

Sind Sie eigentlich 'wetterfühlig' ?

darauf geschlossen wird, wie 'rücksichtsvoll' die befragte Person ist. Diese Tests sind ein gutes Beispiel dafür, daß ein Test zwar das Gütekriterium der Objektivität (oder einen Aspekt davon) erfüllen kann, aber trotzdem keine große Validität besitzt.

Das Konzept objektiver Tests setzt eine *nicht-triviale Theorie* über den Zusammenhang von unverfänglich erfragbaren Verhaltensaspekten und relevanten Persönlichkeitseigenschaften voraus. Vielleicht liegt es daran, daß die Erfassung von Persönlichkeitseigenschaften mit solchen Tests im akademischen Bereich derzeit kaum eine Rolle spielt. Es ist offenbar sehr schwer, von Verhaltensaspekten zuverlässig auf Persönlichkeitseigenschaften zu schließen, bezüglich derer die Fragen *keine* Augenscheinvalidität besitzen.

Trotzdem stellen diese Tests wohl am ehesten das dar, was der Laie von psychologischen Tests erwartet: auf geheimnisvolle Weise aus ein paar banalen Antworten auf tiefliegende Strukturen der Persönlichkeit schließen zu können.

2.2.2.4 Projektive Tests

Ein ganz anderer Weg, zu objektiven Testresultaten zu gelangen, wird mit den sogenannten projektiven Verfahren begangen. Der Name leitet sich aus der psychoanalytischen Theorie ab, in der mit *Projektion* ein Abwehrmechanismus bezeichnet wird, mit Hilfe dessen sich das Ich gegen angstauslösende oder verbotene Triebregungen wehrt. Die Abwehr besteht darin, daß diese inneren Regungen und Impulse nach außen, meistens auf andere Personen projiziert werden und dadurch nicht mehr mit den Normen des eigenen Über-ich in Konflikt geraten können.

Bei *projektiven Tests* wird angenommen, daß dieser Vorgang auch in der Situation einer Testvorgabe stattfinden kann und man somit über die Itemantworten zu Erkenntnissen über Persönlichkeitseigenschaften gelangt, die der Person selbst gar nicht bewußt sind oder in einem direkten Fragebogen nicht geäußert ('zugegeben') würden.

Um den Vorgang der Projektion zu ermöglichen, stellen die Items *Stimuli* dar (das sind auslösende Reize), welche möglichst *unstrukturiert* sein müssen. Sie müssen einerseits innere Vorgänge stimulieren, die dann zum Inhalt einer Projektion werden können. Andererseits muß das Item so vage (unstrukturiert) sein, daß man in diesen Stimulus auch Eigenes 'hineinlesen' oder projizieren kann. Bezüglich dieser Eigenschaften unterscheiden sich projektive Verfahren graduell .

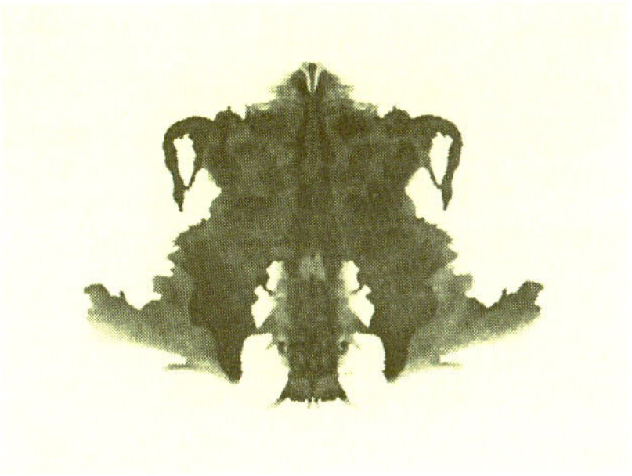

Abbildung 7: Ein Item aus dem Rorschach Test (Rorschach, 1954)

Während die Items des Rorschach Tests nur aus einem (spiegelsymmetrischen) Tintenklecks bestehen, sind die Bilder des thematischen Apperzeptionstests (TAT) photographisch genau, jedoch bezüglich der Interpretation ihres Inhaltes offen und unstrukturiert.

Abbildung 8: Ein Item aus dem thematischen Apperzeptionstests (TAT; Revers & Taeber 1968)

Unstrukturiert sind die Items des Rosenzweig Picture-Frustration Tests dadurch, daß es sich um sehr sparsame Strichzeichnungen handelt, die keine Ähnlichkeit mit existierenden Personen haben. Dadurch wird es der befragten Person erleichtert, sich selbst mit der antwortenden Person in der Zeichnung zu identifizieren.

Abbildung 9: Ein Item aus dem Picture-Frustration Test (Hörmann & Moog 1957)

Das Konzept von projektiven Tests ist auch über den engen psychoanalytischen Begriff der Projektion hinaus sinnvoll. So ist es eine unbestreitbare Tatsache, daß man leicht 'von sich auf andere schließt' oder Dinge assoziiert, die dem eigenen Erleben und Denken entspringen.

Projektive Tests sind immer dann in Betracht zu ziehen, wenn Persönlichkeitseigenschaften gemessen werden sollen, die mit einer *starken positiven oder negativen Wertung* verknüpft sind, sei diese gesellschaftlicher oder individueller Natur. Beispiele sind etwa die Messung der Aggressivität, die man ungern zugibt oder auch nur wahrhaben will, oder die Messung des Leistungsmotivs, über dessen Stärke man sich oft nicht im Klaren ist, und dessen hohe Ausprägung in unserer Gesellschaft eine positive Norm darstellt.

Die Stärke der Tendenz, mit der sich eine Person an der gesellschaftlichen oder sozialen Norm orientiert, nennt man die Variable der *sozialen Erwünschtheit* (social desirability). Die soziale Erwünschtheit beeinflußt potentiell jedes Ergebnis einer direkten Befragung. Projektive Verfahren können als Versuch aufgefaßt werden, den Einfluß der sozialen Erwünschtheit auf das Testergebnis dadurch möglichst gering zu halten, daß der Befragte in der Itemantwort nicht über sich selbst sprechen muß (und sich somit sozial erwünscht darstellt), sondern über einen abstrakten Stimulus oder eine fremde Person.

2.2.2.5 Situationsfragebögen

Eine andere Art von Projektion stellt das *'Sich-hinein-versetzen'* in eine beschriebene Situation dar. Hier werden nicht innere Triebregungen nach außen projiziert, sondern die eigene Person versetzt sich in der Vorstellung in eine hypothetische Situation. Sodann wird das Erleben und Verhalten in dieser Situation erfragt. Derartige Tests heißen *Situationsfragebögen.*

Ein Beispiel ist etwa das Angstbewältigungsinventar (ABI, Krohne et al. 1989), in dem die Person aufgefordert wird, sich folgende Situation vorzustellen:

> *Stellen Sie sich vor, Sie fahren als Beifahrer mit einem offensichtlich ungeübten Autofahrer. Es herrschen durch Schnee und Glatteis ungünstige Straßenverhältnisse.*

Die Person hat dann für 18 Verhaltensbeschreibungen anzugeben, ob diese für sie in der Situation zutreffend sind oder nicht, z.B.:

- *denke ich: 'Mir bleibt auch nichts erspart.'*
- *sage ich mir: 'Es wird schon nichts Schlimmes passieren.'*
- *schaue ich einfach nicht mehr auf die Fahrbahn, sondern denke an etwas anderes oder betrachte die Gegend.*

Verlangt wird von der befragten Person - wie bei Persönlichkeitsfragebögen - eine Selbstauskunft, jedoch ohne die Voraussetzungen der Metakognition und des sozialen Maßstabs (s.o. Kap. 2.2.2.2). Voraussetzung ist im allgemeinen nur die Erinnerung an ähnliche Situationen und die Fähigkeit, das Wissen aus dieser Erinnerung heraus auf die vorgegebene, hypothetische Situation zu übertragen. Natürlich ist das auch ein Stück 'Selbstkenntnis', jedoch wird von der befragten Person *keine Einschätzung* der eigenen Person verlangt, sondern *Auskunft über potentiell beobachtbares Verhalten* und potentielles Erleben.

Die Voraussetzung der Offenbarungsbereitschaft und die Möglichkeit einer Beeinflussung durch die soziale Erwünschtheit ist bei Situationsfragebögen genauso gegeben, wie bei Persönlichkeitsfragebögen.

2.2.2.6 Einstellungstests

Die Messung von Einstellungen (attitudes) ist ein sehr altes Kapitel in der Geschichte der Messung psychischer Merkmale. Im Unterschied zu generellen Persönlichkeitseigenschaften sind Einstellungen auf ein bestimmtes *Objekt gerichtet*, das Einstellungsobjekt. Das Einstellungsobjekt muß nicht eine Person oder Sache sein, sondern kann auch ein abstraktes Prinzip, ein Paragraph oder Ähnliches sein. Beispiele sind etwa:

Einstellung gegenüber Kernkraftwerken
Einstellung zur Abtreibung
Einstellung gegenüber Ausländern
Einstellung zum Recht auf Freie Meinungsäußerung

Üblicherweise wird bei Einstellungen eine Pro-Contra-Dimension oder eine *Zustimmungs-Ablehnungs-Dimension* gemessen. Dies geschieht in der Regel dadurch, daß verschiedene Statements über das Einstellungsobjekt vorgegeben werden und die befragten Personen angeben sollen, inwieweit sie der jeweiligen Aussage zustimmen oder sie ablehnen. Diese Aussagen stellen die Items des Tests dar und jede Aussage (jedes Item) drückt eine bestimmte Position auf der zu messenden Pro-Contra-Dimension aus.

In einem Fragebogen zur Einstellung gegenüber der Nutzung von Kernenergie markieren z.B. die drei folgenden Items unterschiedliche Positionen auf der zu messenden Einstellungsdimension:

- *Kernkraftwerke sichern langfristig unsere Energieversorgung.*
- *Die derzeit in Betrieb befindlichen Kernkraftwerke sollten innerhalb der nächsten 10 Jahre abgeschaltet werden.*
- *Kernkraftwerke stellen eine Technologie dar, die gegenüber den nachfolgenden Generationen unverantwortbar ist.*

Während das erste Item am positiven Ende der Einstellungsdimension liegt, hat das zweite Item eine mittlere Position und das dritte Item liegt am negativen Ende. Die Zustimmung zu der jeweiligen Aussage kann im einfachsten Fall mit einer ja-nein Antwort erfaßt werden, wird aber in der Regel mit einer mehrstufigen Ratingskala erfaßt (vgl. Kap. 2.3.1.3), z.B.:

- *stimme völlig zu*
- *stimme eher zu*
- *lehne eher ab*
- *lehne völlig ab*

Über den Zusammenhang von Antwortverhalten und latenter Variable gibt es zwei unterschiedliche Annahmen, die jeweils auch unterschiedliche Testmodelle für die Testauswertung erforderlich machen. Sie werden nach den beiden 'Pionieren' der Einstellungsmessung, L.L. Thurstone und R. Likert benannt.

Die Annahme der Thurstone-Skalierung

Thurstone (Thurstone & Chave 1929) hat eine Methode zur Einstellungsmessung angewendet, deren zentrale Annahme darin besteht, daß die Personen denjenigen Items zustimmen, die ihrer eigenen Position auf der Einstellungsdimension *am nächsten* liegen. Items, die von der eigenen Position weiter entfernt liegen, werden dagegen abgelehnt. In der folgenden Graphik würde also Person 1 den Items 1 und 2 zustimmen und die Items 3 und 4 ablehnen.

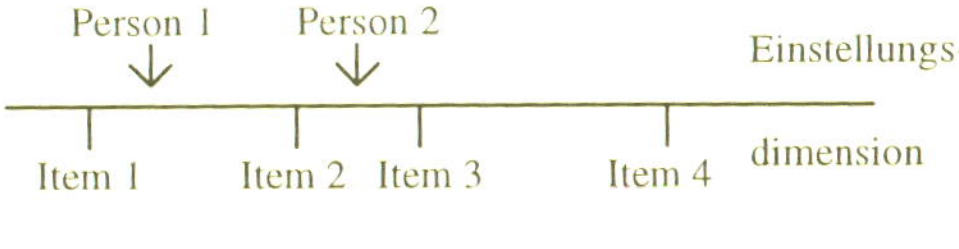

Person 2 würde den Items 2 und 3 zustimmen und die Items 1 und 4 ablehnen.

Diese Annahme ist zwar sehr plausibel, hat aber für die Testauswertung die schwerwiegende Konsequenz, daß man die Positionen der Items genau kennen muß, um zu Meßwerten für die Personen zu gelangen.

Die Annahme der Likert-Skalierung

Likert (1932) hat eine andere Methode der Einstellungsmessung verwendet, bei der man *nicht* die Position jedes einzelnen Items kennen muß. Sie basiert vielmehr auf der Annahme, daß jedes Item entweder eine *positive* oder eine *negative Haltung* gegenüber dem Einstellungsobjekt ausdrückt. Eine Zustimmung zu einem positiven Item kann dann genauso gewertet werden wie eine Ablehnung eines negativen Items.

Die grundlegende Annahme über das Antwortverhalten besagt, daß eine Person allen positiv formulierten Items umso mehr zustimmt, und alle negativ formulierte Items umso mehr ablehnt, je positiver ihre Einstellung zu dem betreffenden Objekt ist. Handelt es sich in dem folgenden Beispiel um vier positiv formulierte Items, so würde nach dieser Annahme die Person 1 dem ersten Item zustimmen, die anderen drei eher ablehnen.

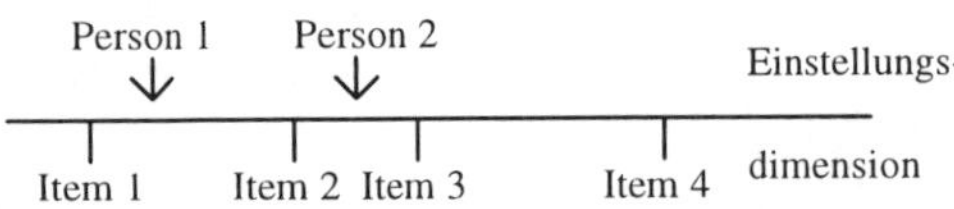

Die Person 2 stimmt den Items 1 und 2 zu, wobei die Zustimmung zu Item 1 deutlicher ausfällt ('stimme völlig zu'), weil die Einstellung der Person noch positiver ist, als es das erste Item ausdrückt. Die Zustimmung zu einem Item *sinkt* also nicht mit zunehmender Distanz zu der Position des Items (wie bei der Thurstone-Skalierung), sondern sie *steigt* mit zunehmender Distanz *in positiver Richtung*.

Auch diese Annahme ist für viele Einstellungstests sehr plausibel. Sie hat den Vorteil, daß die Testauswertung vergleichsweise unkompliziert ist, sofern alle Items eindeutig positiv oder negativ formuliert sind.

Welche der beiden Annahmen über das Antwortverhalten zutreffend ist, hängt weitgehend auch von der Formulierung der Items ab. In einem Test zur Messung der Einstellung zum Umweltschutz löst das folgende Item sicherlich umso mehr Zustimmung aus, je positiver die Einstellung ist:

> *Jeder Bürger sollte seinen privaten Energieverbrauch so weit wie möglich reduzieren.*

Dagegen wird die folgende Formulierung vermutlich sowohl von Personen abgelehnt, die eine geringe Ausprägung der Einstellung haben, als auch von Personen, die weitaus drastischere Maßnahmen zur Erhaltung der Umwelt für notwendig halten:

> *In der Reduktion des privaten Energieverbrauchs liegt der Schlüssel zum Schutz der Umwelt.*

Bei der Konstruktion eines Einstellungstests muß man sich frühzeitig für eine der beiden Annahmen entscheiden und die Items entsprechend formulieren. Die meisten der in Kapitel 3 behandelten *quantitativen* Testmodelle eignen sich nur zur Analyse von Items, für die die Annahme der Likert-Skalierung gilt. Modelle für Einstellungstests, die nach der Thurstone-Methode konstruiert sind, werden in Kapitel 3.1.1.3 behandelt. Allerdings eignen sich auch Testmodelle mit einer *kategorialen Personenvariable* für die Auswertung von Einstellungstests. Für die Anwendung dieser Testmodelle spielt es *keine* Rolle, ob die Itemantworten nach Thurstone oder nach Likert zustandegekommen sind.

Darüber hinaus ist es bei der Anwendung klassifizierender Testmodelle auch nicht erforderlich, von einer *Einstellungsdimension* auszugehen. Individuelle Unterschiede in der Einstellung gegenüber einem Einstellungsobjekt können sich auch in Form von qualitativen Unterschieden äußern. Man spricht dann auch von der *Einstellungsstruktur*. Damit ist gemeint, daß sich Personen darin unterscheiden, bei *welchen* Items sie im Sinne einer positiven Einstellung antworten und bei welchen im Sinne einer negativen Einstellung. In diesem Fall sind weder die *Personen* noch die *Items* auf einer Dimension anordenbar, wie das zuvor stets vorausgesetzt wurde.

2.2.2.7 Motivations- und Interessensfragebögen

Interessen sind wie Motivationen Eigenschaften, die eine Antriebsqualität für das Handeln von Personen haben, also gleichsam Motor des Verhaltens sind. Fragebögen, die diese Eigenschaften direkt erfassen sollen, bestehen oft aus Fragen der folgenden Art:

Was machst Du am liebsten......
Was würdest Du gerne tun....
Wozu hast Du Lust.....

Dieser Typ von Tests hat vieles gemeinsam mit den bisher beschriebenen Testarten. So wird eine *Selbstauskunft über innere Zustände oder Vorgänge* erfragt, die vergleichbare Voraussetzungen erfordert und Verfälschungsgefahren birgt, wie Persönlichkeitsfragebögen. Interessen sind wie Einstellungen *objektbezogen*, d.h. man hat ein Interesse *an* etwas oder *für* etwas, und man drückt sein Interesse wie seine Meinung gerne *graduell abgestuft* aus (z.B. 'mein Interesse daran ist eher gering').

Ein besonderer Aspekt von Interessensfragebögen besteht jedoch darin, daß Interessen *zukunftsorientiert* sind und in der Regel auch zukunftsbezogen erfaßt werden. Damit ist gemeint, daß sich die Tätigkeit, auf die sich das Interesse bezieht, erst in der Zukunft ausgeführt wird: '..was möchtest Du (...gleich... später... morgen...) tun?'.

Besonders deutlich wird die Zukunftsorientierung, wenn man etwa Schülerinteressen erhebt, um den späteren Unterricht für diese Schüler zu planen, oder Berufsinteressen, um die Probanden bezüglich ihrer Berufswahl zu beraten. Hier bezieht sich die Itemantwort auf eine innere Vorliebe für etwas, was der Befragte *noch gar nicht kennt* und kennen kann, weil es ihm noch bevorsteht.

Dem trägt man bei der Testkonstruktion dadurch Rechnung, daß entweder die einzelnen Items aus einem längeren Text bestehen oder mehreren Items ein gemeinsamer *Text* vorangeht, in dem das Interessensobjekt beschrieben ist. Diese Beschreibung dient dann als *Stimulus*, der das Interesse 'wecken' oder zumindest bewußt machen soll.

Die Itemantwort kann dann - wie bei einem Einstellungstest - in einem Urteil auf einer mehrstufigen Ratingskala bestehen, z.B.

kein mäßiges deutliches starkes Interesse

Das Problem dabei ist, daß die befragten Personen einen vergleichbaren *Beurteilungsmaßstab* haben sollten, nämlich was 'mäßiges', 'deutliches' und 'starkes' Interesse ist. Man verläßt sich hier auf die intersubjektive Gültigkeit der Sprache, die bei solchen differenzierten Urteilen oft fraglich ist.

Die Stärke des Interesses muß nicht unbedingt auf einer Ratingskala eingestuft werden. Es kann z.B. auch eine *Präferenzwahl* (Präferenz = Bevorzugung) aus vorgegebenen Alternativen erfolgen, die als Ausdruck des *relativen* Interesses gewertet wird, z.B.:

Was würden Sie jetzt am liebsten lesen:

- *das nächste Kapitel über Verhaltensfragebögen*
- *etwas über Ergebnisse der Interessensforschung*
- *etwas darüber, wie man Interessenstests mit Präferenzwahlen auswertet*
- *eine Übersicht, welche Interessenstests schon entwickelt und erprobt worden sind*

Wählen Sie eine Alternative aus!

Der Nachteil von solchen Präferenzwahlen besteht darin, daß die Itemantwort nur den Schluß zuläßt, daß die gewählte Alternative *relativ zu den anderen Alternativen* als interessant gilt. Es können somit nur relative Interessensausprägungen gemessen werden und das Testergebnis hängt völlig von den angebotenen Vergleichsalternativen ab. Die generelle Problematik von Antwortformaten mit nominal-skalierten Antwortvariablen wird in Kapitel 3.2 behandelt.

2.2.2.8 Verhaltensfragebögen

Aufgrund der Probleme, die mit der Einschätzung und Beurteilung eigener innerer Zustände und Vorgänge verbunden sind, bietet sich als Alternative an, statt innerer Zustände das *tatsächliche Verhalten* der Personen mit Fragebögen zu erfassen. Es hat einigen Reiz, sich nicht mit Introspektion, sozialen Vergleichen, Beurteilungsmaßstäben und Präferenzurteilen auseinandersetzen zu müssen, sondern den Probanden schlicht zu fragen:

Was hast Du getan ?

Prominentes Beispiel ist etwa die Erfassung des Umweltbewußtseins, wo man einsehen mußte, daß Selbsturteile über umweltrelevante Einstellungen, Verantwortungszuschreibungen und sogar Handlungsabsichten nicht das tatsächliche Verhalten im Umweltbereich vorherzusagen gestatten.

Mit Verhaltensfragebögen möchte man erfassen, was die befragten Personen tatsächlich in der *Vergangenheit* getan haben. Im Gegensatz zu Situationsfragebögen ist selbst die Übertragung auf hypothetische Situationen ausgeschlossen.

Voraussetzungen für die Interpretierbarkeit der Itemantworten sind ein hinreichend zuverlässiges *Gedächtnis* der Probanden für das eigene Verhalten und die Bereitschaft, *ehrlich* Auskunft zu geben. Die soziale Erwünschtheit kann natürlich auch die Ergebnisse eines Verhaltensfragebogens beeinflussen, jedoch ließe sich diese Beeinflussung nur über eine bewußte Lüge realisieren. Hier ist die Hemmschwelle sicherlich höher, als bei der Selbsteinschätzung einer Persönlichkeitseigenschaft, welche sich leichter 'verzerren' läßt.

Diese Ehrlichkeit vorausgesetzt, kann das Antwortverhalten im Test gleichgesetzt werden mit dem tatsächlichen Verhalten. Damit ist man aber nur scheinbar 'dichter' an der zu messenden Persönlichkeitseigenschaft dran. Das Problem beim *Schluß* vom tatsächlichen Verhalten *auf eine Persönlichkeitseigenschaft* besteht darin, daß das gezeigte Verhalten außer von der vermuteten Persönlichkeitseigenschaft von einer Vielzahl von *situationalen Bedingungen* abhängt.

So kann man z.B. keine Gelegenheit gehabt haben, ein Verhalten zu zeigen, daran gehindert worden sein, von anderen veranlaßt worden sein, es zu zeigen, oder es aus ganz anderen Gründen 'zufällig' gezeigt haben. Kurzum, der Schluß von Verhalten unter Realbedingungen auf Personeneigenschaften ist extrem *fehlerbehaftet*. Um diesen Fehler klein zu halten, sollte man nach solchen Verhaltensweisen fragen, bei denen die situationalen Bedingungen für alle Befragten möglichst gleich sind. Dies kann wiederum die Aussagekraft bezüglich der zu messenden Eigenschaft einschränken.

Sieht man von der Beeinträchtigung durch situationale Faktoren einmal ab, setzt der Schluß vom Testverhalten (= erfragtes Verhalten) auf Personeneigenschaften Annahmen darüber voraus, unter welchen Eigenschaftsausprägungen welches Verhalten zu erwarten ist. Im Falle einer *quantitativen Eigenschaft* kann dies - wie bei Einstellungstests - darüber geschehen, daß die erfragten Verhaltensweisen unterschiedliche Punkte auf der Eigenschaftsdimension markieren. Auch hier gibt es wieder die beiden Alternativen, die den Annahmen der Thurstone- und der Likert-Skalierung analog sind (vgl. Kap. 2.2.2.6):

Erstens, das Verhalten tritt nur dann auf, wenn die Eigenschaftsausprägung der Person *in der Nähe* der Position der Verhaltensweise ist.

Zweitens, das Verhalten wird von einer bestimmten Eigenschaftsausprägung an *aufwärts* gezeigt.

Beispiel

In einem Fragebogen zum Umwelthandeln wird gefragt:

- *haben Sie in letzter Zeit Geld für eine Umweltschutzorganisation gespendet?*
- *sind Sie Mitglied in einer Umweltschutzorganisation?*
- *arbeiten Sie in einer Umweltschutzorganisation mit?*

Die erste Verhaltensweise zeigt sich im Sinne der ersten, oben genannten Alternative vermutlich nur bei einer mittleren Handlungsbereitschaft, aber nicht bei einer sehr schwachen oder sehr starken Handlungsbereitschaft. Bei einer sehr starken Handlungsbereitschaft spendet man nicht mehr, sondern arbeitet selbst mit.

Das zweite Item wird vermutlich im Sinne der zweiten Alternative beantwortet, da man auch bei einer *aktiven* Mitarbeit in einer Umweltorganisation Mitglied in dieser Organisation ist.

In Verhaltensfragebögen, die sehr viele Verhaltensweisen abfragen, ist die erste Annahme über das Antwortverhalten sehr viel realistischer, da auch von Personen mit hoher Eigenschaftsausprägung (Handlungsbereitschaft) nicht erwartet werden kann, daß sie *alle* Verhaltensweisen zeigen. Dafür reicht oft die zur Verfügung stehende Zeit nicht aus und auch bei einer starken Handlungsbereitschaft werden Akzente auf *bestimmte* Aktivitäten gesetzt. Entsprechendes gilt z.B. auch für sog. *Symptomlisten*, bei denen ebenfalls nicht erwartet werden kann, daß Patienten mit einer starken Ausprägung der Störung *alle* Symptome eines Krankheitsbildes zeigen.

Für die Testauswertung bedeutet dies, daß *quantitative* Testmodelle mit monoton steigenden Ifemfunktionen (s. Kap. 3) nicht geeignet sind, die Handlungsbereitschaft zu messen. Testmodelle mit *kategorialer* Personenvariable sind hier sehr viel unproblematischer, da sich bei diesen Modellen die Personen hinsichtlich ihres *Musters* an Verhaltensweisen unterscheiden und nicht nur hinsichtlich der *Anzahl* an Verhaltensweisen.

2.2.3 Definition des Itemuniversums

Aus der inhaltlichen Theorie über die zu messende Personeneigenschaft sollte auch ableitbar sein, in welchen *Situationen* sich ein Verhalten äußert, das Rückschlüsse über die Ausprägung der Personeneigenschaft zuläßt. Diese Beschreibung einer *Klasse von Situationen*, in denen sich ein bestimmtes Verhalten zeigen kann, und einer *Klasse von Verhaltensweisen*, die Rückschlüsse auf die Personeneigenschaft zulassen, muß dann transformiert werden in eine Beschreibung des *Itemuniversums*.

Beispiel

Bei der Messung der Fähigkeit zum analogen Schließen ist die Menge der Situationen durch alle Problemstellungen definiert, die die formale Struktur

$$A : B = C : ?$$

(A verhält sich zu B wie C zu ?)

haben. Die Klasse der Verhaltensweisen unterscheidet lediglich zwei Arten von Verhalten, nämlich sinnvolle und sinnlose Ergänzungen der Analogie. Sinnvolle sind dadurch definiert, daß das für das Fragezeichen gefundene Element in derselben Relation zu C steht wie das Element B zu A.

Diese Situations- und Verhaltensbeschreibungen für die Fähigkeit des analogen Schließens sind natürlich noch keine Definition eines Itemuniversums. Hier müssen im Sinne einer *operationalen Definition* (s.o.) pragmatische und formale Festlegungen getroffen werden, die allerdings die Gültigkeit des Tests für die in der Theorie behandelte Persönlichkeitseigenschaft einschränken.

So ließe sich im vorliegenden Beispiel das Itemuniversum als die Menge aller deutschsprachigen Drei-Wort-Analogien definieren, bei denen es ein viertes Wort geben muß, das zu C in derselben Relation steht wie B zu A. Damit sind alle nichtsprachlichen und fremdsprachlichen Analogien ausgeschlossen, sowie solche Analogien, die mehrere Worte pro Element des Analogieschlusses benötigen.

Bei der Definition des Itemuniversums hat man sich davon leiten zu lassen, welche Art von Items homogen genug zu sein scheint, um die Messung der gewünschten Persönlichkeitseigenschaft zu ermöglichen. Eine solche *Homogenitätsvermutung* ist natürlich eine sehr subjektive Angelegenheit und resultiert gewöhnlich aus einer Mischung von Erfahrung mit Testkonstruktionen und einer weiteren Elaboration der Theorie über das zu messende Persönlichkeitsmerkmal.

Die Definition eines Itemuniversums ist deswegen von Bedeutung, weil ein Testergebnis nicht nur etwas über die Beantwortung der im Test enthaltenen Items aussagen will, sondern eine generalisierende Aussage über das Antwortverhalten bezüglich einer ganzen Klasse von Situationen (Items) ermöglichen soll. Das Itemuniversum definiert den *Geltungsbereich* des Testergebnisses.

2.2.4 Ziehung einer Itemstichprobe

Wenn es um die Ziehung von Stichproben geht, denkt man zunächst an eine *Zufallsstichprobe*, da deren Ergebnisse am ehesten generalisiert werden dürfen. Die Ziehung einer Zufallsstichprobe aus der Menge aller möglichen Items (Itemuniversum) ist in der Regel weder möglich noch sinnvoll.

Möglich ist eine Zufallsziehung oft deswegen nicht, weil das Itemuniversum zwar theoretisch definiert werden kann, jedoch nicht in einem physischen Sinne existiert wie etwa die Population eines Landes. Wo keine Grundmenge existiert, ist es technisch zumindest schwierig, eine Stichprobe zu ziehen.

Auch sinnvoll wäre eine Zufallsstichprobe nicht, da man einen Test im allgemeinen für eine bestimmte Adressatengruppe konstruiert und man eine Itemauswahl treffen sollte, die speziell zu dieser Adressatengruppe 'paßt'. Das *Prinzip der Passung* von Personenstichprobe und Itemstichprobe zielt in erster Linie auf die *Maximierung der Varianz der Antwortvariablen* ab. Das bedeutet, daß solche Items ausgewählt werden sollten, von denen erwartet wird, daß es eine starke Streuung der Itemantworten in der betreffenden Personenstichprobe gibt.

Items, auf die sämtliche befragten Personen einer Stichprobe dieselbe Antwort geben, bei denen also die Varianz der Itemantwort 0 beträgt, sind schlicht wertlos. Es läßt sich im Rahmen von vielen Testmodellen zeigen, daß tatsächlich diejenigen Items die *meiste Information* zur Messung eines Personenmerkmals beitragen, bei denen die Variation der Itemantworten am größten ist (s. Kap. 6.1).

Im Falle von Leistungstestitems, bei denen nur zwischen einer korrekten und einer falschen Antwort unterschieden wird, ist die Varianz der Itemantworten dann maximal, wenn das Item in der betreffenden Stichprobe eine *relative Lösungshäufigkeit von 50 %* hat. Dies läßt sich direkt aus der Formel für die Varianz einer 0-1-Variable ablesen. Diese lautet nämlich

$$\text{Var}(X) = p\,(1-p),$$

wenn X nur die Werte 0 oder 1 annimmt und p die Wahrscheinlichkeit bezeichnet, daß X den Wert 1 annimmt, also $p(X = 1)$.

Die folgende Tabelle zeigt, daß diese Varianz mit einem Wert von 0.25 bei $p = 0.5$ maximal ist.

p (X = 1)	.1	.2	.3	.4	.5	.6	.7	.8	.9
Var (X)	.09	.16	.21	.24	.25	.24	.21	.16	.09

Dieses Prinzip der Passung von Item- und Personenstichprobe gilt jedoch *nicht nur für Leistungstests* und auch nicht nur für die Messung von quantitativen Personenvariablen. Will man etwa mit Hilfe eines Verhaltensfragebogens umweltpolitisch aktive Personen von umweltpolitisch nicht aktiven Personen unterscheiden (eine zweikategorielle Personenvariable), so wäre es im wahrsten Sinne des Wortes 'unpassend', relativ mittellose Gymnasiasten zu fragen, ob sie schon einmal einer Umweltschutzorganisation einen größeren Geldbetrag gespendet haben.

Neben dem Prinzip der Passung muß auch davon ausgegangen werden, daß es einfach *bessere und schlechtere* Vertreter des Itemuniversums gibt. D.h. keine noch so sorgfältige Definition eines Itemuniversums wird ausschließen können, daß es Items gibt, bei denen der Schluß vom Antwortverhalten auf die Personeneigenschaft zwingend und eindeutig ist, und solche, bei denen andere Faktoren als die zu messende Personeneigenschaft das Antwortverhalten beeinflussen können. Diese Frage geht jedoch in den Bereich der Itemkonstruktion hinein, der in Kapitel 2.3 behandelt wird.

Auch über die *Größe der Itemstichprobe* läßt sich wenig Allgemeingültiges aussagen. Generell gilt, daß eine höhere Meßgenauigkeit durch eine größere Itemanzahl erreicht werden kann. Andererseits hat eine größere Itemanzahl auch negative Auswirkungen wie Ermüdung, Redundanz, Konzentrationseinbußen, Minderung der Antwortbereitschaft, Lern- und Übungseffekte, und vieles andere mehr.

Zusammenfassend sei festgehalten, daß die Ziehung einer Itemstichprobe anderen Prinzipien folgt und generell sehr viel schwieriger ist als etwa die Ziehung einer Personenstichprobe aus einer definierten Personenpopulation. Dennoch ist es sinnvoll, die Menge der in einem Test enthaltenen Items *als Stichprobe* aus einer hypothetischen Grundgesamtheit zu betrachten und, soweit es geht, auch so zu behandeln, da sonst die Frage der Generalisierbarkeit des Testergebnisses schwer zu beantworten ist.

2.2.5 Auswahl eines geeigneten Testmodells

Auch die Auswahl eines geeigneten Testmodells gehört in die Planungsphase, d.h. in die Phase der Konstruktion eines Testinstrumentes. Idealerweise sollte auch hier die Theorie über das jeweilige Personenmerkmal so präzise sein, daß die Annahmen über den Zusammenhang von Antwortverhalten im Test und latenter Personenvariable direkt ableitbar sind.

Dies ist in der Praxis nicht immer der Fall, so daß *das umgekehrte Vorgehen* gewählt wird: Man überlegt sich, welche Testmodelle man kennt und welches am ehesten zu der Theorie über die Persönlichkeitseigenschaft paßt. Dieses setzt natürlich einen Überblick über ein möglichst breites Spektrum bestehender Testmodelle voraus.

Sich in der Phase der Testkonstruktion auf ein bestimmtes Testmodell festzulegen, ist deswegen von Bedeutung, weil bestimmte formale Annahmen des jeweiligen Modells auch spezielle Anforderungen an die Itemformulierung und Testkonstruktion stellen. Z.B. macht es einen Unterschied, ob man einen *deterministischen* Zusammenhang zwischen Antwortverhalten und latenter Variable annimmt oder einen *probabilistischen* Zusammenhang.

Ein Item wie

Ich könnte mir vorstellen, einmal gegen die Errichtung eines großtechnologischen Projektes Einspruch zu erheben (Antwort: ja - nein) steht wohl kaum in einem deterministischen Zusammenhang mit einer politischen Einstellungsdimension wie *Protestbereitschaft*. Dies könnte bei einem Item wie

Ich habe schon einmal an einer Demonstration gegen ein Kernkraftwerk teilgenommen (Antwort: ja - nein)

dagegen eher möglich sein.

Die Auswahl eines passenden Testmodells in der Planungsphase kann auch damit enden, daß man zwei oder drei alternative *Testmodelle zur Auswahl* hat und man empirisch darüber entscheiden will, welches Modell am besten paßt. Dies ist im Sinne eines Entscheidungsexperimentes nicht nur ein legitimes Vorgehen, sondern kann ausgesprochen interessante Fragestellungen einer empirischen Klärung zuführen.

Dies reicht hin bis zu der Grundfragestellung, ob eine angenommene Persönlichkeitseigenschaft dimensionaler oder typologischer Natur ist (ob die Personenvariable quantitativ oder kategorial ist). Für die weitere Konstruktion des Testinstrumentes hat dies jedoch die Konsequenz, daß das Testinstrument mit den Annahmen der gewählten Testmodelle kompatibel sein muß. Was das im einzelnen bedeuten kann, wird im Laufe des Kapitels 3 deutlich.

Literatur

Nährer, W. (1986) stellt Konzeptionen von Leistungstests mit Zeitbegrenzung dar (Speed-Tests). Auf die Messung von Persönlichkeitseigenschaften mit Fragebögen gehen Angleitner & Wiggings (1986) ein, das Konzept objektiver Persönlichkeitstests diskutieren Schmidt (1975) und Schmidt & Schwenkmezger (1994). Die Problematik projektiver Verfahren wird von Allesch (1991), Asendorpf (1994) und Tent (1991) erörtert, Westmeyer (1994) stellt das Selbstverständnis der Verhaltensdiagnostik dar. Dawes (1977) behandelt die Grundlagen der Einstellungsmessung und Edwards (1957) den Einfluß der 'sozialen Erwünschheit' in Persönlichkeitsfragebögen. Eine Beschreibung der Likert- und der Thurstone-Skalierung findet sich z.B. bei Roskam (1983) und Schnell et al. (1989).

Übungsaufgaben

1. Sie sollen drei Testinstrumente neu entwickeln, und zwar zu den drei Personeneigenschaften:
   - Freundlichkeit im zwischenmenschlichen Umgang
   - die Eigenschaft, in Persönlichkeitsfragebögen sozial erwünscht zu antworten
   - Prüfungsangst.

   Wählen Sie für jedes Instrument eine andere Testart aus (begründen Sie die Wahl), beschreiben Sie die Art der Personenvariable und konstruieren Sie je zwei Beispielitems.
2. Welche Varianten von Speed-Tests gibt es? (Vor- und Nachteile)
3. Welche Voraussetzungen müssen bei der Beantwortung von Persönlichkeitsfragebögen seitens der befragten Person gegeben sein?
4. Worin unterscheiden sich die Annahmen einer Thurstone-Skalierung und einer Likert-Skalierung? Bei welchen Testarten kann diese Unterscheidung eine Rolle spielen?

2.3 Itemkonstruktion

Nach den Planungsüberlegungen, die die Anlage und Konstruktion des gesamten Testinstrumentes betreffen, stellt die Formulierung und Konstruktion der einzelnen Items die 'eigentliche' Arbeit der Testkonstruktion dar. Es ist nicht leicht, etwas über die Konstruktion von Items zu sagen, ohne sich zumindest auf einen bestimmten Typ von Tests zu beziehen oder sogar auf eine bestimmte zu messende Personeneigenschaft. Trotzdem gibt es einige *übergreifende Konstruktionsprinzipien*, die bei sehr vielen Testarten zu berücksichtigen sind.

Hierzu soll zunächst dargestellt werden, was ein Item überhaupt ist und welche *Bestandteile* es hat. Danach wird in getrennten Unterkapiteln auf verschiedene Arten von Antwortformaten, auf die sprachliche Formulierung der Items und auf die Zusammenstellung des Tests eingegangen.

Das Item ist die *kleinste Beobachtungseinheit* in einem Test, sozusagen der elementare Baustein, aus dem ein Test aufgebaut ist. An einem Item lassen sich zwei Komponenten unterscheiden, nämlich der sogenannte *Itemstamm* und das *Antwortformat*.

Der Itemstamm kann aus einer Frage, einer Aussage, einem Bild, einer Geschichte, einer Zeichnung oder einer Rechenaufgabe bestehen und stellt ganz allgemein die Situation dar, in der die Person ihr Testverhalten zeigt.

Demgegenüber dient das Antwortformat der Registrierung eben dieses Testverhaltens. Es kann aus anzukreuzenden Alternativen bestehen, aus einer leeren Zeile, in die man etwas eintragen muß, aus einer mehrstufigen Antwortskala, auf der man eine Stufe ankreuzen muß, oder einem weißen Blatt Papier, auf das man etwas zeichnen soll.

Diese beiden Bestandteile gehören aus logischen Gründen zu einem Item, denn man möchte in einem Test das Verhalten unter standardisierten Situationen erfassen (durch den Itemstamm vorgegeben), und man möchte das Verhalten der Personen in diesen Situationen in einem vergleichbaren Format registrieren, dem Antwortformat. Dennoch kann einer der beiden Bestandteile eines Items bei einzelnen Tests bis zur Unkenntlichkeit *degeneriert* sein.

So bestehen z.B. die Items bei dem bekannten Tintenkleckstest von Rorschach (vgl. Kap. 2.2.2.4) allein aus den Tafeln, die in diesem Sinne den Itemstamm darstellen. Das Antwortformat ist schlicht das offene Ohr des Testleiters, meist eines Therapeuten, für die gesprochenen Ausführungen des Probanden zu dieser Tafel. Im anderen Extrem kann ein Item *nur* aus den Alternativen bestehen, zwischen denen man auswählen soll, also dem Antwortformat, eventuell mit dem Hinweis als 'Itemstamm', daß man die geeignete Alternative anzukreuzen habe.

Der *Normalfall* besteht jedoch tatsächlich darin, daß im Itemstamm eine Aufgabe gestellt wird, eine Frage gestellt wird oder eine Situation dargestellt ist, und mit einem geeigneten Antwortformat das Verhalten in dieser Situation, zu dieser Frage oder zu dieser Aufgabenstellung registriert wird.

Mit der Definition eines Items als kleinste Beobachtungseinheit ist auch gemeint, daß ein Item tatsächlich eine Einheit im Sinne von *'Einheitlichkeit'* darstellen muß. Ein

Item, das nach *zwei* Dingen gleichzeitig fragt, zwei unterschiedliche Aufgaben in einem stellt oder gleichzeitig zwei sehr unterschiedliche Stimuli beinhaltet, ist in der Regel ein unbrauchbares, zumindest problematisches Item: Das im Antwortformat registrierte Verhalten muß *eindeutig* auf die im Itemstamm vorgegebene Situation (Frage) zurückzuführen sein, wenn das Testverhalten Rückschlüsse auf die Personeneigenschaft erlauben soll.

2.3.1 Arten von Antwortformaten

Die wichtigste Unterscheidung bei Antwortformaten ist die Trennung nach freien (oder offenen) und gebundenen Antwortformaten.

In einem *freien Antwortformat* wird die Itemantwort von der getesteten Person selbst in einem allgemein verständlichen Zeichensystem formuliert wie z.B. in der Sprache, in Form von Zahlen, in Bildern, in Gesten oder in Lauten. Es bleibt dann dem Testleiter vorbehalten, diese wie auch immer registrierte Itemantwort zu verschlüsseln, d.h. in ein vorgefertigtes Kategoriensystem einzuordnen. Diesen Vorgang nennt man *Signierung* (s. Kap. 2.5.1). Der typische Fall von freien Antworten besteht in einer kurzen schriftlichen Antwort auf dem Testformular.

Auch freie Antworten erfordern ein *Format*, denn es wird ja vorgegeben, welche Art von Verhalten die Person produzieren soll, etwa ein Bild malen, einen Satz ergänzen, ein Muster fortsetzen, eine Zahlenreihe ergänzen oder eine Geschichte erzählen.

Ein *gebundenes Antwortformat* bietet demgegenüber eine Auswahl von Verhaltensalternativen an. Die Person braucht die Itemantwort nicht zu formulieren, sondern hat einen eingeschränkten Verhaltensbereich zur Verfügung, aus welchem eine Auswahl zu treffen ist. Der Vorteil dieser Antwortformate liegt darin, daß der Prozeß der Signierung, also der Einordnung der Itemantwort in Verhaltenskategorien entfällt.

2.3.1.1 Freie Antwortformate

Ein *freies Antwortformat* ist vorzuziehen, wenn es um die Erfassung *spontaner Reaktionen* geht, denn das Durchlesen von Verhaltensalternativen kann die Spontanität einschränken. Es ist auch bei der Erfassung *kreativer Leistungen* (was sich von selbst versteht) oder bei *Assoziationstests* sinnvoll, wo es darum geht, welche Assoziationen man zu einem vorgegebenen Stimulus hat. Auch in *projektiven* Testverfahren sind im allgemeinen freie Antwortformate angebracht, da das Durchlesen vorgegebener Antwortalternativen den Prozeß der Projektion stören kann.

Bei *Leistungstests* sind freie Antworten ein Mittel, um die Wahrscheinlichkeit einzuschränken, daß die richtige Antwort erraten wird. Generell ist auch bei solchen Befragungsinhalten ein freies Antwortformat vorzuziehen, bei denen sich die *Wichtigkeit* des Erfragten darin manifestieren kann, daß es der befragten Person *zuerst* einfällt.

Ein Beispiel hierfür ist die Erhebung von *Wertvorstellungen:* gibt man diese in einem gebundenen Format vor, so werden in der Regel *alle* als wichtig eingestuft.

Läßt man dagegen in einem freien Antwortformat diejenigen Werte nennen, die für die befragte Person wichtig sind, so fallen der Person unter Umständen wirklich nur diejenigen Werte ein, von denen sie sich leiten läßt.

Ein ganz anderes Kriterium für freie Antworten ist das *Alter* der befragten Personen. So kann es für Kinder durchaus schwierig sein, vor die Entscheidungssituation eines gebundenen Antwortformates gestellt zu werden, jedoch sehr viel einfacher, eine freie Antwort zu produzieren.

Innerhalb der freien Antwortformate lassen sich drei *Arten* von Antwortformaten unterscheiden.

Eine Art ist dadurch gekennzeichnet, daß - außer der Angabe des Mediums - so gut wie *keine weiteren Vorgaben* gemacht werden. D.h. die Person bekommt ein weißes Blatt Papier hingelegt mit dem Auftrag, z.B. die Mitglieder ihrer Familie als Tiere zu zeichnen (Familie-in-Tieren Test).

Ein zweiter Typ freier Antwortformate macht eine *formale Vorgabe* für die Produktion des Verhaltens, wie z.B. ein Wort aufzuschreiben, genau einen Satz zu formulieren, genau drei Dinge zu nennen, so viele Antworten wie möglich zu produzieren und diese so schnell wie möglich aufzuschreiben usw. Mit diesen formalen Vorgaben für die freie Produktion der Antwort kann eine gewisse *Standardisierung* des Tests erreicht werden und es können Fehlerquellen wie die Eloquenz (Redegewandtheit) der befragten Person kontrolliert werden.

Ein dritter Typ freier Antwortformate macht eine sogenannte *Lückenvorgabe*, d.h. die erfragte Itemantwort soll eine Leerstelle im vorgegeben Itemstamm ausfüllen. Dies ist z.B. der Fall, wenn die Aufgabe darin besteht, ein unvollständiges Bild oder einen Satz zu ergänzen oder Geschichten oder vorgegebene Muster fortzusetzen.

Der *Vorteil* von einschränkenden Vorgaben bei freien Formaten liegt zum einen in einer größeren Sicherheit für die getestete Person hinsichtlich dessen, was von ihr verlangt wird. Zum anderen lassen sich die Antworten leichter signieren, da sie, zumindest äußerlich, homogener sind.

Der *Nachteil* einschränkender Vorgaben ist darin zu sehen, daß die freie Produktion der Antworten behindert werden kann.

Bei der Auswahl eines freien Antwortformates ist unbedingt schon in der Planungsphase genau festzulegen wie die freien Antworten zu signieren sind.

Wird z.B. bei einem Kreativitätstest mit freiem Antwortformat lediglich ausgezählt, *wieviele* Ideen zu einem Stimulus produziert werden, unabhängig davon, wie ähnlich sich die Ideen, wie neu oder wie nützlich sie sind, so sollte das Antwortformat eine Zeitbegrenzung enthalten. Bei unbegrenzter Beantwortungszeit dürfte sich die Anzahl der Produktionen einander angleichen. Soll hingegen auch die Qualität der Produktion (Neuartigkeit, Brauchbarkeit) signiert werden, so ist ein Antwortformat ohne Zeitbegrenzung sinnvoller.

2.3.1.2 Gebundene Antwortformate

Gebundene Antwortformate haben zunächst den *Anschein einer höheren Objektivität* und sind tatsächlich oft auch objektiver, da die Auswertungsobjektivität sehr hoch ist. Die durch die vorgegebenen Antwortalternativen erzwungene Objektivität kann jedoch auch leicht *zu Lasten der Validität* des Tests gehen: Die vorgegebenen Alternativen schöpfen vielleicht nicht alle Reaktionsmöglichkeiten aus, das Durchlesen der Alternativen erzeugt bzw. beeinflußt die Antwort oder die vorgegebenen Antworten entsprechen in Formulierung und Stil nicht der natürlichen Reaktion der befragten Person.

Der Hauptvorteil gebundener Formate besteht in der *Auswertungsökonomie* des Tests, d.h. solche Tests sind schnell, von ungeschulten Auswertern und mit Schablonen auswertbar und somit bei Massenuntersuchungen einsetzbar. Tests mit freien Antworten können prinzipiell den gleichen Grad an Objektivität (und wissenschaftlicher Dignität) erreichen, aber verbunden mit einem höheren Aufwand.

Ein gebundenes Antwortformat besteht aus einem vorgefertigten System von Antwortmöglichkeiten. Die befragte Person ist an diese Antwortkategorien *gebunden*, also nicht frei in ihren Reaktionen.

Wie bei jedem *Kategoriensystem*, so stellt sich auch bei den vorgegebenen Antwortkategorien eines gebundenen Antwortformates die Frage, ob die Kategorien *disjunkt* sind, d.h. einander ausschließen, und ob die Menge der vorgegebenen Kategorien *exhaustiv* ist, d.h. den Bereich aller Verhaltensmöglichkeiten ausschöpft. Im Prinzip kann es bei Testitems alle vier Kombinationsmöglichkeiten von disjunkten und nicht-disjunkten und exhaustiven und nicht-exhaustiven Antwortkategorien geben. Beispiel:

Wie groß ist die Wurzel aus 2 ?

mit den Antwortkategorien:

	disjunkt	nicht diskjunkt
exhaustiv	kleiner als 1.3. 1.3 bis 1.5 größer als 1.5	kleiner als 1.3. 1.2 bis 1.8 größer als 1.6
nicht exhaustiv	1.2 1.69 1.41	1.41 oder 1.73 1.21 oder 1.73 1.21 oder 1.41

Während bei Leistungstests nicht-exhaustive Formate sehr gebräuchlich sind, können sie bei anderen Testarten problematisch sein, da die befragte Person in die Situation kommen kann, eine Itemantwort geben zu wollen, die in den Antwortkategorien gar nicht vorgesehen ist.

Manchmal möchte man bewußt *keine Exhaustivität*, wenn man nämlich die befragte Person dazu zwingen will, eine Auswahl aus den vorgegebenen Alternativen zu treffen. Solche Antwortformate nennt man *'forced choice'* Formate (deutsch: erzwungene Wahl). Beispiel:

Was machen Sie, wenn ein guter Freund ein lang geplantes Treffen absagt ?

- *Ich verabrede mich mit jemand anderem.*
- *Ich gehe allein spazieren.*
- *Ich verrichte eine seit langem notwendige Arbeit.*

Die Funktion von solchen forced choice Formaten besteht darin, nur solche Reaktionen zuzulassen, die man nach der vorliegenden Theorie über die zu messende Personeneigenschaft auch *eindeutig interpretieren* kann.

Ihr Nachteil liegt selbstverständlich darin, daß sich die *Validität* des Tests verschlechtert, wenn die Personen in Ermangelung einer passenden Kategorie eine beliebige der vorgegebenen Kategorien ankreuzen.

Die Exhaustivität der Antwortkategorien ist jedoch nicht nur eine Frage des Antwortformates, sondern *auch des Itemstamms*. So kann ein exhaustiv formuliertes Antwortformat wie

- ja
- nein
- ich weiß nicht

für die befragte Person zu einem Problem werden, wenn sie am liebsten *'sowohl als auch'* oder *'weder noch'* antworten würde. Beispiel:

Sind Sie immer noch so glücklich wie früher?
Ja - Nein - Ich weiß nicht

Hier werden alle befragten Personen vor ein Problem gestellt, die früher gar nicht glücklich waren.

Bei *Leistungstests* sind die vorgegebenen Antwortkategorien im allgemeinen nicht exhaustiv und können es meistens auch gar nicht sein. Beispiel:

Welche Zahl setzt die folgende Zahlenreihe am besten fort?
2 3 4 9 8 27 16 ?
Antwortalternativen: 32, 18, 54 oder 81.

(Die richtige Zahl ist 81, da sie die Reihe $3 = 3^1$, $9 = 3^2$, $27 = 3^3$ fortsetzt.)

Solche Aufgaben haben eine *unendlich große Anzahl* möglicher Itemantworten, aus der nur eine kleine Anzahl zur Auswahl angeboten werden kann. Die richtige Itemantwort sollte natürlich darunter sein. Die aus der großen Anzahl *möglicher falscher Antworten* ausgewählten Antwortalternativen nennt man *Distraktoren.*

Wie wichtig die Auswahl geeigneter Distraktoren für die Itemkonstruktion ist, wird sofort einsichtig, wenn man sich vorstellt, die Antwortalternativen zum vorangehenden Beispiel lauteten:

1, 2, 3, 4 und 81.

Distraktoren haben die Funktion, die Identifikation der richtigen Antwort zu *erschweren.* Dies ist deswegen notwendig, weil der Lösungsprozeß bei gebundenen Antwortformaten grundsätzlich ein anderer ist als bei freien Antworten. Bei vorgegebenen Antwortalternativen werden in der Regel *alle* vorgegebenen Alternativen daraufhin geprüft, ob sie die angemessene Itemantwort darstellen. Je 'ähnlicher' die Antwortkategorien sind, desto schwieriger ist dieser Auswahlprozeß für die befragte Person.

Bei Leistungstestitems wird der Auswahlprozeß nicht nur durch die Ähnlichkeit der Antwortalternativen erschwert, sondern auch durch die *Plausibilität* der Distraktoren auf den ersten Blick. So kann der zeitliche Aufwand zur Lösungsfindung nahezu beliebig durch das Angebot sehr schwieriger Distraktoren gesteigert werden. Ein Beispiel hierfür ist das folgende Item aus dem Test für medizinische Studiengänge (TMS):

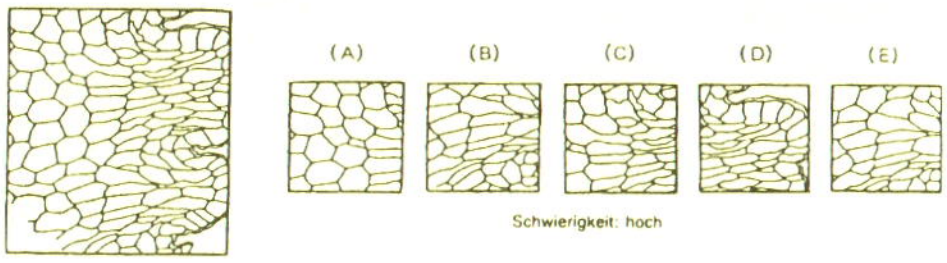

Abbildung 10: Ein Item aus dem TMS, (Inst. f. Test- und Begabungsforschung 1989)

Mit der Auswahl von Distraktoren kann jedoch nicht nur die Schwierigkeit eines Items variiert werden, sondern es können auch gezielt *halbrichtige* Lösungen oder bestimmte *Denkfehler* der befragten Personen erfaßt werden.

Ein Beispiel hierfür stellt der Würfeltest aus dem Intelligenzstrukturtest (IST) dar, bei dem es neben der richtigen Lösung auch immer einen Distraktor gibt, in dem der Würfel zwar die richtigen Flächen, aber in einer falschen Anordnung hat:

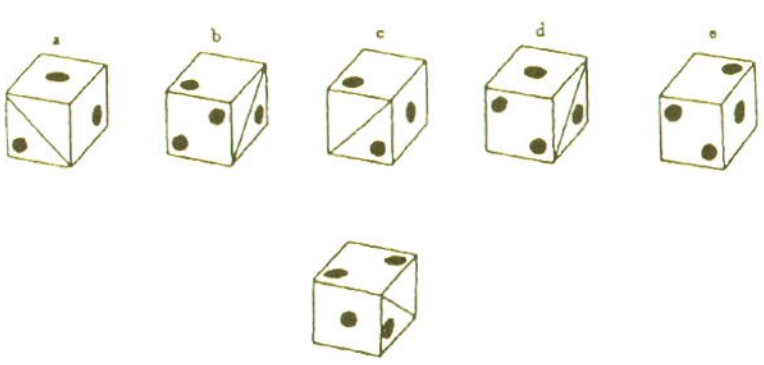

Abbildung 11: Ein Item aus dem IST (Amthauer 1970)

Während die Antwortkategorien bei Leistungstests im allgemeinen *nicht exhaustiv* sind, sollten sie jedoch stets *disjunkt* sein, wenn man nur *eine* Antwortalternative auswählen darf. Dies ist notwendig, damit die befragte Person ihre Itemantwort eindeutig in genau einer der vorgegebenen Antwortkategorien wiederfindet.

Nun gibt es aber Antwortformate, wo bewußt *mehrere* Antwortkategorien anzukreuzen sind oder sogar eine *beliebige* Anzahl, einschließlich der Möglichkeit gar keine anzukreuzen.

Bei Leistungstests bedient man sich oft dieses Tricks, um die *Ratewahrscheinlichkeit* zu senken. Bei Auswahl von nur einer Kategorie aus k vorgegebenen Kategorien beträgt die Ratewahrscheinlichkeit nämlich 1/k, also bei 5 Antwortalternativen 20%.

Soll man aus fünf Antwortalternativen zwei auswählen, sinkt die Ratewahrscheinlichkeit bereits auf 10%, da die Anzahl der möglichen Zweierkombinationen aus fünf Elementen $(5 \cdot 4)/2 = 10$ beträgt.

Soll man eine *beliebige* Anzahl aus 5 Antwortkategorien auswählen, beträgt die Ratewahrscheinlichkeit nur noch 1/32, da es jeweils

5 Einerauswahlen,
10 Zweierauswahlen,
10 Dreierauswahlen und
5 Viererauswahlen

gibt, wo noch die beiden Möglichkeiten hinzukommen, daß gar keine Alternative oder alle Alternativen richtig sind.

Die Anzahl möglicher Kombinationen aus n Antwortalternativen läßt sich mit Hilfe des Binomialkoeffizienten

$$\binom{n}{k} = \frac{n \cdot (n-1) \cdot \ldots \cdot (n-k+1)}{1 \cdot 2 \cdot 3 \ldots \cdot k}$$

berechnen (sprich 'n über k'), der die Anzahl der Kombinationen von k Elementen aus einer Menge von n Elementen definiert. Die Anzahl *aller* möglichen Kombinationen ist dann über folgende Summe zu berechnen:

$$\sum_{k=0}^{n} \binom{n}{k}.$$

Die Ratewahrscheinlichkeit wird *minimal*, wenn man die Anzahl richtiger Antworten nicht vorgibt, sondern es dem Befragten überläßt, wieviele Alternativen er für richtig hält.

Solche Antwortformate werden nicht nur zur Senkung der Ratewahrscheinlichkeit in Leistungstests eingesetzt. Sie können auch im Rahmen von *Einstellungsmessungen* verwandt werden, z.B. wenn man aus einer Liste von Politikern die fünf erfolgreichsten oder eine beliebige Anzahl von vertrauenswürdigen Politikern auszuwählen hat.

Eine Auswahlanweisung, bei der die Anzahl auszuwählender Alternativen nicht vorgegeben ist, bezeichnet man auch als 'Pick any out of n'-Format.

Die in Kapitel 3 behandelten Testmodelle können mit solchen Mehrfachantworten nicht direkt umgehen, da sie *genau eine* Reaktion pro Person-Item-Kontakt voraussetzen. Diese Voraussetzung läßt sich auf zweierlei Weise nachträglich herstellen.

Erstens kann bei der *Kodierung* der Daten die Mehrfachantwort in eine Antwortvariable (mit disjunkten Kategorien) transformiert werden (s. Kap. 2.5). Bei Leistungstests wird dies in der Regel auch getan, indem nämlich nur die richtige Kategorienkombination als Itemlösung kodiert wird und alle anderen Kombinationen als Nicht-Lösung. Es sind aber auch Transformationen in eine ordinale Antwortvariable möglich, indem z.B. die *Anzahl* der angekreuzten richtigen Alternativen als Antwortvariable fungiert.

Der zweite Weg ist nur bei 'Pick *any* out of n' möglich und besteht darin, die Antwortalternativen selbst *als Items* mit einem dichotomen Antwortformat (gewählt oder nicht gewählt) aufzufassen. Im Falle einer vorgegebenen Anzahl von Auswahlen (Pick k out of n) ist dieser Weg nicht gangbar, da die experimentelle Unabhängigkeit zwischen den Items verletzt ist (s. Kap. 2.3.3).

Beispiel: Wenn man nur drei Politiker von 20 vorgegebenen auswählen kann, so haben nach drei erfolgten Wahlen die restlichen Politiker keine Chance mehr gewählt zu werden. Die 'Items' würden also keine unabhängigen Beobachtungseinheiten des Tests mehr darstellen.

2.3.1.3 Ratingformate

Unter den gebundenen Antwortformaten bilden die sogenannten Ratingformate eine häufig benutzte Untergruppe. Ein Ratingformat zeichnet sich durch zwei Eigenschaften aus. Erstens handelt es sich um mehrere, d.h. *mehr als zwei abgestufte Antwortkategorien*, von denen angenommen wird, daß sie für die befragte Person eine Rangordnung darstellen. Zweitens sind diese Antwortkategorien *item-unspezifisch* formuliert, d.h. dieselbe Benennung der Antwortkategorien gilt für mehrere oder *alle* Items eines Fragebogens. Diese itemunspezifischen, ordinalen Antwortkategorien nennt man *Ratingskala*.

Beispiel: 2 Items aus dem State-Trait-Anxiety-Inventory (STAI, Laux et al. 1981)

	fast nie	manch-mal	oft	fast immer
Item 34: Ich mache mir Sorgen über mögliches Mißgeschick	1	2	3	4
Item 38: Enttäuschungen nehme ich so schwer, daß ich sie nicht vergessen kann	1	2	3	4

Ratingformate haben gegenüber dichotomen Antwortformaten, bei denen nur zwischen Ja/Nein oder Zustimmung/Ablehnung unterschieden wird, den Vorteil, daß sie *informationsreicher* sind. Die befragte Person hat die Möglichkeit, sich gegenüber dem Iteminhalt differenzierter zu äußern und verschiedene Abstufungen ihrer Zustimmung oder Ablehnung auszudrücken.

Trotz der relativ klaren Definition einer Ratingskala und ihrer Vorteile, gibt es eine Vielzahl von *Varianten von Ratingskalen* und ebenso viele Punkte, die es bei der Testkonstruktion zu bedenken gilt. Die meisten dieser Überlegungen hängen damit zusammen, daß die Ratingskala eine *Ordinalskala* sein soll, d.h. von der befragten Person als solche benutzt und bei der Datenauswertung entsprechend verrechnet werden soll.

Oft besteht sogar der weitergehende Anspruch, daß die Ratingskala *Intervallskalenqualität* besitzt. Wenn man dies (ungeprüft) annehmen will, kann man auf die Itemantworten normale statistische Verfahren anwenden, die Intervallskalen voraussetzen. Bei den in Kapitel 3 behandelten Testmodellen wird *keine* Intervallskalenqualität von Ratingskalen vorausgesetzt, sondern lediglich Ordinalskalenqualität. Mit den geschätzten Modellparametern erhält man Information über die Kategorienabstände (also auch, ob sie äquidistant sind und somit eine Intervallskala bilden) *und* darüber, ob die Annahme des Ordinalniveaus gerechtfertigt ist.

Folgende Aspekte gilt es bei der Konstruktion einer Ratingskala zu beachten:

Erstens, soll die Skala *unipolar oder bipolar* aufgebaut sein?

Eine unipolare Skala geht von einem Nullpunkt lediglich in eine Richtung, d.h. zum Beispiel in Richtung auf eine starke Zustimmung. Die Ratingskala im o.g. Beispiel aus dem STAI ist unipolar in Richtung auf zunehmende Häufigkeit.

Bei bipolaren Ratingskalen gehen die Kategorien von einem negativen Pol (z.B. sehr starke Ablehnung) über einen fiktiven oder als Mittelkategorie vorgegebenen Nullpunkt bis hin zu einem positiven Pol (z.B. sehr starke Zustimmung). Eine bipolare Ratingskala ist im allgemeinen *symmetrisch*, d.h. sie hat gleich viele Kategorien auf jeder Seite. Sie muß es aber nicht sein, wie das folgende Beispiel aus dem Interaktions-Angst-Fragebogen (IAF, Becker 1982) zeigt:

> *Item 9: Sie denken daran, daß Sie von Ihrem Vorgesetzten abends eingeladen sind.*
> *Item 11: Es soll Ihnen vom Arzt mit einer dicken Nadel Blut entnommen werden.*

Die Ratingskala für alle Items lautet:

angenehm *unangenehm*

ziem-lich	ein wenig	weder noch	ein wenig	ziem-lich	sehr	äußerst

Dieser Fragebogen ist nicht nur ein Beispiel für eine bipolare *asymmetrische* Ratingskala, er zeigt auch, daß es manchmal problematisch sein kann, ein item-unspezifisches Antwortformat für alle Items zu verwenden. Es hängt sehr stark vom jeweiligen *Iteminhalt* ab, ob eine unipolare oder eine bipolare Ratingskala angemessen ist.

Darüber hinaus hängt die Entscheidung 'unipolar oder bipolar?' auch von der zu messenden *Personeneigenschaft* ab, die ihrerseits unipolar oder bipolar definiert sein kann (z.B. 'Extraversion-Introversion' als bipolares, 'Ängstlichkeit' als unipolares Konstrukt). Eine Korrespondenz der Art 'unipolares Konstrukt - unipolare Ratingskala' ist zwar nicht zwingend, aber es kann Schwierigkeiten bereiten, wenn man für eine unipolare Eigenschaft einen Gegenpol auf der Ratingskala konstruieren will.

So kann im obigen Beispiel der Gegenpol 'angenehm' zum Ängstlichkeit anzeigenden Pol 'unangenehm' auch zu konzeptuellen Problemen führen: Müssen Personen, die *extrem wenig* ängstlich sind, die genannten Situationen wirklich als 'ziemlich angenehm' einstufen? Wenn die Ratingskala Ordinalniveau haben soll, müßte man das erwarten.

Zweitens lassen sich Ratingskalen danach unterscheiden, wie differenziert sie das abgestufte Urteil erfassen, d.h. also *wie viele Stufen* die Ratingskala aufweist. Die Anzahl der Stufen sollte sich daran orientieren, welchen Differenziertheitsgrad im Urteil man den zu befragenden Personen 'zutrauen' kann. Dabei kommt so ziemlich jede Anzahl zwischen 3 und 10 in Frage.

Neben dem vermuteten Grad der kognitiven Differenziertheit der zu befragenden Personen spielt bei der Entscheidung über die Kategorienanzahl einer Ratingskala auch die Vermeidung sogenannter *Antworttendenzen* oder *response sets* eine große Rolle.

Response sets

Unter einem **response set** versteht man die von der zu messenden Personeneigenschaft unabhängige Neigung einer Person, die Ratingskala in einer bestimmten Art und Weise zu gebrauchen.

Es lassen sich folgende response sets unterscheiden:

- Tendenz zum mittleren Urteil
- Tendenz zum extremen Urteil
- Ja-sage-Tendenz (Aquieszenz)

oder auch deren jeweiliges Gegenteil, d.h.

- Vermeidung des mittleren Urteils,
- Vermeidung eines extremen Urteils und
- Nein-sage-Tendenz.

Graphisch lassen sich response sets durch die jeweils entstehende Häufigkeitsverteilung der Antwortkategorien darstellen:

Tendenz zur Mitte

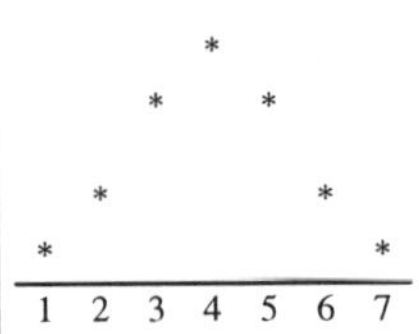

Tendenz zum Extrem

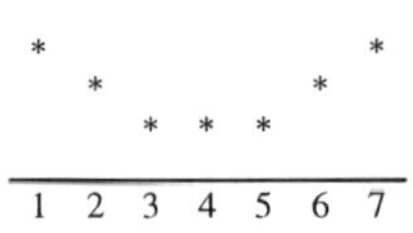

Ja-sage Tendenz

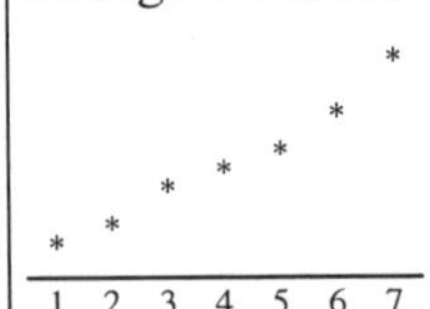

Nein-sage Tendenz

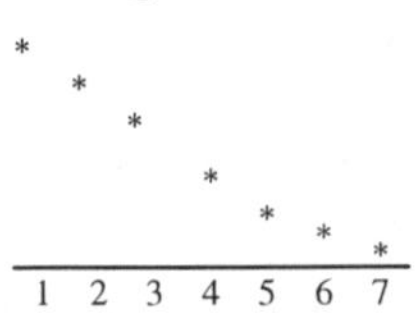

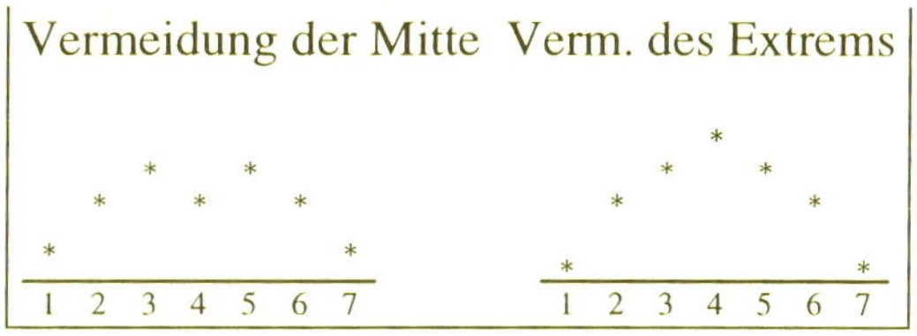

Auch *Kombinationen* aus diesen response sets oder *weitere Formen* können die Benutzung einer Ratingskala systematisch prägen.

Bei der Konstruktion und Auswahl einer Ratingskala ist der Einfluß von response sets deswegen *möglichst gering* zu halten, weil er den Schluß von den Itemantworten auf die zu messende Personeneigenschaft beeinträchtigt, d.h. unsicherer macht. Die Beeinflussungsmöglichkeiten hängen insofern mit der Anzahl der Stufen der Ratingskala zusammen, als sich z.B. bei nur drei oder vier Antwortstufen eine Tendenz zum extremen Urteil weniger gravierend bemerkbar macht als etwa bei 7 Stufen.

Drittens unterscheiden sich Ratingskalen dahingehend, ob sie eine ungerade Anzahl von Kategorien - und damit eine neutrale oder *mittlere Kategorie* - haben oder eine gerade Anzahl.

In vielen Untersuchungen hat sich die Verwendung einer mittleren, neutralen Kategorie als ungünstig erwiesen. Diese Kategorie wird von den Personen oft nicht oder nicht nur als Ausdruck einer mittleren Position zwischen zwei Polen benutzt, sondern sie drückt aus, daß die Person das Item für unpassend hält oder die Antwort verweigert. Insofern ist die Persönlichkeitseigenschaft, von der die Benutzung dieser Kategorie abhängt, oft eine andere als die, die gemessen werden soll. Der Test ist in diesem Sinne dann *zweidimensional.*

Von Personen, die motiviert sind den Test zu bearbeiten, wird die mittlere Kategorie oft *gemieden*, d.h. sie tritt seltener auf als es aufgrund der Verteilung der zu messenden Eigenschaft zu erwarten ist. Dies führt dazu, daß die Parameter entsprechender Testmodelle anzeigen, daß die mittlere Kategorie mit den anderen Kategorien der Ratingskala keine Ordinalskala bildet. Die Qualität der Messung wird dann durch diese Kategorie eher beeinträchtigt als erhöht.

Viertens und letztens unterscheiden sich Ratingskalen nach der Benennung ihrer Kategorien. Im folgenden einige Beispiele:

- -- 0 + ++

-2 -1 0 +1 +2

1 2 3 4 5

nie selten oft sehr oft immer

gar nicht | eher nicht | kaum | etwas | sehr stark

täglich | 2-3 mal pro Woche | 1 mal pro Woche | 1 mal pro Monat | noch seltener

gar nicht völlig
0 1 2 3 4 5 6 7 8 9 10

Eine Benennung mit *Zahlen* wird oft verwendet, um zu bewirken, daß die Ratingskala wie eine *Intervallskala* benutzt wird.

Dies ist jedoch nicht automatisch garantiert, da in der subjektiven Wahrnehmung von Personen auch aufeinanderfolgende ganze Zahlen nicht unbedingt gleichen Abstand haben.

Verbale Etikettierungen haben demgegenüber den Vorteil, daß die Bedeutung der Antwortstufen durch eine sprachliche Umschreibung intersubjektiv vereinheitlicht wird, was bei einer Kennzeichnung durch Zahlen nicht gegeben ist. Die Schwierigkeit bei der sprachlichen Benennung liegt jedoch darin, solche Beschreibungen zu finden, die eindeutig eine Rangordnung der vorgegebenen Kategorien ausdrücken.

Von einer *Kombination* aus beidem, d.h. numerische Bezeichnung der Stufen und verbale Beschreibung der Pole (siehe die obigen Beispiele), erhofft man sich die Vorteile von beiden Varianten.

Eine Belegung mit *Symbolen* wie Plus- und Minuszeichen soll wiederum die subjektiven Schwankungen in der Bedeutung sprachlicher Benennungen ausschließen und - gegenüber einer numerischen Etikettierung - den Eindruck übertriebener mathematischer Exaktheit vermeiden.

Häufigkeitsangaben als Etikettierungen der Ratingkategorien haben den Vorteil, daß sie einen verbindlichen, intersubjektiv definierten Maßstab als Beurteilungsskala anbieten und somit Urteilsfehler und den Einfluß von response sets auf ein Minimum reduzieren.

Ratingformate haben den Vorteil, daß sie nicht für jedes einzelne Item konstruiert werden müssen, sondern für alle Items eines Tests gelten. Dies ist auch für die befragte Person ein Vorteil, denn sie kann sich auf einen Antwortmodus einstellen und *gleichartige Maßstäbe für alle Items* bei ihrer Antwort benutzen.

Dennoch kann es sinnvoll sein, ordinal abgestufte Itemantworten *spezifisch für jedes Item* zu formulieren. Solche itemspezifischen ordinalen Antwortalternativen würde man nicht mehr als Ratingskala (im engeren Sinne) bezeichnen. Für die Auswertung solcher Daten müssen Testmodelle herangezogen werden, die unterschiedliche Kategorienabstände für jedes Item vorsehen.

Das Problem von response sets ist bei itemspezifischen Formaten differenzierter. Einerseits treten response sets seltener auf, da sich *Antwortgewohnheiten* schlechter herausbilden und manifestieren, wenn die Antworten bei jedem Item anders lauten. Andererseits können sie - wenn sie auftreten - schwerer identifiziert werden.

Der Vorteil itemspezifischer Antwortkategorien liegt jedoch darin, daß man sie auf den jeweiligen *Iteminhalt* beziehen kann. Ein Beispiel sind die beiden folgenden Items eines Interessentests:

Wenn Sie sich Ihre Freizeit allein nach Ihren Interessen gestalten könnten, wie häufig würden Sie...

ein Buch lesen		
mindestens 1 Std. tägl.	*etwa 5-8 Std. in der Woche*	*etwa 1-2 Std. in der Woche*

mit Freunden ausgehen			
mindestens 3mal pro Woche	*einmal pro Woche*	*1-2mal pro Monat*	*seltener*

2.3.2 Die sprachliche Formulierung der Items

Auch die einfachste Frage bleibt stets mehrdeutig und läßt dem Befragten einen Interpretationspielraum. Daher muß man eine gewisse Bereitwilligkeit voraussetzen, daß der Befragte die Frage auch so versteht wie sie gemeint ist. Bereits eine einfache Frage wie

Warum haben Sie dieses Buch gekauft?

hat je nach Betonung mindestens vier Interpretationen:

... *Was war die Motivation?*
... *Warum Sie und kein anderer?*
... *Warum gerade dieses Buch?*
... *Warum gekauft und nicht geklaut oder geborgt?*

Für derartige Probleme der sprachlichen Formulierung von Items kann es keine allgemeingültigen Anweisungen geben außer der, daß jede Frage oder *jedes Item nur einen einzelnen Aspekt* ansprechen sollte und nicht zwei oder drei gleichzeitig.

Im folgenden sollen einige Dichotomien dargestellt werden, nach denen sich Items einteilen lassen und die auch bei der Auswahl und Formulierung der Iteminhalte dienlich sein können.

Der Unterschied zwischen *direkten und indirekten* Fragen besteht darin, daß man in einem Item die zu messende Personeneigenschaft selbst ansprechen kann, z.B.

Halten Sie sich für rücksichtsvoll?

oder man Indikatoren erfragt, über die man indirekt auf die zu messende Eigenschaft schließt:

Halten Sie mit dem Auto an, wenn am Straßenrand eine Person steht, die offensichtlich die Straße überqueren möchte ?

Das Item kann sich auf einen *hypothetischen* oder *tatsächlichen* Sachverhalt beziehen, also z.B.

Was würden Sie tun,wenn...
oder
Haben Sie schon einmal ... getan ?

Hypothetische Inhalte sind anfälliger gegenüber *Fehleinschätzungen* der eigenen Person, sozialer Erwünschtheit und anderen Fehlerquellen. Erfragt man tatsächliche Sachverhalte, so erhält man zwar 'harte Fakten' und ist von subjektiven Einschätzungen unabhängiger, jedoch ist die Itemantwort außer von der Personeneigenschaft noch von *situationalen Bedingungen* der befragten Person abhängig: Eine Person kann z.B. keine Gelegenheit gehabt haben, die erfragte Tätigkeit zu zeigen.

Das Item kann sich auf einen eher *konkreten* oder *abstrakten* Sachverhalt beziehen. Beispiel:

Sammeln Sie Briefmarken?
oder
Sammeln Sie gerne irgendwelche Sachen?

Auch hier stellen die konkreten Inhalte eher harte Fakten dar, die situationsabhängiger sind. Die allgemeinen Inhalte sind eher 'Einschätzungssache' und somit anfälliger für Urteilsfehler.

Die Frage kann *personalisiert* oder *depersonalisiert* gestellt werden. Beispiel:

Würden Sie gegen ein geplantes Kernkraftwerk demonstrieren?
oder

Sollten möglichst viele Menschen gegen geplante Kernkraftwerke demonstrieren?

Personalisierte Fragen lassen einen besseren Rückschluß auf die zu messende Eigenschaft zu, wenn sie ehrlich beantwortet werden. Sie können aber von der befragten Person als ein zu starker Eingriff in die *Privatsphäre* betrachtet werden und Widerstand gegen den Test bewirken.

Depersonalisierte Fragen wahren die Distanz, bergen aber die Gefahr, daß die Antworten nur allgemeine *Unverbindlichkeiten* ausdrücken ('Ja, ja, man sollte das tun ... aber ich doch nicht').

Items können versuchen einen inneren Zustand neutral abzufragen, d.h. möglichst keine *Stimulusqualität* haben, oder sie können bewußt einen solchen Stimulus setzen, um die Reaktion darauf zu erfragen. Beispiel:

Sind Sie manchmal wütend über die lasche Haltung der Polizei gegenüber dem Rechtsradikalismus?
oder
Was empfinden Sie, wenn Sie hören, daß Jugendliche den Hitler-Gruß zeigen, ohne von der danebenstehenden Polizei behelligt zu werden?

Items mit Stimulusqualität (die zweite Formulierung) haben sicherlich den Vorteil, daß auch Personen ohne eine entsprechende Metakognition beim Durchlesen des Itemtextes *ihre eigene Reaktion* auf diesen Stimulus beobachten können und die Antwort daher gültiger ist.

Andererseits ist die Itemantwort bei solchen Items sehr stark *vom jeweiligen Stimulus abhängig*, was die Zuverlässigkeit des Testergebnisses schmälern kann. Bei dem obigen Beispiel hält vielleicht eine Person den Hitler-Gruß für eine vom Grundgesetz erlaubte freie Meinungsäußerung, während sie ansonsten für eine stärkere Bekämpfung des Rechtsradikalismus ist.

Nicht zuletzt kann man mit der sprachlichen Einkleidung des Iteminhaltes die *Schwierigkeit des Items* beeinflussen und gezielt steuern. Mit Schwierigkeit ist dabei gemeint, wie schwer es einer durchschnittlichen Person fällt, dem Iteminhalt zuzustimmen oder die Frage zu bejahen. Beispiel:

Die Polizei sollte Bundesbürger, die den Hitlergruß zeigen, sofort festnehmen und strafrechtlich verfolgen
oder
Das Zeigen des Hitlergrußes sollte vom Staat mit den zur Verfügung stehenden Rechtsmitteln geahndet werden.

Eine Manipulation der Itemschwierigkeit durch die sprachliche Einkleidung (die erste Formulierung dürfte 'schwieriger' sein) ist nichts Ungewöhnliches. Man *muß* als Testkonstrukteur sogar die Schwierigkeit in einem gewissen Rahmen beeinflussen, wenn man einen zuverlässigen Test entwickeln will: Bei einigen Testmodellen in Richtung auf eine *mittlere Schwierigkeit*, bei anderen Testmodellen in Richtung auf eine gleichmäßige Streuung oder *Staffelung* der Schwierigkeiten aller Items.

Weil die Itemschwierigkeit von der sprachlichen Formulierung abhängt, sind *deskriptive Ergebnisse von einzelnen Items*, z.B. '80% der Bevölkerung tolerieren den Hitler-Gruß', relativ wertlos, wenn nicht der vollständige Wortlaut und das Antwortformat der Frage mit genannt werden.

2.3.3 Die Zusammenstellung des Tests

Wie fügt man Items zu einem Test zusammen? Damit ist im wesentlichen die Frage gemeint, welche *Abhängigkeiten zwischen den Items* erlaubt sind und welche nicht.

Betrachtet man die Durchführung eines Tests als ein *Experiment* (s.o. Kapitel 1), so stellt die Beobachtung des Verhaltens mehrerer Personen bei verschiedenen Items - in der Terminologie der Versuchsplanung - eine *Meßwiederholung* dar. Da alle Itemantworten von denselben Personen stammen, und *durch die zu messende Personeneigenschaft bedingt sind,* werden *keine unabhängigen* Beobachtungen realisiert.

Hält man die zu messende Personeneigenschaft jedoch konstant, z.B. indem man nur *eine* Person betrachtet oder nur Personen mit *derselben Ausprägung* der latenten Variable, so müssen die Items experimentell *unabhängig* bearbeitet werden.

Diese spezielle Art von Unabhängigkeit nennt man lokale stochastische Unabhängigkeit (stochastisch = wahrscheinlichkeitsmäßig). 'Lokal' bedeutet, daß die stochastische Unabhängigkeit nur für einen festen 'Ort' (locus = Ort) oder Wert der Personenvariable gilt.

Betrachtet man nur Personen mit demselben Wert der latenten Variable, so versteht man unter *stochastischer Unabhängigkeit* von zwei Items A und B, daß die Wahrscheinlichkeit einer bestimmten Antwort A_1 bei Item A und Antwort B_1 bei Item B gleich dem Produkt der beiden Einzelwahrscheinlichkeiten ist:

$$p(A_1 \text{ und } B_1) = p(A_1) \cdot p(B_1).$$

Was diese Definition bedeutet, wird klar, wenn man sich anschaut, wie sich die Wahrscheinlichkeit der Antwortkombination *ohne* die Annahme der stochastischen Unabhängigkeit berechnen würde. Dann müßten die Wahrscheinlichkeiten der Antwortkombinationen auf *bedingte Wahrscheinlichkeiten* zurückgeführt werden:

$$p(A_1 \text{ und } B_1) = p(A_1) \cdot p(B_1 \mid A_1)$$

oder

$$p(A_1 \text{ und } B_1) = p(B_1) \cdot p(A_1 \mid B_1).$$

$p(B_1 \mid A_1)$ bezeichnet die Wahrscheinlichkeit von B_1 unter der Bedingung von A_1.

Vergleicht man diese beiden Gleichungen mit der obigen Definition, so zeigt sich, daß stochastische Unabhängigkeit nichts anderes bedeutet, als daß die *bedingten* Antwortwahrscheinlichkeiten gleich den *unbedingten* sind. Noch anders ausgedrückt:

Die Wahrscheinlichkeit einer Antwort auf Item B darf nicht davon abhängen, was die Person auf Item A (tatsächlich) geantwortet hat.

Folgende Graphik soll das demonstrieren:

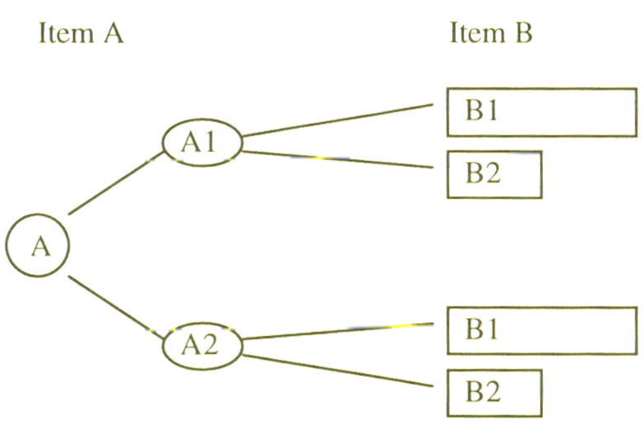

Die Graphik stellt die Antwortwahrscheinlichkeiten des Items B mit den beiden Alternativen B_1 und B_2 in Abhängigkeit von den *tatsächlichen* Antworten auf Item A, A_1 und A_2, dar. Die Länge der Kästchen symbolisiert die Größe der Wahrscheinlichkeiten. Das Wahrscheinlichkeitsverhältnis von B_1 zu B_2 muß gleich bleiben, egal was bei Item A geantwortet wurde.

Es wird jedoch *keine* Aussage darüber gemacht wie das Wahrscheinlichkeitsverhältnis von A_1 zu A_2 ist. Ein häufiges *Mißverständnis* besteht darin, daß man meint, die *Wahrscheinlichkeiten* von A und B dürften nicht zusammenhängen. Über die Personen hinweg betrachtet ist das natürlich der Fall: wer Item A eher löst, wird auch Item B eher lösen, wenn es sich um einen homogenen Leistungstest handelt. Nur: durch die Lösung von Item A darf sich die Wahrscheinlichkeit für B nicht *verändern*!

Wann ist die Annahme der lokalen stochastischen Unabhängigkeit verletzt? Auf jeden Fall bei *logischen Abhängigkeiten* zwischen den Items. *Logische Unabhängigkeit* zwischen den Items bedeutet, daß die Beantwortung eines Items nicht *eine bestimmte Antwort auf ein anderes Item* voraussetzen darf. Ein Beispiel für logisch abhängige Items ist:

Item 1: Haben Sie schon einmal das Gefühl gehabt, daß Sie keinem Menschen trauen können ?

Item 2: Haben Sie daraufhin mit jemandem darüber gesprochen?

Es ist klar, daß die Beantwortung von Item 2 nur Sinn macht, wenn Item 1 bejaht wurde. Solche logischen Abhängigkeiten bilden das Prinzip von sog. *verzweigten Fragebögen*, bei denen jeweils vorgeschaltete 'Filterfragen' abklären sollen, ob die befragte Person überhaupt den folgenden Fragenkomplex zu bearbeiten hat (z.B. '...wenn nein, gehen Sie weiter zu Frage XY'). Zur testtheoretisch fundierten Messung *einer* Personeneigenschaft eignen sich solche abhängigen Items nicht, da die Konstruktion geeigneter Testmodelle sehr kompliziert ist.

Wenn sichergestellt ist, daß zwischen den Items keine logischen Abhängigkeiten bestehen, stellt sich als nächstes die Frage, wie die Items zu einem Test zusammengesetzt werden können, ohne die lokale stochastische Unabhängigkeit der Itemantworten zu gefährden. Hier gilt es, *Positionseffekte* und *Reihenfolgeeffekte* zu berücksichtigen.

Positions- und Reihenfolgeeffekte

Unter Positionseffekten versteht man die Veränderung der Schwierigkeit oder anderer Merkmale eines Items infolge seiner Plazierung im Test. Mit solchen Positionseffekten ist besonders bei den Items *am Testanfang* (mangelndes Instruktionsverständnis oder 'warming-up' Prozesse) oder *am Testende* (Ermüdung, Zeitmangel, schwindende Testmotivation und Abbruch) zu rechnen.

Unter Reihenfolgeeffekten versteht man die Beeinflussung der Itemantwort dadurch, *welche* anderen Items zuvor bearbeitet wurden. So sind bei vielen Leistungs- und Intelligenztests die Aufgaben *nach aufsteigender Schwierigkeit* geordnet, was sicherlich dazu beiträgt, daß die schwierigen Aufgaben infolge der Übung an leichteren Aufgaben ebenfalls etwas leichter zu lösen sind.

Solche Effekte können, müssen aber nicht die lokale stochastische Unabhängigkeit verletzen. Diese besagt lediglich, daß die Wahrscheinlichkeit einer Itemantwort nicht davon abhängen darf, *was* bei den vorangehenden Items *geantwortet* wurde. Sehr wohl darf sie davon beeinflußt sein, *welche* Items vorher *bearbeitet* wurden.

Solange sich ein Positions- oder Reihenfolgeeffekt darin ausdrückt, daß ein Item durch seine Position im Test oder durch vorangehende Items *für alle Personen* gleichermaßen leichter oder schwerer wird, ist die stochastische Unabhänigkeit *nicht* verletzt.

Bewirken diese Effekte dagegen *reaktionskontingente Veränderungen* der zu messenden Personeneigenschaft (reaktionskontingent = mit der Reaktion zusammenhängend), so ist die lokale stochastische Unabhängigkeit verletzt.

Hier ist insbesondere an *reaktionskontingentes Lernen* zu denken, also Lernvorgänge, die bei einer richtigen Itemlösung anders ablaufen als bei einer falschen Lösung. Leider sind die meisten oder zumindest die interessanteren Lernvorgänge reaktionskontingent. So etwa *Lernen durch Einsicht*, das sich einstellt, wenn man eine Aufgabe 'zufällig' gelöst hat (Aha-Erlebnis), oder *Verstärkungslernen*, wenn die richtige Lösung (sofern man auch merkt, daß sie richtig ist) als Verstärker für den richtigen kognitiven Prozeß fungiert. Auch wenn man bei einer *erfolglosen Bearbeitung* von Aufgaben mehr lernt als bei einer richtigen Lösung, liegt reaktionskontingentes Lernen vor. Sollten solche Lernprozesse massiv auftreten, wäre die stochastische Unabhängigkeit der Items nicht gegeben.

Findet dagegen lediglich Lernen im Sinne von *Üben* statt, was im wesentlichen von der Anzahl und Qualität der Aufgaben aber nicht von den eigenen Reaktionen abhängt, so ist das eine Form von Lernen, die mit der Annahme der stochastischen Unabhängigkeit *vereinbar* ist.

Auch bei anderen Tests als Leistungsstests kann es zu reaktionskontingenten Veränderungen der zu messenden Personeneigenschaft kommen. Ein Beispiel wäre ein Aggressionstest, bei dem aggressive Reaktionen auf frühere Items einen *kathartischen Effekt* haben (Katharsis = Läuterung) und somit die Wahrscheinlichkeit aggressiver Reaktionen auf spätere Items senken.

Was folgt aus diesen Überlegungen für die Zusammenstellung von Items zu einem Test?

Erstens dürfen Items, die dieselbe Personeneigenschaft messen, *nicht logisch voneinander abhängig* sein.

Zweitens sollte man möglichst eine *Zufallsabfolge* wählen. Möchte man durch eine *gezielte Anordnung* bestimmte Reihenfolge- oder Positionseffekte ausnutzen, so muß sichergestellt sein, daß diese Effekte auf alle Personen gleichermaßen wirken und *nicht* davon beeinflußt sind, *wie* eine Person bestimmte Items beantwortet.

Zur Vermeidung unerwünschter Abhängigkeiten zwischen den Items gibt es einige *Tricks*. So kann man z.B. *Scheinitems* in den Test einstreuen,

- die eine befürchtete Kontingenz zwischen aufeinanderfolgenden Items durchbrechen sollen (*Puffer-Items*),
- die die zu messende Persönlichkeitseigenschaft *verschleiern* sollen,

- oder die 'ganz nebenbei' vermutete Störvariablen (*Tendenz zur sozialen Erwünschtheit*, *Ja-sage-Tendenz*) erfassen sollen.

Weiterhin kann man *sensible* Items, deren Antwort durch vorangehende Items beeinflußt werden könnte, *an den Anfang* stellen. Und man kann *reaktive* Items, d.h. solche deren Beantwortung Effekte auf spätere Itemantworten ausüben können, *an den Schluß* stellen.

Soll ein Testinstrument zur Messung mehrerer Personeneigenschaften zusammengestellt werden, ergeben sich weitere Möglichkeiten, wie z.B. die Items verschiedener Untertests zu *mischen*.

Literatur

Eine detaillierte Diskussion der Konstruktion von Fragebögen und Tests findet sich bei Lienert (1969), Kline (1986), Mummendey (1987), Roid & Haladyna (1982) und Tränkle (1983). Hornke und Rettig (1992) diskutieren am Beispiel von Analogieitems Ansätze einer theoriegeleiteten Itemkonstruktion, Esser (1977) geht auf die Problematik von response sets ein, Couch & Keniston (1960) gehen speziell auf die Ja-sage Tendenz ein. Dubois & Burns (1975) analysieren die Rolle einer 'Ich-weiß-nicht' Kategorie.

Übungsaufgaben

1. Man möchte in einer schriftlichen Befragung von *Ihnen* wissen, welche übergeordneten Werte für Sie in Ihrem Leben und für Ihr Handeln wichtig sind. Wie sollten die Items aussehen, auf die Sie am ehesten und am ehrlichsten antworten würden? Formulieren sie 3 Beispielitems mit unterschiedlichem Antwortformat und diskutieren Sie Vor- und Nachteile.

2. Formulieren Sie für folgende Items Distraktoren, die es Ihnen ermöglichen, auch Denkfehler zu erfassen:
   Wieviel ist 4^3 (4 hoch 3)?
   Wer war zur Zeit der großen Koalition Bundespräsident?
   Wieviel kostet es, eine 60 Watt Lampe 5 Stunden brennen zu lassen, wenn die Kilowattstunde 20 Pfennige kostet?

3. Wie groß ist die Ratewahrscheinlichkeit bei einem Item mit 6 Antwortkategorien, wenn genau 3 richtige Antworten dabei sind (und das Item nur als gelöst gilt, wenn alle richtigen angekreuzt werden)? Ist die Ratewahrscheinlichkeit kleiner, gleich oder größer, wenn es genau 4 richtige Antworten gibt?

4. Sie möchten als Indikator für Ausländerfeindlichkeit die Bereitschaft erfragen, direkt neben einem Asylbewerberheim zu wohnen. Formulieren sie 3 möglichst unterschiedliche Items für diesen Indikator und diskutieren Sie die Vor- und Nachteile.

5. In einer Stichprobe von Personen mit derselben Ausprägung der zu messenden Fähigkeit erhalten Sie die folgenden Lösungshäufigkeiten von 2 Items A und B:

   A und B gelöst: 35%
   A gelöst, B nicht: 5%
   B gelöst, A nicht: 25%
   Weder A noch B gelöst : 35%

   Zeigen Sie, daß hier die Annahme der lokalen stochastischen Unabhängigkeit nicht gilt. Wie müßten die 4 o.g. prozentualen Häufigkeiten aussehen, wenn die Annahme gilt?

2.4 Datenerhebung

Mit Datenerhebung ist in diesem Kapitel die Sammlung von Testdaten zum Zwecke einer *Testentwicklung* oder im Rahmen einer *Forschungsarbeit* gemeint. Fragen der Datenerhebung im Sinne einer *Testanwendung* für diagnostische Zwecke werden hier nicht behandelt.

2.4.1 Stichprobenprobleme

Jede Stichprobenziehung fängt mit der Definition der *Population* an, über die die Stichprobe etwas aussagen soll. Wie bei jeder empirischen Untersuchung ist auch bei einer Testentwicklung eine *repräsentative Stichprobe* optimal. Repräsentativität bedeutet, daß *alle denkbaren Variablen* in der Stichprobe genauso verteilt sind wie in der Population. Eine repräsentative Stichprobe ist somit nur durch eine völlig *zufällige Auswahl* der Individuen aus der Population herzustellen.

Eine solche Zufallsauswahl ist in der Praxis so gut wie nie erreichbar und es stellt sich daher die Frage, *welche Eigenschaften* einer repräsentativen Stichprobe für eine Testentwicklung wirklich wichtig sind und mit welcher Art der Stichprobenziehung diese Eigenschaften gewonnen werden können.

Hier muß wieder nach den *Zielen* der Testentwicklung unterschieden werden:

Soll der Test *normiert* werden (s. Kap. 2.1.5), so muß die *Verteilung der zu messenden Personenvariable* in der Stichprobe völlig identisch sein mit der Verteilung in der Population.

In Abbildung 12 symbolisiert die durchgezogene Linie die Häufigkeitsverteilung der Meßwerte X in der Population und die gestrichelte Linie die Stichprobenverteilung.

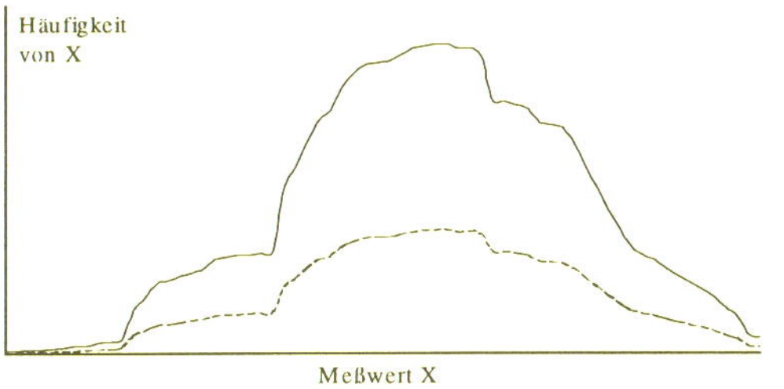

Abbildung 12: Populations- und Stichprobenverteilung

So ein nahezu identisches Abbild der Populationsverteilung des zu messenden Merkmals ist tatsächlich nur notwendig, wenn Normen für die Testinterpretation entwickelt werden sollen (s. Kap. 2.1.5 und 6.5). Dann sind allerdings sogar oft *mehrere* repräsentative *Stichproben* für verschiedene Teilpopulationen erforderlich, je nachdem für welche Referenzpopulationen getrennte Normen gewünscht werden.

Die Art der Stichprobenziehung soll in diesem Fall lediglich sicherstellen, daß die *zur Selektion benutzten Variablen* nicht mit der zu messenden Variable zusammenhängen. So darf z.B. die Tatsache, daß jemand ein Telefon besitzt, nicht mit der zu messenden Eigenschaft zusammenhängen, wenn die Stichprobe durch telefonische Anfrage rekrutiert werden soll (aus Telefonbüchern lassen sich leicht Zufallsstichproben ziehen).

Sollen demgegenüber keine Normen entwickelt werden, sondern soll 'lediglich' ein *meßgenauer und valider Test* entwickelt werden, so schwächen sich die Erfordernisse an die Verteilung der Eigenschaft in der Stichprobe deutlich ab. Es sind im wesentlichen zwei Dinge zu gewährleisten:

Erstens, sollte die *Variation* der zu messenden Eigenschaft in der Stichprobe gegenüber der Populationsvariation *nicht eingeschränkt* sein. Dieser Punkt ist besonders wichtig, wenn eine *externe Validität* des Tests berechnet wird. Jede Einschränkung der Varianz der Meßwerte bewirkt nämlich eine *Unterschätzung der Validität.*

Dies wird in der folgenden Abbildung veranschaulicht.

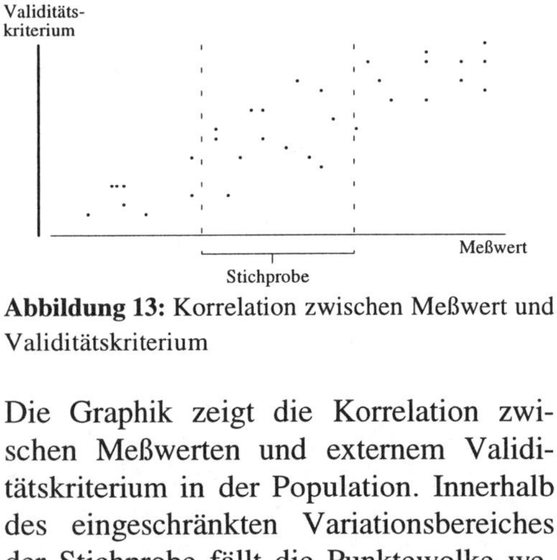

Abbildung 13: Korrelation zwischen Meßwert und Validitätskriterium

Die Graphik zeigt die Korrelation zwischen Meßwerten und externem Validitätskriterium in der Population. Innerhalb des eingeschränkten Variationsbereiches der Stichprobe fällt die Punktewolke wesentlich 'runder' und damit die Korrelation (sprich: externe Validität) niedriger aus.

Obwohl die Konsequenzen *gegen* die Intentionen des Testkonstrukteurs gerichtet sind, ist die Varianzeinschränkung wohl *einer der häufigsten Fehler*, der bei der Stichprobenziehung begangen wird. Man denke nur an die vielen Testentwicklungen, die ausschließlich an studentischen Stichproben vorgenommen werden.

Eine eingeschränkte Varianz der zu messenden Eigenschaft in der untersuchten Stichprobe wirkt sich auch auf andere Berechnungen im Rahmen einer Testentwicklung nachteilig aus. So kann die Qualität des Items nicht so gut beurteilt werden, wenn die Varianz der latenten Variable eingeschränkt ist (vgl. Kap. 6.2.1).

Für die Stichprobenziehung kann man daraus die Konsequenz ableiten, *mehrere* möglichst unterschiedliche *Teilstichproben* zu untersuchen, um so die Variation zu erhöhen.

Der zweite Punkt, der auch bei einer nichtrepräsentativen Stichprobe gewährleistet sein sollte, besteht darin, daß die Art der Abhängigkeit von Testverhalten und Personeneigenschaft in der Stichprobe *nicht untypisch* für die Art der Abhängigkeit in der Gesamtpopulation ist. Entwickelt man etwa einen Angstfragebogen ausschließlich an einer Stichprobe von Personen mit akademischer Bildung, so ist damit vielleicht nicht die Variation der Eigenschaft 'Ängstlichkeit' eingeschränkt. Es kann aber sein, daß der rationale Umgang mit dem Phänomen 'Angst' und somit die Beziehung von Ängstlichkeit und Testverhalten in dieser Stichprobe anders aussieht als in anderen Teilpopulationen.

Der letztgenannte Punkt betrifft primär die Sicherstellung der *internen Validität* des Tests. Diese ist aber Voraussetzung für jegliche sinnvolle Verwendung des Tests.

Abschließend noch ein paar Antworten auf die zentrale Frage: *Wie groß soll die Stichprobe sein?*

Diese Frage läßt sich unter drei Gesichtspunkten beantworten, je nachdem welches

Ziel oder Gütekriterium eines Tests man vor Augen hat:

- die Prüfung der Modellgeltung (die *interne Validität* des Tests)
- die *Genauigkeit* der Parameterschätzungen
- die Entwicklung von *Normen.*

Strebt man eine möglichst *exakte Prüfung der Modellgeltung* an, so kann das leicht zu astronomischen Stichprobengrößen führen. So lautet die (Maximal-) Antwort auf die o.g. Frage, daß man ein *Mehrfaches* (z.B. 5-faches) der *Anzahl möglicher Antwortmuster* in einem Test braucht.

Diese Antwort hat folgenden Hintergrund: Die theoretisch befriedigendste Methode, ein Testmodell vollständig auf Gültigkeit zu prüfen, verlangt, daß man die *beobachteten Häufigkeiten unterschiedlicher* Antwortmuster mit den vom Modell vorhergesagten *Häufigkeiten aller möglichen* Antwortmuster vergleicht.

Besteht ein Test z.B. aus zehn Items mit je zwei Antwortmöglichkeiten, so gibt es 2^{10} = 1024 unterschiedliche Antwortmuster:

Item:	1	2	3	4	5	6	7	8	9	10
1	0	0	0	0	0	0	0	0	0	0
2	0	0	0	0	0	0	0	0	0	1
3	0	0	0	0	0	0	0	0	1	0
4	0	0	0	0	0	0	0	0	1	1
5	0	0	0	0	0	0	0	1	0	0
6	0	0	0	0	0	0	0	1	0	1
7	0	0	0	0	0	0	0	1	1	0
	.									
	.									
	.									
1020	1	1	1	1	1	1	1	0	1	1
1021	1	1	1	1	1	1	1	1	0	0
1022	1	1	1	1	1	1	1	1	0	1
1023	1	1	1	1	1	1	1	1	1	0
1024	1	1	1	1	1	1	1	1	1	1

Ein Vergleich von theoretisch erwarteten und beobachteten Häufigkeiten der Antwortmuster würde voraussetzen, daß jedes dieser 1024 Antwortmuster eine reelle Chance hätte beobachtet zu werden. Dies ist wohl erst bei *ein paar tausend* getesteten Personen der Fall.

Natürlich gibt es auch 'sparsamere' Formen, die Geltung eines Testmodells zu testen, aber dann wird die Antwort auf die Frage 'Wieviel Personen?' zur Ermessenssache.

Eine sparsamere Form der Geltungsprüfung besteht darin, die *Stichprobe* bei der Testauswertung *in zwei Hälften zu teilen* und die Parameterschätzungen in beiden Teilstichproben miteinander zu vergleichen. Diese Methode setzt voraus, daß die halbe Stichprobengröße ausreicht, die Modellparameter zu schätzen. Da dies bei vielen Modellen schon mit etwa 50 Personen möglich ist, kommt man zu einem minimalen *Stichprobenumfang von ca. 100 Personen.*

Hat man sehr *starke a priori Hypothesen* (a priori (lat.) = im vorhinein), z.B. über die Rangordnung der Schwierigkeiten der Testitems, so reichen auch *40-50 Personen* aus. Die Prüfung der internen Validität des Modells kann dann über den Vergleich der empirisch geschätzen Modellparameter mit den hypothetischen erfolgen.

Innerhalb dieses Spielraumes von 50 bis 5000 Personen kann man nur differenziertere Aussagen machen, wenn man sich auf ein spezielles Testmodell bezieht. So reichen für Modelle mit einer quantitativen Personeneigenschaft im allgemeinen etwas *kleinere Stichprobenumfänge* aus als für Modelle mit kategorialer Personeneigenschaft.

Geht man von der *Genauigkeit der Parameterschätzungen* aus, so lassen sich Empfehlungen für Stichprobengrößen ebenfalls nur modellspezifisch ableiten. Anzumerken ist hier, daß für die Genauigkeit der Meßwerte der Items ausschließlich die *Anzahl der Personen* maßgeblich ist. Umgekehrt wird die Genauigkeit der Personenmeßwerte ausschließlich von der *Anzahl der Items* beeinflußt.

Insofern ist die Erreichung einer hohen Meßgenauigkeit (Reliabilität) des Tests keine Frage der Größe der Personenstichprobe. Man kann jedoch Ansprüche an die *Genauigkeit der Itemmeßwerte* stellen und daran die Stichprobengröße orientieren. In welcher Weise die Stichprobengröße mit der Meßgenauigkeit der Items zusammenhängt, wird in Kapitel 6.1 behandelt.

Nimmt man die *Ableitung von Normen* als Kriterium für die Bestimmung der Stichprobengröße, so stellt sich zunächst die Frage, *wie differenziert* man denn die Normen haben möchte. Im einen Extrem kann man allein daran interessiert sein, wie groß der *Mittelwert* einer quantitativen Personeneigenschaft in einer Referenzpopulation ist. Hier können schon 20 bis 30 Personen ausreichen, um den Populationsmittelwert einigermaßen genau zu bestimmen.

Im anderen Extrem kann man z.B. alle 100 Prozentmarken der Verteilung der Meßwerte in einer Population bestimmen wollen. Hierfür sind dann schon ca. 2000 Personen erforderlich; das ist eine Stichprobengröße, die sich auch für Meinungsumfragen und Wahlprognosen als hinreichend erwiesen hat. Nicht zuletzt muß berücksichtigt werden, für wieviele Teilpopulationen, die z.B. nach Geschlecht, Alter oder Berufsgruppe aufgeschlüsselt sind, Normtabellen entwickelt werden sollen. Hier lassen sich keine allgemeingültigen Empfehlungen geben.

2.4.2 Durchführungsprobleme

Bei der Durchführung der Datenerhebung sind einige Probleme zu bedenken, die es bei einem Einsatz des Tests zu individualdiagnostischen Zwecken so nicht gibt.

Hierzu gehört zunächst die *Aufklärung über den Gegenstand der Befragung*. In vielen Fällen ist es sinnvoll, wenn die befragten Personen möglichst wenig über den Gegenstand der Befragung wissen, damit die *Itemantworten unbeeinflußt* bleiben von Vorkenntnissen. Das bewußte Verschweigen des eigentlichen Gegenstands einer Befragung oder gar die Vorspiegelung einer falschen Testabsicht wirft jedoch *ethische Probleme* auf.

Wie bei vielen Experimenten, bei denen man vor demselben Problem steht, wird es im Allgemeinen für ethisch vertretbar gehalten, wenn man die Befragten vorher informiert, *daß* man den Gegenstand der Befragung vor der Testbearbeitung nicht offenbaren kann, aber ankündigt, daß man dies *im Anschluß* nachholt. Eine falsche Cover-story erfordert in jedem Fall eine nachträgliche Richtigstellung.

Neben den ethischen Problemen hat ein Verschweigen oder eine Falschinformation auch den Nachteil, daß *fälschliche Vermutungen* über den Befragungsgegenstand die Itemantworten ebenso nachteilig oder noch ungünstiger beeinflussen können, wie die richtige Information.

Ein *Beispiel* wäre, wenn man einen Fragebogen zu moralischen Wertvorstellungen damit zu kaschieren versucht, daß man vorgibt, es handele sich um einen Fragebogen zum politischen Konservativismus. Die Testergebnisse über die Moralvorstellungen hängen dann auch davon ab, wie konservativ sich die Befragten darstellen möchten.

Eine Information über den Sinn der Befragung ist unter anderem auch deshalb notwendig, um eine Bereitschaft zur Testbearbeitung zu schaffen, die sogenannte *Testmotivation*. Jeder Befragte braucht irgendeinen Grund, eine Motivation, den Test möglichst sorgfältig und ehrlich zu beantworten.

Ein solches Motiv ist bei der späteren individualdiagnostischen Verwendung eines Tests in der Regel automatisch gegeben. Bei der Testentwicklung mittels zufälliger Personenstichproben ist diese Testmotivation erst herzustellen.

Da die *ethischen Richtlinien* für die Durchführung von Humanexperimenten (und um solche handelt es sich bei Tests) verlangen, daß die Teilnahme *freiwillig* ist, sollte man sich der *Bereitschaft* der zu befragenden Personen vorher vergewissern und gegebenenfalls *Anreize* zur Bearbeitung des Tests schaffen. Inwieweit die dabei induzierte Testmotivation die *Beantwortung der Items beeinflussen* kann, ist im Einzelfall abzuwägen.

Ein weiterer Punkt, in dem sich die Entwicklungsphase eines Tests von seiner individualdiagnostischen Verwendung unterscheidet, liegt in der Zusicherung der *Anonymität*. Dabei ist die Zusicherung leichter gegeben als eingehalten, denn es müssen *organisatorische Maßnahmen* getroffen werden, um zu verhindern, daß der Testleiter im nachhinein die Identität der Befragten rekonstruieren kann (nicht zu viele demographische Variablen, wie Alter, Geschlecht, Beruf etc. erfragen).

Schließlich müssen die *Bearbeitungshinweise* für den Test so einfach und so genau wie möglich formuliert werden. Hierzu gehören im allgemeinen

- ein oder zwei *Itembeispiele* mit möglicher Antwort
- eine Angabe, wieviel *Zeit* die Bearbeitung insgesamt in Anspruch nimmt,
- Hinweise, was man tun soll, wenn man ein Item *nicht beantworten* will, und
- bei Leistungstests, ob man bei zu schweren Items die Antwort *raten* oder das Item lieber überspringen soll.

Spezielle Arten der Datenerhebung bringen auch spezifische Durchführungsprobleme mit. So stellt sich bei einer *postalischen Befragung* das Problem, eine hohe *Rücklaufquote* zu erreichen. Darunter versteht man den prozentualen Anteil zurückgesandter Fragebögen an der Gesamtzahl versandter Fragebögen. Je nach Umfang und Inhalt der Fragebögen muß man manchmal schon mit einer Rücklaufquote von 50% zufrieden sein.

Das Problem einer geringen Rücklaufquote ist nicht die Verkleinerung des Stichprobenumfangs. Diese kann dadurch ausgeglichen werden, daß man von vornherein mehr Personen anschreibt als benötigt werden. Das Problem stellt die sogenannte *Eigenselektion* dar. Damit ist gemeint, daß die befragten Personen selbst entscheiden, ob sie den Fragebogen beantworten und zurücksenden. Die Kriterien, nach denen diese Auswahl (Selektion) erfolgt, hängen in der Regel mit dem Gegenstand der Befragung zusammen, so daß die zurückerhaltenen Fragebögen eine verzerrte Stichprobe des *Antwortverhaltens* darstellen.

Hat man den befragten Personen Anonymität zugesichert, läßt sich diese Verzerrung auch nicht dadurch beeinflussen, daß man säumige Personen anmahnt oder Ersatzpersonen sucht, die in demographischen Merkmalen vergleichbar sind.

Telefonische Befragungen eignen sich naturgemäß nur für Erhebungen von geringem zeitlichen Umfang. Sie werden insbesondere im Bereich soziologischer Untersuchungen eingesetzt.

Spezielle Möglichkeiten und Probleme ergeben sich auch durch den Einsatz des Computers bei der Testvorgabe. Das *computerunterstützte Testen* stellt eine Form der Datenerhebung dar, die es erlaubt, die Auswahl der Testitems individuell auf jede Person abzustimmen. Die höchste Stufe dieses maßgeschneiderten Testens (taylored testing) besteht darin, jede Itemantwort sofort zu verarbeiten und für die Auswahl des nächsten Items zu nutzen.

Das *Prinzip der Passung* von Itemschwierigkeit und Personenfähigkeit (s. Kap. 2.2.4) kann dadurch optimal realisiert werden, daß schon nach wenigen bearbeiteten Items eine erste Schätzung der Fähigkeit der Person vorgenommen wird. Die folgenden Items werden dann so ausgewählt, daß die betreffende Person in etwa eine 50%-ige Lösungswahrscheinlichkeit hat. Auf diese Weise kann eine relativ hohe Meßgenauigkeit realisiert werden und die getesteten Personen müssen sich nicht mit zu leichten oder zu schweren Items beschäftigen.

Außerdem dient das computerunterstützte Testen der Standardisierung der Testdurchführung und damit der Objektivität der Ergebnisse. Auf die vielen technischen Aspekte der Computernutzung beim Testen kann hier jedoch nicht eingegangen werden. Mehrere Beiträge zum computerunterstützten Testen finden sich in dem Sammelband von Kubinger (1988).

Literatur

Allgemeine Fragen der Stichprobenziehung werden in Lehrbüchern der empirischen Forschung behandelt, s. z.B. Bortz (1984), Schnell et al. (1989). Auf einige Aspekte der Testdarbietung geht Lienert (1969) ein.

Übungsaufgaben

1. Wie wirkt sich eine eingeschränkte Varianz des zu messenden Merkmals in der Stichprobe auf die Validität und die Reliabilität des Tests aus? Ziehen Sie zur Beantwortung der Frage die Definition von Reliabilität in Kapitel 2.1.2 heran.
2. Sie haben einen Test mit 3 dichotomen, 3 dreikategoriellen und 3 vierkategoriellen Items. Wieviele Personen müßte Ihre Stichprobe umfassen, damit alle möglichen Antwortmuster mindestens einmal beobachtet werden können?

2.5 Kodierung der Antworten

Den Vorgang, die Itemantworten der befragten Personen aus dem Testheft oder dem Antwortblatt derart in Zahlen zu verschlüsseln, daß diese Daten dann mit einem entsprechenden Testmodell analysiert werden können, nennt man *Kodierung* der Itemantworten. Die Kodierung der Antworten ist bereits ein Vorgang, bei dem berücksichtigt werden muß, *wie* die Daten ausgewertet werden sollen. Im Zweifelsfalle empfiehlt es sich, möglichst die ganze, in den Antworten vorhandene Information differenziert zu kodieren, denn eine Rekodierung durch *Zusammenlegen* von Kategorien ist jederzeit möglich. Der umgekehrte Weg, d.h. eine nachträgliche Ausdifferenzierung von zu groben Kategorien ist dagegen nur unter erheblichem Aufwand möglich.

Für Items mit freien Antwortformaten läßt sich der Prozeß der Kodierung in *zwei Phasen* unterteilen, nämlich die Zuordnung der freien Antworten zu bestimmten Kategorien und die Zuordnung von Zahlencodes zu diesen Kategorien. Man bezeichnet den ersten Schritt als *Kategorisierung* oder mit einem älteren Begriff als *Signierung* der freien Antworten. Der Begriff Signierung stammt aus der Auswertung projektiver Tests, bei denen die Kategorisierung der Itemantworten ein hohes Maß an psychologischer Schulung erfordert. Die beiden Phasen der Transformation einer Itemantwort in die Antwortvariable zeigt Abbildung 14. Die dritte Phase ist die Transformation der Antwortvariablen in einen Meßwert mittels eines Testmodells (s. Kap. 3) und der Schätzung seiner Parameter (Kap. 4).

Itemantworten: freie Antworten
↓ **Signierung / Kategorisierung**
Antwortkategorien: A,B,C
↓ **Kodierung**
Antwortvariable: X_{vi}
↓ **Parameterschätzung**
Meßwert: θ_v

Abbildung 14: Phasen der Transformation einer freien Antwort in einen Meßwert

Das Ziel der beiden ersten Phasen besteht darin, für jedes Item i eine *Antwortvariable* X_{vi} zu erhalten.

Was ist eine Variable?

In der Sprache der Mengenlehre versteht man unter einer *Variable* eine eindeutige Zuordnung (Abbildung) einer Menge von Objekten zu einer Menge von Zahlen. Das bedeutet, daß dieselbe Zahl zwar mehreren Personen (Objekten) aber nicht dieselbe Person mehreren Zahlen zugeordnet werden kann:

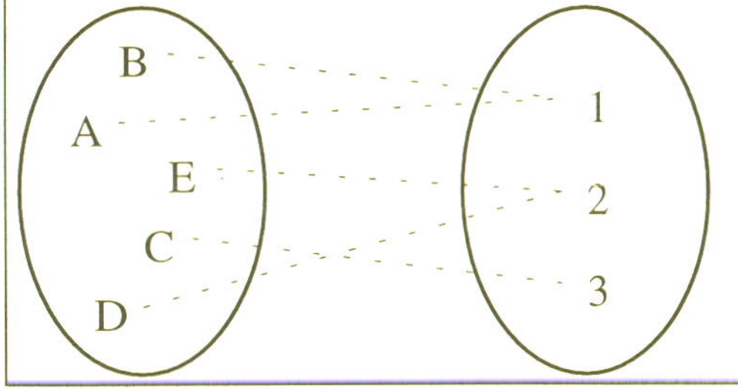

Das Wesen einer *Variable* besteht darin, jedem Objekt, in diesem Fall: jeder Person, *genau einen* Wert aus einer Menge von Zahlen zuzuordnen.

Eine Antwortvariable ordnet jeder Person hinsichtlich jeder Itemantwort genau einen Wert zu.

Das hat zum Beispiel zur Konsequenz, daß auch Mehrfachantworten auf ein Item nur durch *eine* Kodezahl verschlüsselt werden dürfen, es sei denn man unterscheidet mehrere Signierungsaspekte (s. Kap. 2.5.1)

Die beiden folgenden Unterkapitel gehen getrennt auf den Prozeß der Signierung und der Kodierung ein.

2.5.1 Die Signierung freier Antworten

Freie Antworten können aus Bildern, Worten, Satzergänzungen, verbalen Bildinterpretationen oder ähnlichem bestehen. Eine erste Frage betrifft die Anzahl der *Signierungsaspekte*, hinsichtlich derer jede Antwort signiert oder kategorisiert werden soll. Im einfachsten Fall handelt es sich nur um einen einzelnen Signierungsaspekt, also z.B. welche Art von Aggressivität in der Itemantwort zum Ausdruck kommt. Ein Beispiel für mehrere Signierungsaspekte ist die Auswertung freier Textproduktionen nach Textlänge, Merkmalen des Satzbaus und nach Inhalten des Textes. Jeder Signierungsaspekt ergibt in der Regel *eine* Antwortvariable.

Für die weitere Auswertung ist es sinnvoll, daß die Signierungsaspekte *logisch unabhängig* voneinander sind, d.h. daß die Zuordnung einer Itemantwort zu einer Kategorie des einen Aspektes nicht zur Folge haben darf, daß bestimmte Kategorien eines anderen Signierungsaspektes auftreten müssen oder nicht auftreten können. Derartige logisch voneinander abhängige Signierungsaspekte sind schwierig auszuwerten, da die *logischen* Abhängigkeiten zu *statistischen* Abhängigkeiten führen, welche keine empirischen Gegebenheiten widerspiegeln, sondern nur die Definition der Signierungsaspekte.

Innerhalb jedes Signierungsaspektes gilt es, einen Satz von mindestens zwei Kategorien derartig klar und eindeutig zu definieren, daß jede Itemantwort *in genau eine* dieser Kategorien entfällt bzw. ihr zuordenbar ist. Bisweilen werden auch *Mehrfachsignierungen* vorgenommen, d.h. Zuordnungen der Itemantwort zu mehr als einer Kategorie desselben Signierungsaspektes. Solche mehrfach signierten Itemantworten müssen aber im nächsten Schritt der Kodierung derart verschlüsselt werden, daß tatsächlich eine Antwortvariable entsteht (s. o.).

Das *Kategorienschema*, welches man für einen Signierungsaspekt entwickelt, kann sehr unterschiedlich aussehen. Es reicht von lediglich *dichotomen* Antwortkategorien (ein bestimmtes Merkmal ist in der Itemantwort enthalten oder nicht), über *qualitativ* unterschiedliche Kategorien (Merkmal A, B oder C ist in der Antwort enthalten) bis hin zu mehrfach *gestuften* Ratingskalen, anhand derer die Itemantworten beurteilt werden. Generelle Empfehlungen, welche Art von Kategorienschema für welche Signierungsaspekte am sinnvollsten sind, lassen sich schwer geben. Ein wichtiges formales Kriterium besteht darin, daß das Kategorienschema *einfach genug* sein muß, damit eine hinreichende Signierobjektivität erreicht werden kann.

Unter *Signierobjektivität* versteht man das Ausmaß, in dem zwei voneinander unabhängig arbeitende Signierer die Itemantworten denselben Antwortkategorien zuordnen. Die Signierobjektivität muß bei jeder Testentwicklung kontrolliert, d.h. berechnet werden und gilt als Gütekriterium des Tests (vgl. Kap 2.1.3). Die Berechnung der Signierobjektivität geschieht mittels eines geeigneten Übereinstimmungskoeffizienten.

Ausgangspunkt für die Berechnung eines Übereinstimmungskoeffizienten ist eine sog. *Übereinstimmungsmatrix*, in der die Häufigkeiten stehen, mit denen zwei Signierer die Antwortkategorien zugeordnet haben.

Beispiel

Die *Übereinstimmungsmatrix*

		Signierer 2					
		A	B	C	D	E	
Signierer 1	A	10	1	2	0	1	14
	B	0	15	1	0	0	16
	C	1	1	20	2	2	26
	D	3	0	0	8	0	11
	E	0	2	0	2	13	17
		14	19	23	12	16	84

gibt an, daß von den 84 zu signierenden Itemantworten 10 übereinstimmend von beiden Signierern der Kategorie A, 15 Antworten der Kategorie B etc. zugeordnet wurden. Die Übereinstimmung ist perfekt, wenn nur die Felder der *Hauptdiagonale* in dieser Matrix besetzt sind. Im vorliegenden Fall hat z.B. Signierer 2 vier Antworten anderen Kategorien zugewiesen, die Signierer 1 der Kategorie A zugeordnet hat (nämlich eine in B, zwei in C und eine in E). Aus den Randsummen der Matrix ist ersichtlich, daß Signierer 2 die Kategorie B häufiger und Kategorie C seltener verwendet als Signierer 1.

Eine solche Übereinstimmungsmatrix kann man *itemspezifisch* aufstellen (in diesem Fall wären die 84 Kodierungen im obigen Beispiel auf 84 Personen und nur ein Item bezogen) oder für mehrere bzw. alle Items (z.B. könnte es sich um die Antworten von 21 Personen auf 4 Items handeln). Ob die Signierobjektivität itemspezifisch oder für alle Items gemeinsam berechnet werden sollte, hängt davon ab, ob man besondere Schwierigkeiten der Signierung bei einzelnen Items erwartet. In diesem Fall sollte die Objektivitätskontrolle itemspezifisch erfolgen, so daß man Items mit einer zu geringen Signierobjektivität bei einer Testrevision *modifizieren* oder *eliminieren* kann, bzw. deren Antworten bei der Testauswertung *unberücksichtigt* läßt.

Es gibt mehrere *Übereinstimmungskoeffizienten*, die man anhand einer solchen Matrix berechnen kann, von denen hier nur einer dargestellt werden soll. Es handelt sich um Cohen's κ (Kappa), der folgendermaßen definiert ist

$$\text{(1)} \qquad \kappa = \frac{p - p_e}{1 - p_e} \quad ,$$

wobei p die relativen Häufigkeiten der übereinstimmenden Kategorisierungen bezeichnet:

$$p = \frac{\sum_x f_{xx}}{N} \quad .$$

Die Häufigkeiten in den Diagonalfeldern werden mit f_{xx} bezeichnet und die Anzahl der kodierten Itemantworten mit N.

Mit p_e werden die zu erwartenden Häufigkeiten von Übereinstimmungen bezeichnet, die allein per Zufall auftreten, d.h. wenn beide Signierer würfeln würden. Diese erwarteten Häufigkeiten lassen sich anhand der Randsummen f_{1x} und f_{2x} der Matrix berechnen

$$p_e = \frac{\sum\limits_x f_{1x}\, f_{2x}}{N^2} \quad .$$

Zur Berechnung von κ benötigt man also nur die Häufigkeiten aus der Hauptdiagonale und die Randsummen der Übereinstimmungsmatrix.

Beispiel

Für die oben aufgeführte Übereinstimmungsmatrix ergibt sich für p der folgende Wert:

$p = (10+15+20+8+13) / 84 = 0.7857$

Diese Zahl besagt, daß die beiden Signierer 78,5 % aller Itemantworten übereinstimmend signiert haben. Unter Zufallsbedingungen würde bei den gegebenen Randverteilungen die folgende Übereinstimmung erreicht:

$p_e = (14 \cdot 14 + 16 \cdot 19 + 26 \cdot 23 + 11 \cdot 12 + 17 \cdot 16) / 84^2 = 0.213$

Der Koeffizient κ korrigiert die beobachtete Übereinstimmung um diesen Zufallseffekt:

$$\kappa = \frac{0.785 - 0.213}{1 - 0.213} = 0.727 \quad .$$

Dieser Koeffizient κ berücksichtigt nicht, *welche* andere Kategorie ein Signierer wählt, wenn er nicht mit einem anderen Signierer übereinstimmt: Wie die Häufigkeiten in den Feldern außerhalb der Diagonale verteilt sind, geht in die Berechnung nicht ein. Dies ist dann problematisch wenn die Kategorien eine *Rangordnung* darstellen, also eine Vertauschung von B und D gravierender ist als eine Vertauschung von B und C.

Das ist relativ häufig gegeben, nämlich immer dann, wenn mittels abgestufter Kategorien das *Ausmaß* signiert wird, in dem eine freie Antwort z.B. Aggression oder Angst ausdrückt. Für diese Fälle *geordneter Signierungskategorien* kann ein gewichteter κ-Koeffizient berechnet werden, der eine unterschiedliche Signierung in benachbarten Kategorien weniger stark gewichtet als eine Signierung in weiter auseinander liegenden Kategorien.

Um diese Gewichte in dem Übereinstimmungsmaß κ berücksichtigen zu können, wird κ zunächst so transformiert, daß es anhand der Häufigkeiten außerhalb der Hauptdiagonalen berechnet wird und nicht anhand der Diagonalfelder selbst:

$$\kappa = 1 - \frac{1-p}{1-p_e}$$

$$(2) \qquad = 1 - \frac{\frac{1}{N} \sum\limits_{x \neq y} f_{xy}}{\frac{1}{N^2} \sum\limits_{x \neq y} f_{1x}\, f_{2y}} \quad .$$

Im Zähler des zweiten Summanden steht die relative Häufigkeit der *nicht* übereinstimmenden Kategorisierungen, also die Summe aller Häufigkeiten f_{xy} aus Zeile x und Spalte y der Übereinstimmungsmatrix, wobei x und y nicht identisch sein darf, also $x \neq y$. Im Nenner stehen die unter Zufallsbedingungen zu erwartenden Nicht-Übereinstimmungen, wobei f_{1x} die Randhäufigkeit der Zeile x (also von Signierer 1) und f_{2y} die Randhäufigkeit der Spalte y (also von Signierer 2) bezeichnet.

In dieser Schreibweise von κ lassen sich jetzt leicht Gewichte einführen, um den 'Schweregrad' einer Abweichung der beiden Signierer einzubeziehen:

(3) $$\kappa_w = 1 - \frac{N \cdot \sum_{x \neq y} w_{xy} f_{xy}}{\sum_{x \neq y} w_{xy} f_{1x} f_{2y}}$$

Der Index w von κ steht für 'weighted' also gewichtetes Kappa und die Gewichte w_{xy} sind so zu wählen, daß ein größeres Gewicht eine gravierendere Abweichung bezeichnet. Bilden die Signierungskategorien eine Rangordnung und kann man weiterhin davon ausgehen, daß die Abstände zwischen den Kategorien gleich groß sind, so verwendet man als Gewicht die *quadrierten Abweichungen*. Hierfür werden die Kategorien mit aufsteigenden ganzzahligen Werten kodiert, also z.B. mit den Werten 1 bis 5. Die Gewichte lauten dann:

(4) $$w_{xy} = (x - y)^2.$$

Für das Datenbeispiel mit fünf Signierungskategorien sieht die Matrix der Gewichte wie folgt aus:

	A	B	C	D	E
A	0	1	4	9	16
B	1	0	1	4	9
C	4	1	0	1	4
D	9	4	1	0	1
E	16	9	4	1	0

Prinzipiell lassen sich auch andere Gewichte wählen, jedoch bedarf es dafür recht präziser Vorstellungen, wie ähnlich sich die Kategorien sind und wie 'zulässig' daher Verwechslungen sind. Wählt man die quadrierten Abweichungen (4) als Gewichte, so ist κ_w bei großem N identisch mit der *Intraklassen-Korrelation*, einem Übereinstimmungsmaß, das man für intervallskalierte Signierungskategorien verwendet (s. Fleiss und Cohen (1973)).

Datenbeispiel

Für die oben genannte Übereinstimmungsmatrix soll das gewichtete Kappa mit den quadrierten Abweichungen als Gewichte berechnet werden. Hierfür werden zunächst die Zellen der Übereinstimmungsmatrix mit den Zellen der Gewichtematrix multipliziert:

	A	B	C	D	E
A	0	1	8	0	16
B	0	0	1	0	0
C	4	1	0	2	8
D	27	0	0	0	0
E	0	18	0	2	0

Da die Hauptdiagonalelemente dieser Matrix durch das Gewicht 0 aus der Gewichtematrix ohnedies gleich 0 sind, ergibt die Summe aller Matrixelemente, 88, multipliziert mit $N = 84$ den Zählerausdruck von κ_w, $88 \cdot 84 = 7392$. Den Nenner ergibt die Summe aller Elemente einer Matrix, in deren Zellen die *erwarteten* Häufigkeiten, $f_{1x} \cdot f_{2x}$, multipliziert mit den Gewichten stehen:

	A	B	C	D	E
A	0	266	4·322	9·168	16·224
B	224	0	368	4·192	9·256
C	4·364	494	0	312	4·416
D	9·154	4·209	253	0	176
E	16·238	9·323	4·391	204	0

Diese Summe lautet 25374, so daß sich für κ_w der folgende Wert ergibt:

$$\kappa_w = 1 - \frac{7392}{25374} = 0.709.$$

Die Übereinstimmung zwischen den beiden Signierern ist demnach unter der

Annahme geordneter Kategorien mit gleichen Abständen etwas niedriger als unter der Annahme nominalskalierter Kategorien (0.727). Dies liegt daran, daß den 7 Verwechslungen zwischen benachbarten Kategorien (s. die Übereinstimmungsmatrix) immerhin 10 Verwechslungen zwischen weiter auseinanderliegenden Kategorien gegenüberstehen.

Den Berechnungen der Signierobjektivität unter der Annahme geordneter Signierungskategorien liegt bereits eine bestimmte Zuordnung von Zahlencodes zu den Antwortkategorien zugrunde. Dieser Auswertungsschritt der 'Kodierung' von Antwortkategorien wird im folgenden Kapitel ausführlicher behandelt.

2.5.2 Die Kodierung von Antwortkategorien

Den Kategorien der Itemantworten, seien sie durch das Antwortformat vorgegeben oder seien sie das Resultat der Signierung freier Antworten, müssen Zahlen zugeordnet werden, um sie weiter verarbeiten zu können. Dieser Vorgang wird als *Kodierung* bezeichnet und hat zum Ziel, die *Antwortvariablen* herzustellen (s.o.). Die Arten der Kodierung von Antwortkategorien lassen sich daher anhand der Arten der durch sie erzeugten Antwortvariablen unterscheiden.

Die wichtigsten Unterscheidungsmerkmale sind hierbei, ob die Antwortvariable

- dichotom (zweigeteilt) oder polytom (mehrgeteilt) ist, und
- ob sie ungeordnete oder geordnete Kategorien hat.

Dichotome Antwortvariablen sind weitaus die häufigsten. Sie nehmen nur 2 Werte (Valenzen) an, nämlich 0 und 1. Diese beiden Codes haben sich durchgesetzt, weil sie rechnerisch am leichtesten handhabbar sind (anders als etwa die Codes 1 und 2).

Unterscheidet das Antwortformat (oder die Signierung) von vornherein nur 2 Kategorien, z.B. richtig - falsch, ja - nein, stimme zu - stimme nicht zu etc., so stellt sich bei der Kodierung in eine dichotome Antwortvariable nur ein Problem, nämlich das der *Polung*. Für die meisten Arten der Testauswertung, insbesondere für die Messung quantitativer Pesonenmerkmale, ist es nämlich wichtig, daß die Antwortvariablen für alle Items *gleichsinnig gepolt* sind, d.h. der Code '1' immer auf denselben Pol des zu messenden Merkmals hinweist (z.B. Extraversion). Das bedeutet, daß eine ja-Antwort durchaus nicht immer mit einer '1' zu kodieren ist, nämlich dann nicht, wenn sie auf den entgegengesetzten Pol der zu messenden Eigenschaft hinweist (z.B. Introversion).

Ob eine derartige Umpolung negativ formulierter Items bei der Kodierung erfolgen sollte, hängt von dem anzuwendenden Testmodell ab. So sollten die Antworten bei einem quantitativen Testmodell mit nicht-monotonen Itemfunktionen (s. Kap. 3.1.1.3) *nicht* umgepolt werden, bei klassifizierenden Testmodellen dient eine Umpolung lediglich der Übersichtlichkeit der Ergebnisse.

Gibt es mehr als zwei Antwortkategorien, so kann eine *Dichotomisierung*, also eine Kodierung in eine dichotome Antwortvariable sinnvoll sein, was aber stets mit einem *Informationsverlust* verbunden ist. Werden in einem Leistungstest etwa 5

Alternativen vorgegeben, so verzichtet man mit der Kodierung der richtigen Alternative mit '1' und aller anderen mit '0' auf die Information, *welcher Distraktor* gewählt wurde. Die Wahl eines schwierigen Distraktors ist zwar auch eine 'falsche' Itemantwort, sie weist aber darauf hin, daß sich die Person bei der Beantwortung 'etwas gedacht' und nicht nur geraten hat. Die Alternative zu einer Dichotomisierung wäre in diesem Fall die Kodierung mit

0 = Wahl eines unplausiblen Distraktors
1 = Wahl eines plausiblen Distraktors
2 = Wahl der richtigen Alternative,

also die Herstellung einer polytomen Antwortvariable.

In Fragebögen mit geordneten Antwortkategorien, z.B. Ratingformaten, empfiehlt sich generell *keine* Dichotomisierung. Fast alle in Kapitel 3 behandelten Testmodelle gibt es auch in einer Version für polytome Antwortvariablen mit geordneten Kategorien. Solche Testmodelle für ordinale Daten bieten nicht nur genauere Meßwerte für die Personeneigenschaft, sondern auch bessere Möglichkeiten der Prüfung, ob ein Testmodell auf die Daten paßt.

Entscheidet man sich für die Dichotomisierung mehrerer Antwortkategorien, stellt sich die Frage *wie* man dichotomisiert.

Bei einem Leistungstest mit *mehreren* richtigen Antwortkategorien kann man unterschiedlich streng dichotomisieren, indem man entweder nur die Kombination der richtigen Alternativen mit '1' kodiert oder auch Kombinationen, in denen die richtigen Alternativen und ein Distraktor enthalten sind. Hierzu kann es keine generellen Empfehlungen geben, außer der, daß es aus statistischen Gründen vorteilhaft ist, wenn beide Codes etwa gleich häufig auftreten.

Bei Ratingformaten kann sich die Notwendigkeit einer Zusammenlegung von Kategorien, und im Extremfall einer Dichotomisierung stellen, wenn einige Antwortkategorien *zu selten* gewählt wurden. Bei sehr vielen Testmodellen gibt es nämlich Probleme mit der Parameterschätzung, wenn einzelne Antwortkategorien bei einem Item gar nicht oder nur 2- oder 3-mal auftreten.

Bei *polytomen Antwortvariablen* sind diejenigen mit *geordneten Kategorien* weitaus häufiger als solche mit ungeordneten. Werden Ratingformate verwendet, so nimmt man im allgemeinen an, daß die Kategorien der Ratingskala geordnet sind. Ihre Kodierung erfolgt mit aufsteigenden ganzzahligen Werten, wobei ebenfalls mit 0 begonnen wird. Die Antwortvariablen X_{vi} nehmen also Werte von 0 bis m an,

$$x_{vi} \in \{0,1,2,\ldots,m\} \quad ,$$

wenn es m+1 Ratingkategorien gibt.

Die Zuordnung *aufeinanderfolgender ganzzahliger Werte* zu den Stufen einer Ratingskala (sog. *integer scoring*) wird oft als willkürlich empfunden und es wird argumentiert, man könnte den Stufen mit gleichem Recht auch die Werte 1, 3, 9, 10 und 27 zuordnen. Mit dieser Kritik ist gemeint, daß die Zuordnung gleichabständiger (*äquidistanter*) *Codes* ein Skalenniveau für die Itemantworten voraussetzt, (nämlich des Niveau einer Intervallskala), das den Daten gar nicht zukommt. Würde diese Kritik zutreffen, so wäre das tatsächlich ein gravierender Nachteil polytomer Antwortvariablen, denn eine *Äquidistanzannahme*, die bereits in die Kodierung der Itemantworten eingeht, kann nicht nachträglich über die Gültigkeit eines Testmodells geprüft werden. Der Testauswertung würde in diesem Fall ein willkürliches Element anhaften, das ihre 'Wissenschaftlichkeit' in Frage stellt.

Diese Kritik trifft jedoch nur dann zu, wenn man die Antwortvariablen selbst zu Meßwerten erklärt. Das ist etwa dann der Fall, wenn man die Summe der Itemantworten (bzw. deren Codes) als Meßwert für die Personeneigenschaft nimmt. Berechnet man jedoch die Meßwerte mit Hilfe eines Testmodells für polytome Daten (s. Kap. 3.3), so stellen die Codes der Antwortkategorien *keine* Werte auf einer Intervallskala dar, sondern sie bezeichnen die Anzahl der *Schwellenüberschreitungen,* die einer Itemantwort zugrundeliegen.

Damit ist gemeint, daß zwischen den Kategorien einer (m+1)-stufigen Ratingskala genau m Übergänge, sog. *Schwellen* liegen. Ein Kreuz auf einer m-stufigen Ratingskala zu machen, setzt bei der befragten Person m-mal die Entscheidung voraus, eine Schwelle zu überschreiten oder nicht. Ein Kreuz in Kategorie x gibt an, daß die Person x-mal eine Schwelle überschritten hat. Der Code x ist also eine *Häufigkeitsangabe* und kein intervallskalierter Meßwert.

Diese Art der Kodierung mit Werten von 0 bis m setzt lediglich voraus, daß die Antwortkategorien tatsächlich *geordnet* sind, so daß die Überschreitung einer höheren Schwelle nur möglich ist, wenn alle niedrigeren Schwellen überschritten wurden. Andernfalls würde der Code x für die (x+1)-te Stufe der Ratingskala nicht mehr die Anzahl der Schwellenüberschreitungen kennzeichnen. Ob diese *Schwellen* dann für ein bestimmtes Item oder ein bestimmtes Antwortformat *äquidistant* sind, ist eine ganz andere Frage, die mittels geeigneter Testmodelle beantwortet werden kann (s. Kap. 3.3.2 und 3.3.4).

Auch für polytome Antwortvariablen mit geordneten Kategorien stellt sich die Frage einer gleichsinnigen *Polung* aller Items, die dasselbe Merkmal messen. Für die wichtigsten Testmodelle ist eine solche gleichsinnige Polung Voraussetzung. Ausnahmen bilden Testmodelle mit nicht-monotonen Itemfunktionen (s. Kap. 3.1.1.3), die sich auch für polytome Daten verallgemeinern lassen und klassifizierende Testmodelle mit itemspezifischen Schwellendistanzen (s. Kap. 3.3.4).

Das Problem bei einer *Umpolung* negativ formulierter Items mit geordneten Antwortkategorien besteht darin, daß mit der Umpolung auch die Reihenfolge der Schwellen umgekehrt wird.

Beispiel

Ein Angst-Fragebogen enthält die beiden folgenden Items:

- *Vor einer Prüfung kann ich meistens nichts essen.*
- *Wenn ich zum Zahnarzt gehe, lese ich im Wartezimmer in aller Ruhe die Illustrierten.*

Das Antwortformat lautet:

- *trifft nicht zu*
- *trifft selten zu*
- *trifft oft zu*
- *trifft immer zu.*

Da die beiden Items offensichtlich in unterschiedlicher Richtung formuliert sind, erfordert eine gleichsinnige Polung der

Antwortvariablen die Kodierung von 0 bis 3 beim ersten, und von 3 bis 0 beim zweiten Item. Ein Wert von x=1 bedeutet daher beim ersten Item, daß die Schwelle von 'trifft nicht zu' nach 'trifft selten zu' überschritten wurde. Beim zweiten Item bedeutet derselbe Wert, daß die Schwelle von 'trifft immer zu' nach 'trifft oft zu' überschritten wurde.

Diese Umkehrung der Schwellenreihenfolge infolge der Umpolung negativ formulierter Items ist für solche Testmodelle problematisch, bei denen die Schwellenabstände als *für alle Items* konstant angenommen werden (s. Kap. 3.3.4). Diese Modelle können in solchen Fällen nicht angewendet werden.

Die Kodierung *ungeordneter Kategorien* in polytome Antwortvariablen wirft ganz andere Fragen auf. Soll auf die Daten ein *klassifizierendes Testmodell* angewendet werden, d.h. soll eine qualitative Personenvariable erfaßt werden, so ist die Kodierung ungeordneter Kategorien völlig unproblematisch: den Kategorien jedes Items werden in beliebiger Reihenfolge die Werte 0 bis m zugeordnet, wobei es nicht nur egal ist, *wie* die Antwortkategorien von jedem Item *definiert* sind, sondern sogar *wieviele* Antwortkategorien bei jedem Item unterschieden werden.

Beispiel

Mit einem Fragebogen sollen die leistungsbezogenen Kognitionen von Schülern erfaßt werden, wobei von einer Typologie von Schülern ausgegangen wird, die 3 Muster von leistungsbezogenen Kognitionen unterscheidet. In dem Fragebogen kommen ganz unterschiedliche Items vor:

Erstens, Items die die *Attribution von Mißerfolg* (schlechte Noten) erfassen sollen und vier Antwortkategorien unterscheiden: intern-labile, intern-stabile, extern-labile und extern-stabile Attribution.

Zweitens, Items die die *Leistungsmotivation* erfassen sollen und zwei Antwortkategorien unterscheiden: Hoffnung auf Erfolg und Furcht vor Mißerfolg.

Drittens, Items die die *subjektiven Kontrollüberzeugungen* der Schüler erfassen sollen und drei Antwortkategorien unterscheiden: Kontrolle liegt beim Schüler, Kontrolle liegt bei anderen Personen, Kontrolle liegt beim Zufall.

Die drei erwarteten Typen von Schülern zeichnen sich durch folgende Antwortmuster aus:

Typ 1: intern-labile Attribution von Mißerfolg, Hoffnung auf Erfolg, Kontrolle beim Schüler

Typ 2: extern-labile Attribution von Mißerfolg, Furcht vor Mißerfolg, Kontrolle beim Zufall

Typ 3: extern-stabile Attribution von Mißerfolg, Furcht vor Mißerfolg, Kontrolle bei anderen Personen

Die Items können mit den Werten 0-1-2-3, 0-1 und 0-1-2 kodiert werden und mit einem klassifizierenden Testmodell ausgewertet werden, um die Schülertypen zu erfassen.

Ganz anders sind die Erfordernisse an die Kodierung, wenn mit ungeordneten Kategorien *quantitative Personenmerkmale* erfaßt werden sollen. Hierzu muß man sich zunächst klarmachen, daß man *nicht* mit mehreren ungeordneten Antwortkategorien nur *eine* quantitative Eigenschaft erfassen kann. Hat ein Item die Kategorien A, B, C und D und soll mit allen 4 Kategorien nur die eine Eigenschaft X erfaßt werden, so geht das nur, wenn die Antwortwahrscheinlichkeiten der 4 Kategorien auch tatsächlich von der Eigenschaft X abhängen. Das bedeutet, daß jede der Kategorien A, B, C und D einen Abschnitt auf der zu messenden Dimension haben muß, in dem diese Kategorie auch mit relativ hoher Wahrscheinlichkeit gewählt wird

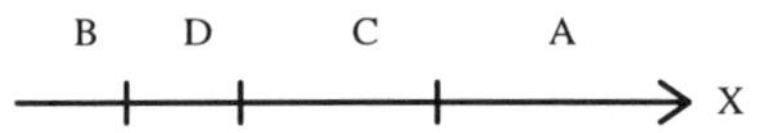

In diesem Fall handelt es sich aber bereits um *geordnete* Kategorien und diese müssen gemäß ihrer Ordnung kodiert werden, d.h. B=0, D=1, C=2 und A=3.

Ungeordnet sind Kategorien nur dann, wenn jede Kategorie eine *andere* Eigenschaft anspricht, z.B.

A → die Tendenz intern-labil zu attribuieren
B → die Tendenz intern-stabil zu attribuieren
C → die Tendenz extern-labil zu attribuieren
D → die Tendenz extern-stabil zu attribuieren

Aus diesem Sachverhalt leiten sich auch die Konsequenzen für die Kodierung ungeordneter Antwortkategorien ab: die Kategorien werden wiederum mit den Werten von 0 bis m kodiert, jedoch muß jeder Code bei allen Items *dieselbe Antwortkategorie* bezeichnen, also z.B. die Codezahl '2' bezeichnet diejenige Antwort, die auf eine extern-labile Attribution hinweist.

Zusammenfassend läßt sich sagen, daß die Kodierung bei der Messung qualitativer Personeneigenschaften *itemspezifisch* erfolgen darf, während sie bei der Messung quantitativer Eigenschaften *itemübergreifend* erfolgen muß.

Eine letzte Anmerkung noch zur Kodierung *'fehlender Itemantworten'* , also zu dem Fall, daß Personen einzelne Items ausgelassen oder übersprungen haben. Es hat sich eingebürgert, diese sog. *missing data* mit der Codezahl '9' zu kodieren, bzw. mit '99' wenn mehr als 9 Antwortalternativen zu kodieren sind. Man sollte eine solche getrennte Kodierung fehlender Antworten in jedem Fall vornehmen, auch wenn es bei der Anwendung eines Testmodells oft erforderlich ist, diesen Wert zu *recodieren*, d.h. mit einer zulässigen Itemantwort zusammenzulegen (z.B. 9→0). Nicht nur die verfügbare *Software* unterscheidet sich hinsichtlich ihrer missing-data Optionen, also dem Angebot mit fehlenden Werten umzugehen. Auch hängt es von den jeweiligen *Testmodellen* ab, wie sinnvoll überhaupt mit fehlenden Werten umgegangen werden kann.

In den folgenden Kapiteln wird diese Problematik nicht weiter erörtert. Es wird vielmehr davon ausgegangen, daß die Anzahl fehlender Werte im allgemeinen so gering ist, daß eine Zusammenlegung mit einer zulässigen Kategorie (z.B. '0' bei Leistungsitems oder einer mittleren Kategorie bei Ratingskalen) zu keiner gravierenden Veränderung der Ergebnisse führt.

Literatur

Das Übereinstimmungsmaß Kappa wurde von Cohen (1960) für Nominaldaten und Cohen (1968) für Ordinal- oder Intervalldaten (weighted Kappa) entwickelt. Fleiss (1971) und Light (1971) diskutieren die Verallgemeinerung dieses Maßes für mehr als 2 Signierer und Fleiss et. al (1969) geben an, wie man den Standardfehler von Kappa berechnen kann. Neuere Methoden zur Berechnung von Signier- oder Rater-Übereinstimmung bedienen sich der latent class Analyse (Dillon & Mulani 1984). Asendorpf & Wallbott (1979) sowie Zegers (1991) geben einen Überblick über verschiedene Koeffizienten. Matschinger und Angermeyer (1992) diskutieren Effekte der Itempolung auf das Antwortverhalten.

Übungsaufgaben

1. In einem Satzergängzungstest wurden zu dem Satzanfang : 'Wenn mich auf dem Gehweg jemand anrempelt und sich nicht mal entschuldigt, dann ...' folgende Ergänzungen produziert:

   ... ist das unverschämt
   ... rufe ich ihm/ihr etwas hinterher
   ... gehe ich einfach weiter
   ... kann das mal passieren
   ... ärgere ich mich
   ... sage ich 'hoppla'
   ... bleibe ich stehen und wundere mich.

   Schlagen Sie mehrere Signierungsaspekte vor und signieren Sie die Antworten danach.

2. Zwei Signierer erhalten bei der Signierung nach 4 Kategorien die folgende Übereinstimmungsmatrix:

	A	B	C	D
A	5	1	0	1
B	2	7	1	0
C	3	0	4	0
D	0	4	1	8

Berechnen Sie den Übereinstimmungkoeffizienten κ.

3. In einem Leistungstest zum Physikwissen ist als ein Item eine Batterie, zwei Lämpchen und ein Ein-/Aus-Schalter abgebildet. Die Aufgabe besteht darin, eine Kabelverbindung zwischen diesen 4 Teilen so einzuzeichnen, daß bei einer Realisierung dieser Schaltung beide Lämpchen möglichst hell leuchten. Schlagen Sie eine Signieranleitung und eine Kodierung vor, mit der eine polytome Antwortvariable entsteht.

3. Testmodelle

Dieses Kapitel gliedert sich in fünf Unterkapitel, von denen sich die ersten drei aufgrund des Skalenniveaus der Antwortvariablen ergeben: dichotome (Kap. 3.1), nominale (Kap. 3.2) und ordinale (Kap. 3.3) Itemantworten. Das vierte Unterkapitel (3.4) behandelt Testmodelle für solche Tests, bei denen die Items eine systematische Struktur haben, so daß sich z.B. ihre Schwierigkeit aus unterschiedlichen 'Komponenten' zusammensetzt. Kapitel 3.5 behandelt schließlich Modelle zur Veränderungsmessung.

3.1 Modelle für dichotome Itemantworten

Dichotome Itemantworten (dichotom ist griechisch und heißt 'zweigeteilt') sind vermutlich der häufigste und zugleich *einfachste* Fall von Reaktionen auf Test- und Fragebogenitems. Es werden lediglich zwei Reaktionen unterschieden wie

ja - nein,
richtig - falsch,
Zustimmung - Ablehnung,
beantwortet - nicht beantwortet,
Reaktion aufgetreten - Reaktion nicht aufgetreten usw..

Zugleich ist es der schwierigste, weil *informationsärmste* Fall, da pro Person-Itemkontakt lediglich 1 bit Information erhoben wird.

Was ist ein bit?

Ein bit (Abk. für 'binary digit') ist die Einheit, in der die Informationsmenge gemessen wird, und zugleich die kleinste Menge an Information, die von einem Sender zu einem Empfänger transportiert werden kann: weniger als eine Wahl zwischen zwei Alternativen kann man nicht mitteilen (Jedes 'Weniger' wäre 'Gar nichts').

Leider ist gerade für dichotome Itemantworten die Testtheorie am weitesten entwickelt, was oft dazu führt, daß ursprünglich mehrkategoriell vorliegende Itemantworten nachträglich 'dichotomisiert' werden. Die folgenden Kapitel 3.2 und 3.3 über nominale und ordinale Itemantworten werden deutlich machen, daß dichotome Itemantworten ein eher uninteressanter Spezialfall von informationsreicheren, z.B. ordinalen Itemantworten darstellen.

Trotzdem lassen sich die meisten *testtheoretischen Konzepte* und vor allem die unterschiedlichen theoretischen Konzeptionen über den Zusammenhang von beobachtbarem Verhalten und latenten Variablen bereits für dichotome Daten darstellen und hier am leichtesten verständlich machen.

Die *Datenstruktur*, auf die sich die Modelle dieses Kapitels beziehen, ist eine rechteckige *0-1 Matrix*, in der die Zeilen den Personen und die Spalten den Test- oder Fragebogenitems entsprechen. Die Werte in der Matrix werden mit x_{vi} bezeichnet, wobei v der Zeilenindex ist (v wie 'Versuchsperson') und i der Spaltenindex. Die Werte x_{vi} sind die Ausprägungen der Antwortvariablen X_{vi}. Die in der folgenden Abbildung dargestellten Daten fungieren gleichzeitig als 'kleines' Datenbeispiel zur Illustration einiger Testmodelle in den folgenden Unterkapiteln.

Datenstruktur

		Items i = 1	2	3	4	5	r_v =
	1	0	0	0	0	0	0
	2	0	0	0	0	1	1
	3	0	0	0	0	0	0
Personen	4	0	0	0	1	0	1
v=	5	0	0	0	1	1	2
	6	0	0	1	1	1	3
	7	0	1	1	0	1	3
	8	0	1	0	1	1	3
	9	1	1	1	1	1	5
	10	1	0	1	1	0	3
	11	0	0	0	1	1	2
	12	0	0	1	0	1	2
n_i =		2	3	5	7	8	

Abbildung 15: Die Datenstruktur dichotomer Testdaten

Anhand dieser Datenstruktur lassen sich einige Begriffe einführen, die im Rahmen von allen Testmodellen eine Rolle spielen. Die Spaltensummen dieser Matrix

(1) $$\sum_{v=1}^{N} x_{vi} = n_i$$

werden als *Itemscores* bezeichnet und drücken die *Leichtigkeit* des Items aus. N ist die Anzahl getesteter Personen. Der Itemscore gibt die Anzahl der Personen an, die das Item 'gelöst' haben, mit 'ja' geantwortet haben, eine positive Reaktion gezeigt haben usw. Es stellt eine Konvention dar, daß die *Kodierung* 1 immer für die richtige Lösung bzw. eine zustimmende oder positive Reaktion gewählt wird, und die Kodierung 0 für das Gegenteil, d.h. falsche Antwort - Ablehnung - negative oder fehlende Reaktion (s. Kap. 2.5). Die *Schwierigkeit* eines Items drückt sich demgegenüber in der Anzahl der Nullen aus, also $N - n_i$.

'Item-Leichtigkeit'

Man spricht auch dann von der *'Leichtigkeit'* oder *'Schwierigkeit'* eines Items, wenn es sich *nicht* um Leistungstestitems handelt, es also nicht besonders 'schwierig' ist, eine mit 1 kodierte Antwort zu produzieren. Dieser Sprachgebrauch soll im folgenden beibehalten werden, ebenso, wie von einer *'Itemlösung'* gesprochen werden soll, auch wenn es kein Problem zu lösen gibt, sondern eine Frage mit 'ja' beantwortet wird oder ähnliches.

Die entsprechende Zeilensumme der Datenmatrix

(2) $$\sum_{i=1}^{k} x_{vi} = r_v$$

wird als *Personenscore* oder *Summenscore* bezeichnet, wobei r Werte zwischen 0 und k annehmen kann und k die Anzahl der Items ist. In vielen quantitativen Testmodellen drückt der Summenscore die 'Personenfähigkeit' aus. Für den Terminus 'Personenfähigkeit' gilt jedoch Analoges wie für 'Itemschwierigkeit', d.h. er bezeichnet generell die Tendenz der Person, eine 1-Antwort im Test zu geben.

Die Häufigkeitsverteilung der Personenscores ist die *Scoreverteilung*. Für das obige Datenbeispiel sieht die Scoreverteilung wie folgt aus:

Scoreverteilung:

r	0	1	2	3	4	5
n_r	2	2	3	4	0	1

Abbildung 16: Die Scoreverteilung für die Daten aus Abbildung 15. Mit n_r wird die Häufigkeit eines Scores bezeichnet

Erfaßt der Test eine quantitative Variable, kann man an der Scoreverteilung bereits sehr viele Eigenschaften des Tests und der befragten Personenstichprobe ablesen, z.B. ob sich die Personenfähigkeiten gleichmäßig verteilen oder einer anderen Verteilungsform folgen. Weiterhin erkennt man, ob der Test 'zu leicht' oder 'zu schwer' war, d.h. ob er einen *Decken- oder Bodeneffekt* aufweist (Floor- oder Ceilingeffekt).

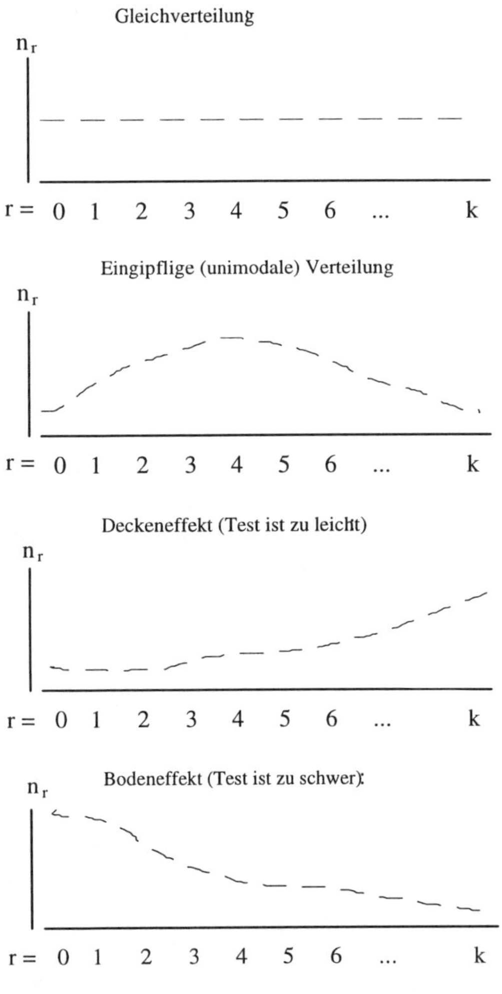

Abbildung 17: Verschiedene Formen von Scoreverteilungen

Die Berechnung und Interpretation von Personenscores und somit auch einer Scoreverteilung setzt jedoch voraus, daß es Sinn macht, die Itemantworten einer Person über die Items aufzusummieren. Mit der *Addition der Itemantworten* und der Interpretation des Personenscores als Maß für die Leistung der Person in diesem Test geht natürlich die Information verloren, *welche* Items eine Person gelöst hat und welche nicht. Die Addition ist eine *kompensatorische Verknüpfung*, d.h. die Nichtlösung eines Items kann durch die Lösung eines anderen Items kompensiert werden, so daß derselbe Personenscore und damit dasselbe Testergebnis herauskommt.

Eine zentrale Frage psychologischer Testtheorie ist, wann der *Personenscore* ein *adäquates Maß* für die Leistung der Person in einem Test darstellt. Anders ausgedrückt besteht die Fragestellung darin, ob in der Gesamtheit der Itemantworten einer Person *mehr* Information über die zu testende Eigenschaft steckt, als durch den Personenscore erfaßt wird.

Will man diese Frage beantworten, so muß man anstelle der Scorehäufigkeiten die *Patternhäufigkeiten* oder die Häufigkeiten der Antwortmuster anschauen bzw. zum Gegenstand einer statistischen Untersuchung machen. Ein Antwortmuster oder Antwortpattern ist der *Vektor* aller Itemantworten einer Person.

Vektoren werden mit unterstrichenen Kleinbuchstaben bezeichnet, d.h. $\underline{x}_v$ ist der Antwortvektor der Person v und $\underline{x}$ ist ein beliebiger Antwortvektor.

Was ist ein Vektor?

Eine Zeile oder eine Spalte aus der Datenmatrix bezeichnet man als *Personenvektor* (Zeile) oder *Itemvektor* (Spalte). Der Begriff des 'Vektor' stammt aus der Algebra und bezeichnet eine lineare Anordnung von Zahlen, z.B.

$$(3, 4, 2, 3.5, 600) \quad \text{oder} \quad \begin{pmatrix} 7 \\ 87 \\ 5 \\ 12 \end{pmatrix}$$

Ein Vektor ist zu unterscheiden von einem *Skalar*, womit man eine einzelne Zahl bezeichnet, und einer *Matrix*, womit man eine rechteckige Anordnung von Zahlen bezeichnet.

Ein Vektor kann auch *geometrisch* interpretiert werden, indem man die einzelnen Zahlen des Vektors als Koordinaten eines Punktes in einem k-dimensionalen Raum (k = Länge des Vektors) auffaßt. Die Strecke vom Koordinatenursprung bis zu diesem Punkt repräsentiert dann diesen Vektor.

Die Häufigkeitsverteilung der Antwortvektoren entsteht dadurch, daß man auszählt, wieviele Personen ein bestimmtes Antwortpattern bei einem Test produziert haben.

Die Häufigkeitsverteilung der Antwortpattern kann als eine äquivalente Repräsentation der ursprünglichen 0-1-Datenmatrix gelten, da keine andere Art der *Datenaggregation* vorgenommen wurde als die Auszählung, wieviel Personen exakt dasselbe Muster von Antworten in einem Test produziert haben.

Für obiges Datenbeispiel sehen die Patternhäufigkeiten wie folgt aus:

Patternhäufigkeiten

$\underline{x}$					$n(\underline{x})$
0	0	0	0	0	2
0	0	0	0	1	1
0	0	0	1	0	1
0	0	0	1	1	2
0	0	1	0	0	0
0	0	1	0	1	1
0	0	1	1	0	0
0	0	1	1	1	1
0	1	0	0	0	0
...					
0	1	0	1	1	1
0	1	1	0	1	1
1	0	1	1	0	1
1	1	1	1	1	1

Von den 32 möglichen Antwortpattern wurden viele nicht beobachtet. Die '...' deuten an, daß hier Pattern mit Nullhäufigkeiten ausgelassen wurden.

Demgegenüber stellt die Scoreverteilung und der Vektor der Itemscores eine *sehr starke Form* der Datenaggregation dar, da hier alle Personen, die dieselbe *Anzahl* von Aufgaben gelöst haben, als gleichwertig behandelt werden.

Datenaggregation

Mit Datenaggregation (Aggregation = Anhäufung) bezeichnet man die Zusammenfassung von 'Rohdaten' zu einer kleineren Menge von Daten, die dann die Basis für die Anwendung statistischer Modelle darstellt. Eine Datenaggregation ist in der Regel mit einem *Informationsverlust* verbunden, und es ist daher wichtig, Daten so zu aggregieren, daß möglichst wenig Information verloren geht, bzw. nur solche, die nicht von Interesse ist.

Im Gegensatz zur Scoreverteilung wird die Verteilung der Patternhäufigkeiten jedoch sehr schnell zu unübersichtlich, da es bei einem Test mit k dichotomen Items 2^k *unterschiedliche Antwortmuster* gibt. Das sind bei 10 Items 1024 und bei 20 Items schon über 1 Million unterschiedliche Antwortmuster. Dies ist der Grund dafür, daß Testmodelle, die neben oder statt der Anzahl der gelösten Aufgaben das *Muster* der Itemantworten zur Grundlage der Erfassung von Personeneigenschaften machen, rechnerisch komplizierter zu handhaben sind.

Mit dieser simplen Unterscheidung zwischen Scoreverteilung als starker Form der Datenaggregation einerseits und Patternverteilung als schwacher Form der Datenaggregation andererseits korrespondiert bereits die grundlegende Unterscheidung, die das Gliederungsprinzip für die folgenden Abschnitte darstellt. Gemeint ist die Unterscheidung, ob der Test eine *quantitative* oder eine *kategoriale (qualitative) latente* Personenvariable erfaßt: Soll der Personenscore alles über die Testleistung einer Person aussagen, so legt man implizit die Annahme einer *quantitativen* Personenvariable zugrunde.

Die Personen werden nämlich bereits in diesem ersten Schritt der Datenaggregation auf die *Ordinalskala der möglichen Scores* abgebildet, d.h. Personen mit einem höheren Score haben auch eine bessere Testleistung in einem quantitativen Sinne.

Werden Personen demgegenüber lediglich danach unterschieden, welche unterschiedlichen Antwortmuster sie produzieren, so zielt dies auf *qualitative Personenunterschiede* ab. Ob eine Person andere Items (aber nicht unbedingt mehr oder weniger) als eine andere Person gelöst hat, sagt zunächst nichts darüber aus, ob sie 'besser oder schlechter' ist, sondern lediglich, daß sie 'anders' ist.

Es läßt sich an dieser Stelle auch schon erkennen, daß die Messung einer quantitativen Personeneigenschaft einen *Spezialfall* der Messung von qualitativen Personenunterschieden darstellt, nämlich jener, bei dem Antwortmuster, die denselben Summenscore aufweisen, 'in einen Topf geschmissen' werden.

Die folgenden beiden Kapitel befassen sich zunächst mit Testmodellen mit quantitativer latenter Variable (3.1.1) und dann mit Modellen mit qualitativer latenter Variable (3.1.2). Kapitel 3.1.3 behandelt die Kombination von beidem, daß nämlich eine quantitative latente Variable für jede Valenz (Ausprägung, Wert) einer kategorialen latenten Variable angenommen wird.

Modelle mit *mehreren* quantitativen latenten Variablen in dem Sinne, daß verschiedene Items unterschiedliche Personeneigenschaften ansprechen, werden hier nicht behandelt. Das liegt daran, daß es bisher nur vereinzelte und noch nicht ausgereifte Ansätze für solche Art von *mehrdimensionalen Testmodellen* gibt. Trotzdem werden in Kapitel 3 auch Modelle mit mehreren quantitativen Personenvariablen behandelt, z.B. in Kapitel 3.2.2 über nominale Itemantworten. Dort geht es darum, daß die unterschiedlichen Antwortkategorien der Items verschiedene Personeneigenschaften ansprechen. Ebenso in Kapitel 3.4.2 über Itemkomponentenmodelle wo es unterschiedliche Personeneigenschaften für die einzelnen Itemkomponenten geben kann. Es gibt also unterschiedliche Begriffe von *'Mehrdimensionalität'* bei Testmodellen (s.a. Ka. 2.2.1).

Die in diesem Kapitel behandelten Testmodelle sollen an einem gemeinsamen Datenbeispiel illustriert werden. Neben dem Mini-Datensatz aus Abbildung 15 steht hierfür das folgende *Standardbeispiel für dichotome Daten* zu Verfügung.

Es handelt sich um 5 Items aus dem KFT (Kognitiver Fähigkeitstest, Heller, Gaedike & Weinläder, 1976), die zusammen mit den übrigen 20 Items der 'figuralen Analogieaufgaben' des KFT im Rahmen einer Feldstudie von 5410 Schülern der 7. Klassenstufe aus mehreren Bundesländern Deutschlands bearbeitet wurden (Baumert et al. 1992). Aus Gründen der Übersichtlichkeit werden in diesem Kapitel lediglich die Daten von N=300 Schülern verrechnet. Abbildung 18 zeigt die ausgewählten Items.

Die Items des KFT sind nach ansteigender Schwierigkeit geordnet, so daß auch bei diesen 5 Items das erste das leichteste und das letzte das schwerste ist. Die Itemscores lauten:

Item	1	2	3	4	5
n_i	195	175	143	113	94

Die Scoreverteilung lautet:

r	0	1	2	3	4	5
n_r	58	48	46	50	60	38

Die Testinstruktion lautet: *Von den fünf Auswahlfiguren rechts soll diejenige herausgefunden werden, die zu der dritten Figur ebenso paßt wie die zweite zur ersten.*

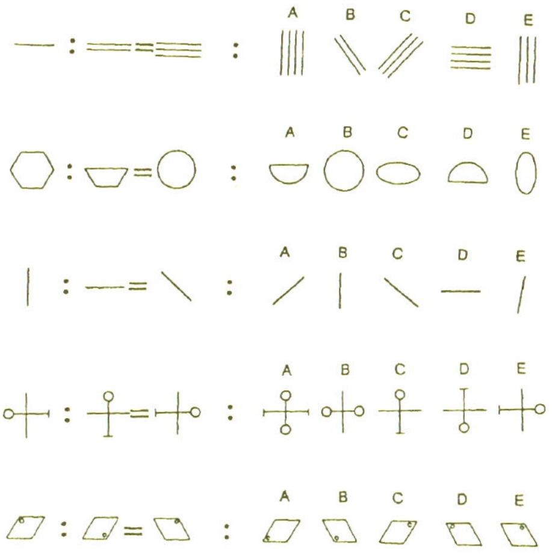

Abbildung 18: Die 5 ausgewählten Items des KFT: Form A, Itemnummer: 19, 23, 27, 31 und 35

Der vollständige Datensatz wird durch die folgende Tabelle der Patternhäufigkeiten repräsentiert:

$\underline{x}$					$n(\underline{x})$
0	0	0	0	0	58
0	0	0	0	1	4
0	0	0	1	0	2
0	0	0	1	1	1
0	0	1	0	0	11
0	0	1	0	1	2
0	0	1	1	0	1
0	0	1	1	1	1
0	1	0	0	0	8
0	1	0	0	1	1
0	1	0	1	0	2
0	1	1	0	0	3
0	1	1	0	1	1
0	1	1	1	0	2
0	1	1	1	1	8
1	0	0	0	0	23

1	0	0	0	1	7
1	0	0	1	0	2
1	0	1	0	0	6
1	0	1	0	1	2
1	0	1	1	0	2
1	0	1	1	1	3
1	1	0	0	0	21
1	1	0	0	1	10
1	1	0	1	0	8
1	1	0	1	1	10
1	1	1	0	0	24
1	1	1	0	1	6
1	1	1	1	0	33
1	1	1	1	1	38

Übungsaufgaben

1. Welche Verteilungsform hat (in etwa) die Scoreverteilung des KFT-Datenbeispiels?
2. Welche beiden Pattern traten bei den 300 Schülern im KFT-Beispiel nicht auf?

3.1.1 Modelle mit quantitativer Personenvariable

Sind die (manifesten) Itemantworten dichotom und ist die zu erfassende latente Variable quantitativ, so läßt sich der in einem Testmodell vermutete Zusammenhang zwischen Testverhalten und psychischem Merkmal in Form einer Funktion darstellen, die man *Itemcharakteristik* oder *Itemfunktion* nennt. Die Itemcharakteristik (Abk: ICC wie Item Characteristic Curve) ist eine Funktion, die die Wahrscheinlichkeit einer richtigen Itemantwort $p(X_{vi}=1)$ in Abhängigkeit von der quantitativen Personenvariable θ beschreibt

$$p(X_{vi}=1)=f(\theta_v). \quad (1)$$

Die latente Personenvariable soll θ (Theta) heißen. Über ihr *Skalenniveau* ist zunächst nichts weiter bekannt, als daß es mindestens ordinal, also quantitativ ist. Graphisch läßt sich eine ICC oder Itemfunktion wie folgt darstellen

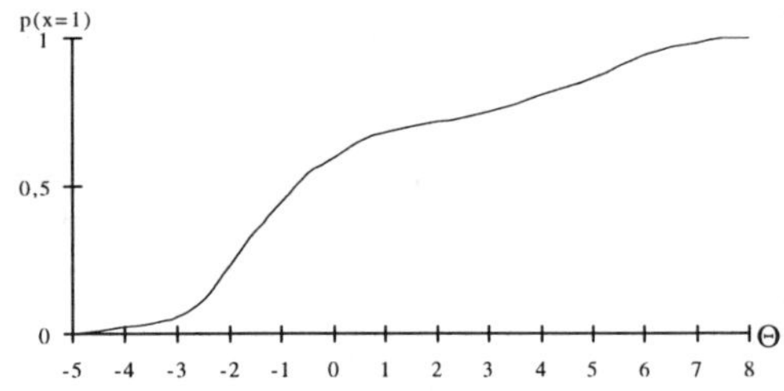

Abbildung 19: Der Graph einer Itemfunktion

Die Itemfunktion beschreibt also die Abhängigkeit der 1-Antwort auf ein Item von der quantitativen latenten Variable. Damit ist zugleich auch die Abhängigkeit einer 0-Antwort von der latenten Variable definiert: da sich beide Wahrscheinlichkeiten zu 1 addieren müssen, ist der Verlauf der Funktion für eine 0-Antwort spiegelbildlich bezüglich einer Waagerechten, die durch den Ordinatenwert 0.5 geht.

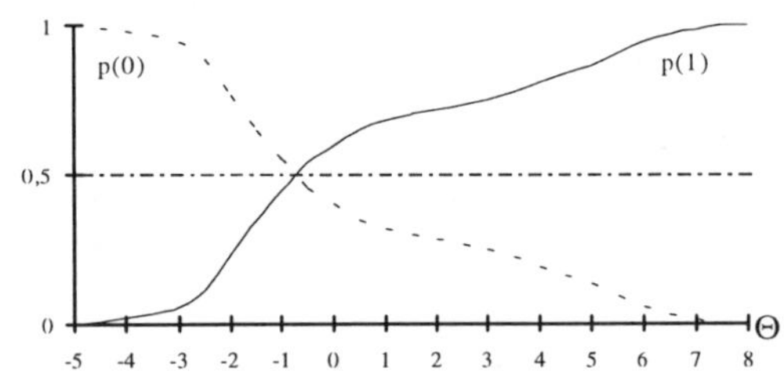

Abbildung 20: Die Wahrscheinlichkeitsfunktionen beider Antwortkategorien

In dieser Abbildung stellt die durchgezogene Kurve die Wahrscheinlichkeitsfunktion

$$p(X_{vi}=1)=f(\theta_v)$$

dar und die gestrichelte Kurve die Funktion

$$p(X_{vi} = 0) = 1 - f(\theta_v).$$

Alle Modelle mit einer quantitativen latenten Variable lassen sich mit Hilfe der Funktion, die sie für die einzelnen Items annehmen, voneinander unterscheiden und mit Hilfe des *Funktionsverlaufs* auch graphisch gut repräsentieren. Während auf den ersten Blick die Vielfalt von möglichen Funktionsverläufen, unendlich groß zu sein scheint, reduziert sich diese Vielfalt bei näherer Betrachtung drastisch.

Eine insbesondere für Leistungstests sehr naheliegende Annahme ist nämlich, daß der Funktionsverlauf *monoton steigend* ist, d.h. mit zunehmender Eigenschaftsausprägung steigt die Wahrscheinlichkeit einer 1-Antwort. Tatsächlich nehmen die meisten Testmodelle eine solche Monotonie der Itemfunktion an.

Unter den *nicht-monotonen* Funktionsverläufen sind wiederum nur jene von Interesse, die eingipflig oder 'umgekehrt U-förmig' sind. Mit einer solchen Form wird angenommen, daß die Wahrscheinlichkeit einer 1-Antwort zunächst monoton ansteigt bis sie einen gewissen Punkt auf der X-Achse erreicht hat, um dann wiederum monoton abzunehmen. Solche Itemfunktionen werden postuliert, wenn die Zustimmung zu einem Item nur in einem bestimmten Spektrum der quantitativen Eigenschaft wahrscheinlich ist, z.B. wenn nach *Präferenzen* gefragt wird. Testmodelle mit nicht-monotonen Itemfunktionen werden im dritten Unterkapitel dieses Kapitels behandelt (Kap. 3.1.1.3).

Andersartige ICC's als monotone und eingipflige werden in der Testtheorie so gut wie gar nicht behandelt. Innerhalb der Gruppe der monoton steigenden ICC's lassen sich noch zwei Formen unterscheiden, nämlich '*stufenförmige*', d.h. ICC's mit einer *Unstetigkeitsstelle* (Sprungstelle), und solche, die ohne Sprungstelle *kontinuierlich* ansteigen (s. Abb. 21). Stufenförmige und kontinuierliche Itemfunktionen werden getrennt in den beiden folgenden Unterkapiteln 3.1.1.1 und 3.1.1.2 behandelt.

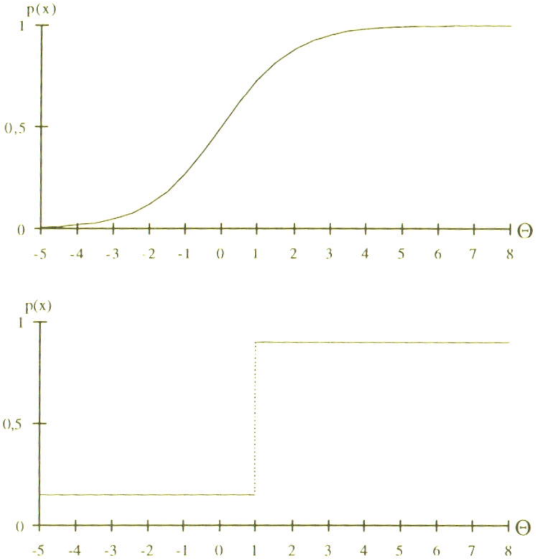

Abbildung 21: Zwei Arten von Itemfunktionen

Zuvor sollen jedoch anhand des Konzeptes der Itemcharakteristik zwei zentrale Begriffe der Testtheorie eingeführt werden, die im Rahmen aller Modelle mit einer quantitativen Personenvariable definiert werden können, die *Itemschwierigkeit* und die *Trennschärfe* von Items.

Die *Schwierigkeit* bzw. *Leichtigkeit von Items* ist durch die Lage der ICC relativ zur X-Achse definiert. Somit ist das Item, dessen ICC am weitesten links liegt das leichteste, und das Item, das am weitesten rechts liegt, das schwierigste: man braucht für ein weiter rechts liegendes Item eine größere Fähigkeit, um dieselbe Lösungswahrscheinlichkeit zu erreichen, wie für ein weiter links liegendes Item.

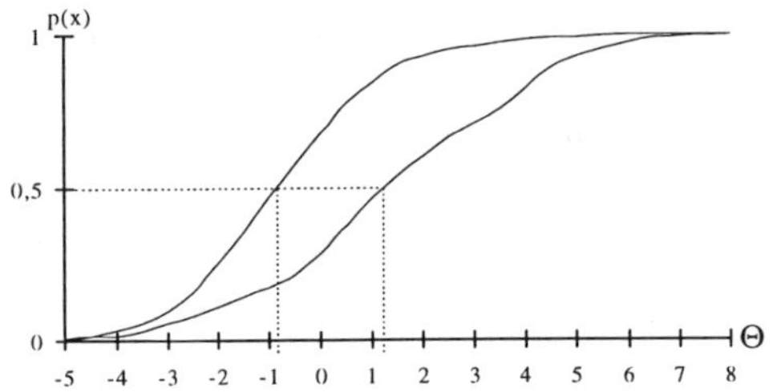

Abbildung 22: Die Itemschwierigkeit als Lokation der Itemfunktion

Als Konvention definiert der Abszissenwert der *50% Wahrscheinlichkeit* die Lage des Items und somit seine Schwierigkeit. Diese Abszissenwerte sind in Abbildung 22 ebenfalls eingezeichnet. Die Lage einer Itemfunktion relativ zur latenten Dimension, also zur X-Achse nennt man auch die *'Lokation eines Items'*.

Die *Trennschärfe* ist eine zweite Eigenschaft eines Testitems und soll ausdrücken, wie gut ein Item zwischen verschiedenen Eigenschaftsausprägungen der Personen 'trennt'. Hat ein Item eine *hohe* Trennschärfe, so lassen sich mit Hilfe dieses Items sehr gut Personen mit unterschiedlichen Eigenschaftsausprägungen voneinander unterscheiden. *Geringe* Trennschärfe meint dagegen, daß dies nur schwer möglich ist.

Bei monotonen Itemcharakteristiken drückt sich die Trennschärfe im *Anstieg der ICC* aus, genauer gesagt, im Anstieg der Kurve an ihrer steilsten Stelle. Ist die Kurve nämlich sehr steil, so haben relativ dicht beieinander liegende Eigenschaftsausprägungen (Werte auf der X-Achse) sehr unterschiedliche Wahrscheinlichkeiten, das Item zu lösen. Ist der Anstieg dagegen gering, so haben wenig unterschiedliche Eigenschaftsausprägungen auch nur geringfügig unterschiedliche Lösungswahrscheinlichkeiten.

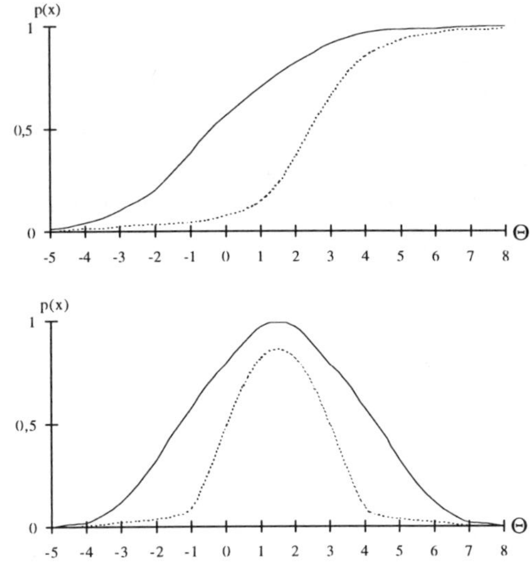

Abbildung 23: Die Trennschärfe eines Items als Anstieg der Itemfunktion bei monotonen und nicht-monotonen Items (das gestrichelte Item ist jeweils trennschärfer)

Bei *nichtmonotonen ICC's* ist dementsprechend die 'Steilheit' des eingipfligen Funktionsverlaufs Ausdruck der Trennschärfe des Items. Ein flacher Verlauf der Funktion bedeutet wiederum, daß sich unterschiedliche Eigenschaftsausprägungen nur in geringfügigen Schwankungen der Antwortwahrscheinlichkeit niederschlagen.

Stufenförmige Itemfunktionen haben nach dieser Definition eine unendliche Trennschärfe, da die Steigung einer Kurve an einer Sprungstelle unendlich ist. Tatsächlich läßt sich die Trennschärfe bei solchen Itemfunktionen noch anders definieren, worauf in dem Kapitel 3.1.1.1.2 eingegangen wird.

Als *Gütekriterium* eines Items betrachtet, z.B. für Zwecke der Itemselektion, wird eine hohe Trennschärfe im allgemeinen als ein *positives* Merkmal des Items gewertet.

Diese Sicht ist nicht unproblematisch, denn bei einem steilen Anstieg der ICC trennt das Item zwar gut zwischen Personen deren Eigenschaftsausprägungen im Bereich des steilsten Anstiegs liegen (Person A und B in Abb. 24). Demgegenüber leistet das Item dann keinen Beitrag mehr zur Unterscheidung von Personen im Spektrum von niedrigen oder hohen Eigenschaftsausprägungen (Person C und D oder E und F in Abb. 24).

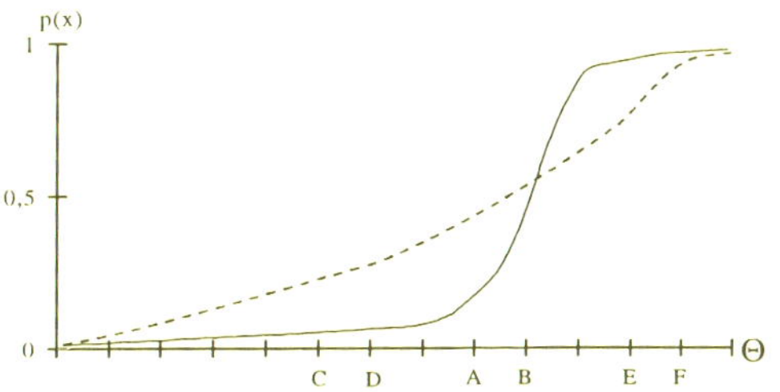

Abbildung 24: Die Trennschärfe zweier Items in unterschiedlichen Fähigkeitsbereichen

Somit ist die Trennschärfe eines Items als Gütemerkmal durchaus *verteilungsabhängig*: ein trennscharfes Item ist für solche Stichproben von Personen gut, deren Eigenschaftsausprägungen in der Nähe des steilsten Anstiegs einer ICC liegen.

Die Ermittlung der Trennschärfe eines Items aufgrund von Testdaten ist nur ein Teilaspekt der generellen Frage:

Wie bestimmt man den Verlauf der Itemfunktionen eines Tests anhand der Testdaten?

Werden sie in Form einer Annahme einfach vorausgesetzt oder lassen sie sich anhand der Testdaten berechnen? Beides ist teilweise richtig. Es wird bei der Analyse von Testdaten eine bestimmte Form des Funktionsverlaufs vorausgesetzt und es werden dann die Parameter dieser Funktion für jedes Item anhand der Daten *geschätzt*. Da Modellparameter stets Maßzahlen einer Population sind, können sie nie 'berechnet', sondern nur anhand von Stichprobendaten näherungsweise bestimmt, also geschätzt werden.

Beispiel: eine Gerade als Itemfunktion

Würde man zum Beispiel eine Gerade als Funktionsverlauf voraussetzen, so müßten für jedes Item anhand der Daten 2 Parameter geschätzt werden, nämlich der Anstieg der Geraden, a, und der Abschnitt auf der Y-Achse, b, da die Geradengleichung

(2) $$Y = aX + b$$

oder als ICC geschrieben:

(3) $$p(X_{vi} = 1) = a_i \, \theta_v + b_i$$

zwei unbekannte Parameter hat. Diese beiden Parameterwerte werden für jedes Item so geschätzt, daß die mit diesen Geraden vorhergesagten Antwortwahrscheinlichkeiten *möglichst gut* mit den beobachteten Antworthäufigkeiten übereinstimmen. Wie dies genau gemacht wird, ist in Kapitel 4 unter 'Parameterschätzung' dargestellt, wird aber auch in den folgenden Unterkapiteln ansatzweise erläutert.

Wie gut die Übereinstimmung von vorhergesagten Antwortwahrscheinlichkeiten und beobachteten Antworthäufigkeiten ist, muß mit *Modellgeltungstests* geprüft werden. Diese werden ebenfalls in einem gesonderten Kapitel behandelt (Kap. 5), aber bei einzelnen Testmodellen in den folgenden Kapiteln schon skizziert.

Dieses Vorgehen erscheint auf den ersten Blick sehr umständlich, würde man sich doch wünschen, die richtigen Funktionsverläufe einfach anhand der Daten ermitteln zu können. Eine solche Berechnung des Funktionsverlaufs ist jedoch unmöglich, denn von den beiden an der Funktion beteiligten Größen, der Antwortwahrscheinlichkeit und der latenten Variable ist *keine* in den Daten vorhanden. Gegeben sind nur die dichotomen Itemantworten.

Im übrigen ist dieses 'umständliche' Vorgehen völlig identisch mit dem Vorgehen bei jeder *Anwendung eines statistischen Modells*: Stets werden Parameter unter der Annahme einer bestimmten Modellstruktur berechnet und, ob diese Annahmen empirisch zutreffen, muß anhand der ermittelten Modellparameter geprüft werden.

3.1.1.1 Stufenförmige Itemfunktionen

3.1.1.1.1 Die Guttman-Skala: der Sprung von Null auf Eins

Die einfachste Annahme einer stufenförmigen Itemcharakteristik besteht darin, daß die Lösungswahrscheinlichkeit für einen unteren Bereich der Eigenschaftsausprägung 0 ist und an einer bestimmten Stelle auf 1 springt.

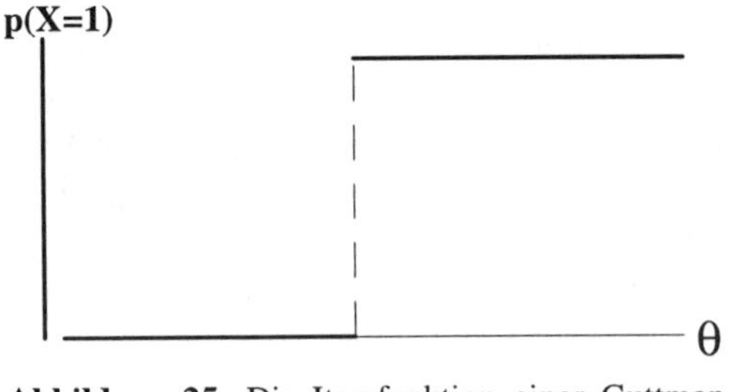

Abbildung 25: Die Itemfunktion einer Guttman-Skala

Man könnte dies als eine *Alles-oder-Nichts-Itemcharakteristik* beschreiben, d.h. entweder man kann ein Item lösen oder man kann es nicht. Bis zu einem gewissen Fähigkeitsgrad kann man es nicht lösen, darüber hinaus kann man es infolge einer entsprechenden Einsicht oder eines 'Aha'-Erlebnisses lösen.

Haben alle Items diese Form einer Itemcharakteristik und läßt sich die Stelle dieser 'plötzlichen' Einsicht *auf derselben latenten Dimension* anordnen, so beschreibt die in Abbildung 26 wiedergegebene Schar von ICC's die Items eines Tests.

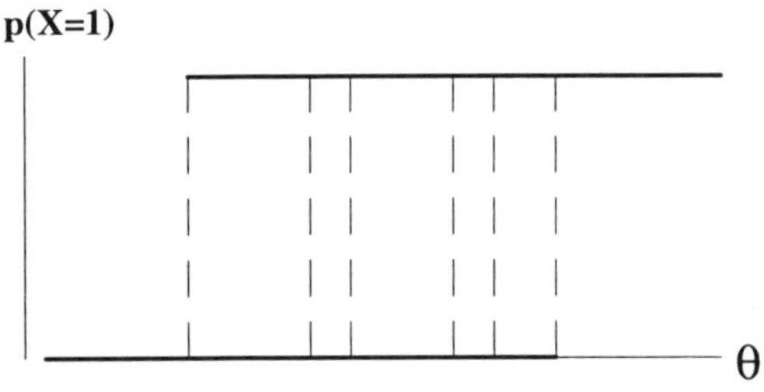

Abbildung 26: Die Itemfunktionen mehrerer Items einer Guttman-Skala

Das Testmodell, das aus diesen beiden Annahmen resultiert, ist als Skalogramm-Analyse oder auch kurz *Guttman-Skala* bekannt. Es ist durch die beiden Annahmen festgelegt, daß alle ICC's stufenförmig von einer 0-Wahrscheinlichkeit zu einer 1-Wahrscheinlichkeit springen und daß die latente Dimension, auf der diese Sprungstellen angesiedelt sind (repräsentiert durch die X-Achse), für alle Items dieselbe ist.

Letztere Annahme wird als Annahme der *Itemhomogenität* bezeichnet. 'Itemhomogenität' heißt also, daß alle Items dieselbe latente Variable ansprechen. Wäre dies nicht der Fall, so dürfte man nicht alle

ICC's mit derselben X-Achse zeichnen. Ist dies jedoch der Fall, d.h. sind die Items homogen im Sinne der Guttman-Skala, so lassen sich weitere Folgerungen dieses Modells ableiten.

Die wichtigste Eigenschaft ist die, daß sich sowohl Itemunterschiede als auch Personenunterschiede nur auf *Ordinalskalenniveau* bestimmen lassen. Dies geht aus Abbildung 26 insofern hervor, als sich alle Personen, deren Fähigkeitsausprägungen zwischen den Sprungstellen zweier benachbarter Items liegen, in ihrem Testverhalten nicht voneinander unterscheiden. Insofern kann auch nicht aus ihrem Testverhalten auf unterschiedliche Eigenschaftsausprägungen geschlossen werden.

Es können maximal *so viele Eigenschaftsausprägungen* von Personen unterschieden werden, *wie es Items gibt, plus eins*. Bei 6 Items gibt es 7 Bereiche auf dem latenten Kontinuum, die sich aufgrund des Antwortverhaltens unterscheiden lassen.

Diese 7 Personengruppen entsprechen genau den 7 möglichen *Scoregruppen*, die es bei 6 Items gibt. Die Gruppe, die am weitesten links liegt, hat kein Item gelöst, die zweite Gruppe hat genau ein Item gelöst usw.. Alle Personen, die in dieselbe Scoregruppe fallen, d.h. denselben Personenscore aufweisen, haben auch genau *dasselbe Antwortpattern* produziert. Alle Personen mit Score 3 haben dieselben 3 Items, nämlich die 3 leichtesten gelöst. Gilt für einen Datensatz das Modell der Guttman-Skala, so gibt es in dieser Datenmatrix nur so viele unterschiedliche Antwortmuster wie es Personenscores gibt. Die Patternhäufigkeiten entsprechen den Scorehäufigkeiten.

Ordnet man den Personen ihren Personenscore als *'Meßwert'* zu, so ist dieser Meßwert lediglich *ordinal skaliert*. D.h. man kann für eine Person, die 4 Items gelöst hat, nur sagen, *daß* sie 'besser' ist als eine Person, die 3 Items gelöst hat, aber nicht *um wieviel*.

Um das Ausmaß dessen quantifizieren zu können, um *wieviel* diese Person besser ist, müßte man die Schwierigkeit des vierten, zusätzlich gelösten Items im Vergleich zum dritten Item kennen. Bezogen auf Abbildung 26, müßte man den *Abstand der Sprungstellen* des Items 3 und des Items 4 kennen. Die *Schwierigkeit der Items* ist im Modell der Guttman-Skala durch die Lage der Sprungstelle relativ zur X-Achse definiert.

Das bedeutet, daß man die Schwierigkeiten der Items kennen müßte, um die Fähigkeiten der Personen auf einem höheren Skalenniveau als dem der Ordinalskala berechnen zu können. Im Modell der Guttman-Skala ist die Schwierigkeit eines Items oder seine Lokation jedoch ebenfalls nur auf einer *Ordinalskala* bestimmbar. Die genaue Angabe des Abszissenwertes der Sprungstelle ist nicht möglich, da dies voraussetzen würde, daß man die Fähigkeit der Personen kennt, die dieses Item gelöst haben.

Für das oben aufgeführte Beispiel könnten die 6 ICC's also auch andere Abstände haben, z.B. äquidistant sein:

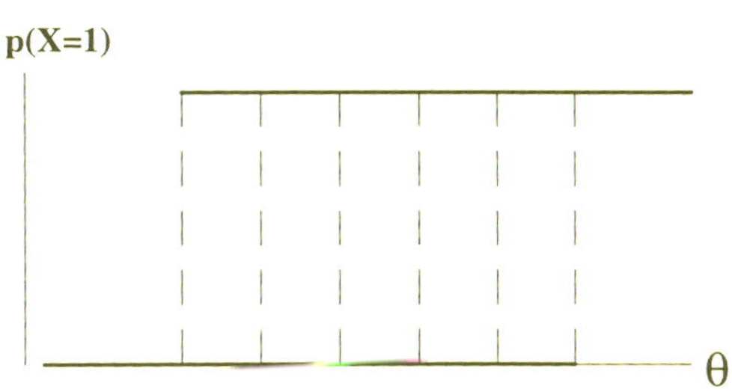

Abbildung 27: Äquidistante Itemfunktionen

Daran wird deutlich, daß ein Testmodell stets eine zweifache Skalierungsaufgabe zu erfüllen hat, nämlich *die gleichzeitige Skalierung von Personen und Items*.

Würde man die Meßwerte der einen Sorte von Skalierungsobjekten kennen, so ließen sich die Meßwerte der anderen Sorte ermitteln. In der Regel kennt man jedoch beides nicht, was die besondere Schwierigkeit von Testmodellen im Vergleich zu anderen Meßmodellen ausmacht.

Eine Möglichkeit, dennoch zu Meßwerten zu gelangen, besteht darin, eine *Verteilungsannahme* bezüglich der Meßwerte aller getesteten Personen zu treffen. Da die Ermittlung von Meßwerten unter bestimmten Verteilungsannahmen eine wichtige Rolle in der Testtheorie spielt, soll das Prinzip verteilungsabhängiger Meßwerte anhand der Guttman-Skala näher dargestellt werden.

Nimmt man z.B. an, daß sich die Fähigkeiten aller Personen in einem bestimmten Intervall gleichverteilen, so ließen sich die Abstände der Sprungstellen der ICC's anhand der Scorehäufigkeiten ermitteln. Lautet etwa die Scoreverteilung für einen Test mit 6 Items in einer Stichprobe folgendermaßen

r	0	1	2	3	4	5	6
n_r	6	3	2	4	1	3	1

so führt die Gleichverteilungsannahme zu folgenden Abständen der ICC's und zu folgenden Itemschwierigkeiten.

Den Items könnten die Werte 6, 9, 11, 15, 16 und 19 als Schwier*igkeitsparameter* zugeordnet werden, aber auch jede lineare Transformation dieser Werte, z.B. 0.0, 0.3, 0.5, 0.9, 1.0 und 1.3. Die Idee dabei ist, daß der Abstand der Items, also die Differenz ihrer Schwierigkeiten stets proportional zur Anzahl der Personen in der dazwischen liegenden Scoregrupppe ist. Damit sind die Itemschwierigkeiten *intervallskaliert*.

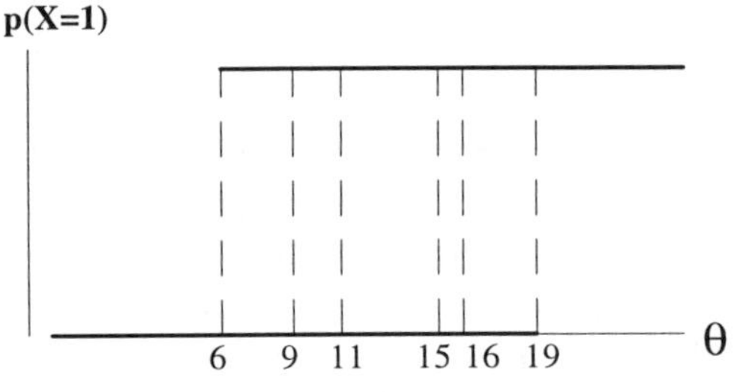

Abbildung 28: Die Lokationen der Itemfunktionen aufgrund einer Verteilungsannahme

Die *Meßwerte der Personen* lassen sich in diesem Fall durch die Intervallmitte definieren, also z.B. 7.5, 10, 13 usw.. Sie liegen ebenfalls auf einer *Intervallskala*, jedoch lassen sich für Personen, die kein Item oder alle Items gelöst haben, auf diese Weise keine Meßwerte ermitteln. Die entsprechenden Intervalle reichen von minus unendlich bis 6, bzw. von 19 bis plus unendlich und haben keinen definierten Mittelpunkt.

> *Unter einer Verteilungsannahme, z.B. der Annahme einer Gleichverteilung, lassen sich die Itemschwierigkeiten und Personenfähigkeiten eines Guttman-skalierbaren Tests auf Intervallskalenniveau bestimmen.*

Dies demonstriert an einem einfachen Beispiel, wie man mit Hilfe von Verteilungsannahmen zu Meßwerten auf einem höheren Skalenniveau gelangen kann (z.B. Intervall- statt Ordinalniveau).

Durch die Einführung der Gleichverteilungsannahme ändert sich zwar das Skalenniveau der Messung, die *Meßgenauigkeit* bleibt jedoch unverändert. Alle Personen, deren Fähigkeitsausprägungen zwischen zwei benachbarten ICC's liegen, erhalten denselben Meßwert, und es ist nicht bestimmbar, ob sie weiter links oder weiter rechts in diesem Intervall liegen.

Die Meßgenauigkeit läßt sich bei der Guttman-Skala nur dadurch erhöhen, daß weitere Items in den Test aufgenommen werden, deren ICC's *zwischen* denen der bereits existierenden Items liegen.

Probleme der *Parameterschätzung* ergeben sich bei diesem Modell nicht - sofern man keine Verteilungsannahme trifft. Als Personenmeßwert kann einfach der Personenscore genommen werden, wobei dieser - wie erwähnt - Ordinalskalenqualität besitzt.

Die Frage der *Modellgeltung* für einen bestimmten Datensatz läßt sich ebenso leicht beantworten. Gilt nämlich das Modell für eine gegebene Datenmatrix, so ergibt sich eine *'Dreiecksmatrix'*, wenn man alle Personen und alle Items in aufsteigender Reihenfolge ihrer Scores sortiert.

Die Dreiecksmatrix der Guttman-Skala	
erlaubte Pattern	unerlaubte Pattern
0 0 0 0 0	0 0 0 1 0
0 0 0 0 1	0 0 1 0 0
0 0 0 1 1	0 0 1 0 1
0 0 1 1 1	0 0 1 1 0
0 1 1 1 1	0 1 0 0 0
1 1 1 1 1	⋮
	1 1 1 1 0

Die Prüfung der Modellgeltung ist auch bei großen Datensätzen problemlos durchführbar, da man lediglich die Items so umsortieren muß, daß ihre Scores ansteigen. Für die derart umsortierte Datenmatrix muß dann gelten, daß keine 0 rechts von einer 1 steht.

Alle Antwortpattern, bei denen diese Bedingung erfüllt ist, heißen *Guttman-Pattern*. Ein einziges Antwortmuster, das diese Bedingung nicht erfüllt, *falsifiziert* bereits das Modell der Guttman-Skala. Die Prüfung der Modellgeltung bezieht sich also auf die *Häufigkeiten der Antwortmuster*, wobei die unter dem Modell erwarteten Häufigkeiten für alle *'Guttman-Pattern'* beliebig sind, während sie für alle anderen Pattern Null betragen müssen.

Daß bereits *eine* Person das Modell der Guttman Skala für einen ganzen Test falsifizieren kann, liegt an dem deterministischen Charakter dieses Testmodells. Ein *deterministisches Testmodell* unterscheidet nur Antwortwahrscheinlichkeiten von 1 und 0 und ist dementsprechend durch eine einzige unzulässige Itemantwort bereits falsifiziert.

Um das Modell dennoch nicht gleich verwerfen zu müssen, gibt es einen Index, der beschreiben soll 'wie gut' das Modell paßt. Dieses sogenannte *Reproduzierbarkeitsmaß* basiert auf der Anzahl unzulässiger Einsen und Nullen in der geordneten Datenmatrix und ist wie folgt definiert:

$$(1) \qquad \mathrm{Rep} = 1 - \left[\frac{f_{fehl}(x_{vi})}{k \cdot N}\right] \quad ,$$

wobei $f_{fehl}(x_{vi})$ die Anzahl unzulässiger Itemantworten bezeichnet, k die Anzahl der Items und N die Anzahl der Personen. Dieses Maß beschreibt den relativen

Anteil modellkonformer Itemantworten in der Datenmatrix. Ein Antwortpattern kann dabei durchaus *mehr als eine* unzulässige Itemantwort enthalten, z.B. das Patten $\underline{x}$ = (0 1 1 0 0 1). Im Zweifelsfalle zählt jedoch die *kleinste* Anzahl von Itemantworten mit deren Änderung sich ein Guttman-Pattern ergibt. So weist das Pattern $\underline{x}$ = (010011) nur *eine* unzulässige Antwort auf, nämlich die '1' an zweiter Stelle, und nicht zwei (die beiden Nullen hinter der '1').

Datenbeispiel

Das kleine Datenbeispiel aus Abbildung 15 enthält 5 unzulässige Antwortmuster, in denen insgesamt 6 unzulässige Itemantworten enthalten sind: das Pattern der 10-ten Person ist nur durch zwei Korrekturen in ein Guttman-Pattern zu verwandeln.

Das Reproduzierbarkeitsmaß beträgt demnach

$$Rep = 1-(6/(5 \cdot 12)) = 0.9.$$

Das Reproduzierbarkeitsmaß gibt also das Ausmaß an Abweichungen vom deterministischen Modell der Guttman-Skala an. Eine Prüfung, ob diese Abweichung *'statistisch' signifikant* ist, ist nicht möglich, da unter der Annahme der Modellgeltung *keine einzige* Modellabweichung zulässig ist.

Was ist eine statistisch signifikante Modellabweichung?

Die Abweichung einer Datenmatrix von dem, was unter der Annahme eines bestimmten Testmodells zulässig ist, kann mehr oder weniger groß sein. Um ein Entscheidungskriterium zu haben, wann die Abweichung so groß ist, daß man die Annahme der Modellgeltung besser fallen lassen sollte, berechnet man für den Datensatz eine Prüfgröße (sog. Prüfstatistik). Im Fall der Guttman-Skala könnte z.B. das Reproduzierbarkeitsmaß eine solche Prüfgröße darstellen.

Um zu beurteilen, ob der Wert der Prüfgröße noch im Bereich des 'vertretbaren' liegt, benötigt man eine Angabe, mit welcher Wahrscheinlichkeit welche Werte der Prüfgröße auftreten, sofern das Modell gilt. Tritt der berechnete Wert mit einer Wahrscheinlichkeit von unter 5% auf, so ist die Modellabweichung statistisch signifikant (= bedeutsam).

Ein anderer Weg, mit dem Problem des Determinismus umzugehen, besteht darin, die Größe der Teilstichprobe (von Personen) zu bestimmen, für die das Modell der Guttman-Skala gilt. Diese Teilstichprobe bezeichnet man als die Klasse der *'Skalierbaren'*, während der Rest der Stichprobe als Klasse der *'Unskalierbaren'* bezeichnet wird. Die relative Größe der Klasse der Skalierbaren ist auch ein Indikator dafür, wie gut das Modell der Guttman-Skala auf einen Test paßt.

In dem kleinen Datenbeispiel umfaßt die Klasse der Skalierbaren 7 von 12 Personen, also 58%.

Eine solche Erweiterung des Modells der Guttman-Skala um eine Klasse von Unskalierbaren sprengt den Rahmen von Modellen mit quantitativer Personenvariable, da neben der quantitativen Variable, die nur in einer Teilstichprobe gemessen werden kann, noch die *qualitative Personenvariable* 'skalierbar versus nicht-skalierbar' gemessen wird. Diese Erweiterung der Guttman-Skala stellt bereits ein klassifizierendes Testmodell dar (s.u. Kap. 3.1.2 und Kap. 3.1.3).

Literatur

Das Modell der Guttman-Skala wurde erstmals von Guttman (1950) beschrieben. Es wird in den meisten Lehrbüchern zur Skalierung behandelt (z.B. Borg & Staufenbiel 1989, Coombs et al. 1975 und Orth 1983), da es ein gutes Beispiel zur Konstruktion einer Ordinalskala darstellt.

Viele Statistik-Programme, z.B. SPSS, bieten die Möglichkeit, die für eine Anwendung der Guttman-Skala notwendigen Berechnungen durchzuführen.

Die Erweiterung der Guttman-Skala um eine Klasse von Unskalierbaren geht auf Goodman (1975) zurück. Zysno (1993) behandelt die Erweiterung der Guttman-Skala für polytome Daten.

Übungsaufgaben

1. Wieviele 'unerlaubte' Pattern gibt es in dem KFT-Datenbeispiel?
2. Wieviel Prozent der Stichprobe (N=300) umfaßt die Klasse der 'Unskalierbaren'?
3. Wie hoch ist das Reproduzierbarkeitsmaß für diesen Datensatz?

3.1.1.1.2 Antwortfehlermodelle: Irrtum und Raten

Eine sehr viel elegantere Möglichkeit, die Guttman-Skala auf realistische Datensätze anwendbar zu machen, besteht darin, die stufenförmigen ICC's probabilistisch werden zu lassen. Die Annahme, daß die Lösungswahrscheinlichkeiten nur die Werte 0 und 1 annehmen können, ist insofern sehr extrem, als die Möglichkeit ausgeschlossen wird, die richtige Itemantwort zu erraten oder ein Item irrtümlich nicht zu lösen.

Definiert man als *Ratewahrscheinlichkeit* eine gleichbleibende Wahrscheinlichkeit das Item zu lösen, auch wenn man sich 'links' von der Sprungstelle der ICC befindet und als *Irrtumswahrscheinlichkeit* die Wahrscheinlichkeit, das Item *nicht* zu lösen, auch wenn man sich 'rechts' von der Sprungstelle befindet, so ergeben sich Itemfunktionen der folgenden Form

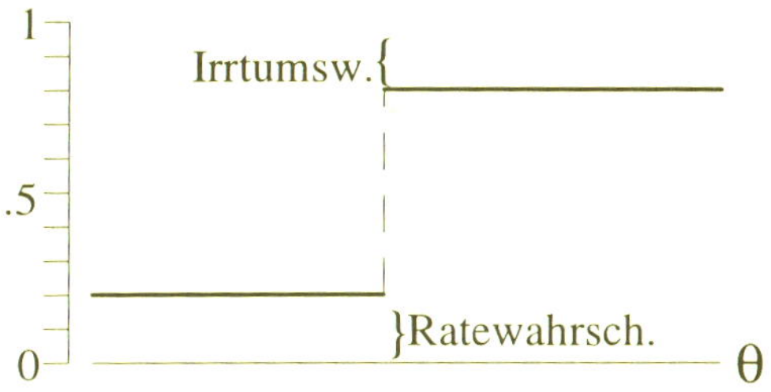

Abbildung 29: Eine Itemfunktion mit einer Rate- und Irrtumswahrscheinlichkeit von jeweils 20%.

Modelle, die einen solchen Verlauf der ICC annehmen, heißen *response error Modelle*, da sie aus der Guttman-Skala durch Einführung von *Antwortfehlern*, also Raten und Irrtum hervorgehen. Lazarsfeld und Henry (1968) bezeichnen diese Modelle auch als latent distance Modelle. Der Name spielt auf die Distanz zwischen den Sprungstellen der Itemfunktionen an.

Response error Modelle können unterschiedlich restriktiv, d.h. einschränkend sein, je nachdem welche Annahmen man bezüglich der Konstanz von Irrtums- und Ratewahrscheinlichkeit über die Items eines Test trifft.

Im restriktivsten Fall nimmt man an, daß Rate- und Irrtumswahrscheinlichkeit gleich hoch sind und zudem für alle Items *konstant*. Damit enthält das Modell nur *einen* zusätzlichen Parameter, nämlich eben jenen unbekannten Wert der Rate- und Irrtumswahrscheinlichkeit bei allen Items.

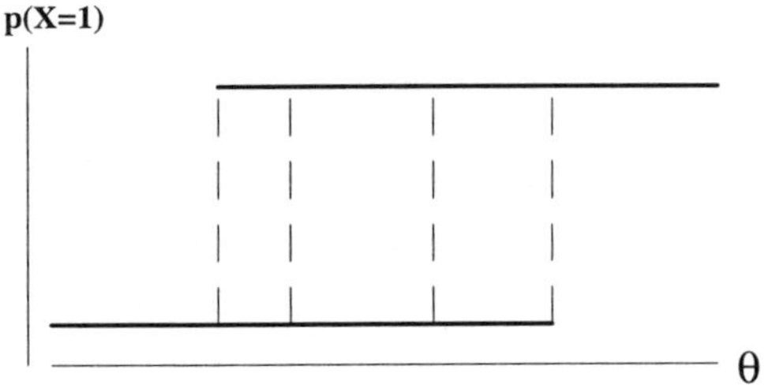

Abbildung 30: Die Itemfunktionen des restriktivsten response error Modells

Das am wenigsten restriktive Modell läßt für jedes Item andere Ratewahrscheinlichkeiten und davon unterschiedliche Irrtumswahrscheinlichkeiten zu. Die Itemcharakteristiken sehen dann wie folgt aus:

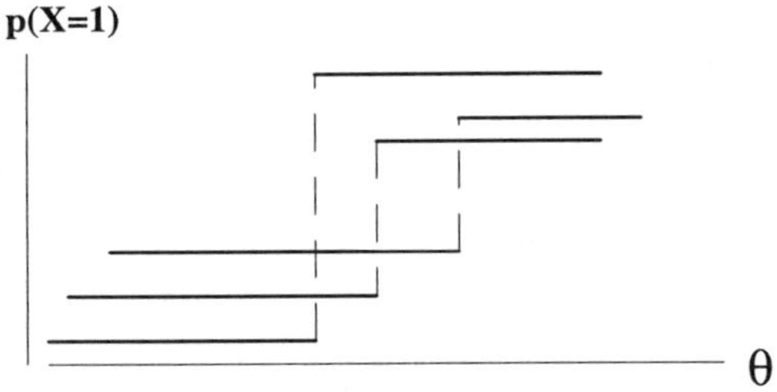

Abbildung 31: Drei Itemfunktionen mit unterschiedlichen Rate- und Irrtumswahrscheinlichkeiten

Die Eigenschaften dieser Modelle sind teilweise dieselben wie die der Guttman-Skala: Es können nur soviele Meßwerte für die Personen unterschieden werden wie es Items gibt (plus eins). Personen, die zwischen den Sprungstellen zweier benachbarter Items liegen, können nicht hinsichtlich ihrer Eigenschaftsausprägung unterschieden werden. Die Personenmeßwerte liegen also ebenfalls auf einer *Ordinalskala*.

Wie bei der Guttman-Skala werden lediglich *Klassen von Personen* unterschieden, nämlich jene Klassen, deren Fähigkeitsausprägungen genau zwischen zwei benachbarten Sprungstellen liegen.

Als *Itemtrennschärfe* läßt sich bei diesen Modellen die Differenz zwischen Ratewahrscheinlichkeit und Lösungswahrscheinlichkeit eines Items definieren, also die 'Höhe' der Sprungstelle. Im Vergleich zu Guttman-Items haben die Items von response error Modellen eine *geringere* Trennschärfe: Je höher Rate- und Irrtumswahrscheinlichkeit sind, desto schlechter diskriminiert ein Item zwischen verschiedenen Ausprägungsgraden der latenten Variable.

Die Items sind durch *3 Parameter* gekennzeichnet:

1. Durch ihre *Itemschwierigkeit* oder Lokation, σ_i (sigma), die wiederum nur auf Ordinalskalenniveau bestimmbar ist. Das bedeutet, es ist lediglich die Reihenfolge der Itemschwierigkeiten zu ermitteln.

2. Die *Ratewahrscheinlichkeit* eines Items, γ_i (gamma), die einen Wahrscheinlichkeitsparameter (im Intervall von 0 bis 1) darstellt, aber möglichst gering sein sollte (in jedem Fall unter 0.5).

3. Die *Irrtumswahrscheinlichkeit*, β_i (beta), die ebenfalls möglichst gering sein sollte. Eins minus Irrtumswahrscheinlichkeit ergibt die Lösungswahrscheinlichkeit des Items für alle Personen, die rechts von der Sprungstelle liegen.

Die *Modellgleichung* des allgemeinen Antwortfehlermodells läßt sich dann in

Form von zwei bedingten Antwortwahrscheinlichkeiten schreiben:

$$(1)\quad \begin{aligned} p(X_{vi}=1|\theta_v<\sigma_i) &= \gamma_i \\ p(X_{vi}=1|\theta_v>\sigma_i) &= 1-\beta_i, \end{aligned}$$

wobei $0 \leq \gamma_i \leq 0.5$ und $0 \leq \beta_i \leq 0.5$. Die Fähigkeitsparameter θ_v sind ebenso wie die Itemschwierigkeiten σ_i nur ordinalskaliert.

Das Modell der Guttman-Skala ergibt sich durch die Restriktion: $\gamma_i = \beta_i = 0$ für alle Items i. Das bereits erwähnte restriktivste Antwortfehlermodell ergibt sich durch die Restriktion: $\gamma_i = \beta_i = \gamma$, wobei γ die für alle Items konstante Rate- und Irrtumswahrscheinlichkeit bezeichnet.

Diese Modelle werden in der Praxis der Testentwicklung und Anwendung sehr selten angewendet. Die einfachste Möglichkeit der Parameterschätzung und Modellgeltungskontrolle besteht darin, response error Modelle als *restringierte latent class Modelle* zu formulieren. Diese Möglichkeit wird in Kapitel 3.1.2.3 dargestellt.

Zur Illustration sei jedoch hier schon das Ergebnis einer *Beispielrechnung* mit den KFT-Daten wiedergegeben.

Datenbeispiel

Für die 5 Items des KFT-Datensatzes ergeben sich die folgenden Rate- und Irrtumswahrscheinlichkeiten:

Item	1	2	3	4	5
γ_i	0.03	0.08	0.17	0.05	0.15
β_i	0.12	0.06	0.19	0.10	0.18

Zwischen den Sprungstellen liegen folgende Prozentanteile der Personenstichprobe (N=300).

	vor 1	1-2	2-3	3-4	4-5	hinter 5
%	28	13	11	9	15	24

Daraus geht hervor, daß die Sprungstellen der Items 3 und 4 relativ dicht zusammenliegen, wenn man annimmt, daß sich die Personenfähigkeiten gleichmäßig über das Fähigkeitsspektrum verteilen.

Literatur

Einen Überblick über Antwortfehlermodelle und ihre Systematik geben Clogg and Sawyer (1981), Formann (1984), Langeheine (1988) und Rost (1988a). Formann (1994) geht auf Probleme der Identifizierbarkeit von Antwortfehlermodellen ein.

Übungsaufgaben

1. Zeichnen Sie die Itemfunktionen der 5 KFT-Items.
2. Welches Item ist unter Annahme des Antwortfehlermodells das trennschärfste, welche das trennschwächste?

3.1.1.2 Kontinuierlich ansteigende Itemfunktionen

Der sprunghafte Anstieg der Lösungswahrscheinlichkeit an einer bestimmten Stelle des latenten Kontinuums stellt für viele Anwendungen von Tests und Fragebögen eine zu strenge Annahme dar. Warum sollten auf einem latenten Kontinuum einige Stellen derart ausgezeichnet sein, daß gerade dort ein 'qualitativer' Sprung im Antwortverhalten stattfindet? Daher nehmen die meisten Testmodelle an, daß sich die Lösungswahrscheinlichkeit nur langsam und *kontinuierlich* in Abhängigkeit von der latenten Variable ändert.

Die Anzahl möglicher Funktionsverläufe ist natürlich unendlich groß, und es stellt sich die Frage, wie man zu einer *Auswahl von Funktionstypen* kommt, bei denen es sich lohnt, sie unter testtheoretischen Gesichtspunkten zu betrachten. Kriterien für die Auswahl von Funktionsarten für die Itemfunktionen können sein:

- *Einfachheit* im Sinne des Einfachheitskriteriums, das an jede Art von Theorienbildung zu stellen ist,
- *vorteilhafte statistische Eigenschaften*, die etwa die Schätzung der Parameter dieser Funktion betreffen,
- psychologische *Plausibilität* für eine Vielzahl von psychologischen Tests und Fragebögen, damit nicht für jeden Test ein neues Testmodell entwickelt werden muß.

Geht man vom ersten Kriterium, dem der Einfachheit aus, so ist sicherlich die *lineare Beziehung* zwischen Antwortwahrscheinlichkeit und latenter Variable diejenige Funktion, die diesem Kriterium am ehesten entspricht.

Eine lineare Beziehung anzunehmen, wirft jedoch das Problem auf, daß der *Wertebereich der latenten Variable beschränkt* werden muß, weil die *Antwortwahrscheinlichkeiten* nur Werte zwischen 0 und 1 annehmen können: man kann keine lineare Beziehung zwischen einer beschränkten und einer unbeschränkten Variable definieren.

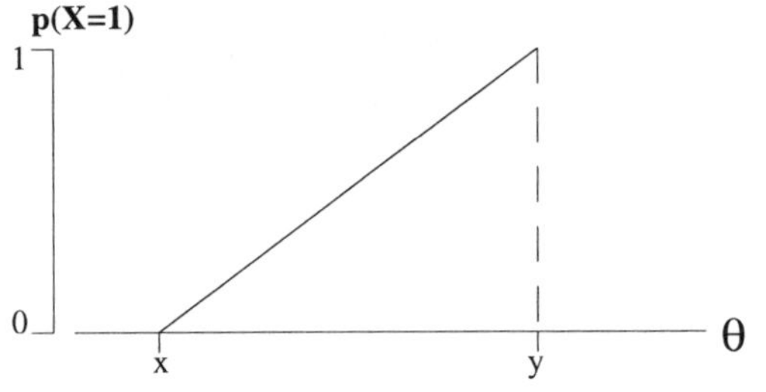

Abbildung 32: Eine Gerade als Itemfunktion

Das Testmodell, das auf der Annahme einer Geraden als Itemfunktion basiert, wird im ersten Unterkapitel (3.1.1.2.1) behandelt. Dieses Modell erweist sich als sehr restriktiv, da es konstante Schwierigkeiten für alle Items voraussetzt.

Im zweiten Unterkapitel (3.1.1.2.2) wird ein anderer Weg beschritten, die Annahme einer Geraden als Itemfunktion aufrechtzuerhalten: die Antwortwahrscheinlichkeiten werden zunächst in Werte transformiert, die *nicht* mehr auf das 0-1-Intervall beschränkt sind, sondern zwischen $-\infty$ (minus unendlich) und $+\infty$ (plus unendlich) liegen. Für diese so transformierten Wahrscheinlichkeiten wird dann eine lineare Abhängigkeit von der latenten Variable postuliert. Das daraus resultierende Modell erfüllt die o.g. Kriterien einer hohen psychologischen Plausibilität des Funktionsverlaufs und vorteilhafter statistischer Eigenschaften sowie - auch wenn es zunächst kompliziert aussehen mag - das Kriterium der Einfachheit. Es wird nach Georg Rasch als das Rasch-Modell bezeichnet.

Das dritte und vierte Unterkapitel behandeln Verallgemeinerungen dieses Modells, und zwar einmal durch Einführung weiterer Parameter der Itemfunktion (Kap. 3.1.1.2.3), und einmal durch Verzicht auf jegliche Parametrisierung des Funktionsverlaufs (Kap. 3.1.1.2.4).

3.1.1.2.1 Das Binomialmodell: Eine Gerade als Itemfunktion

Den prominentesten Versuch, ein Testmodell mit Geraden als Itemfunktionen zu konstruieren, stellt die sog. *klassische Testtheorie* dar. Dieses Modell ergibt sich, wenn man die Grundgleichung und die Annahmen der Meßfehlertheorie (vgl. Kap. 2.1.2)

(1) $$x_v = t_v + e_v$$

auf die einzelnen *Itemantworten als Meßwerte* anwendet, d.h. von der Gleichung

(2) $$x_{vi} = t_{vi} + e_{vi}$$

ausgeht, wobei $x_{vi} \in \{0,1\}$ (lies: x_{vi} ist ein Element aus der Menge der beiden Zahlen 0 und 1).

Gleichung (2) läßt sich folgendermaßen in eine Itemfunktion umwandeln: Nach den Axiomen der Meßfehlertheorie (s. Kap. 2.1.2) hat die Fehlervariable den Erwartungswert 0 und ist mit der Variable der wahren Werte unkorreliert, so daß der Erwartungswert der Antwortvariable gleich dem wahren Wert ist,

(3) $$\mathrm{Erw}(X_{vi}) = t_{vi} \ .$$

Der Erwartungswert einer 0-1-Variable entspricht der Wahrscheinlichkeit der Valenz '1', da laut Definition des Erwartungswertes (s. Kap. 2.1.2) gilt:

(4) $$\mathrm{Erw}(X_{vi}) = 0 \cdot p(X_{vi} = 0) + 1 \cdot p(X_{vi} = 1). \\ = p(X_{vi} = 1).$$

Somit kann man Gleichung (3) auch folgendermaßen schreiben:

(5) $$p(X_{vi} = 1) = t_{vi} \, .$$

Wendet man die Meßfehlertheorie auf Itemantworten an, so ist eine *Zusatzannahme* erforderlich, die sich darauf bezieht, wie die *itemspezifischen* wahren Werte zusammenhängen. Es können drei unterschiedliche Annahmen getroffen werden:

Die *erste* Annahme besagt, daß die Items dieselbe latente Variable erfassen, sich aber in ihrer *Schwierigkeit* unterscheiden. Der wahre Wert der Person v bei Item i setzt sich nach dieser Annahme aus ihrer Eigenschaftsausprägung θ_v und der Itemschwierigkeit σ_i zusammen:

(6) $$t_{vi} = \theta_v - \sigma_i \ .$$

Das resultierende Testmodell

(7) $$p(X_{vi} = 1) = \theta_v - \sigma_i$$

ist das sog. Modell *essentiell tau-äquivalenter Messungen* und hat als Itemfunktionen Geraden, die denselben Anstieg haben, also *parallele Geraden*.

Die *zweite* Annahme besagt, daß die Items dieselbe latente Variable erfassen, sich aber hinsichtlich *Schwierigkeit und Trennschärfe* unterscheiden. Da Trennschärfe als *Anstieg* der Itemfunktion definiert ist (s.o.), gibt es einen zweiten Itemparameter β_i und die entsprechende Itemfunktion lautet

$$p(X_{vi} = 1) = \beta_i \theta_v - \sigma_i \quad (8)$$

Dieses Modell ist das Modell *kongenerischer Messungen* und hat als Itemfunktion Geraden *unterschiedlichen Anstiegs*.

Beide Zusatzannahmen sind im Fall von dichotomen Itemantworten höchst problematisch. Nimmt man nämlich Geraden als Itemfunktionen an, so stellt sich das Problem, welchen Wertebereich die latente Variable θ hat.

Haben die Items unterschiedliche Lokationen, also *Schwierigkeiten*, wie im Modell essentiell tau-äquivalenter Messungen (7), so ist stets für einige Items die Lösungswahrscheinlichkeit in bestimmten Wertebereichen der latenten Variable nicht definiert (z.B. für Person v und w in Abb. 33).

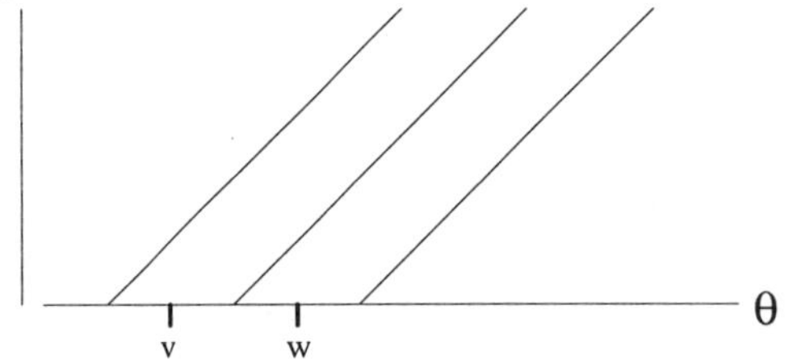

Abbildung 33: Items mit unterschiedlichen Schwierigkeiten

Eine Begrenzung des Wertebereichs auf ein 'mittleres' Intervall (s. Abb. 34), löst dieses Problem nicht, sondern schafft sogar ein neues Problem, da die Lösungswahrscheinlichkeiten von leichten Items nicht mehr unter einen bestimmten Wert absinken, die von schweren Items nicht mehr einen bestimmten Wert überschreiten können.

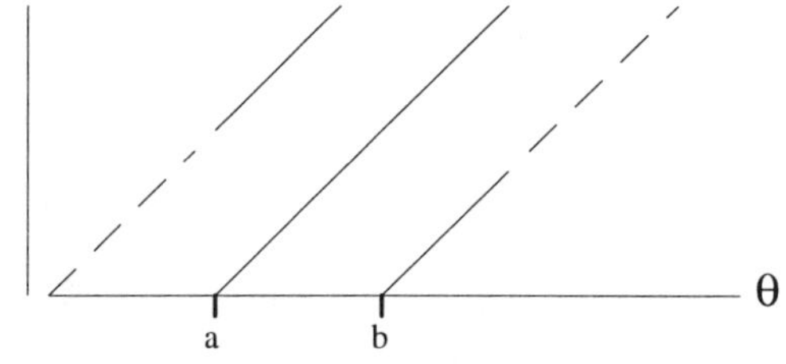

Abbildung 34: Geraden als Itemfunktionen mit begrenztem Wertebereich der latenten Variable

Ein 'Ausweg' könnte darin bestehen zwei 'Knicke' in der ICC vorsehen, um außerhalb des Definitionsbereiches der Geraden die 0- bzw. 1-Wahrscheinlichkeiten als Werte der Itemfunktionen festzulegen.

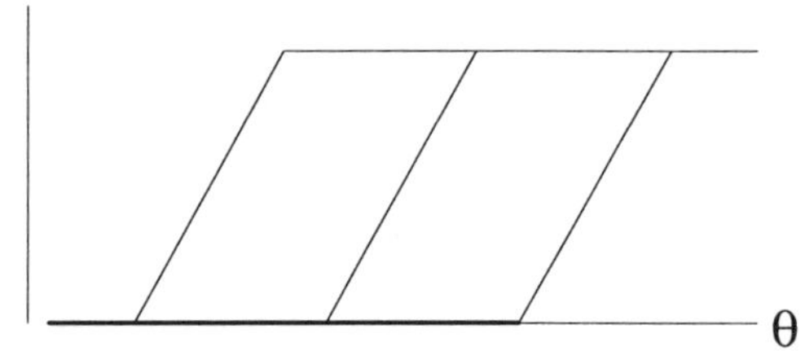

Abbildung 35: 'Abgeknickte' Geraden als Itemfunktionen

Dies kann aber nicht die Idee einer *einfachen Funktion* sein: warum sollte es gerade an bestimmten Stellen des Kontinuums solche Knicke geben? Sie wären psychologisch nicht interpretierbar. Daraus folgt:

> *Das Konzept linearer Itemfunktionen ist mit der Annahme unterschiedlicher Itemschwierigkeiten nicht vereinbar.*

Auch die Annahme unterschiedlicher *Itemtrennschärfen*, d.h. unterschiedlicher

Steigungen der Geraden führt zu denselben Problemen, daß nämlich für bestimmte Bereiche der latenten Variable die Lösungswahrscheinlichkeiten nicht definiert sind oder die Lösungswahrscheinlichkeiten bestimmte Werte nicht über- bzw. unterschreiten können.

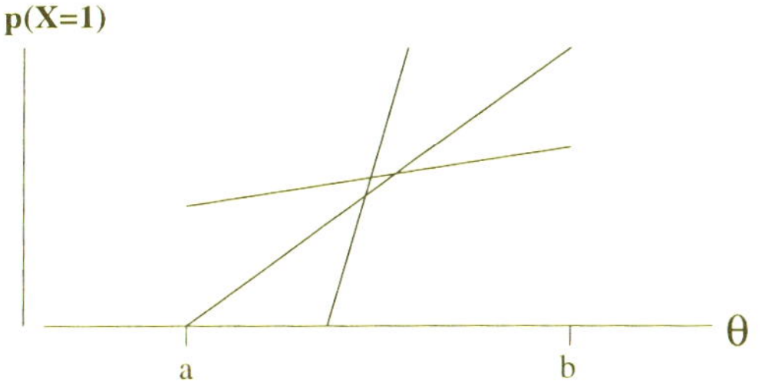

Abbildung 36: Items mit unterschiedlichen Trennschärfen

Es läßt sich also allein mit graphischen Argumenten ersehen, daß ein Testmodell mit linearen Itemfunktionen Items mit gleicher Schwierigkeit und gleicher Trennschärfe voraussetzt.

Die einzig sinnvolle Annahme, die man treffen kann, wenn man die Meßfehlertheorie auf dichotome Itemantworten anwenden will, ist daher die Annahme *tau-äquivalenter Messungen*

(9) $t_{vi} = \theta_v$,

die zu der einfachen Modellgleichung

(10) $p(X_{vi} = 1) = \theta_v$

führt. Dieses Modell hat eine Gerade als Itemfunktion, und zwar *dieselbe* Gerade für alle Items (s. Abb. 37).

Es setzt voraus, daß alle Items gleich schwierig und gleich trennscharf sind. Obwohl dieses Modell im Rahmen der klassischen Testtheorie behandelt wird, stellt es nicht *das* Modell dar, das typischerweise mit dem Begriff 'klassische Testtheorie' assoziiert wird. In der gängigen Praxis der Testanalyse nach der klassischen Testtheorie werden vielmehr Schwierigkeits- und Trennschärfe-Indices für die Items berechnet, und es wird damit das Modell kongenerischer Messungen (8) zugrundegelegt.

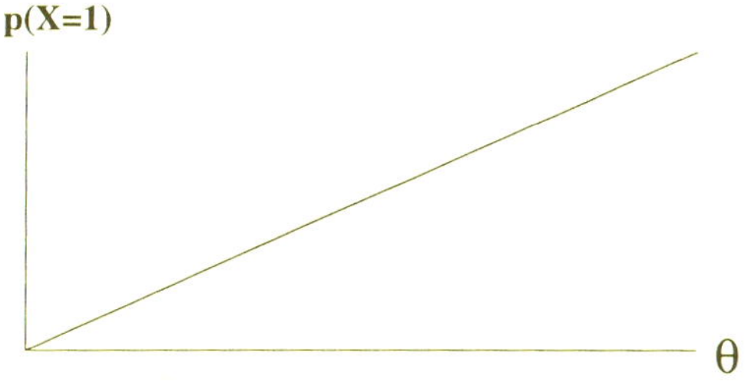

Abbildung 37: Die Itemfunktion des Modells tau-äquivalenter Messungen bzw. des Binomialmodells

Weitaus bekannter ist Modell (10) unter dem Namen *Binomialmodell.* Warum das Modell so heißt, ergibt sich aus der folgenden Darstellung.

Da das Modell *konstante Itemschwierigkeiten* und *konstante Itemtrennschärfen* für alle Items voraussetzt, gibt es auch keinen Itemparameter in diesem Testmodell zu schätzen. Die Lösungswahrscheinlichkeiten einer Person v sind für alle Items konstant:

$$p(X_{vi} = 1) = p(X_{vj} = 1) \text{ für alle Items i und j.}$$

Wie schon die Gleichung (10) ausdrückt, entspricht der *Personenparameter* eben dieser Lösungswahrscheinlichkeit:

$$\theta_v = p(X_{vi} = 1) \quad .$$

Nimmt man an, daß die Items unabhängig voneinander bearbeitet werden, d.h. trifft man die Annahme der *stochastischen Unabhängigkeit* (vgl. Kap. 2.3.3),

(11) $p\left(x_{vi} \text{ und } x_{vj}\right) = p\left(x_{vi}\right) \cdot p\left(x_{vj}\right)$,

so kann der Test auch als eine Aneinanderreihung von k binären Zufallsexperimenten mit gleichen Ausgangswahrscheinlichkeiten $p(x_{vi})$ aufgefaßt werden.

Was ist ein binäres Zufallsexperiment?

Wirft man eine Münze, so stellt dies ein binäres (= zweiwertiges) Zufallsexperiment dar, da es nur die beiden Ausgänge 'Kopf' oder 'Zahl' gibt. In diesem Beispiel sind die beiden Ausgänge gleichwahrscheinlich, was aber nicht notwendigerweise so sein muß. Kodiert man die beiden Ausgänge mit '0' und '1', so ist ein binäres Zufallsexperiment durch die beiden Wahrscheinlichkeiten p(0) und p(1) charakterisiert, die sich zu 1 ergänzen müssen: $p(0) + p(1) = 1$.

Aus der Statistik ist bekannt, daß bei solchen Experimenten die relative Anzahl von '1-Ausgängen', also Itemlösungen einen *Schätzwert* für die Wahrscheinlichkeit darstellt, in jedem einzelnen Experiment den Ausgang 1 zu erhalten. Das heißt, daß die Anzahl der von einer Person gelösten Aufgaben, dividiert durch die Aufgabenanzahl, direkt eine *Schätzung des Fähigkeitsparameters* der Person darstellt:

(12) $\hat{\theta}_v = \frac{r_v}{k} \quad \text{mit} \quad r_v = \sum_{i=1}^{k} x_{vi}$.

Schätzwerte für einen Parameter werden mit einem ^ gekennzeichnet (sprich z.B. $\hat{\theta}$: 'Theta Dach').

Weiterhin ist aus der Statistik bekannt, daß die Wahrscheinlichkeit, in einer solchen Serie von k binären Zufallsexperimenten genau r 1-Ausgänge (also Itemlösungen) zu erhalten, durch die *Binomialverteilung* definiert ist.

Die Binomialverteilung

Die Wahrscheinlichkeit, daß eine Person mit dem Parameter θ_v die ersten r von k Items löst, beträgt

(13) $p\left(X_{vi} = 1, \ldots, X_{vr} = 1, X_{vr+1} = 0, \ldots, X_{vk} = 0\right)$

$= \theta_v^r \cdot (1 - \theta_v)^{k-r}$.

Diese Wahrscheinlichkeit ist für alle Antwortmuster mit r Einsen identisch. Um die Wahrscheinlichkeit zu berechnen, *irgendein* Antwortmuster mit Score r zu erhalten, muß die rechte Seite von Gleichung (13) noch mit der *Anzahl möglicher Antwortmuster* mit Score r multipliziert werden. Diese Anzahl gibt der *Binomialkoeffizient* $\binom{k}{r}$ (sprich 'k über r', vgl. Kap. 2.3.1.2) an:

(14) $\binom{k}{r} = \frac{k \cdot (k-1) \cdot (k-2) \cdot \ldots (k-r+1)}{1 \cdot 2 \cdot 3 \cdot 4 \cdot \ldots \cdot r}$.

Es ergibt sich daraus die folgende Wahrscheinlichkeit des Scores r für Person v:

(15) $p\left(\sum_{i=1}^{k} x_{vi} = r\right) = \binom{k}{r} \theta_v^r (1 - \theta_v)^{k-r}$

Die Gleichung definiert die Wahrscheinlichkeitsverteilung der Scores einer Person. Dieser Typ von Verteilung wird als *Binomialverteilung* bezeichnet.

Mit Gleichung (15) lassen sich bei gegebener Itemanzahl k und Personenfähigkeit θ die Wahrscheinlichkeiten für alle möglichen Testresultate r berechnen.

Beispiel

Beträgt z.B. die Lösungswahrscheinlichkeit einer Person 40% oder $\theta = 0.4$, so ergibt sich bei k = 5 Items die folgende Wahrscheinlichkeit, einen Score von r = 2 zu erhalten:

$$p(r=2) = \binom{5}{2} \cdot 0.4^2 \cdot 0.6^3$$

$$= \frac{5 \cdot 4}{1 \cdot 2} \cdot 0.16 \cdot 0.216 = 0.3456$$

Die Verteilung aller möglicher Testscores sieht wie folgt aus:

Testscore r: 0	1	2	3	4	5
.0777	.2592	.3456	.2304	.0768	.0102

Wahrscheinlichkeit p(r)

Weil die Binomialverteilung in diesem Testmodell für jede Person die Wahrscheinlichkeiten der möglichen Testresultate beschreibt, heißt dieses Testmodell auch *Binomialmodell.*

Als *Modellgleichung* bezeichnet man die Funktion, die die Antwortwahrscheinlichkeit einer Person auf ein Item in Abhängigkeit von den Modellparametern spezifiziert. Sie besteht aus den beiden einzelnen Antwortwahrscheinlichkeiten

$$p(X_{vi} = 1) = \theta_v$$

und

$$p(X_{vi} = 0) = 1 - \theta_v,$$

die folgendermaßen zu einer Gleichung zusammengefaßt werden können:

(16) $$p(x_{vi}) = \theta_v^{x_{vi}} \cdot (1 - \theta_v)^{1 - x_{vi}}.$$

Die Exponenten x_{vi} und $1-x_{vi}$ können nur die beiden Werte 0 und 1 annehmen. Ihre Funktion besteht darin zu steuern, welcher der beiden Faktoren jeweils bestehen bleibt und welcher 'verschwindet', denn: $\theta^0 = 1$ und $\theta^1 = \theta$.

Während als 'Modellgleichung' die Wahrscheinlichkeitsfunktion einer *einzelnen* Itemantwort bezeichnet wird, versteht man unter der *'Likelihoodfunktion'* die Wahrscheinlichkeitsfunktion der *gesamten* Datenmatrix:

$$L = p(\underline{\underline{x}}).$$

Passend zur Kennzeichung von Vektoren durch *einfach* unterstrichene Buchstaben werden Matrizen durch *doppelt* unterstrichene Buchstaben gekennzeichnet.

Likelihood

'likelihood' ist im Englischen neben 'probability' ein zweiter Begriff für 'Wahrscheinlichkeit'. Er meint stärker die 'vermutete' oder 'erwartete' Wahrscheinlichkeit eines Ereignisses und ließe sich - etwas antiquiert - mit *'Mutmaßlichkeit'* übersetzen.

Definition: *Die Likelihoodfunktion beschreibt die Wahrscheinlichkeit der Daten in Abhängigkeit von den Modellparametern unter der Annahme, daß das Modell gilt.*

Die Likelihoodfunktion kann man sowohl für die *Parameterschätzung* gut gebrauchen (die besten Parameterschätzungen sind dort, wo die Likelihoodfunktion ihr Maximum hat, vgl. Kap. 4) als auch für die Prüfung der *Modellgeltung* (je höher der Wert der Likelihoodfunktion, desto besser paßt das Modell auf die Daten, vgl. Kap. 5).

Man erhält die Likelihoodfunktion, indem man die Wahrscheinlichkeiten der einzelnen Itemantworten über alle Zeilen (Personen) und Spalten (Items) aufmultipliziert.

(17) $$L = \prod_{v=1}^{N} \prod_{i=1}^{k} p(x_{vi})$$

Das Produktzeichen $\prod$

So wie das Summenzeichen Σ eine verkürzte Schreibweise einer *Addition* vieler Summanden erlaubt,

$$x_1 + x_2 + x_3 + \ldots + x_k = \sum_{i=1}^{k} x_i \ ,$$

ermöglicht das Produktzeichen $\prod$ (großes griechisches Pi) eine verkürzte Schreibweise der Multiplikation vieler Faktoren:

$$x_1 \cdot x_2 \cdot x_3 \cdot \ldots \cdot x_k = \prod_{i=1}^{k} x_i \ .$$

Der Buschstabe i fungiert hier als *Laufindex*, der die Zahlen von 1 bis k durchläuft (sprich: 'Produkt' von i gleich 1 bis k der x_i).

Da die Multiplikation von Wahrscheinlichkeiten nur für *unabhängige Ereignisse* die Wahrscheinlichkeit ihres gemeinsamen Eintretens definiert, setzt Gleichung (17) neben der *stochastischen Unabhängigkeit* der Antworten *innerhalb* einer Person (Multiplikation über die Items, vgl. Kap. 2.3.3) auch die Unabhängigkeit der Testbearbeitung *zwischen* den Personen voraus (Multiplikation über die Zeilen).

Anmerkung

Würde man die Annahme der *stochastischen Unabhängigkeit* nicht treffen, müßte man weitere Parameter spezifizieren, mit Hilfe derer man aus den Einzelwahrscheinlichkeiten auf die Wahrscheinlichkeit *kombinierter Ereignisse* schließen kann, also auf die Wahrscheinlichkeit eines ganzen Antwortvektors. Da dies relativ kompliziert ist, gibt es bislang nur sehr wenige Ansätze für Testmodelle *ohne* die Annahme stochastisch unabhängiger Itemantworten (vgl. z.B. Kap. 3.5.3.3).

Die Likelihoodfunktion für das Binomialmodell lautet nach Einsetzen von (16) in (17):

(18) $$L = \prod_{v=1}^{N} \prod_{i=1}^{k} \theta_v^{x_{vi}} (1 - \theta_v)^{1 - x_{vi}} \ .$$

Das innere Produkt kann verkürzt werden zu:

$$L = \prod_{v=1}^{N} \theta_v^{r_v} \cdot (1 - \theta_v)^{k - r_v} \ ,$$

da jeder Personenparameter θ_v genau so oft aufmultipliziert wird, wie die Person v Items gelöst hat (r_v-mal).

Von den ursprünglichen Testdaten braucht man für die Likelihoodfunktion lediglich die Zeilenrandsummen der Datenmatrix, also die Testscores r_v. Die Wahrscheinlichkeit der Daten hängt also *nicht* davon ab, *welche* Items eine Person gelöst hat, sondern nur *wieviele.*

Das wesentliche Resultat dieser Betrachtungen der Likelihoodfunktion besteht darin, daß man für die Schätzung der Modellparameter des Binomialmodells lediglich die Testscores r_v der Personen benötigt. Da diese 'Summenstatistik' (r_v ist ja die *Summe* aller 1-Antworten von Person v) eine 'erschöpfende' Auskunft über die getestete Person gibt (sofern das Modell gilt), nennt man die r_v auch die *erschöpfenden Statistiken* für die Personenparameter, oder die *suffizienten Statistiken* (sufficient statistics).

Erschöpfende Statistiken

Der Begriff der erschöpfenden Statistiken ist ein wichtiger Begriff, wenn es um die Schätzung der Modellparameter geht (vgl. Kap. 4), da Parameter mit erschöpfenden Statistiken unproblematisch zu schätzen sind. Der Begriff ist aber auch für das Verständnis eines Testmodells wichtig, denn die erschöpfenden Statistiken geben an, welche Information aus den Testdaten 'herangezogen' wird. Es ist die Art von *Datenaggregation* (s.o.), die bei Geltung des betreffenden Testmodells *legitim* ist, d.h. nicht mit einem Verlust diagnostischer Information verbunden ist.

Während die Schätzung der Modellparameter bei diesem Modell relativ simpel ist (es wird die relative Lösungshäufigkeit einer Person als ihr Meßwert berechnet), so sind die *Annahmen* dieses linearen Modells, nämlich konstante Itemschwierigkeiten und Itemtrennschärfen, doch sehr streng und unrealistisch.

Die Parameterwerte für die Personen liegen auf einer *Absolutskala*, da es Wahrscheinlichkeitsparameter sind. Als 'absolut-skaliert' bezeichnet man Meßwerte, für die keinerlei Transformation zulässig ist. es handelt sich um das höchste Skalenniveau. Das hohe Skalenniveau der Meßwerte im Biomialmodell ist quasi der Gegenwert für die strengen Annahmen, die das Modell voraussetzt.

Die Annahme konstanter Itemschwierigkeiten impliziert in diesem Modell, daß die Lösungshäufigkeiten der Items also die *Itemscores* bis auf Zufallsschwankungen *gleich groß* sind. Die Streuung der Itemscores gibt einen ersten Hinweis, ob das Binomialmodell auf einen Datensatz paßt.

Zusammenfassung

Aus der Annahme linearer ICC's und der Annahme stochastisch unabhängiger Itemantworten folgt das Binomialmodell, in dem die relative Anzahl gelöster Items einen Schätzer für die Personenfähigkeit darstellt. Es müssen konstante Schwierigkeiten und Trennschärfen für alle Items vorausgesetzt werden.

Literatur

Die verschiedenen Testmodelle der klassischen Testtheorie werden von Lord & Novick (1968), Steyer (1989) und Steyer & Eid (1993) dargestellt. Das Binomialmodell behandelt Klauer (1987) ausführlich. V. d. Linden (1979) geht auf die Frage unterschiedlicher Itemschwierigkeiten im Binomialmodell ein.

Übungsaufgaben

1. Wie lauten die Personenparameter des Binomialmodells für die KFT-Daten?
2. Wie groß ist im KFT-Beispiel die Wahrscheinlichkeit, daß eine Person mit der Fähigkeit $\theta = 0.6$ von diesen 5 Items a.) genau 2 löst, b.) genau 4 löst?
3. Berechnen Sie den Wert der Likelihoodfunktion unter dem Binomialmodell für die folgende Datenmatrix:

   0 0 1
1 0 1
1 1 0

3.1.1.2.2 Das Rasch-Modell: parallele Itemfunktionen

Wenn die Annahme einer linearen Beziehung zwischen Lösungswahrscheinlichkeit und latenter Variable zu der restriktiven Folgerung konstanter Itemschwierigkeiten führt, so liegt dies daran, daß die Linearität zwischen einer auf das 0-1-Intervall *beschränkten* Variable und einer potentiell *unbeschränkten* Variable angenommen wird.

Eine Möglichkeit, dieses Problem zu umgehen, besteht darin, Linearität zwischen Lösungswahrscheinlichkeit und latenter Variable nur im Mittelbereich anzunehmen und die Itemfunktion im oberen Bereich asymptotisch dem Grenzwert 1 und im unteren Bereich dem Grenzwert 0 anzunähern. Die ICC's haben dann in etwa folgenden Verlauf:

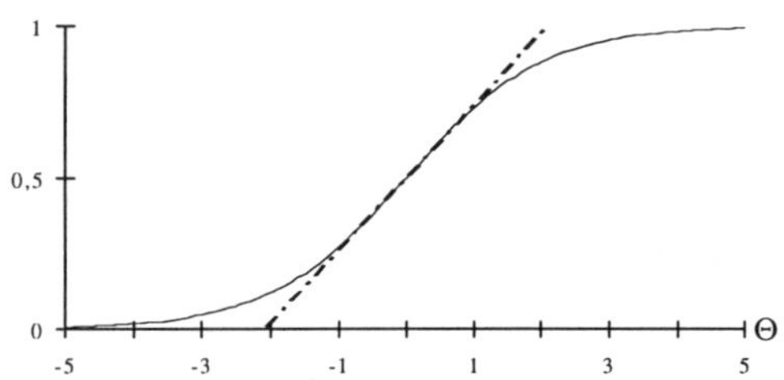

Abbildung 38: Eine Itemfunktion, die nur im Mittelbereich linear ist

Ein solcher ogivenförmiger Kurvenverlauf ist *psychologisch plausibel*, denn er beschreibt die Annahme, daß die Lösungswahrscheinlichkeit im Mittelbereich am stärksten mit zunehmender Fähigkeit steigt (den steilsten Anstieg hat). Ist ein Item dagegen zu leicht oder zu schwer, so verändert eine Fähigkeitszunahme nur geringfügig die Lösungswahrscheinlichkeit.

Es stellt sich die Frage, welcher mathematische Funktionstyp genau diese Form der ICC beschreibt. Man könnte hierzu verschiedene Funktionstypen 'ausprobieren' und jeweils untersuchen, welche mathematischen Eigenschaften das daraus resultierende Modell aufweist. Vielleicht könnten für einzelne Funktionstypen auch sinnvolle psychologische Annahmen formuliert werden, aus denen genau dieser Funktionstyp ableitbar ist. Auf diesem Wege gelangt man z.B. zu der sog. *kumulativen Normalverteilung* als einer geeigneten Itemfunktion.

Der Kurvenverlauf dieser Funktion ist in Abbildung 39 mit einer durchgezogenen Linie dargestellt.

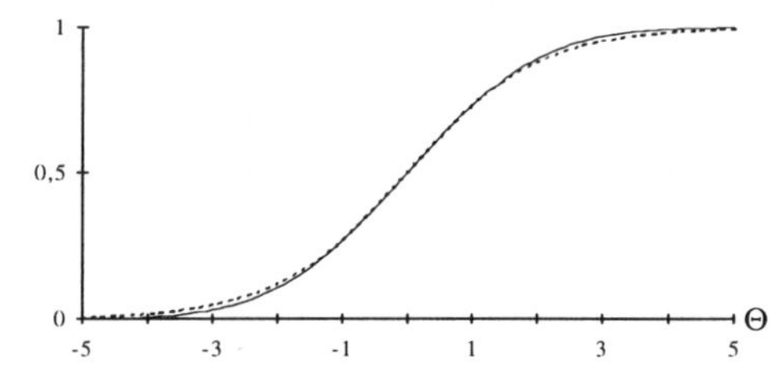

Abbildung 39: Die Kurvenverläufe der logistischen Funktion (gestrichelte Linie; Modellgleichung siehe weiter unten) und der kumulativen Normalverteilung mit den Parameterwerten $\mu_i=0$ und $\sigma_i=1.6$ (durchgezogene Linie)

Die Modellgleichung der kumulativen Normalverteilung als Testmodell lautet

$$(1)\quad p\left(X_{vi}=1\right)=\frac{1}{\sigma_i\sqrt{2\pi}}\int_{-\infty}^{\theta_v}\exp\left(-\frac{(\theta-\mu_i)^2}{2\sigma_i^2}\right)d\theta .$$

Dieses Testmodell hat pro Item 2 Parameter, nämlich μ_i und σ_i. μ_i ist der *Mittelwert* der Normalverteilung (s.a. Kap. 1.2.2), die hier integriert wird, und somit der Abszissenwert des Wendepunktes der Integralfunktion. Da der Wendepunkt zugleich die 50%-Lösungswahrscheinlichkeit definiert, stellt μ_i den *Schwierigkeitsparameter* des Items dar (s.o.).

σ_i parametrisiert die Standardabweichung der Normalverteilung und repräsentiert somit nicht nur die Breite der Glockenkurve, sondern auch den Anstieg ihres Integrals. σ_i kann daher als *Trennschärfeparameter* des Items interpretiert werden: je kleiner die Streuung σ, desto größer die Trennschärfe.

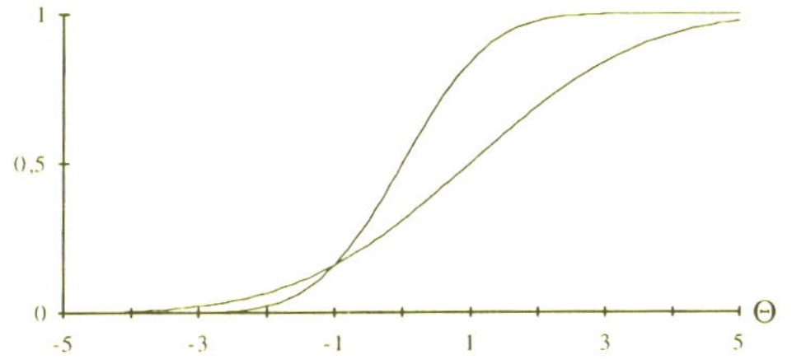

Abbildung 40: Zwei Normal-Ogiven ungleichen Anstiegs: $\mu_1 = 0, \sigma_1 = 1, \mu_2 = 1, \sigma_2 = 2$

Die direkte Interpretierbarkeit der Modellparameter als Schwierigkeit und Trennschärfe ist ein erstes starkes *Argument für die Wahl* dieses Funktionstyps. Hinzu kommen pragmatische Argumente, wie die Vertrautheit mit diesem Funktionstyp in vielen Bereichen der Statistik.

Das stärkste Argument ist jedoch, daß dieser Funktionstyp an frühere *Traditionen der Skalierung* anknüpft, so z.B. an die Skalierungstechniken von Thurstone. Thurstone hat bei vielen Skalierungsmethoden angenommen, daß der *Urteilsfehler* bei der Einschätzung eines Stimulus normalverteilt ist. Läßt man in einem Experiment zur Beurteilung eines Stimulus nur zwei Reaktionen zu, nämlich 'größer gleich' oder 'kleiner als' (ein konstanter Vergleichsstimulus), so ist die Wahrscheinlichkeit für ein größer-gleich-Urteil durch die *Normal-Ogive* (Modellgleichung 1) beschreibbar.

Nachteile dieses Funktionstyps sind, daß er unvorteilhafte statistische Eigenschaften aufweist (es gibt keine einfachen suffizienten Statistiken, s.o.) und daß er nur unter bestimmten Annahmen über den Antwortprozeß (wie sie z.B. Thurstone getroffen hat) aus einfachen Axiomen ableitbar ist.

Man kann jedoch auf eine ganz andere Weise zu einer Itemfunktion gelangen, welche sich kaum von der Kurve der kumulativen Normalverteilung unterscheidet (s. die gestrichelte Linie in Abbildung 39). Dieser Weg besteht darin, die Antwortwahrscheinlichkeiten zunächst so zu transformieren, daß die Werte nicht mehr auf das 0-1-Intervall beschränkt sind, und für die so transformierten Wahrscheinlichkeiten eine einfache lineare Funktion anzunehmen.

Diese Transformation erfolgt in zwei Schritten.

Zunächst wird die Wahrscheinlichkeit, um die es geht, das ist in diesem Fall also die Lösungswahrscheinlichkeit $p(X_{vi} = 1)$, durch ihre Gegenwahrscheinlichkeit dividiert, was man als *odds-ratio* oder auch *Wettquotienten* bezeichnet

$$\text{Wettquotient: } \frac{p(X_{vi} = 1)}{p(X_{vi} = 0)}.$$

Dieser Bruch liegt zwischen 0 und $+\infty$ (das Zeichen ∞ steht für 'unendlich') und drückt wie ein Wettquotient die Chance aus, daß die Person gegen das Item 'gewinnt', d.h. es löst.

Der Wettquotient

Wenn man sagt, daß die Wetten '1 zu 7' stehen oder '5 zu 2', so meint man damit einen Bruch, also einen Quotienten, der das Verhältnis der Wahrscheinlichkeiten zweier einander ausschließender Ereignisse beschreibt, z.B. Pferd A gewinnt versus es gewinnt nicht, oder Gegner A versus Gegner B gewinnt den Boxkampf. Daher werden Wettquotienten auch mit dem Doppelpunkt als Divisionszeichen geschrieben, also 1:7 oder 5:2, was sich auch in *einem* Wert ausdrücken ließe, nämlich 1:7 = 0.14 bzw. 5:2 = 2.5. Schätzt man die Wahrscheinlichkeit für ein Ereignis auf p = 0.8, so steht die Wette 0.8:0.2, also 4:1.

Man drückt den Wettquotienten immer in *ganzen Zahlen* aus (4:1 statt 0.8:0.2) und verschleiert so, daß es sich letztlich um einen Bruch von *Wahrscheinlichkeiten* handelt, die sich zu *1 addieren*. Diese beiden Wahrscheinlichkeiten lassen sich leicht aus dem Wettquotienten zurückrechnen, indem man beide Zahlen durch die Summe beider Zahlen dividiert. So beruht ein Wettquotient von 4:3 auf der Wahrscheinlichkeit eines Ereignisses 4:7 = 0.57 und ihrer Gegenwahrscheinlichkeit von 3:7 = 0.43.

Die Umwandlung der Antwortwahrscheinlichkeit in den zugehörigen Wettquotienten läßt sich graphisch wie folgt darstellen: Das 0-1-Intervall der Wahrscheinlichkeiten wird in asymmetrischer Weise in einer Richtung geöffnet, so daß aus der Wahrscheinlichkeit 0.5 ein Wert von 1 wird, und aus einer Wahrscheinlichkeit, die gegen 1 geht, wird ein Wettquotient, der gegen +∞ geht.

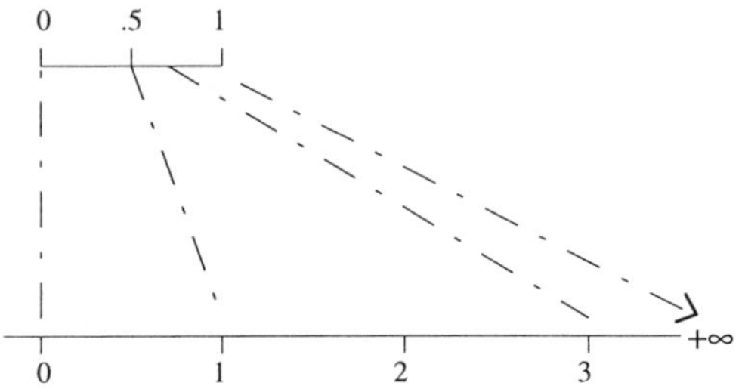

Abbildung 41: Die Transformation von Wahrscheinlichkeiten in Wettquotienten

Dies ist eine sehr asymmetrisch verzerrende Projektion des 0-1-Intervalls auf den positiven Teil der Zahlengerade. Um diese Asymmetrie wieder zu beseitigen, und die gesamte Zahlengerade, also auch den negativen Wertebereich, mit einzubeziehen, wird dieser Wettquotient logarithmiert, was man dann als den *Logit* der Wahrscheinlichkeit bezeichnet

$$\text{(2)} \qquad \text{Logit: } \log \frac{p(X_{vi} = 1)}{p(X_{vi} = 0)}.$$

Der natürliche Logarithmus

Der Logarithmus einer Zahl x ist derjenige *Exponent*, mit dem man eine Grundzahl b potenzieren muß, um die Zahl x zu erhalten:

$$b^{\log(x)} = x .$$

Üblicherweise werden zwei verschiedene Grundzahlen benutzt, zum einen die Grundzahl b = 10 beim *dekadischen Logarithmus*, zum anderen die Euler'sche Zahl b = e = 2.718 beim *natürlichen Logarithmus*. Im folgenden wird ausschließlich der natürliche Logarithmus verwendet. In Abweichung von der Konvention, ihn mit ln(x) zu bezeichnen, wird er hier mit log(x) abgekürzt.

Aus den Rechenregeln des Potenzierens ergeben sich die markanten Eigenschaften der logarithmischen Transformation:

$$\log(1) = 0\,, \quad \text{da} \quad e^0 = 1$$

$$\log(e) = 1\,, \quad \text{da} \quad e^1 = e$$

$$\log(x \cdot y) = \log(x) + \log(y)$$

$$\log\left(\frac{1}{x}\right) = -\log(x)$$

Für negative Zahlen ist der Logarithmus nicht definiert, da auch ein negativer Exponent stets eine positive Zahl ergibt:

$$e^{-x} = \frac{1}{e^x}\,.$$

Die Umkehrfunktion zur logarithmischen Funktion ist die *Exponentialfunktion* e^x, die im folgenden exp(x) geschrieben wird.

Wendet man die Exponentialfunktion auf den Logarihtmus von x an, so erhält man wieder x:

$$\exp(\log(x)) = e^{\log(x)} = x\,.$$

Die Logarithmierung des Wettquotienten bewirkt, daß die Werte nicht mehr nur zwischen 0 und $+\infty$ sondern zwischen $-\infty$ und $+\infty$ variieren können.

Die logarithmische Transformation bewirkt eine Projektion der positiven Zahlengerade auf den Gesamtbereich der reellwertigen Zahlen:

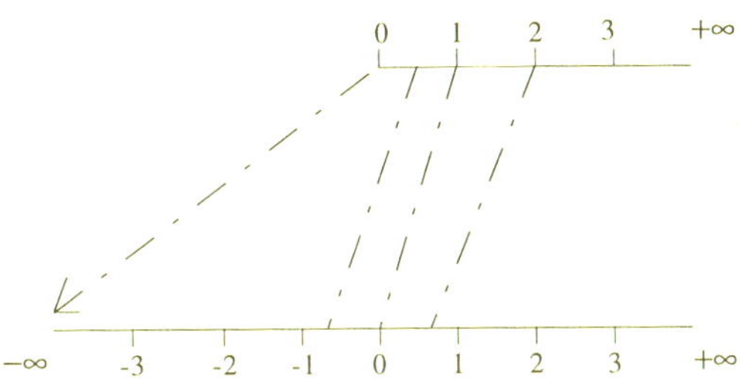

Abbildung 42: Die Logarithmierung von Wettquotienten

Im Vergleich zum ursprünglichen Wahrscheinlichkeitsintervall ist die Logit-transformation eine *symmetrische* Projektion auf die Zahlengerade, wobei dem Wahrscheinlichkeitswert 0.5 der Nullpunkt der Zahlengerade zugeordnet wird. Den Wahrscheinlichkeiten .25 und .75 werden die Werte −1.1 und +1.1 zugeordnet, den Wahrscheinlichkeiten 0.1 und 0.9 die Werte −2.2 und +2.2 und so weiter.

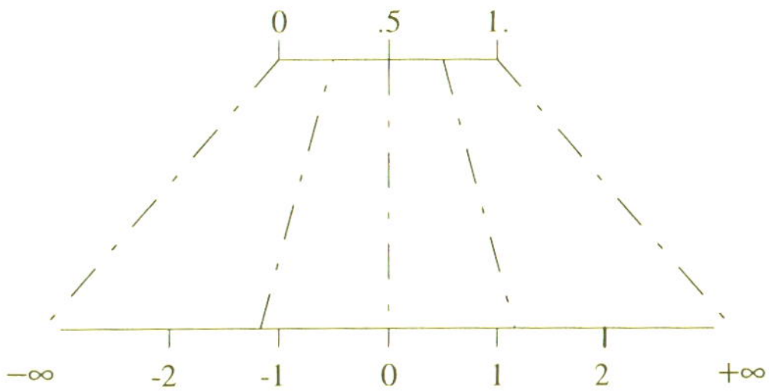

Abbildung 43: Die Logit-Transformation

Im mittleren Bereich ist die Spreizung des Intervalls fast *linear*, während sie zum Rand hin immer extremer wird (s. Abb. 44).

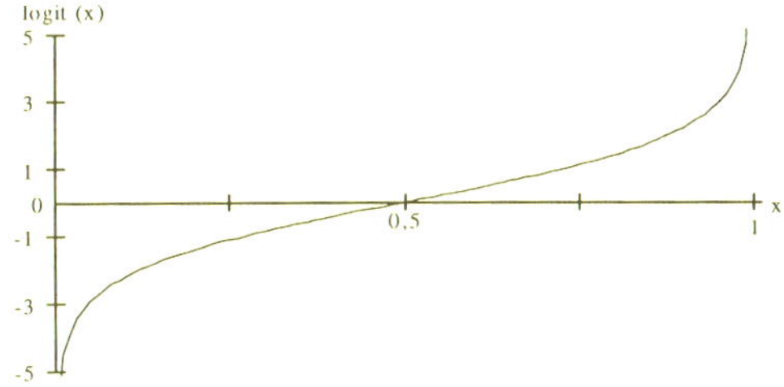

Abbildung 44: Der Graph der Logit-Funktion

Für die logit-transformierten Lösungswahrscheinlichkeiten kann man jetzt eine *lineare Abhängigkeit* von der Personenvariable annehmen, was bei den nicht-transformierten Antwortwahrscheinlichkeiten auf schwere Probleme stieß (s. Kap. 3.1.1.2.1):

(3) $$\log \frac{p(X_{vi}=1)}{p(X_{vi}=0)} = \theta_v - \sigma_i .$$

Die Gleichung besagt, daß die Logits der Lösungswahrscheinlichkeiten eine lineare Funktion der Personenfähigkeit θ_v und der Itemschwierigkeit σ_i sind. Beide Parameter sind mit einem Minuszeichen verknüpft, damit der Itemparameter σ_i die *Schwierigkeit* und nicht die *Leichtigkeit* des Items ausdrückt: je größer σ_i, desto kleiner wird der Logit der Lösungswahrscheinlichkeit, desto schwieriger ist also das Item. Ist der Itemparameter so groß wie der Personenparameter, so ist der Logit gleich Null und die Lösungswahrscheinlichkeit beträgt 50%.

Gleichung (3) wird nun nach $p(X_{vi}=1)$ aufgelöst, um die Itemfunktion zu erhalten, die aus diesem 'linearen Logitmodell' folgt.

Ableitung

Zur Vereinfachung der Schreibweise sei

$p_1 = p(X_{vi}=1)$ und $p_0 = p(X_{vi}=0)$,

so daß Gleichung (3) lautet

$$\log \frac{p_1}{p_0} = \theta_v - \sigma_i .$$

Nimmt man von beiden Seiten der Gleichung die Umkehrfunktion des Logarithmus, d.h. die Exponentialfunktion (s.o.), so erhält man

$$\frac{p_1}{p_0} = \exp(\theta_v - \sigma_i).$$

Auflösen nach p_1:

$$p_1 = p_0 \exp(\theta_v - \sigma_i)$$

Und Ersetzen von p_0 durch $(1-p_1)$ ergibt

$$p_1 = (1-p_1)\exp(\theta_v - \sigma_i),$$

oder ausmultipliziert

$$p_1 = \exp(\theta_v - \sigma_i) - p_1 \exp(\theta_v - \sigma_i).$$

Auflösen nach p_1 ergibt

$$p_1 + p_1 \exp(\theta_v - \sigma_i) = \exp(\theta_v - \sigma_i)$$

$$p_1(1 + \exp(\theta_v - \sigma_i)) = \exp(\theta_v - \sigma_i)$$

die Lösungswahrscheinlichkeit

$$p_1 = \frac{\exp(\theta_v - \sigma_i)}{1 + \exp(\theta_v - \sigma_i)}$$

und die Gegenwahrscheinlichkeit

$$p_0 = 1 - p_1 = 1 - \frac{\exp(\theta_v - \sigma_i)}{1 + \exp(\theta_v - \sigma_i)} = \frac{1}{1 + \exp(\theta_v - \sigma_i)}$$

Die Lösungswahrscheinlichkeit

(4) $$p(X_{vi}=1) = \frac{\exp(\theta_v - \sigma_i)}{1 + \exp(\theta_v - \sigma_i)}$$

und ihre Gegenwahrscheinlichkeit

$$p(X_{vi}=0) = \frac{1}{1 + \exp(\theta_v - \sigma_i)}$$

lassen sich zu *einer* Modellgleichung zusammenfassen, indem man den Wert der Antwortvariable, x_{vi}, als Faktor in den Exponenten des Zählers schreibt:

(5) $$p(x_{vi}) = \frac{\exp(x_{vi}(\theta_v - \sigma_i))}{1 + \exp(\theta_v - \sigma_i)}.$$

Ist $x_{vi} = 1$, so sieht der Zähler wie in Gleichung (4) aus, ist $x_{vi} = 0$, so wird der Zähler 1. Das durch diese Gleichung definierte Testmodell wurde 1960 von dem Dänen Georg Rasch erstmals im Detail untersucht und dargestellt und wird seitdem als Rasch-Modell bezeichnet.

Abbildung 45 zeigt die Itemfunktion des Rasch-Modells für ein Item mit der Schwierigkeit $\sigma_i = 0$.

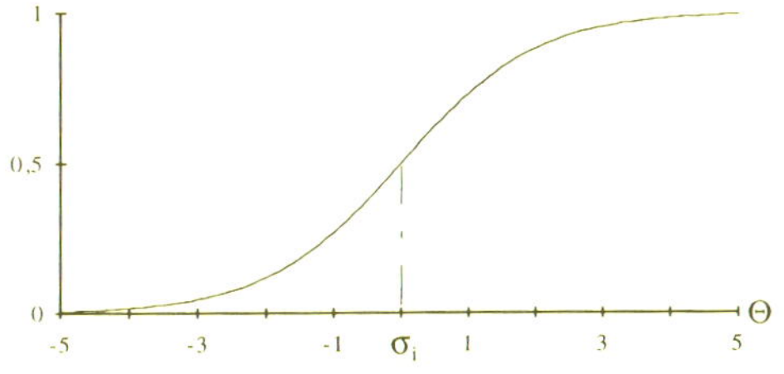

Abbildung 45: Die Itemfunktion des Rasch-Modells

Der Itemparameter σ_i definiert den Abszissenwert der 50%-Lösungswahrscheinlichkeit und damit auch den Wendepunkt der Kurve. Ist der Parameter positiv, d.h. das Item schwieriger, so liegt die Kurve weiter rechts. Ist σ_i negativ, d.h. das Item leichter, so liegt die Kurve weiter links.

Daß das Rasch-Modell nur *einen* Itemparameter hat, nämlich den Schwierigkeitsparameter, hat zur Folge, daß alle Itemfunktionen den gleichen Anstieg haben und somit *parallel* bezüglich der X-Achse verschoben sind.

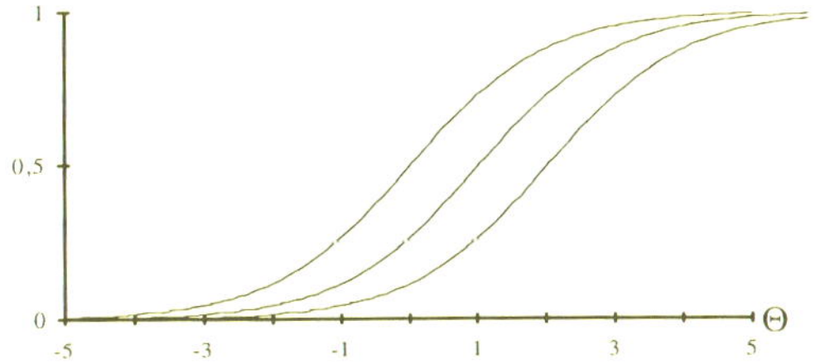

Abbildung 46: Die Itemfunktionen von drei Items mit den Parametern $\sigma_1 = 0$, $\sigma_2 = 1$ und .$\sigma_3 = 2$

Die Parallelität der Itemfunktionen ist ein bedeutsames Merkmal des Rasch-Modells. Es bedeutet, daß alle Items eines Tests *dieselbe Trennschärfe* haben, wenn das Rasch-Modell für diesen Test gilt.

Anhand der KFT-Daten soll die Interpretation der Parameter illustriert werden.

Datenbeispiel

Es ergeben sich folgende Parameterschätzwerte:

Personenparameter θ_r für jeden Score r:

r	0	1	2	3	4	5
θ_r	−2.77	−1.33	−0.41	0.42	1.33	2.76

und Itemparameter:

Item	1	2	3	4	5
σ_i	−1.17	−0.69	0.04	0.70	1.12

Eine Person mit der Fähigkeitsausprägung $\theta = -1.33$ hat bei Item Nr. 4 mit dem Parameter $\sigma_4 = 0.70$ eine Lösungswahrscheinlichkeit von:

$$p\left(X_{v4} = 1 | \theta_v = -1.33\right) = \frac{\exp(-1.33 - 0.7)}{1 + \exp(-1.33 - 0.7)}$$

$$= \frac{\exp(-2.03)}{1 + \exp(-2.03)} = 0.17$$

Anhand dieses Datenbeispiels lassen sich verschiedene Charakteristika der Modellparameter verdeutlichen. Zunächst ist festzustellen, daß nicht für jede Person ein eigener Personenparameter berechnet zu werden braucht, sondern daß *alle Personen mit demselben Summenscore* auch denselben Personenparameter erhalten. Das ist eine Eigenschaft, die aus dem Modell folgt und auf die weiter unten noch eingegangen wird.

Für Personen, die kein Item gelöst haben ($r = 0$) oder die alle Items gelöst haben ($r = 5$), kann der Personenparameter nur mit Hilfe von Zusatzannahmen geschätzt werden, da für diese Personen der Test entweder zu leicht oder zu schwer war. Während man früher deswegen für diese beiden Personengruppen *keinen* Parameter geschätzt hat, sind heute zufriedenstellende Schätzverfahren verfügbar (s. Kap. 4.2.1).

An den Itemparametern kann man nachrechnen, daß die Summe aller Itemparameter 0 ergibt. Man nennt dies eine *Summennormierung* Eine solche Normierung ist notwendig, da sich die Itemschwierigkeiten nicht auf einer *Absolut-Skala* bestimmen lassen. Das wird anhand der Modellgleichung deutlich:

$$(5) \quad p(x_{vi}) = \frac{\exp(x_{vi}(\theta_v - \sigma_i))}{1 + \exp(\theta_v - \sigma_i)}.$$

Addiert man z.B. zu allen *Item*parametern eine bestimmte Konstante hinzu, so ändert das nichts an den vorhergesagten Lösungswahrscheinlichkeiten, wenn man gleichzeitig dieselbe Konstante zu allen *Personen*parametern addiert. Das bedeutet, die Menge der Personenparameter und die Menge der Itemparameter sind gemeinsam *verschiebbar* und müssen an irgendeinem Punkt fixiert werden. Es hat sich eingebürgert, die Itemparameter so zu fixieren, daß die Summe aller Itemparameter 0 ergibt (sog. Summennormierung):

$$\sum_{i=1}^{k} \sigma_i = 0 \ .$$

Damit liegen auch die Personenparameter fest.

Aus diesen Überlegungen ergibt sich auch die Antwort auf die Frage nach dem *Skalenniveau* der Modellparameter im Rasch-Modell. Sowohl Personen- als auch Itemparameter liegen auf einer *Differenzenskala*, d.h. sie sind fixiert bis auf eine additive Transformation, welche eben durch die Summennormierung per Konvention festgelegt ist.

Differenzenskala

Das Skalenniveau der Differenzenskala liegt oberhalb des Intervallskalenniveaus und entspricht dem Niveau der Verhältnisskala. Während bei einer *Differenzenskala* der Nullpunkt frei wählbar ist, aber die *Einheit* festliegt (daher sind nur Additionen erlaubt), liegt bei einer *Verhältnisskala* der *Nullpunkt* fest, jedoch die Einheit nicht (daher sind Multiplikationen erlaubt, jedoch keine Additionen). Man kann auch sagen, die Rasch-Parameter haben das Skalenniveau einer *logarithmierten Verhältnisskala.*

Das bedeutet praktisch, daß ein einzelner Personenparameter als Testergebnis nur etwas aussagt, wenn die Itemparameter so normiert wurden, daß man die Personenparameter kriteriumsorientiert interpretieren kann (vgl. Kap. 6.5). Dagegen macht die *Differenz zweier Personenparameter* eine Aussage über den Fähigkeitsunterschied zweier Personen, die *unabhängig* davon ist,

- wie die Itemparameter normiert wurden,
- ob der Test eher leichte oder eher schwere Items enthält
- welche Eigenschafts- oder Fähigkeitsausprägungen die *anderen* getesteten Personen haben.

Man hat diese *Invarianzeigenschaft* der Parameterwerte des Rasch-Modells auch als *Stichprobenunabhängigkeit* bezeichnet. Dieser Begriff ist deswegen irreführend, weil die Modellparameter des Rasch-Modells nur dann stichprobenunabhängig sind, wenn das Rasch-Modell in der untersuchten Population gilt. Will man dagegen für einen Test erst *untersuchen, ob* das Rasch-Modell gilt, so ist es keineswegs beliebig, welche Personen- und Itemstichprobe man untersucht. Hat man z.B. die Geltung des Modells für einen Test anhand einer Stichprobe von Gymnasiasten nachgewiesen, so ist nicht automatisch garantiert, daß das Modell auch bei Hauptschülern auf den Test paßt. Zudem ist selbst bei Modellgeltung die *Genauigkeit* der Parameterschätzungen von der Verteilung der Item- und Personenparameter in der Stichprobe abhängig.

Die Unabhängigkeit der Differenz zweier Personenparameter von der Verteilung der Itemparameter im Test ist Ausdruck der *spezifischen Objektivität* der Testergebnisse (s. Kap. 2.1.3). Würde man den Summenscore r einer Person als Meßwert ihrer Fähigkeit nehmen, so ist nicht nur die Höhe des Scores selbst, sondern in der Regel auch die Differenz zweier Scores von der Auswahl der Items im Test abhängig. Die Eigenschaft spezifisch objektiver Testergebnisse wäre nicht gegeben.

Gilt das Rasch-Modell für einen Test und eine Personenpopulation, so sind die Testergebnisse insofern spezifisch objektiv, als die Differenz zweier Personenparameter die oben genannten Invarianzeigenschaften aufweisen.

An dem Datenbeispiel ist weiterhin abzulesen, daß der *Summenscore* und die zugehörige Personenparameterschätzung fast linear, aber auf jeden Fall streng monoton zusammenhängen. In der Regel beträgt die Korrelation $r = 0.90$ bis $r = 0.95$. Die folgende Abbildung zeigt ein typisches Diagramm der Beziehung zwischen Personenparameterschätzungen und Summenscores.

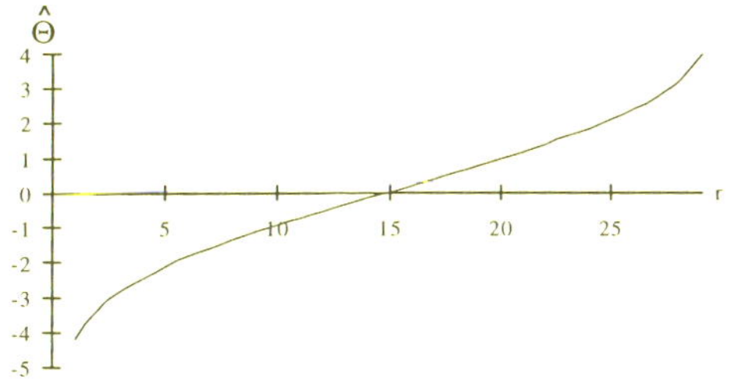

Abbildung 47: Der Zusammenhang von Testscore und Personenparameter

Lediglich an den beiden Skalenenden ist die Skala der latenten Dimension gegenüber der Skala der Summenscores gespreizt. Dieser enge Zusammenhang zwischen Summenscore und Personenparameter besagt auch, daß die Personenparameter - abgesehen von den Skalenenden - *keine wesentlich genauere Messung* der Personenfähigkeit bieten als die Summenscores. Oft wird dies als Argument angeführt, doch gleich die Summenscores als Meßwert für die Personen zu nehmen und sich die etwas aufwendigere Skalenanalyse nach dem Rasch-Modell zu ersparen.

Summenscores oder Personenparameter?

In der Tat spricht nichts dagegen, die Summenscores als Meßwerte zu verwenden, wenn man festgestellt hat, daß der Test Rasch-skalierbar ist. Auf die Rasch-Analyse zu verzichten, kann jedoch nicht die Konsequenz sein, denn nur wenn das Rasch-Modell gilt, ergibt sich die dargestellte Beziehung zwischen Summenscore und latenter Variable. Die Geltung des

Rasch-Modells für einen Test ist die *Voraussetzung* dafür, daß der Summenscore eine sinnvolle Aussage über die Fähigkeitsausprägung einer Person macht. Insofern ist das *Ziel* einer Analyse mit dem Rasch-Modell nicht primär, die Summenscores durch die Personenparameter zu ersetzen, sondern die Überprüfung, ob es überhaupt gerechtfertigt ist, mit Summenscores zu arbeiten.

Nur wenn das Rasch-Modell gilt, sagt der Summenscore alles über das Antwortverhalten der getesteten Personen aus.

Diese Feststellung mag irritieren, wenn man daran denkt, daß auch beim Binomial-Modell die Anzahl der gelösten Aufgaben als Meßwert für die Fähigkeitsausprägung fungiert. Dies ist jedoch kein Widerspruch, da das *Binomialmodell ein Spezialfall* des Rasch-Modells ist.

Das Binomialmodell als Spezialfall des Rasch-Modells

Das Binomialmodell geht dadurch aus dem Rasch-Modell hervor, daß alle *Itemparameter konstant* sind. In diesem Spezialfall enthält das Modell nur noch Personenparameter und keine Itemparameter, da der eine verbleibende Itemparameter als Konstante von allen Personenparametern abgezogen werden kann:

$$p(X_{vi}=1)=\frac{\exp(\theta_v)}{1+\exp(\theta_v)}.$$

Die Personenparameter liegen somit auf einer *Absolutskala* und sind lediglich eine *Logit-Transformation* der Antwortwahrscheinlichkeiten, die für alle Items konstant sind:

$$\theta_v=\log\frac{p(X_{vi}=1)}{p(X_{vi}=0)}.$$

Da die Antwortwahrscheinlichkeiten $p(X_{vi}=1)$ im Binomialmodell den Personenparametern θ_v^* entsprechen, lassen sich die Personenparameter beider Modelle durch eine Logit-Transformation ineinander überführen:

$$\theta_v=\log\frac{\theta_v^*}{1-\theta_v^*}.$$

Einen Beleg dafür, daß im Rasch-Modell der Summenscore tatsächlich die *gesamte Information* über eine Person ausschöpft, erhält man, wenn man die Wahrscheinlichkeit der gesamten Datenmatrix betrachtet. Ausgehend von der Modellgleichung, die die Wahrscheinlichkeit einer *einzelnen* Itemantwort spezifiziert, ergibt sich die Wahrscheinlichkeit der *gesamten* Datenmatrix durch Aufmultiplizieren über alle Zeilen und Spalten der Datenmatrix, d.h. über alle Items und Personen:

$$(6) \qquad L=p(\underline{\underline{x}})=\prod_{v=1}^{N}\prod_{v=1}^{k}p(x_{vi}).$$

Dieser Ausdruck gibt die Wahrscheinlichkeit der beobachteten Daten unter der Annahme der Modellgeltung an. Man bezeichnet diese Funktion als *Likelihoodfunktion* (s.a. Kap. 3.1.1.2.1).

Setzt man die Modellgleichung (5) in Gleichung (6) ein, so ergibt sich die Likelihoodfunktion

$$(7) \qquad L=\prod_{v=1}^{N}\prod_{i=1}^{k}\frac{\exp(x_{vi}(\theta_v-\sigma_i))}{1+\exp(\theta_v-\sigma_i)}.$$

Die Daten sind in Form der x_{vi} im Exponenten des Zählers vertreten. Die Gleichung läßt sich nun so umformen, daß in ihr gar nicht mehr auftaucht, *welche Person welches Item* gelöst hat, sondern nur die *Summenscores* der Datenmatrix.

Ableitung

Die Produktzeichen lassen sich getrennt für Zähler und Nenner schreiben:

$$L = \frac{\prod_{v=1}^{N} \prod_{i=1}^{k} \exp\left(x_{vi}(\theta_v - \sigma_i)\right)}{\prod_{v=1}^{N} \prod_{i=1}^{k} \left(1 + \exp(\theta_v - \sigma_i)\right)},$$

wobei der Nenner unabhängig von den beobachteten Daten ist, weil die x_{vi} dort nicht enthalten sind. Der Nenner ist daher eine *Konstante*, die im folgenden mit d_{vi} bezeichnet wird.

Im Zähler dieses Ausdruckes läßt sich das doppelte Produkt als doppelte Summe des Exponenten schreiben, da das Produkt von Potenzen bekanntlich gleich der Grundzahl hoch der Summe der Exponenten ist:

$$L = \exp\left(\sum_{v=1}^{N} \sum_{i=1}^{k} x_{vi}(\theta_v - \sigma_i) \right) \Big/ d_{vi} \; .$$

Das Produkt im Exponenten läßt sich ausmultiplizieren, so daß Item- und Personenparameter getrennt aufsummiert werden können:

$$L = \exp\left(\sum_{v=1}^{N} \sum_{i=1}^{k} x_{vi}\,\theta_v - \sum_{v=1}^{N} \sum_{i=1}^{k} x_{vi}\,\sigma_i \right) \Big/ d_{vi}$$

Man sieht nun, daß jeder Personenparameter so oft addiert wird, wie eine Person Items gelöst hat, nämlich r_v-mal. Entsprechend wird jeder Itemparameter so oft aufsummiert, wie das Item von Personen gelöst wurde, also n_i-mal, d.h.

$$(8) \quad L = \exp\left(\sum_{v=1}^{N} r_v\,\theta_v - \sum_{i=1}^{k} n_i\,\sigma_i \right) \Big/ d_{vi} \, .$$

Das überraschende Result dabei ist, daß in dieser Funktion lediglich die Randsummen der Datenmatrix, r_v und n_i, benötigt werden, nicht aber das Innere der Matrix.

Somit hängt die Wahrscheinlichkeit der Daten unter Annahme der Modellgeltung nicht davon ab, *welche Items von welcher Person* gelöst wurden, sondern nur davon, *wieviele* Items eine Person gelöst hat bzw. *wie oft* ein Item gelöst wurde.

Man nennt diese Häufigkeitsstatistiken, also die Randsummen der Datenmatrix, *'suffiziente Statistiken'* (erschöpfende Statistiken), da sie die ganze, in den Originaldaten enthaltene Information ausschöpfen, die für die Schätzung der Modellparameter benötigt wird (s. Kap. 3.1.1.2.1).

Aus diesen Betrachtungen der Likelihoodfunktion folgen zwei wesentliche Konsequenzen für die Testauswertung:

Erstens ist es im Falle der Geltung dieses Modells sinnlos, sich die einzelnen Antwortmuster der Personen anzuschauen: Es können daraus *keine* weiteren Erkenntnisse gezogen werden als schon aufgrund der Interpretation der Item- und Personenparameter verfügbar sind. Andersherum ausgedrückt, man kann die Prüfung des Rasch-Modells für einen Datensatz auch als Kriterium benutzen, ob es lohnenswert ist, eine *Patternanalyse* auf individueller Basis vorzunehmen: eine solche Patternanalyse ist nur sinnvoll, wenn das Modell *nicht* gilt.

Zweitens folgt daraus, daß auch in einem Test mit unterschiedlich schwierigen Items (die ja im Rasch-Modell vorgesehen sind) die *ungewichtete* Summe der Itemlösungen Alles über die Fähigkeit der Person aussagt und man *nicht mit der Schwierigkeit* der jeweils gelösten Items bei der Summenbildung *gewichten* muß. Dies steht in einem gewissen Widerspruch zu dem intiutiven Vorverständnis, daß man es höher gewichten müsse, wenn eine Person ein schweres Item löst als wenn sie ein leichtes löst. Sofern in einem Test die Itemfunktionen des Rasch-Modells gelten, ist eine solche Gewichtung nicht nur überflüssig, sondern auch *falsch*:

> *Unterscheiden sich in einem Test die Items hinsichtlich ihrer Schwierigkeit und gilt ansonsten das Rasch-Modell, so schöpft die ungewichtete Summe aller Itemlösungen die gesamte Information über das Antwortverhalten einer Person in diesem Test aus.*

Die Likelihoodfunktion (8) zeigt zwar sehr anschaulich die erschöpfenden Statistiken der Modellparameter im Rasch-Modell, der damit verbundene Vorteil kommt aber in dieser Likelihoodfunktion gar nicht zum tragen. Sowohl bei der Schätzung der Modellparameter als auch bei Modellgeltungskontrollen ist es nämlich von Nachteil, mit einer Likelihoodfunktion zu arbeiten, in der *beide* Parameterarten enthalten sind, Personen- und Itemparameter. Insbesondere die Personenparameter bereiten Probleme, und zwar aus zwei Gründen:

Erstens sind es sehr viele und die pro Parameter zur Verfügung stehende Information ist nicht beliebig zu vermehren: mit jeder neuen Testvorgabe kommt auch ein neuer, zu schätzender Personenparameter hinzu. Man nennt solche Parameter *inzidentelle Parameter* in Abgrenzung zu *strukturellen Parametern*, für deren Schätzung die Information in den Daten durch weitere Beobachtungen beliebig vermehrt werden kann. Im Rasch-Modell sind die Itemparameter strukturelle Parameter. Das Mißverhältnis der Anzahl der inzidentellen zur Anzahl der strukturellen Parameter ist sowohl bei der Parameterschätzung als auch bei Modellgeltungstests problematisch.

Zweitens haben die Personenparameterschätzungen besonders bei kurzen Tests eine sehr viel *geringere Genauigkeit* als die Schätzungen der Itemparameter (vgl. Kap. 4.4). Im KFT-Datenbeispiel stehen z.B. für 300 Personen nur 6 verschiedene Schätzwerte der Personenparameter zur Verfügung, obwohl jede Person theoretisch eine andere Fähigkeitsausprägung haben kann. Eine geringe Schätzgenauigkeit ist deswegen nachteilig, weil die Likelihoodfunktion die Wahrscheinlichkeit der Daten unter den Modellannahmen darstellen soll, zu denen auch die Modellparameter gehören. Hat man aber nur sehr ungenaue Schätzungen der Parameter, so ist auch der Wert der Likelihoodfunktion unzuverlässig.

Im Rasch-Modell besteht die Möglichkeit, eine Likelihoodfunktion zu spezifizieren, die *nur eine Funktion der Itemparameter*, nicht aber der Personenparameter ist. Um diese Funktion abzuleiten, wird Gleichung (6) zunächst als Produkt der Patternwahrscheinlichkeiten geschrieben:

$$(9) \qquad L = p(\underline{\underline{x}}) = \prod_{v=1}^{N} p(\underline{x}_v).$$

Diese Patternwahrscheinlichkeiten werden dann auf die *bedingten Patternwahrscheinlichkeiten* unter der Bedingung des jeweiligen Summenscores r_v zurückgeführt. Dies ist möglich, wenn man die bedingte Wahrscheinlichkeit wiederum mit der Wahrscheinlichkeit des betreffenden Summenscores $p(r_v)$ multipliziert, d.h.

(10) $p(\underline{x}_v) = p(\underline{x}_v | r_v) \cdot p(r_v)$.

Ableitung

Diese Aufspaltung ergibt sich direkt aus der *Definition bedingter Wahrscheinlichkeiten*, die gleich der Wahrscheinlichkeit des Ereignisses und seiner Bedingung, dividiert durch die Wahrscheinlichkeit der Bedingung ist.

$$p(\underline{x}|r) = \frac{p(\underline{x} \text{ und } r)}{p(r)}$$

Die Wahrscheinlichkeit von '$\underline{x}$ und r' ist jedoch gleich der Wahrscheinlichkeit von $\underline{x}$, da es sich bei r um den Summenscore des Patterns $\underline{x}$ handelt.

Die bedingte Patternwahrscheinlichkeit $p(\underline{x}_v | r_v)$ ist gleich dem folgenden Quotienten:

(11) $$p(\underline{x}_v | r_v) = \frac{p(\underline{x}_v)}{\sum_{\underline{x}|r} p(\underline{x})},$$

wobei die Summe im Nenner über alle Pattern mit dem Score r gebildet wird. Es handelt sich hierbei um den *Anteil*, den eine bestimmte Patternwahrscheinlichkeit an der Gesamtwahrscheinlichkeit aller Pattern mit Score r hat. Das Besondere an Gleichung (11) ist, daß sich auf der rechten Seite der Gleichung der Personenparameter θ_v herauskürzen läßt.

Die bedingte Patternwahrscheinlichkeit als Funktion der Itemparameter

Gleichung (11) führt die bedingten Patternwahrscheinlichkeiten auf die *unbedingten* zurück, welche als Produkt der einzelnen Antwortwahrscheinlichkeiten geschrieben werden können:

(12) $$p(\underline{x}_v) = \prod_{i=1}^{k} p(x_{vi}) = \prod_{i=1}^{k} \frac{\exp(x_{vi}(\theta_v - \sigma_i))}{1 + \exp(\theta_v - \sigma_i)}.$$

Wie bei der Verkürzung der Likelihoodfunktion zu Gleichung (8), so kann auch dieser Ausdruck verkürzt werden, indem man das Produkt im Zähler als Summe der Exponenten schreibt:

$$p(\underline{x}_v) = \frac{\prod_{i=1}^{k} \exp(x_{vi}(\theta_v - \sigma_i))}{\prod_{i=1}^{k} (1 + \exp(\theta_v - \sigma_i))} = \frac{\exp\left(\sum_{i=1}^{k} x_{vi}(\theta_v - \sigma_i)\right)}{d_v}.$$

Der Nenner hängt nicht von den Daten ab und stellt daher eine Konstante dar (d_v). Im Exponenten des Zählers wird θ_v genau r_v-mal aufsummiert, so daß dieser Ausdruck vor die Summe gezogen (ausgeklammert) werden kann:

$$p(\underline{x}_v) = \frac{\exp\left(r_v \, \theta_v - \sum_{i=1}^{k} x_{vi} \, \sigma_i\right)}{d_v} = \frac{\exp(r_v \, \theta_v) \cdot \exp\left(-\sum_{i=1}^{k} x_{vi} \, \sigma_i\right)}{d_v}.$$

Eingesetzt in Gleichung (11) ergibt sich

$$(13)\quad p(\underline{x}_v|r)=\frac{\exp\left(-\sum_{i=1}^{k} x_{vi}\,\sigma_i\right)}{\sum_{\underline{x}|r}\exp\left(-\sum_{i=1}^{k} x_i\,\sigma_i\right)},$$

da sich nicht nur die Nenner d_v kürzen lassen, sondern auch der Faktor $\exp(r_v\,\theta_v)$, der bei allen Pattern konstant ist. Somit bleibt tatsächlich eine Funktion übrig, in der die Parameter θ_v nicht mehr enthalten sind.

Der Nenner von (13) ist ebenfalls nicht von den Daten, also dem jeweiligen Pattern $\underline{x}_v$ abhängig, sondern stellt eine Funktion aller Itemparameter und des Scores r dar. Diese Funktion bezeichnet man als *symmetrische Grundfunktion r-ter Ordnung*, γ_r (gamma). Die Struktur dieser Funktion wird deutlicher, wenn man die Summe der Exponenten als Produkt der Potenzen schreibt:

$$(14)\quad \gamma_r(\exp(-\sigma))=\sum_{\underline{x}|r}\prod_{i=1}^{k}\exp(-x_i\,\sigma_i).$$

Die symmetrischen Grundfunktionen

Um sich die Struktur dieser Funktion zu verdeutlichen, führt man zunächst die folgende Transformation der Itemparameter durch:

$$\varepsilon_i=\exp(-\sigma_i),$$

(ε = epsilon). Die symmetrischen Grundfunktionen dieser sog. *delogarithmierten Itemparameter* (die Exponentialfunktion ist die inverse Funktion des Logarithmus) lauten

$$\gamma_r(\varepsilon)=\sum_{\underline{x}|r}\prod_{i=1}^{k} x_i\,\varepsilon_i\,.$$

Es handelt sich um eine Summe von Produkten, wobei jeder Summand ein Produkt aus r Faktoren ist. Für r = 1 ergibt sich einfach die Summe aller Itemparameter:

$$\gamma_1(\varepsilon)=\varepsilon_1+\varepsilon_2+\varepsilon_3+\dots+\varepsilon_k\,.$$

Für r = 2 ergibt sich die Summe aller möglichen Paare zweier Itemparameter:

$$\gamma_2(\varepsilon)=\varepsilon_1\,\varepsilon_2+\varepsilon_1\,\varepsilon_3+\varepsilon_1\,\varepsilon_4+\dots+\varepsilon_{k-1}\,\varepsilon_k\,,$$

für r = 3

$$\gamma_3(\varepsilon)=\varepsilon_1\,\varepsilon_2\,\varepsilon_3+\varepsilon_1\,\varepsilon_2\,\varepsilon_4+\varepsilon_1\,\varepsilon_2\,\varepsilon_5+\dots+\varepsilon_{k-2}\,\varepsilon_{k-1}\,\varepsilon_k\,,$$

usw. Die symmetrische Grundfunktion r-ter Ordnung ist die Summe aller Produkte von genau r *unterschiedlichen* (delogarithmierten) Itemparametern.

Nachdem sich somit die bedingten Patternwahrscheinlichkeiten als Funktion der Itemparameter schreiben lassen,

$$(15)\quad p(\underline{x}_v|r)=\frac{\exp\left(-\sum_{i=1}^{k} x_i\,\sigma_i\right)}{\gamma_r(\exp(-\sigma))}$$

läßt sich auch durch Einsetzen von (15) in (10) und (9) eine Likelihoodfunktion ableiten, in der die Personenparameter gar nicht mehr auftauchen

$$(16)\quad mL=\prod_{v=1}^{N} p(r_v)\frac{\exp\left(-\sum_{i=1}^{k} x_i\,\sigma_i\right)}{\gamma_r(\exp(-\sigma))}.$$

mL steht für *marginale Likelihood*, da in dieser Funktion die Randsummen (= marginals) der Datenmatrix, also die Summenscores r_v, die Personenparameter θ_v 'verdrängt' haben. Genau diese Summenscores, bzw. deren Wahrscheinlichkeiten $p(r_v)$ stellen in Gleichung (16) aber neue, unbekannte Größen dar. Diese *Scorewahrscheinlichkeiten* sind *Modellparameter*, die anhand der Daten geschätzt werden müssen. Ihre Schätzung ist jedoch sehr unproblematisch, da sie durch die relativen Häufigkeiten geschätzt werden können:

$$\hat{p}(r) = \frac{n_r}{N} . \tag{17}$$

Im Gegensatz zur Likelihoodfunktion (8), die eine Funktion von k-1 Itemparametern und N Personenparametern ist, ist die marginale Likelihood (16) eine Funktion von k-1 Itemparametern und lediglich k Scoreparametern, da für die k+1 unterschiedlichen Scorewahrscheinlichkeiten die Normierungsbedingung

$$\sum_{r=0}^{k} p(r) = 1 \tag{18}$$

gilt und somit nur k unabhängige Parameter zu schätzen sind.

Die marginale Likelihoodfunktion (16) enthält nur strukturelle Parameter und eignet sich sehr viel besser für die Schätzung der Itemparameter und für Modellgeltungstests. Es ist eine der hervorstehenden Eigenschaften des Rasch-Modells, daß man die Itemparameter schätzen kann *ohne* die Personenparameter zu kennen oder gar *Verteilungsannahmen* bzgl. der Personenfähigkeiten zu treffen.

Literatur

Die Ableitung des Rasch-Modells (Rasch 1960/1980) aus dem Postulat spezifisch obektiver Messungen findet sich bei Fischer (1974, 1988 und 1995a). Darstellungen des Modells aus einer meßtheoretischen Perspektive bieten Hamerle (1982) und Steyer & Eid (1993). Anwendungen des Modells werden bei Fischer (1978), Kubinger (1988) Rost & Strauß (1992) und Rost und Langeheine (1996) zitiert. Einige beispielhafte Anwendungen sind: Dejong-Gierveld & Kamphuis (1985) Gittler (1991), Metzler & Schmidt (1992) und Piel et al. (1991). Eine detaillierte Darstellung des derzeitigen Entwicklungsstands des Rasch-Modells und seiner Verallgemeingerungen bieten Fischer & Molenaar (1995).

Übungsaufgaben

1. Jemand sagt Ihnen, die Wette stehe 10:1, daß Person v das Item i *nicht* löst. Welche Lösungswahrscheinlichkeit wird der Person v damit zugeschrieben?
2. Welche Wahrscheinlichkeit ist größer?
   a) daß eine Person mit Score r=2 das dritte Item löst oder
   b) daß eine Person mit Score r=3 das vierte Item löst?
3. Sie wollen den Test ohne das fünfte Item verwenden und daher die ersten 4 Items neu summen-normieren. Wie lauten die neu normierten Parameter der ersten 4 Items?
4. Berechnen Sie die Itemparameter für die ersten 4 Items mit dem Programm WINMIRA. Vergleichen Sie die Ergebnisse mit dem Resultat aus Aufgabe 3.
5. Zeichnen Sie den (ungefähren) Verlauf der 5 Itemfunktionen im KFT-Beispiel.
6. Schätzen Sie die Scorewahrscheinlichkeiten p(r) im KFT-Datenbeispiel.
7. Wieviele Summanden hat die symmetrische Grundfunktion dritter Ordnung im KFT-Datenbeispiel?
8. Welches Antwortmuster hat im Datenbeispiel die größte *unbedingte* Wahrscheinlichkeit für eine Person mit $\theta_v = 0.0$, welches Muster die größte *bedingte* Wahrscheinlichkeit, unter der Bedingung $r = 3$?

3.1.1.2.3 Item Response Theorie (IRT): Rate- und Trennschärfeparameter

Sollen sich die Items nicht nur hinsichtlich ihrer Schwierigkeit unterscheiden, sondern auch hinsichtlich der Trennschärfe, d.h. des Anstiegs der Itemfunktion, so muß ein zweiter Parameter in die Modellgleichung des Rasch-Modells eingeführt werden. Der Anstieg der Itemfunktion kann im Fall dichotomer Daten nur durch einen *multiplikativen Parameter* im Exponenten der logistischen Funktion gesteuert werden, so daß die Modellgleichung für das sogenannte *zweiparametrige logistische Modell* wie folgt aussieht:

$$(1) \qquad p(x_{vi}) = \frac{\exp(x_{vi}\,\beta_i(\theta_v - \sigma_i))}{1 + \exp(\beta_i(\theta_v - \sigma_i))}.$$

Der Parameter β_i drückt den Anstieg der Itemfunktion aus, wobei ein Wert größer als 1 die Kurve steiler macht als im Fall des Rasch-Modells und ein Wert zwischen 0 und 1 die Kurve flacher werden läßt. β_i ist also ein *Trennschärfeparameter*.

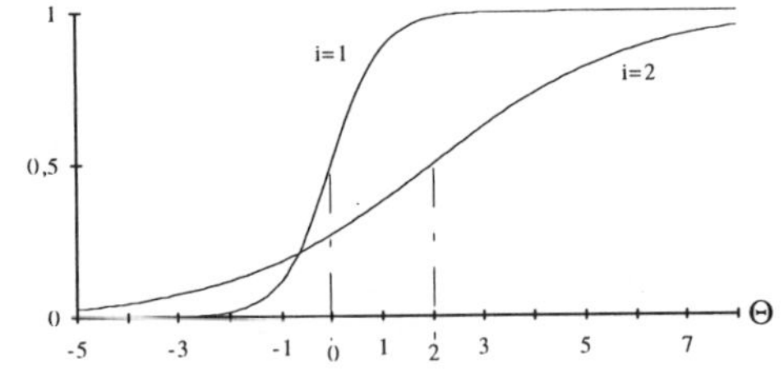

Abbildung 48: Zwei Itemfunktionen des zweiparametrigen Modells mit β $\beta_1 = 2.0$, $\sigma_1 = 0$, $\beta_2 = 0.5$ und $\sigma_2 = 2.0$

Die Interpretation des Itemschwierigkeitsparameters und des Fähigkeitsparameters ist dieselbe wie beim Rasch-Modell. Dieses Modell wird auch *Birnbaum-Modell* genannt, da es bereits 1968 von Allan Birnbaum diskutiert wurde.

Haben die Items unterschiedliche Itemtrennschärfen, so führt dies notwendigerweise dazu, daß sich die Itemfunktionen *überschneiden*. Das hat die Konsequenz, daß zwei Items für verschiedene Personen eine unterschiedliche *Reihenfolge ihrer Lösungswahrscheinlichkeiten* aufweisen können:

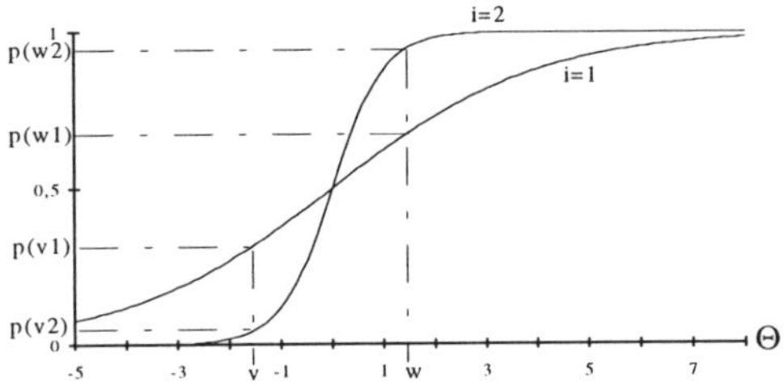

Abbildung 49: Zwei Itemfunktionen mit unterschiedlicher Trennschärfe

In Abbildung 49 hat Person v eine höhere Lösungswahrscheinlichkeit für Item 1 als für Item 2, wohingegen Person w eine höhere Lösungswahrscheinlichkeit für Item 2 hat. Dies ist insofern bemerkenswert, als es schwer vorstellbar ist, daß ein Item für eine Person *relativ leichter* ist als ein anderes, während es für eine andere Person *relativ schwerer* ist. Testet man nur Personen im oberen Fähigkeitsspektrum, so würde man zu einer anderen Rangordnung der Itemschwierigkeiten gelangen, als wenn man Personen im unteren Fähigkeitsspektrum testet. Die Rangfolge der Itemschwierigkeiten ist somit *abhängig von* der Auswahl *der jeweiligen Personenstichprobe*, was zur Konzequenz hat, daß das zweiparametrige logistische Modell *keine spezifisch objektiven Messungen* ermöglicht.

Tatsächlich wird das zweiparametrige logistische Modell auch vornehmlich dort angewendet, wo sichergestellt ist, daß eine möglichst *große Stichprobe* mit dem *gesamten Fähigkeitsspektrum* getestet worden ist.

Betrachtet man die Wahrscheinlichkeitsfunktion der gesamten Daten, also die *Likelihoodfunktion*, so zeigt sich, daß die erschöpfenden Statistiken für die Personenparameter nicht die Summenscores sind, sondern *gewichtete* Summen der Itemantworten. Die Likelihoodfunktion

$$(2)\quad L = \exp\left(\sum_{v=1}^{N}\sum_{i=1}^{k} x_{vi}\,\beta_i(\theta_v - \sigma_i)\right) \Big/ d_{vi}$$

läßt sich umwandeln zu (vgl. das vorangegangene Kapitel):

$$(3)\quad L = \exp\left(\sum_{v=1}^{N}\left(\sum_{i=1}^{k}\beta_i\, x_{vi}\right)\theta_v - \sum_{i=1}^{k} n_i\,\beta_i\,\sigma_i\right) \Big/ d_{vi}\,,$$

so daß sich die Wahrscheinlichkeit der beobachtenden Daten nicht mehr allein aufgrund der Randsummen der Datenmatrix bestimmen läßt, sondern das Innere der Datenmatrix benötigt wird. Genau betrachtet wird für jede Person *eine gewichtete Summe* ihrer Itemlösungen benötigt,

$$\sum_{i=1}^{k}\beta_i\, x_{vi}\,,$$

wobei jede Itemantwort *mit dem Trennschärfeparameter* dieses Items *gewichtet* wird. Hat eine Person ein sehr trennscharfes Item gelöst, so zählt das 'mehr' für die Bestimmung ihres Fähigkeitsparameters, als wenn sie ein sehr trennschwaches Item gelöst hat.

Dies ist insofern ein bedeutsames Resultat, als es besagt, daß *nicht mit der Schwierigkeit eines Items*, sondern mit seiner *Trennschärfe* gewichtet werden muß, wenn man die Information berücksichtigen will, *welche* Items eine Person gelöst hat.

Das Birnbaum-Modell ist somit ein Testmodell, bei dem das Muster der Itemantworten zur Schätzung der Fähigkeitsausprägung herangezogen wird. Das geschieht allerdings um den Preis, daß die Personenmeßwerte nicht mehr unabhängig sind von der Itemstichprobe.

Soll neben der Itemschwierigkeit und der Trennschärfe auch noch die *Ratewahrscheinlichkeit* eines Items in das Modell aufgenommen werden, so ergibt sich folgende Modellgleichung:

$$(4)\quad p(X_{vi} = 1) = \gamma_i + (1 - \gamma_i)\frac{\exp(\beta_i(\theta_v - \sigma_i))}{1 + \exp(\beta_i(\theta_v - \sigma_i))}$$

In diesem sogenannten *dreiparametrigen logistischen Modell* spezifiziert der γ_i-Parameter die Ratewahrscheinlichkeit und somit die untere Asymptote der Itemfunktion, die von keiner noch so niedrigen Fähigkeitsausprägung unterschritten werden kann.

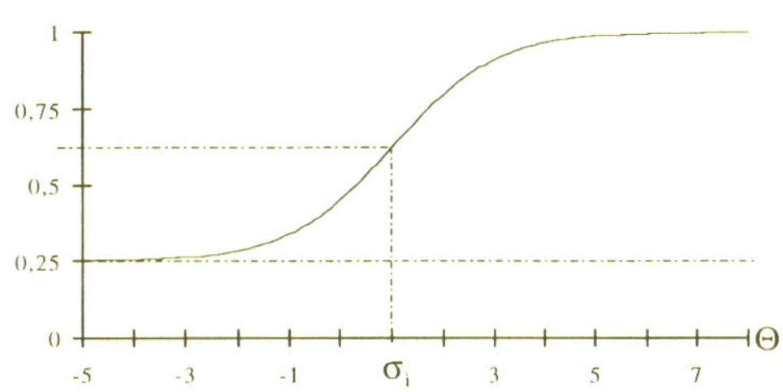

Abbildung 50: Die Itemfunktion des dreiparametrigen Modells mit den Parametern $\sigma_i = 0.0$, $\beta_1 = 1.0$ und $\gamma_i = 0.25$

Dieser Rateparameter läßt sich entweder empirisch bestimmen, d.h. als Modellparameter *schätzen*, oder er kann *präexperimentell vorgegeben* werden, wenn er sich aus der Art des Antwortformates ergibt. Z.B. kann er auf $\gamma_i = 0.25$ fixiert werden,

Z.b. kann er auf $\gamma_i = 0.25$ fixiert werden, wenn es sich um ein vierkategorielles Antwortformat mit genau einer richtigen Antwort handelt.

Die logistischen Modelle mit unterschiedlicher Anzahl von Itemparametern werden unter dem Begriff *Item Response Theorie* (IRT) zusammengefaßt. Sie werden überwiegend in den USA im Rahmen von überregionalen schulischen Leistungstests (educational assessment studies) eingesetzt.

Die Ermittlung der Modellparameter für diese Modelle ist recht schwierig und vom statistischen Standpunkt aus nicht befriedigend. Die drei Itemparametertypen lassen sich *nicht unabhängig voneinander schätzen*, so daß die Schätzungen der Itemschwierigkeit z.B. auch einen Einfluß auf die Schätzung der Trennschärfe oder des Rateparameters hat. Die Schätzprobleme verringern sich, wenn man eine bestimmte *Verteilung der Fähigkeiten*, also der Personeneigenschaften annehmen kann, z.B. eine Normalverteilung (s. Kap. 3.1.1.1.1 'Verteilungsannahmen'). Auf jeden Fall benötigt man relativ große Stichproben, um zu einigermaßen zuverlässigen Parameterschätzungen zu gelangen.

Literatur

Die Lehrbücher zur Item Response Theorie sind ausnahmslos englischsprachig (z.B. Hambleton & Swaminathan (1985), Lord (1980)). Puchhammer (1988a) berichtet über die Schätzbarkeit der Modellparameter beim 3-parametrigen Modell. Verhelst & Glas (1995) haben als Alternative zum Birnbaum-Modell (Birnbaum 1968) das sog. One-parameter-logistic-model (OPLM) untersucht, in dem die Trennschärfeparameter nicht geschätzt, sondern a priori auf bestimmte Werte fixiert werden. Keats (1974) hat erstmals das 2-parametrige Modell mit Schwierigkeits- und Rateparametern untersucht, von dem Colonius (1977) zeigte, daß es ebenfalls keine spezifisch objektiven Messungen erlaubt (s.a. Puchhammer (1988b)).

Übungsaufgaben

1. Zeichnen Sie die Itemfunktion eines Items mit den Parametern: $\gamma = 0.15$, $\beta = 1.5$ und $\sigma = 1.5$.
2. An welcher Stelle (Abszissenwert) überschneiden sich im zweiparametrigen Modell (Birnbaum-Modell) zwei Itemfunktionen mit den Parametern $\sigma_1 = 1.0, \beta_1 = 1.0$ und $\sigma_2 = 2.0$, $\beta_2 = 2.0$?

3.1.1.2.4 Die Mokken-Analyse: unbekannte Itemfunktionen

Die Beschreibung des Birnbaum-Modells (s. vorangegangenes Kap.) hat ergeben, daß einander überschneidende Itemcharakteristiken eine interpretative Problematik aufweisen. Andererseits ist die Annahme eines *bestimmten Funktionstyps* wie beim Rasch-Modell, noch dazu mit konstanten Itemtrennschärfen, vielen Praktikern zu restriktiv. Möchte man lediglich sicherstellen, daß sich die Itemfunktionen nicht überschneiden, ansonsten aber den Funktionstyp der Itemfunktion nicht weiter festlegen, so gelangt man zu einem Testmodell, das als *Mokken-Analyse* bekannt ist und auf Mokken (1971) zurückgeht. Die Itemfunktionen einer Mokken-Skala können wie folgt aussehen:

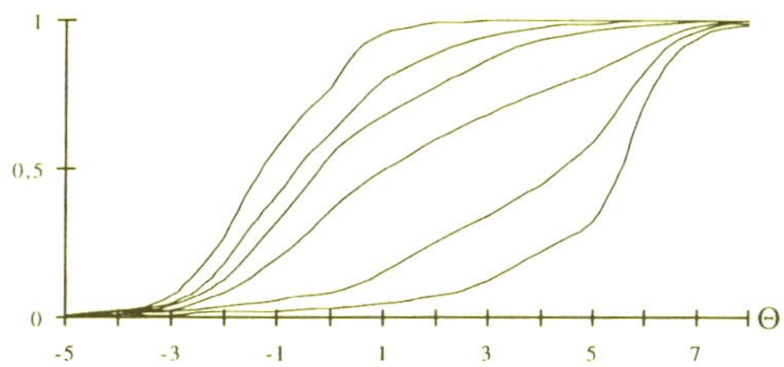

Abbildung 51: Itemfunktionen einer Mokken-Skala

Dieses Testmodell wird auch als *nicht-parametrisches* Modell bezeichnet, da die Itemfunktionen nicht als metrische Funktionen von Modellparametern spezifiziert sind, die es zu schätzen gilt.

Die Anwendung dieses Modells auf einen Datensatz besteht im wesentlichen in der Überprüfung, ob die Grundannahmen des Modells erfüllt sind. Die wesentliche Grundannahme des Modells wird als *doppelte Monotonie* bezeichnet und drückt aus, daß alle Personen hinsichtlich ihrer Lösungswahrscheinlichkeiten zu jedem Item dieselbe Ordnung aufweisen müssen, und daß alle Items hinsichtlich ihrer Lösungswahrscheinlichkeiten für jede Person dieselbe Ordnung aufweisen müssen.

Die erste Monotonieannahme ist nichts anderes als die *Annahme monoton steigender Itemfunktionen* und lautet:

$$(1)\quad p(X_{vi}=1) > p(X_{wi}=1) \Rightarrow p(X_{vj}=1) > p(X_{wj}=1)$$

Aus der Tatsache, daß die Lösungswahrscheinlichkeit eines Items i für Person v größer ist als für Person w, muß folgen, daß auch die Lösungswahrscheinlichkeit jedes anderen Items für Person v größer ist als für Person w. Offensichtlich hat in diesem Fall Person v eine höhere Fähigkeit als Person w, was sich bei allen Items in einer höheren Lösungswahrscheinlichkeit niederschlagen muß. Dies ist genau dann gegeben, wenn alle Itemfunktionen monoton ansteigen.

Die zweite Monotoniebedingung lautet

$$(2)\quad p(X_{vi}=1) > p(X_{vj}=1) \Rightarrow p(X_{wi}=1) > p(X_{wj}=1)$$

und drückt aus, daß alle *Itemfunktionen überschneidungsfrei* sein müssen: Aus einer höheren Lösungswahrscheinlichkeit von Person v für Item i im Vergleich zu Item j muß folgen, daß auch alle anderen Personen eine höhere Lösungswahrscheinlichkeit bei Item i als bei Item j haben.

Dies ist z.B. beim Birnbaum-Modell nicht der Fall, wie im vorigen Kapitel dargestellt wurde. Beide Monotoniebedingungen sind in Abbildung 52 veranschaulicht.

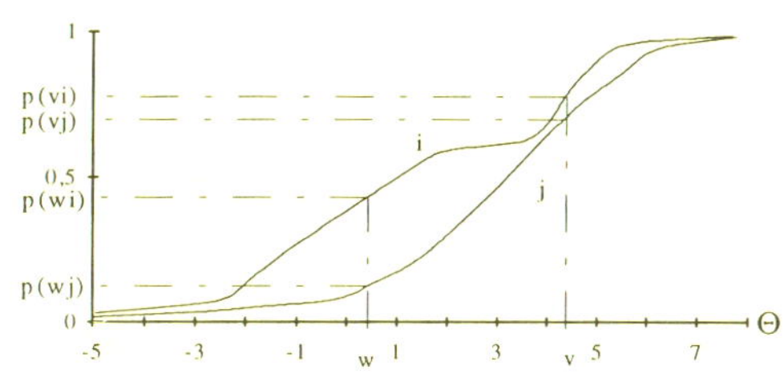

Abbildung 52: Die Erfüllung der doppelten Monotoniebedingung bei monotonen und überschneidungsfreien Itemfunktionen

Aus diesen beiden Monotoniebedingungen lassen sich verschiedene *Ungleichheiten* bezüglich der beobachteten relativen Häufigkeiten von Antworten ableiten. Aus der ersten Bedingung läßt sich z.B. ableiten, daß die Wahrscheinlichkeit, mit der alle Personen Item i und Item j lösen, größer sein muß als das Produkt der Wahrscheinlichkeiten, daß sie i lösen und j lösen.

$$(3)\quad p(X_i = 1 \wedge X_j = 1) \geq p(X_i = 1) \cdot p(X_j = 1)$$

Diese Folgerung wird durch die Überlegung plausibel, daß in Formel (3) genau dann ein Gleichheitszeichen gilt, wenn die Antworten auf die Items i und j voneinander *unabhängig* sind (Multiplikationssatz für Wahrscheinlichkeiten). Die Annahme, daß beide Items monoton steigende Itemfunktionen bezüglich *derselben* latenten Variable θ haben, besagt aber, daß die Itemantworten beider Items positiv korreliert sind und somit die Wahrscheinlichkeit gleicher Antworten größer ist als das Produkt der Einzelwahrscheinlichkeiten.

Schätzt man die Wahrscheinlichkeiten in Gleichung (3) durch die *relativen Häufigkeiten* in der vorliegenden Stichprobe, so kann man mit Hilfe dieser Ungleichheit prüfen, ob die erste Monotoniebedingung gültig oder verletzt ist.

Aus beiden Monotoniebedingungen zusammen folgt weiterhin, daß die Wahrscheinlichkeiten, mit denen zwei Items gelöst werden, immer dieselbe Rangfolge haben müssen, wenn man ein Item konstant hält:

$$(4)\quad p(X_i = 1 \wedge X_j = 1) \geq p(X_i = 1 \wedge X_k = 1)$$
$$\Rightarrow p(X_m = 1 \wedge X_j = 1) \geq p(X_m = 1 \wedge X_k = 1)$$

Auch für diese Folgerung läßt sich eine Plausibilitätserklärung angeben. So muß die erste Ungleichung in (4) dadurch bedingt sein, daß Item j die latente Variable 'besser' mißt (trennschärfer ist) als Item k. Wenn sich dies hinsichtlich eines Vergleichsitems i zeigt, so muß sich dieselbe Überlegenheit von j aber auch hinsichtlich jedes anderen Vergleichsitems m zeigen.

Auch die Folgerung (4) läßt sich anhand der relativen Häufigkeiten im Datensatz nachprüfen.

Sind beide Monotoniebedingungen erfüllt, so *ordnen die Summenscores* der Datenmatrix die *Personen* nach ihren Fähigkeiten und die *Items* nach ihren Schwierigkeiten. Allerdings liegen diese Summenwerte als Meßwerte von Items und Personen lediglich auf einer *Ordinalskala*, da weder die Lokation eines Items auf der latenten Dimension definiert ist noch (infolge dessen) die Lokation der Personen auf der latenten Dimension bestimmt werden kann. Die Mokken-Analyse ist also ein *ordinales Testmodell.*

Literatur

Das Modell geht auf Mokken (1971) zurück und wird z.B. von Henning (1976) und Mokken & Lewis (1982) dargestellt. Meijer et al (1990) vergleichen es mit dem Rasch-Modell und Croon (1991) stellt die Mokken-Analyse als ein speziell restringiertes latent-class Modell dar. Sijtsma et al. (1989) verallgemeinern das Testmodell für mehrkategorielle Daten.

Übungsaufgaben

Überprüfen sie mittels der relativen Lösungshäufigkeiten, ob für die ersten vier Items des KFT-Beispiels die zweite Folgerung (Gleichung 4) erfüllt ist. (Sie benötigen hierfür die Tabelle der Patternhäufigkeiten.)

3.1.1.3 Nichtmonotone eingipflige Itemfunktionen

Die im vorangegangenen Kapitel behandelten monoton ansteigenden Itemfunktionen sind für einen Test immer dann anzunehmen, wenn die einzelne Itemantwort als Ausdruck einer *Dominanzrelation zwischen Person und Item* betrachtet werden kann: Wenn die Person das Item dominiert, so löst sie es, wenn das Item aber die Person dominiert, so 'läßt es sich nicht lösen'.

Wie stark ein Item eine Person dominiert oder umgekehrt, ergibt sich aus dem *Abstand des Personenmeßwertes von der Itemlokation* auf dem latenten Kontinuum. Je größer diese Distanz ist, d.h. je weiter rechts eine Person vom Item liegt, desto größer die Dominanz über dieses Item. Je kleiner die Distanz, d.h. je weiter links die Person von einem Item liegt, desto stärker dominiert das Item diese Person.

Bei Items mit einer nichtmonotonen, eingipfligen Itemcharakteristik geht man dagegen nicht von einer Dominanzrelation zwischen Person und Item aus, sondern von einer *Näherelation*. Je dichter ein Personenmeßwert an der Itemlokation liegt, und zwar egal, ob rechts oder links davon, desto wahrscheinlicher wird eine positive Itemantwort.

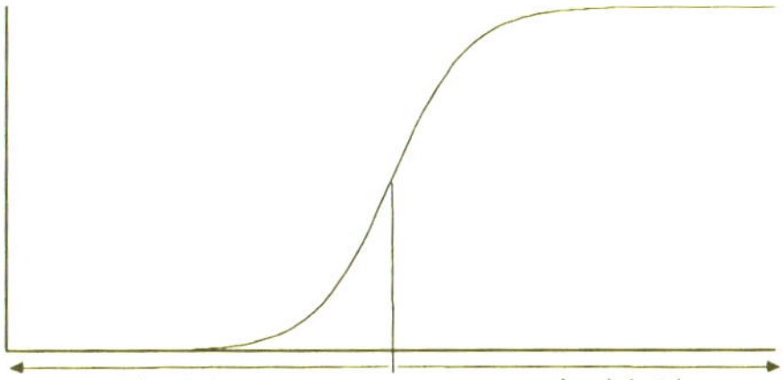

Abbildung 53: Die Itemfunktion als Ausdruck einer Dominanzrelation

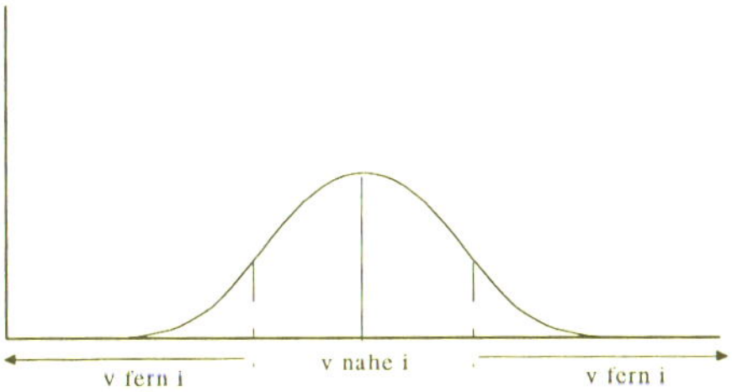

Abbildung 54: Die Itemfunktion als Ausdruck einer Näherelation

Beispiele für solche Items, bei denen die Itemantwort durch eine Näherelation und nicht durch eine Dominanzrelation zustandekommt, gibt es weniger im Bereich der Leistungsmessung als vielmehr bei *Einstellungsfragebögen* (s. Kap. 2.2.2.6, 'Thurstone-Skalierung'). Gibt man etwa in einem Fragebogen zur politischen Orientierung eine Reihe von Aussagen vor, die von extrem konservativ bis extrem progressiv reichen, und fordert die Personen auf diejenigen Aussagen anzukreuzen, denen sie *am ehesten zustimmen* würden, so ist zu erwarten, daß die Personen die ihrer Meinung am nächsten liegenden Aussagen ankreuzen.

Dies setzt natürlich voraus, daß die Personen auf *demselben Kontinuum* lokalisierbar sind wie die Items, d.h. es dreht sich auch hier um die Messung einer kontinuierlichen latenten Variable.

Wie bei den monoton ansteigenden Itemfunktionen, so lassen sich auch bei den eingipfligen nichtmonotonen Itemfunktionen Modelle mit *stufenförmigen* Itemfunktionen von solchen mit *kontinuierlich ansteigenden und abfallenden* Funktionen unterscheiden. Auf sie wird in den beiden folgenden Unterkapiteln eingegangen.

Für Testmodelle mit eingipfligen Itemfunktionen hat sich auch der Begriff *Unfolding-Modelle* eingebürgert. Unfolding heißt zu deutsch 'Entfaltung' und stammt von einem Modell von Coombs (1950) über die Skalierung anhand von Bevorzugungsdaten (preference data).

Unfolding

Der Begriff der Entfaltung (Unfolding) drückt folgendes aus: Ordnen sich alle Reize, zu denen eine Person hinsichtlich ihrer Präferenz befragt wird, entlang einer Dimension an, und ist die befragte Person selbst auch als Punkt auf dieser Skala lokalisierbar, so wird sich die Rangreihe ihrer Präferenzen aufgrund der *Abstände jedes Objektes zu der betreffenden Person* ergeben:

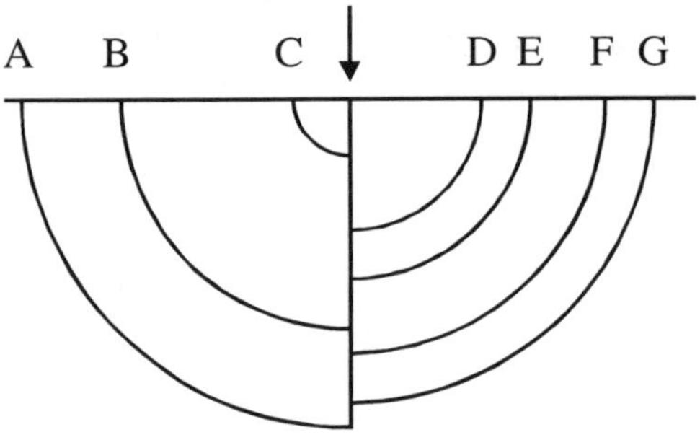

Abbildung 55: Die 'Entfaltung' einer Präferenz-Skala

In diesem Beispiel wird die höchste Präferenz der Person bezüglich Objekt C sein, die nächsthöchste für D, E, B, F, G und A.

Geht man von den empirischen Daten aus, so beobachtet man nicht die *horizontale Achse*, d.h. das Kontinuum, auf dem die Stimuli und die Personen angeordnet sind, sondern man beobachtet die Rangfolge der Präferenzen dieser Person, also die *vertikale Achse*. Die Konstruktion der waagerechten Achse kann man sich dann wie ein Aufklappen der Senkrechten nach beiden Seiten vorstellen. Dieses Aufklappen oder Entfalten bezeichnet der Begriff Unfolding.

3.1.1.3.1 Das Parallelogramm-Modell: kastenförmige Itemfunktionen

Nimmt man an, daß sich alle Items auf einem latenten Kontinuum anordnen lassen, und daß weiterhin jedes Item einen bestimmten Bereich um sich herum hat, in dem man eine positive Itemantwort zeigt (dem Item zustimmt), außerhalb dessen man das Item aber ablehnt, so gelangt man zu folgenden Itemfunktionen.

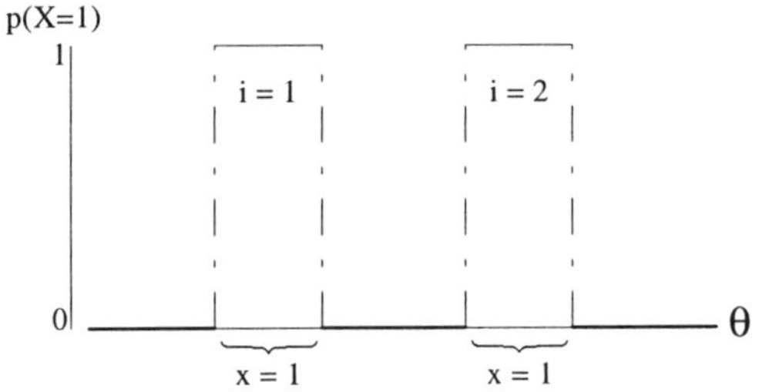

Abbildung 56: Itemfunktionen des Parallelogramm-Modells

Dieses deterministische Modell (deterministisch, weil es nur Wahrscheinlichkeiten von 0 und 1 unterscheidet) ist das Gegenstück zur Guttman-Skala (vgl. Kap. 3.1.1.1.1) und weist auch ähnliche Eigenschaften auf. So sind Items und Personen auch hier nur auf *Ordinalskalenniveau* meßbar, d.h. die genaue Lage der Sprungstellen läßt sich ohne weitere Zusatzannahmen (z.B. Verteilungsannahmen) nicht bestimmen. Ebenso lassen sich Personen, die zwischen zwei benachbarten Sprungstellen auf dem latenten Kontinuum liegen, nicht voneinander unterscheiden, d.h. sie erhalten denselben Meßwert.

Ordnet man die Items nach ihrer Lokation auf dem latenten Kontinuum und gleichzeitig die Personen nach ihrer Lage auf der latenten Dimension, so zeigt die entsprechend umsortierte Datenmatrix eine charakteristische Struktur, ähnlich wie bei der

Skalogrammanalyse. Jedoch handelt es sich in diesem Fall nicht um ein Dreieck von Einsen, sondern um ein *Parallelogramm von Einsen*, das sich diagonal durch die Testdatenmatrix zieht.

		Items 1	2	3	4
	1	0	0	0	0
	2	1	0	0	0
	3	1	1	0	0
	4	1	1	1	0
Person	5	0	1	1	0
	6	0	0	1	0
	7	0	0	1	1
	8	0	0	0	1
	9	0	0	0	0

Die Itemfunktionen, die zu dieser Parallelogramm-Matrix passen, sehen wie folgt aus:

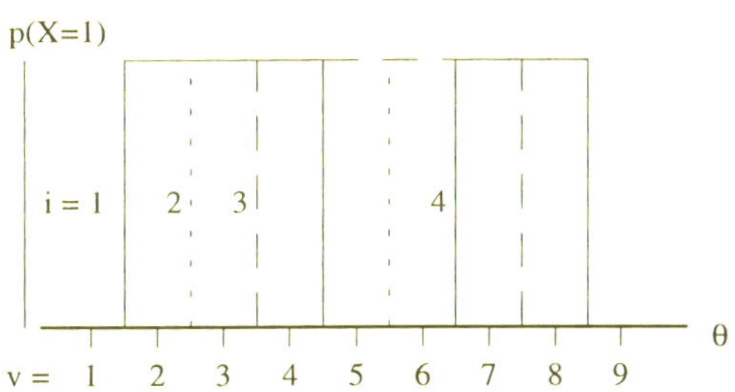

Abbildung 57: Die zu der vorangehenden Datenmatrix passenden Itemfunktionen und Personenlokationen

Wie aus dem Beispiel ersichtlich ist, muß die Anordnung von Einsen und Nullen in der Testdatenmatrix nicht unbedingt ein sehr *gleichförmiges* Parallelogramm ergeben, sondern es kann je nach Breite des Akzeptanzintervalls der Items und deren Überlappung auch stufig sein. Es können sogar Unterbrechungen im Parallelogramm auftreten, nämlich wenn eine Person zwischen den Akzeptanzbereichen benachbarter Items liegt und somit keinem einzigen Item zustimmt. Dies passiert bei Items, deren Itemfunktionen sich nicht überlappen, wie z.B. in Abbildung 56 dargestellt.

Präziser als die Parallelogrammstruktur in der geordneten Testdatenmatrix ist das Kriterium, daß bei geordneten Items in keiner Zeile der Datenmatrix *rechts und links von einer 0 eine 1* stehen darf. Anschaulich ausgedrückt bedeutet dies, daß jede Person die zwei auseinanderliegende Items bejaht, auch alle dazwischen liegenden Items bejahen muß. Dies folgt zwingend aus dem Konzept der Näherelation zwischen Personen und Items, wenn man ein deterministisches Antwortverhalten voraussetzt.

Im Unterschied zur Guttman-Skala ist die Sortierung der Datenmatrix nach aufsteigenden Itemlokationen und Personenfähigkeiten jedoch *nicht anhand der Randsummen* möglich. Die Lokation eines Items ist nicht daran erkennbar, *wie viele* Personen diesem Item zugestimmt haben. Zwar sind die Zustimmungshäufigkeiten für in der Mitte des Kontinuums liegende Items am höchsten und nehmen zu beiden Rändern hin ab, jedoch ist nicht ohne weiteres entscheidbar, ob ein Item, dem wenig zugestimmt wurde, rechts oder links von der Mitte liegt. Dennoch ist es in der Praxis unproblematisch, die Datenmatrix in eine Parallelogrammform umzusortieren, sofern diese existiert.

Datenbeispiel

Im folgenden ist der kleine Beispieldatensatz dieses Kapitels so umsortiert, daß sich möglichst eine Parallelogrammstruktur ergibt:

		Item				
		1	2	3	4	5
	1	0	0	0	0	0
	3	0	0	0	0	0
	10	1	0	1	1	0
	9	1	1	1	1	1
	7	0	1	1	0	1
Person	8	0	1	0	1	1
	12	0	0	1	0	1
	6	0	0	1	1	1
	4	0	0	0	1	0
	5	0	0	0	1	1
	11	0	0	0	1	1
	2	0	0	0	0	1

Bei 4 Personen ist die Bedingung verletzt, daß nicht rechts und links von einer 0 eine 1 stehen darf. Insgesamt sind es auch nur 4 unzulässige Itemantworten, die die geforderte Struktur stören. Berechnet man auch hier ein Reproduzierbarkeitsmaß (s. Kap. 3.1.1.1.1), so ergibt sich mit

$$\mathrm{Re\,p} = 1 - \frac{4}{60} = 0.94$$

sogar eine noch bessere Modellanpassung als für die Guttman-Skala. Allerdings ist das vorliegende Modell auch 'schwächer', d.h. die Dreiecks-Bedingung der Guttman-Skala ist ein Spezialfall der Parallelogramm-Bedingung.

Schwierig ist auch hier die Frage nach der *Modellgeltung*, wenn es Abweichungen vom deterministischen Antwortverhalten gibt. Vorausgesetzt diese Abweichungen sind so schwach, daß sich die Ordnung der Items ermitteln läßt, kann der Grad der Modellabweichung über die Anzahl unzulässiger Itemantworten, also die Anzahl von 101-Tripeln in der Datenmatrix bestimmt werden. Die Auszählung derartiger Modellverletzungen ist Ausdruck einer *nachträglichen Fehlertheorie* für ein deterministisches Modell.

Anstelle einer solchen nachträglichen Fehlertheorie gibt es auch den Ansatz, analog zur Mokken-Analyse (s. Kap. 3.1.1.2.4) *probabilistische* eingipflige Itemfunktionen anzunehmen, jedoch deren genauen Verlauf unbestimmt zu lassen.

Literatur

Die Unterscheidung von Dominanz- und Näherelation geht auf die Datentheorie von Coombs (1964) zurück, die auch Coombs et al. (1975) und Roskam (1983) behandeln. Das Parallelogramm-Modell wurde ebenfalls von Cooms (1964) eingeführt. Van Schuur (1988) beschreibt probabilistische Unfolding-Modelle. Post und Snijders (1993) diskutieren als Pendant zur Mokken-Analyse das nichtparametrische Unfolding-Modell und v. Schuur (1993) dessen Verallgemeinerung für mehrkategorielle Daten.

Übungsaufgabe

Die folgende Datenmatrix erfüllt die Bedingungen des Parallelogramm-Modells:

		Items				
		1	2	3	4	5
	1		1			
	2					1
Person	3	1			1	
	4	1	1			
	5			1		1
	6			1	1	

Wie lautet die Reihenfolge der Items nach aufsteigender Schwierigkeit, wie die Reihenfolge der Personen nach aufsteigender Fähigkeit?

3.1.1.3.2 Kontinuierliche, eingipflige Itemfunktionen

Die Entwicklung von probabilistischen Testmodellen mit eingipfligen Itemfunktionen ist wesentlich weniger fortgeschritten als die für monoton ansteigende Itemfunktionen. Es läßt sich derzeit noch nicht abschließend sagen, welches der verschiedenen möglichen Modelle den obengenannten Kriterien der *Einfachheit*, psychologischen *Plausibilität* und statistischen *Handhabbarkeit* am ehesten entspricht.

Im Gegensatz zu monoton ansteigenden Itemfunktionen, bei denen die Lösungswahrscheinlichkeit eines Items mit steigender Differenz von Fähigkeitsparameter und Schwierigkeitsparameter ansteigt, muß bei eingipfligen Itemfunktionen die Antwortwahrscheinlichkeit mit zunehmendem *Absolutbetrag der Differenz von Personen- und Itemparameter* absinken.

Das bedeutet, je *geringer* der Abstand der Personenfähigkeit von der Lokation des Items ist, desto *größer* ist die Wahrscheinlichkeit einer positiven Itemantwort. Je größer der Abstand von der Eigenschaftsausprägung und der Itemlokation ist, und zwar egal, ob in negativer oder in positiver Richtung, desto kleiner ist die Wahrscheinlichkeit einer positiven Itemantwort.

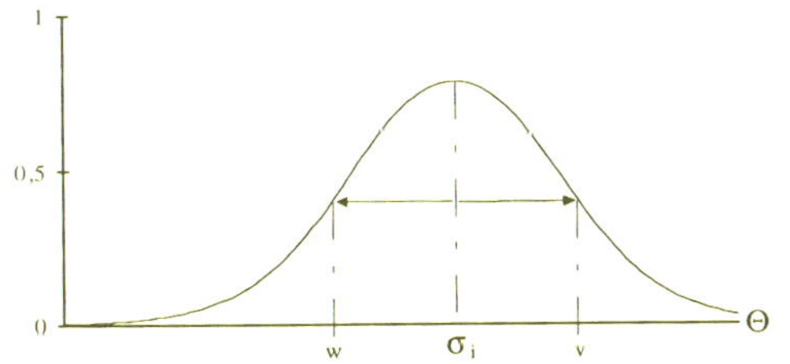

Abbildung 58: Die Itemfunktion als Funktion des (absoluten) Abstands von Person und Item

Die Antwortwahrscheinlichkeit eines Items kann also wie bei monotonen Modellen eine Funktion der *Differenz* von Personen und Itemparameter sein, jedoch darf das *Vorzeichen* dieser Differenz *keine* Rolle spielen. Ein in der Statistik üblicher Weg, um das Vorzeichen von Differenzen auszuschalten, besteht darin, die Differenzen zu *quadrieren*.

Geht man wie beim Rasch-Modell wieder von den logit-transformierten Antwortwahrscheinlichkeiten aus (vgl. oben Kap. 3.1.1.2.2), so muß man diese Logits gleich der *negativen* quadrierten Differenz von Personen- und Itemparameter setzen, da die Antwortwahrscheinlichkeiten mit steigender Differenz *sinken* sollen.

$$(1) \qquad \log \frac{p(X_{vi}=1)}{1-p(X_{vi}=1)} = -(\theta_v - \sigma_i)^2.$$

Löst man diese Gleichung wiederum nach der Antwortwahrscheinlichkeit $p(x_{vi})$ auf (s. ebenfalls Kap. 3.1.1.2.2), so erhält man das folgende Testmodell:

$$(2) \qquad p(x_{vi}) = \frac{\exp\left(-x_{vi}(\theta_v - \sigma_i)^2\right)}{1+\exp\left(-(\theta_v - \sigma_i)^2\right)}$$

Die Itemcharakteristik dieses Testmodells ist in Abbildung 59 wiedergegeben, wobei auffällt, daß die *höchste Antwortwahrscheinlichkeit* (bei einer Nulldifferenz von Personen- und Itemparameter) lediglich $p = 0.5$ beträgt.

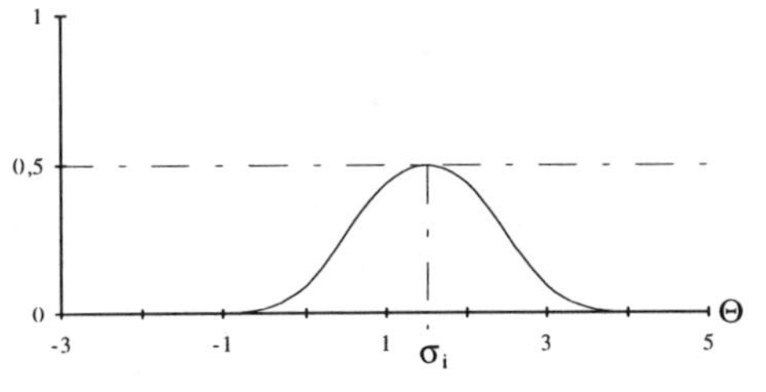

Abbildung 59: Die Itemfunktion des 'quadratischen' Testmodells

Das liegt daran, daß der Exponent maximal 0 werden kann und $e^0 / (1 + e^0)$ lediglich 1/2 ist. Trotz sonstiger vorteilhafter statistischer Eigenschaften dieses Modells dürfte dieser Sachverhalt seine Brauchbarkeit einschränken. Es ist psychologisch nicht sehr plausibel, daß die Zustimmungswahrscheinlichkeit für ein Item, das der eigenen Eigenschaftsausprägung genau entspricht, nicht größer sein soll als die 'Ratewahrscheinlichkeit' von 0.5.

Diesen Nachteil versucht eine andere Itemfunktion auszugleichen, die ebenfalls von der quadrierten Differenz zwischen Personen- und Itemparameter ausgeht, jedoch statt der gewohnten logistischen Funktion die folgende Funktion wählt:

(3) $$p(X_{vi}=1)=\frac{1}{1+(\theta_v-\sigma_i)^2}\;.$$

Zusammen mit der Gegenwahrscheinlichkeit

(4) $$p(X_{vi}=0)=\frac{(\theta_v-\sigma_i)^2}{1+(\theta_v-\sigma_i)^2}\;,$$

führt dies zu der Modellgleichung

(5) $$p(x_{vi})=\frac{(\theta_v-\sigma_i)^{2\cdot(1-x_{vi})}}{1+(\theta_v-\sigma_i)^2}\;.$$

Die folgende Abbildung zeigt den Verlauf der Itemfunktionen bei diesem Testmodell (sog. Parella-Modell).

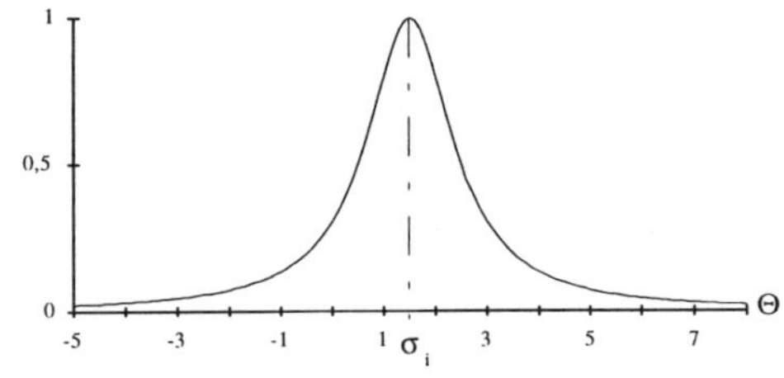

Abbildung 60: Die Itemfunktion von Modell (5)

Während dieses Modell einen plausiblen Verlauf der Itemfunktionen hat, die bei Übereinstimmung von Item- und Personeneigenschaft auch den Wert 1 erreichen, fehlt hier jedoch eine nachvollziehbare Ableitung der Modellgleichung aus einfachen Annahmen über das Antwortverhalten.

Eine solche nachvollziehbare Ableitung der Modellgleichung bietet ein dritter Ansatz für ein logistisches Testmodell mit eingipfliger Itemfunktion. Es leitet sich allerdings aus dem verallgemeinerten Rasch-Modell für ordinale, genauer: *dreikategorielle ordinale Itemantworten* ab und setzt daher den Inhalt von Kapitel 3.3.1 voraus. Dort ist erläutert, daß die Itemfunktion für drei geordnete Antwortkategorien folgendermaßen aussieht:

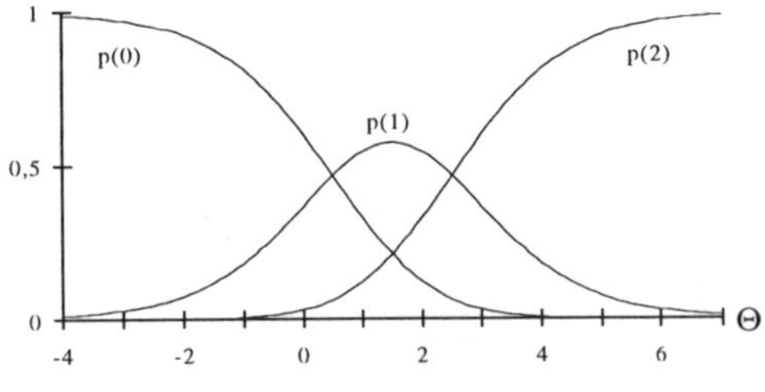

Abbildung 61: Die Itemfunktion für 3 geordnete Antwortkategorien (vgl. Kap. 3.3.1)

Die interessante Eigenschaft dieser Itemfunktion besteht darin, daß die *mittlere* Antwortkategorie bereits eine eingipflige Wahrscheinlichkeitsfunktion hat, während die Funktion für Kategorie 0 monoton sinkend, die für Kategorie 2 monoton steigend ist.

Beispiel

Zur Beantwortung der Fragen:

Wie geht es Ihnen?

werden 3 Antwortkategorien vorgeben,

0: 'schlecht'
1: 'mittel' und
2: 'gut'

Mit zunehmendem Wohlbefinden wird die Wahrscheinlichkeit, 'schlecht' zu antworten, monoton sinken, 'gut' zu antworten, monoton steigen. Die Wahrscheinlichkeit der Antwort 'mittel' wird bei geringem und hohem Wohlbefinden niedrig, im Mittelbereich hoch sein. Die Mittelkategorie hat also eine eingipflige Wahrscheinlichkeitsfunktion!

Die Mittelkategorie bei einem dreikategoriellen Item hat dieselben Eigenschaften, wie die Zustimmungskategorie in einem Unfolding-Modell: Sie wird am wahrscheinlichsten gewählt, wenn eine Person eine Eigenschaftsausprägung hat, die dem Abszissenwert des Gipfels entspricht. Ist die Eigenschaftsausprägung sehr viel weiter links oder weiter rechts, so antwortet die Person eher in einer anderen Kategorie: bei einem dreikategoriellen Item in Kategorie '0' oder '2', bei einem Unfolding-Item in der Ablehnungskategorie '0'.

Somit ergibt sich die Möglichkeit, die Wahrscheinlichkeitsfunktion der 0-Kategorie eines Unfolding-Items dadurch zu erhalten, daß man die Wahrscheinlichkeitsfunktion der beiden äußeren Kategorien eines dreikategoriellen Items zusammenlegt, d.h. addiert.

Die Itemfunktion, die sich aus der Zusammenlegung der Kategorien 0 und 2 ergibt, sieht dann folgendermaßen aus:

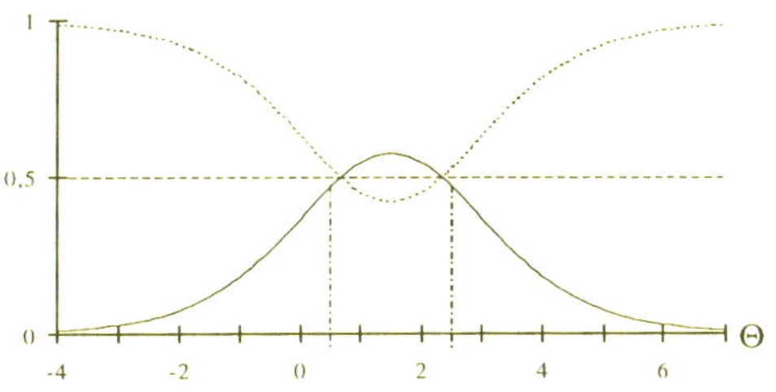

Abbildung 62: Die Itemfunktion aus Abbildung 61, wenn die Wahrscheinlichkeiten von Kategorie 0 und 2 addiert werden

Beide Kurven addieren sich an jedem Punkt des Kontinuums zu 1, da sie die Antwortwahrscheinlichkeiten für 2 einander ausschließende Kategorien beschreiben.

Man kann die Konstruktion eines Unfolding-Modells nach dieser Idee auch folgendermaßen charakterisieren: Der Antwortprozeß bei einem Unfolding-Item mit den beiden Kategorien 'stimme zu' und 'lehne ab' entspricht dem Antwortprozeß bei einem dreikategoriellen Item mit den Kategorien 'stimme *noch nicht* zu', 'stimme zu' und 'stimme *nicht mehr* zu'. Man hat bloß bei dem Unfolding-Item 'vergessen' zu erfragen, ob man den Iteminhalt ablehnt, weil man weiter links oder weiter rechts vom Item liegt. Natürlich ist dies keine Frage des 'vergessen habens', sondern man meint, diese zusätzliche Information nicht valide erfragen zu können, weil eine Antwort die Kenntnis der eigenen Position auf dem latenten Kontinuum voraussetzt oder weil die Formulierung des Items zu komplex wird.

Im Folgenden wird die Modellgleichung des entsprechenden Unfolding-Modells aus der Modellgleichung des dreikategoriellen, ordinalen Rasch-Modells abgeleitet (s. Kap. .3.3.1)

Die Wahrscheinlichkeiten für drei geordnete Antwortkategorien lauten

$$(6)\quad p(X_{vi}=0)=\frac{1}{d_{vi}}$$

$$p(X_{vi}=1)=\frac{\exp(1\cdot\theta_v-\tau_{i1})}{d_{vi}}$$

$$p(X_{vi}=2)=\frac{\exp(2\,\theta_v-\tau_{i1}-\tau_{i2})}{d_{vi}},$$

wobei die Parameter τ_{i1} und τ_{i2} die Abszissenwerte der beiden Schnittpunkte der 3 Kurven in Abbildung 61 definieren (vgl. Gleichung (8) in 3.3.1). Sie sind auch in Abbildung 62 eingezeichnet, entsprechen hier aber *nicht* mehr den Schnittpunkten der beiden Kurven!

Da der Nenner d_{vi} dieser drei Gleichungen sicherstellen muß, daß sich die drei Wahrscheinlichkeiten zu 1 addieren, ist er gleich der Summe der drei Zähler:

$$d_{vi}=1+\exp(\theta_v-\tau_{i1})+\exp(2\,\theta_v-\tau_{i1}-\tau_{i2}).$$

Werden nun die Kategorien 0 und 2 vereinigt zu der *neuen Kategorie* 0, so lautet deren Wahrscheinlichkeit:

$$(7)\quad p(X_{vi}=0)=\frac{1+\exp(2\,\theta_v-\tau_{i1}-\tau_{i2})}{d_{vi}}.$$

Die Wahrscheinlichkeit der 1-Kategorie bleibt so, wie sie in den Gleichungen (6) definiert wurde.

Multipliziert man in beiden Gleichungen Zähler und Nenner mit $\exp(-\theta_v+\tau_{i1})$, so ergeben sich die folgenden Modellgleichungen:

$$(8)\quad p(X_{vi}=1)=\frac{1}{\exp(-\theta_v+\tau_{i1})+1+\exp(\theta_v-\tau_{i2})}$$

$$p(X_{vi}=0)=\frac{\exp(-\theta_v+\tau_{i1})+\exp(\theta_v-\tau_{i2})}{\exp(-\theta_v+\tau_{i1})+1+\exp(\theta_v-\tau_{i2})}$$

Während die Interpretation des Personenparameters θ_v dieselbe ist wie bei allen Testmodellen (er gibt die Lokation von Person v auf dem latenten Kontinuum an), stellt sich die Frage nach der Interpretation der beiden Itemparameter τ_{i1}und τ_{i2}. Die folgende Abbildung zeigt einige Beispielitems:

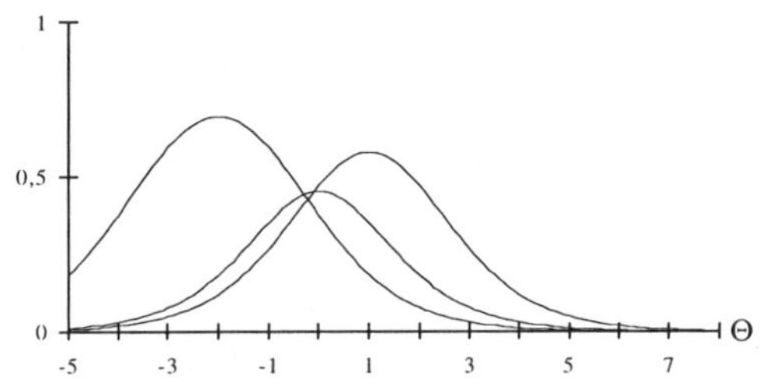

Abbildung 63: Die Itemfunktionen für drei Items mit den Parametern τ_{11} = −3.5 und τ_{12} = −0.5, τ_{21} = −0.5 und τ_{22} = +0.5, τ_{31} = 0.0 und τ_{32} = 2.0.

Beide Parameter zusammen, d.h. ihr Mittelwert, bestimmen die *Lokation* des Items, also seine Schwierigkeit. Ihr *Abstand* bestimmt zusätzlich die *Höhe* der Kurve: bei kleinem Abstand ist der Hügel niedrig, bei großem Abstand hoch.

Mit Hilfe einer relativ unbekannten Funktion, die diesem Modell seinen Namen gibt, dem *Hyperbelcosinus*, lassen sich die Modellgleichungen (8) vereinfachen.

Die Funktion des Hyperbelcosinus (cosinus hyperbolicus) ist über die Exponentialfunktion definiert

$$(9) \qquad \cosh(x) = \frac{\exp(x) + \exp(-x)}{2} \ .$$

Um von dieser Funktion Gebrauch machen zu können, wird an der Modellgleichung (8) eine Reparametrisierung vorgenommen, und zwar werden die beiden 'Schwellenparameter' (s. Kap. 3.3.1) durch ihren *Mittelpunkt* $\sigma_i = (\tau_{i1} + \tau_{i2})/2$ und ihren *Abstand* vom Mittelpunkt $\delta_i = (\tau_{i2} - \tau_{i1})/2$ ersetzt, so daß

$$\tau_{i1} = \sigma_i - \delta_i$$

und $\quad \tau_{i2} = \sigma_i + \delta_i$.

Der Parameter σ_i parametrisiert somit die *Lokation* des Items und ist ein *Schwierigkeitsparameter*, δ_i parametrisiert die Breite der Itemfunktion und wird als *Dispersionsparameter* bezeichnet.

Setzt man diese neuen Parameter in die Modellgleichungen (8) ein, so erhält man

$$(10) \quad p(X_{vi} = 1) = \frac{1}{\exp(-\theta_v + \sigma_i - \delta_i) + 1 + \exp(\theta_v - \sigma_i - \delta_i)}$$

$$p(X_{vi} = 0) = \frac{\exp(-\theta_v + \sigma_i - \delta_i) + \exp(\theta_v - \sigma_i - \delta_i)}{\exp(-\theta_v + \sigma_i - \delta_i) + 1 + \exp(\theta_v - \sigma_i - \delta_i)}$$

Ableitung

Multipliziert man in beiden Gleichungen Zähler und Nenner mit $\exp(\delta_i)$, so kürzt sich der Dispersionsparameter aus den Exponentialfunktionen heraus:

$$p(X_{vi} = 1) = \frac{\exp(\delta_i)}{\exp(-\theta_v + \sigma_i) + \exp(\delta_i) + \exp(\theta_v - \sigma_i)}$$

$$p(X_{vi} = 0) = \frac{\exp(-\theta_v + \sigma_i) + \exp(\theta_v - \sigma_i)}{\exp(-\theta_v + \sigma_i) + \exp(\delta_i) + \exp(\theta_v - \sigma_i)}$$

In diesen Gleichungen lassen sich nun jeweils zwei Exponentialfunktionen, deren Exponenten sich nur im Vorzeichen unterscheiden, durch den Hyperbelcosinus (s.o.) ersetzen

$$(11) \quad p(X_{vi} = 1) = \frac{\exp(\delta_i)}{\exp(\delta_i) + 2\cosh(\theta_v - \sigma_i)}$$

$$p(X_{vi} = 0) = \frac{2\cosh(\theta_v - \sigma_i)}{\exp(\delta_i) + 2\cosh(\theta_v - \sigma_i)}$$

Dieses Modell wird als *Hyperbelcosinus-Modell* bezeichnet.

Erste Erfahrungen mit diesem Modell zeigen, daß sich die Dispersionsparameter δ_i nur schwer schätzen lassen, so daß der Gedanke nahe liegt, sie auf einen festen Wert zu fixieren. Eine solche Restriktion entspricht auch eher der Situation beim Rasch-Modell (s. Kap. 3.1.1.2.2), bei dem ebenfalls kein Trennschärfeparameter sondern nur ein Schwierigkeitsparameter geschätzt wird.

Eine Fixierung der δ_i auf denWert

$$\delta_I = \log(2) = 0.69$$

führt zu der Modellgleichung

$$(12) \quad p(X_{vi} = 1) = \frac{1}{1 + \cosh(\theta_v - \sigma_i)}$$

$$p(X_{vi} = 0) = \frac{\cosh(\theta_v - \sigma_i)}{1 + \cosh(\theta_v - \sigma_i)},$$

die dem Rasch-Modell sehr ähnlich ist. In beiden Fällen hängt die Antwortwahrscheinlichkeit nur von der Differenz von Personenfähigkeit und Itemschwierigkeit ab, jedoch einmal mittels der Exponentialfunktion und einmal mittels des Hyperbelcosinus. Abbildung 64 zeigt den Verlauf dieser beiden Funktionen.

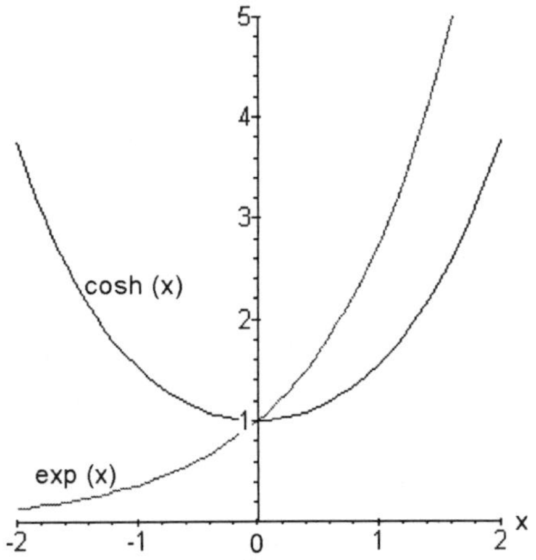

Abbildung 64: Der Verlauf der Exponentialfunktion und des Hyperbelcosinus

Übungsaufgabe

Welchen Wert nimmt im Modell (8) die Wahrscheinlichkeit einer 1-Antwort maximal an, wenn die beiden Itemparameter
a) $\tau_{i1} = \tau_{i2} = +1.0$ betragen,
b) $\tau_{i1} = 0.0$ und $\tau_{i2} = 4.0$ betragen?

Literatur

Das 'quadratische' Testmodell wurde von Andrich (1988a) beschrieben, das Modell ohne Exponentialfunktion der Parameter, Modell (5), ist eines von mehreren Modellen, die Hoijtink (1990, 1991) diskutiert und - in Anspielung auf die Parallelogrammstruktur der Datenmatrix - unter dem Namen PARELLA zusammenfaßt. Andrich & Luo (1993) und Verhelst & Verstrahlen (1993) haben gleichzeitig und unabhängig voneinander das Hyperbelcosinus-Modell (8) entwickelt. Letzteres wurde von Andrich (1995) und Rost und Luo(1995) für mehrkategorielle, ordinale Itemantworten verallgemeinert. Auf das nicht-parametrische Unfolding-Modell von Post & Snijders (1993) und dessen Verallgemeinerung für mehrkategorielle Daten wurde bereits im vorangehenden Kapitel hingewiesen.

3.1.2 Modelle mit qualitativer Personenvariable

Das zentrale Konzept, nach dem sich Modelle mit quantitativer Personenvariable unterscheiden lassen, ist das Konzept der Itemcharakteristik oder Itemfunktion. Die *Itemfunktion* beschreibt bei dichotomen Items die Abhängigkeit der Lösungswahrscheinlichkeit von der latenten Variable. Ist die Personenvariable *qualitativ* oder *kategorial* (was in diesem Zusammenhang synonym ist), so läßt sich die Itemcharakteristik allenfalls als Abfolge einzelner Punkte darstellen:

Abbildung 65: Eine Itemfunktion bei einer kategorialen Personenvariable

Da die Personenvariable nur eine begrenzte Anzahl diskreter Werte annehmen kann, gibt es keinen zusammenhängenden Kurvenverlauf. Bei einer 'echten' kategorialen Personenvariable ist auch die Abfolge der Valenzen, die in der Abbildung mit '1', '2','3' und '4' bezeichnet wurden, beliebig.

Nur wenn die Kategorien der Personenvariable eine *Ordnung* beinhalten, sind die Valenzen, mehr als nur 'Hausnummern'. Sollen z.B. die vier Ausprägungen in Abbildung 65 als Abstufungen einer Fähigkeitsvariable interpretiert werden, so ist die richtige Benennung und Anordnung der Valenzen der Personenvariable:

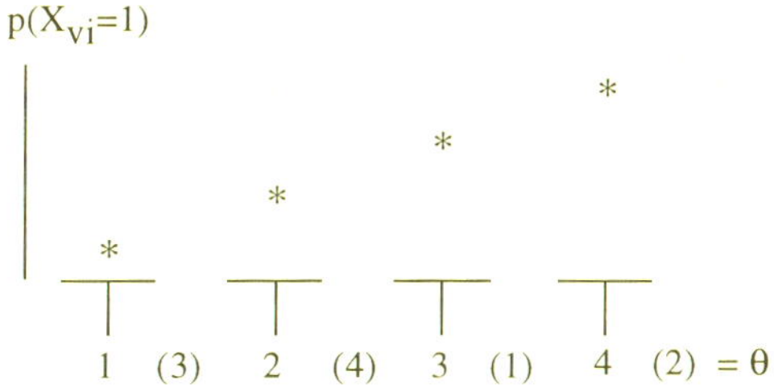

Abbildung 66: Die Itemfunktion aus Abbildung 65 mit geordneten Valenzen der Personenvariable

Man kann auch hier von einer *monoton ansteigenden* Itemfunktion sprechen. Eine solche Monotonie kann *immer* durch Umbenennung der Valenzen hergestellt werden, solange man nur *ein* Item betrachtet.

Bereits bei 2 Items, aber erst recht bei noch mehr Items ist es nicht immer möglich, die Valenzen der Personenvariable so zu sortieren, daß *alle Items* monotone Itemfunktionen haben. Die folgende Abbildung zeigt die Itemfunktionen von drei Items, von denen zwei monoton sind (✱ und ✪), jedoch die dritte (✧) nicht.

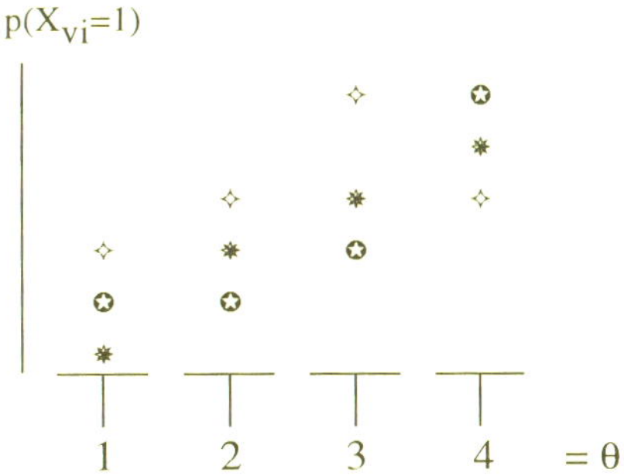

Abbildung 67: Die Itemfunktionen von drei Items (✱, ✪ und ✧)

Das bedeutet, auch bei einer kategorialen Personenvariable stellt es einen *Spezialfall* dar, wenn es eine Anordnung der Valenzen gibt, bei der alle Items monoton sind. Man bezeichnet in diesem besonderen Fall die latente Variable als *ordinalskaliert*, weil die Valenzen der Personenvariable dadurch eine eindeutige Ordnung erhalten, daß *alle* Lösungswahrscheinlichkeiten einer höheren Valenz größer sind als die jeweiligen Lösungswahrscheinlichkeiten einer niedrigeren Valenz.

> *Die Kategorien einer qualitativen Personenvariable sind ordinalskaliert, wenn es eine Anordnung dieser Kategorien gibt, so daß die Lösungswahrscheinlichkeiten aller Items für eine höhere Kategorie der Personenvariable größer sind als die Lösungswahrscheinlichkeiten für eine niedrigere Kategorie. Dies ist gleichbedeutend damit, daß es eine Anordnung der Kategorien der Personenvariable gibt, für die alle Itemfunktionen monoton steigend sind.*

Die Kategorien oder Valenzen einer qualitativen Personenvariable definieren eine *Klasseneinteilung* auf der Menge der Personen.

Klasseneinteilung

Ordnet man jeder Person ihren (kategorialen) Meßwert zu, so bildet man Teilmengen von Personen, die *disjunkt* (überschneidungsfrei) und *exhaustiv* (ausschöpfend) sind. Das heißt nichts anderes, als daß jede Person *nur einer* Teilmenge angehört (und nicht zwei oder drei) und daß *jede* Person einer solchen Teilmenge angehört. Eine Einteilung einer Menge in disjunkte und exhaustive Teilmengen nennt man eine *Partition* oder *Klasseneinteilung*.

Aus diesem Grund spricht man bei Testmodellen mit qualitativer Personenvariable auch von Modellen mit *latenten Klassen:* Mißt man eine kategoriale Variable, so mißt man damit eine Klassenzugehörigkeit, wobei jede Kategorie der Variable eine Klasse definiert. 'Latent' heißen die Klassen deshalb, weil die kategoriale Variable nicht beobachtbar oder manifest ist (wie z.B. das Geschlecht oder die Haarfarbe), sondern ebenso unbekannt ist, wie die (latente) Dimension, die man mit einem quantitativen Test messen will.

Anstatt von einer *ordinalen Personenvariable* kann man daher - und dies ist der geläufigere Sprachgebrauch - von *geordneten Klassen* sprechen.

> *Klassen heißen dann geordnet, wenn man sie so anordnen kann, daß alle Itemfunktionen monoton sind.*

Als Beispiel für ein Testmodell mit geordneten Klassen kann ein Spezialfall angeführt werden, der auch schon im vorangehenden Kapitel 3.1.1 behandelt wurde. Gemeint ist der extreme Fall, bei dem alle Lösungswahrscheinlichkeiten nur die Werte 0 oder 1 annehmen können. Die monotonen Itemfunktionen sehen dann bei 4 Items wie folgt aus:

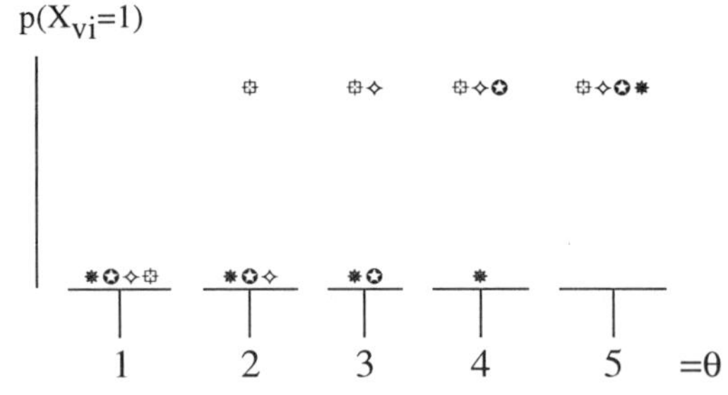

Abbildung 68: Die Itemfunktionen von 4 Items mit geordneten Klassen

Tatsächlich ist die optische Ähnlichkeit zum Modell der Guttman-Skala (s. Kap. 3.1.1.1.1) nicht zufällig: Ein solches Klassen-Modell *ist* die *Guttman-Skala*. Die 5 Valenzen der latenten Variable sind in Abbildung 68 so angeordnet, daß sie Punkte auf einer latenten Dimension markieren. Natürlich ist der Abstand dieser Punkte nicht bekannt. Aber die genaue Lokation der Sprungstellen der Itemfunktionen bei einer Guttmann-Skala ist ebenfalls nicht bekannt.

Man kann daher die Sprungstellen der Items *irgendwo zwischen* den Valenzen der latenten Variable einzeichnen und die einzelnen Personenklassen als Zusammenfassung aller Personen, die zwischen zwei Sprungstellen liegen, betrachten:

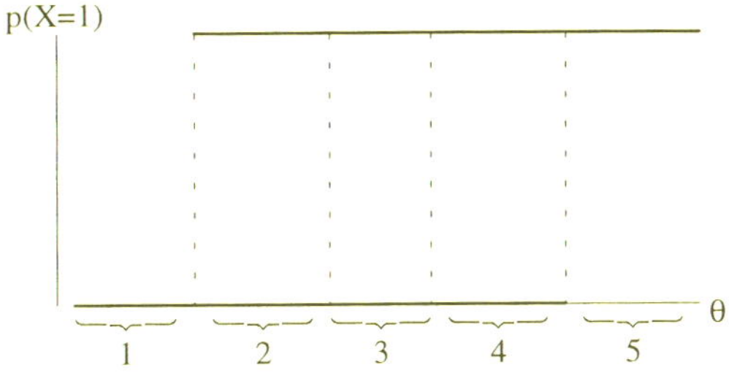

Abbildung 69: Die Guttman-Skala als kategoriales und kontinuierliches Modell

Die Guttman-Skala ist in zweifacher Hinsicht ein Spezialfall eines Testmodells mit qualitativer Personenvariable:

> Erstens ist sie deterministisch, d.h. unterscheidet nur Wahrscheinlichkeiten von 0 und 1 und
>
> zweitens weist sie geordnete Klassen auf, was ebenfalls einen Spezialfall darstellt.

Im allgemeinen Fall, d.h. ohne diese beiden Einschränkungen können die Itemfunktionen zur Messung einer kategorialen Variable sehr chaotisch aussehen:

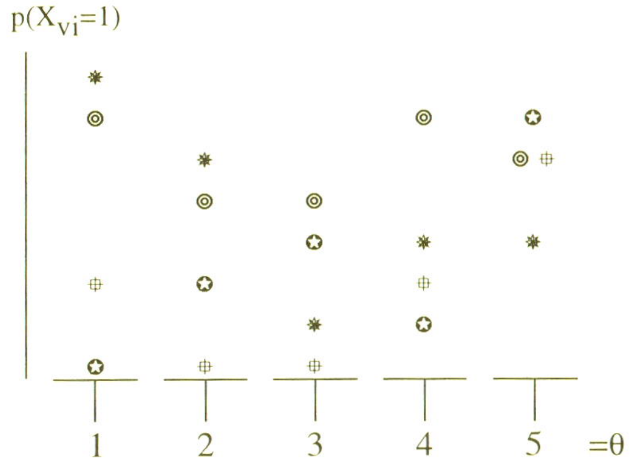

Abbildung 70: Beliebige, nichtmonotone Itemfunktionen

In den folgenden Unterkapiteln wird zunächst auf das deterministische Testmodell mit *ungeordneten* Klassen eingegangen (denn dasjenige mit geordneten Klassen ist ja die bereits behandelte Guttman-Skala). Danach wird auf das allgemeine probabilistische Modell mit ungeordneten Klassen eingegangen (Kap. 3.1.2.2). Auf dessen Spezialfälle mit geordneten Klassen wird in den Unterkapiteln 3.1.2.3 und 3.1.2.4 eingegangen .

3.1.2.1 Deterministische Klassen: verbotene Antwortmuster

Deterministische Klassen von Personen erwartet man bei einer Testvorgabe immer dann, wenn man davon ausgeht, daß *nur bestimmte Muster von Antworten* in dem Test oder Fragebogen möglich sind. Dies ergibt sich z.B. dadurch, daß die Antworten auf einige Fragen bestimmte Antworten bei den anderen Items implizieren.

Ein Beispiel hierfür sind Wissen- und Kenntnistests, deren Items *hierarchisch zusammenhängende Wissenselemente* abdecken.

Beispiel

Ein Mathematik-Test besteht aus folgenden 4 Items:

1. Welche Zahl bezeichnet man als die Eulersche Zahl?
2. Wieviel ist e^2?
3. Wieviel ist 3.5^2?
4. Wieviel ist $1.4 \cdot 2.5$?

Diesem Test liegen drei *Wisseneinheiten* zugrunde, nämlich die Kenntnis der Eulerschen Zahl sowie das Beherrschen des Quadrierens und der Multiplikation. Geht man davon aus, daß alle drei Wissenselemente nach dem Alles-oder-nichts-Prinzip beherrscht werden, wobei allerdings das Quadrieren das Multiplizieren voraussetzt, so sind lediglich die folgenden Antwortmuster zu erwarten:

0000 für Personen, die keines der Wissenselemente beherrschen
1000 für Personen mit Kenntnis der Eulerschen Zahl
0011 für Personen, die quadrieren können
0001 für Personen, die multiplizieren können
1001 für Personen, die die Eulersche Zahl kennen und multiplizieren können sowie
1111 für Personen, die die Eulersche Zahl kennen und quadrieren können.

Die übrigen 10 möglichen Antwortmuster sind nicht möglich, sofern die Theorie über die drei Wissenselemente stimmt und die befragten Personen über diese Wissenselemente tatsächlich nach dem Alles-oder-nichts-Prinzip verfügen.

In diesem Beispiel kann man von einer *hierarchischen Wissensstruktur* sprechen, auch wenn die Hierarchie nur partiell besteht. Die folgende Abbildung zeigt die Struktur der Wissenszustände, die sich auf 4 Ebenen anordnen lassen. Die Person einer höheren Ebene hat stets 'mehr Wissen' als die einer tieferen Ebene.

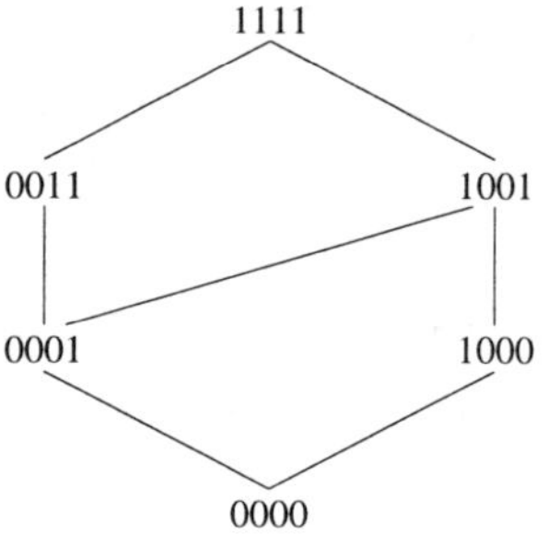

Abbildung 71: Eine hierarchische Wissensstruktur

Ein anderer Anwendungsbereich, wo man nur bestimmte Muster von Antworten erwartet, stellt die Erfassung von *Typen* dar. Unterscheidet man eine begrenzte Anzahl von Personentypen und erwartet man von jedem Typ bestimmte (im Extremfall *ein* bestimmtes) Antwortmuster, so sind auch hier deterministische Personenklassen über 'zulässige' und 'unzulässige' Anwortmuster definiert.

Beispiel

Ein sehr einfaches Beispiel ist der folgende, aus vier Items bestehende Fragebogen, wobei die Aussagen jeweils mit 'stimmt:' (= 1) oder 'stimmt nicht' (= 0) zu beantworten sind:

1. Ich brause leicht auf
2. Ich stehe ständig unter Dampf
3. Ich halte das Leben für sinnlos
4. Ich laß' die Dinge mal auf mich zukommen.

Würde man auf diesen Fragebogen die Lehre der vier Temperamentstypen in puristischer Manier anwenden, so sind nur vier Antwortmuster zu erwarten, nämlich

1000 für die Choleriker
0100 für die Sanguiniker
0010 für die Melancholiker
0001 für die Phlegmatiker.

Man erwartet also aus der Menge der möglichen Antwortpattern, (in diesem Fall 16, nämlich 2^4) lediglich vier mögliche Antwortmuster. Diese vier Klassen sind *ungeordnet*, denn es gibt keine psychologisch sinnvolle Dimension, auf der sich diese vier Temperamentstypen anordnen ließen.

Das *Auswerten des Tests* bei Vorliegen einer solchen Typenhypothese ist denkbar einfach, denn man braucht lediglich nachzusehen, ob sich außer den erwarteten Antwortpattern noch weitere Antwortmuster in der Datenmatrix befinden. Legt man ein deterministisches Antwortverhalten zugrunde, so falsifiziert bereits *ein* unerwartetes Antwortmuster die Hypothese.

Verfügt man über *keine präexperimentellen Hypothesen* bezüglich der möglichen Antwortmuster, so bleibt die Möglichkeit, in der Testdatenmatrix nachzuschauen, welche Muster auftauchen und welche nicht. Dieses führt in den meisten Fällen jedoch zu keiner sinnvollen Testauswertung, da in aller Regel mehr Antwortmuster zu beobachten sind, als sinnvollerweise Klassen anzunehmen sind.

Literatur

Die Erfassung von Wissensstrukturen oder sog. Verhaltenshierarchien wird zumeist im Zusammenhang mit *probabilistischen* Klassen-Modellen gesehen (Bergan & Stone, 1985, Dayton & Macready, 1976, Rindskop, 1983), während Hilke et al. (1977) auch die Vorteile deterministischer Annahmen betonen. Die Erfassung von Typen mit Hilfe von Klassen-Modellen diskutiert Rost (1995).

Übungsaufgabe

Sie erhalten in einem Wissens-Test mit 5 Items die folgenden 8 Antwortpattern:

	Items 1	2	3	4	5
Pattern	0	0	0	0	0
	0	1	0	1	0
	0	1	0	1	1
	0	1	0	0	0
	1	1	1	1	1
	0	1	0	0	1
	1	1	0	0	0
	1	1	1	0	0

Zeichnen Sie die hierarchische Wissensstruktur auf, die diese 8 Pattern miteinander verbindet.

3.1.2.2 Die Analyse latenter Klassen: wahrscheinliche Antwortmuster

Die Analyse latenter Klassen ist die probabilistische Variante eines Testmodells für den zuvor geschilderten Fall, daß man bestimmte Arten von Antwortmustern in einem Test oder Fragebogen erwartet. Im Unterschied zum vorangehenden Kapitel erfolgt hier die einzelne Itemantwort jedoch nicht deterministisch, sondern nur mit einer gewissen Wahrscheinlichkeit .

Im folgenden soll die *Modellgleichung* für dieses allgemeine kategoriale Testmodell abgeleitet werden. Dabei wird von relativ einfachen, 'schwachen' Annahmen ausgegangen.

Die *erste Annahme* besagt, daß die Lösungswahrscheinlichkeit eines Items für alle Personen in einer Klasse (mit demselben kategorialen Meßwert) *konstant* ist, d.h.

(1) $p(X_{vi}=1|\theta_v=g)=\pi_{ig}$,

wobei π_{ig} einen Modellparameter bezeichnet, der genau diese konstante Lösungswahrscheinlichkeit von Item i in der Klasse g ausdrückt. Der Parameter kann also nur Werte zwischen 0 und 1 annehmen. Man bezeichnet solche Parameter auch als *Wahrscheinlichkeitsparameter.* Die Gegenwahrscheinlichkeit, also die Wahrscheinlichkeit, das Item *nicht* zu lösen, lautet dann

(2) $p(X_{vi}=0|\theta_v=g)=1-\pi_{ig}$,

was zusammengefaßt werden kann zu

(3) $p(X_{vi}=x|\theta_v=g)=\pi_{ig}^{x}(1-\pi_{ig})^{1-x}$.

Die *zweite Annahme* besagt, daß jede Person *nur einer* Klasse angehören kann, d.h. die Klassen sind *disjunkt* und *exhaustiv*. Das entspricht der bei allen Testmodellen üblichen Annahme, daß jeder Person *nur ein Wert* der Personenvariable zugewiesen werden kann. Ebenfalls üblich ist die Annahme, daß die Anzahl der Personen mit demselben Meßwert, hier die *Klassengröße*, *unbekannt* ist.

Man führt für die *Klassengröße* ebenfalls einen Wahrscheinlichkeitsparameter, π_g, ein, der die Wahrscheinlichkeit bezeichnet, daß eine zufällig ausgewählte Person zur Klasse g gehört:

$$\pi_g = p(\theta_v = g).$$

Diese Klassengrößen addieren sich aufgrund der getroffenen Annahme zu Eins :

(4) $$\sum_{g=1}^{G} \pi_g = 1$$

Die Anzahl latenter Klassen, G, ist zwar eine unbekannte Größe, sie stellt aber *keinen Modellparameter* dar. Das bedeutet, daß diese Anzahl nicht direkt geschätzt oder berechnet werden kann wie die anderen Parameter. Sie muß vielmehr indirekt über eine Kontrolle der Modellgültigkeit bei unterschiedlichen Klassenanzahlen ermittelt werden (s. Kap. 4 und 5).

Mit diesen beiden Parametern läßt sich bereits die *unbedingte Lösungswahrscheinlichkeit* ausdrücken, was zunächst an einem Beispiel verdeutlicht werden soll.

Beispiel

Es gibt drei verschiedene Automarken, deren Autos jeweils zu 30% (Marke A), 50% (Marke B) und 70% (Marke C) eine helle, leuchtende Lackierung aufweisen. D.h. die *bedingten* Wahrscheinlichkeiten für eine helle Lackierung betragen 0.3, 0.5 und 0.7. Die drei Marken haben Marktanteile von 60%, 20% und 20%. Dies entspricht den Klassengrößenparametern π_1=0.6, π_2=0.2 und π_3=0.2. Dann ist die *unbedingte* Wahrscheinlichkeit, ein helles Auto anzutreffen:

p (Auto=hell) = 0.6·0.3 + 0.2·0.5 + 0.2·0.7 = 0.42,

d.h. 42 von 100 Autos haben eine helle Lackierung.

Die allgemeine Gleichung lautet

(5) $p(X_{vi}=1)=\sum_{g=1}^{G} \pi_g \pi_{ig}$,

und läßt sich wie folgt aus den beiden genannten Annahmen ableiten.

Ableitung

Die unbedingte Lösungswahrscheinlichkeit $p(X_{vi} = 1)$ läßt sich als Summe von konjugierten Ereignissen

$$p\left(X_{vi} = 1 \wedge \theta_v = g\right)$$

schreiben, wenn man über alle Werte addiert, die das konjugierte Ereignis, also hier die latente Variable θ_v, annehmen kann:

$$(6) \quad p\left(X_{vi} = 1\right) = \sum_{g=1}^{G} p\left(X_{vi} = 1 \wedge \theta_v = g\right).$$

Nach der Definition einer bedingten Wahrscheinlichkeit

$$(7) \quad p(A|B) = \frac{p(A \wedge B)}{p(B)}$$

läßt sich die Wahrscheinlichkeit eines konjungierten Ereignisses auf die bedingte Wahrscheinlichkeit zurückführen

$$p(A \wedge B) = p(B) \cdot p(A|B),$$

also auch

$$p\left(X_{vi} = 1\right) = \sum_{g=1}^{G} p\left(\theta_v = g\right) \cdot p\left(X_{vi} = 1 | \theta_v = g\right)$$
$$= \sum_{g=1}^{G} \pi_g \, \pi_{ig}.$$

Die *dritte Annahme* ist die Annahme der *Itemhomogenität*, die besagt, daß alle Items dieselbe Personenvariable messen. Daraus folgt nämlich, daß sich die unbedingte *Patternwahrscheinlichkeit* genauso berechnen läßt, wie die unbedingte *Lösungswahrscheinlichkeit*, nämlich:

$$(8) \quad p(\underline{x}) = \sum_{g=1}^{G} \pi_g \, p(\underline{x}|g).$$

Als *vierte* und letzte *Annahme* wird wiederum die lokale *stochastische Unabhängigkeit* benötigt (s. Kap. 2.3.3), um die bedingten Patternwahrscheinlichkeiten $p(\underline{x}|g)$ auf die einzelnen Lösungswahrscheinlichkeiten zurückzuführen:

$$(9) \quad p(\underline{x}|g) = \prod_{i=1}^{k} \pi_{ig}^{x_i} \left(1 - \pi_{ig}\right)^{1-x_i},$$

wobei der Exponent x_i jeweils die i-te Komponente des Vektors $\underline{x}$ bezeichnet. Es ergibt sich somit als Modellgleichung:

$$(10) \quad p(\underline{x}) = \sum_{g=1}^{G} \pi_g \prod_{i=1}^{k} \pi_{ig}^{x_i} \left(1 - \pi_{ig}\right)^{1-x_i}.$$

Dieses Testmodell, das auf Paul Lazarsfeld (1950) zurückgeht, wird als *latent-class Modell* bezeichnet und stellt das Grundmodell für alle Testmodelle mit kategorialer Personenvariable dar.

Datenbeispiel

Analysiert man die KFT-Daten unter der Annahme einer zweikategoriellen Personenvariable, so ergeben sich die folgenden Modellparameter:

	π_g	π_{1g}	π_{2g}	π_{3g}	π_{4g}	π_{5g}
g = 1	0.54	0.90	0.93	0.75	0.67	0.48
g = 2	0.46	0.36	0.18	0.17	0.04	0.12

Man sieht an den Modellparametern, daß es sich hier um *zwei geordnete Klassen* handelt, d.h. die Personen in Klasse 1 haben durchweg höhere Lösungswahrscheinlichkeiten als in Klasse 2.

Obwohl man somit sagen kann, daß die Personen der Klasse 1 'fähiger' sind als die der Klasse 2, ergeben sich weitere *'qualitative' Unterschiede*: In Klasse 1 ist das *letzte* Item am *schwersten*, während es in Klasse 2 das *vierte* Item ist. Daß für verschiedene Personengruppen eine unterschiedliche Reihenfolge der Itemschwierigkeiten gilt, kann es bei quantitativen Testmodellen mit überschneidungsfreien Itemfunktionen *nicht* geben.

Die Lösungswahrscheinlichkeiten in Form von *Itemfunktionen* graphisch darzustellen, bewährt sich immer dann nicht, wenn es mehr Items als Klassen gibt. Hier sind sog. *Itemprofile* besser geeignet, bei denen auf der Abszisse die Itemnummern und auf der Ordinate die Lösungswahrscheinlichkeiten abgetragen sind:

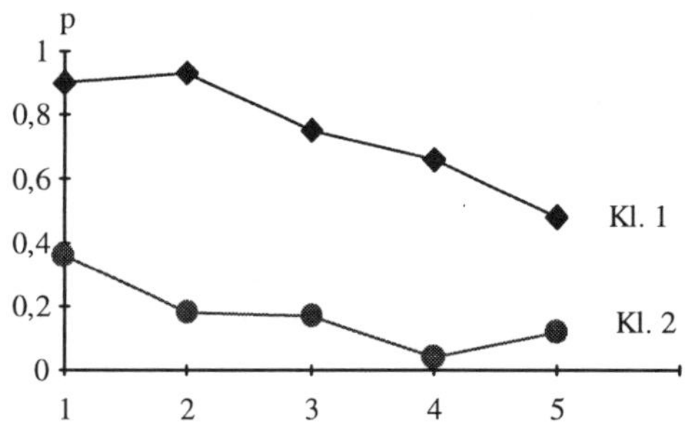

Abbildung 72: Die Itemprofile des Datenbeispiels

Ob die Klassen geordnet und somit die Itemfunktionen monoton steigend sind, läßt sich auch anhand der Itemprofile eindeutig sagen:

> *Die Itemprofile sind genau dann überschneidungsfrei, wenn die Itemfunktionen monoton steigend sind, d.h. die Klassen geordnet sind.*

Aus den vier Modellannahmen läßt sich ableiten, daß jede Person jeder Klasse nur mit einer bestimmten Wahrscheinlichkeit angehört. Die Personen werden also nicht 'manifest' klassifiziert, sondern es werden *nur Wahrscheinlichkeitsaussagen über die Klassenzugehörigkeit* gemacht. Die Wahrscheinlichkeit, mit der eine Person mit dem Antwortmuster $\underline{x}$ der Klasse g angehört, beträgt:

$$(11) \quad p(g|\underline{x}) = \frac{\pi_g \, p(\underline{x}|g)}{\sum_{h=1}^{G} \pi_h \, p(\underline{x}|h)}.$$

Das heißt, diese *bedingte Klassenwahrscheinlichkeit* ist gleich der Wahrscheinlichkeit, daß eine Person aus Klasse g genau dieses Muster produziert, $p(\underline{x}|g)$, multipliziert mit der Klassengröße π_g und dividiert durch die Summe dieser Produkte über alle Klassen. Der Nenner sorgt dafür, daß die Summe dieser sogenannten *Zuordnungswahrscheinlichkeiten* stets Eins ergibt:

$$(12) \quad \sum_{g=1}^{G} p(g|\underline{x}) = 1,$$

denn *einer* Klasse muß ja jede Person angehören.

Der Satz von Bayes

Gleichung (11) drückt nichts anderes aus als eine Vertauschung dessen, was *vor* und *hinter* dem Bedingungsstrich einer bedingten Wahrscheinlichkeit steht, nämlich hier g und $\underline{x}$. Dies läßt sich allein mit Hilfe der Definition einer *bedingten Wahrscheinlichkeit* ableiten (s. Gleichung 7), welche auf diesen Fall bezogen lautet:

$$p(g|\underline{x}) = \frac{p(g \wedge \underline{x})}{p(\underline{x})}.$$

Die Wahrscheinlichkeit des Eintretens des Ereignisses

g: 'die Person gehört Klasse g an'

unter der Bedingung des Ereignisses

$\underline{x}$: 'die Person produziert Antwortmuster $\underline{x}$'

ist gleich der Wahrscheinlichkeit des kombinierten Ereignisses, $p(g \wedge \underline{x})$, dividiert durch die Wahrscheinlichkeit der Bedingung, $p(\underline{x})$. Eine Umstellung ergibt:

$$p(g \wedge \underline{x}) = p(g|\underline{x})\, p(\underline{x}),$$

aber auch $\quad p(g \wedge \underline{x}) = p(\underline{x}|g)\, p(g).$

Gleichsetzen der beider Gleichungen und Auflösen nach der gewünschten Größe ergibt

$$p(g|\underline{x}) = \frac{p(\underline{x}|g)\, p(g)}{p(\underline{x})}.$$

Diese Gleichung stellt eine Anwendung des Theorems von Bayes dar. Wird p(g) durch π_g ersetzt und wird für $p(\underline{x})$ der entsprechende Term aus Gleichung (8) eingesetzt, so ergibt sich Gleichung (11).

Das Ziel einer Testvorgabe besteht darin, für jede Person mit *möglichst großer Wahrscheinlichkeit* angeben zu können, welcher Kategorie der Personenvariable, also welcher Klasse sie angehört. Mit Hilfe von Gleichung (11) können diese Wahrscheinlichkeiten anhand der Modellparameter bestimmt werden.

Möchte man die Personen dann tatsächlich einer der Klassen zuordnen, so wird jede Person derjenigen Klasse zugeordnet, der sie *am wahrscheinlichsten* angehört. Die Klassenzugehörigkeit wird also durch das Maximum der Zuordnungswahrscheinlichkeiten definiert:

(13) $$T(\underline{x}_v) = \max_g \left(p(g|\underline{x}_v)\right).$$

Die durchschnittliche Höhe dieser Maxima $T(\underline{x}_v)$ über alle Personen:

(14) $$T = \frac{\sum_{v=1}^{N} T(\underline{x}_v)}{N},$$

oder auch nur über die Personen einer Klasse:

(15) $$T_g = \frac{\sum_{v \in g} T(\underline{x}_v)}{n_g}$$

kann dabei - ähnlich wie ein Reliabilitätsmaß - als Maß für die Meßgenauigkeit des Tests interpretiert werden. T gibt die *'Treffsicherheit'* an, mit der die wahre Klassenzugehörigkeit der getesteten Personen auch tatsächlich ermittelt wird.

Datenbeispiel

Im Datenbeispiel ergeben sich anhand der bereits aufgeführten bedingten Lösungswahrscheinlichkeiten die folgenden Zuordnungswahrscheinlichkeiten für alle Antwortmuster mit dem Score r = 2.

$n(\underline{x})$	Pattern	$p(g=2\|\underline{x})$
1	0 0 0 1 1	.77
2	0 0 1 0 1	.91
1	0 0 1 1 0	.61
1	0 1 0 0 1	.70
2	0 1 0 1 0	.74
3	0 1 1 0 0	.53
7	1 0 0 0 1	.91
2	1 0 0 1 0	.60
6	1 0 1 0 0	.82
21	1 1 0 0 0	.51

In der Tabelle sind die Patternhäufigkeiten $n(\underline{x})$ und die Zuordnungswahrscheinlichkeiten zu Klasse 2 aufgeführt.

Es zeigt sich, daß alle Pattern mit Score 2 der zweiten Klasse, also der Klasse mit den niedrigeren Lösungswahrscheinlichkeiten angehören. Allerdings gehen die Zuordnungswahrscheinlichkeiten bis an die 50%-Grenze heran, z.B. bei dem Pattern $\underline{x} = (11000)$.

Der Grund liegt bei diesem Pattern darin, daß diese Personen das 1. und 2. Item gelöst haben und diese beiden Items gerade in Klasse 1 eine extrem hohe Lösungswahrscheinlichkeit haben. Personen, die zwei andere Items gelöst haben, gehören sehr viel eindeutiger zu Klasse 2.

Durch diese Ergebnisse wird deutlich, daß bei der latent-class Analyse *nicht* das Prinzip gilt, daß die Anzahl der gelösten Aufgaben *alles über die Personenfähigkeit* aussagt, wie es beim Rasch-Modell der Fall ist. Vielmehr hängt der Meßwert, d.h. die Klassenzugehörigkeit, davon ab, *welche* Items gelöst werden.

Die mittleren Zuordnungswahrscheinlichkeiten, also die *Treffsicherheiten* für die beiden Klassen betragen in diesem Beispiel

$$T_1 = 0.96 \text{ und } T_2 = 0.89,$$

was als relativ hoch angesehen werden kann. Das bedeutet, die Personen dieser Stichprobe werden mit einer Sicherheit von 96% der ersten Klasse und mit einer Sicherheit von 89% der zweiten Klasse zugeordnet. Die geringere Treffsicherheit für die zweite Klasse ist sicherlich auf den zuvor interpretierten Sachverhalt zurückzuführen, daß Personen mit geringem Score gerade die in Klasse 1 leichten Items lösen.

Die *Likelihoodfunktion* der latent-class Analyse läßt sich *nicht* in ähnlicher Weise vereinfachen, wie dies beim Rasch-Modell der Fall ist. Analog zu Gleichung (9) in Kapitel 3.1.1.2.2 geht man vom Produkt der Patternwahrscheinlichkeiten aus

$$(16) \quad L = \prod_{v=1}^{N} p(\underline{x}_v),$$

das sich als Produkt aller *möglichen* und *unterschiedlichen* Pattern umschreiben läßt:

$$(17) \quad L = \prod_{\underline{x}} p(\underline{x})^{n(\underline{x})}.$$

Zu beachten ist hier, daß die Wahrscheinlichkeiten von Antwortpattern, die *nicht* in der Datenmatrix enthalten sind, auch nicht die Likelihood beeinflussen, da sie den Exponenten $n(\underline{x}) = 0$ haben (und $a^0 = 1$ ist).

Setzt man die unbedingte Patternwahrscheinlichkeit (10) ein, so erhält man die Likelihoodfunktion

$$(18) \quad L = \prod_{\underline{x}} \left(\sum_{g=1}^{G} \pi_g \prod_{i=1}^{k} \pi_{ig}^{x_i} \left(1 - \pi_{ig}\right)^{1-x_i} \right)^{n(\underline{x})},$$

die - wie gesagt - nicht weiter vereinfacht werden kann. Die Patternhäufigkeiten $n(\underline{x})$ sind jene Statistiken der Datenmatrix, die man für die Parameterschätzung und Modellgeltungstests benötigt. Es findet somit im Vorfeld der Modellanwendung so gut wie *keine Datenaggregation* statt (s.o.), d.h. die Analyse latenter Klassen arbeitet mit der gesamten, in den Daten enthaltenen Information.

Daraus ergeben sich jedoch auch gewisse Begrenzungen hinsichtlich der Item- und

Kategorienanzahl sowie die Notwendigkeit größerer Personenstichproben als sie z.B. für Analysen mit dem Rasch-Modell erforderlich sind.

Literatur

Die latent-class Analyse ist ausführlich von Lazarsfeld und Henry (1968), Formann (1984) und McCutcheon (1987) behandelt worden. Einen Überblick über spezielle Entwicklungen geben Langeheine (1984, 1988), Langeheine und Rost (1993) und Rost & Strauß (1992). Anwendungsbeispiele finden sich in Formann et al. (1980) und Rost & Langeheine (1996).

Übungsaufgaben

1. Welches Antwortmuster hat die größte Wahrscheinlichkeit, von Personen der ersten bzw. zweiten Klasse produziert zu werden?
2. Mit welcher Wahrscheinlichkeit wird eine Person, die das erste Item gelöst hat, der zweiten Klasse zugeordnet?
3. In welchem Fall gehört man mit größerer Wahrscheinlichkeit zur Klasse der 'Könner' (Klasse 1 im Datenbeispiel): wenn man die beiden leichtesten oder die beiden schwersten Items löst?
4. Berechnen Sie mit WINMIRA die 3-Klassenlösung.
   - Handelt es sich auch hier um geordnete Klassen?
   - Wie hoch sind die Treffsicherheiten für die 3 Klassen?
   - Welches sind die wahrscheinlichsten Antwortmuster in den drei Klassen?

3.1.2.3 Das Fixieren und Gleichsetzen von Parametern

Das Modell der latent-class Analyse, so wie es im vorangegangenen Kapitel beschrieben wurde, ist sehr allgemein und wenig restriktiv. Während dies zunächst eine positive Modelleigenschaft zu sein scheint, hat sie jedoch die negative Kehrseite, daß das Modell sehr viele Parameter umfaßt und letztlich vielleicht auch 'zu flexibel' ist. Mit '*zu flexibel*' ist gemeint, daß das Modell, wenn man nur ausreichend viele Klassen annimmt, auf jeden beliebigen Datensatz paßt und damit keinen Erklärungswert mehr besitzt.

Außer der Annahme über die Anzahl latenter Klassen fließen in die Anwendung dieses Testmodells keinerlei weitere Annahmen über die Höhe der Modellparameter ein. D.h., *welcher Art die latenten Klassen* sind, die man erwartet, wird im allgemeinen Fall nicht weiter spezifiziert.

Aus diesen Überlegungen ergibt sich die Idee, mit Hilfe von sogenannten *Parameterrestriktionen* spezielle präexperimentelle Annahmen in die Datenauswertung eingehen zu lassen. Als Parameterrestriktion bezeichnet man eine Maßnahme, die bewirkt, daß ein Parameter gar nicht mehr zu schätzen ist bzw. in seinem Wertebereich wesentlich eingeschränkt ist.

Man unterscheidet verschiedene Arten von Parameterrestriktionen, nämlich

1. das *Fixieren* von Parametern auf einen bestimmten Wert, d.h. das Einsetzen eines konkreten Zahlenwertes an die Stelle des Modellparameters,
2. das *Gleichsetzen* von mindestens zwei Parametern, d.h. die Bedingung, daß die Parameterschätzungen für zwei

oder mehr, vorher bestimmte Parameter identisch sein sollen, und

3. *Ordnungsrestriktionen*, d.h. die Vorschrift, daß ein Parameter größer (oder kleiner) zu sein hat als ein bestimmter anderer.

Alle drei Arten von Parameterrestriktionen lassen sich auf die Modellparameter des latent-class Modells anwenden. Dadurch wird es möglich, sehr unterschiedliche präexperimentelle Annahmen über die latenten Klassen zum Gegenstand einer empirischen Überprüfung zu machen.

Durch *Fixierung der Klassengrößenparameter* π_g lassen sich Klassen bestimmter Größe erzwingen. So kann man bei einer Zweiklassenlösung beide Klassengrößenparameter auf jeweils 0.5 fixieren und bewirkt somit, daß die optimale 50%-Aufteilung anhand der gegebenen Itemantworten ermittelt wird.

Das derart restringierte latent-class Modell bestimmt diejenige Zweiteilung der Stichprobe, in der die beiden Gruppen möglichst heterogen zueinander sind, beide Gruppen aber gleich groß bleiben. Damit ist dieses Verfahren wesentlich voraussetzungsärmer als z.B. der oft verwendete *Mediansplit*, bei dem die Stichprobe am Median der Summenscoreverteilung in zwei Hälften geteilt wird. Während der Mediansplit voraussetzt, daß dem gesamten Testverhalten eine eindimensionale Variable zugrunde liegt, erlaubt die Einteilung in zwei Klassen mit fixierten Klassengrößen auch qualitative Unterschiede zwischen den Personen beider Klassen.

Im Datenbeispiel ergeben sich für zwei entsprechend fixierte Klassen die folgenden Modellparameter:

Datenbeispiel

Klasse 1 (50%)	0.90	0.94	0.76	0.68	0.49
Klasse 2 (50%)	0.38	0.20	0.17	0.05	0.12

Im Vergleich zur unrestringierten Lösung, bei der die Klassengrößen auch schon relativ dicht bei 0.5 liegen (s.o.), ergibt sich *ein leichter Anstieg* der bedingten Antwortwahrscheinlichkeiten in beiden Klassen. Das liegt daran, daß die Klasse der 'Könner' im Vegleich zu vorher kleiner wird, während die Klasse der 'Nicht-Könner' größer wird.

Ebenso lassen sich die bedingten *Antwortwahrscheinlichkeiten* π_{ig} auf bestimmte präexperimentell erwartete Werte *fixieren*. Erwartet man z.B. bei einem Leistungstest, daß es eine Klasse von Personen gibt, die alle Items mit einer 10%-igen *Irrtumswahrscheinlichkeit* lösen (vgl. Kap. 3.1.1.1.2.), so kann man für eine Klasse alle bedingten Antwortwahrscheinlichkeiten auf 0.9 fixieren.

Datenbeispiel

Für das gegebene Datenbeispiel führt das zu folgenden Resultaten:

Klasse 1 (33%)	0.90	0.90	0.90	0.90	0.90
Klasse 2 (67%)	0.53	0.40	0.28	0.12	0.14

Da die Klassengrößen in diesem Fall natürlich nicht mehr fixiert sein dürfen, ergibt sich, daß die Klasse der 'Könner mit 10% Irrtum' in der untersuchten Stichprobe 33% der Personen umfaßt.

In entsprechender Weise läßt sich auch eine Klasse spezifizieren, für die erwartet wird, daß diese Personen die richtige Lösung lediglich erraten (vorausgesetzt man kennt die Ratewahrscheinlichkeit aufgrund des verwendeten Antwortformates).

Während es in der Praxis oft schwierig ist, präexperimentell bestimmte Parameter vorauszusagen und sie auf diesen Wert zu fixieren, ist das Mittel der *Gleichsetzung von Parametern* sehr viel universeller einsetzbar. So können die Antwortwahrscheinlichkeiten *zwischen den Klassen* gleichgesetzt werden, d.h. man erwartet, daß in verschiedenen Klassen die Antwortwahrscheinlichkeiten bezüglich bestimmter Items gleich sind. Dies kann z.B. dann sinnvoll sein, wenn man zwei Klassen unterscheiden möchte, die sich nur bezüglich *bestimmter* Items unterscheiden, bezüglich anderer Items aber identische Antworttendenzen haben.

Auch gibt es eine Vielzahl von Hypothesen, die sich in einer Gleichsetzung von Parametern *innerhalb von Klassen* realisieren lassen, z.B. wenn präexperimentell erwartet wird, daß bestimmte Items aufgrund ihrer Struktur die gleichen Lösungswahrscheinlichkeiten haben müßten, man diese aber nicht kennt.

Die wichtigste Anwendung von Gleichheitsrestriktionen besteht darin, daß sich alle sogenannten *Antwortfehlermodelle mit einer stufenförmigen Itemfunktion*, die in Kapitel 3.1.1.1.2 behandelt wurden, als entsprechend restringierte latent-class Modelle rechnen lassen. Da sich in solchen Modellen die Personen, die zwischen zwei Sprungstellen liegen, nicht in ihren Lösungswahrscheinlichkeiten unterscheiden, können sie in latenten Klassen zusammengefaßt werden.

Man benötigt zur Berechnung von Antwortfehlermodellen stets eine Klasse *mehr* als es Items gibt, und man muß die Lösungswahrscheinlichkeiten *zwischen* bestimmten Klassen gleichsetzen.

Hierfür muß die Reihenfolge der Items entlang des Kontinuums bekannt sein, die sich aber im Normalfall einfach an den Lösungshäufigkeiten ablesen läßt. In dem Datenbeispiel ist das die Reihenfolge 1-2-3-4-5 nach aufsteigender Schwierigkeit.

Dann müssen die Lösungswahrscheinlichkeiten folgendermaßen gleichgesetzt werden:

für Item 1 in Klasse 2 bis 6
für Item 2 in Klasse 1 bis 2 und 3 bis 6
für Item 3 in Klasse 1 bis 3 und 4 bis 6
für Item 4 in Klasse 1 bis 4 und 5 bis 6 und
für Item 5 in Klasse 1 bis 5.

Es ergibt sich das folgende Bild der stufenförmigen Itemfunktionen. Die Parameterwerte wurden bereits in Kapitel 3.1.1.1.2 genannt.

Abbildung 73: Die Itemfunktionen des Antwortfehlermodells der KFT-Daten

Darüber hinaus lassen sich auch die Lösungswahrscheinlichkeiten *zwischen den Items* gleichsetzen, was dazu führt, daß man nur noch zwei Lösungswahrscheinlichkeiten zu schätzen hat, nämlich die Rate- und die Irrtumswahrscheinlichkeit, die bei allen Items in allen Klassen gleich ist. Hinzu kommen natürlich die 6 Klassengrößenparameter.

Datenbeispiel

Es ergibt sich eine Ratewahrscheinlichkeit von p=0.12 und eine Irrtumswahrscheinlichkeit von p=0.11 (d.h. eine Lösungswahrscheinlichkeit von p=0.89) für alle Items. Die geschätzten Klassengrößen lauten (geordnet nach aufsteigender 'Fähigkeit'):

Klasse	1	2	3	4	5	6
π_g	.31	.09	.13	.10	.13	.23

Parametergleichsetzungen im Rahmen der latent-class Analyse ermöglichen es, eine Vielzahl von quantitativen Testmodellen mit stufenförmigen Itemfunktionen darzustellen und auch praktisch zu berechnen.

Ordnungsrestriktionen setzt man dann ein, wenn man erzwingen möchte, daß die Parameter in einer gewissen *Richtung* voneinander abweichen. Dies ist z.B. dann der Fall, wenn man *geordnete Klassen* erwartet, d.h. Klassen, die sich in eine Rangreihe bringen lassen, so daß alle Lösungswahrscheinlichkeiten einer höheren Klasse größer sind als die einer niedrigeren Klasse (s.o.).

Oft ergeben sich geordnete Klassen - wie in unserem Datenbeispiel - *ohne* jegliche Restriktion, so daß man keine Ordnungsrestriktionen benötigt. Möchte man jedoch bei Vorliegen einzelner Abweichungen von der Ordnung prüfen, ob ein Modell mit geordneten Klassen trotzdem auf die Daten paßt, so muß man die Parameter nochmals *mit* einer Ordnungsrestriktion schätzen. Modellvergleiche anhand der Likelihood der Daten (vgl. Kap 5.1) geben dann Aufschluß, ob die Annahme geordneter Klassen gerechtfertigt ist.

In aller Regel wird dies dazu führen, daß bei den Items und Klassen, bei denen die geforderte Ordnung *verletzt* ist (ein Item in einer höheren Klasse schwerer ist als in einer niedrigeren Klasse), die Parameter auf einem 'mittleren' Wert festgehalten werden. L*etztlich* resultiert also aus einer Ordnungsrestriktion *eine Gleichheitsrestriktion,* was die folgende Abbildung verdeutlichen soll.

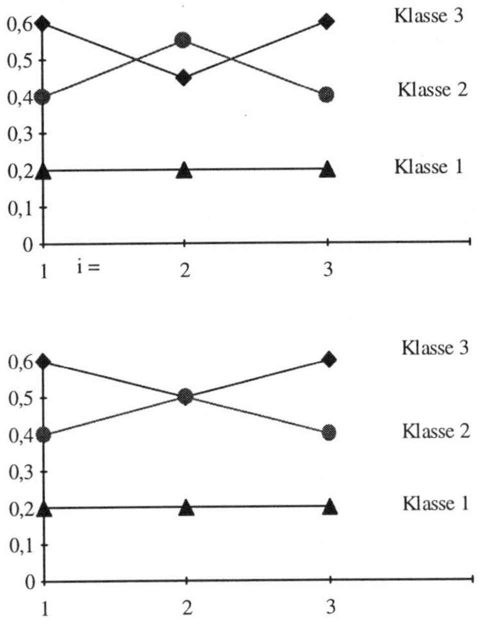

Abbildung 74: Die Antwortprofile von drei Items ohne Ordnungsrestriktion (oben) und mit Ordnungsrestriktion (unten)

Ordnungsrestriktionen führen nur dann zu einer wirklichen Restriktion des Testmodells, und somit zu einer schlechteren Modellanpassung, wenn die Ordnung tatsächlich in einzelnen Klassen bei einzelnen Items verletzt ist. In diesem Fall spart man durch die Ordnungsrestriktion so viele Parameter wie es Paare von gleichgesetzten Antwortwahrscheinlichkeiten gibt.

Neben der soeben dargestellten Ordnung der *Klassen* bezüglich aller Items kann man auch *dieselbe Ordnung der Items in allen Klassen* erwarten. Das bedeutet, daß die Items in jeder Klasse dieselbe Rangordnung ihrer Antwortwahrscheinlichkeiten aufweisen: Ein Item i, das in einer Klasse leichter ist als ein Item j, muß auch in jeder anderen Klasse leichter sein als Item j.

Graphisch bedeutet dies, daß sich die Items so anordnen lassen, daß die Itemprofile in den latenten Klassen monoton ansteigend sind.

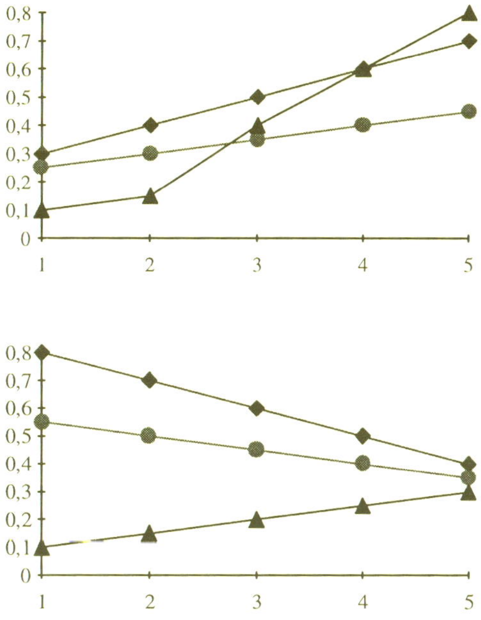

Abbildung 75: Die Itemprofile von geordneten Items (oben) und geordneten Klassen (unten)

Abbildung 75 zeigt, daß die Items geordnet sein können, ohne daß die Klassen geordnet sind (oberes Bild) und, daß die Klassen geordnet sein können, ohne daß es die Items sind (unteres Bild). Es handelt sich also um zwei *unabhängige* Ordnungsbedingungen oder *Monotoniebedingungen*.

Tatsächlich sind es dieselben beiden Monotoniebedingungen, die auch bei einer Mokken-Analyse erfüllt sein müssen (s. Kapitel 3.1.1.2.4).

Gibt es so viele latente Klassen wie Personen getestet wurden, d.h. bildet jede getestete Person ihre eigene latente Klasse, so sind die beiden Modelle, die Mokken-Skala und das latent-class Modell mit geordneten Items und Klassen, identisch.

Der Unterschied zwischen beiden Modellen besteht darin, daß bei der Mokken-Analyse im Prinzip unendlich viele *Ausprägungen der latenten Variable* auftreten können, während die *Anzahl latenter Klassen* beschränkt und normalerweise relativ klein ist.

Praktisch wird man jedoch feststellen, daß eine Gruppierung der Personen in Klassen mit ähnlichen Eigenschaftsausprägungen *keine* sehr viel schlechtere Modellgeltung hat. Hat ein Test monoton steigende und überschneidungsfreie Itemcharakteristiken im Sinne der Mokken-Skala (s. Abb. 76, oben), so wird eine latent-class Analyse mit hinreichend vielen latenten Klassen Parameterwerte aufweisen, die die doppelte Monotoniebedingung erfüllen, d.h. deren Klassen und deren Items geordnet sind (s. Abb. 76, unten).

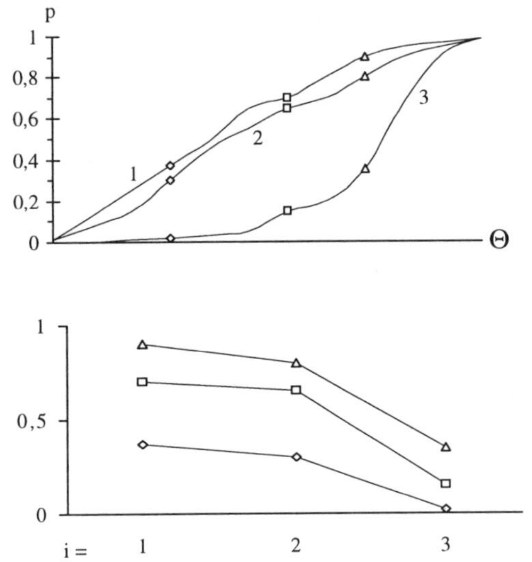

Abbildung 76: Monotone, überschneidungsfreie Itemfunktionen ergeben geordnete Klassen und Items

In Abbildung 76 sind die Itemprofile von drei latenten Klassen eingezeichnet, die an drei Punkten der latenten Dimension einer Mokken-Skala *lokalisiert* sind (zum Konzept lokalisierter Klassen vgl. das nächste Unterkapitel). Somit bietet die latent-class Analyse mit geordneten Klassen und Items eine gute Möglichkeit zu prüfen, ob ein Test Mokken-skalierbar ist.

Auch lassen sich beide Monotoniebedingungen *einzeln* überprüfen: Sind die latenten Klassen geordnet, so kann man schließen, daß die Itemcharakeristiken monoton steigend sind. Sind die Items in allen Klassen geordnet, so kann man schließen, daß die Itemcharakteristiken überschneidungsfrei sind. Vorausgesetzt man läßt hinreichend viele latente Klassen zu, so läßt sich auf diesem Weg untersuchen, ob es für einen Test ein quantitatives Testmodell mit monotonen, überschneidungsfreien Itemfunktionen gibt.

Literatur

Die Möglichkeiten von Parameterfixierungen und Gleichheitsrestriktionen ergaben sich durch die Entwicklung der Parameterschätzmethode von Goodman (1974a, b). Der Einsatz derart restringierter Modelle für das sog. *mastery testing* wird von Macready & Dayton (1977, 1980) diskutiert. Dayton & Macready (1980) berücksichtigen bei Antwortfehlermodellen eine Klasse unskalierbarer Personen. Clogg & Goodman (1985) benutzen Parameterrestriktionen, um eine latent-class Analyse simultan in mehreren Personenstichproben durchzuführen. Croon (1990) und Formann (1992) beschreiben unterschiedliche Ansätze für Ordnungsrestriktionen im latent-class Modell, und Croon (1991) sowie de Gruijter (1994) gehen auf die Beziehungen zwischen der Mokken-Analyse und der latent-class Analyse ein.

Übungsaufgabe

Die geschätzten Modellparameter des *unrestringierten* 3-Klassen Modells lauten:

Klasse 1 (39%)	.26	.10	.16	.04	.10
Klasse 2 (29%)	.92	.84	.49	.12	.28
Klasse 3 (32%)	.87	.94	.84	1.00	.59

Die 5 Items des KFT bilden nach diesen Ergebnissen *keine* Mokken-Skala. Bei welchen Items und in welchen Klassen ist welche Monotoniebedingung verletzt?

3.1.2.4 Lokalisierte Klassen: Punkte auf einem Kontinuum

Die im vorangegangenen Kapitel dargestellte Äquivalenz zwischen der Mokken-Analyse und der Klassen-Analyse mit einer doppelten Ordnungsrestriktion wurde mit Hilfe des Gedankenmodells verdeutlicht, daß die Eigenschaftsausprägungen der Personen nur eine begrenzte Anzahl von Werten annehmen können. Die Klassen in denen die Personen mit gleicher Eigenschaftsausprägung zusammen gefaßt werden, sind an derjenigen Stelle des latenten Kontinuums angesiedelt (lokalisiert oder 'verortet'), die der Eigenschaftsausprägung der Personen in dieser Klasse entspricht. Das ist das Konzept *lokalisierter Klassen*.

Mittels einer solchen Lokalisation der Klassen auf einem Kontinuum kann man die Antwortwahrscheinlichkeiten in den latenten Klassen durch *kontinuierliche*, d.h. auf das *gesamte* Kontinuum bezogene Itemfunktionen definieren. Aus dem Graph der Itemfunktionen ergeben sich die Antwortwahrscheinlichkeiten innerhalb der Klassen durch die *Schnittpunkte* der Itemfunktionen mit senkrechten Linien über der jeweiligen Klassenlokation (s. Abb. 77).

Testmodelle mit lokalisierten Klassen gehen also davon aus, daß es zwar eine kontinuierliche Personenvariable gibt, daß die getesteten Personen aber *nicht kontinuierlich* über das gesamte Spektrum *verteilt* sind, sondern sich an bestimmten Verdichtungspunkten, den Klassenlokalisationen häufen. Es gibt nur eine begrenzte Anzahl von Ausprägungen einer 'eigentlich' kontinuierlichen Personenvariable.

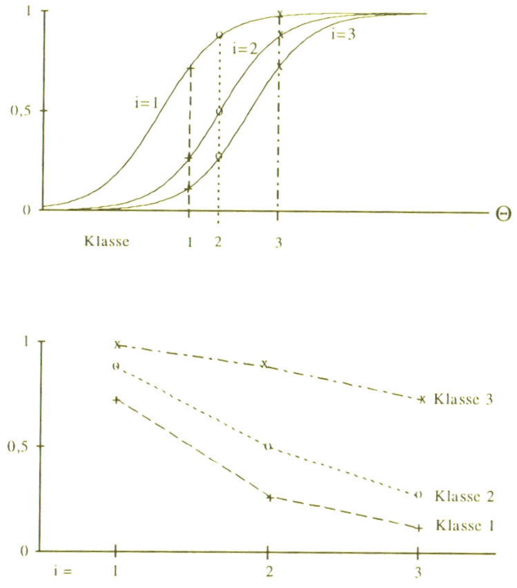

Abbildung 77: Die Itemprofile von drei lokalisierten Klassen (unten) auf einem Kontinuum mit 3 Itemfunktionen des Rasch-Modells (oben)

Solche Testmodelle sind gewissermaßen Zwitter aus Testmodellen mit kontinuierlicher und mit kategorialer Personenvariable. Sie verdeutlichen die *Beziehung* dieser beiden grundlegenden Arten von Testmodellen zueinander. Zwei, zunächst paradox erscheinende Beziehungen lassen sich ablesen.

Ein Paradoxon?

Erstens scheint ein *Testmodell mit lokalisierten Klassen* insofern ein *Spezialfall* des zugehörigen kontinuierlichen Testmodells zu sein, als es aus der Vielzahl der möglichen Ausprägungen der latenten Personenvariable nur eine sehr begrenzte Anzahl von Ausprägungen, nämlich so viele wie es Klassen gibt, zuläßt.

Zweitens scheint ein *Testmodell mit monoton ansteigenden Itemfunktionen* gegenüber der unrestringierten Klassenanalyse ein sehr restriktiver *Spezialfall* zu sein, bei dem die klassenspezifischen Antwortwahrscheinlichkeiten auf bestimmte, durch die Itemfunktionen vorgegebene Werte fixiert sein müssen.

Diese beiden paradox erscheinenden Einsichten lassen sich auf einen gemeinsamen Nenner bringen, wenn man der Frage nachgeht, ob eine *begrenzte Anzahl* lokalisierter Klassen die Daten *genauso gut* erklären kann, wie das zugrundeliegende quantitative Testmodell. Um die Antwort vorwegzunehmen: Es reicht eine relativ kleine Anzahl von lokalisierten Klassen aus. Mit dieser vorweggenommenen Antwort ergibt sich die 'Auflösung' des Paradoxon:

> *Quantitative Testmodelle sind ein Spezialfall von latent-class Modellen, wenn man eine bestimmte Klassenanzahl wählt und die bedingten Antwortwahrscheinlichkeiten in geeigneter Weise restringiert.*

Diese Restriktionen sind aber weder durch Parameterfixierungen noch durch Gleichsetzungen oder lediglich Ordnungsrestriktionen (s.o. Kap. 3.1.2.3) zu erwirken. Die *Art der Restriktionen* hängt vielmehr vom jeweiligen Typ der Itemfunktion ab. Im folgenden wird das Modell lokalisierter Klassen für die *Itemfunktionen des Rasch-Modells* dargestellt.

Hierfür wird das Modell der Klassen-Analyse zunächst so abgeändert, daß die Wahrscheinlichkeitsparameter π_{ig} in logistische Parameter transformiert werden. Man nennt das eine *Reparametrisierung*, was bedeutet, daß man die Parameter eines Modells durch eine andere Sorte von Parametern austauscht, ohne daß sich an den Annahmen des Modells und somit an seiner Gültigkeit für empirische Datensätze irgendetwas ändert. Im vorliegenden Fall wird eine Logit-Transformation der Antwortwahrscheinlichkeiten π_{ig} vorgenommen (vgl. Kap. 3.1.1.2.2), d.h.

$$(1) \qquad \alpha_{ig} = \log \frac{\pi_{ig}}{1-\pi_{ig}}$$

und damit

$$\pi_{ig} = \frac{\exp(\alpha_{ig})}{1+\exp(\alpha_{ig})}.$$

Sie bewirkt, daß die neuen Parameter α_{ig} *nicht mehr* auf das Wahrscheinlichkeitsintervall von 0 bis 1 *beschränkt* sind, sondern zwischen $-\infty$ und $+\infty$ liegen. Fernerhin sind sie *zentriert*, d.h. für $\alpha_{ig}=0$ ergibt sich eine Antwortwahrscheinlichkeit von 0.5 (s.a. Kap. 3.1.1.2.2, Abb. 43 und 44). Auch ist diese Transformation *symmetrisch*, so daß die Gegenwahrscheinlichkeit zur Lösungswahrscheinlichkeit, also $1-\pi_{ig}$, dem negativen Logit-Parameter, $-\alpha_{ig}$, entspricht:

$$(2) \qquad \log \frac{1-\pi_{ig}}{\pi_{ig}} = -\alpha_{ig}.$$

Somit läßt sich die Modellgleichung der Klassenanalyse statt

$$(3) \quad p(x_{vi}) = \sum_{g=1}^{G} \pi_g \, \pi_{ig}^{x_{vi}} (1-\pi_{ig})^{1-x_{vi}}$$

folgendermaßen schreiben

$$(4) \qquad p(X_{vi}=1) = \sum_{g=1}^{G} \pi_g \frac{\exp(\alpha_{ig})}{1+\exp(\alpha_{ig})}$$

$$\text{und} \quad p(X_{vi}=0) = \sum_{g=1}^{G} \pi_g \frac{\exp(-\alpha_{ig})}{1+\exp(-\alpha_{ig})} = \sum_{g=1}^{G} \pi_g \frac{1}{1+\exp(\alpha_{ig})},$$

was sich zusammenfassen läßt zu

$$p(x_{vi}) = \sum_{g=1}^{G} \pi_g \frac{\exp(x_{vi}\,\alpha_{ig})}{1+\exp(\alpha_{ig})}.$$

Wie beim Rasch-Modell (s. Kap. 3.1.1.2.2) sorgt der Koeffizient x_{vi} im Exponent dafür, daß der ganze Zähler für $X_{vi} = 0$ gleich Eins wird.

Diese Reparametrisierung des Modells wird *logistische latent-class* Analyse genannt. Da die Modellparameter α_{ig} nicht mehr (wie die π_{ig} Parameter) auf das 0-1-Intervall beschränkt sind, sondern zwischen $-\infty$ und $+\infty$ liegen, kann man lineare Zerlegungen dieser Parameter einführen, ohne daß man Überschreitungen des Wertebereichs zu befürchten hat (vgl. Kap. 3.1.1.2.2).

Zerlegt man den Logit-Parameter α_{ig} in einen Klassenparameter θ_g und einen Itemparameter σ_i, so erhält man mit

$$(5) \qquad p(x_{vi}) = \sum_{g=1}^{G} \pi_g \frac{\exp(x(\theta_g - \sigma_i))}{1+\exp(\theta_g - \sigma_i)}$$

ein *Modell mit lokalisierten Klassen*, dessen Itemfunktionen diejenigen des *Rasch-Modells* sind. Der Parameter θ_g drückt die Fähigkeit aller Personen in Klasse g aus, und es wird nur eine endliche Anzahl von Ausprägungen der latenten Dimension angenommen, nämlich G.

Was ist der Unterschied zwischen diesem Modell mit lokalisierten Klassen und einem 'richtigen' Rasch-Modell? Formal besteht der Unterschied darin, daß im Klassen-Modell nur eine bestimmte Anzahl von Fähigkeitsausprägungen zugelassen ist, während beim Rasch-Modell jede beliebige reellwertige Fähigkeitsausprägung theoretisch möglich ist. Praktisch müßten beide Modelle jedoch ineinander übergehen, wenn man nur hinreichend viele lokalisierte Klassen zuläßt. Es ergibt sich die Frage, *wie viele lokalisierte Klassen* man braucht, um die Daten gleich gut erklären zu können wie das Rasch-Modell.

Die Antwort auf diese Frage hängt mit der *Anzahl unabhängiger Modellparameter* zusammen, die unter beiden Formalisierungen zu schätzen sind. Im Fall des Rasch-Modells muß man sich dabei auf das Modell (16) mit den *bedingten* Patternwahrscheinlichkeiten und den *Scoreparametern* beziehen, um das Problem der vielen inzidentellen Parameter (die es bei Klassen-Modellen *nicht* gibt) zu umgehen. In diesem Modell gibt es neben den $k-1$ unabhängigen Itemparametern noch k unabhängige Scoreparameter (s. Kap. 3.1.1.2.2), also insgesamt $2k-1$ Parameter.

Bei dem Modell lokalisierter Klassen sind ebenfalls $k-1$ Itemparameter zu schätzen, da sie auch summennormiert werden müssen. Hinzu kommen so viele Fähigkeitsparameter θ_g wie es Klassen gibt, also G, und die Klassengrößenparameter π_g, von denen einer nicht geschätzt zu werden braucht, da sie sich insgesamt zu 1 addieren. Insgesamt handelt es sich also um $k + 2G - 2$ Parameter.

Es läßt sich nun zeigen, daß man genau so viele lokalisierte Klassen braucht, daß die *Anzahl unabhängiger Modellparameter* im Klassen-Modell der Anzahl unabhängiger Parameter im Rasch-Modell entspricht. Damit

$$2k - 1 = k + 2G - 2$$

wird, muß

$$G = \frac{k+1}{2}$$

sein. Die Anzahl der benötigten Klassen entspricht also *(k+1)/2*, wenn es sich um eine *ungerade Itemanzahl* handelt und *(k/2)+1*, wenn es sich um eine *gerade Itemanzahl* handelt.

Beispiel

Hat man einen Test mit 10 Items, so gibt es im Rasch-Modell 9 Itemparameter und 10 Scoreparameter. Wählt man in diesem Fall 5 lokalisierte Klassen, so hat man neben den 9 Itemparametern 5 Klassenparameter und 4 Klassengrößenparameter, also einen Parameter zuwenig. In diesem Fall sind 6 lokalisierte Klassen nötig und ausreichend, um die Daten genauso gut zu erklären wie es das Rasch-Modell tut.

Das Modell lokalisierter Klassen ist insofern von theoretischem Interesse, als es auf eine mathematisch exakte Weise zeigt, daß *Quantifizieren ein Spezialfall von Klassifizieren* ist. Dieser Spezialfall beinhaltet eine bestimmte Art der Restriktion der klassenspezifischen Lösungswahrscheinlichkeiten und erfordert eine bestimmte minimale Klassenanzahl.

Die Art der Parameterrestriktion bezeichnet man als *linear logistische Restriktion*, da sie eine lineare Zerlegung der logistisch transformierten Lösungswahrscheinlichkeiten darstellt.

Das Modell kann aber auch von *praktischem* Nutzen sein, wenn es z.B. darum geht, Annahmen über die Verteilung der Fähigkeiten zu testen.

Literatur

Das Konzept lokalisierter Klassen wurde bereits von Lazarsfeld & Henry (1968) diskutiert. Clogg (1988), Lindsay et al. (1991) und Formann (1989) haben die Parameterschätzung und die Frage der notwendigen Klassenanzahl untersucht.

Übungsaufgabe:

1 Die (erdachten) Itemprofile für 4 lokalisierte Klassen sehen folgendermaßen aus:

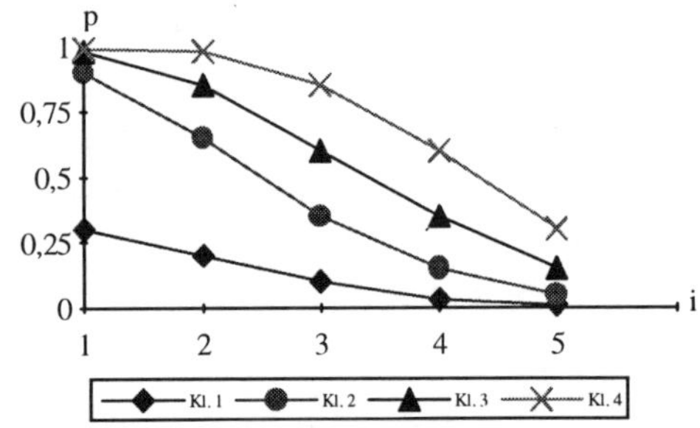

Zeichnen sie den möglichen Verlauf der Itemfunktionen dieser 5 Items und zeichnen Sie die Lokationen der 4 Klassen ein.

2. Wieviele lokalisierte Klassen benötigt man, um für einen Test mit 15 Items das Rasch-Modell zu berechnen?

3.1.3 Das mixed Rasch-Modell: klassifizieren und quantifizieren zugleich

Nachdem im vorangegangenen Kapitel über lokalisierte Klassen gezeigt wurde, daß man bestimmte Modelle wahlweise als quantitative oder als kategoriale Testmodelle verstehen kann, soll in diesem Kapitel auf ein Testmodell eingegangen werden, das *gleichzeitig quantifiziert und klassifiziert.*

Die Funktion dieses Testmodells besteht darin, die Personen so zu klassifizieren, daß *innerhalb* jeder Klasse eine quantitative Personenvariable gemessen werden kann. Es wird also eine quantitative Personenvariable gemessen, jedoch wird angenommen, daß dies nicht in der gesamten Personenpopulation möglich ist, sondern jeweils nur in bestimmten Teilpopulationen.

Das ist die Idee des mixed Rasch-Modells, welches eine *Kombination* aus dem *Rasch-Modell* und der *Klassenanalyse* darstellt. Die Annahme, daß innerhalb jeder latenten Klasse das Rasch-Modell gilt, führt zu folgender klassenspezifischer Antwortwahrscheinlichkeit:

$$(1)\quad p\left(X_{vi}=1|g\right)=\frac{\exp\left(\theta_{vg}-\sigma_{ig}\right)}{1+\exp\left(\theta_{vg}-\sigma_{ig}\right)}.$$

Die Gleichung besagt, daß für jedes Item die logistische Itemfunktion des Rasch-Modells gilt, jedoch wird sie von Parametern bestimmt, die *klassenspezifisch* sind, d.h. sich von Klasse zu Klasse unterscheiden.

Wie im Modell der Klassenanalyse wird angenommen, daß die Klassen exhaustiv und disjunkt sind, so daß sich die unbedingte Antwortwahrscheinlichkeit wiederum durch Summation über die Klassen und Gewichtung mit einer *Klassengröße* π_g ergibt:

$$(2)\quad p\left(X_{vi}=1\right)=\sum_{g=1}^{G}\pi_g\frac{\exp\left(\theta_{vg}-\sigma_{ig}\right)}{1+\exp\left(\theta_{vg}-\sigma_{ig}\right)}.$$

Man sieht an dieser Gleichung, daß es sich bei dem mixed Rasch-Modell um das *gemeinsame Obermodell* von Rasch-Modell und Klassenanalyse handelt.

$$\sum_{g=1}^{G}\pi_g\frac{\exp\left(\theta_{vg}-\sigma_{ig}\right)}{1+\exp\left(\theta_{vg}-\sigma_{ig}\right)}$$

$\theta_{vg}=\theta_g$ G = 1

$$\sum_{g=1}^{G}\pi_g\frac{\exp\left(\alpha_{ig}\right)}{1+\exp\left(\alpha_{ig}\right)} \qquad \frac{\exp\left(\theta_v-\sigma_i\right)}{1+\exp\left(\theta_v-\sigma_i\right)}$$

Abbildung 78: Das mixed Rasch-Modell als Synthese von latent-class Analyse und Rasch-Modell

Gibt es *nur eine Klasse*, d.h. ist G = 1, so reduziert sich das ganze Modell auf das normale Rasch-Modell. Gibt es dagegen *keine Varianz* in den Personenparametern θ_{vg}, d.h. sind alle $\theta_{vg}=\theta_g$, so ist die klassenspezifische Eigenschaftsausprägung θ_g nichts anderes als eine Normierungskonstante. In diesem Fall resultiert die logistische Schreibweise des Modells der Klassenanalyse (s.o. Kap. 3.1.2.4, Formel (4)) mit $\alpha_{ig}=-\sigma_{ig}$.

Die Klassengrößenparameter π_g sind wiederum Wahrscheinlichkeitsparameter, die sich *zu 1 addieren*, d.h.

(3) $\sum_{g=1}^{G} \pi_g = 1.$

Die Itemparameter unterliegen - wie beim normalen Rasch-Modell - einer *Normierungsbedingung*, und zwar müssen die Itemparameter *innerhalb jeder Klasse summennormiert* sein, d.h. es gilt

(4) $\sum_{i=1}^{k} \sigma_{ig} = 0 \quad \text{für alle } g$.

Die *Anwendungsbereiche* dieses zunächst etwas kompliziert aussehenden Modells erschließen sich auf zweierlei Weise, nämlich wenn man entweder vom normalen Rasch-Modell oder von der normalen Klassenanalyse ausgeht und sich klarmacht, welche Annahmen jeweils gelockert werden.

Im ersten Fall, d.h. beim normalen Rasch-Modell wird angenommen, daß dieselben Itemparameter *für alle Personen* in der befragten Population gelten, d.h. die Itemschwierigkeiten müssen konstant sein für alle getesteten Personen. Dies ist eine sehr *restriktive Annahme*, die oft dazu führt, daß das Rasch-Modell für einen Datensatz verworfen werden muß. Das mixed Rasch-Modell trifft nicht diese restriktive Annahme konstanter Itemschwierigkeiten für alle Personen, sondern erlaubt unterschiedliche Itemschwierigkeiten für verschiedene Personengruppen.

Beispiel : unterschiedliche Lösungsstrategien

Gibt es für die Aufgaben eines Leistungstests, z.B. zum räumlichen Vorstellungsvermögen, mehrere *Lösungsstrategien*, so muß angenommen werden, daß auch die Itemschwierigkeiten für Personen unterschiedlich sind, die verschiedene Lösungsstrategien verwenden. Gibt es im einfachsten Fall zwei verschiedene Lösungsstrategien und wendet jede Person genau eine der beiden Strategien auf alle Items an, so ist das räumliche Vorstellungsvermögen nur zu messen, indem man zwei Gruppen von Personen unterscheidet, für die unterschiedliche Itemparameter gelten.

In diesem Fall messen zwar alle Items dieselbe Fähigkeit, nämlich die Fähigkeit eben diese Items zu lösen. Dennoch kann das Rasch-Modell nur *innerhalb* der beiden homogenen Teilpopulationen gelten, die jeweils dieselbe Lösungsstrategie anwenden.

Geht man dagegen von der normalen Klassenanalyse aus, so ist deren restriktivste Annahme die Forderung, daß sich die Personen innerhalb jeder latenten Klasse in ihren Antwortwahrscheinlichkeiten *nicht weiter unterscheiden* dürfen. Das bedeutet, alle Personen derselben Klasse haben für alle Items dieselben Lösungs- bzw. Antwortwahrscheinlichkeiten.

Hier wäre es wünschenswert, daß sich die Personen in den latenten Klassen *graduell* unterscheiden dürfen, d.h. im Rahmen eines klassenspezifischen Antwortprofils im Niveau variieren können.

Beispiel: unterschiedlich prägnante Typen

Ein Persönlichkeitsfragebogen soll den extravertierten Typ vom introvertierten Typ unterscheiden. Jeder Typus zeichnet sich durch ein bestimmtes Antwortprofil aus, d.h. er stimmt gewissen Fragen eher zu und lehnt andere eher ab. Die getesteten Personen gehören aber nicht nur dem einen oder anderen Typ an, sondern unterscheiden sich auch darin, wie *ausgeprägt* ihre intro- bzw. extravertierte Persönlichkeitsstruktur ist. Ein ausgeprägt extravertierter Typ wird die Items sehr viel eher in Richtung Extraversion beantworten als ein schwächer ausgeprägter Typ.

In diesem Fall gibt es zwar zwei typenspezifische Profile von Itemschwierigkeiten, aber diese bedeuten nicht, daß alle Personen einer Klasse dieselben Antwortwahrscheinlichkeiten hätten.

Die folgende Abbildung veranschaulicht die Idee klassenspezifischer Profile von Schwierigkeitsparametern.

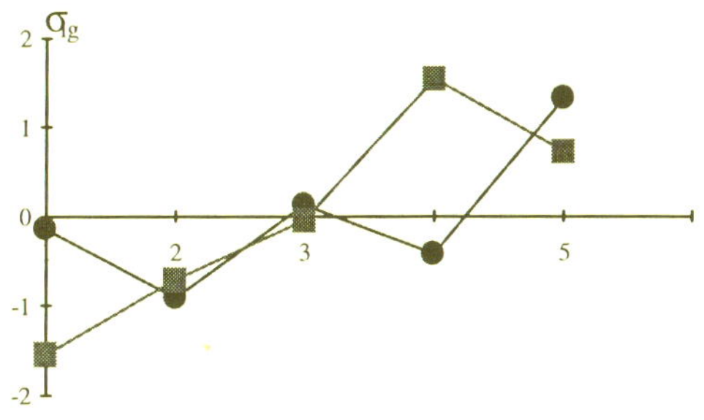

Abbildung 79: Itemprofile für zwei Klassen

Die Abbildung zeigt die *Profile der Itemparameter* für zwei latente Klassen. Zu beachten ist hier, daß es sich *nicht* um die *Profile der Lösungswahrscheinlichkeiten* handelt, wie bei der normalen Klassenanalyse. Die wichtigste Implikation dieses Unterschieds besteht darin, daß es ein solches Profil *konstanter* Lösungswahrscheinlichkeiten im mixed Rasch-Modell *nicht gibt* - es sei denn im Sinne eines *mittleren* (Durchschnitts-) Profils.

Die beiden in Abbildung 79 dargestellten Profile zeigen vielmehr nur den Profilverlauf der *Itemschwierigkeiten*. Jede einzelne Person in der betreffenden Klasse kann nach Maßgabe ihres klassenspezifischen Personenparameters θ_{vg} eher hohe oder eher niedrige Lösungswahrscheinlichkeiten bei allen Items haben. An den Profilen ist daher nur der *Verlauf* aber nicht das *Niveau* zu interpretieren. Wegen der Normierungsbedingung (4) ist der Mittelwert aller Itemparameter in einer Klasse stets gleich Null.

Datenbeispiel: Itemparameter

Die *Itemparameter* des 2-Klassen Modells für die KFT-Daten lauten:

Item	1	2	3	4	5
Klasse 1 (37%)	-0.14	-0.90	+0.13	-0.42	+1.33
Klasse 2 (63%)	-1.54	-0.70	-0.04	+1.54	+0.73

In der größeren Klasse 2 sind die Items mit Ausnahme des letzten Items nach aufsteigender Schwierigkeit geordnet. Das ist in der ersten Klasse nicht der Fall. Hier ist neben dem letzten Item das dritte Item am schwierigsten. Abbildung 79 zeigt diese Itemprofile.

Dasselbe Muster spiegelt sich in den *mittleren Itemlösungswahrscheinlichkeiten* der beiden Klassen wieder:

Item	1	2	3	4	5
Klasse 1 (37%)	0.86	0.92	0.83	0.89	0.59
Klasse 2 (63%)	0.53	0.38	0.27	0.08	0.15

Als 'mittlere Lösungswahrscheinlichkeiten' werden die über alle Personen in einer latenten Klasse gemittelten Lösungswahrscheinlichkeiten der Items bezeichnet.

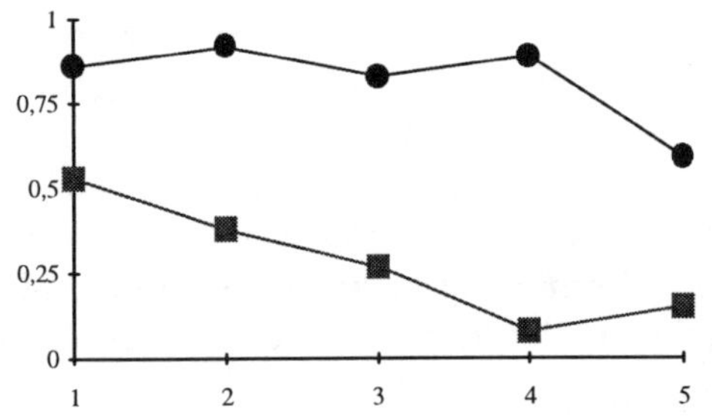

Abbildung 80: Die mittleren Lösungswahrscheinlichkeiten der beiden Klassen

Die kleinere Klasse ist also die Klasse der 'Könner', die größere die der 'Nicht-Könner'. Dieses läßt sich anhand der Itemparameter nicht erkennen, da sie in beiden Klassen summennormiert sind.

Als Ergebnis einer Testung und Auswertung mit dem mixed Rasch-Modell erhält man also *zwei Personenmeßwerte*:

Erstens, ihre *wahrscheinlichste Klassenzugehörigkeit* als Ausprägung einer kategorialen Personenvariable und

zweitens, ihre *Fähigkeitsausprägung* innerhalb dieser Klasse als Ausprägung einer quantitativen Personenvariable.

Die Ermittlung der wahrscheinlichsten Klassenzugehörigkeit für jede Person erfolgt genauso wie im Modell der Klassenanalyse (s.o. Kap. 3.1.2.2). Sie ergibt sich daraus, für welche Klasse die bedingte Patternwahrscheinlichkeit $p(\underline{x}|g)$ am größten ist.

Auch hier läßt sich ein Mittelwert der Klassenzugehörigkeitswahrscheinlichkeiten berechnen, der die *Treffsicherheit* der Klassenordnung für alle Personen einer Klasse angibt.

Datenbeispiel: Zuordnungswahrscheinlichkeiten

Eine Person mit dem Antwortmuster $\underline{x}$ = (11100) hat in diesem Datenbeispiel die beiden Zuordnungswahrscheinlichkeiten von

$$p(g=1|\underline{x}) = 0.05 \text{ und } p(g=2|\underline{x}) = 0.95,$$

gehört also eher der zweiten Klasse an. Eine Person mit dem Pattern $\underline{x}$ =(01110) hat die Zuordnungswahrscheinlichkeiten:

$$p(g=1|\underline{x}) = 0.61 \text{ und } p(g=2|\underline{x}) = 0.39,$$

und gehört daher eher der ersten Klasse an. Obwohl beide Personen denselben Score haben (r = 3), werden sie aufgrund ihres Antwortprofils unterschiedlichen Klassen zugeordnet.

Die Treffsicherheiten liegen für die beiden Klassen bei:

$$T_1 = 0.96 \text{ und } T_2 = 0.94.$$

Genauso wie beim normalen Rasch-Modell erhalten alle Personen mit demselben *Summenscore* auch denselben *Personenparameter*. Im Unterschied zum Rasch-Modell werden jedoch klassenspezifische Personenparameter berechnet, d.h. jede Person erhält *soviele Personenparameter* wie es latente Klassen gibt.

Allerdings werden sich diese verschiedenen Fähigkeitsparameter für eine Person *numerisch nicht sehr voneinander unterscheiden*: Sie hängen zwar in jeder Klasse von den dort gültigen Itemparametern ab und könnten sich von daher sehr wohl unterscheiden. Jedoch hat jede Person natürlich *nur einen* Summenscore - egal welcher Klasse sie angehört - und die diesem Score zugeordneten Parameterschätzungen unterscheiden sich nur in besonderen Fällen.

Datenbeispiel: Personenparameter

Die Schätzungen der Personenparameter lauten:

r	0	1	2	3	4	5
$\hat{\theta}_{r1}$	-2.65	-1.27	-0.42	0.36	1.27	2.75
$\hat{\theta}_{r2}$	-2.97	-1.46	-0.46	0.46	1.46	2.97

Ebenso wie beim normalen Rasch-Modell sind die Personenparameter für *Personen, die gar kein Item gelöst haben oder die alle Items gelöst haben*, nicht *exakt* bestimmbar. Um solche Personen nicht eliminieren zu müssen, gibt es jedoch spezielle Schätzverfahren, die eine unter praktischen Gesichtspunkten befriedigende Schätzung erlauben.

Das mixed Rasch-Modell, soweit es bislang beschrieben wurde, enthält *sehr viele Modellparameter* - zu viele, um sie alle gleichzeitig zu schätzen.

Deswegen wird hier dieselbe Reparametrisierung vorgenommen, die schon für das normale Rasch-Modell beschrieben wurde (vgl. Kap. 3.1.1.2.2). Das Modell baut statt auf den *unbedingten* auf den *bedingten* Patternwahrscheinlichkeiten auf, in denen die Personenparameter θ_{vg} nicht mehr enthalten sind (vgl. Gleichung (13) in 3.1.1.2.2). Die bedingten Patternwahrscheinlichkeiten sind als *Anteil* definiert, den ein bestimmtes Pattern an der Gesamtwahrscheinlichkeit aller Pattern mit Score r hat,

$$(5) \qquad p(\underline{x}|r,g) = \frac{p(\underline{x}|g)}{\sum_{\underline{x}|r} p(\underline{x}|g)}$$

und werden durch Multiplikation mit der Wahrscheinlichkeit dieses Scores r in Klasse g wieder zur unbedingten Patternwahrscheinlichkeit:

$$(6) \qquad p(\underline{x}|g) = p(\underline{x}|r,g) \cdot p(r|g) \, .$$

Die *klassenspezifischen Scorewahrscheinlichkeiten* $p(r|g)$ sind die neuen Parameter des Modells und müssen anhand der Daten geschätzt werden. Bezeichnet man sie mit π_{rg}, so ergibt sich für die globale, d.h. klassenunspezifische Patternwahrscheinlichkeit analog zu Gleichung (8) in Kapitel 3.1.2.2:

$$(7) \quad p(\underline{x}) = \sum_{g=1}^{G} \pi_g \, p(\underline{x}|g) = \sum_{g=1}^{G} \pi_g \, \pi_{rg} \, p(\underline{x}|r,g) \, .$$

Die Wahrscheinlichkeiten $p(\underline{x}|r,g)$ sind wiederum eine relativ 'einfache' Funktion der Itemparameter und ihrer symmetrischen Grundfunktionen (vgl. (14) und (15) in 3.1.1.2.2):

$$(8) \qquad p(\underline{x}|r,g) = \frac{\exp\left(-\sum_{i=1}^{k} x_i \, \sigma_{ig}\right)}{\gamma_r(\exp(-\sigma))} \, .$$

Insbesondere sind in (8) die Personenparameter nicht mehr enthalten. Die Modellgleichung des mixed Rasch-Modells auf der Ebene der Patternwahrscheinlichkeiten läßt sich somit wie folgt schreiben

$$(9) \qquad p(\underline{x}) = \sum_{g=1}^{G} \pi_g \, \pi_{rg} \frac{\exp(-\sum x_i \sigma_{ig})}{\gamma_r(\exp(-\sigma))} \, .$$

Die Scorewahrscheinlichkeiten π_{rg} müssen sich über alle Scores r zu 1 addieren, denn *ein* Summenscore muß schließlich mit *jedem* Antwortpattern verbunden sein:

$$(10)\quad \sum_{r=0}^{k} \pi_{rg} = 1 \text{ für alle g .}$$

Um diese Parameter anschaulicher zu machen, kann man sie mit der geschätzten Anzahl der Personen in einer Klasse multiplizieren und erhält so die *erwarteten Scorehäufigkeiten* für jede Klasse

$$(11)\quad \hat{n}_{rg} = \pi_{rg} \cdot \pi_g \cdot N \; .$$

Datenbeispiel: Scorehäufigkeiten

Die Scorehäufigkeiten lauten für das Datenbeispiel:

r	0	1	2	3	4	5
$\hat{n}_{r1}$	0.1	3.3	4.6	6.3	60.9	34.3
$\hat{n}_{r2}$	57.9	44.7	41.4	43.7	0.1	1.7

Wiederum sieht man, daß es sich hier um zwei 'Leistungsklassen' handelt: in der ersten Klasse sind die 'Könner', bei denen die Scores 1 bis 3 fast gar nicht auftreten, in der zweiten Klasse sind die weniger leistungsstarken Schüler.

Im Gegensatz zur Scoreverteilung der Rohdatenmatrix sind die *klassenspezifischen Scoreverteilungen* beim mixed Rasch-Modell *nicht mit ganzzahligen Häufigkeiten* gebildet: Da es sich um *latente* Häufigkeiten handelt, können sie auch *gebrochene* Werte annehmen, was bei manifesten Klassen nicht möglich ist. Sie addieren sich aber über die Klassen zu den beobachteten Scorehäufigkeiten.

Obwohl die *Scoreparameter* unproblematisch zu schätzen sind, haben sie den Nachteil, daß es *sehr viele* sind. Berechnet man zum Beispiel für einen Test mit zehn Items die 3-Klassenlösung, so benötigt man 33 Scoreparameter.

Eine solche Anzahl kann zum einen Schwierigkeiten bei der *Modellgeltungskontrolle* bereiten (s. Kap 5), vor allem ist aber hier das Prinzip verletzt, daß ein Modell *nur solche Parameter* enthalten sollte, die auch tatsächlich *interpretiert* werden. Die relative Häufigkeit, mit der ein einzelner Summenscore in einer Klasse auftritt, wird im Allgemeinen *nicht* interpretiert.

Man kann daher die Scoreverteilung in den Klassen auch *durch eine Funktion anpassen*, die weniger Parameter enthält. Eine sehr brauchbare Funktion, die nur zwei Parameter μ und ρ enthält, ist die folgende logistische Funktion

$$(12)\quad \pi_{rg} = \frac{\exp\left(\frac{r}{k}\mu_g + \frac{4r(k-r)}{k^2}\rho_g\right)}{\sum_{s=0}^{k}\exp\left(\frac{s}{k}\mu_g + \frac{4s(k-s)}{k^2}\rho_g\right)} .$$

Der Parameter μ ist ein *Lokationsparameter*, gibt also an, wo der Mittelwert der Verteilung liegt. Der Parameter ρ (rho) ist dagegen ein *Dispersionsparameter*, der angibt, wie 'breit' die Verteilung ist.

Die folgende Abbildung zeigt eine unrestringierte und eine restringierte Scoreverteilung.

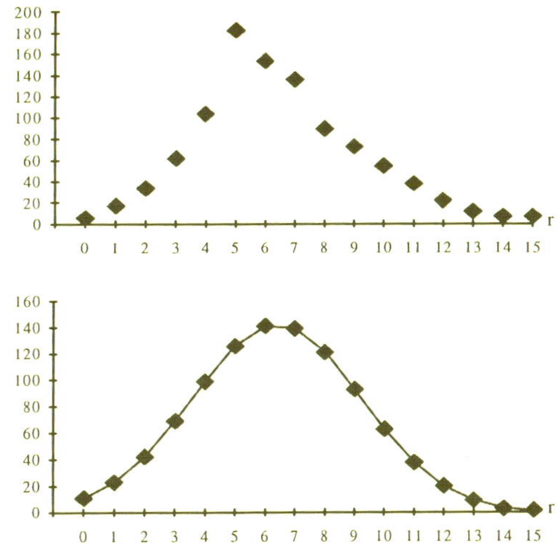

Abbildung 81: Eine unrestringierte und eine restringierte Scoreverteilung

Die logistische Verteilung 'glättet' die 'holperige' unrestringierte Verteilung. Dabei ist dieser Verteilungstyp in der Lage, *sehr unterschiedliche* Verteilungen anzupassen, die auch u-förmig sein können. Abbildung 82 zeigt einige Beispiele.

Die Parameter μ und ρ können im Sinne der mittleren Eigenschaftsausprägung in einer Klasse (μ) bzw. der Streuung der Eigenschaftsausprägungen in der Klasse (ρ) interpretiert werden.

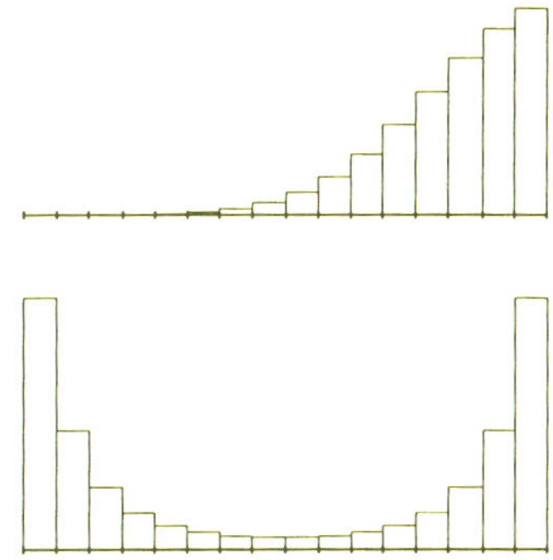

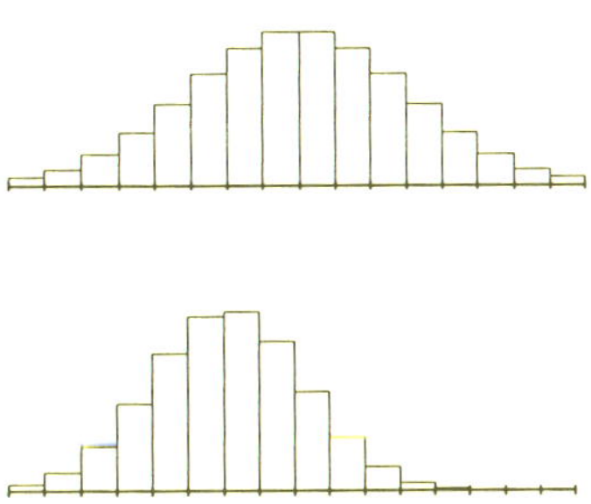

Abbildung 82: Beispiele für 4 logistische Scoreverteilungen mit den Parmetern: $\mu_1 = 0$, $\rho_1 = 6$; $\mu_2 = -3$, $\rho_2 = 3$; $\mu_3 = 6$, $\rho_3 = 6$; $\mu_4 = 0$, $\rho_4 = -6$

Datenbeispiel: restringierte Scoreverteilung

Die 2-Klassenlösung des Datenbeispiels hat die folgenden unrestringierten $\hat{n}_{rg}$ und restringierten $\hat{n}^*_{rg}$ Scorehäufigkeiten vgl. (11):

	g = 1		g = 2	
r	$\hat{n}_{r1}$	$\hat{n}^*_{r1}$	$\hat{n}_{r2}$	$\hat{n}^*_{r2}$
0	0.1	0.6	57.9	56.8
1	3.3	4.6	44.7	45.2
2	4.6	19.3	41.4	23.9
3	6.3	44.5	43.7	8.4
4	60.9	55.9	0.1	2.0
5	34.3	38.4	1.7	0.3
π_g	0.37	0.54	0.63	0.46

Man sieht, daß die jeweils rechte Spalte eine sehr viel 'glattere' Häufigkeitsverteilung wiedergibt. Insbesondere der 'Knick' in den unrestringierten Verteilungen zwischen Score 3 und 4 verschwindet: Während in der unrestringierten Lösung fast alle Personen mit dem Score 0, 1, 2 oder 3 in Klasse 2 sind und Perosnenmit Score 4 oder 5 der Klasse 1 angehören, werden in der restringierten Lösung Personen mit einem mittleren Score, r = 2 oder r = 3, gleichmäßiger aufgeteilt. Das führt dazu, daß die Klasse der 'Könner' wesentlich größer wird.

Die beiden Parameter der logistischen Verteilung (12) lauten:

$$\mu_1 = 4.2 \quad \rho_1 = 1.9$$

und $\mu_2 = -5.2 \quad \rho_2 = 1.3.$

Die μ-Parameter drücken aus, daß sich die beiden Klassen stark in der Höhe der Scores unterscheiden. Da die Dispersionsparameter ρ positiv sind, sind auch beide Verteilungen eingipflig.

In diesem Beispiel hat die Restringierung der Scoreverteilung mittels der logistischen Funktion dazu geführt, daß sich auch die beiden Klassen selbst verändert haben. Die Einführung einer solchen *Verteilungsannahme* kann also neben der Einsparung von Parametern auch den Zweck haben, die Klassenstruktur unter der Bedingung dieser Verteilungsannahme zu analysieren.

Die *Anzahl unabhängiger Parameter* im mixed Rasch-Modell hängt natürlich von der gewählten Parametrisierung der Scoreverteilungen ab.

Anzahl der Modellparameter

Wegen der Summennormierung gibt es k-1 *unabhängige Itemparameter* (s. Gleichung (4)) in jeder Klasse, also **G·(k-1)** Itemparameter insgesamt.

Hinzu kommen **G-1** *unabhängige Klassengrößenparameter* (s. Gleichung (3)).

Die Auszählung der *Scoreparameter* gestaltet sich dadurch schwierig, daß für Personen, die alle oder kein Item gelöst haben, *die Klassenzugehörigkeit nicht* als Bestandteil des Modells definiert ist: der Vektor $\underline{x}$=(00000...) und der Vektor $\underline{x}$=(11111...) als Antwortvektor ist in allen latenten Klassen gleich wahrscheinlich.

Dies läßt sich formal ableiten, ist aber auch intuitiv ersichtlich, da diese beiden Antwortmuster *keinerlei Information über das Profil* der Lösungswahrscheinlichkeiten einer Person enthalten. Zur Klasseneinteilung der getesteten Personen tragen daher die beiden Antwortmuster nichts bei (worin ein wesentlicher Unterschied zur latent-class Analyse besteht).

Die Konsequenz besteht darin, daß von k + 1 möglichen Summenscores 2 Scorewahrscheinlichkeiten (für die Extremscores) *nicht klassenspezifisch* sind, so daß in jeder Klasse nur k-1 Scorewahrscheinlichkeiten zu schätzen sind. Von diesen ist nochmals ein Parameter abzuziehen, da sich die Scorewahrscheinlichkeiten in jeder Klasse zu 1 addieren (schließlich sind es *Wahrscheinlichkeiten*!). Es verbleibt die Anzahl von **2+G(k-2)** *unabhängigen Scoreparametern.*

Im Falle der restringierten Scoreverteilungen gibt es pro Klasse 2 Parameter also insgesamt **2G** Scoreparameter.

Obwohl eine Aufspaltung der beobachteten Häufigkeiten von Score r = 0 und r = k anhand der Modellparameter nicht möglich ist, sind in den o.g. Tabellen stets auch die klassenspezifischen Häufigkeiten dieser Scores aufgeführt. Diese Häufigkeiten stellen Schätzungen anhand der übrigen Scorewahrscheinlichkeiten dar (sog. Extrapolationen) und beeinflussen nicht die Schätzung der Itemparameter in den Klassen.

Literatur

Das mixed Rasch-Modell geht auf Arbeiten von Rost (1990), Mislevy & Verhelst (1990) und Kelderman & Macready (1990) zurück. Detailliertere Darstellungen finden sich bei Rost & v. Davier (1995) und Rost (1995). Anwendungsbeispiele geben Köller (1994), Köller et al. (1994), Rost & v. Davier (1993) und Rost & Langeheine (1996).

Übungsaufgaben

1. Wieviele unabhängige Modellparameter wurden in dem KFT-Beispiel insgesamt geschätzt?
2. Berechnen Sie mit WINMIRA die Itemprofile der 2-Klassenlösung mit restringierten Scoreverteilungen. Welche Pattern mit Score $r = 2$ gehören eher der Klasse der 'Könner' an, welche der Klasse der 'Nicht-Könner'?
3. Denken Sie sich je einen Leistungstest und einen Persönlichkeits- oder Einstellungstest aus, für den die Geltung des mixed Rasch-Modells mit 2 Klassen theoretisch plausibel ist.

3.2 Modelle für nominale Itemantworten

In Kapitel 3.1 wurde gesagt, daß dichotome Itemantworten der einfachste Fall von Itemantworten sind und vielleicht auch der häufigste. Unter den *mehrkategoriellen Itemantworten* sind ordinale Itemantworten, wie sie z.B. mit Ratingskalen erhoben werden, die häufigsten. Reine nominale Itemantworten sind eher selten, was jedoch auch an der Kompliziertheit ihrer Auswertung liegen mag. Wenn jede Antwort auf ein Item qualitativ etwas anderes bedeutet, so ist es zwar leicht, mit Hilfe eines Testmodells eine *kategoriale Personenvariable* zu erfassen, jedoch eher schwierig, eine *quantitative Personenvariable* zu messen.

Diesen Unterschied kann man auch ohne eine Formalisierung nachvollziehen: Ein Testmodell wie die latent-class Analyse nimmt lediglich an, daß in jeder Klasse bestimmte *Antwortwahrscheinlichkeiten konstant* für alle Personen dieser Klasse gelten. Dies kann man sich nicht nur für dichotome, sondern gleichermaßen für mehrkategorielle Itemantworten vorstellen: man nimmt entsprechend an, daß die Antwortwahrscheinlichkeiten bezüglich *aller* Kategorien eines Items in jeder Klasse konstant sind. Die Generalisierung der dichotomen latent-class Analyse auf den Fall nominaler Itemantworten ist sehr gradlinig und wird in Kapitel 3.2.1 behandelt.

Möchte man mit nominalen Itemantworten dagegen *quantitative* Personenvariablen erfassen, so muß man zunächst das Problem klären, wie man verschiedene *qualitative* Beobachtungen (die Itemantworten) den zu messenden Quantitäten zuordnet.

Dies setzt voraus, daß man bei jedem Item für jede Itemantwort genau weiß, *welche* latente Personenvariable sie anspricht. Soll daraus aber ein praktikables Testmodell abgeleitet werden, so ist weiter anzunehmen, daß es für *jede* zu messende Dimension bei *jedem* Item auch *eine* zugehörige Itemantwort gibt. Somit hat jedes Item gleich viele Antwortkategorien und jeweils eine Kategorie entspricht einer zu messenden Personeneigenschaft. Das ist die Idee des *mehrkategoriellen mehrdimensionalen Rasch-Modells*, welches in Kapitel 3.2.2 dargestellt wird.

Die Idee, daß man mit mehreren nominalen Antwortkategorien nur *eine* latente Personenvariable mißt, ist dagegen nicht realisierbar. Man würde hierfür irgendeine Annahme benötigen, wie qualitative Itemantworten mit genau einer Personenvariable zusammenhängen (s. Kap. 2.5.2).

Nimmt man zum Beispiel an, daß die Antwortkategorien die latente Variable *unterschiedlich stark* ansprechen, d.h. daß es vom Ausprägungsgrad der Eigenschaft abhängt, welche Kategorie man wählt, so gelangt man unweigerlich zu *ordinalen Antwortkategorien.* Es ist dies genau die Annahme von quantitativen Modellen für ordinale Daten, wie sie in Kapitel 3.3 behandelt werden.

Zusammenfassend ergibt sich die etwas asymmetrisch erscheinende Situation, daß sich mit nominalen Itemantworten zwar leicht *eine nominale* Personenvariable messen läßt, daß es aber nur möglich ist, *so viele quantitative* Personenvariablen zu messen, *wie es Antwortalternativen* gibt. Aus diesem Grund kann es manchmal angebracht sein, nominale Itemantworten mittels der Klassenanalyse auszuwerten statt mit einem quantitativen Testmodell. Andererseits ermöglicht das mehrdimensionale Rasch-Modell, das für jede Antwortkategorie eine eigene latente Variable vorsieht, sehr interessante Interpretationsmöglichkeiten (s. Kap. 3.2.2).

Datenbeispiel

Als *Datenbeispiel* dient in diesem Kapitel ein Fragebogen zum Umwelthandeln, der in einer bundesweiten Befragung von Lehrerinnen und Lehrern eingesetzt wurde (Eulefeld et al. 1993). In den 9 Items des Fragebogens, von denen die ersten 5 hier als Datenbeispiel ausgewählt wurden, sind verschiedene *Tätigkeiten* aufgeführt und als Itemstamm ist die Frage gestellt:

'Jeder Einzelne ist aufgefordert, durch eigenes Tun einen Beitrag zur Verbesserung der Umweltsituation zu leisten. Wie ist es bei Ihnen ?'

Die 5 Items lauten:

1. *Regelmäßig mit öffentlichen Verkehrsmitteln oder dem Fahrrad zur Schule fahren bzw. zu Fuß gehen.*
2. *Eine politische Partei deshalb wählen, weil sie den 'ökologischen Umbau' der Industriegesellschaft anstrebt.*
3. *Einem Umweltverband für den Schutz bedrohter Arten Geld spenden.*
4. *Auf die Ausübung einer Sportart verzichten (z.B. Skifahren, Motorsport), um die Umwelt zu schonen.*
5. *An einer Versammlung einer Umwelt- oder Naturschutzgruppe teilnehmen.*

Das nominale Antwortformat besteht aus den folgenden 4 Kategorien:

0: Habe ich schon getan bzw. tue ich bereits.

1: Kann ich mir gut vorstellen.

2: Würde ich tun, wenn geeignete Bedingungen geschaffen würden.

3: Ich halte das für ungeeignet, um die Umwelt zu schützen.

Mit den beiden letzten Kategorien soll erhoben werden, *warum* bestimmte Tätigkeiten nicht ausgeführt werden, und die zweite Kategorie ('kann ich mir gut vorstellen') bietet den Befragten eine weitere Möglichkeit 'zuzugeben', daß man diese sicherlich 'sozial erwünschten' Tätigkeiten *nicht* ausführt. Der verzerrende Einfluß der Variable *soziale Erwünschtheit* (s. Kap. 2.3) soll mit diesen Antwortkategorien möglichst gering gehalten werden. Die Antwortkategorien bilden weder eine Rangskala, noch kann angenommen werden, daß eine einzige quantitative Personenvariable das Antwortverhalten erklärt.

Das Datenbeispiel umfaßt die Antworten von N = 800 Lehrerinnen und Lehrern. Es ergeben sich die folgenden Kategorienhäufigkeiten:

i =		1	2	3	4	5
	0	293	263	401	342	233
x =	1	108	276	240	342	381
	2	392	93	55	47	75
	3	7	168	104	69	111

Die vollständigen Patternhäufigkeiten hier wiederzugeben ist zu aufwendig, da deren Anzahl zu groß ist.

Übungsaufgaben

1. Wieviele unterschiedliche Antwortmuster sind bei diesem Beispiel prinzipiell beobachtbar?
2. Wie könnte man die 4 Personenvariablen beschreiben, die das mehrdimensionale Rasch-Modell bei diesem Datenbeispiel erfassen würde?

3.2.1 Klassenanalyse nominaler Daten

In Kapitel 3.1.2.2 wurde das Modell *der latent-class Analyse* aus vier *Annahmen* abgeleitet, nämlich

1. die Annahme *konstanter Lösungswahrscheinlichkeiten* für alle Personen einer Klasse,
2. die Annahme *disjunkter und exhaustiver* Personenklassen, deren Größe unbekannt ist,
3. der Annahme der *Itemhomogenität* und
4. die Annahme der *stochastischen Unabhängigkeit* aller Itemantworten in einem Test.

Aus denselben Annahmen ist auch das Modell der latent-class Analyse für nominale Daten herleitbar mit dem kleinen Unterschied, daß nun in Annahme 1 nicht mehr von konstanten Lösungswahrscheinlichkeiten gesprochen wird, sondern von *konstanten Antwortwahrscheinlichkeiten* für alle Antwortkategorien eines Items.

Die Grundidee ist also die, daß es eine bestimmte Anzahl von Klassen von Personen gibt, innerhalb derer die Wahrscheinlichkeiten, eine bestimmte Kategorie von m+1 vorgegebenen Kategorien anzukreuzen, konstant sind. In Entsprechung zu Formel (1) in Kapitel 3.1.2.2 lautet daher die Grundgleichung, die sich aus der ersten Modellannahme ergibt:

(1) $$p\left(X_{vi} = x \mid \theta_v = g\right) = \pi_{ixg}$$
$$\text{mit } x \in \{0,1,\ldots m\}.$$

Die Antwortvariable X_{vi} kann Werte zwischen 0 und m annehmen, d.h. sie umfaßt m+1 Antwortkategorien. Für jede dieser Antwortkategorien wird ein *Wahrscheinlichkeitsparameter* π_{ixg} eingeführt, der die Wahrscheinlichkeit charakterisiert, daß in Klasse g bei Item i in Kategorie x geantwortet wird. Diese m+1 Antwortwahrscheinlichkeiten eines Items in einer Klasse müssen sich zu 1 addieren, da jede Person genau eine Alternative auszuwählen hat und daher die folgende *Normierungsbedingung* gilt:

(2) $$\sum_{x=0}^{m} \pi_{ixg} = 1.$$

In Entsprechung zu Gleichung (5) in Kapitel 3.1.2.2 ergibt sich aufgrund der zweiten Annahme exhaustiver und disjunkter Klassen mit unbekannten Klassengrößen π_g die folgende Gleichung für die *unbedingten Antwortwahrscheinlichkeiten*:

(3) $$p\left(X_{vi} = x\right) = \sum_{g=1}^{G} \pi_g \, \pi_{ixg}.$$

Auch hier gilt selbstverständlich für die *Klassengrößenparameter* π_g, daß sie sich zu 1 addieren müssen, d.h.

(4) $$\sum_{g=1}^{G} \pi_g = 1.$$

Aufgrund der beiden weiteren Annahmen der Itemhomogenität und stochastischen Unabhängigkeit ergibt sich schließlich die unbedingte *Patternwahrscheinlichkeit* als Modellgleichung dieses Modells. Diese entspricht Formel (10) in Kapitel 3.1.2.2:

$$(5) \qquad p(\underline{x}) = \sum_{g=1}^{G} \pi_g \prod_{i=1}^{k} \pi_{ixg} \, .$$

Verglichen mit Gleichung (10) im Kapitel 3.1.2.2 sieht diese Gleichung sogar noch einfacher aus, da die Schreibweise mit den Exponenten x_i bzw. $1-x_i$ entfällt. Dies liegt daran, daß hier *jede* Antwortkategorie einen eigenen Parameter π_{ixg} erhält, während im dichotomen Fall nur die Wahrscheinlichkeit für $x=1$ parametrisiert ist. Dafür muß hier die Normierungsbedingung (2) berücksichtigt werden, was im dichotomen Fall der Tatsache gleichkommt, daß von 2 möglichen Parametern nur einer in der Modellgleichung auftritt.

Datenbeispiel

Analysiert man das oben genannte Datenbeispiel mit vier Antwortkategorien unter der Annahme von drei latenten Klassen, also einer dreikategoriellen Personenvariable, so ergeben sich die folgenden Modellparameter:

x	i=1	i=2	i=3	i=4	i=5
	Klasse 1:				
0	0.24	0.00	0.16	0.28	0.07
1	0.30	0.62	0.66	0.59	0.82
2	0.45	0.12	0.03	0.08	0.11
3	0.01	0.26	0.14	0.05	0.00
	Klasse 2:				
0	0.39	0.13	0.21	0.31	0.06
1	0.07	0.20	0.19	0.37	0.19
2	0.54	0.20	0.21	0.07	0.19
3	0.01	0.47	0.39	0.25	0.56
	Klasse 3:				
0	0.41	0.54	0.76	0.53	0.48
1	0.10	0.29	0.20	0.39	0.46
2	0.49	0.08	0.03	0.05	0.05
3	0.01	0.09	0.02	0.03	0.02

Personen in Klasse 1 haben bei Item 1 die Antwortwahrscheinlichkeit $\pi_{101} = 0.24$ bezüglich Kategorie x = 0, während in Klasse 2 die Antwortwahrscheinlichkeit $\pi_{102} = 0.39$ beträgt und in Klasse 3 $\pi_{103} = 0.41$.

Die Klassengrößenparameter π_g lauten: $\pi_1 = 0.22$, $\pi_2 = 0.23$ und $\pi_3 = 0.55$. Betrachtet man die Antwortwahrscheinlichkeiten der ersten Antwortkategorie (x=0) in den drei Klassen, so sieht man, daß die Personen in *Klasse 3* am meisten angeben zu handeln, während diese Wahrscheinlichkeiten, zumindest bei den Items 2 bis 5, in den beiden anderen Klassen deutlich geringer sind.

Klasse 1 zeichnet sich dadurch aus, daß die Wahrscheinlichkeiten für die zweite Kategorie ('kann ich mir gut vorstellen') recht groß sind. Dies ist offensichtlich ein Typ von Personen, der gerne mehr für die Umwelt tun würde (bzw. es angibt), es aber nicht tatsächlich tut.

In *Klasse 2* sind (außer für das erste Item) die Wahrscheinlichkeiten der letzten Antwortkategorie sehr hoch. Man könnte diese Personen (etwas bösartig) als 'die Rationalisierer' bezeichnen, denn sie halten viele der erfragten Verhaltensweisen für ungeeignet, die Umwelt zu schützen.

Im Unterschied zur latent-class Analyse dichotomer Daten lassen sich diese Ergebnisse nicht mehr so einfach in Form von *Itemprofilen* darstellen. Man braucht z.B. im vorliegenden Datenbeispiel *vier* Profile für jede Klasse, was innerhalb einer Abbildung sehr unübersichtlich wird. In Abbildung 83 sind daher die Antwortprofile für jede Klasse getrennt abgebildet.

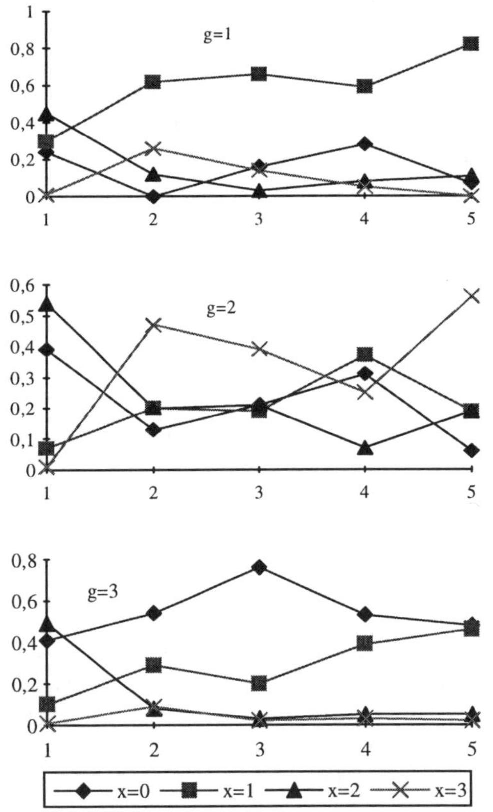

Abbildung 83: Die Antwortprofile der 3 Klassen aus dem Datenbeispiel

Auch macht es im Unterschied zum Fall dichotomer Daten im allgemeinen keinen Sinn von *geordneten Klassen* zu sprechen, da die Antwortwahrscheinlichkeiten für jede Kategorie zwischen den Klassen anders geordnet sein können.

Anhand des Datenbeispiels kann illustriert werden, wie die Personen anhand ihres Antwortmusters *den Klassen zugeordnet werden*. So werden etwa die folgenden drei Antwortmuster mit relativ großer Wahrscheinlichkeit je einer der drei Klassen zugeordnet, da diese Personen bei allen Items eine Kategorie ausgewählt haben, die in dieser Klasse eine hohe Wahrscheinlichkeit besitzt.

$$\underline{x} = (1\ 1\ 3\ 1\ 1),\ p(g=1|\underline{x}) = 0.95$$
$$\underline{x} = (2\ 3\ 0\ 3\ 2),\ p(g=2|\underline{x}) = 0.90$$
$$\underline{x} = (0\ 1\ 0\ 0\ 1),\ p(g=3|\underline{x}) = 0.87$$

Bei anderen Antwortmustern ist die Zuordnung zu den latenten Klassen nicht so eindeutig. So weist eine Person, die sich nur in einer Antwort von dem dritten, zuvor genannten Pattern unterscheidet

$$\underline{x} = (0\ 1\ 2\ 0\ 1)$$

folgende Zuordnungswahrscheinlichkeiten auf:

$$p(g=1|\underline{x}) = 0.41$$
$$p(g=2|\underline{x}) = 0.18$$
$$p(g=3|\underline{x}) = 0.41$$

Einem Umweltverband Geld zu spenden (i=3), hat in der Klasse der 'Handelnden' (g=3) offensichtlich einen so hohen Stellenwert, daß man dieser Klasse nicht mehr zugeordnet wird, wenn man nur unter geeigneteren Bedingungen spenden würde $\left(x_{v3} = 2\right)$.

Die allgemeine Formel zur Bestimmung der Zuordnungswahrscheinlichkeiten läßt sich analog zu (11) in Kapitel 3.1.2.2 ableiten und lautet:

(6) $$p(g|\underline{x}) = \frac{\pi_g \, p(\underline{x}|g)}{\sum_{h=1}^{G} \pi_h \, p(\underline{x}|h)}.$$

Möchte man für jede getestete Person konkret deren Klassenzugehörigkeit bestimmen, so wird man die Person derjenigen Klasse mit der *höchsten* Zuordnungswahrscheinlichkeit zuordnen, was sich für das zuletzt genannte Antwortmuster allerdings erst in der dritten Kommastelle entscheidet.

Auch die *mittlere Treffsicherheit* für alle Personen einer Klasse läßt sich analog zu Formel (15) in Kapitel 3.1.2.2 bestimmen. Sie ist ein Indikator für die Güte der Klasseneinteilung und somit für die Meßgenauigkeit des Tests. Im Datenbeispiel ergeben sich für die drei Klassen die folgenden mittleren Zuordnungswahrscheinlichkeiten:

$T_1 = 0.78$
$T_2 = 0.88$
$T_3 = 0.87$

Ein großer Vorteil der Klassenanalyse nominaler Daten kommt bei diesem Datenbeispiel gar nicht zum Tragen. Es ist nämlich *nicht* erforderlich, daß alle Items *gleiche Kategorienanzahlen* haben. D.h. es ist möglich, daß z.B. Item 1 zwei Kategorien, Item 2 vier Kategorien und Item 3 fünf Kategorien aufweist. In dieser Hinsicht ist die latent-class Analyse sehr flexibel und universell einsetzbar.

In Kapitel 3.1.2.3 wurde beschrieben, wie mit Hilfe von *Parameterrestriktionen* spezielle latent-class Modelle berechnet werden können. Diese Möglichkeiten des Fixierens von Parametern auf bestimmte Werte und des Gleichsetzens von mindestens zwei Modellparametern bestehen auch bei der Klassenanalyse für nominale Daten. Die in Kapitel 3.1.2.3 dargestellten Überlegungen sind entsprechend verallgemeinerbar und sollen hier nicht weiter ausgeführt werden.

Literatur

Die latent-class Analyse wird im Allgemeinen nicht getrennt für dichotome und nominale Daten dargestellt, so daß auch hier auf die Bücher von Lazarsfeld & Henry (1968), Formann (1984) und McCutcheon (1987) sowie auf den Überblicksartikel von Langeheine und Rost (1993) verwiesen werden kann.

Übungsaufgaben

1. Welcher Klasse wird das folgende Antwortmuster mit größter Wahrscheinlichkeit zugeordnet:

   $\underline{x} = (0\ 0\ 3\ 1\ 3)$

2. Welches der 5 Items ist nach der oben gegebenen Interpretation der drei Klassen das 'schlechteste', d.h. am wenigsten 'trennscharfe' Item (Begründung)?

3.2.2 Das mehrdimensionale Rasch-Modell

Will man mit mehreren nominalen Antwortkategorien quantitative Personenvariablen messen, so setzt dies - wie in der Einleitung von Kapitel 3.2 ausgeführt - voraus, daß alle Items gleich viele Kategorien haben und *jeweils eine Kategorie eine bestimmte Dimension* anspricht. In Kapitel 2.5.2 über die Kodierung von Antwortkategorien wurde dies am Beispiel eines Attributionsfragebogens beschrieben, bei dem jede von vier Antwortalternativen einem der vier Attributionsstile entspricht.

Nur in diesem Fall macht es Sinn, für die Personen *Summenscores* zu bestimmen, also die Häufigkeiten, mit denen eine Person eine bestimmte Kategorie bei den Items ausgewählt hat. Würden sich die Kategorien zwischen den Items *nicht* entsprechen, wären solche Summenscores unsinnig.

Datenbeispiel: Scorevektoren

In dem Fragebogen zum Umwelthandeln wurden vier Antwortkategorien unterschieden (siehe oben):

0: Habe ich schon getan bzw. tue ich bereits.
1: Kann ich mir gut vorstellen.
2: Würde ich tun, wenn geeignete Bedingungen geschaffen würden.
3: Ich halte das für ungeeignet, um die Umwelt zu schützen.

Dementsprechend erhält jede Person einen Vektor von 4 Summenscores, die angeben, wie oft sie in jeder Antwortkategorie geantwortet hat

$$\underline{r}_v = (r_{v0}, r_{v1}, r_{v2}, r_{v3}).$$

Das ergibt bei 5 Items die stattliche Anzahl von 56 unterschiedlichen Vektoren von Summenscores. So gibt es z.B. allein vier *extreme* Scorevektoren, bei denen die Person 5-mal in derselben Kategorie geantwortet hat, nämlich

$$\underline{r} = (5,0,0,0) \text{ mit } n(\underline{r}) = 19$$
$$\underline{r} = (0,5,0,0) \text{ mit } n(\underline{r}) = 15$$
$$\underline{r} = (0,0,5,0) \text{ mit } n(\underline{r}) = 0$$
$$\underline{r} = (0,0,0,5) \text{ mit } n(\underline{r}) = 0\,.$$

Angegeben sind jeweils auch deren beobachtete Häufigkeiten $n(\underline{r})$. Die Zahl der Scorevektoren, bei denen 4-mal dieselbe, aber einmal eine andere Kategorie angekreuzt wurde, beträgt 12, und sie wurden mit folgenden Häufigkeiten beobachtet:

$\underline{r}$	$n(\underline{r})$
4 1 0 0	53
4 0 1 0	35
4 0 0 1	6
1 4 0 0	15
1 0 4 0	2
1 0 0 4	2
0 4 1 0	19
0 4 0 1	11
0 1 4 0	0
0 1 0 4	0
0 0 4 1	1
0 0 1 4	5

Im Gegensatz zu dichotomen Testdaten sind die Summenscores bei mehrkategoriellen, nominalen Daten also recht unübersichtlich.

Die Idee quantitativer Modelle für solche Daten besteht darin, daß Personen mit einem höheren Summenscore bezüglich einer Kategorie x auch einen höheren Ausprägungsgrad auf der entsprechenden Personenvariable aufweisen. Bei vier Antwortkategorien gibt es vier Personenvariablen, und der Scorevektor sagt etwas darüber aus, wie diese Eigenschaften bei der betreffenden Person ausgeprägt sind.

Bevor man sich Gedanken über die Formalisierung eines entprechenden Testmodells macht, ist es lohnenswert, sich einige *Eigenschaften einer solchen Datenstruktur* vor Augen zu führen. Diese Eigenschaften haben nämlich weitreichende Implikationen für die Interpretation der Modellparameter entsprechender Testmodelle. In dem Datenbeispiel addieren sich die vier Summenscores jeder Person stets zu 5, da es genau fünf Items gibt und jede Person bei jedem Item nur eine Kategorie ankreuzen darf. Generell gilt

$$(1) \qquad \sum_{x=0}^{m} r_{vx} = k ,$$

wenn r_{vx} die Anzahl von Antworten in Kategorie x bei Person v bezeichnet.

Das bedeutet, daß die Summenscores der Personen *nicht unabhängig voneinander* variieren können. Wenn man bei vier Antwortkategorien drei Summenscores kennt, so ergibt sich der vierte automatisch, wenn man die Anzahl der Items kennt.

Solche Summenscores und die aus ihnen abgeleiteten Meßwerte bezeichnet man als *ipsative Meßwerte*.

Was sind ipsative Meßwerte?

Ipsativ bedeutet 'auf sich selbst bezogen' (ipse = selbst), d.h. ipsative Meßwerte sagen nur etwas über den relativen Ausprägungsgrad einer Eigenschaft bezogen auf andere Eigenschaften *innerhalb derselben Person* aus.

Nehmen wir als Beispiel wieder den Attributionsfragebogen mit vier Antwortkategorien, so sagt die Häufigkeit, mit der extern-stabile Attributionen vorgenommen werden, nur etwas über den Ausprägungsgrad dieses Attributionsstils *relativ zu den anderen* drei Attributionsstilen dieser Person aus. Dies ist deshalb so, weil bei einer Itemantwort in einer Kategorie die anderen Attributionstendenzen gar nicht mehr die Chance haben sich zu manifestieren.

Hat man z.B. bei 10 Items neunmal extern stabil attribuiert, so besagt der Summenscore 9 lediglich, daß der extern-stabile Attributionsstil bei dieser Person *relativ zu den anderen* drei Attributionsstilen recht stark ist. *Wie* stark jeder der Attributionsstile 'wirklich' ist, könnte sich nur zeigen, wenn alle vier Reaktionen gleichzeitig geäußert werden könnten und nicht die Wahl einer Alternative zugleich die Wahl der jeweils anderen unterdrücken bzw. unmöglich machen würde.

Das Gegenstück zu ipsativen Messungen sind *normative Messungen*, bei denen der Meßwert etwas über den Ausprägungsgrad einer Person relativ zu *anderen* Personen aussagt. Diese Unterscheidung bedeutet jedoch nicht, daß ipsative Meßwerte gar nicht *zwischen* den Personen interpretierbar wären. Dies wäre auch unsinnig, denn das Ziel einer Testvorgabe sind zumeist vergleichende Aussagen zwischen den Personen. Solche interindividuellen Vergleiche sind bei ipsativen Meßwerten jedoch komplizierter.

So können stets nur *relative* Variablenausprägungen zwischen den Personen verglichen werden, also z.B. die externstabile Attributionstendenz *relativ* zu den anderen drei Attributionstendenzen. Dies ist eine Eigenschaft ipsativer Meßwerte und wird bei der Interpretation der Modellparameter des mehrdimensionalen Rasch-Modells zu berücksichtigen sein.

Eigenschaften ipsativer Meßwerte

Ipsative Meßwerte haben weitere Eigenschaften, die es zu berücksichtigen gilt, wenn man sie mit statistischen Mitteln weiterverarbeiten will. So sind ipsative Meßwerte untereinander im Mittel *stets negativ korreliert*. Dies ergibt sich daraus, daß eine höhere Ausprägung einer Variable stets niedrigere Ausprägungen der anderen Variablen bedingt.

Man kann sogar die Höhe dieser künstlichen negativen Interkorrelation ipsativer Meßwerte bestimmen. Sie beträgt nämlich bei einer Anzahl von m+1 ipsativen Meßwerten im Mittel

$$\text{Korr} = -\frac{1}{m}.$$

D.h. im Fall von vier Antwortkategorien sind die Summenscores untereinander im Durchschnitt zu -1/3, also -0.33 korreliert. Dies bedeutet eine sehr starke artifizielle Verzerrung der *inhaltlich* bedingten Interkorrelationen der gemessenen Variablen.

Auch die Korrelationen ipsativer Meßwerte mit *externen* Variablen, also z.B. die *Validitäten* dieser Meßwerte sind künstlich verzerrt. So ist die Summe der Korrelationen ipsativer Meßwerte mit einer anderen Variable gleich Null, wenn die Varianzen der ipsativen Meßwerte gleich sind. Das bedeutet z.B., daß, wenn 3 von 4 ipsativen Meßwerten mit einem Kriterium positiv korrelieren, der vierte negativ mit diesem Kriterium korrelieren *muß*, und zwar in der Höhe, die der Summe aller drei positiven Korrelationen entspricht.

Im folgenden sollen jedoch nicht die Summenscores als Meßwerte betrachtet werden, sondern daraus abgeleitete *Personenparameter* eines entsprechend verallgemeinerten mehrdimensionalen mehrkategoriellen Rasch-Modells.

Wie beim dichotomen Rasch-Modell (s. Kap. 3.1.1.2.2) hängen auch hier die Antwortwahrscheinlichkeiten von der Differenz eines Personenparameters für diese Kategorie, θ_{vx}, und eines Itemparameters für diese Kategorie, σ_{ix}, ab, d.h.

(2) $$p(X_{vi} = x) = f(\theta_{vx} - \sigma_{ix}).$$

Die Itemparameter σ_{ix} drücken die Schwierigkeit von Item i aus, eine Antwort in Kategorie x zu provozieren, also eine *kategorienspezifische Itemschwierigkeit*. Die Personenparameter θ_{vx} drücken die Tendenz der Person aus, Antworten in Kategorie x zu geben, also die *'Fähigkeit' oder Eigenschaft* der Person, Antworten der Kategorie x zu produzieren.

Wie beim dichotomen Modell läßt sich die Funktion f in Gleichung (2) über die *Logits* der Antwortwahrscheinlichkeiten spezifizieren. Im Fall von nur 2 Antwortkategorien ist ein Logit als der Logarithmus des Quotienten aus Wahrscheinlichkeit und Gegenwahrscheinlichkeit definiert (vgl. Kap. 3.1.1.2.2). Im Fall von mehreren Antwortkategorien wird der Quotient aus der Wahrscheinlichkeit einer Kategorie x zur Wahrscheinlichkeit einer festen *Referenzkategorie*, z.B. der 0-Kategorie gebildet. Nimmt man an, daß diese Logits gleich der Differenz von Personen- und Itemparameter sind,

$$(3) \qquad \log \frac{p(X_{vi}=x)}{p(X_{vi}=0)} = \theta_{vx} - \sigma_{ix} \, ,$$

so ergibt sich nach einigen Umformungen die Modellgleichung des mehrkategoriellen Rasch-Modells. Auf die algebraische Ableitung soll an dieser Stelle verzichtet werden, da sie in Kapitel 3.3.1 für das ordinale Rasch-Modell wiedergegeben ist.

Statt dessen wird die Modellgleichung im folgenden mittels einer 'Plausibilitätsüberlegung' abgeleitet. Gleichung (3) besagt, daß die Kategorienwahrscheinlichkeit gleich der Exponentialfunktion der Parameterdifferenz ist, wobei diese jedoch noch mit einer *Unbekannten* zu multiplizieren ist, nämlich mit $p(X_{vi}=0)$:

$$(3') \quad p(X_{vi}=x) = \exp(\theta_{vx} - \sigma_{ix}) \cdot p(X_{vi}=0).$$

Diese 'Unbekannte' ist dann *keine* Unbekannte mehr, wenn man die Wahrscheinlichkeiten der *anderen* Kategorien, x=1 bis x=m, kennt, denn es muß gelten:

$$(4) \qquad \sum_{x=0}^{m} p(X_{vi}=x) = 1 \, .$$

Tatsächlich würde man bei einer detaillierten Ableitung der Modellgleichung aus Gleichung (3') sehen, daß die einzige Funktion dieser 'Unbekannten' darin besteht, sicherzustellen, daß die Summe der über die Exponentialfunktion definierten Kategorienwahrscheinlichkeiten 1 ergibt. Dies kann man jedoch auch durch einen einfachen Trick erreichen, indem man nämlich die Exponentialfunktion der Parameterdifferenz durch die Summe dieser Ausdrücke über alle Kategorien dividiert:

$$(5) \quad p(X_{vi}=x) = \frac{\exp(\theta_{vx} - \sigma_{ix})}{\sum_{s=0}^{m} \exp(\theta_{vs} - \sigma_{is})} \, .$$

Der Nenner in Gleichung (5) wirkt wie eine *Normierungskonstante*, die sicherstellt, daß sich die Ausdrücke über alle Antwortkategorien zu 1 addieren, d.h. es gilt

$$(6) \quad \sum_{x=0}^{m} \frac{\exp(\theta_{vx} - \sigma_{ix})}{\sum_{s=0}^{m} \exp(\theta_{vs} - \sigma_{is})} = 1 \, .$$

Den Nenner kann man getrost als Normierungskonstante bezeichnen, da er *nicht von den Daten abhängt*. Er ist für jede Person und jedes Item allein durch deren Parameter definiert und hängt nicht davon ab, welche Kategorie die Person bei diesem Item angekreuzt hat. Dementsprechend taucht der Index x als Code der angekreuzten Kategorie auch nicht im Nenner auf; es wird vielmehr über alle Ausprägungen der Antwortvariable summiert (Summationsindex : s).

Was hier als 'Trick' ausgegeben wurde, um die Antwortwahrscheinlichkeiten zu normieren, hat bewirkt, daß die Antwortwahrscheinlichkeit einer Kategorie x nun doch von den Personen- und Itemparametern *aller* Kategorien abhängt. Die Parameter der anderen, nicht gewählten Antwortkategorien tauchen im Nenner von (5) auf und beeinflussen auf diese Weise die Wahrscheinlichkeit der gewählten Antwortkategorie.

Die Wahrscheinlichkeit einer Antwort in Kategorie x hängt also nicht nur davon ab, wie stark die diesbezügliche Eigenschaftsausprägung der Person ist, sondern auch davon, wie *schwach* die *anderen* Eigenschaftsausprägungen sind.

Formel (5) stellt die *Modellgleichung des mehrdimensionalen Rasch-Modells* dar, die jedoch um drei weitere Parameternormierungen ergänzt werden muß.

Die *erste dieser Normierungen* ergibt sich wiederum im Rückgriff auf das dichotome Rasch-Modell. Dort kann die Antwortvariable die beiden Werte 0 und 1 annehmen, es gibt jedoch nicht zwei Parameter für jedes Item, sondern lediglich einen. Eine der beiden Antwortkategorien stellt die *Referenzkategorie* dar, auf die die Antworttendenz hinsichtlich der anderen Antwortkategorie bezogen ist (s. Kap. 3.1.1.2.2).

Entsprechend gibt es im mehrkategoriellen Fall nicht m+1 Parameter für jedes Item, sondern lediglich m. Eine (beliebige) Kategorie muß die Rolle der Referenzkategorie spielen. Es werden auch hier (wie im dichotomen Modell) die Parameter *für die Kategorie x=0* auf den Wert 0 gesetzt, d.h. es gilt

(7) $$\sigma_{i0} = 0 \qquad \text{für alle i.}$$

Als *zweite* Normierung ist - wie im dichotomen Rasch-Modell - *eine Summennormierung der Itemparameter* erforderlich. Man kann sich die Notwendigkeit für eine solche Normierung dadurch klar machen, daß man in Gleichung (5) zu den Itemparametern einer bestimmten Kategorie eine Konstante c hinzu addieren kann, wenn man dieselbe Konstante gleichzeitig zu allen Personenparametern derselben Kategorie addiert. Dadurch würde sich an den Exponenten in Gleichung (5) nichts ändern, so daß man die Parameter durch eine geeignete Normierung fixieren muß. In Analogie zum dichotomen Modell gilt die folgende Summennormierung:

(8) $$\sum_{i=1}^{k} \sigma_{ix} = 0 \qquad \text{für alle x .}$$

Das bedeutet, *für jede Antwortkategorie* müssen die Itemparameter dieser Normierung unterworfen werden, so daß man z.B. bei 10 vierkategoriellen Items nur 27 unabhängige Itemparameter zu schätzen hat.

Datenbeispiel: Itemparameter

Die Analyse des Datenbeispiels ergibt die folgenden Schätzungen für die Itemparameter:

σ_{ix}	x = 1	x = 2	x = 3
i = 1	+.96	−1.37	+2.24
i = 2	−.32	−.24	−1.35
i = 3	+.36	+.85	−.13
i = 4	−.21	+.86	+.16
i = 5	−.79	−.10	−.92

Wegen der Normierungen sind alle Parameter der 0-ten Kategorie gleich 0, und die Itemparameter addieren sich in jeder Spalte dieser Tabelle ebenfalls zu Null.

Dadurch sind zeilen- oder spaltenweise Vergleiche *zweier* Itemparameter von den anderen Itemparametern abhängig und somit nicht *spezifisch objektiv* (vgl. Kap. 2.1.3). Stellt man z.B. fest, daß es beim ersten Item um 1.28 Einheiten schwerer ist, Kategorie 3 anzukreuzen als Kategorie 1, so ist die Differenz wegen der Summennormierung in jeder Spalte auch von den Parametern der anderen Items mitbestimmt. Ebenso ist die Feststellung, daß das Wählen einer

Ökopartei für sehr ungeeignet $(\sigma_{23} = -1.35)$, die Benutzung öffentlicher Verkehrsmittel für geeignet gehalten wird, die Umwelt zu schützen $(\sigma_{13} = 2.24)$, von den Parametern dieser beiden Items in der Normierungskategorie abhängig (also davon, wie häufig diese beiden Handlungen ausgeführt wurden).

Spezifisch objektiv sind bei diesem Modell daher nur *Vergleiche von Differenzen* von Itemparametern, also Vergleiche, an denen *vier* Parameter beteiligt sind. Man kann jedoch die zuvor genannten zeilen- oder spaltenweisen Parametervergleiche anstellen, wenn man dabei berücksichtigt, daß es sich tatsächlich um Vergleiche von *Parameterdifferenzen* handelt: Vergleicht man die Parameter zweier Kategorien eines Items, so vergleicht man 'in Wirklichkeit' die Differenzen der beiden Parameter zu den beiden Mittelwerten *aller* Itemparameter dieser Kategorien, die wegen (8) gleich Null sind. Vergleicht man die Parameter zweiter Items bezüglich einer Kategorie, so vergleicht man 'in Wirklichkeit' die Differenzen der beiden Parameter zu den beiden Parametern der Normierungskategorie, die wegen (7) ebenfalls gleich Null sind.

Die *dritte* notwendige Normierungsbedingung bezieht sich auf die Personenparameter. Im dichotomen Fall wird für *zwei* Antwortkategorien nur *ein* Personenparameter geschätzt. Entsprechend können im mehrkategoriellen Fall bei m+1 Kategorien nur m unabhängige Personenparameter geschätzt werden. Das ergibt sich aus der *Ipsativität* der Meßwerte, die ja bewirkt (s.o), daß jeweils *ein* Meßwert völlig von der Summe der übrigen Meßwerte abhängt.

Während dieses Problem im dichotomen Fall dadurch gelöst wird, daß es für die 0-Kategorie *keinen* Personenparameter gibt, ist es im mehrkategoriellen Fall sinnvoller, die *Summe* aller Parameter einer Person gleich Null zu setzen, d.h.

$$(9) \qquad \sum_{x=0}^{m} \theta_{vx} = 0 \qquad \text{für alle v.}$$

Damit drücken die Personenparameter θ_{vx} jeweils die Stärke einer Antworttendenz *relativ zur Ausprägung der anderen Antworttendenzen* aus. Ein einzelner Personenparameter θ_{vx} beinhaltet daher zunächst eine *intraindividuelle* Aussage über die relative Stärke dieser Verhaltenstendenz *innerhalb* einer Person. Diese intraindividuellen Ausprägungsgrade können jedoch auch *interindividuell*, d.h. über die Personen hinweg verglichen werden.

Die Summennormierung wird hier gewählt, um für *jede* Antwortkategorie einen Meßwert der Person zu erhalten. Anders als bei dichotomen Antworten gibt es bei mehrkategoriellen Antworten oft keine Kategorie, die sich als Referenzkategorie anbietet und auf deren Parameter man verzichten könnte (man denke z.B. an den Attributionsfragebogen, bei dem jede Antwortkategorie einem bestimmten Attributionsstil entspricht).

Auch im dichotomen Fall wird der Parameter für die Kategorie x=0 nicht einfach 'weggelassen', sondern er ist faktisch *gleich Null* gesetzt worden. Dies wird ersichtlich, wenn man das dichotome Modell als Spezialfall des mehrkategoriellen Modells (5) aufschreibt:

$$p(X_{vi}=1)=\frac{\exp(\theta_{v1}-\sigma_{i1})}{\exp(\theta_{v0}-\sigma_{i0})+\exp(\theta_{v1}-\sigma_{i1})}$$
$$=\frac{\exp(\theta_{v1}-\sigma_{i1})}{1+\exp(\theta_{v1}-\sigma_{i1})}$$

Die '1' im Nenner des dichotomen Rasch-Modells kommt nämlich dadurch zustande, daß θ_{v0} und σ_{i0} gleich Null gesetzt sind und sich somit $\exp(0)=1$ ergibt.

Die unterschiedliche Normierung im dichotomen und polytomen Fall (polytom = mehrkategoriell) hat zur Folge, daß ein Personenparameter, der im dichotomen Modell z.B. $\theta_v=1.8$ beträgt, im polytomen Modell (angewandt auf dieselben dichotomen Daten) nur $\theta_{v1}=0.9$ beträgt. Das liegt daran, daß es hier einen zweiten Parameter $\theta_{v0}=-0.9$ gibt, der sich mit θ_{v1} zu Null addiert.

In ihrer Interpretation sind beide Ergebnisse identisch, denn die *relative* Antworttendenz der Person bezüglich Kategorie 1 beträgt stets $\theta_{v1}-\theta_{v0}=1.8$.

Datenbeispiel: Personenparameter

Im folgenden sind die Personenparameter für 6 Personen wiedergegeben, die genau zweimal die Kategorie x=0 ('Habe ich schon getan bzw. tue ich bereits') angekreuzt haben:

v	x	θ_{v0}	θ_{v1}	θ_{v2}	θ_{v3}
1	00111	1.43	2.03	–1.95	–1.50
2	02203	1.23	–2.72	1.08	0.42
3	00313	1.03	0.23	–2.38	1.13
4	01201	0.97	1.00	0.02	–1.99
5	20101	0.97	1.00	0.02	–1.99
6	23010	0.62	–0.30	–0.33	0.01

Zunächst sieht man, daß sich die Parameter zeilenweise zu Null addieren. Dann fällt auf, daß die Personen 4 und 5 dieselben Parameter erhalten. Das liegt daran, daß beide Personen dieselben Summenscores r_{vx} haben, nämlich je 2-mal die '0' und die '1' und einmal die '2' angekreuzt haben.

Der Parameter für x=0 ist bei den anderen Personen jedoch unterschiedlich, obwohl alle Personen diese Kategorie gleich oft angekreuzt haben. Da diese Personen die *anderen* Kategorien unterschiedlich oft angekreuzt haben, ist auchihre Antworttendenz bzgl. Kategorie 0 im *intraindividuellen* Vergleich unterschiedlich stark: sie ist bei Person 6 am schwächsten, da diese Person *jede* andere Kategorie auch einmal angekreuzt hat. Sie ist bei Person 1 am stärksten, da diese Person zwei andere Kategorien *überhaupt nicht* angekreuzt hat und daher stark negative Verhaltenstendenzen hinsichtlich dieser beiden Kategorien hat.

Korreliert man die 4 Meßwerte über alle 800 befragten Personen miteinander, so ergibt sich folgende Korrelationsmatrix:

	θ_{v1}	θ_{v2}	θ_{v3}
θ_{v0}	–.39	–.23	–.43
θ_{v1}		-.46	–.32
θ_{v2}			–.14

Der Mittelwert dieser 6 Korrelationskoeffizienten beträgt genau $-\frac{1}{3}=-0.33$, wie es für 4 ipsative Meßwerte zu erwarten ist (s.o.). Obwohl alle Korrelationen negativ verzerrt sind, lassen sie sich doch *relativ zueinander* interpretieren. So ist der stärkste positive Zusammenhang (wenn man den Bias von –0.33 wieder abzieht; Bias = systematische Verzerrung) zwischen den Verhaltenstendenzen bezüglich der Kategorien 2 und 3: –.14+.33 = +.19. Diese beiden Antwortalternativen bieten zwei unterschiedliche 'Rationalisierungen' für fehlendes Umwelthandeln an ('die Bedingungen sind nicht gegeben' und 'die Maßnahme ist ungeeignet'), so daß ein positiver Zusammenhang plausibel ist.

Schließlich ist es auch aufschlußreich, diese Ergebnisse mit dem Ergebnis der Klassenanalyse derselben Daten in Beziehung zu setzen. Die folgende Tabelle zeigt die *Mittelwerte* der 4 Personenmeßwerte $\left(\bar{\theta}_{vx}\right)$ für die Mitglieder der 3 latenten Klassen (vgl. Kap. 3.2.1):

	$\bar{\theta}_{v0}$	$\bar{\theta}_{v1}$	$\bar{\theta}_{v2}$	$\bar{\theta}_{v3}$
Klasse 1	–.50	1.78	–.57	–.72
Klasse 2	–.15	–.64	–.03	.81
Klasse 3	1.59	.26	–.52	–1.34

Klasse 3 war die Klasse der 'Handelnden' und entsprechend ist hier die Verhaltenstendenz der Kategorie 0 am stärksten ausgeprägt. Klasse 1 war die Klasse der Personen, die sozial erwünscht (?) antworten: 'kann ich mir gut vorstellen'. Die entsprechende Verhaltenstendenz hat hier den größten Mittelwert (1.78). Klasse 2 schließlich sind die 'Rationalisierer' mit starker Tendenz zu Kategorie 2 und 3. Insgesamt führen das klassifizierende und das quantifizierende Testmodell zu ähnlichen Ergebnissen, auch wenn sie die interindividuellen Unterschiede sehr unterschiedlich repräsentieren.

Die Abhängigkeit der Antwortwahrscheinlichkeiten von der latenten Dimension wurde bei dichotomen Testmodellen mit Hilfe der *Itemcharakteristiken* oder *Itemfunktionen* dargestellt. Diese Itemfunktionen sind für das mehrdimensionale Rasch-Modell schwieriger darzustellen, da jeweils mehrere Parameter pro Item und pro Person variieren.

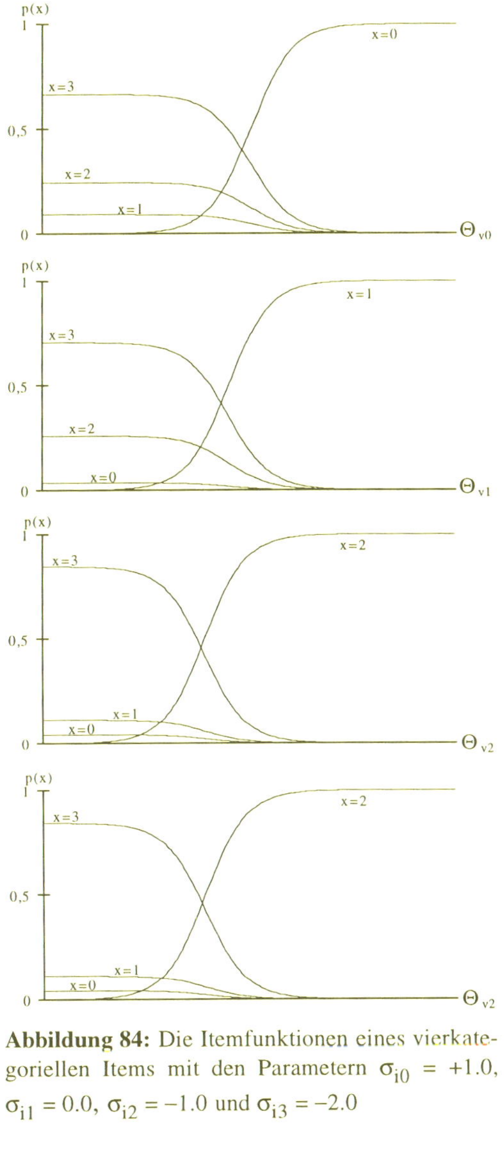

Abbildung 84: Die Itemfunktionen eines vierkategoriellen Items mit den Parametern $\sigma_{i0} = +1.0$, $\sigma_{i1} = 0.0$, $\sigma_{i2} = -1.0$ und $\sigma_{i3} = -2.0$

Abbildung 84 zeigt die Abhängigkeit der Antwortwahrscheinlichkeiten von den Personenvariablen θ_{vx} für ein vierkategorielles Item. Die Abbildung besteht aus je einer Graphik für jede latente Variable θ_{vx}, in denen jeweils 4 Kurven eingezeichnet sind, nämlich eine für jede Antwortkategorie.

In jedem der vier Bilder variiert genau eine *Personenvariable* θ_{vx}, während die Ausprägungen der 3 anderen Variablen als untereinander gleich stark angenommen werden. Wegen der Normierungsbedingung (9) bedeutet das im Falle des obersten Graphen, daß für θ_{v1} bis θ_{v3} gilt:

$$\theta_{vx} = -\frac{\theta_{v0}}{3} \quad , x > 0.$$

So addieren sich die 4 Meßwerte stets zu Null. In allen 4 Graphen steigt die Wahrscheinlichkeit einer Antwort in derjenigen Kategorie, deren Personenparameter variiert wird, monoton an. Demgegenüber fallen die Wahrscheinlichkeiten der drei übrigen Kategorien monoton ab.

Die *Itemparameter* σ_{ix} drücken sich in der Lage dieser Kurven bzgl. der Abszisse und in ihrem Abstand voneinander aus: Je größer σ_{ix} ist, desto schwerer fällt eine Antwort in diese Kategorie und desto weiter *rechts* liegt die monoton *steigende* Kurve. Bei den monoton *fallenden* Kurven verlaufen die Kurven umso flacher je größer der Schwierigkeitsparameter der Kategorie ist.

Die Verläufe dieser Itemfunktionen sind zwar etwas komplizierter nachzuvollziehen, entsprechen aber letztlich den Erwartungen.

Die Eigenschaft von Rasch-Modellen, daß die Summenscores die gesamte Information ausschöpfen (vgl. auch Kap. 3.1.1.2.2), zeigt sich wiederum in der *Likelihoodfunktion* der Daten für dieses Modell.

Die Likelihood der gesamten Datenmatrix ergibt sich durch Multiplikation über alle Items und alle Personen, d.h. sie ist durch folgende Gleichung definiert

$$(10)\quad L = \prod_{v=1}^{N} \prod_{i=1}^{k} \frac{\exp\left(\theta_{vx} - \sigma_{ix}\right)}{\sum_{s=0}^{m} \exp\left(\theta_{vs} - \sigma_{is}\right)}$$

$$= \frac{\exp\left(\sum_v \sum_i \theta_{vx} - \sum_v \sum_i \sigma_{ix}\right)}{\prod_v \prod_i \sum_{s=0}^{m} \exp\left(\theta_{vs} - \sigma_{is}\right)}$$

$$= \frac{\exp\left(\sum_v r_{vx}\, \theta_{vx} - \sum_i n_{ix}\, \sigma_{ix}\right)}{\prod_v \prod_i \sum_{s=0}^{m} \exp\left(\theta_{vs} - \sigma_{is}\right)}.$$

Es zeigt sich, daß die Likelihood der Daten lediglich von der Häufigkeit n_{ix}, mit der bei Item i die Kategorie x gewählt wurde, und der Häufigkeit r_{vx}, mit der Person v Kategorie x gewählt hat, abhängt.

Bei *welchen* Items die r_{vx} Antworten in Kategorie x fallen, spielt keine Rolle, sofern das Modell gilt. Anders ausgedrückt: wenn das Modell gilt, so kann man sicher sein, daß die *Antwortmuster keine zusätzliche diagnostische Information* über die Personen enthalten.

Möchte man in einem Test mit nominalen Antwortkategorien die Antworthäufigkeiten in einer bestimmten Kategorie als Indikator für die Ausprägung einer entsprechenden Personeneigenschaft interpretieren, so sollte man daher zuvor prüfen, ob das mehrdimensionale Rasch-Modell auf die Daten paßt.

Mit der Tatsache, daß die Summenscores r_{vx} die gesamte Information über die Personenparameter θ_{vx} enthalten, ist ein Problem verbunden, das unter anderem auch für die seltene Anwendung dieses Testmodells verantwortlich ist. Hat nämlich eine Person in dem Test eine oder mehrere Antwortkategorien bei *keinem* Item angekreuzt, d.h. ist ein Score $r_{vx} = 0$, so läßt sich der Ausprägungsgrad der zugehörigen Personeneigenschaft nur mit Hilfe von Zusatzannahmen ermitteln.

Rein rechnerisch würde sich für diese Person eine Ausprägung von minus unendlich $\left(\theta_{vx} = -\infty\right)$ auf dieser Variable ergeben, da sie diese Kategorie im Vergleich zu den anderen Kategorien 'unendlich selten' nämlich 'nie' angekreuzt hat. Dies allein wäre nicht weiter tragisch, man müßte nur in Kauf nehmen, daß für einige Personen die Meßwerte bezüglich einzelner Kategorien fehlen. Die Normierungsbedingung (9) führt aber dazu, daß wenn *ein* Parameter $-\infty$ beträgt, alle anderen Parameter $+\infty$ werden bzw. gar nicht definiert sind.

Die Konsequenz, auf jede Person zu *verzichten*, die in mindestens einer Kategorie nie geantwortet, d.h. den Score Null hat, ist nicht praktikabel. In unserem Datenbeispiel sind es immerhin 701 von 800 Personen, die mindestens *einen* Score gleich Null haben (was hier allerdings an der kleinen Itemanzahl liegt).

Bei der Anwendung dieses Testmodells sollten daher mittels geeigneter Verfahren (vgl. Kap. 4.2.1) *alle* Personenparameter geschätzt werden. Hierfür ist schon ein einfacher 'Trick' ausreichend, indem man nämlich alle Nullscores, d.h. alle $r_{vx} = 0$, bei der Parameterschätzung auf 0.1 setzt. Mit diesem Trick wird die Empirie dahingehend verfälscht, daß angenommen wird, die Person hätte bei einem 'zehntel' Item die Kategorie x angekreuzt. Die o.g. Ergebnisse des Datenbeispiels wurden auf diese Weise berechnet.

Literatur

Das mehrdimensionale Rasch-Modell geht auf Rasch (1961) zurück und wurde von Andersen (1974) und Fischer (1974, 1995b) beschrieben. Fischer & Spada (1973) haben es auf den Rorschachtest angewendet. Kelderman & Rijkes (1994) beschreiben das Modell als log-lineares Modell und Thissen & Steinberg (1984) diskutieren ein mehrdimensionales Modell mit einem zusätzlichen, multiplikativen Parameter. Hicks (1970) hat die Eigenschaften ipsativer Meßwerte ausführlich dargestellt und Rost (1983) diskutiert diese Eigenschaften in Bezug auf Interessentests.

Übungsaufgaben

1. Wieviele unterschiedliche Scorevektoren gibt es im Datenbeispiel, die *keinen* Nullscore enthalten?
2. Welches der 5 Beispielitems ist am anfälligsten dafür, sozial erwünscht beantwortet zu werden, wenn man davon ausgeht, daß die zweite Antwortalternative diese Tendenz ausdrückt?
3. Welche Personenparameter erhält eine Person mit dem Scorevektor $\underline{r}_v = (2,1,1,1)$? Welcher Antwortvektor ist bei dieser Person am wahrscheinlichsten?

3.3 Modelle für ordinale Itemantworten

Ordinale Daten stellen nach den dichotomen Itemantworten sicherlich den häufigsten Datentyp dar, der mit Tests und Fragebögen erhoben wird. In einigen Gebieten der Psychologie und der Sozialwissenschaften stellen ordinale Daten wahrscheinlich sogar *den häufigsten Datentyp* dar. Dies ist auch berechtigt, denn menschliche Reaktionen auf Itemvorgaben können sicherlich differenzierter ausgedrückt werden als nur mit einer Ja-Nein-Antwort, und es entspricht einfachen Kosten-Nutzen-Überlegungen, die Itemantwort so differenziert wie möglich zu erheben und auch entsprechend auszuwerten.

In diesem Kapitel werden daher die wichtigsten Testmodelle für dichotome Itemantworten auf den Fall ordinaler Itemantworten verallgemeinert. Es handelt sich dabei durchweg um *Verallgemeinerungen*, so daß sich die entsprechenden dichotomen Testmodelle stets für den Spezialfall nur zweier 'ordinaler' Antwortkategorien 'automatisch' ergeben.

Kapitel 3.3.1 behandelt die Verallgemeinerung des Rasch-Modells für ordinale Daten, Kapitel 3.3.2 einige Spezialfälle dieses Modells für Tests mit einer Ratingskala als Antwortformat. In Kapitel 3.3.3 ist die Klassenanalyse für ordinale Daten dargestellt und Kapitel 3.3.4 behandelt wiederum spezielle Modelle für Ratingskalen. Kapitel 3.3.5 geht auf die Verallgemeinerung des mixed Rasch-Modells ein.

Viele Testmodelle, die in Kapitel 3.1 für dichotome Daten dargestellt wurden, werden in diesem Kapitel in ihrer Verallgemeinerung für ordinale Daten *nicht* behandelt. Hierzu gehören Modelle mit stufen- oder kastenförmigen Itemfunktionen, sowie die sog. nicht-parametrischen Modelle, aufbauend auf der Mokken-Analyse. Auch Modelle mit nicht-monotonen Itemfunktionen, sog. Unfolding-Modelle, mehrparametrige Modelle im Sinne der item-response Theorie, sowie Modelle, die auf der linearen Itemfunktion der sog. klassischen Testtheorie aufbauen, werden hier nicht in ihren ordinalen Verallgemeinerungen behandelt.

Diese Auswahl ist zum Teil durch den Stand der Modellentwicklungen und durch die Verfügbarkeit geeigneter Computerprogramme begründet. Zum Teil spiegelt die Auswahl eine subjektive Einschätzung der Bedeutung und Brauchbarkeit der verschiedenen Modelle für die Praxis der Testentwicklung wider. Während viele Annahmen über das Antwortverhalten in Tests und Fragebögen mit mehrstufigen Antworten in den hier behandelten Modellen Berücksichtigung finden, stellt die Auslassung *mehrkategorieller Unfolding-Modelle* (vgl. Kap. 3.1.1.3) eine schmerzliche Lücke dar.

Die Annahme der Thurstone-Skalierung bei der Messung von Einstellungen (vgl. Kap. 2.2.2.6) ist eine echte Konkurrenz zur Annahme der Likert-Skalierung, so daß es gerade für die Auswertung von Fragebögen mit mehrstufigen Antworten wünschenswert wäre, beide Methoden zur Verfügung zu haben. Die Auswertung von Fragebögen mit nicht-parametrischen mehrkategoriellen Unfolding-Modellen ist besonders durch die Arbeiten von Wijbrandt van Schuur (s. z.B. v. Schuur 1993, 1996) weit fortgeschritten, während die entsprechenden parametrischen Modelle (Andrich 1995, Rost & Luo 1995) noch in den Kinderschuhen stecken. Eine spätere Auflage dieses Lehrbuchs sollte diese Lücke schließen.

In den Unterkapiteln von Kapitel 3.1. wurde jeweils auf Literatur zu den mehrkategoriellen Verallgemeinerungen der dort behandelten Testmodelle verwiesen, sofern diese nicht im folgenden dargestellt sind.

Datenbeispiel

Als *Datenbeispiel* für dieses Kapitel dienen 5 Items aus dem Persönlichkeitsfragebogen NEOFFI von Borkenau und Ostendorf (1991). Diese 5 Items gehören zu insgesamt 12 Items, die die Persönlichkeitseigenschaft 'Neurotizismus' erfassen sollen. Sie lauten:

1. *Ich fühle mich oft angespannt und nervös.*
2. *Manchmal fühle ich mich völlig wertlos.*
3. *Zu häufig bin ich entmutigt und will aufgeben, wenn etwas schiefgeht.*
4. *Ich bin selten traurig oder deprimiert.*
5. *Ich fühle mich oft hilflos und wünsche mir eine Person, die meine Probleme löst.*

Die Aussagen sind im Originalfragebogen auf einer 5-stufigen Ratingskala mit den Kategorien:

0: völlig unzutreffend
1: unzutreffend
2: weder noch
3: zutreffend
4: völlig zutreffend

einzuschätzen. Aus Gründen, die im Laufe des Kapitels 3.3.1 deutlich werden, ist jedoch ein 4-stufiges Antwortformat bei diesem Test besser geeignet eine quantitative Dimension zu messen.

Für die Beispielrechnungen wurden bei den Originaldaten daher die Kategorien 1 ('unzutreffend') und 2 ('weder noch') zusammengelegt, so daß die folgende 4-stufige Antwortvariable resultiert:

0: völlig unzutreffend
1: unzutreffend - weder noch
2: zutreffend
3: völlig zutreffend

Zudem wurde das *vierte* Item *umgepolt*, da es negativ formuliert ist. Bei diesem Item bedeutet also eine '0': völlig zutreffend, eine '1': zutreffend u.s.w.

Die Beispieldaten umfassen 1000 Personen aus einer größeren Stichprobe der Testautoren (Borkenau und Ostendorf 1991). Die Kategorienhäufigkeiten lauten:

	i=1	i=2	i=3	i=4	i=5
0	57	182	153	48	189
x=1	510	471	605	512	586
2	321	266	192	351	169
3	112	81	50	89	56

Übungsaufgabe

Geben Sie die Reihenfolge der Itemnummern an, wenn man die Items nach aufsteigender Schwierigkeit ordnet. Geben Sie an, welche Definition von 'Itemschwierigkeit' Sie dabei verwendet haben.

3.3.1 Das ordinale Rasch-Modell

In Kapitel 3.1 über dichotome Testmodelle stellte das Konzept der *Itemfunktion oder Itemcharakteristik* ein zentrales Konzept dar, um Testmodelle zu definieren. Die Itemfunktion gibt die Abhängigkeit der Lösungswahrscheinlichkeit eines Items von der latenten Variable an. Mittels der Itemfunktion konnten jeweils die zentralen Modellannahmen graphisch veranschaulicht und verschiedene Modelle miteinander verglichen werden.

Die verschiedenen Kurvenverläufe, die in Kapitel 3.1 als *Itemfunktionen* gezeichnet wurden, stellen bei näherer Betrachtung nur *Kategorienfunktionen* dar, denn sie definieren die Abhängigkeit der Antwortwahrscheinlichkeit *einer* Kategorie (nämlich der 1-Kategorie) von der latenten Variable. Fügt man dem Bild noch die Funktion für die 0-Kategorie hinzu, so erhält man mit den *beiden* Kategorienfunktionen ein Gesamtbild, das man 'Itemfunktion' nennen könnte, da es die *beiden* Antwortwahrscheinlichkeiten eines Items charakterisiert.

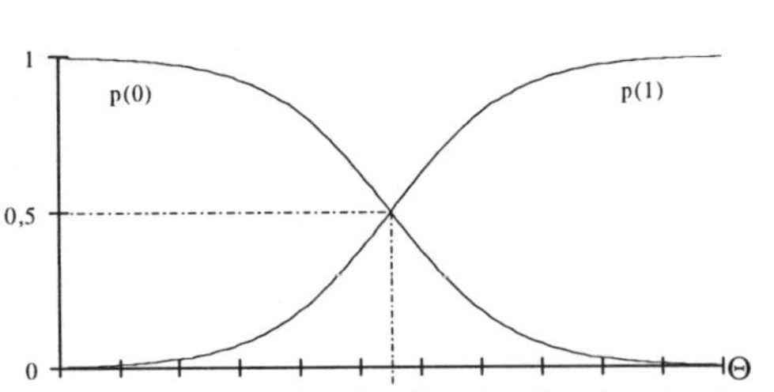

Abbildung 85: Die beiden Kategorienfunktionen eines zweikategoriellen Items mit Schwierigkeit σ_i=1.5

Im zweikategoriellen Fall ist die zweite Kategorienfunktion (für die 0-Kategorie) *redundant*, da sie der an einer horizontalen Geraden gespiegelten Funktion für die 1-Kategorie entspricht. Dies ist so, da sich beide Wahrscheinlichkeiten an jedem Punkt des latenten Kontinuums zu 1 addieren müssen.

Während es im zweikategoriellen Fall also überflüssig ist, *beide* Kategorienfunktionen zu zeichnen, kann man die Itemfunktionen für *mehrkategorielle* ordinale Itemantworten nur verstehen, wenn man sich die Abhängigkeit *jeder* Kategorienwahrscheinlichkeit von der latenten Personenvariable anschaut. Wie solche Kategorienfunktionen ordinaler Daten aussehen, wird im folgenden dargestellt.

Abbildung 85 zeigt, daß mit zunehmendem Wert der Personeneigenschaft die Wahrscheinlichkeit, in Kategorie 0 zu antworten, kontinuierlich *absinkt* und gleichzeitig die Wahrscheinlichkeit für eine 1-Antwort *ansteigt*.

Stellt man sich nun vor, daß es zwischen der 0-Kategorie und der 1-Kategorie noch eine dritte, *mittlere* Kategorie gibt, und benennt man die drei Kategorien mit den Ziffern 0, 1 und 2, so ist folgender Kurvenverlauf zu erwarten: Zunächst dominiert die Wahrscheinlichkeit für eine 0-Antwort, welche aber mit steigender Eigenschaftsausprägung absinkt. Im mittleren Bereich der Eigenschaftsausprägung steigt sodann eine Kurve an, die die Wahrscheinlichkeit für die mittlere, also die 1-Antwort definiert, die aber *nicht monoton* ist. Sie sinkt vielmehr wieder ab, weil im oberen Eigenschaftsbereich die Wahrscheinlichkeit für eine 2-Antwort ansteigt. Dies ist in Abbildung 86 dargestellt.

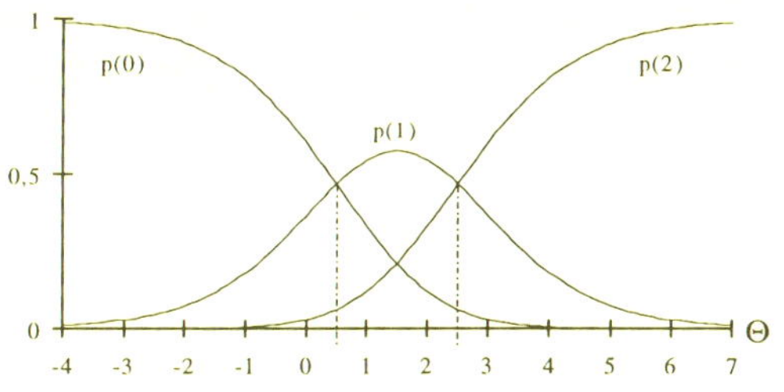

Abbildung 86: Die Kategorienfunktionen für ein dreikategorielles Item

Es ergibt sich in diesem Gedankenmodell ganz von selbst, daß die mittlere Antwortkategorie eine nicht-monotone, *eingipflige Kategorienfunktion* haben muß, da es sowohl rechts als auch links von ihr eine andere Antwortkategorie gibt, deren Antwortwahrscheinlichkeit in der jeweiligen Richtung zunimmt.

Dieses Prinzip läßt sich auch auf vier Antwortkategorien verallgemeinern, was in Abbildung 87 dargestellt ist.

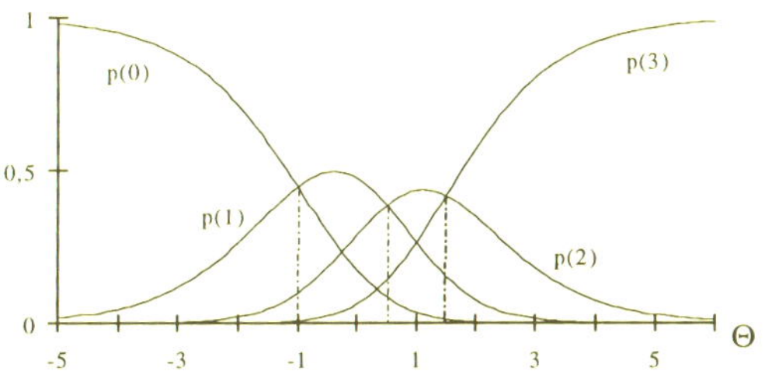

Abbildung 87: Die Kategorienfunktionen für ein vierkategorielles Item

Wiederum zeigt sich, daß die mittleren Antwortkategorien nicht-monoton eingipflig sind, während die *Extremkategorien* ihre monoton sinkende bzw. monoton steigende Kategorienfunktion *beibehalten.*

Für die Konstruktion eines Testmodells, das solche Kurven beschreibt, stellt sich die Frage, wie man die Kurvenschar *parametrisiert*, d.h. welche Kennwerte des Kurvenverlaufs man als Modellparameter berücksichtigt. Hier gibt es im Prinzip sehr viele Möglichkeiten. So könnte man die Lage und Höhe der Gipfelpunkte der mittleren Kategorien, die Breite der Hügel für die mittleren Kategorien, den jeweils steilsten Anstieg jeder Kurve oder ähnliches als Modellparameter vorsehen. Bei der Entscheidungsfindung kann wiederum die Betrachtung des zweikategoriellen Falles helfen.

In Kapitel 3.1.1.2.2 wurde dargestellt, daß der Itemparameter des Rasch-Modells dem Abszissenwert des *Wendepunktes* der logistischen Funktion entspricht. Der Wendepunkt ist zugleich auch der Punkt, in dem die *50%-Wahrscheinlichkeitsgrenze* überschritten wird, und auch der Punkt mit dem *steilsten Anstieg* (s. Abb. 85). Aus Abbildung 85 ist auch ersichtlich, daß es zugleich der Punkt ist, in dem sich die beiden Kategorienkurven *überschneiden.*

Mit anderen Worten, der Itemparameter markiert jenen Punkt auf der latenten Dimension, der das latente Kontinuum *in zwei Abschnitte zerteilt:* Links von diesem Schnittpunkt ist die Wahrscheinlichkeit für eine 0-Antwort am höchsten, rechts davon die Wahrscheinlichkeit für eine 1-Antwort.

Dieses Prinzip, daß die Modellparameter die *Schnittpunkte* der Kategorienfunktionen markieren, ist gut auf den mehrkategoriellen Fall generalisierbar: Die Kurvenschnittpunkte segmentieren das latente Kontinuum hier nicht mehr nur in zwei Abschnitte, sondern in so viele, wie es Kategorien gibt. In jedem Abschnitt hat jeweils eine Antwortkategorie die relativ höchste Wahrscheinlichkeit (s. Abb. 88).

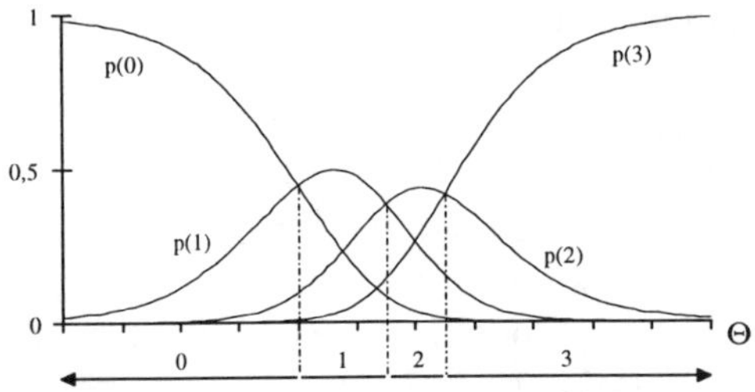

Abbildung 88: Durch die Schnittpunkte definierte Abschnitte auf der latenten Dimension

Hieran wird deutlich, wie in ordinalen Testmodellen mit den *abgestuften Antwortkategorien* umgegangen wird: Es wird versucht, die Antwortkategorien so auf die zu messende Personeneigenschaft zu *projizieren*, daß jeder Kategorie ein Abschnitt auf der latenten Variable entspricht. Die Größe oder Länge dieses Abschnittes kennzeichnet die *Größe der* jeweiligen *Antwortkategorie.*

In Abbildung 88 liegen die Schnittpunkte der Kategorie 2 dichter beieinander als die der Kategorie 1, d.h. ihr ist ein kleinerer Abschnitt auf dem Kontinuum zugeordnet. Kategorie 2 ist somit *kleiner* als Kategorie 1.

Die *Ordnung der Antwortkategorien* schlägt sich darin nieder, daß ihre zugehörigen Abschnitte *entlang dem zu messenden Kontinuum geordnet* sind: Der Abschnitt für eine höhere Antwortkategorie liegt stets weiter rechts, so daß eine höhere Eigenschaftsausprägung für eine Antwort in dieser Kategorie erforderlich ist. Sind die Antwortkategorien *entgegen* der präexperimentellen Hypothese *nicht* geordnet, so ergeben sich auch keine Abschnitte auf dem latenten Kontinuum, die die angenommene Ordnung widerspiegeln.

Um diesen Fall graphisch nachzuvollziehen, sei noch einmal darauf hingewiesen, daß die besagten Abschnitte auf der Abszisse durch die *Schnittpunkte* jeweils zweier *benachbarter* Kategorienfunktionen definiert sind. Eine Kategorie erhält dann *keinen* 'eigenen' Abschnitt auf der Abszisse, wenn ihr Schnittpunkt mit der höheren Kategorie *links* vom Schnittpunkt mit der niedrigeren Kategorie liegt. Dies ist in Abbildung 89 dargestellt.

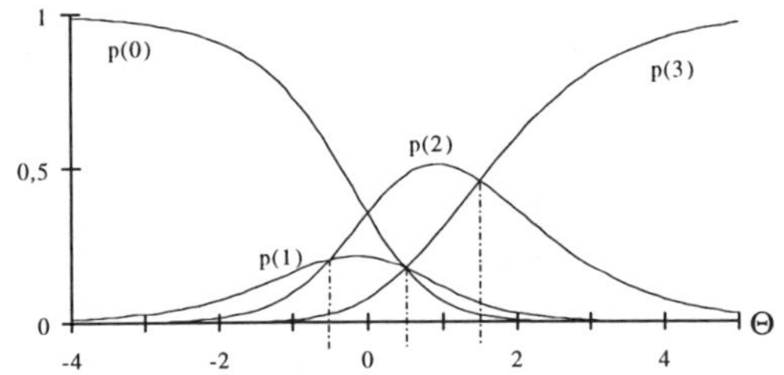

Abbildung 89: Ein vierkategorielles Item mit ungeordneten Schnittpunkten

In Abbildung 89 ist der Fall dargestellt, daß der Schnittpunkt der Kurve 0 mit Kurve 1 rechts vom Schnittpunkt der Kurve 1 mit Kurve 2 liegt. Dies führt dazu, daß Kategorie 1 *keinen Abschnitt* auf der Abszisse hat, in dem diese Kategorie *mit relativ höchster* Wahrscheinlichkeit gewählt wird. Die Kategorien 0 oder 2 haben *überall* eine höhere Wahrscheinlichkeit als die zwischen ihnen liegende Kategorie 1. Hierin drückt sich aus, daß Kategorie 1 'nicht in Ordnung ist' oder 'aus der Reihe tanzt': Die Antwortkategorien lassen sich nicht derart auf die zu messende Personenvariable projizieren, daß aufeinander folgenden Kategorien auch aufeinander folgende Abschnitte der Personenvariable entsprechen.

Es läßt sich *zusammenfassend* festhalten, daß mit der Parametrisierung der Schnittpunkte benachbarter Kategorienfunktionen nicht nur die *Größe* der Antwortkategorien ausgedrückt werden kann, sondern auch nachgeprüft werden kann, *ob* die Kategorien *überhaupt geordnet* sind, d.h. ob die Itemantworten Ordinalskalenqualität besitzen oder nicht.

Als Überleitung zur Formalisierung dieses Testmodells wird zunächst der Begriff der *Schwelle* eingeführt: Die Schnittpunkte zweier benachbarter Antwortkategorien definieren die Schwelle zwischen diesen Antwortkategorien. Die Abszissenwerte dieser Schnittpunkte definieren die Lage der Schwellen auf dem latenten Kontinuum. Der Begriff der Schwelle soll suggerieren, daß an diesem Punkt auf dem Kontinuum der *Übergang* von einer Kategorie zur anderen stattfindet, d.h. die Wahrscheinlichkeit in der folgenden Kategorie zu antworten von diesem Punkt an größer wird als die Wahrscheinlichkeit, in der vorangegangenen Kategorie zu antworten.

Auf der Schwelle selbst haben beide Antwortkategorien dieselbe Wahrscheinlichkeit, es steht also *auf der Schwelle genau 50 zu 50*, in welche Kategorie die Antwort fällt.

Um die ganze Kurvenschar der Kategorienfunktionen festzulegen, muß man mittels einer geeigneten Funktion bestimmen, mit welchen *Wahrscheinlichkeiten* die Schwellen überschritten werden. Man benötigt den Begriff der *Schwellenwahrscheinlichkeit* und ein Modell, das die Schwellenwahrscheinlichkeiten beschreibt.

Was ist eine Schwellenwahrscheinlichkeit?

Die *Schwellenwahrscheinlichkeit* q_x läßt sich mit Hilfe der beiden benachbarten Kategorienwahrscheinlichkeiten, p_{x-1} und p_x definieren. Und zwar ist die Schwellenwahrscheinlichkeit nichts anderes als der *relative Anteil* der 'höheren' Kategorienwahrscheinlichkeit an beiden Kategorienwahrscheinlichkeiten:

$$(1) \qquad q_x = \frac{p_x}{p_{x-1} + p_x}.$$

Ist die Kategorie x wahrscheinlicher als die Kategorie x-1, so überschreitet man die Schwelle mit einer Wahrscheinlichkeit größer als 0.5. Ist dagegen die links von der Schwelle gelegene Kategorienwahrscheinlichkeit größer, so überschreitet man die Schwelle mit einer Wahrscheinlichkeit kleiner als 0.5.

Man kann die Schwellenwahrscheinlichkeit auch als *bedingte Wahrscheinlichkeit* definieren, nämlich als Wahrscheinlichkeit einer Antwort in Kategorie x unter der Bedingung, daß die Anwort in x−1 oder in x liegt:

$$(1') \qquad q_x = p(x \mid x-1 \text{ oder } x)$$

Nach der Definition bedingter Wahrscheinlichkeiten, sind beide Definitionen, (1) und (1'), identisch.

Auch bei *dichotomen* Itemantworten gibt es eine Schwelle - aber eben *nur eine*, nämlich die zwischen Kategorie 0 und Kategorie 1. Die Schwelle ist auch hier durch den Schnittpunkt der beiden Kategorienfunktionen definiert (s. Abb. 85) und ihre Lage auf dem latenten Kontinuum ist identisch mit dem, was in Kapitel 3.1.1

die *Lokation* des Items genannt wurde. Im dichotomen Fall ist *die Schwellenwahrscheinlichkeit* gleich der Wahrscheinlichkeit einer 1-Antwort und somit *durch die logistische Funktion des Rasch-Modells definiert*, d.h.

$$(2)\quad q_{vix} = \frac{\exp(\theta_v - \sigma_i)}{1 + \exp(\theta_v - \sigma_i)} = p(X_{vi} = 1).$$

Die Identität von Schwellenwahrscheinlichkeit und Lösungswahrscheinlichkeit eines dichotomen Items liegt daran, daß der Nenner der Schwellenwahrscheinlichkeit (1) im dichotomen Fall stets gleich 1 ist.

Es liegt nahe, den Ansatz, für die Schwellenwahrscheinlichkeiten die logistische Funktion des Rasch-Modells anzunehmen, auf den Fall ordinaler Daten zu übertragen:

$$(3)\quad q_{vix} = \frac{\exp(\theta_v - \tau_{ix})}{1 + \exp(\theta_v - \tau_{ix})} \quad , x = 0, 1 \ldots m .$$

Der Itemparameter τ (sprich: tau) hat in dieser Gleichung einen *zweiten Index* bekommen, da jedes Item *mehrere* Schwellen besitzt und jede Schwelle eine eigene Lokation (d.h. Lage auf dem latenten Kontinuum) hat. Diese wird durch den Parameter τ_{ix} definiert (τ, das griechische 't', steht für die englische Bezeichnung von 'Schwelle': threshold).

Gleichung (3) besagt, daß die Schwellenwahrscheinlichkeit einer Person v bei Item i von der Eigenschaftsausprägung dieser Person abhängt und von der Schwierigkeit der Schwelle bei diesem Item.

Graphisch stellt sich diese Annahme so dar, daß es für jede Schwelle eines Items eine logistische Funktion gibt, die die Wahrscheinlichkeit dieser Schwelle definiert (s. Abb. 90).

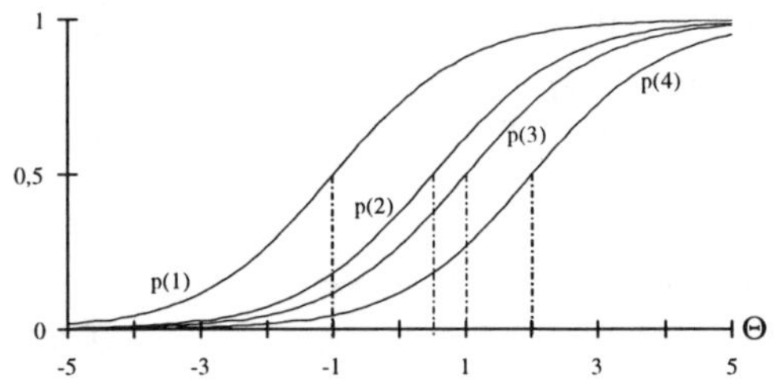

Abbildung 90: Die vier Schwellenfunktionen eines fünfkategoriellen Items mit den Parametern $\tau_{i1} = -1.0$, $\tau_{i2} = 0.5$, $\tau_{i3} = 1.0$ und $\tau_{i4} = 2.0$

In dieser Abbildung sind die Abhängigkeiten von *vier* Schwellenwahrscheinlichkeiten von der latenten Personenvariable dargestellt, es handelt sich also um ein *fünfkategorielles* Item.

Die Kurven drücken aus, daß die Übergangswahrscheinlichkeiten mit wachsender Eigenschaftsausprägung ansteigen. Leichtere Schwellen liegen weiter links, schwerere Schwellen weiter rechts, so daß man für das Überschreiten einer Schwelle zwischen zwei höheren Kategorien auch einer höheren Eigenschaftsausprägung bedarf.

Rechnet man die in Abbildung 90 dargestellten Schwellenwahrscheinlichkeiten in Kategorienwahrscheinlichkeiten um, so ergibt sich das folgende Bild:

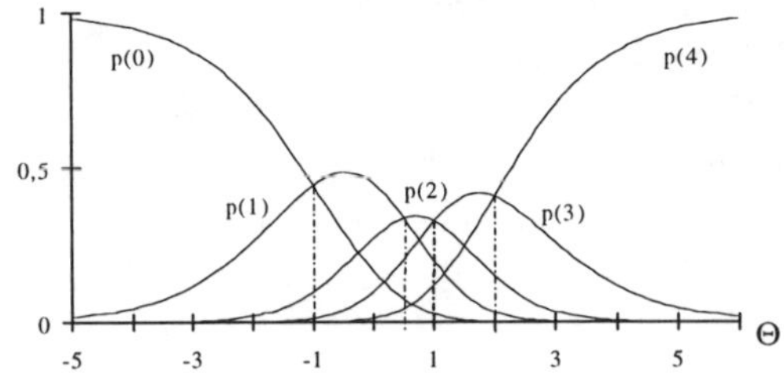

Abbildung 91: Die Kategorienfunktionen des in Abbildung 90 dargestellten Items

Die *Wendepunkte der Schwellenwahrscheinlichkeiten* in Abbildung 90 markieren genau die *Schnittpunkte der Kategorienfunktionen* in Abbildung 91. D.h. die *Lokationen der Schwellen* auf dem Kontinuum sind durch die Parameter τ_{ix} der Schwellenfunktionen in Formel (3) definiert.

Löst man Gleichung (1) nach den Kategorienwahrscheinlichkeiten auf und setzt man für die Schwellenwahrscheinlichkeiten Gleichung (3) ein, so ergibt sich die Modellgleichung für das *mehrkategorielle ordinale Rasch-Modell.* Diese wird im folgenden abgeleitet.

Ableitung

Schwellenwahrscheinlichkeiten und Kategorienwahrscheinlichkeiten hängen laut Definition (1) wie folgt zusammen.

$$q_x = \frac{p_x}{p_{x-1} + p_x}$$

$$x = 0, 1 \ldots m .$$

Die Auflösung der Gleichung nach p_x ergibt:

$$(4) \qquad p_x = q_x \, p_{x-1} + q_x \, p_x$$

$$p_x (1 - q_x) = q_x \, p_{x-1}$$

$$p_x = p_{x-1} \frac{q_x}{1 - q_x},$$

d.h. jede Kategorienwahrscheinlichkeit p_x ist auf die vorangehende Kategorienwahrscheinlichkeit p_{x-1} und die dazwischen liegende Schwellenwahrscheinlichkeit q_x zurückzuführen. Setzt man dies rückwärtsgehend bis zur ersten Schwelle fort, so ergibt sich ein sog. *rekursives* Gleichungssystem

$$p_{x-1} = p_{x-2} \frac{q_{x-1}}{1 - q_{x-1}}$$

bis

$$p_1 = p_0 \frac{q_1}{1 - q_1},$$

das sich allgemein schreiben läßt:

$$(5) \qquad p_x = p_0 \prod_{s=1}^{x} \frac{q_s}{1 - q_s}.$$

Da für die Schwellenwahrscheinlichkeiten die logistische Funktion (3) gelten soll,

$$q_x = \frac{\exp(\theta_v - \tau_{ix})}{1 + \exp(\theta_v - \tau_{ix})},$$

gilt für deren Gegenwahrscheinlichkeit:

$$(3') \qquad 1 - q_x = \frac{1}{1 + \exp(\theta_v - \tau_{ix})}.$$

Setzt man beide Gleichungen in (5) ein, so kürzen sich die Nennerausdrücke der Schwellenwahrscheinlichkeiten heraus, und es ergibt sich eine relativ einfache Rekursionsformel

$$(6) \quad p_x = p_0 \prod_{s=1}^{x} \frac{\frac{\exp(\theta_v - \tau_{is})}{1 + \exp(\cdots)}}{\frac{1}{1 + \exp(\cdots)}}$$

$$= p_0 \prod_{s=1}^{x} \exp(\theta_v - \tau_{is})$$

$$= p_0 \exp\left(\sum_{s=1}^{x} (\theta_v - \tau_{is}) \right).$$

Das Ergebnis dieser Ableitung besagt, daß die Wahrscheinlichkeit der Kategorie x auf die Wahrscheinlichkeit der 0-ten Kategorie und auf eine Exponentialfunktion der Modellparameter zurückzuführen ist. Gleichung (6) läßt sich auch umschreiben zu einem linearen Logit-Modell

$$(6') \qquad \log \frac{p_x}{p_0} = \sum_{s=1}^{x} (\theta_v - \tau_{is}),$$

das an die Ableitung des dichotomen Rasch-Modells (Kap 3.1.1.2.2) und des mehrdimensionalen Rasch-Modells (Kap. 3.2.2) erinnert. In diesem Fall hat sich das Logit-Modell (6') als Resultat der Annahme logistischer Schwellenwahrscheinlichkeiten (3) ergeben.

Die rechte Seite von Gleichung (6') läßt sich vereinfachen, indem man sog. *kumulierte Schwellenparameter* (kumulieren = anhäufen) σ_{ix} einführt:

$$\sigma_{ix} = \sum_{s=1}^{x} \tau_{is}$$

und die Summe der Personenparameter als Produkt schreibt:

$$\sum_{s=1}^{x} \theta_v = x\,\theta_v \,.$$

Es ergibt sich dadurch:

$$(6'') \qquad \log \frac{p_x}{p_0} = x\,\theta_v - \sigma_{ix} \,.$$

Aus dieser Gleichung läßt sich mit Hilfe der Nebenbedingung, daß sich alle Kategorienwahrscheinlichkeiten zu 1 addieren müssen

$$(7) \qquad \sum_{x=0}^{m} p_x = 1$$

die Modellgleichung ableiten.

Ableitung

Aufgrund von (7) ist

$$p_0 = 1 - \sum_{x=1}^{m} p_x \,.$$

Für p_x wird Gleichung (6) mit den neu eingeführten kumulierten Schwellenparametern eingesetzt

$$(6''') \qquad p_x = p_0 \exp(x\,\theta_v - \sigma_{ix}),$$

so daß

$$p_0 = 1 - \sum_{x=1}^{m} p_0 \exp(x\,\theta_v - \sigma_{ix}) \,.$$

Division beider Seiten durch p_0 und Auflösen nach p_0 ergibt:

$$1 = \frac{1}{p_0} - \sum_{x=1}^{m} \exp(x\,\theta_v - \sigma_{ix})$$

$$p_0 = \frac{1}{1 + \sum_{x=1}^{m} \exp(x\,\theta_v - \sigma_{ix})} \,.$$

Dieser Ausdruck kann für p_0 in Gleichung (6''') eingesetzt werden:

$$(8') \qquad p_x = \frac{\exp(x\,\theta_v - \sigma_{ix})}{1 + \sum_{s=1}^{m} \exp(s\,\theta_v - \sigma_{is})}$$

Präzisiert man p_x als die Wahrscheinlichkeit einer Antwort von Person v bei Item i in Katgorie x, $p(X_{vi} = x)$, so stellt (8') die *Modellgleichung* des *ordinalen Rasch-Modells* dar. Allerdings schreibt man den Nenner meist einfacher, indem man die Summe von 0 an laufen läßt und für die 0-te Kategorie Itemparameter einführt, die gleich Null sind,

$$\sigma_{i0} = 0 \text{ für alle i.}$$

Somit nimmt der erste Summand wegen $\exp(0 \cdot \theta_v + 0) = 1$ den Wert 1 an und die Modellgleichung lautet:

$$(8) \quad p(X_{vi} = x) = \frac{\exp(x\,\theta_v - \sigma_{ix})}{\sum_{s=0}^{m} \exp(s\,\theta_v - \sigma_{is})}$$

$$\text{mit} \quad \sigma_{ix} = \sum_{s=0}^{x} \tau_{is} \quad \text{und} \quad \sigma_{i0} = 0 \,.$$

Modell (8) wird auch *partial-credit Modell* genannt. Der Name kommt von der mehrkategoriellen Kodierung von Leistungstests, bei der man mit der Kodierung einer halb-richtigen ober fast-richtigen Antwort einen 'partial credit' gewährt.

Die Besonderheiten dieses Modells für ordinale Daten werden deutlich, wenn man es mit dem Rasch-Modell für nominale Itemantworten vergleicht (s. Kap. 3.2.2):

(9) $$p(X_{vi} = x) = \frac{\exp(\theta_{vx} - \sigma_{ix})}{\sum_{s=0}^{m} \exp(\theta_{vs} - \sigma_{is})}.$$

Das ordinale Modell (8) geht aus Modell (9) durch die *Restriktion*

(10) $$\theta_{vx} = x\,\theta_v$$

und

(11) $$\sigma_{ix} = \sum_{s=1}^{x} \tau_{is}$$

hervor. Restriktion (10) besagt, daß die *mehrdimensionale* Personenvariable des nominalen Modells mittels einer einfachen *linearen Funktion* auf die eindimensionale Personenvariable des ordinalen Modells zurückgeführt wird.

Ein historischer Exkurs

Während schon Georg Rasch (1961) zeigte, daß es sich um eine *lineare* Funktion handeln muß, wenn das Testmodell spezifisch objektive Meßwerte liefern soll, herrschte lange Zeit über die beiden möglichen Parameter einer linearen Funktion

$$\theta_{vx} = \varphi_x\,\theta_v + \psi_x\,,$$

also über φ_x und ψ_x (Phi und Psi) Unklarheit. Angeregt durch eine Arbeit von Erling Andersen (1977) konnte David Andrich (1978a, b) zeigen, daß es sich bei dem multiplikativen Parameter nicht um einen zu schätzenden Modellparameter handelt, sondern um die *Anzahl der Schwellen*, die man von der 0-ten bis zur x-ten Kategorie überschreitet, also

$$\varphi_x = x\,.$$

Die additiven Parameter ψ_x sind Bestandteil der Itemschwierigkeiten σ_{ix}, die nicht restringiert werden müssen (aber können, s. Kap. 3.3.2).

Die Restriktion der Personenparameter (10) kann man sich so verständlich machen, daß man für eine Antwort in Kategorie x genau x-mal eine Schwelle überschreiten muß und ebenso oft die Fähigkeit θ_v erfolgreich aktivieren muß.

Die Rückführung der Schwierigkeitsparameter σ_{ix} auf *Schwellenparameter* τ_{ix}, die in Gleichung (11) ausgedrückt ist, stellt zwar keine Restriktion dar, da es genauso viele unabhängige τ-Parameter wie σ-Parameter gibt. Sie ist aber bedeutsam, um den Modellparametern eine sinnvolle Interpretation zu verleihen. Die τ-Parameter definieren nämlich die Lokation der Schwellen auf dem latenten Kontinuum, also die Schnittpunkte der Kategorienfunktionen (s. Abb. 91).

Da die Schwellen bei ordinalen Antwortkategorien auf dem latenten Kontinuum angeordnet sein sollten (s.o.), müssen auch die Parameter τ_{ix} geordnet sein, d.h. die Parameter müssen von Kategorie zu Kategorie größer werden. Will man etwas über die Ordnung der Antwortkategorien oder deren Größe erfahren, so muß man die *dekumulierten* Parameter τ_{ix} statt der kumulierten Parameter σ_{ix} interpretieren.

Während τ_{ix} die Schwierigkeit der *x-ten Schwelle* ausdrückt, bestimmt σ_{ix} die Schwierigkeit der *x-ten Kategorie*. Die Schwierigkeit einer Kategorie, σ_{ix}, entspricht der Summe der Schwierigkeiten aller Schwellen, die man überschritten hat, wenn man in Kategorie x antwortet. Dieser Sachverhalt darf aber nicht zu dem Irrtum verleiten, die *Kategorienwahrscheinlichkeit* $p(X_{vi} = x)$ hinge nur von den Schwellen ab, die überschritten wurden, also den *unteren* Schwellen 1 bis x.

Der *Nenner* der Modellgleichung (8) hängt nämlich von *allen* Schwellenparametern, also auch den höher liegenden ab, so daß die Schwellenschwierigkeiten der oberen Kategorien auch die Antwortwahrscheinlichkeiten der unteren Kategorien mitbestimmen.

Der Antwortprozeß

Die Rede von den Schwellen, die überschritten weden, wenn man in Kategorie x antwortet, suggeriert leicht, daß der Prozeß des Zustandekommens einer Itemantwort ein *unidirektionaler* Prozeß (= in eine Richtung) wäre: so als ginge man die Ratingskala wie die Stufen einer Treppe hinauf und bliebe dort stehen (antwortet dort) wo man nicht mehr weiter kann. Dieses Bild eines Antwortprozesses ist falsch, d.h. es trifft nicht auf das ordinale Rasch-Modell zu.

Ein solcher Prozeß würde nämlich bedeuten, daß die Schwierigkeit der höheren Stufen (die man nicht mehr erreicht) *keinen* Einfluß auf das Erklimmen der unteren Stufen hat.

Der Antwortprozeß, der zu Modell (8) paßt, ist vielmehr ein *simultaner* Prozeß, bei dem *alle* Schwellenschwierigkeiten bestimmen, wo man landet: Ist eine höhere Schwelle schwierig, so *erhöht* das die Wahrscheinlichkeit, daß man in den unteren Kategorien antwortet. Um bei dem Bild einer Treppe zu bleiben: Man sieht sich nicht nur die jeweils nächste Stufe an, sondern entscheidet anhand der Höhe *aller* Stufen, auf welche Stufe man sich stellt.

Bei einer Ratingskala beeinflussen alle Antwortkategorien und deren Benennungen, wie wahrscheinlich eine Antwort in einer Kategorie ist.

Die *Normierungsbedingungen* unterscheiden sich etwas vom mehrdimensionalen Modell. Daß die Itemparameter für die *erste Kategorie (x=0) gleich 0* gesetzt werden, ist geblieben bzw. wird automatisch dadurch sichergestellt, daß es für die 0-Kategorie gar keine Schwelle und somit auch keinen Schwellenparameter gibt.

Die *Summennormierung* über alle Items hinweg erfolgt hier jedoch *nicht kategorienweise*, sondern es ist die Summe aller Schwellenparameter gleich 0 zu setzen, d.h.

$$(12) \quad \sum_{i=1}^{k} \sum_{x=1}^{m} \tau_{ix} = 0 \quad .$$

In einem Test mit 10 vierkategoriellen Items sind somit 29 unabhängige Schwellenparameter zu schätzen.

Datenbeispiel : Schwellenparameter

Für das Datenbeispiel ergeben sich die folgenden Schwellenparameter (τ_{ix}-Parameter):

		x = 1	x = 2	x = 3
	1	–3.66	0.14	1.78
	2	–2.01	0.48	2.11
i =	3	–2.41	1.20	2.51
	4	–3.87	0.06	2.15
	5	–2.09	1.34	2.27

Es zeigt sich, daß bei allen Items die Schwellen in aufsteigender Reihenfolge geordnet sind, d.h. es wird, wie es bei ordinalen Daten zu erwarten ist, von Kategorie zu Kategorie schwieriger, die Schwelle zu überschreiten.

Dabei ist die Distanz zwischen Schwelle 1 und 2 stets größer als zwischen den Schwellen 2 und 3. Dies ist ein Resultat der Zusammenlegung der zweiten und dritten Antwortkategorie (s.o. Beschreibung des Datenbeispiels). Dadurch wird die (neue) zweite Antwortkategorie relativ groß, so daß auch die sie begrenzenden Schwellen 2 und 3 weit auseinander liegen. Das heißt, es gibt einen recht großen Abschnitt auf dem latenten Kontinuum, auf dem die zweite Kategorie die höchste Wahrscheinlichkeit hat.

Die ursprüngliche zweite und dritte Antwortkategorie wurden übrigens deswegen zusammengelegt, weil die Schwellen für das originale 5-stufige Antwortformat *nicht* geordnet waren.

Daß die Schwellenübergänge von Kategorie zu Kategorie schwieriger werden, darf nicht zu dem *Fehlschluß* führen, daß die *Kategorienhäufigkeiten* mit aufsteigender Kategoriennummer *absinken*. Die folgenden Zahlenbeispiele zeigen, daß *sinkende* Schwellenwahrscheinlichkeiten (also *steigende* Schwellenschwierigkeiten) sowohl sinkende, als auch steigende oder eingipflig verteilte Kategorienhäufigkeiten bewirken können (vgl. Gleichung (1)):

x=	0	1	2	3	4
$q_x =$	–	.43	.40	.29	.20
$p_x =$	.40	.30	.20	.08	.02
$q_x =$	–	.60	.57	.55	.54
$p_x =$	.10	.15	.20	.25	.30
$q_x =$	–	.66	.64	.42	.29
$p_x =$	.10	.20	.35	.25	.10

Auch in dem Datenbeispiel des NEOFFI sinken trotz steigender Schwellenschwierigkeiten durchaus nicht alle Kategorienhäufigkeiten ab, wie bereits die Tabelle der Kategorienhäufigkeiten zeigt (s.o.). Hierbei ist jedoch zu beachten, daß die (über alle Personen ausgezählten) Häufigkeiten der Antwortkategorien auch von der *Verteilung der Personeneigenschaft* in der Stichprobe abhängen. D.h. wenn es viele hohe Eigenschaftsausprägungen gibt, so nimmt die Besetzung der höheren Antwortkategorien stärker zu als man es aufgrund der Schwellenparameter erwarten würde.

Im folgenden soll die *Likelihoodfunktion* des ordinalen Rasch-Modells betrachtet werden, um zu sehen, welche Informationen aus der Datenmatrix zur Bestimmung der Modellparameter benötigt werden. Die Likelihood, d.h. die Wahrscheinlichkeit der Testdaten unter der gegebenen Modellstruktur, lautet:

$$(13)\quad L=\prod_{v=1}^{N}\prod_{i=1}^{k}\frac{\exp\left(x_{vi}\,\theta_v-\sigma_{ix}\right)}{\sum_{s=0}^{m}\exp\left(s\,\theta_v-\sigma_{is}\right)}.$$

Schreibt man das doppelte Produkt über Personen und Items jeweils für Zähler und Nenner getrennt, so ergibt sich im Exponenten des Zählers eine Doppelsumme, während der gesamte Nenner der Likelihood *unabhängig von den beobachteten Daten* ist und insofern eine Konstante (d) darstellt:

$$(14)\quad L=\frac{\exp\left(\sum_{v}\sum_{i}x_{vi}\cdot\theta_v-\sum_{v}\sum_{i}\sigma_{ix}\right)}{d}.$$

Die beiden Doppelsummen im Exponenten können auf jeweils *eine* Summe verkürzt werden, da die Modellparameter nur je einen der beiden Indices, v oder i, aufweisen. Mit der Definition eines Summenscores für jede Person v und einer Kategorienhäufigkeit für jedes Item i, d. h.

$$(15)\quad r_v=\sum_{i=1}^{k}x_{vi}\quad \text{und}$$

$$n_{ix}=\text{Anzahl der Personen mit } X_{vi}=x$$

ergibt sich der folgende Ausdruck

$$(16)\quad L=\frac{\exp\left(\sum_{v}r_v\,\theta_v-\sum_{i}\sum_{x=0}^{m}n_{ix}\,\sigma_{ix}\right)}{d}.$$

Wie beim dichotomen und mehrdimensionalen Rasch-Modell hängt die Likelihoodfunktion *nicht vom Inneren der Datenmatrix* ab, sondern nur von bestimmten Summenstatistiken. Im Unterschied zum mehrdimensionalen Rasch-Modell (s. Kap. 3.2.2) wird für die Personen *nicht* benötigt, wieviele Antworten jede Person *in jeder Kategorie* gegeben hat, sondern lediglich der Summenwert *aller* Itemantworten. Jede Person erhält hier nur *einen* Summenscore, der ausreicht, um ihre Eigenschaftsausprägung zu berechnen.

Ein naheliegender Fehlschluß

Vielfach wird aus der Tatsache, daß die Kategoriennummern über alle Items aufsummiert werden, der Schluß gezogen, daß die *Antwortvariable* im ordinalen Rasch-Modell *intervallskaliert* sei, da nur für intervallskalierte Meßwerte eine Summation erlaubt sei. Dies ist insofern ein Fehlschluß, als an keiner Stelle der Modellableitung die Annahme der Intervallskalenqualität getroffen wurde.

Ganz im Gegenteil, es werden die Schwellenabstände durch die Modellparameter *erst geschätzt* und diese wiederum sagen etwas über die Größe der Antwortkategorien (und somit über deren 'Abstand') aus.

Bei dem Summenscore r_v handelt es sich demgegenüber um eine *Häufigkeit*, nämlich um die *Anzahl der Schwellen*, die eine Person im Laufe der Testbearbeitung überschritten hat. Insofern ist der Summenscore lediglich eine Auszählung diskreter Ereignisse (nämlich der Schwellenüberschreitungen), die genauso legitim ist, wie z.B. die Berechnung eines Summenscores bei dichotomen Items. Auch der Summenscore dichotomer Items stellt eine Häufigkeitsauszählung dar, die *nicht* voraussetzt, daß alle Items gleich schwierig sind.

Die Summenscores für die *Items* sind allerdings (wie beim mehrdimensionalen Rasch-Modell) *kategorienspezifisch* zu bilden, da ja auch die Itemparameter kategorienspezifisch sind, also zwei Indices aufweisen.

Datenbeispiel: Personenparameter

Für das Datenbeispiel ergeben sich folgende Schätzungen für die Personenparameter:

Score r	n_r	θ_r
0	6	–5.55
1	17	–4.12
2	34	–3.23
3	62	–2.47
4	104	–1.74
5	183	–1.02
6	154	–0.36
7	136	0.19
8	90	0.65
9	73	1.06
10	55	1.45
11	38	1.84
12	22	2.24
13	12	2.71
14	7	3.34
15	7	4.54

Personen mit demselben Summenscore erhalten dieselbe Parameterschätzung. Die Schätzwerte für Personen mit dem Score r=0 und r=15 wurden mit speziellen Verfahren ermittelt (s. Kap. 4.2.1).

Bei der Schätzung der Modellparameter kann man wie beim dichotomen Rasch-Modell von der *marginalen* Likelihoodfunktion ausgehen, in der der Personenparameter nicht enthalten ist. Analog zu Gleichung (16) in Kapitel 3.1.1.2.2 ergibt sich für das ordinale Rasch-Modell die marginale Likelihoodfunktion

$$(17)\quad mL = \prod_{v=1}^{N} p(r_v)\frac{\exp\left(-\sum_{i=1}^{k}\sigma_{ix}\right)}{\gamma_r\left(\exp(-\sigma)\right)},$$

in der γ_r die *symmetrischen Grundfunktionen* r-ter Ordnung der Itemparameter bezeichnet. Diese symmetrischen Grundfunktionen sehen für mehrkategorielle Items etwas komplizierter aus als im dichotomen Fall. Für die delogarithmierten Itemparameter

$$\varepsilon_{ix} = \exp\left(-\sigma_{ix}\right)$$

sind sie ebenfalls als Summe von Produkten definiert

$$(18)\quad \gamma_r(\varepsilon) = \sum_{\underline{x}|r}\prod_{i=1}^{k}\varepsilon_{ix}\,.$$

Jedoch ist die Anzahl der Pattern mit demselben Score r, also die Anzahl der Summanden in (18) wesentlich größer. So gibt es z.B. für 3 Items mit je 3 Kategorien 6 Pattern mit dem Score r=2:

$$\underline{x} = \begin{matrix} 1 & 1 & 0 \\ 1 & 0 & 1 \\ 0 & 1 & 1 \\ 2 & 0 & 0 \\ 0 & 2 & 0 \\ 0 & 0 & 2 \end{matrix}$$

Trotzdem ist die Berechnung der symmetrischen Grundfunktionen mit einem Computer unproblematisch, so daß in der Praxis die Itemparameter über die Likelihoodfunktion (17) geschätzt werden und anschließend die Personenparameter unter Zugrundelegung dieser Itemparameter.

Abschließend bleibt anzumerken, daß das ordinale Rasch-Modell auch auf Items mit *unterschiedlich vielen* Antwortkategorien angewendet werden kann, was beim mehrdimensionalen Rasch-Modell (Kap. 3.2.2) nicht möglich ist. Zur Vereinfachung der Notation wurde der Index i an der Kategorienanzahl m jedoch fortgelassen. Ergänzt man ihn entsprechend, so sind alle genannten Formeln auch für unterschiedliche Kategorienanzahlen gültig.

Literatur

Das ordinale Rasch-Modell wurde unter dem Namen partial credit Modell von Masters (1982) publiziert. Die Rückführung der Itemparameter auf Schwellenparameter geht auf Andrich (1978a, b) zurück. In der Zeitschrift Psychometrika wurde eine kontroverse Diskussion publiziert, die die Implikationen einer Zusammenlegung von Antwortkategorien für die Geltung des ordinalen Rasch-Modells betrifft (Jansen & Roskam 1986, Roskam & Jansen 1989, Andrich 1995a, b, Roskam 1995). Erweiterungen des partial credit Modells werden von Glas & Verhelst (1989), Muraki (1992) und Wilson (1992) diskutiert. Alternative Modelle sind das graded response Modell von Samejima (1969) und das sequentielle Modell von Tutz (1990). Wilson und Masters (1993) befassen sich mit dem Problem von Kategorienhäufigkeiten, die gleich Null sind.

Übungsaufgaben

1. Ein dreikategorielles Item hat die Schwellenparameter $\tau_{i1} = -2.0$ und $\tau_{i2} = 0.0$. Wie groß kann die Wahrscheinlichkeit einer Antwort in Kategorie x=1 maximal werden? Müssen die Schwellen weiter auseinander oder dichter zusammen liegen, damit diese Wahrscheinlichkeit größer wird?
2. Ein Computerprogramm gibt die kumulierten (!) σ-Parameter des ordinalen Rasch-Modells aus. Sie erhalten für ein Item die Schätzungen $\sigma_{i1} = -1.35$, $\sigma_{i2} = -1.60$, $\sigma_{i3} = -1.20$ und $\sigma_{i4} = -0.10$. Sind die Schwellen geordnet? An welche Stellen auf dem Kontinuum liegen die Schwellen?
3. Von welchem Summenscore an aufwärts haben Personen im NEOFFI-Datenbeispiel bei Item 3 eine größere Wahrscheinlichkeit in Kategorie 2 zu antworten als in Kategorie 1?
4. Berechnen Sie mit WINMIRA die Parameter des ordinalen Rasch-Modells, nachdem Sie die NEOFFI-Daten so umkodiert haben, daß die zweite Kategorie den Kode x=2 und die dritte Kategorie x=1 erhält. Der Kode für die erste (x=0) und vierte Kategorie (x=3) bleibt unverändert. Interpretieren Sie die Ergebnisse im Vergleich zu den richtigen Ergebnissen des Datenbeispiels.

3.3.2 Modelle für Ratingskalen

Im ordinalen Rasch-Modell wird für jede Schwelle bei jedem Item ein neuer Parameter bestimmt. Das sind bei 10 vierkategoriellen Items 30-1=29 zu schätzende Parameter. Das ist immer dann eine *Überparametrisierung*, wenn man gar nicht jeden einzelnen Schwellenparameter interpretieren möchte, sondern im wesentlichen nur die Leichtigkeit oder Schwierigkeit *des gesamten Items*.

In diesem Kapitel werden 3 verschiedene Modelle dargestellt, die durch eine Restriktion der Schwellenparameter aus dem ordinalen Rasch-Modell hervorgehen.

Analysiert man Fragebögen mit *Ratingskalen* als Antwortformat, so benutzt man im allgemeinen dasselbe Antwortformat *für alle Items:* die Antwortkategorien sind für alle Items gleich benannt und gleich definiert. In solchen Fällen ist es sinnvoll anzunehmen, daß die Antwortkategorien (im Sinne ihrer Schwellenabstände, s. Kap. 3.3.1.) auch *bei allen Items gleich groß* sind. Die Items sollen sich bei solchen Fragebögen lediglich in ihrer Schwierigkeit, zustimmende Antworten zuzulassen, unterscheiden. Die *Abstände* der Schwellen sind dagegen ein *Charakteristikum des Antwortformates* und nicht des einzelnen Items.

Diese Überlegung führt dazu, die Schwellenparameter des ordinalen Rasch-Modells so zu *restringieren* (einzuschränken), daß sie nicht mehr für jedes Item beliebig variieren können. Sie sollen vielmehr die Charakteristika des gemeinsamen Antwortformates ausdrücken.

Eine sinnvolle Annahme für die Auswertung von Ratingdaten besteht daher darin, daß die Schwellenabstände für alle Items *gleich groß* sind, jedoch die *Lokation* dieser Schwellen von Item zu Item *variiert,* weil die Items unterschiedlich schwierig sind. Dies ist in Abbildung 92 veranschaulicht.

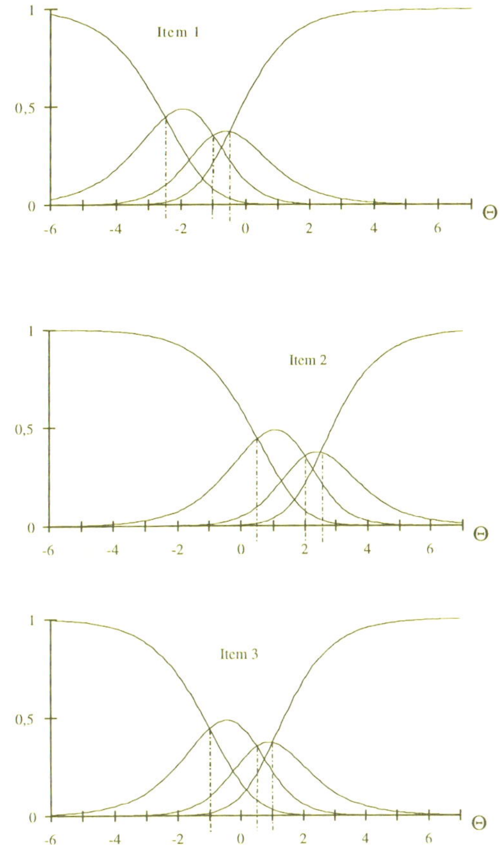

Abbildung 92: Drei unterschiedlich schwierige Items mit gleichen Schwellendistanzen

Die Abbildung 92 zeigt drei Items, von denen das erste am leichtesten, das zweite am schwierigsten, und das dritte ein mittleres ist, wobei aber alle drei Items gleiche Schwellenabstände aufweisen. Mit dieser Restriktion der Schwellenabstände muß man bei diesen drei Items nicht 3·3-1, also 8 unabhängige Parameter bestimmen, sondern lediglich 2 Schwellendistanzen plus 3 Itemschwierigkeiten, also 5 unabhängige Modellparameter. Je größer die Itemanzahl, desto mehr Parameter werden eingespart.

Als Parameter für die *Itemschwierigkeit* eignet sich entweder die Lage der *ersten Schwelle* oder der *Mittelpunkt aller Schwellen* eines Items. In beiden Fällen steht unter Hinzunahme der Schwellendistanzen die Lage aller Schwellen fest.

Geht man wiederum von einer logistischen Funktion für die Schwellenwahrscheinlichkeiten aus (vgl. Formel (3) in Kap. 3.3.1), d. h.

$$(1)\quad q_{vix} = \frac{\exp(\theta_v - \tau_{ix})}{1 + \exp(\theta_v - \tau_{ix})},$$

$$x = 0, 1 \ldots m,$$

so kann man die oben formulierte Annahme folgendermaßen parametrisieren: Man nimmt den ersten Schwellenparameter als Itemparameter σ_i und addiert für die weiteren Schwellen jeweils einen kategorienspezifischen Distanzparameter τ_x zu dieser ersten Schwelle hinzu. Das führt zu folgender Gleichung

$$(2)\quad q_{vix} = \frac{\exp(\theta_v - (\sigma_i + \tau_x))}{1 + \exp(\theta_v - (\sigma_i + \tau_x))}$$

mi $\tau_1 = 0$. Die *Normierungsbedingung* $\tau_1 = 0$ wird eingeführt, da die Lage der ersten Schwelle bereits durch den Itemparameter σ_i festgelegt ist. Für die Itemparameter gilt wie beim dichotomen Modell die Normierungsbedingung:

$$\sum_{i=1}^{k} \sigma_i = 0\,.$$

Durch einen einfachen Trick kann man erreichen, daß der Schwierigkeitsparameter eines Items nicht mehr der Lokation der *ersten Schwelle* entspricht, sondern dem *Mittelpunkt aller Schwellen.* Dieser Trick besteht darin, die Kategorienparameter τ_x ebenfalls einer *Summennormierung* zu unterziehen, anstatt τ_1=0 zu setzen:

$$(3)\quad \sum_{x=1}^{m} \tau_x = 0\,.$$

Mit dieser Art der Normierung drücken die σ_i-Parameter automatisch den Mittelpunkt aller Schwellenlokationen eines Items aus, da nur für den Mittelpunkt gilt, daß die Summe aller Abstände gleich 0 ist. Diese Interpretation der Modellparameter ist in Abbildung 93 verdeutlicht.

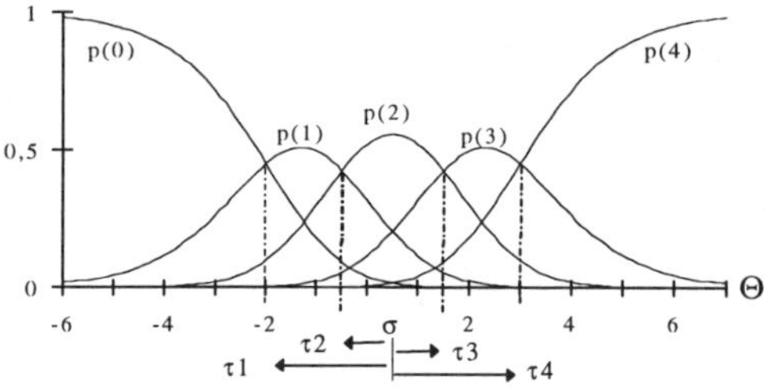

Abbildung 93: Die Itemschwierigkeit σ als Mittelpunkt aller Schwellen und die Schwellenparameter τ_x als Abweichungen von σ

Aus der Annahme (2) über die Schwellenwahrscheinlichkeiten und der Normierungsbedingung (3) läßt sich analog zu der Ableitung im Kapitel 3.3.1 die folgende Modellgleichung ableiten

$$(4)\quad p(X_{vi} = x) = \frac{\exp(x\theta_v - x\sigma_i - \psi_x)}{\sum_{s=0}^{m} \exp(s\theta_v - s\sigma_i - \psi_s)},$$

$$\text{wobei } \psi_x = \sum_{s=1}^{x} \tau_s\,.$$

Der Parameter ψ_x (Psi) ist ein kumulierter Schwellenparameter, der aber anders als

σ_{ix} im ordinalen Rasch-Modell *nicht itemspezifisch* ist. Wegen der Normierungsbedingung (3) ist $\psi_m = 0$. Obwohl ψ_x als ein globaler *Schwierigkeitsparameter* der Kategorie x angesehen werden kann (je größer ψ_x, desto kleiner die Kategorienwahrscheinlichkeit), hat er keine direkte Interpretation als Punkt auf dem latenten Kontinuum.

Für die Interpretation sind daher die *dekumulierten* Parameter τ_x vorzuziehen. An ihnen ist abzulesen, ob die Antwortkategorien geordnet sind (dann müssen die τ_x ansteigen), und wie groß die Schwellenabstände und somit die zwischen ihnen liegenden Kategorien sind.

Modell (4) wird als *Ratingskalen-Modell* bezeichnet, da die Annahme derselben Distanzen für alle Items besonders bei der Verwendung einer Ratingskala als Antwortformat sinnvoll ist. Das Modell kann jedoch auch für andere Arten von Testdaten verwendet werden, z.B. wenn freie Antworten bei allen Items nach demselben Schema kodiert wurden. Auf jeden Fall muß die Kategorienanzahl für alle Items identisch sein.

Datenbeispiel: Ratingskalen Modell

Für das Datenbeispiel ergeben sich folgende Parameterschätzungen:

	σ_i
1	−0.56
2	+0.11
i = 3	+0.42
4	−0.54
5	+0.56

und

	τ_x
1	−2.74
x=2	+0.55
3	+2.19

Die Schwellendistanzen betragen bei allen Items $\tau_2 - \tau_1 = 3.29$ und $\tau_3 - \tau_2 = 1.64$.

Anhand dieser Werte lassen sich die Lokationen der einzelnen Schwellen zurückrechnen und mit den Ergebnissen aus Kapitel 3.3.1 vergleichen.

Schwellenlokationen:

	x = 1	x = 2	x = 3
1	−3.30	−0.01	+1.63
2	−2.63	+0.66	+2.30
i = 3	−2.32	+0.97	+2.61
4	−3.28	+0.01	+1.65
5	−2.18	+1.11	+2.75

Es zeigt sich, daß die Restriktion dieses Modells bei den meisten Items relativ gut paßt, wobei die Abweichungen bei Item 4 am größten sind.

Die Personenparameterschätzungen unterscheiden sich kaum von denen des ordinalen Rasch-Modells (s. Kap. 3.3.1), so daß sie hier nicht gesondert aufgeführt zu werden brauchen.

Bezeichnenderweise gibt es die größten Abweichungen der rückgerechneten Schwellenlokationen von den unrestringierten Lokationen (vgl. Kap. 3.3.1) bei Item 4, welches umgepolt worden ist: $\tau_{41}= -3.28$ statt -3.87 und $\tau_{43}= -1.65$ statt 2.15.

Tatsächlich macht es *wenig Sinn*, das Ratingskalen-Modell auf Fragebögen mit *unterschiedlich gepolten Items* anzuwenden: Zur Anwendung eines quantitativen Testmodells müssen alle Antwortvariablen gleichsinnig ausgerichtet sein, da ein *hoher Summenscore* stets eine *hohe Eigenschaftsausprägung* ausdrückt. Nimmt man aber für einige Items eine Umpolung vor, so ist es nicht mehr sinnvoll anzunehmen, daß die Distanzen zwischen je zwei

Schwellen für alle Items konstant sind: dieselben Codes bezeichnen bei den umgepolten Items ganz andere Kategorien als bei den nicht umgepolten Items. Beispiel:

	lehne völlig ab	lehne ab	stimme zu	stimme völlig zu
Original-code:	0	1	2	3
Umgepolt:	3	2	1	0

Das Ratingskalen-Modell kann also nur auf Fragebögen angewendet werden, deren Items gleichsinnig gepolt sind.

Bei vielen Ratingskalen ist man bemüht, die Antwortkategorien so zu benennen, daß die Kategorien möglichst *gleichen Abstand* haben, d. h. *äquidistant* sind. In einem Testmodell drückt sich die Äquidistanz von Antwortkategorien in gleichen Abständen der Schwellen aus. Man kann diese Äquidistanzannahme als eine weitere Restriktion des Ratingskalen Modells (4) einführen.

Infolge einer solchen Restriktion ist anstelle von m-1 τ-Parametern *nur noch 1 Distanzparameter* zu schätzen, der gemeinsam mit dem Itemparameter σ_i die Schwellen festlegt. Das führt zu folgendem Modell für die Schwellenwahrscheinlichkeiten, in dem δ einen Distanzparameter darstellt:

$$(5)\quad q_{vix} = \frac{\exp\left(\theta_v - \left(\sigma_i + \left(x - \frac{m+1}{2}\right)\delta\right)\right)}{1 + \exp\left(\theta_v - \left(\sigma_i + \left(x - \frac{m+1}{2}\right)\delta\right)\right)}.$$

Der Koeffizient von δ, x-(m+1)/2, sorgt dafür, daß für jede Schwelle von x=1 bis x=m der richtige Anteil (bzw. das Vielfache) der Schwellendistanz δ vom Mittelwert aller Schwellen abgezogen bzw. dazugezählt wird. Dies ist in Abbildung 94 veranschaulicht.

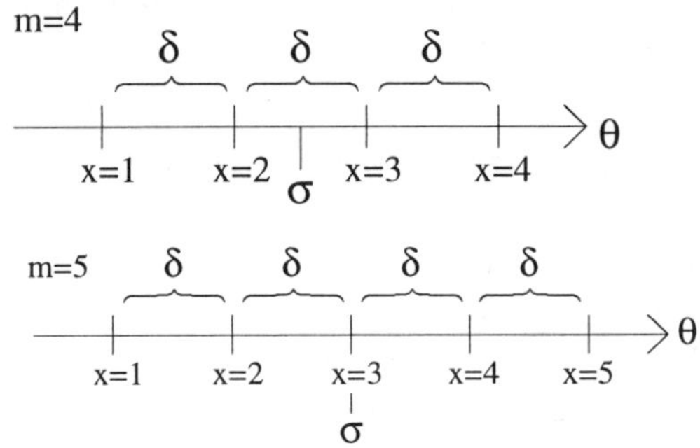

Abbildung 94: Die Ermittlung der Schwellenlokationen mittels des konstanten Distanzparameters δ und des Schwierigkeitsparameters σ

Die Kategorienwahrscheinlichkeit ergibt sich für dieses Modell wiederum durch Summation des Exponenten bis zur jeweiligen Schwelle x (s. Kap. 3.3.1).

$$(6)\quad p(X_{vi} = x)$$

$$= \frac{\exp\left(x\theta_v - x\sigma_i - \sum_{s=1}^{x}\left(s - \frac{m+1}{2}\right)\delta\right)}{\sum_{s=0}^{m} \exp(\cdots)}$$

$$= \frac{\exp\left(x\theta_v - x\sigma_i - x(x-m)\frac{1}{2}\delta\right)}{\sum_{s=0}^{m} \exp(\cdots)}.$$

Die Umwandlung des Koeffizienten von δ infolge der Kumulierung von 1 bis x ist im folgenden Kasten dargestellt.

Der Koeffizient des Distanzparameters

Summiert man den Koeffizienten von δ in Gleichung (5) von 1 bis x auf, so ergibt sich mit Hilfe einer Gesetzmäßigkeit über endliche Reihen der folgende einfache Ausdruck:

$$\sum_{s=1}^{m}\left(s-\frac{m+1}{2}\right)=\tfrac{1}{2}\sum_{s=1}^{x} 2s-m-1$$

$$=\tfrac{1}{2}\left(\left(\sum_{s=1}^{x} 2s-1\right)-x\,m\right)=\tfrac{1}{2}\left(x^2-x\,m\right)$$

$$=\tfrac{1}{2}x(x-m).$$

Die hierbei benutzte Gesetzmäßigkeit, daß die Summe aller ungeraden Zahlen bis zur x-ten ungeraden Zahl genau x^2 ist, läßt sich folgendermaßen nachvollziehen:

x	2x-1	x^2
1	1	1
2	3	4
3	5	9
4	7	16
5	9	25
6	11	36
7	13	49
.	.	.
.	.	.

Addiert man die mittlere Spalte auf, so erhält man als Egebnis stets die rechts stehende Quadratzahl.

Dieses Modell wird *Äquidistanzmodell* genannt, da es neben den Itemschwierigkeiten nur einen einzigen Parameter benötigt, nämlich die konstante Schwellendistanz δ. Eine Verallgemeinerung des Modells besteht darin, diesen Distanzparameter δ nicht als für alle Items konstant anzunehmen, sondern als *zweiten Itemparameter* δ_i vorzusehen:

$$(7)\ p\left(X_{vi}=x\right)$$

$$=\frac{\exp\left(x\theta_v-x\sigma_i-x(x-m)\tfrac{1}{2}\delta_i\right)}{\sum_{s=0}^{m}\exp(\cdots)}.$$

Die δ_i-Parameter unterliegen keiner *Normierungsbedingung*, während für die Itemschwierigkeiten die übliche Summennormierung gilt. Abbildung 95 zeigt die Kategorienwahrscheinlichkeiten für drei Items mit unterschiedlichem δ_i-Parameter:

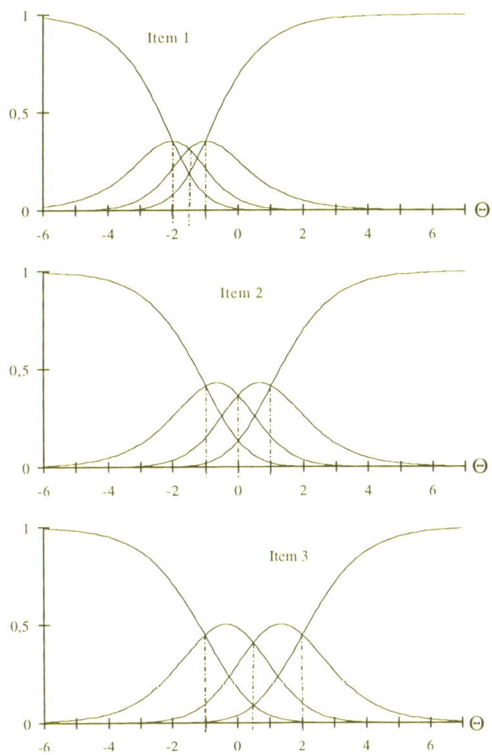

Abbildung 95: Die Kategorienfunktionen des Äquidistanzmodells (7) für drei Items mit den Parametern: $\sigma_1= -1.5$ und $\delta_1=0.5$, $\sigma_2=0$ und $\delta_2=1.0$, $\sigma_3=0.5$ und $\delta_3=1.5$

Bei gleicher Verteilung der Personeneigenschaften über das latente Kontinuum ergeben sich für diese drei Items ganz unterschiedliche Kategorienhäufigkeiten. Beim ersten Item mit dem engsten Schwellenabstand, d.h. dem *kleinsten* δ_i-*Parameter*, werden die beiden äußeren Antwortkategorien sehr viel häufiger besetzt sein. Die Antwortvariable hat, über alle Personen betrachtet, somit eine *größere Dispersion* (Dispersion = Streuung).

Im Gegensatz dazu werden sich bei dem dritten Item mit den *größten Schwellendistanzen*, also dem größten Distanzparameter δ_i die Antworten in den mittleren Kategorien häufen. Die Antwortvariable hat also eine *kleine Dispersion* über alle Personen betrachtet. Aus diesem Grund wird δ_i auch als Dispersionsparameter bezeichnet: je kleiner δ_i, desto größer die Dispersion des Items.

Datenbeispiel: Äquidistanzmodell

Für das Datenbeispiel ergeben sich die folgenden Parameterschätzungen:

	σ_i	δ_i
1	–.56	2.66
2	+.01	2.18
i = 3	+.51	2.92
4	–.53	2.98
5	+.57	2.66

Während beim Ratingskalen Modell die erste Schwellendistanz sehr groß, nämlich 3.29, die zweite etwas kleiner war (nämlich 1.64), wird hier eine mittlere Distanz für jedes Item geschätzt. Das zweite Item hat die größte Dispersion, das vierte Item die kleinste.

Was hier als Dispersion des Items bezeichnet wird und sich in dem δ-Parameter ausdrückt, hängt direkt mit der *Itemdiskrimination* oder *Trennschärfe* zusammen. Die Itemtrennschärfe ist in Kapitel 3.1 als *Anstieg der Itemfunktion* definiert worden. Anstelle einer einzigen Itemfunktion wurden in Kapitel 3.3.1 die *Kategorienfunktionen* für ordinale Testdaten eingeführt. An diesen Kurven ist jedoch nicht ohne weiteres ein Steigungsmaß definierbar, das die Trennschärfe charakterisieren würde.

Man kann jedoch das *Konzept der Itemfunktion* auch so definieren, daß es auf ordinale Testmodelle anwendbar ist. Die Itemfunktion drückt die Abhängigkeit der Lösungswahrscheinlichkeit eines Items von der latenten Variable aus. Bei dichotomen Daten ist die Wahrscheinlichkeit einer 1-Antwort zugleich der *Erwartungswert der Antwortvariable*.

Erwartungswert einer 0-1-Variable

Der Erwartungswert einer Variable X ist folgendermaßen definiert (vgl. Kap. 2.1.2):

$$\mathrm{Erw}(X) = \sum_x x\, p(x)$$

und drückt nichts anderes aus als den aufgrund einer Wahrscheinlichkeitsverteilung erwarteten *Mittelwert* der Variable X, wenn jede Valenz von X mit der Wahrscheinlichkeit p(x) auftritt.

Ist die Variable X dichotom, d.h. nimmt sie nur die Werte 0 und 1 an, so ist der Erwartungswert der Variable gleich der Wahrscheinlichkeit einer 1-Antwort, d.h.

$$\mathrm{Erw}(X) = p(X = 1),$$

was man sich anhand eines einfachen Beispiels leicht klarmachen kann (beträgt die Lösungswahrscheinlichkeit eines Items p=0.75, so ist der erwartete Mittelwert der Antwortvariable $\overline{X}$=0.75).

Definiert man die Itemfunktion als die *Funktion des Erwartungswertes der Antwortvariable in Abhängigkeit von der Personeneigenschaft* θ, so ist die Itemfunktion auch für ordinale Testmodelle bestimmbar und graphisch darstellbar. Die benötigten Wahrscheinlichkeiten p(x) sind durch die jeweilige Modellgleichung definiert.

Die Itemfunktionen für die drei Items in Abbildung 95 sehen folgendermaßen aus:

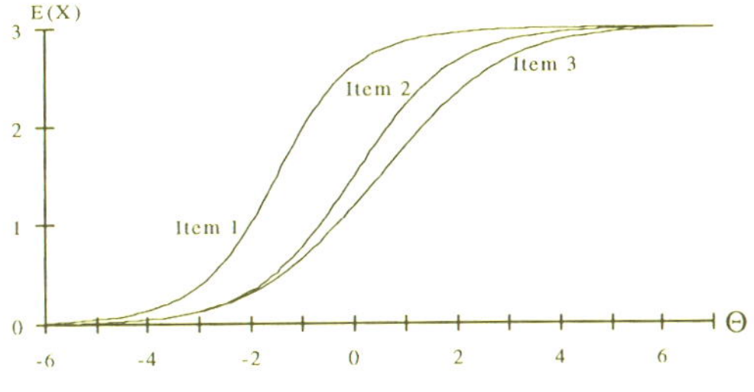

Abbildung 96: Die Itemfunktionen der drei Items aus Abbildung 95

Es zeigt sich, daß das erste Item mit den *engsten* Schwellenabständen die *steilste* Itemfunktion hat und das dritte Item mit den größten Schwellendistanzen eine flache Itemfunktion hat. Das bedeutet, je größer die Schwellenabstände, also der Parameter δ ist, desto geringer ist die Trennschärfe dieses Items. δ ist somit ein *inverser Trennschärfeparameter*.

Wurde in Kapitel 3.1 gesagt, daß *Rasch-Modelle parallele Itemfunktionen* haben, d.h. daß die Items sich nicht hinsichtlich ihrer Trennschärfe unterscheiden dürfen, so muß diese Aussage *eingeschränkt* werden auf den Fall dichotomer Items. Im Fall mehrkategorieller, ordinaler Items ist bereits ab drei Antwortkategorien die Trennschärfe für jedes Item berechenbar, ohne daß die sonstigen Eigenschaften des Rasch-Modells verlorengehen.

Im *Äquidistanzmodell* ist die Itemtrennschärfe direkt in Form eines *Modellparameters* enthalten, während sich im normalen ordinalen Rasch-Modell die Itemtrennschärfe nur indirekt in den unterschiedlichen Schwellendistanzen der Items ausdrückt. Man kann sie jedoch als *mittlere* Schwellendistanz eines Items berechnen.

Trennschärfe: Ein Gütekriterium?

Es stellt sich die Frage, ob eine *hohe Trennschärfe* der Items bei ordinalen Antwortformaten auf jeden Fall das erstrebenswerte Ziel einer Testentwicklung sein muß. Eine hohe Trennschärfe heißt bei ordinalen Items, daß die Schwellen dicht beieinander liegen, das Item also gut zwischen Personen mit einer *sehr geringen* und einer *sehr hohen* Eigenschaftsausprägung trennt.

Gleichzeitig haben enge Schwellendistanzen zur Konsequenz, daß die *mittleren Kategorien nicht voll ausgenutzt* werden, da die meisten Personen dem Item entweder zustimmen oder es ablehnen. Es fragt sich, ob dies der Sinn eines ordinalen Antwortformates ist, will man doch mit abgestuften Antworten gerade auch die Zwischentöne im Antwortverhalten erfassen und nicht nur extreme Zustimmung oder Ablehnung. Es kann daher auch sinnvoll sein, Items mit einer *mittleren Trennschärfe*, d.h. großen Schwellenabständen anzustreben, um auch zwischen Personen im Mittelbereich der latenten Variable diskriminieren zu können.

Da der Parameter δ_i die Trennschärfe eines Items ausdrückt, liegt es nahe, einen solchen Trennschärfeparameter nicht nur unter der Annahme der Äquidistanz aller Antwortkategorien vorzusehen. Im Ratingskalen Modell (Gleichung (4)) war es möglich, daß die Schwellen des Antwortformates unterschiedlichen Abstand haben, während das Äquidistanzmodell unterschiedliche Itemtrennschärfen berücksichtigt. Das dritte Testmodell für Ratingdaten ist daher die *Kombination aus Ratingskalen-Modell und Äquidistanzmodell,* in dem sowohl die Abstandsparameter τ_x als auch die Trennschärfeparameter δ_i berücksichtigt sind:

$$(8)\quad p(X_{vi}=x) = \frac{\exp\left(x\theta_v - x\sigma_i - \psi_x - x(x-m)\frac{1}{2}\delta_i\right)}{\sum_{s=0}^{m} \exp(\cdots)},$$

$$\text{mit } \psi_x = \sum_{s=1}^{x} \tau_s .$$

In diesem *Dispersionsmodell* sind die grundlegenden Schwellendistanzen bereits durch die τ_x Parameter festgelegt, so daß die Distanzparameter δ_i einer eigenen *Normierung* unterworfen werden müssen, nämlich auch einer Summennormierung. Es gilt

$$(9)\quad \sum_{s=1}^{m} \tau_s = 0, \quad \sum_{i=1}^{k} \delta_i = 0 .$$

Damit drücken die δ_i Parameter die *Abweichung* der itemspezifischen Schwellendistanzen *von der mittleren Schwellendistanz* aus, die durch die Parameter τ_x vorgegeben ist. Abbildung 97 zeigt die Kategorienfunktionen für drei Items im *Dispersionsmodell.*

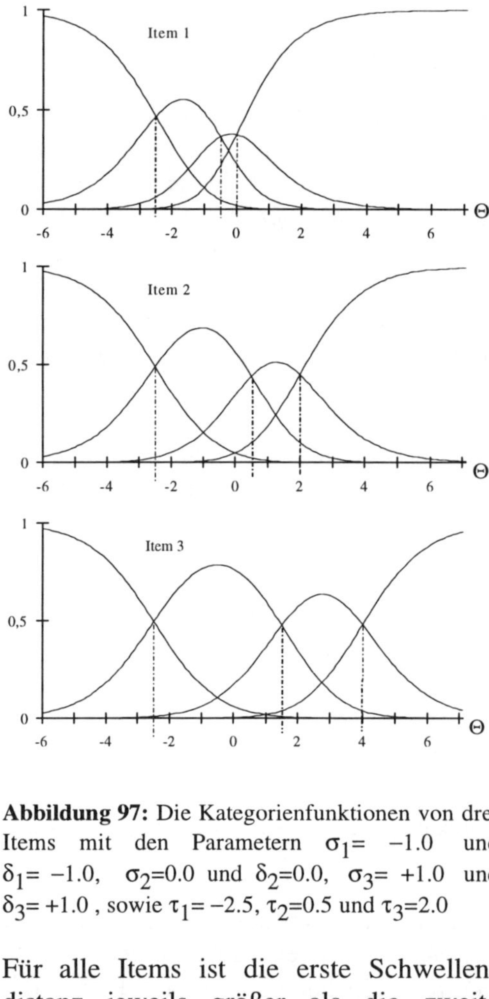

Abbildung 97: Die Kategorienfunktionen von drei Items mit den Parametern $\sigma_1= -1.0$ und $\delta_1= -1.0$, $\sigma_2=0.0$ und $\delta_2=0.0$, $\sigma_3= +1.0$ und $\delta_3= +1.0$, sowie $\tau_1= -2.5$, $\tau_2=0.5$ und $\tau_3=2.0$

Für alle Items ist die erste Schwellendistanz jeweils größer als die zweite Schwellendistanz, jedoch sind beide Distanzen beim *ersten* Item gegenüber dem zweiten Item verringert (um $\delta_1 = -1.0$), während sie beim *dritten* Item vergrößert sind ($\delta_1 = +1.0$). Diese *Verlängerung oder Verkürzung der Distanzen* erfolgt nach Maßgabe des Parameters δ_i, d.h. δ_i drückt aus, um welche Länge die Schwellendistanzen bei einem Item von der mittleren Schwellendistanz aller Items abweichen. Die τ_x-Parameter parametrisieren die *mittleren* Distanzen zwischen zwei bestimmten Schwellen.

Datenbeispiel: Dispersionsmodell

Die Parameterschätzungen für das Dispersionsmodell lauten:

	σ_i	δ_i
i = 1	–.55	.20
2	.10	–.52
3	.47	.02
4	–.57	.52
5	.55	–.24

und

	τ_x
x = 1	–2.81
2	.63
3	2.18

Es zeigt sich, daß Item 4 die größten Schwellendistanzen und somit die geringste Trennschärfe hat, während Item 2 mit den kleinsten Schwellendistanzen die größte Trennschärfe hat. Bei allen Items ist die Distanz zwischen Schwelle 1 und Schwelle 2 größer als die Distanz zwischen Schwelle 2 und 3.

Abbildung 98 zeigt die *Beziehungen dieser Modelle* untereinander. Alle Modelle sind Spezialfälle des ordinalen Rasch-Modells, d.h. sie gehen durch Restriktionen aus letzterem hervor. Das Dispersionsmodell ist wiederum ein Obermodell des Ratingskalen und des Äquidistanzmodells. Letztere gehen durch Null-setzen der ψ_x bzw. der δ_i-Parameter aus dem Dispersionsmodell hervor. Somit ergibt sich die folgende hierarchische Struktur zwischen den Modellen:

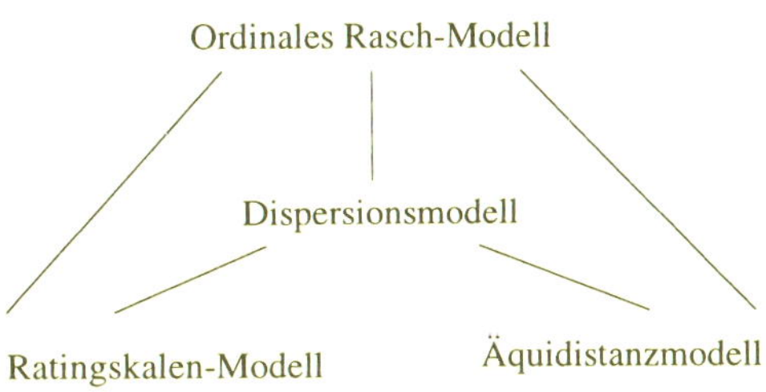

Abbildung 98: Die hierarchische Struktur der Testmodelle für Ratingskalen

Die Kenntnis, welches Modell ein Spezialfall von welchem anderen ist, ist für einige Modellgeltungskontrollen von Bedeutung (s. Kap. 5.).

Es stellt sich die Frage, *warum* man *solche restringierten ordinalen Modelle* überhaupt braucht, wenn sich die Personenmeßwerte unterschiedlich restriktiver Modellen kaum unterscheiden. Will man die Daten möglichst gut mittels eines Testmodells erklären, so ist das *unrestringierte* ordinale Rasch-Modell (Kap. 3.3.1) in jedem Fall dasjenige mit der größten Übereinstimmung von beobachteten und vorhergesagten Daten. Es enthält auch die meisten Modellparameter.

Das entscheidende Argument für ein restriktiveres Modell liegt darin, daß man ein Modell auf die Daten anwenden sollte, welches *genau die Parameter* enthält, die den präexperimentellen Hypothesen über das Antwortverhalten entsprechen und die man später auch *tatsächlich interpretiert.*

Bei der Auswertung von Fragebögen mit Ratingskalen hat man im allgemeinen keine Annahmen über die Lokationen einzelner Schwellen, sondern man möchte die Itemschwierigkeiten und -trennschärfen interpretieren und gleichzeitig Informationen über die verwendete Ratingskala haben. Genau diese Funktionen erfüllen die σ_i-, δ_i- und τ_x-Parameter der Modelle (4), (7) und (8). Die Verwendung von restringierten Modellen ist daher nicht nur ein Gebot des *Einfachheitskriteriums* für Theorien, sondern auch der *Passung von Theorie und Empirie.*

Bei der Verwendung von Ratingskalen in Fragebögen spielen der sogenannte *Skalengebrauch* oder auch die *response sets* (dt. etwa 'Antworthaltungen') der befragten Personen eine große Rolle (vgl. Kap. 2.3.1.3). Solche response sets - sofern sie für *alle* befragten Personen zutreffen - können sich bei ordinalen Testmodellen in den Schwellendistanzen ausdrücken und manifestieren sich z.B. im Ratingskalen Modell in den τ_x-Parametern.

Response sets und Schwellendistanzen

Eine *Tendenz zum extremen Urteil* drückt sich z.B. darin aus, daß die erste Schwelle sehr schwer und die letzte Schwelle sehr leicht ist, so daß die Kategorien x=0 und x=m sehr häufig besetzt sind (es ist 'sehr schwer', die erste Schwelle, und 'sehr leicht' die letzte Schwelle zu überschreiten). Eine *Tendenz zum mittleren Urteil* drückt sich darin aus, daß die Schwellendistanz der mittleren Kategorie relativ groß ist, also sehr viele Personen die mittlere Kategorie der Ratingskala bevorzugen.

Problematisch kann es werden, wenn eine *Tendenz zur Vermeidung eines mittleren Urteils* vorliegt, was sehr häufig in empirischen Datensätzen beobachtbar ist. Diese Tendenz tritt auf, wenn man eine *ungerade Kategorienanzahl* verwendet, die mittlere Kategorie aber von den befragten Personen gemieden wird. Die Gründe hierfür können vielfach sein, z.B. weil die Befragten deutlich machen möchten, daß sie zu jedem Item eine Meinung haben und nicht indifferent urteilen (dies wäre auch ein Aspekt der *sozialen Erwünschtheit*).

Tendenzen zur Vermeidung bestimmter Antwortkategorien sind deswegen problematisch, weil sie die *Ordnung der Schwellenparameter* durcheinander bringen können. Wird eine Kategorie gemieden, so bedeutet das, daß die Schwelle vor dieser Kategorie sehr schwer, die Schwelle nach der Kategorie sehr leicht ist. Dies führt aber dazu, daß die Ordnung aufsteigender Schwellenschwierigkeiten, die bei ordinalen Antworten gegeben sein muß (s. Kap. 3.3.1) durchbrochen wird.

Ist die Ordnung der Schwellenparameter nicht mehr gegeben, entfällt auch das wichtigste Kriterium für die Ordinalskalenqualität der Itemantworten. In letzter Konsequenz kann man diese Situation auch als einen Fall von *Mehrdimensionalität* interpretieren, denn diejenige Kategorie, die gemieden wird, wird wohl aufgrund einer anderen Persönlichkeitseigenschaft gemieden, als der, die gemessen werden soll.

Literatur

Das Ratingskalen-Modell wurde von Andrich (1978a, b, c) publiziert, das Äquidistanzmodell von Andrich (1982) und das Dispersionsmodell von Rost (1988a, 1990b). Masters & Wright (1984) und Wright & Masters (1982) beschreiben die Familie von Rasch-Modellen für Ratingskalen. Diese Familie schließt auch das Rasch-Modell mit binomialverteilter Antwortvariable von Andrich (1978d) und das Poisson-Modell von Rasch (1960) mit ein. Das Modell mit kontinuierlicher Antwortvariable, das entsteht, wenn die Anzahl der Schwellen im Äquidistanzmodell gegen unendlich geht, wurde von Müller (1987, 1995) entwickelt.

Übungsaufgaben:

1. Welche der vier Rasch-Modelle für ordinale Daten lassen sich auf Items mit unterschiedlichen Kategorienanzahlen anwenden?
2. In einem Fragebogen mit 7-stufigem Antwortformat erhalten Sie die

folgenden Schwellenparameter: $\tau_1 = -2.5, \tau_2 = -1.4, \tau_3 = +0.4, \tau_4 = -0.3, \tau_5 = +1.3, \tau_6 = +2.5$. Welches response set zeigen die befragten Personen?

3. Wo liegen im Dispersionsmodell die Schwellen des ersten Items des Datenbeispiels (die Schwellenlokationen)?
4. Wieviele unabhängige Modellparameter (ohne Personenparameter) werden beim Dispersionsmodell geschätzt?

3.3.3 Klassenanalyse ordinaler Daten

Mit Ratingdaten oder allgemeiner, mit ordinalen Itemantworten lassen sich nicht nur *quantitative* Personenvariablen erfassen, sondern auch *qualitative* Variablen, also latente Klassen von Personen. Man erhebt zwar mit abgestuften Itemantworten bereits *quantitative Antwortvariablen*, die den *Grad* der Zustimmung zu dem Iteminhalt ausdrücken. Das bedeutet aber nur, daß sich die Personen *bei jedem einzelnen* Item graduell unterscheiden. Die latente Personenvariable, die die individuellen Unterschiede im Antwortverhalten hinsichtlich *aller* Items erklärt, kann dennoch kategorial, also eine Klassenvariable sein.

Beispiel

Ein Fragebogen zur Messung der Einstellung zum Motorsport enthält Fragen des folgenden Typs:

- *Autorennen finde ich sehr spannend*
- *Motorsport ist eine unnütze Luftverschmutzung*
- *Motorsport ist nur ein Wettstreit der Technik und nicht der körperlichen Leistung*

Die Antworten werden mit einer 4-stufigen Skala von 'lehne ab' bis 'stimme zu' erhoben. Es werden drei Klassen von Personen erwartet: solche, die dem Motorsport gegenüber positiv eingestellt sind, solche, die ihn aus Umweltschutzgründen ablehnen und solche, die ihn ablehnen, weil es kein Wettstreit der Körperkraft, sondern der Motorkraft ist. Die Itemprofile der drei erwarteten Klassen sehen für die drei o.g. Items wie folgt aus:

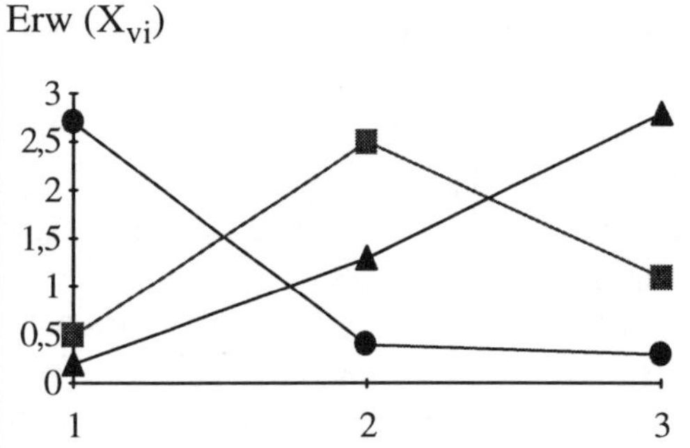

Abbildung 99: Die Erwartungswertprofile der drei Beispielitems

Auf der *Ordinate* sind jetzt nicht mehr Wahrscheinlichkeiten abgetragen (wie bei der dichotomen oder nominalen Klassenanalyse, vgl. Kap. 3.1.2.2 und 3.2.1), sondern die Erwartungswerte der Antwortvariable, also die in jeder Klasse *erwartete Itemantwort*.

Das Beispiel soll deutlich machen, daß man *Klassen von Personen* sehr wohl dadurch erfassen kann, daß man mit ordinalen Itemantworten den *Grad* ihrer Zustimmung zu jedem Item erhebt. Die Klassen müssen sich dann nicht notwendigerweise auch graduell unterscheiden, sondern können qualitativ verschieden sein, wie die beiden Klassen, die den Motorsport ablehnen.

Ist man bei der Auswertung eines Tests *nicht* daran interessiert, etwas darüber zu erfahren, ob die Antwortalternativen wirklich eine Ordinalskala bilden, so kann man einfach die Klassenanalyse für mehrkategorielle Daten (Kap. 3.2.1) anwenden. Dieses Modell sieht für jede Antwortkategorie einen Wahrscheinlichkeitsparameter π_{ixg} vor:

(1) $$p(X_{vi} = x) = \sum_{g=1}^{G} \pi_g \, \pi_{ixg},$$

der sich über die Kategorien hinweg zu 1 addieren muß:

$$\sum_{x=0}^{m} \pi_{ixg} = 1.$$

Während es bei Antwortkategorien, die keine Ordnung bilden, auch keinen Sinn macht, die *Erwartungswerte* der Antwortvariablen zu berechnen, ist dies bei ordinalen Antworten sinnvoll:

(2) $$\text{Erw}(X_{vi} \mid g) = \sum_{x=0}^{m} x \, \pi_{ixg}.$$

So sagt etwa ein Erwartungswert von 2.35 aus, daß die Personen dieser Klasse bei diesem Item am liebsten zwischen 2 und 3 ankreuzen würden. Da dies natürlich nicht geht, werden die meisten Häufigkeiten bei '2' und - etwas weniger - bei '3' liegen.

Datenbeispiel

Die 2-Klassenlösung ergibt für das Datenbeispiel die Klassengrößenparameter $\pi_1 = 0.65$ und $\pi_2 = 0.35$ sowie die folgenden Parameterwerte π_{ixg}:

	i=1	i=2	i=3	i=4	i=5
			Klasse 1		
0	.08	.26	.23	.07	.27
1	.66	.59	.70	.72	.67
2	.22	.14	.06	.19	.05
3	.04	.01	.01	.02	.01
			Klasse 2		
0	.00	.03	.01	.00	.04
1	.23	.25	.42	.12	.42
2	.51	.50	.44	.66	.39
3	.25	.21	.13	.21	.15

Daraus lassen sich die folgenden Erwartungswerte berechnen:

	i=1	i=2	i=3	i=4	i=5
g=1	1.21	0.91	0.86	1.16	0.80
g=2	2.02	1.89	1.68	2.09	1.65

und als *Erwartungswertprofile* graphisch darstellen

Erw (X_{vi}|g)

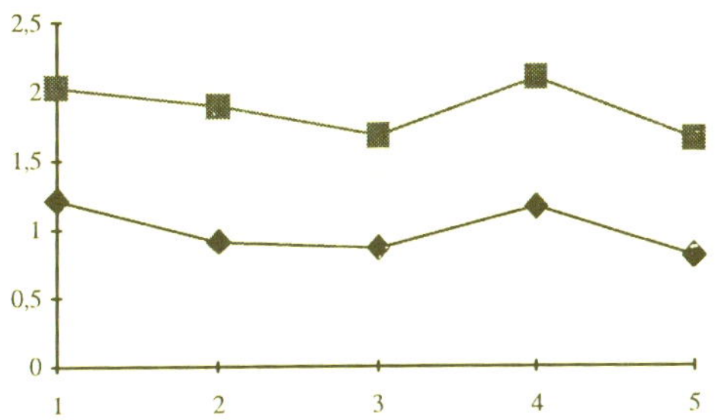

Abbildung 100: Die Erwartungswertprofile der 5 NEOFFI-Items

Es handelt sich um zwei *geordnete* Klassen, da die Itemprofile *überschneidungsfrei* verlaufen. Klasse 1 zeichnet sich dadurch aus, daß die 5 Neurotizismus-Items als unzutreffend eingestuft werden, in Klasse 2 dagegen eher als zutreffend.

Wendet man die Klassenanalyse in dieser Form auf ordinale Daten an, so hat das zwei Nachteile: *Erstens*, verstößt man gegen das Einfachheitskriterium, da man für jedes Item in jeder Klasse m unabhängige Parameter schätzt (im Datenbeispiel: 3), aber nur einen Wert interpretiert, nämlich die über den Erwartungswert definierte Zustimmungstendenz. *Zweitens*, erfährt man auf diese Weise nichts darüber, ob die Antwortskala tatsächlich eine Ordinalskala darstellt und - wenn ja - wie groß die Kategorien sind, z.B. definiert über ihre Schwellenabstände (Kap. 3.3.1).

Beide Nachteile resultieren daraus, daß hier kein Modell angewendet wird, das speziell für ordinale Daten konstruiert ist, sondern lediglich ein Modell für nominale Daten. Dies führt zu der Frage, wie man denn die Parameter der latenten Klassenanalyse *restringieren* könnte, damit das Modell der Ordinalskalenqualität der Daten gerecht wird. Bezogen auf die Parameter des Modells (1) läßt sich die Frage präzisieren:

Was zeichnet die Wahrscheinlichkeitsverteilung der Antwortvariable aus, wenn es sich um geordnete Antwortkategorien handelt?

Abbildung 101 zeigt die Wahrscheinlichkeitsverteilungen zweier Items in der ersten Klasse der Beispielrechnung.

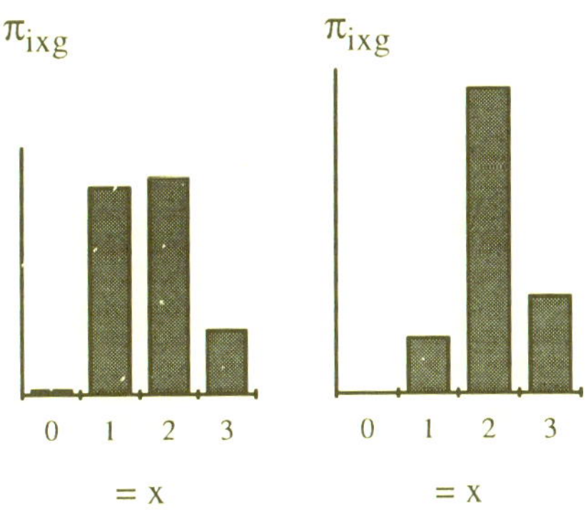

Abbildung 101: Die Wahrscheinlichkeitsverteilung der Antwortvariable für Item 3 und 4 in Klasse 2

Beide Verteilungen sehen regelmäßig aus und scheinen mit der Annahme ordinaler Kategorien verträglich zu sein. Anders verhält es sich mit den in Abbildung 102 dargestellten Verteilungen.

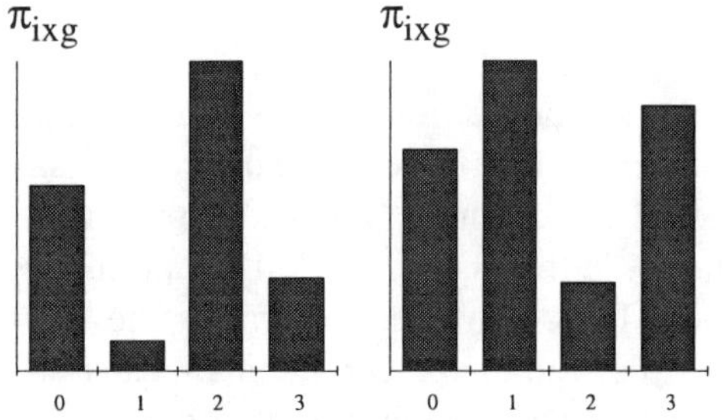

Abbildung 102: Zwei Wahrscheinlichkeitsverteilungen, die nicht auf ordinale Antwortkategorien hinweisen

Die in dieser Abbildung dargestellten Verteilungen sind deswegen nicht mit der Annahme ordinaler Kategorien verträglich, weil es keinen Sinn macht, daß Personen (mit derselben Ausprägung der latenten Variable!) mit hoher Wahrscheinlichkeit in Kategorie 0 und 2 (bzw. in 1 und 3) antworten, aber nur mit geringer Wahrscheinlichkeit in der dazwischen liegenden Kategorie 1 (bzw. 2). Aus einer solchen Verteilung ist nicht ersichtlich, auf welchen Grad der Zustimmung Antwortverhalten hinweist.

Soll die Itemantwort den *Grad* der Zustimmung ausdrücken, so muß *eine* Antwortkategorie die größte Wahrscheinlichkeit aufweisen und die Wahrscheinlichkeiten der anderen Kategorien müssen nach 'rechts' und 'links' absinken. Sofern es sich bei der präferierten Kategorie um eine extreme Kategorie handelt (x=0 oder x=m) sinken die Antwortwahrscheinlichkeiten nur in einer Richtung ab.

Als *eine mögliche* Antwort auf die oben gestellte Frage kann daher gelten:

Die Wahrscheinlichkeitsverteilungen ordinaler Antwortvariablen sollten eingipflig (unimodal) sein.

Als Konsequenz aus dieser Beantwortung der Frage kann man die Klassenanalyse (so wie sie ist) auf ordinale Daten anwenden und die geschätzten Parameter daraufhin prüfen, ob die Antwortverteilungen eingipflig sind. Nur, auf diese Weise hat man das Modell noch nicht für ordinale Daten restringiert und folglich auch keine Parameter eingespart.

Ein *restringiertes* Klassenmodell ergibt sich, wenn man der Ordinalskalenqualität der Antwortvariablen auf dieselbe Art und Weise Rechnung trägt, wie dies in Kapitel 3.3.1 für quantitative Testmodelle getan wurde. Dort wird die Ordnung der Antwortkategorien dadurch im Modell abgebildet, daß den aufeinanderfolgenden Kategorien *Abschnitte* auf der latenten Dimension entsprechen. Innerhalb dieser Abschnitte ist jeweils die Antwortwahrscheinlichkeit *einer* Kategorie am höchsten. Die Grenzen dieser Abschnitte sind durch die *Schwellen* definiert. Abbildung 103 zeigt noch einmal die entsprechende Graphik aus Kapitel 3.3.1:

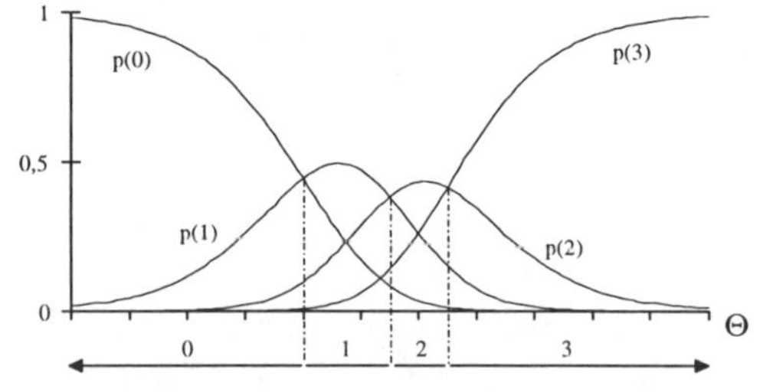

Abbildung 103: Durch Schnittpunkte (Schwellen) definierte Abschnitte auf der latenten Dimension

Die Ordnung der Kategorien spiegelt sich in der *Ordnung der Schwellenparameter* wieder. Die Anwendung dieses Prinzips auf die Klassenanalyse erscheint zunächst unmöglich, da es bei der Klassenanalyse *gar keine latente Dimension* gibt, auf der man irgendwelche Abschnitte einteilen könnte. Trotzdem kann man auch hier Schwellenwahrscheinlichkeiten definieren und das latent-class Modell so *reparametrisieren*, daß es *Schwellenparameter* gibt. An deren Ordnung kann man dann ablesen, ob die Antwortkategorien geordnet sind, und man kann die Schwellenparameter zum Gegenstand von Restriktionen machen, um weitere Parameter zu sparen.

Die *Schwellenwahrscheinlichkeit* wird so wie in Kapitel 3.3.1 definiert und läßt sich mittels der Parameter des Modells (1) folgendermaßen darstellen:

$$(3) \qquad q_{ixg} = \frac{\pi_{ixg}}{\pi_{i(x-1)g} + \pi_{ixg}} \quad \text{für } x > 0.$$

Ebenfalls wie in Kapitel 3.3.1 wird für die Schwellenwahrscheinlichkeit die *logistische Funktion* des dichotomen Rasch-Modells eingeführt, jedoch *nicht* als Funktion einer *globalen* Personenvariable θ_v sondern als Funktion einer *itemspezifischen Variable* θ_{ig}:

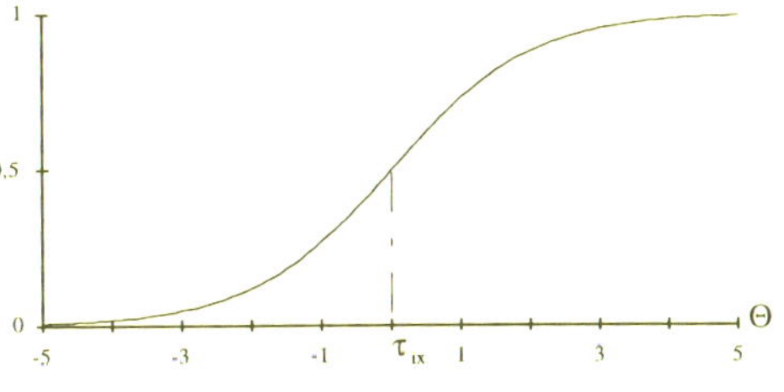

Abbildung 104: Die Schwellenwahrscheinlichkeit als Funktion einer itemspezifischen Variable

Das bedeutet, die Wahrscheinlichkeit, eine Schwelle x zu überschreiten, hängt von zwei Größen ab: von der *Lage der Schwelle* x bei Item i, τ_{ix}, und von der *itemspezifischen Zustimmungstendenz* dieser Klasse, θ_{ig}.

$$(4) \qquad q_{ixg} = \frac{\exp(\theta_{ig} - \tau_{ix})}{1 + \exp(\theta_{ig} - \tau_{ix})}.$$

Die Lage der Schwelle τ_{ix} entspricht dem Abszissenwert des Wendepunktes, ist also analog zur *Itemschwierigkeit* die *Schwellenschwierigkeit* (einer bestimmten Schwelle bei einem bestimmten Item). Der Kurvenverlauf selbst beschreibt die Abhängigkeit der Schwellenwahrscheinlichkeit von der Zustimmungstendenz dieser Klasse g zu diesem Item i, θ_{ig}.

Berechnet man z.B. eine 3-Klassenlösung, so nimmt θ_{ig} nur 3 Werte an, welche über die Funktion (4) drei Schwellenwahrscheinlichkeiten definieren. Diese Schwellenwahrscheinlichkeiten hängen maßgeblich von der *Schwellenschwierigkeit* τ_{ix} ab, welche keinen Index g aufweist, also *nicht klassenspezifisch* ist.

Die Schwellenschwierigkeiten τ_{ix} müssen aus demselben Grund normiert werden, wie die Itemschwierigkeiten im dichotomen Rasch-Modell (vgl. Kap. 3.1.1.2.2), d.h. es gilt:

$$(5) \qquad \sum_{x=1}^{m} \tau_{ix} = 0 \text{ für alle i.}$$

Setzt man in Gleichung (3) die Funktion (4) für die Schwellenwahrscheinlichkeiten q_{ixg} ein und löst die Gleichung nach π_{ixg} auf, so erhält man

$$(6)\quad \pi_{ixg} = \frac{\exp(x\theta_{ig} - \sigma_{ix})}{\sum_{s=0}^{m} \exp(s\theta_{ig} - \sigma_{is})}$$

$$\text{mit } \sigma_{ix} = \sum_{s=1}^{x} \tau_{is} \text{ und } \sigma_{i0} = 0 .$$

Diese Ableitung wird hier nicht im Detail nachvollzogen, da sie völlig analog zu der entsprechenden Ableitung in Kapitel 3.3.1 ist. Zu beachten ist wiederum, daß es keine 0-te Schwelle gibt, da es zwischen m+1 Kategorien nur m Schwellen geben kann. Die σ_{ix}-Parameter sind die *kumulierten Schwellenparameter* bis zur Kategorie x.

Die durch (6) definierte Antwortwahrscheinlichkeit kann jetzt in die Modellgleichung (1) der Klassenanalyse eingesetzt werden und man erhält das *Klassenmodell für ordinale Daten*:

$$(7)\ p(X_{vi} = x) = \sum_{g=1}^{G} \pi_g \frac{\exp(x\theta_{ig} - \sigma_{ix})}{\sum_{s=0}^{m} \exp(s\theta_{ig} - \sigma_{is})} .$$

Anhand der Parameteranzahl läßt sich nachvollziehen, daß es sich bei diesem Modell tatsächlich um eine *Restriktion* der normalen Klassenanalyse handelt. So sind bei 5 Items und 2 Klassen 10 Zustimmungstendenzen θ_{ig} zu schätzen. Die 5 Items haben 4 Kategorien, also 3 Schwellen. Wegen der Normierungsbedingung (5) sind nur 2 der 3 Schwellenparameter unabhängig, so daß 5·2=10 Schwellenparameter zu schätzen sind. Gemeinsam mit einem unabhängigen Klassengrößenparameter π_g sind dies insgesamt 10+10+1=21 Parameter.

Die allgemeine Formel zur Berechnung der *Parameteranzahl* n_p lautet bei diesem Modell:

$$(8)\quad n_p = k \cdot G + k \cdot (m-1) + (G-1) .$$

Bei der normalen Klassenanalyse werden für dasselbe Datenbeispiel 2·5·3+1=31 Parameter, also 10 Parameter mehr geschätzt.

Die Einsparung von Parametern ergibt sich bei dem ordinalen Modell allein daraus, daß die Schwellenparameter τ_{ix} *klassenunabhängig* sind. Würde man für jede Klasse eigene Schwellenparameter vorsehen, also dreifach indizierte Parameter τ_{ixg} (vgl. Kap. 3.3.4), so ergäbe sich keine Reduktion der Parameteranzahl.

Datenbeispiel

Es ergeben sich die folgenden Parameterschätzungen bei 2 latenten Klassen:

	θ_{ig}:	
	g = 1	g = 2
1	–.42	1.25
2	–1.07	0.71
i = 3	–1.54	0.72
4	–0.81	1.70
5	–1.49	0.59
	$\pi_1 = .64$	$\pi_2 = .36$

An diesen Klassenparametern ist abzulesen, daß es sich um zwei *geordnete* Klassen handelt und die zweite Klasse die höheren Zustimmungstendenzen zu allen Items hat.

	τ_{ix}:		
	x = 1	x = 2	x = 3
1	−2.45	.62	1.83
2	−1.81	.26	1.55
i = 3	−2.64	.80	1.85
4	−3.06	.41	2.65
5	−2.33	.86	1.46

Wie bei den Schwellenlokationen des ordinalen Rasch-Modells (Kap. 3.3.1) zeigt sich, daß die erste Schwellendistanz stets wesentlich größer ist als die zweite. Auch zeigen sich wieder bei Item 4 die größten Distanzen.

Eine vollständige Übereinstimmung mit den Schwellen des quantitativen Modells ist bei der 2-Klassenlösung nicht zu erwarten, da hier lediglich 2 Eigenschaftsausprägungen unterschieden werden (was dem Datensatz nicht angemessen ist).

In diesem Datenbeispiel sind die *Schwellen geordnet*, d.h. bei jedem Item ist die erste Schwelle am leichtesten und die dritte am schwersten. Mit derselben Argumentation wie bei quantitativen Modellen läßt sich dies als Bestätigung der Annahme werten, daß die *Antwortkategorien* eine Rangordnung darstellen.

Als ein anderes *Kriterium für die Ordnung* der Antwortkategorien wurde weiter oben angeführt, daß die Wahrscheinlichkeitsverteilung der Antwortvariable für jedes Item *eingipflig* sein muß. Betrachtet man diese Verteilungen für das gegebene Datenbeispiel, so ist auch dieses Kriterium in beiden Klassen erfüllt:

Klasse 1

		i=1	i=2	i=3	i=4	i=5
	0	.09	.27	.23	.07	.28
x=	1	.66	.57	.70	.71	.65
	2	.23	.15	.07	.21	.06
	3	.02	.01	.00	.01	.01

Klasse 2

		i=1	i=2	i=3	i=4	i=5
	0	.01	.02	.02	.00	.03
x=	1	.25	.30	.44	.16	.47
	2	.48	.47	.41	.60	.35
	3	.26	.21	.13	.24	.15

Dies ist keine zufällige Übereinstimmung. Vielmehr sind die Antwortvariablen *immer eingipflig* verteilt, wenn die Schwellenparameter geordnet sind. Steigt nämlich die Schwierigkeit der Schwellen von Kategorie zu Kategorie an, nimmt also die *Schwellenwahrscheinlichkeit* ab, so ist die Verteilung der Antwortvariable eingipflig. Dabei existieren weitere Regelhaftigkeiten.

Die Verteilung der Antwortvariablen bei sinkenden Schwellenwahrscheinlichkeiten

Sind alle Schwellenwahrscheinlichkeiten (SW) kleiner als 0.5, so sinken auch die Kategorienwahrscheinlichkeiten (KW) von Kategorie zu Kategorie.

Beispiel

x	0	1	2	3	4
SW	–	.43	.40	.29	.20
KW	.40	.30	.20	.08	.02

Dieser Effekt läßt sich an der Definition der SW ablesen (vgl. (3)):

$$SW(x) = \frac{KW(x)}{KW(x-1) + KW(x)}.$$

Nach dieser Gleichung ist SW(x) nur dann kleiner als 0.5, wenn KW(x)<KW(x-1). Das bedeutet, daß die KW(x) mit aufsteigendem x kleiner werden.

Sind alle SW>0.5, so steigen die KW an.

Beispiel

x	0	1	2	3	4
SW	–	.60	.57	.55	.54
KW	.10	.15	.20	.25	.30

Auch dies ist aus der Definition der SW ersichtlich, da SW(x) nur dann größer als 0.5 ist, wenn KW(x)>KW(x-1) ist. Das bedeutet, daß die KW größer werden.

Sind schließlich die SW(x) für kleines x größer als 0.5 und für großes x kleiner als 0.5, so steigen die KW(x) erst an und sinken dann wieder ab, sind also eingipflig.

Beispiel

x	0	1	2	3	4
SW	–	.66	.64	.42	.29
KW	.10	.20	.35	.25	.10

Diese Eigenschaft ergibt sich aus dem zuvor Gesagten.

Es bleibt festzuhalten, daß geordnete Schwellenparameter bei Modell (7) die Eingipfligkeit der Antwortverteilungen implizieren. Die Umkehrung gilt nicht: nicht jede eingipflige Antwortverteilung impliziert sinkende Schwellenwahrscheinlichkeiten. Die Ordnung der Schwellenparameter ist somit ein *strengeres* Kriterium für die Ordnung der Antwortkategorien.

Dabei kann es gute Gründe geben, warum die Schwellen bei einer Fragebogenanalyse *nicht* geordnet sind. Hierfür können *response sets* verantwortlich sein (s. Kap. 3.3.2) oder die *Etikettierung* der Antwortkategorien (s. Kap. 2.3.1.3). Erhält man bei einer Fragebogenanalyse ungeordnete Schwellenparameter und lassen sich diese auf Konstruktionsmerkmale des Fragebogens zurückführen, so können die Daten trotzdem mit einem Testmodell für ordinale Daten analysiert werden. Bei einer Revision des Fragebogens oder einer erneuten Datenerhebung sollte man den Fragebogen entsprechend ändern.

Die *Itemprofile* der latenten Klassen lassen sich bei diesem Modell auf zweierlei Weise darstellen. Eine der beiden Möglichkeiten wurde bereits in Abbildung 100 dargestellt, nämlich Itemprofile in Form von *Erwartungswertprofilen*. Die klassenspezifischen Antwortwahrscheinlichkeiten lassen sich mit Hilfe von Gleichung (6) aus den Modellparametern bestimmen und gemäß Gleichung (2) in Erwartungswerte umrechnen. Für das Datenbeispiel ergeben sich die folgenden Profile.

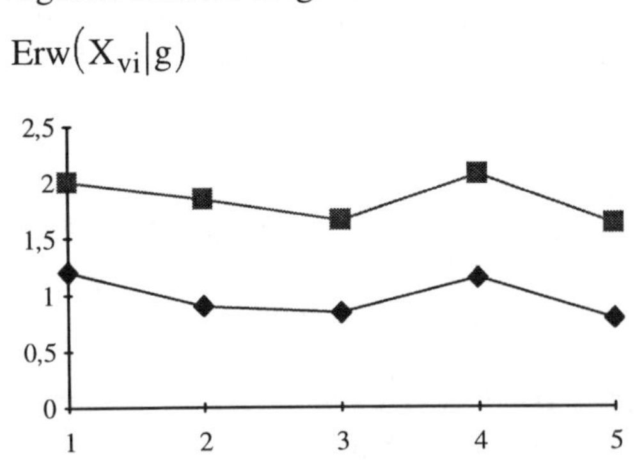

Abbildung 105: Die Erwartungswertprofile der 2-Klassenlösung des ordinalen Klassenmodells (7)

Die zweite Möglichkeit besteht darin, die *Profile der itemspezifischen Zustimmungstendenzen* θ_{ig} zu betrachten. Diese sehen für das Datenbeispiel folgendermaßen aus:

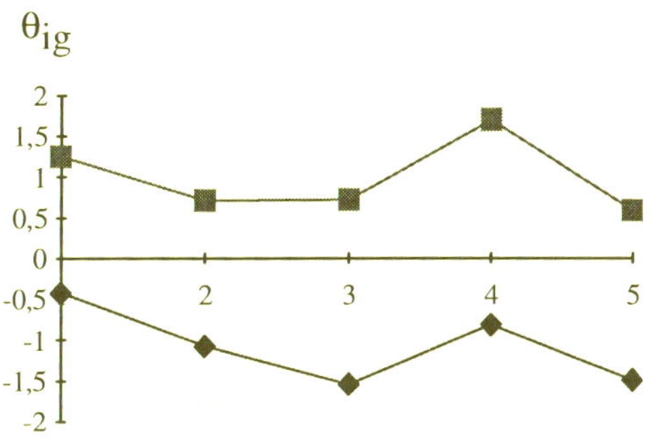

Abbildung 106: Die Profile der Parameter der 2-Klassenlösung

Beide Arten von Itemprofilen sind *ähnlich* in ihrem Verlauf und führen im allgemeinen zu denselben Interpretationen. Insbesondere zeigen sie in gleicher Weise an, ob es sich um *geordnete Klassen* handelt: Wenn die Erwartungswertprofile überschneidungsfrei sind, so sind es auch die Parameterprofile und umgekehrt. Trotzdem gibt es Fälle, in denen die eine oder andere Art vorzuziehen ist.

Parameterprofile oder Erwartungswertprofile ?

Beide Arten, die Antwortprofile der Klassen darzustellen, haben ihre Vor- und Nachteile. An den *Profilen der Parameter* (vgl. Abb. 106), kann man erkennen, ob auf die Daten eher das *ordinale Rasch-Modell* paßt: in diesem Fall müssen die Parameterprofile *parallel* verlaufen, also die Parameterdifferenzen zwischen je zwei Klassen müßten für alle Items konstant sein. Der Nachteil besteht darin, daß aus diesen Profilen nur schwer auf erwartete Kategorienhäufigkeiten geschlossen werden kann, da diese auch von den Schwellenparametern τ_{ix} abhängen.

Letzteres ist gerade der Vorteil von *Erwartungswertprofilen* (vgl. Abb. 105): Sie drücken sehr anschaulich das *Niveau* der Itemantworten *auf der Antwortskala* aus. Es läßt sich leichter beurteilen, ob der Unterschied zwischen den mittleren Itemantworten zweier Klassen für die Interpretation bedeutsam ist.

Beide Arten von Profilen sagen nichts darüber aus, wie stark die *Dispersion* der Itemantworten ist, also wie stark sie über die Kategorien streuen. Die *Streuung der Itemantworten* hängt von den Schwellenparametern τ_{ix} ab: Sind die Schwellenabstände *klein*, so ist die Streuung *groß*, da relativ viele Antworten in die beiden äußeren Kategorien entfallen. Sind die Schwellenabstände groß, ist die Streuung klein (vgl. Kap. 3.3.2).

Da die Schwellenparameter jedoch klassen*un*spezifisch sind, ist die Streuung der Itemantworten in diesem Modell keine Eigenschaft *einer Klasse*, sondern eine Eigenschaft des Items *in allen Klassen*. Modelle, bei denen die Schwellendistanzen und somit die Streuung der Antworten *klassenspezifisch* sind, werden im nächsten Kapitel behandelt.

Literatur

Clogg (1979) diskutiert die Anwendung der Klassenanalyse auf ordinale Daten, wobei einzelne Kategorienwahrscheinlichkeiten auf Null fixiert werden. Rost (1985) behandelt das Kriterium der Unimodalität der Antwortverteilungen und schlägt ein Klassenmodell vor, in dem die Antworten binomialverteilt sind. Auf Rost (1988b, c) geht das ordinale Klassenmodell (7) mit klassenunspezifischen Schwellenparametern zurück. Da es sich bei diesem Modell um eine additive Zerlegung der logistischen Parameter der Klassenanalyse handelt, ist es auch ein Spezialfall der linear logistischen Klassenanalyse für mehrkategorielle Daten von Formann (1992, vgl. Kap. 3.4.3). Anwendungen des ordinalen Klassenmodells beschreiben Tarnai & Rost (1991) und Rost & Gresele (1994a, b).

Übungsaufgaben

1. Berechnen Sie die Schwellenwahrscheinlichkeiten für die beiden Verteilungen in Abbildung 102. Die genauen Werte lauten: 0.3, 0.05, 0.5 und 0.15 für das linke Bild und 0.25, 0.35, 0.1 und 0.3 für das rechte Bild. Konstruieren sie ein Beispiel, in dem eine eingipflige Antwortverteilung *keine* sinkenden Schwellenwahrscheinlichkeiten hat.
2. Ein Item hat die Schwellenparameter $\tau_{i1} = -1.0$, $\tau_{i2} = 0.0$ und $\tau_{i3} = +1.0$. Welche Antwortwahrscheinlichkeiten haben die Personen einer Klasse mit der Zustimmungstendenz $\theta_{ig} = 0.5$ bei diesem Item?
3. Mit welchen Wahrscheinlichkeiten wird das Antwortmuster $\underline{x} = (2,2,2,2,2)$ den beiden Klassen im Datenbeispiel zugeordnet?
4. Berechnen Sie mit WINMIRA, wie groß die mittleren Zuordnungswahrscheinlichkeiten ('Treffsicherheiten', s. Kap. 3.1.2.2) in der 2-Klassenlösung des Datenbeispiels sind.

3.3.4 Klassenmodelle für Ratingskalen

In Kapitel 3.3.2 wurde dargestellt, daß man die Schwellenparameter des ordinalen Rasch-Modells derart restringieren kann, daß bestimmte *Annahmen über den Gebrauch der Antwortskala* im Modell abgebildet werden. Drei verschiedene Annahmen wurden dort in Untermodelle des ordinalen Rasch-Modells umgesetzt.

Diese Annahmen beziehen sich auf die *Schwellenabstände*, weil sich in ihnen die *Größe der Antwortkategorien* ausdrückt. Ein großer Schwellenabstand bedeutet, daß die dazwischen liegende Kategorie sehr groß ist, d.h. daß relativ viele Antworten auf sie entfallen. Wodurch die Größe einer Kategorie letztlich bedingt ist, d.h. ob sie von dem Etikett der Kategorie, von Antwortpräferenzen der befragten Personen oder von der Formulierung der Items abhängt, kann im Einzelfall unterschiedlich sein.

Die Größe der Schwellenabstände spiegelt aber auch die *Streuung der Itemantworten* über die Kategorien wieder. Sind nämlich die Schwellenabstände *groß*, so sammeln sich die Antworten in den mittleren Kategorien, die Streuung ist also *klein*. Sind die Schwellenabstände *klein*, so häufen sich die Antworten in den äußeren Kategorien, die Streuung ist *groß*. Ein einfaches Zahlenbeispiel mit Schwellenwahrscheinlichkeiten (SW) und Kategorienwahrscheinlichkeiten (KW) verdeutlicht dies.

x	0	1	2	3	4
große Abstände					
SW	–	.80	.71	.29	.20
KW	.05	.20	.50	.20	.05
kleine Abstände					
SW	–	.71	.55	.45	.29
KW	.10	.25	.30	.25	.10

Der mittlere Schwellenabstand bei einem Item kann daher auch als ein Maß für die Streuung der Antworten bei diesem Item, also als ein *Dispersionsmaß,* gelten.

Drei Annahmen über den Gebrauch der Antwortskala

Die *erste* Annahme besagt, daß *alle Items* dieselben Schwellenabstände haben. Diese Annahme ist bei *Ratingskalen* sinnvoll, bei denen für alle Items dieselben Antwortkategorien verwendet werden. Die Schwellenabstände sind nach dieser Annahme eine *Eigenschaft des Antwortformates* und nicht mehr der Items. Statt der doppelt indizierten Parameter τ_{ix} enthält das Modell nur noch einfach indizierte Parameter τ_x , die für alle Items gelten. Man spart sehr viele Parameter, denn statt k·(m-1) braucht man nur noch m-1 unabhängige Parameter. Modelle, die auf dieser Annahme basieren, heißen *Ratingskalen-Modelle.*

Die *zweite* Annahme besagt, daß *alle Kategorien* denselben Schwellenabstand haben, es handelt sich also um eine *Äquidistanzannahme.* Dieser konstante Abstand kann jedoch für jedes Item unterschiedlich groß sein, er ist nur *innerhalb* der Items über alle Kategorien hinweg konstant. Eine solche Annahme ist dann sinnvoll, wenn man ein Antwortformat verwendet hat, bei dem alle Kategorien gleich groß sein sollen, sich jedoch die Items in ihrer *Streuung* über die Kategorien unterscheiden dürfen. Statt der Schwellenparameter τ_{ix} enthält das Modell einen Distanzparameter δ_i als weiteren Itemparameter. Durch den Koeffizienten dieses Parameters (x-(m+1)/2), wird erreicht, daß jede Schwelle durch ihren *Abstand zum Mittelpunkt* aller Schwellen definiert wird (vgl. Kap. 3.3.2). Statt k-(m-1) unabhängiger Schwellenparameter enthält das Modell nur k Distanzparameter. Modelle, die auf dieser Annahme basieren, heißen *Äquidistanzmodelle.*

Die *dritte* Annahme stellt eine Kombination aus den beiden ersten Annahmen dar. Es wird angenommen, daß die Schwellenabstände eine *Eigenschaft des Antwortformates,* und daher für alle Items gleichartig sind. Liegen z. B. die beiden ersten Schwellen dichter zusammen als die zweite und dritte Schwelle, so trifft dies für alle Items zu. Das Modell enthält die item*un*abhängigen Schwellenparameter τ_x. Trotzdem soll der Einfluß der Items auf die Streuung der Antworten und somit auf die Schwellenabstände berücksichtigt werden. Das heißt, es wird *zusätzlich* ein *Distanzparameter* δ_i eingeführt, der die Schwellenabstände bei jedem Item um den Betrag δ_i vergrößern oder verkleinern kann. Je größer dieser Parameter für ein Item ist, desto kleiner ist die Streuung oder Dispersion der Antworten über die Kategorien. Modelle, die auf dieser Annahme basieren, heißen *Dispersionsmodelle.* Sie enthalten statt k·(m-1) unabhängiger Parameter nur (k-1)+(m-1) Parameter, die die Schwellenabstände festlegen.

Abbildung 107 veranschaulicht diese 3 Annahmen graphisch.

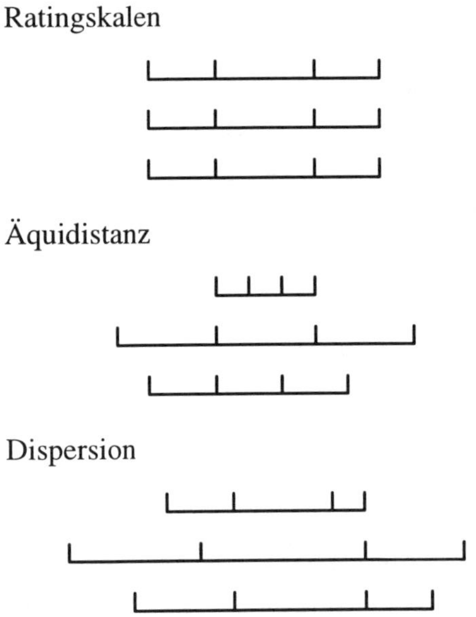

Abbildung 107: Die drei Annahmen über die Schwellendistanzen, symbolisiert für je drei Items mit 5 Kategorien

Auch bei einer *klassifizierenden* Testauswertung macht es Sinn, solche speziellen Modelle anzuwenden, wenn man Ratingskalen als Antwortformate verwendet hat. Zum Beispiel kann es sinnvoll sein, die latenten Klassen unter der Annahme äquidistanter Schwellen zu ermitteln. Wenn diese Annahme auf die Daten zutrifft, so werden sich auch die Itemprofile des Äquidistanzmodells kaum von den Itemprofilen des unrestringierten ordinalen Klassenmodells (vgl. (7) in Kap. 3.3.3) unterscheiden. Es können sich jedoch auch erheblich veränderte Itemprofile zeigen, wenn diese Annahme eine starke Nebenbedingung für die Daten darstellt. Ob die Annahme dann beibehalten werden kann, läßt sich anhand von Prüfgrößen für Modellvergleiche beurteilen (Kap. 5.1).

Die folgende Tabelle gibt einen Überblick über die drei Modellgleichungen und die jeweiligen Normierungsbedingungen. Zur Vereinfachung der Darstellung sind jeweils nur die *Restriktionen* für die Schwellenparameter τ_{ix} angegeben, also jene Ausdrücke, die man in der Modellgleichung für das ordinale Klassenmodell für τ_{ix} einsetzen muß (vgl. (6) und (7) in Kap. 3.3.3). Diese Grundgleichung lautet:

$$(1)\quad p(X_{vi}=x)=\sum_{g=1}^{G}\pi_g\frac{\exp\left(x\theta_{ig}-\sum_{s=1}^{x}\tau_{is}\right)}{\sum_{s=0}^{m}\exp\left(s\theta_{ig}-\sum_{t=1}^{s}\tau_{it}\right)}$$

$\tau_{ix} =$	Normierung	n_p
(2) Ratingskalen-Modell		
τ_x	$\tau_0=0$ $\sum_{x=1}^{m}\tau_x=0$	$m-1$
(3) Äquidistanzmodell		
$\left(x-\frac{m+1}{2}\right)\delta_i$	keine	k
(4) Dispersionsmodell		
$\tau_x+\left(x-\frac{m+1}{2}\right)\delta_i$	$\tau_0=0$ $\sum_{x=1}^{m}\tau_x=\sum_{i=1}^{k}\delta_i=0$	k+m–2

Im Dispersionsmodell ist es erforderlich, die δ_i-Parameter auf *Summe = 0 zu normieren*, da mit den τ_x-Parametern die mittleren Schwellendistanzen bereits festgelegt sind. Die Dispersionsparameter drücken in diesem Modell lediglich die *Abweichungen* von diesen mittleren Distanzen aus und die Summe von Abweichungen muß stets Null ergeben.

In der dritten Spalte 'n_p' ist nur die Anzahl der Schwellen- bzw. Distanzparameter aufgeführt. Zur Berechnung der Anzahl *aller* Modellparameter sind jeweils noch G-1 unabhängige Klassengrößenparameter π_g und G·k itemspezifische Zustimmungstendenzen θ_{ig} hinzuzuzählen.

Datenbeispiel

Die Parameter des Dispersionsmodells lauten für die Beispieldaten:

	θ_{ig}: g = 1	θ_{ig}: g = 2	δ_i:
i = 1	–.44	1.25	–.02
2	–1.00	0.77	–.58
3	–1.56	0.64	+.12
4	–0.73	1.73	+.68
5	–1.51	0.49	–.20
	π_1 = .64	π_2 = .36	

	x = 1	x = 2	x = 3
τ_x	-2.46	0.57	1.89

Aus den τ_x- und δ_i-Parametern lassen sich die Schwellenlokationen rückrechnen, welche sich direkt mit den τ_{ix}-Parametern des unrestringierten Modells vergleichen lassen:

	x = 1	x = 2	x = 3
i = 1	–2.44	.57	1.87
2	–1.88	.57	1.31
3	–2.58	.57	2.01
4	–3.14	.57	2.57
5	–2.26	.57	1.69

Ein Vergleich mit den Parametern des unrestringierten Modells in Kapitel 3.3.3 zeigt, daß es relativ gut gelingt, die Schwellenlokationen und Zustimmungstendenzen mit dieser Restriktion zu erfassen.

Ordinale Testdaten mit diesen restringierten Klassenmodellen auszuwerten, hat gegenüber einer Analyse mit *quantitativen* Testmodellen einen entscheidenden Vorteil, der die *Polung* der Items betrifft. Bei *quantifizierenden* Testmodellen müssen alle Items *gleichsinnig gepolt* sein: enthält ein Fragebogen negativ formulierte Items, so sind diese vor der Testanalyse umzupolen. In diesem Fall ist aber die Annahme des Ratingskalen- und des Dispersionsmodells nicht mehr sinnvoll, da sich dieselbe Schwellendistanz bei negativ formulierten Items auf eine andere Antwortkategorie bezieht als bei positiv formulierten Items (vgl. Kap. 3.3.2).

Bei der *Klassenanalyse* für ordinale Daten brauchen die Items vorher *nicht umgepolt* zu werden, so daß hier die Anwendung des Ratingskalen-Modells auch dann möglich ist, wenn der Fragebogen positiv wie negativ formulierte Items enthält. Dasselbe gilt für das *Dispersionsmodell.*

Ansonsten sind diese drei Modelle mit restringierten Schwellendistanzen völlig analog konstruiert zu den drei entsprechenden *quantitativen* Modellen, die in Kapitel 3.3.2 beschrieben wurden. Durch einen Vergleich der jeweils zueinander passenden quantitativen und klassifizierenden Testmodelle läßt sich somit *unter Beibehaltung der Annahme über die Schwellendistanzen* prüfen, ob die latente Personenvariable quantitativ oder kategorial ist.

Verlaufen die Profile der Klassenparameter θ_{ig} (vgl. Kap. 3.3.3) annähernd parallel, so erfaßt der Fragebogen eine quantitative Variable. In diesem Fall müssen auch die Schwellenparameter in beiden Modellen übereinstimmen. Aus den Beispielrechnungen ist ersichtlich, daß die Parameter des Dispersionsmodells recht gut mit den entsprechenden Parametern des Dispersions-Rasch-Modells übereinstimmen (s. Kap. 3.3.2).

Neben dieser Parallelität zu den quantitativen Modellen gibt es jedoch hier eine *Erweiterungsmöglichkeit*, die es dort nicht gibt. Es ist nämlich bei den Modellen (1) bis (4) ohne weiteres möglich, die Parameter, die die Schwellendistanzen parametrisieren, also τ_{ix} bzw. τ_x und δ_i auch als *klassenspezifische Parameter* zu konzipieren, d.h. mit einem zweiten Index g zu versehen.

Dadurch werden die Schwellenabstände zu einer *klassenspezifischen* Größe, sind also von der *Personenvariable* abhängig. Dies geht bei den quantitativen Modellen deshalb nicht so leicht, weil dort die Personenvariable sehr viele Ausprägungen annehmen kann (im Prinzip für jede Person eine) und die Schwellendistanzen damit zu einem zweiten Personenparameter würden.

Macht man die Schwellenparameter des *unrestringierten* Klassenmodells (1) zu *klassenspezifischen* Größen, so erhält man die Modellgleichung:

$$(5)\quad p(X_{vi}=x)=\sum_{g=1}^{G}\pi_g\frac{\exp\left(x\theta_{ig}-\sum_{s=1}^{x}\tau_{isg}\right)}{\sum_{s=0}^{m}\exp\left(s\theta_{ig}-\sum_{t=1}^{s}\tau_{itg}\right)}.$$

Für dieses Modell gilt die Normierungsvorschrift:

$$\tau_{i0g}=0 \text{ und}$$

$$\sum_{x=1}^{m}\tau_{ixg}=0 \text{ für alle i und g,}$$

so daß das Modell neben den G-1 Klassengrößenparametern G·k Klassenparameter θ_{ig} und (m-1)·G·k unabhängige Schwellenparameter τ_{ixg} enthält. Das sind zusammen G-1+G·k·m Parameter, genau so viele, wie das normale Klassenmodell für polytome Daten enthält (Gleichung (1) in Kap. 3.3.3, s. a. Kap. 3.2.1).

Tatsächlich sind beide Modelle äquivalent, d. h. die Parameter des einen Modells sind nur eine algebraische Transformation der Parameter des anderen Modells. Bei Modell (5) handelt es sich also um *kein restringiertes* Modell, sondern um die normale Klassenanalyse, wobei die Parameter so transformiert sind, daß man die Klassenparameter (θ_{ig}) und Schwellenparameter (τ_{ixg}) getrennt hat.

Zur Äquivalenz von Modell (5) und der 'normalen' Klassenanalyse

Das normale Modell der Klassenanalyse mehrkategorieller Daten (s. Kap. 3.2.1)

$$p(X_{vi}=x)=\sum_{g=1}^{G}\pi_g\,\pi_{ixg}$$

läßt sich auch mit *logistischen Parametern* α_{ixg} schreiben, so wie das im Kapitel 3.1.2.4 über lokalisierte Klassen bereits für die dichotome Klassenanalyse gemacht wurde:

$$p(X_{vi} = x) = \sum_{g=1}^{G} \pi_g \frac{\exp(\alpha_{ixg})}{\sum_{s=0}^{m} \exp(\alpha_{isg})}.$$

Während die π_{ixg}-Parameter zwischen 0 und 1 liegen, liegen die α_{ixg}-Parameter zwischen $-\infty$ und $+\infty$. Statt der Normierungsbedingung

$$\sum_{x=0}^{m} \pi_{ixg} = 1$$

im ersten Fall, gilt im zweiten Fall die Normierung

$$\sum_{x=0}^{m} \alpha_{ixg} = 0,$$

was in beiden Fällen bedeutet, daß es G·k·m unabhängige Parameter gibt.

Modell (5) ergibt sich, indem man die α_{ixg}-Parameter additiv aufspaltet:

$$\alpha_{ixg} = x\,\theta_{ig} - \sum_{s=1}^{x} \tau_{isg}$$

und über erweiterte Normierungsvorschriften dafür Sorge trägt, daß die Parameteranzahl konstant bleibt.

Die drei restringierten Modelle mit *klassenspezifischen Schwellendistanzen* lassen sich als Untermodell von (5) darstellen, wobei lediglich die Schwellenparameter τ_{ixg} in (5) durch die entsprechenden, in der folgenden Tabelle wiedergegebenen Ausdrücke ersetzt werden müssen.

$\tau_{ixg} =$	Normierung	n_p
(6) Klassenspezifisches Ratingskalen-Modell		
τ_{xg}	$\tau_{0g} = 0$ $\sum_{x=1}^{m} \tau_{xg} = 0$, für alle g	G·(m-1)
(7) Klassenspezifisches Äquidistanzmodell		
$\left(x - \frac{m+1}{2}\right)\delta_{ig}$	keine	G·k
(8) Klassenspezifisches Dispersionsmodell		
$\tau_{xg} + \left(x - \frac{m+1}{2}\right)\delta_{ig}$	$\tau_{0g} = 0$ $\sum_{x=1}^{m} \tau_{xg} = \sum_{i=1}^{k} \delta_{ig} = 0$, für alle g	G·(k+m-2)

Die in der letzten Spalte angegebene Parameterzahl gibt jeweils nur die Anzahl der Schwellenparameter wieder. Hinzu kommen bei allen Modellen G-1 Klassengrößenparameter und G·k Zustimmungstendenzen.

Die Schwellenparameter τ_x und δ_i als klassenspezifische Parameter zu definieren, führt zwar wieder zu einer *Erhöhung* der Parameteranzahl. Dafür bieten diese Modelle aber die Möglichkeit, all jene Effekte auf die Schwellenabstände zu analysieren, die *von den Personen* ausgehen. Dies sind vor allem die Effekte, die durch unterschiedliche *response sets* der Personen bedingt sind.

Daß sich die response sets der befragten Personen in der Größe der Schwellenabstände niederschlagen, wurde bereits in Kapitel 3.3.2 ausgeführt. Dort mußten jedoch alle befragten Personen *dasselbe* response set aufweisen, damit es sich in den Schwellenparametern ausdrücken konnte. Bei den Modellen (6), (7) und (8) können sich dagegen in einer latenten Klasse Schwellendistanzen ergeben, die eine *Tendenz zum zentralen Urteil* widerspiegeln, während in einer anderen Klasse Schwellendistanzen geschätzt werden, die eine *Tendenz zum extremen Urteil* reflektieren.

Damit sind diese Modelle geeignet, Personengruppen mit unterschiedlichen response sets zu identifizieren und *auseinander zu halten*. Hierin muß der eigentliche Nutzen dieser klassenspezifischen Parametrisierung von Schwellenparametern gesehen werden.

Datenbeispiel

Es ergeben sich folgende Parameterwerte des klassenspezifischen Dispersionsmodells (8) für das gegebene Datenbeispiel:

	θ_{ig}		δ_{ig}	
	g = 1	g = 2	g = 1	g = 2
1	−.26	1.22	.02	−.12
2	−.84	.97	−.62	−.26
i = 3	−1.35	.57	.12	−.14
4	−.42	2.02	.33	1.12
5	−1.58	.43	.15	−.60
	$\pi_1 = .65$	$\pi_2 = .35$		

	τ_{xg}		
	x = 1	x = 2	x = 3
g = 1	−2.32	.84	1.48
g = 2	−2.48	.46	2.02

Wiederum scheint hier das vierte Item eine Sonderrolle zu spielen (vgl. Kap. 3.3.2), denn in der zweiten Klasse werden größere Grunddistanzen der Schwellen geschätzt (s. untere Tabelle), die aber für alle Items wieder verringert, nur für das 4. Item noch mehr vergrößert werden (s. rechte Spalte in der oberen Tabelle).

Die *hierarchische Struktur* aller hier dargestellten latent-class Modelle, einschließlich der ordinalen Klassenanalyse (Kap. 3.3.3, Gleichung (7)) gibt die folgende Abbildung wieder.

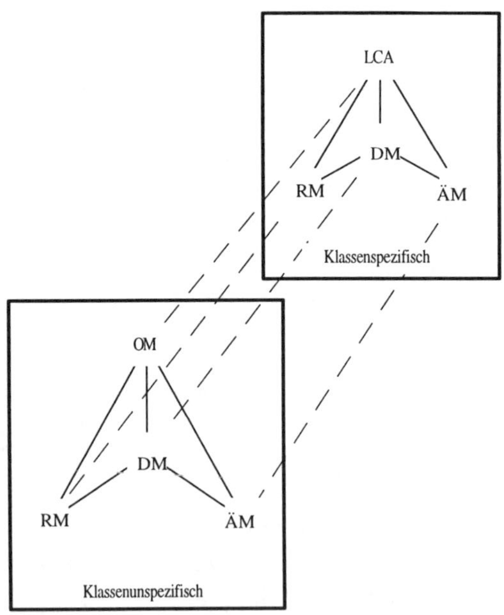

Abbildung 108: Die hierarchische Struktur aller ordinalen Klassenmodelle

Dort sind Modelle miteinander verbunden, von denen das eine (tiefer liegende) ein *Untermodell* des anderen ist, was für die Modellgeltungskontrolle und die gezielte Prüfung einzelner Annahmen wichtig ist (s. Kap. 5).

Die vier Modelle der *vorderen Ebene* ergeben sich aus den mit ihnen verbundenen Modellen der hinteren Ebene jeweils durch die Annahme, daß *alle Schwellendistanzen klassenunspezifisch* sind, d.h. für alle Personen konstant sind.

Die *unrestringierte latent-class Analyse für mehrkategorielle Daten* stellt das *Obermodell* für sämtliche hier behandelten Modelle dar (vgl. Modell (5)).

Es handelt sich somit um ein *System von insgesamt 8 unterschiedlichen Modellen*, aus denen für einen gegebenen Fragebogen oder Test anhand der Annahmen über das Antwortverhalten eine Auswahl getroffen werden kann.

Literatur

Die Klassenmodelle für Ratingdaten gehen auf Rost (1988b,c) zurück. Rost (1988a, 1990b) beschreibt das Dispersionsmodell. Ein Anwendungsbeispiel mit klassenspezifischen response sets beschreiben Giegler & Rost (1993). Weitere Anwendungsbeispiele berichten Backmund (1993), Frick et al. (1996), Schneewind (1992), Tarnai (1989, 1994) Tarnai & Wuggenig (1996), Vierzigmann (1993).

Übungsaufgaben

1. Wieviele unabhängige Modellparameter wurden in der letzten Beispielrechnung geschätzt (Modell (8), 2 Klassen, 5 Items, 4 Kategorien)?
2. Berechnen Sie anhand der letzten Beispielrechnung die Schwellenlokationen in der ersten Klasse.
3. Berechnen sie mit WINMIRA das klassenunspezifische und das klassenspezifische Äquidistanzmodell und vergleichen Sie die Ergebnisse. Welches Item hat die größte, welches die kleinste Dispersion der Itemantworten?

3.3.5 Mixed Rasch-Modelle für ordinale Daten

Das mixed Rasch-Modell (vgl. Kap. 3.1.3) nimmt an, daß das *Rasch-Modell* nicht für die gesamte Personenstichprobe gilt, sondern *in verschiedenen unbekannten Teilstichproben,* jeweils mit unterschiedlichen Modellparametern. Es stellt damit zugleich eine Verallgemeinerung des Rasch-Modells und der Klassenanalyse dar.

Bevor die Verallgemeinerungen dieses Modells für ordinale Daten und Ratingskalen dargestellt werden, wird zunächst auf deren Anwendungsmöglichkeiten eingegangen.

Die *Anwendungsbereiche* des mixed Rasch-Modells erschließen sich auf *zweierlei Weise*, nämlich einmal ausgehend vom Rasch-Modell und einmal ausgehend von der Klassenanalyse.

Vom Rasch-Modell zum mixed Rasch-Modell

Geht man vom *Rasch-Modell* aus, d.h. möchte man eine quantitative Personenvariable mit Hilfe von ordinalen Fragebogendaten erfassen, so gibt es viele Fälle, in denen diese Personenvariable *nicht für die gesamte Stichprobe meßbar* ist. Dies kann z.B. sein, wenn eine Personeneigenschaft oder Einstellung, die durch die Items angesprochen werden soll, nicht bei allen getesteten Personen 'vorhanden' ist, sondern nur bei solchen Personen, auf die diese Eigenschaft 'paßt' oder die überhaupt eine Einstellung dazu haben.

Weiterhin kann es sein, daß diesselben Fragen bei unterschiedlichen Personengruppen *unterschiedliche Personeneigenschaften* ansprechen, d.h. dieselben Fragen aufgrund eines anderen Verständnisses oder einer anderen Disposition beantwortet werden. In diesen Fällen benötigt man ein Rasch-Modell mit mehreren latenten Klassen, das mixed Rasch-Modell.

Während diese beiden Anwendungsbereiche, nämlich die Identifizierung skalierbarer Personengruppen und die Messung unterschiedlicher Eigenschaften mittels derselben Items, auch schon für das dichotome mixed Rasch-Modell zutreffen (Kap. 3.1.3), gibt es für das *ordinale* mixed Rasch-Modell noch einen speziellen Anwendungsbereich. Bei Modellen für ordinale Daten spiegeln die *Schwellendistanzen* den Gebrauch der Antwortskala durch die befragten Personen wieder. In der Größe dieser Schwellenabstände können sich daher *response sets* ausdrücken (Kap. 3.3.2).

Bei Rasch-Modellen für ordinale Daten (Kap. 3.3.1) und Ratingskalen (Kap. 3.3.2) müssen alle befragten Personen *dasselbe* response set haben, damit es sich in den Schwellenparametern ausdrückt. Bei der Testauswertung mittels des mixed Rasch-Modells ist es dagegen möglich, daß bei den Personen *unterschiedliche response sets* vorliegen und der Fragebogen trotzdem bei allen Personen dieselbe Eigenschaft erfaßt. Dann unterscheiden sich die Klassen nicht im Verlauf ihrer Itemprofile, sondern allein hinsichtlich ihrer Schwellendistanzen. Mann kann daher mit dem mixed Rasch-Modell auch dann eine quantitative Eigenschaft messen, wenn die für normale Rasch-Modelle notwendige Voraussetzung gleicher Schwellenabstände für alle Personen nicht erfüllt ist.

Von der Klassenanalyse zum mixed Rasch-Modell

Ist man daran interessiert, eine kategoriale Personenvariable zu identifizieren, d.h. Personen nach ihren *Profilverläufen über die Itemantworten* zu klassifizieren, so gibt es viele Fälle, in denen trotzdem noch *Variation zwischen den Personen innerhalb der Klassen* angenommen werden muß. Das bedeutet, die Personen unterscheiden sich zunächst *qualitativ* hinsichtlich ihrer *mittleren* Profile über alle Items. Jedoch liegen zusätzlich innerhalb der latenten Klassen *quantitative* Unterschiede in dem Sinne vor, daß das Niveau dieses Profils auf unterschiedlicher Höhe liegt.

Bei Klassenmodellen für ordinale Daten (Kap. 3.3.3) gibt das Profil der Erwartungswerte in einer Klasse an, welche Itemantworten *bei jeder einzelnen Person* dieser Klasse zu erwarten sind. Im mixed Rasch-Modell lassen sich ebenfalls Erwartungswertprofile darstellen, jedoch sind diese dann nur *mittlere* Profile aller Personen einer Klasse. Die *individuellen* Erwartungswertprofile sind in ihrem Verlauf nahezu parallel zu diesem mittleren Profil, können aber deutlich darunter oder darüber liegen:

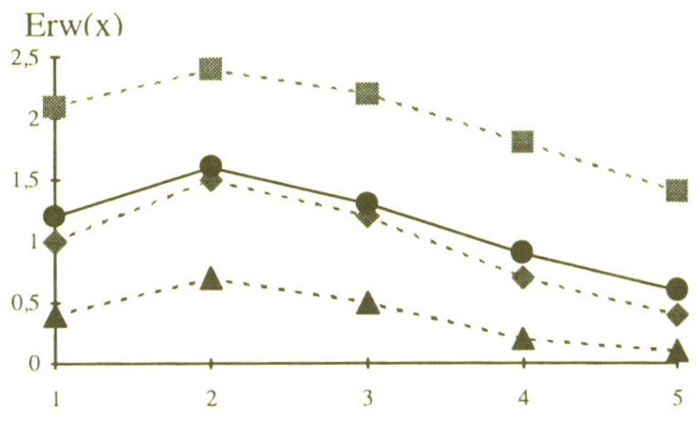

Abbildung 109: Mittleres Profil (durchgezogene Linie) und individuelle Profile in einer Klasse

Somit ist das mixed Rasch-Modell ein Verfahren zur Klassifizierung von Personen anhand ihres Antwortprofils, wobei das *Niveau* des Profils für die Klassifikation keine Rolle spielt.

Das mixed Rasch-Modell für ordinale Daten läßt sich durch Einsetzen der logistischen Funktion des *ordinalen Rasch-Modells* (vgl. Kap. 3.3.1)

$$(1)\quad p(X_{vi} = x) = \frac{\exp(x\theta_v - \sigma_{ix})}{\sum_{s=0}^{m} \exp(s\theta_v - \sigma_{is})}$$

für die bedingten Antwortwahrscheinlichkeiten π_{ixg} im Modell der *latent-class Analyse* (vgl. Formel (1) in Kap. 3.3.3)

$$(2)\quad p(X_{vi} = x) = \sum_{g=1}^{G} \pi_g \, \pi_{ixg}$$

ableiten. Diese Kombination ergibt das *mixed Rasch-Modell für ordinale Daten*

$$(3)\quad p(X_{vi} = x) = \sum_{g=1}^{G} \pi_g \frac{\exp(x\theta_{vg} - \sigma_{ixg})}{\sum_{s=0}^{m} \exp(s\theta_{vg} - \sigma_{isg})},$$

in dem sowohl die Personen- wie auch die Itemparameter klassenspezifisch sind, also g als zweiten Index haben.

Wie im ordinalen Rasch-Modell stellen die Itemparameter kumulierte *Schwellenparameter* dar

$$\sigma_{ixg} = \sum_{s=1}^{x} \tau_{isg}$$

und es gelten die Normierungsbedingungen

$$\sum_{g=1}^{G} \pi_g = 1$$

und innerhalb jeder Klasse

$$\sum_{i=1}^{k} \sum_{x=1}^{m} \tau_{ixg} = 0$$

und $\sigma_{i0g} = 0$ für alle i.

Daß die beiden erstgenannten Modelle tatsächlich *Untermodelle* des mixed Rasch-Modells sind, läßt sich folgendermaßen nachvollziehen: Beträgt die *Anzahl der latenten Klassen* lediglich *1*, so ist der Klassengrößenparameter π_g ebenfalls 1 und die Indices g aller Modellparameter können entfallen. Es resultiert das ordinale Rasch-Modell (1).

Gibt es dagegen *keine Variation der Personeneigenschaft* innerhalb der latenten Klassen, d.h. unterscheiden sich die Personen innerhalb jeder latenten Klasse g nicht voneinander, so sind die Personenparameter konstant, d.h. es gibt nur einen einzigen Personenparameter in jeder Klasse, $\theta_{vg} = \theta_g$. Dieser *einzige Parameter* pro Klasse kann gegen die Normierungsvorschrift für die Itemparameter 'eingetauscht' werden, d.h. er *kann entfallen*, wenn man die τ_{ixg}-Parameter nicht mehr über die Items summennormiert. Damit resultiert eine logistische Schreibweise der Klassenanalyse

$$p(X_{vi} = x) = \sum_{g=1}^{G} \pi_g \frac{\exp(-\sigma_{ixg})}{\sum_{s=0}^{m} \exp(-\sigma_{isg})},$$

die der üblichen Schreibweise (Gleichung (2)) völlig äquivalent ist, da die beiden Arten von Parametern ineinander überführt werden können (vgl. Kap. 3.3.4):

$$\pi_{ixg} = \frac{\exp(-\sigma_{ixg})}{\sum_{s=0}^{m} \exp(-\sigma_{ixg})}.$$

Das ordinale mixed Rasch-Modell ist also das *gemeinsame Obermodell* von der normalen Klassenanalyse und dem Rasch-Modell für ordinale Daten.

Datenbeispiel: Schwellenparameter

In diesem Kapitel wird ein anderes Datenbeispiel herangezogen, da die Neurotizismus-Items des NEOFFI-Fragebogens zur Illustration des mixed Rasch-Modells schlecht geeignet sind. Es werden aus demselben Fragebogen 5 Items zur Persönlichkeitseigenschaft der Extraversion verwendet, nämlich die Items Nr. 22, 27, 42, 47 und 52. Sie lauten:

1. *(22) Ich bin gerne im Zentrum des Geschehens.*
2. *(27) Ich ziehe es gewöhnlich vor, Dinge allein zu tun.*
3. *(42) Ich bin kein gut gelaunter Optimist.*
4. *(47) Ich führe ein hektisches Leben.*
5. *(52) Ich bin ein sehr aktiver Mensch.*

Die mittlere Kategorie des ursprünglich 5-stufigen Antwortformats wurde mit der Kategorie 'unzutreffend' zusammengelegt, so daß die Daten 4-kategoriell sind. Das zweite und dritte Item wurde umgepolt, da beide Items in Richtung 'Introversion' formuliert sind. Die Daten stammen von denselben 1000 befragten Personen wie die Daten der Neurotizismus-Items. Die folgende Tabelle gibt die

Kategorienhäufigkeiten dieses Datenbeispiels wieder:

	i=1	i=2	i=3	i=4	i=5
x = 0	68	93	49	80	10
1	500	566	437	621	377
2	350	301	383	230	447
3	82	40	131	69	166

Es ergeben sich die folgenden Schätzungen für die Schwellenparameter der 2-Klassenlösung des mixed Rasch-Modells:

τ_{ixg}	x=1	x=2	x=3
$\pi_1 = .71$	Klasse 1		
i = 1	-2.74	0.47	2.30
2	-2.76	0.36	4.37
3	-3.89	-0.02	1.88
4	-3.08	1.45	4.03
5	-4.36	-0.28	2.27
$\pi_2 = .29$	Klasse 2		
i = 1	-1.37	0.14	1.62
2	-0.95	1.73	0.79
3	-0.63	0.28	0.89
4	-0.56	0.30	0.93
5	-3.26	-0.36	0.47

Die erste Klasse weist bei allen Items *größere Schwellenabstände* auf. Offensichtlich vermeiden die Personen dieser Klasse, in den beiden Extremkategorien zu antworten.

Die Ergebnisse hinsichtlich der Klassenunterschiede lassen sich wiederum in Form von *Parameterprofilen* oder als *Erwartungswertprofile* darstellen (vgl. Kap. 3.1.3 und 3.3.3). Als *Itemschwierigkeit* wird wie beim ordinalen Rasch-Modell der *Mittelwert* aller Schwellenparameter eines Items bezeichnet:

$$\sigma_{ig} = \sum_{x=1}^{m} \tau_{ixg}/m \, .$$

Die Profile der Itemparameter des Datenbeispiels zeigt Abbildung 110.

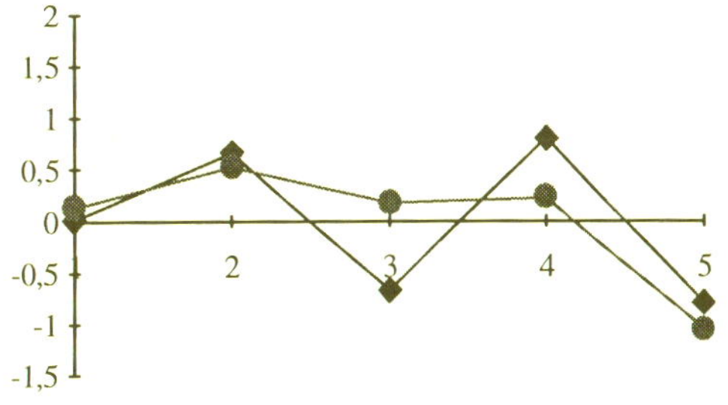

Abbildung 110: Die Profile der Itemparameter

Wegen der Summennormierung der Schwellenparameter innerhalb jeder Klasse (s.o.) können sich die Profile der beiden Klassen *im Niveau* gar nicht voneinander unterscheiden: der Mittelwert aller Itemparameter in einer Klasse ist stets gleich Null. Die Parameterprofile sagen also nichts darüber aus, welche Klasse extravertierter ist, sondern stellen nur die relativen Itemschwierigkeiten in den Klassen dar.

Ein weiteres Problem bei der Interpretation der Profile der Itemparameter stellt deren Abhängikeit von den Schätzungen extremer Schwellenlokationen dar. Aus der oben gezeigten Tabelle der Schwellenparameter geht hervor, daß in der ersten Klasse die extremen Schwellen bei +4 bzw. -4 liegen. Solche extremen Schätzwerte sind sehr ungenau, d.h. fehlerbehaftet, so daß auch die Itemschwierigkeit als der Schwellenmittelwert eine geringere Schätzgenauigkeit hat.

Die Profile der klassenspezifischen *Erwartungswerte* der Antwortvariablen sind in dieser Hinsicht stabiler und geben auch Auskunft über das *mittlere Niveau* der Itemantworten in den Klassen.

Die Berechnung der Erwartungswerte

Der logistische Term in der Modellgleichung (3) definiert die Antwortwahrscheinlichkeiten unter der Bedingung der Klassenzugehörigkeit und der Fähigkeit der Person in dieser Klasse

$$(4)\quad p\left(X_{vi}=x \middle| g \text{ und } \theta_{vg}\right)=\frac{\exp\left(x\,\theta_{vg}-\sigma_{ixg}\right)}{\sum\limits_{s=0}^{m}\exp\left(s\,\theta_{vg}-\sigma_{isg}\right)}.$$

Um daraus zu berechnen, wieviele Antworten bei einem Item in Kategroie x erwartet werden, muß eine *gewichtete Summe* über alle Personen berechnet werden: Jede Person ist dabei mit der Wahrscheinlichkeit zu gewichten, mit der sie der betreffenden Klasse g angehört:

$$(5)\quad \operatorname{Erw}\left(n_{ixg}\right)=\sum_{v=1}^{N} p\left(g \middle| \underline{x}_v\right)\cdot p\left(X_{vi}=x \middle| g \text{ und } \theta_{vg}\right)$$

Die Zuordnungswahrscheinlichkeiten werden wie bei der normalen Klassenanalyse berechnet (vgl. Kap. 3.1.2.2, Gleichung (11)):

$$(6)\quad p\left(g \middle| \underline{x}_v\right)=\frac{\pi_g\, p\left(\underline{x} \middle| g\right)}{\sum\limits_{h=1}^{G}\pi_h\, p\left(\underline{x} \middle| h\right)}.$$

Mit Hilfe der erwarteten Kategorienhäufigkeiten (5) lassen sich die Erwartungswerte der Antwortvariable wie folgt bestimmen:

$$(7)\quad \operatorname{Erw}\left(X_{vi} \middle| g\right)=\sum_{x=0}^{m} x\,\frac{\operatorname{Erw}\left(n_{ixg}\right)}{\operatorname{Erw}\left(n_g\right)},$$

wobei $\operatorname{Erw}\left(n_g\right)=\sum\limits_{x=0}^{m}\operatorname{Erw}\left(n_{ixg}\right)=N\,\pi_g$

die erwartete Personenanzahl in Klasse g ist.

Abbildung 111 zeigt die Profile der Erwartungswerte beider Klassen.

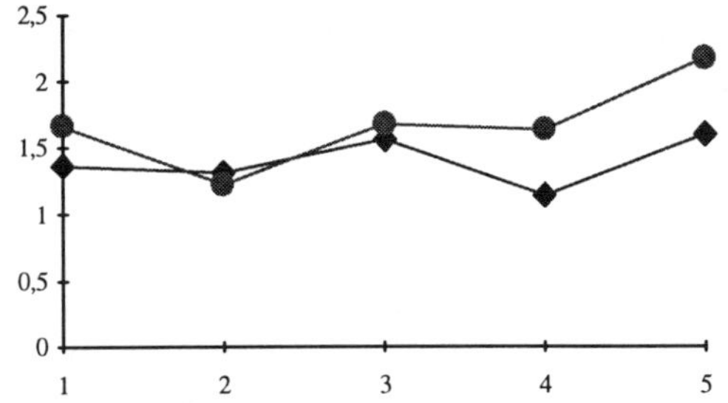

Abbildung 111: Die Profile der Erwartungswerte

Die Abbildung zeigt, daß die Personen in Klasse 2 extravertierter sind, d.h. - mit Ausnahme des zweiten Items - die Items stärker in Richtung 'Extraversion' beantworten.

Diese Profile spiegeln nur das *mittlere* Antwortprofil in beiden Klassen wieder und dürfen *nicht* zu der Interpretation verleiten, daß alle Personen mit einem höheren Summenscore auch der zweiten Klasse angehören. Zwar werden die *meisten* Pattern mit einem Score von 0 bis 6 der ersten und mit einem Score von 9 bis 15 der zweiten Klasse zugeordnet, aber z.B. $\underline{x}=(0,1,1,0,3)$ mit Score 5 wird Klasse 2 mit $p(2|\underline{x})=0.90$ und $\underline{x}=(1,2,2,1,2)$ mit Score 8 wird Klasse 1 mit $p(1|\underline{x})=0.96$ zugeordnet.

Insgesamt liegen die mittleren Zuordnungswahrscheinlichkeiten, die Treffsicherheiten (s. Kap. 3.1.2.2), für Klasse 2 niedriger als für Klasse 1: $T_1 = 0.87$ und $T_2 = 0.82$.

Die Modellgleichung (3) enthält klassenspezifische Personenparameter θ_{vg}, die bei der Schätzung der Modellparameter zunächst 'herauskonditioniert' werden (vgl. Kap. 3.1.3). Dies geschieht durch eine Reparametrisierung, die - wie beim dichotomen mixed Rasch-Modell - die *Wahrscheinlichkeiten der Scores* in den latenten Klassen π_{rg} als *neue Modellparameter* einführt (vgl. Kap 3.1.3). Man erhält auf diese Weise die folgende Patternwahrscheinlichkeit

$$(8)\quad p(\underline{\mathbf{x}}) = \sum_{g=1}^{G} \pi_g \, \pi_{rg} \frac{\exp\left(-\sum_{i=1}^{k} \sigma_{ixg}\right)}{\gamma_r(\exp(-\sigma))},$$

die lediglich eine Funktion der Klassengrößen π_g und der Scorewahrscheinlichkeiten π_{rg}, aber nicht mehr der Personenparameter θ_{vg} ist. Auch die symmetrischen Grundfunktionen $\gamma_r(\exp(-\sigma))$ sind allein von den Schwellenparametern abhängig (vgl. Kap. 3.1.1.2.2 und 3.3.1).

Die Personenparameter θ_{vg} werden in einem zweiten Schritt anhand der Schätzungen der Itemparameter berechnet.

Die Parametrisierung (8) ermöglicht es, die Scoreverteilungen *innerhalb* der Klassen zu restringieren, um die Anzahl unabhängiger Parameter zu reduzieren. Hierfür kann wiederum die in Kapitel 3.1.3 beschriebene 2-parametrige logistische Funktion (12) (in Kap. 3.1.3) herangezogen werden. Die Einsparung an zu schätzenden Modellparametern ist bei ordinalen Daten noch wesentlich größer, da die Anzahl unterschiedlicher Scores pro Klasse $(m \cdot k + 1)$ größer ist als bei dichotomen Daten.

Datenbeispiel: Personenparameter

Die folgende Tabelle gibt die Scoreverteilungen in beiden Klassen

$$\left(\hat{n}_{rg} = \pi_{rg} \cdot \pi_g \cdot N\right)$$

sowie die den Scores zugeordneten Personenparameterschätzungen wieder.

r	$\hat{n}_{r1}$	θ_{r1}	$\hat{n}_{r2}$	θ_{r2}
0	0.91	-6.00	0.1	-4.55
1	0.01	-4.61	0.0	-2.81
2	3.0	-3.76	0.0	-1.88
3	4.8	-3.03	6.2	-1.30
4	50.0	-2.29	0.0	-0.87
5	99.7	-1.46	17.3	-0.53
6	140.3	-0.67	28.7	-0.23
7	168.5	-0.03	37.5	0.05
8	108.5	0.52	63.5	0.31
9	74.6	1.05	49.4	0.57
10	30.8	1.57	35.2	0.83
11	13.2	2.11	35.8	1.11
12	9.6	2.73	9.4	1.41
13	7.3	3.48	2.6	1.78
14	2.0	4.43	0.0	2.28
15	0.1	5.91	1.9	3.32

Die großen Schwellendistanzen in der ersten Klasse schlagen sich in einer sehr *steilen* Scoreverteilung nieder, da niedrige und hohe Summenscores nur selten erreicht werden, wenn die extremen Antwortkategorien gemieden werden. Aus demselben Grund erhalten Personen mit einem sehr niedrigen oder sehr hohen Summenscore in der ersten Klasse sehr viel *extremere Schätzungen* ihrer Eigen schaftsausprägung als in der zweiten Klasse, z.B. $\theta_{13,1} = 3.48$ gegenüber

$\theta_{13,2} = 1.78$ bei Score 13: es gehört in Klasse 1 sehr viel mehr Extravertiertheit dazu, einen hohen Summenscore zu erreichen, als in der zweiten Klasse, in der die letzte Schwelle nicht so schwer ist.

Die Berechnung der *Anzahl unabhängiger Modellparameter* ist ähnlich kompliziert wie schon beim dichotomen mixed Rasch-Modell, da wiederum die beiden *Extremscores* nicht auf die Klassen aufgeteilt werden, selbst aber als Modellparameter mitzuzählen sind.

Anzahl unabhängiger Modellparameter:

Für jede Klasse gibt es wegen der Summennormierung m·k-1 unabhängige Item-Kategorienparameter, also

G(m·k-1).

Ferner gibt es für jede Klasse m·k-1 Scoreparameter (ohne Extremscores!), von denen aber jeweils einer abhängig ist, da sich alle Scorewahrscheinlichkeiten zu 1 ergänzen müssen. Hinzu kommen 2 Parameter für die Extremscores, so daß die Gesamtzahl aller Scoreparameter lautet:

G(m·k-2)+2.

Paßt man die Scoreverteilungen innerhalb der Klassen mit der 2-parametrigen logistischen Verteilung an (s. (12) in Kap. 3.1.3), so sind es *statt dessen* nur

2 G

unabhängige Parameter für die Scores (die beiden Extremscores werden mit angepaßt).

Letztlich sind noch die Klassengrößenparameter zu zählen:

G-1.

Ganz analog zu den in Kapitel 3.3.2 und 3.3.4 dargestellten Modellen für Ratingskalen lassen sich auch drei entsprechende Untermodelle für das ordinale mixed Rasch-Modell spezifizieren.

Es handelt sich wiederum um ein

- *Ratingskalen-Modell* mit der Annahme gleicher Schwellenabstände für alle Items, ein
- *Äquidistanzmodell* mit der Annahme konstanter Schwellenabstände innerhalb jedes Items und ein
- *Dispersionsmodell* mit der Annahme des Ratingskalen-Modells und einem zusätzlichen Dispersionsparameter pro Item.

Diese Restriktionen werden getrennt für jede Klasse vorgenommen, so daß diese mixed Rasch-Modelle den klassenspezifischen Modellen (6) bis (8) in Kapitel 3.3.4 analog sind.

Die folgende Tabelle gibt an, wie die Schwellenparameter des ordinalen mixed Rasch-Modells

$$(3)\quad p(X_{vi} = x) = \sum_{g=1}^{G} \pi_g \frac{\exp\left(x\,\theta_{vg} - \sum_{s=1}^{x} \tau_{isg}\right)}{\sum_{s=0}^{m} \exp\left(s\,\theta_{vg} - \sum_{t=1}^{s} \tau_{itg}\right)}$$

restringiert sind:

Die letzte Spalte gibt die Anzahl der Schwellen- und Itemparameter, also der in der ersten Spalte aufgeführten Parameter an.

$\tau_{ixg} =$	Normierung	n_p
(9) mixed Ratingskalen-Modell		
$\sigma_{ig} + \tau_{xg}$	$\tau_{0g} = \sum_{x=1}^{m} \tau_{xg} = 0$ $\sum_{i=1}^{k} \sigma_{ig} = 0$	G(k-1) +G(m-1)
(10) mixed Äquidistanzmodell		
$\sigma_{ig} + \left(x - \frac{m+1}{2}\right)\delta_{ig}$	$\sum_{i=1}^{k} \sigma_{ig} = 0$	G(k-1) +G k
(11) mixed Dispersionsmodell		
$\sigma_{ig} + \tau_{xg}$ $+\left(x - \frac{m+1}{2}\right)\delta_{ig}$	$\tau_{0g} = \sum_{x=1}^{m} \tau_{xg} = 0$ $\sum_{i=1}^{k} \sigma_{ig} = \sum_{i=1}^{k} \delta_{ig} = 0$	G(k-1) +G(m-1) +G(k-1)

Datenbeispiel: mixed Dispersionsmodell

Wendet man das mixed Dispersionsmodell auf die 5 Extraversionsitems an, so ergeben sich 2 Klassen mit Itemprofilen und Schwellenlokationen, die den Parametern des unrestringierten Modells sehr ähnlich sind. Lediglich die Klassengrößen verändern sich etwas, so daß $\pi_1 = 0.61$ und $\pi_2 = 0.39$ geschätzt wird. Die Schwellen- und Dispersionsparameter in beiden Klassen lauten:

x	1	2	3
τ_{x1}	-3.56	.38	3.18
τ_{x2}	-1.49	.31	1.18

		δ_{i1}	δ_{i2}
i =	1	-.72	.26
	2	-.31	.16
	3	-.31	-.40
	4	.94	-.37
	5	.40	.34

Die Dispersionsparameter zeigen an, daß in der ersten Klasse das erste Item, in der zweiten Klasse das dritte und vierte Item am trennschärfsten sind (vgl. Kap. 3.3.2). Die Antworten auf diese Items streuen in den betreffenden Klassen am stärksten.

Bezieht man in die Interpretation mit ein, daß das Itemprofil der zweiten Klasse mit Ausnahme von Item 2 *über* dem der ersten Klasse liegt (s. Abb. 111) und daß die Summenscores hier *stärker streuen* als in Klasse 1, so bedeutet das, daß sich die Extravertiertheit der Personen in Klasse 2 darin manifestiert, wie sehr sie sich für gut gelaunte Optimisten halten (i=3), die ein hektisches Leben führen (i=4).

Bei den hier dargestellten Modellen wurde - wie auch in Kapitel 3.3.4 - davon ausgegangen, daß in jeder Klasse dieselbe Annahme über die Schwellendistanzen gilt. Zwar unterscheiden sich die geschätzten Parameter zwischen den Klassen, aber es wird z.B. beim Äquidistanzmodell angenommen, daß die Schwellen in *jeder* Klasse äquidistant sind.

Man erhält sehr viel flexiblere Klassenmodelle, wenn man zuläßt, daß in jeder Klasse andere Annahmen über die Schwellendistanzen getroffen werden, also z.B. in einer Klasse das Ratingskalen-Modell gilt, in einer anderen das Dispersionsmodell. Diese Idee läßt sich fortsetzen: man kann Modelle formulieren, in denen in einigen Klassen Modelle der 'normalen' Klassenanalyse, in anderen Klassen Rasch-Modelle gelten. Man nennt solche Modelle *Hybrid-Modelle*, da sie Mischungen verschiedener Modellarten darstellen.

Die Vielfalt von Modellen, die durch eine solche Kombinierbarkeit entsteht, kann man sich leicht ausmalen, entzieht sich aber einer systematischen Darstellung. Ein naheliegendes Beispiel eines Hybrid-Modells ist ein 2-Klassen Modell, bei dem in einer Klasse das Rasch-Modell gilt und in der anderen Klasse ein Modell mit konstanten Antwortwahrscheinlichkeiten. Dieses Modell kann zur Identifizierung unskalierbarer Personengruppen eingesetzt werden (vgl. 6.3.2).

Literatur

Das ordinale mixed Rasch-Modell wurde von Rost (1991) beschrieben, seine restringierten Varianten von v. Davier und Rost (1995). Hybrid-Modelle behandeln Gitomer & Yamamoto (1991) und v. Davier & Rost (1996). Anwendungsbeispiele finden sich in Rost & Georg (1991), Köller & Strauß (1994), Strauß (1994), Strauß et al. (1995), Rost (1996) und Rost et al. (1996).

Übungsaufgaben:

1. Sie haben einen Fragebogen mit dem ordinalen mixed Rasch-Modell ausgewertet. Wieviele Meßwerte stehen Ihnen zur Beschreibung jeder einzelnen Person zur Verfügung?

2. Berechnen Sie, wieviele unabhängige Modellparameter für das Datenbeispiel in den 2-Klassenlösungen aller hier dargestellten Modelle geschätzt werden (ordinales mixed Rasch-Modell und die 3 restringierten Modelle jeweils mit und ohne Restriktion der Scoreverteilung).

3. Berechnen Sie mit WINMIRA die erwarteten Kategorienhäufigkeiten n_{ixg} in den Klassen und erläutern Sie, wie sich darin die unterschiedlichen Schwellendistanzen der beiden Klassen ausdrücken.

3.4 Itemkomponenten-Modelle: Modelle für systematisch konstruierte Items

Bei den bisher behandelten Testmodellen wurde zumeist davon ausgegangen, daß die *Items die kleinsten Bestandteile* eines Tests, die 'Atome' eines Tests darstellen. Lediglich bei den in Kapitel 3.3 behandelten ordinalen Modellen gab es noch kleinere Bestandteile von Items, nämlich die *Schwellen*, deren Schwierigkeiten als Modellparameter geschätzt werden.

Auch *zueinander* wiesen die Items keinerlei Beziehungen auf, außer der bei jedem Testmodell getroffenen Annahme der Itemhomogenität oder einer Annahme über die Konstanz von Schwellenabständen über die Items hinweg. Die Items stellten die 'Bausteine' dar, aus denen der Test aufgebaut ist.

Demgegenüber werden in diesem Kapitel Testmodelle behandelt, bei denen die Items bzw. deren Schwierigkeiten auf weitere Bestandteile zurückgeführt werden, auf sogenannte *Itemkomponenten*. Solche Itemkomponenten können etwa verschiedene Elemente im Prozeß der Aufgabenbearbeitung sein, die *gemeinsam die Schwierigkeit* eines Items ausmachen. Von der Itemkonstruktion her betrachtet, können solche Itemkomponenten auch Elemente sein, aus denen man die Items 'zusammensetzt' und somit *systematisch konstruiert*. Zwei Beispiele sollen das verdeutlichen.

Beispiel 1: Schwierigkeiten der Grundrechenarten

Die Aufgaben eines Mathematiktests werden so konstruiert, daß in den Aufgaben *Additionen, Subtraktionen, Multiplikationen und Divisionen* in unterschiedlichen Kombinationen vorkommen. Es wird angenommen, daß sich die Aufgabenschwierigkeit allein daraus bestimmt, welche dieser Grundrechenarten wie häufig in einem Item vorkommt, d.h. zu dessen Lösung durchgeführt werden muß.

Die Aufgabe eines Testmodells besteht dann nicht mehr darin, für *jedes Item* eine unbekannte Itemschwierigkeit zu schätzen, sondern nur die Schwierigkeiten der Durchführung *jeder Grundrechenart.* Die Itemschwierigkeit ergibt sich aus der Summe der Schwierigkeiten aller zu seiner Lösung erforderlichen Grundrechenarten. Die jeweiligen Grundrechenarten sind die *Komponenten der Items.*

Die Rückführung der Itemschwierigkeit auf verschiedene, am Lösungsweg beteiligte Denkoperationen setzt voraus, daß man *präexperimentelle Hypothesen* über die am Lösungsprozeß beteiligten kognitiven Schritte hat (im Beispiel entspricht jedem Rechenschritt eine Denkoperation). In einem entsprechenden Testmodell sind dann statt der Itemparameter *Schwierigkeitsparameter der einzelnen kognitiven Schritte* enthalten.

Auf diese Weise kann die *Validität* eines Tests bereits bei der Testauswertung mit untersucht werden: Lassen sich die präexperimentellen Hypothesen über die am Lösungsweg beteiligten Denkprozesse anhand der Daten bestätigen (d.h. paßt das Modell auf die Daten), so hat man damit nachgewiesen, wie der Lösungsweg bei der Aufgabenbearbeitung aussieht, und somit, *'was der Test mißt'*. Es handelt sich um einen Nachweis der *internen* Validität oder *Konstruktvalidität* des Tests.

Beispiel 2: Ein Attributionsfragebogen

Ein zweites Beispiel ist die Konstruktion eines Fragebogens zur Erfassung des individuellen Attributionsstils. In der *Attributionsforschung* wird untersucht, welche Ursachenzuschreibungen Menschen für bestimmte Ereignisse vornehmen: so etwa, ob ein Fehlschlag im beruflichen Leben auf *interne* Faktoren ('ich bin daran Schuld') oder auf *externe* Faktoren ('es war ein Zusammentreffen unglücklicher Umstände') zurückgeführt werden, oder ob die zugeschriebene Ursache eine *stabile* Gegebenheit ('ich bin hierfür nicht begabt') oder eine *labile* Gegebenheit ('ich habe mich nicht angestrengt') beschreibt. Personen unterscheiden sich hinsichtlich ihres *Attributionsstils*, d.h. hinsichtlich ihrer Tendenz, bestimmte Attributionen, z.B. intern-stabile, vorzunehmen.

Ein Fragebogen wird nun derart konstruiert, daß jedes Item *ein Ereignis* beschreibt und *eine* mögliche *Ursachenzuschreibung* anbietet. Die befragte Person hat zu beurteilen, inwieweit sie diese Attribution vornehmen würde. Die Items werden insofern systematisch konstruiert, als jedes Item genau eine *Kombination der Merkmale* von Attributionen realisiert, wie externe - interne, stabile - labile Attribution, positives - negatives Ereignis u.s.w.

Das Ziel der Testanalyse besteht darin, den individuellen *Attributionsstil* zu messen, d.h. die Tendenz der Person, Attributionen eines bestimmten Typs vorzunehmen (z.B. intern-stabil bei negativem Ereignis) .

Beide Beispiele haben gemeinsam, daß es 'hinter' den Items bestimmte Grundelemente gibt, die in den einzelnen Items in unterschiedlicher Kombination oder Häufigkeit auftauchen. Die beiden Beispiele unterscheiden sich darin, daß im ersten Fall eine *allgemeinpsychologische Annahme* über den Lösungsweg getroffen wird, welche auf alle Personen zutreffen soll. Im zweiten Beispiel wird demgegenüber eine *differentialpsychologische Annahme* getroffen, d.h. es wird angenommen, daß die Personen hinsichtlich der einzelnen Komponenten oder Elemente der Items unterschiedliche Eigenschaftsausprägungen haben.

In den beiden folgenden Unterkapiteln wird auf Modelle eingegangen, die diese beiden Annahmen über Itemkomponenten für *quantitative Personenvariablen* umsetzen. Kapitel 3.4.3 geht auf entsprechende Modelle für *kategoriale Personenvariablen* ein.

3.4.1 Linear-logistische Testmodelle: Komponenten der Aufgabenschwierigkeit

Im linear-logistischen Testmodell für dichotome Daten wird die Aufgabenschwierigkeit des Rasch-Modells additiv zerlegt, d.h. in eine gewichtete Summe von sogenannten *Basisparametern* η_j zerlegt,

(1) $\sigma_i = q_{i1}\,\eta_1 + q_{i2}\,\eta_2 + q_{i3}\,\eta_3 \ldots + q_{ih}\,\eta_h$.

Die Gewichte q_{i1} bis q_{ih} stellen keine Modellparameter dar, d.h. sie müssen *vor* der Parameterschätzung festgelegt werden. Sie repräsentieren die präexperimentellen Hypothesen über die Aufgabenstruktur.

Im einfachsten Fall haben diese q-Gewichte nur die *Werte 0 oder 1*, d.h. sie geben an, ob eine bestimmte Denkoperation oder Lösungskomponente am Prozeß der Aufgabenbearbeitung des i-ten Items beteiligt ist oder nicht. Die Aufgabenschwierigkeit σ_i ist in diesem Fall die *ungewichtete Summe* der beteiligten Lösungskomponenten.

Die Gewichte q_{ij} müssen jedoch keineswegs auf die Zahlen 0 und 1 beschränkt sein, d.h. lediglich Auftreten oder Nichtauftreten eines Elements unterscheiden. Sie können vielmehr jeden beliebigen *ganzzahligen Wert* annehmen, wenn etwa derselbe Lösungsschritt im Lösungsprozeß einer Aufgabe mehrfach auftaucht. Dann entsprechen die q-Gewichte der Häufigkeit des Auftretens einer Itemkomponente im vermuteten Lösungsweg.

Die q-Gewichte können jedoch auch nichtganzzahlige, also *gebrochene Werte* annehmen. Dies spielt bei der Formalisierung von Lösungswegen mittels Denkoperationen im allgemeinen keine Rolle, kann aber zur Abbildung von *Lernprozessen* hilfreich sein (s.u. Kap. 3.5.3).

Die Parameter η_j werden wie normale Modellparameter anstelle der Schwierigkeitsparameter σ_i geschätzt. In der Modellgleichung werden letztere durch die Summe (1) ersetzt, so daß die Modellgleichung des *linear-logistischen Testmodells (LLTM)* lautet:

$$(2)\quad p(X_{vi}=1)=\frac{\exp\left(\theta_v-\sum_{j=1}^{h} q_{ij}\,\eta_j - c\right)}{1+\exp\left(\theta_v-\sum_{j=1}^{h} q_{ij}\,\eta_j - c\right)}.$$

Dieses Modell stellt ein spezielles, d.h. *restriktiveres Modell* gegenüber dem normalen Rasch-Modell dar. Es kann nur auf einen Datensatz passen, wenn das unrestringierte Rasch-Modell, in dem die Itemschwierigkeitsparameter *nicht* auf eine Summe von Elementarparametern zurückgeführt werden, *auch* auf die Daten paßt. Die Geltung des Rasch-Modells stellt also eine notwendige Voraussetzung für die Anwendung dieses Modells dar.

Die k Itemparameter eines Tests können stets nur auf eine *Anzahl von Elementarparametern* zurückgeführt werden, die *kleiner ist als k.* Es macht keinen Sinn (und ist mathematisch unmöglich) eine Anzahl von Parametern auf die Summe einer größeren Anzahl von Parametern zurückzuführen. Eine solche Reparametrisierung hätte keinen Erklärungswert, denn es gibt sehr viele (sogar unendlich viele) additive Zerlegungen von k Parametern in eine größere Anzahl von Elementarparametern. Die Anzahl der Items muß also immer *größer* sein als die Anzahl der Elementarparameter.

Die präexperimentellen Gewichte q_{ij} werden in einer Rechteckmatrix, der sogenannten *Q-Matrix* zusammengefaßt.

		Komponenten 1	2	3	..h
	1	0	1	0	...
	2	1	1	0	...
Items	3	1	0	1	...
	4	0	0	1	...
	...	...	...	...	...
	...k	...	...	...	...

Abbildung 112: Beispiel einer Q-Matrix

In jeder Zeile dieser Matrix stehen die q-Gewichte für ein bestimmtes Item. In Abbildung 112 umfaßt z.B. das zweite Item die Komponenten 1 und 2. Nach dem zuvor Gesagten hat diese Q-Matrix stets mehr Zeilen als Spalten.

Überdies darf die Matrix *keine abhängigen Spaltenvektoren* enthalten, was bedeutet, daß sich keine Spalte dieser Matrix durch eine gewichtete Summe beliebiger anderer Spalten dieser Matrix darstellen läßt. Abbildung 113 gibt zur Veranschaulichung verschiedene Fälle *linearer Abhängigkeit* wieder.

	Komponenten 1	2	3	4	5	c
Items 1	1	0	1	1	0	1
2	0	1	1	0	2	1
3	0	1	1	0	2	1
4	1	0	0	0	0	1
5	0	1	1	0	2	1
6	0	1	1	0	2	1

Abbildung 113: Beispiele für lineare Abhängigkeiten in der Q-Matrix

In diesem Beispiel ist der dritte Spaltenvektor als Summe des zweiten und vierten Vektors darstellbar und der fünfte Spaltenvektor entspricht dem zweiten Spaltenvektor multipliziert mit 2. Jedoch sind bereits auch die beiden ersten Spaltenvektoren linear abhängig, da sie sich zu einem Vektor, der nur Einsen enthält, addieren. Dies allein wäre noch kein Fall linearer Abhängigkeit, wenn es nicht die *Konstante c* in der Modellgleichung gäbe. Diese Konstante muß bei allen Items zu der Summe der Elementarparameter hinzuaddiert werden und stellt somit eine weitere Spalte in der Q-Matrix dar, die lediglich Einsen enthält (sog. Einheitsvektor). Diesen Vektor gilt es mit zu berücksichtigen, wenn man die linearen Abhängigkeiten in der Q-Matrix untersucht.

Datenbeispiel:

Als Datenbeispiel werden die 5 Items des KFT aus Kapitel 3.1 herangezogen. Aufgrund einer relativ einfachen Theorie über die Komponenten der Schwierigkeit geometrischer Analogieaufgaben (s. Hornke & Rettig, 1992, Whitely & Schneider, 1981) läßt sich die folgende Q-Matrix aufstellen:

i=	j= 1	2
1	1	0
2	2	0
3	1	1
4	2	1
5	2	2

Komponente 1 beschreibt die Anzahl unterschiedlicher Elemente in den geometrischen Figuren der Analogie, Komponente 2 die Anzahl räumlicher Transformationen wie Rotation oder Spiegelung, die für die Lösung der Analogieaufgabe eine Rolle spielen (vgl. Abb. 18 in Kap. 3.1).

Als Schätzwerte für die Basisparameter ergeben sich

$$\eta_1 = 0.46$$
$$\eta_2 = 0.96$$

und die Konstante c beträgt $c = -1.50$. Die Basisparameter besagen, daß die Durchführung einer Rotation oder Spiegelung bei der Lösung einer Analogie sehr viel schwieriger ist als das Berücksichtigen eines weiteren geometrischen Elementes in den Figuren.

Wie gut die Theorie über die Aufgabenschwierigkeiten auf die Daten paßt, läßt sich durch einen Vergleich der unrestringierten Itemparameter des Rasch-Modells σ_i und der über die Basisparameter zurückgerechneten Itemschwierigkeiten feststellen:

	σ_i	$\sum_{j=1}^{h} q_{ij}\,\eta_j + c$
i= 1	-1.17	-1.04
2	-0.69	-0.58
3	0.04	-0.08
4	0.70	0.38
5	1.12	1.34

Danach ist die Übereinstimmung recht gut. Eine genauere Aussage über die Gültigkeit der in der Q-Matrix ausgedrückten Annahmen läßt sich mit Hilfe von Modellgeltungstests treffen (s. Kap. 5.).

In dem Datenbeispiel wurden 2 Parameter eingespart, da statt der 4 unabhängigen Itemparameter des Rasch-Modells nur 2 Basisparameter des LLTM zu schätzen sind. Die Kostante c hat die Funktion einer Normierungskonstanten, d.h. sie bewirkt, daß die Summe der aus den Basisparametern η_j rückgerechneten Itemparameter Null ist, die Itemparameter also summennormiert sind:

$$(3) \qquad \sum_{i=1}^{k} \sum_{j=1}^{h} q_{ij}\,\eta_j + c = 0\,.$$

Da die notwendige Normierung der Itemschwierigkeiten allein von der Konstanten c bewirkt wird und jede andere Art der Normierung die Basisparameter unverändert läßt, liegen die Basisparameter auf einer *Absolutskala*. Die Absolutskala stellt das höchste Skalenniveau dar, bei dem keinerlei Transformationen der Meßwerte möglich sind. Man kann sich das Zustandekommen dieses hohen Skalenniveaus beim LLTM damit erklären, daß die Basisparameter die *Abstände* zwischen den Itemparametern des Rasch-Modells aufschlüsseln und diese sind auch beim Rasch-Modell *normierungsunabhängig*.

Der Ansatz, die Itemparameter des Rasch-Modells additiv zu zerlegen, ist nicht nur auf das dichotome Rasch-Modell anwendbar, sondern auch auf *ordinale Rasch-Modelle*. Im allgemeinen ordinalen Rasch-Modell (dem sogenannten partial-credit Modell, s. Kap. 3.3) lassen sich die Itemkategorienparameter σ_{ix} mit Hilfe einer dreidimensionalen Q-Matrix zerlegen.

Die Modellgleichung dieses *linearen partial-credit Modells (LPCM)* lautet:

$$(4) \quad p\left(X_{vi} = x\right) = \frac{\exp\left(x\,\theta_v - \sigma_{ix}\right)}{\sum_s \exp\left(s\,\theta_v - \sigma_{is}\right)}$$

$$\text{mit } \sigma_{ix} = \sum_{j=1}^{h} q_{ixj}\,\eta_j + x\,c\,.$$

Jedes Element der Q-Matrix drückt aus, wie oft oder mit welchem Anteil Komponente j bei Item i vorkommt, wenn man in Kategorie x antwortet. Beispiele für derartige *Item- und kategorienspezifische Komponenten* sind jedoch schwer zu finden. Hinzu kommt die Schwierigkeit, daß die additive Zerlegung auf die *kumulierten* Schwellenparameter angewendet wird (s.o. Kap. 3.3.1) und nicht auf die *Schwellenlokationen*, also die dekumulierten Parameter. Die Interpretation derartiger kategorienspezifischer Itemkomponenten ist daher etwas schwierig. Das Modell läßt sich jedoch gut im Rahmen der *Veränderungsmessung* anwenden (s. Kap. 3.5.4).

Die Modellstruktur des LPCM stellt eine sehr allgemeine algebraische Struktur dar, die das Obermodell von vielen anderen

Modellen für Ratingdaten bildet (s.o. Kap. 3.3.2). Mit Hilfe der in Abbildung 114 dargestellten Q-Matrix läßt sich z.B. das *Ratingskalen-Modell* im Rahmen des linearen partial-credit Modells darstellen.

x	i	j = 1	2	3	4	5	6	7
x=1	1	1					1	
	2		1				1	
	i= 3			1			1	
	4				1		1	
	5					1	1	
x=2	1	2						1
	2		2					1
	i= 3			2				1
	4				2			1
	5					2		1
x=3	1	3						
	2		3					
	i= 3			3				
	4				3			
	5					3		

Abbildung 114: Die Q-Matrix zur Darstellung des Ratingskalen-Modells als Spezialfall des LPCM am Beispiel von 5 Items mit 4 Antwortkategorien

Diese Q-Matrix bewirkt, daß anstelle der σ_{ix} Parameter die Summe $x\sigma_i + \psi_x$ geschätzt wird. Es ergibt sich das in Kapitel 3.3.2 beschriebene *Ratingskalen-Modell*

$$(5)\quad p(X_{vi} = x) = \frac{\exp(x\,\theta_v - x\,\sigma_i - \psi_x)}{\sum_{s=0}^{m} \exp(s\,\theta_v - s\,\sigma_i - \psi_s)}.$$

In der in Abbildung 114 spezifizierten Q-Matrix stellen die ersten fünf Basisparameter die Itemschwierigkeiten σ_i des Ratingskalen-Modells dar, deren Koeffizienten x (s. Gleichung (5)) durch die q-Gewichte erzeugt werden. Zu beachten ist hier, daß für die 0-te Kategorie keine Itemparameter zu schätzen sind, da diese sowohl im partial-credit wie im Ratingskalen-Modell gleich Null sind.

Der sechste und siebte Basisparameter entspricht den beiden kumulierten Schwellenparametern ψ_1 und ψ_2 des Ratingskalen-Modells. Da aufgrund der Normierungsbedingungen dieses Modells (s. Kap. 3.3.2) $\psi_0 = \psi_m = 0$ ist, bedarf es für die 0-te und m-te Kategorie keiner eigenen Spalten in der Q-Matrix.

Abbildung 114 zeigt der Vollständigkeit halber je eine Spalte für die 5 Items (j = 1 bis j = 5). Diese 5 Spalten sind jedoch von der Normierungskonstanten dieses Modells, die den Koeffizienten x hat (s. Gleichung (4)), linear abhängig, da die Summe dieser 5 Spaltenvektoren genau den Spaltenvektor der Normierungskonstanten ergibt. Bei der Schätzung der Modellparameter muß daher eine dieser Spalten ausgelassen werden.

Datenbeispiel:

Die 5 Items des NEOFFI-Fragebogens, die in Kapitel 3.3 als Datenbeispiel dienen, sind mit der in Abbildung 114 dargestellten Q-Matrix analysiert worden. Es ergeben sich folgende Schätzwerte für die Basisparameter des linearen partial-credit Modells:

$$\eta_2 = 0.67$$
$$\eta_3 = 0.98$$
$$\eta_4 = 0.02$$
$$\eta_5 = 1.12$$
$$\eta_6 = -2.74$$
$$\eta_7 = -2.19$$

Mit Hilfe der Normierungskonstanten $c = -0.56$ ergeben sich die folgenden Itemparameter des Ratingskalen-Modells

i	1	2	3	4	5
σ_i	-.56	.11	.42	-.54	.56

die den in Kapitel 3.3.2 angegebenen Schätzwerten entsprechen. Auch die Schwellenlokationen entsprechen einander, wenn man die Basisparameter dekumuliert:

$$\tau_1 = \eta_6 = -2.74$$

$$\tau_2 = \eta_7 - \eta_6 = 0.55 .$$

Als eine weitere Möglichkeit für ein linear-logistisches Modell für ordinale Itemantworten läßt sich die additive Zerlegung auch auf die *Itemparameter dieses Ratingskalen-Modells* anwenden. Es gilt dann für die σ_i-Parameter in Gleichung (5) die folgende Restriktion:

$$(6) \qquad \sigma_i = \sum_{j=1}^{h} q_{ij}\, \eta_j + c .$$

Hier handelt es sich wieder (wie im dichotomen Fall, s.o.) um eine *zweidimensionale Q-Matrix*, in der für jedes Item die beteiligten Komponenten spezifiziert sind. Es lassen sich für dieses Modell *Anwendungen in der Einstellungsmessung* denken, z.B. wenn sich die Items aus verschiedenen Aspekten einer komplexeren Einstellungsstruktur zusammensetzen. Dann ist die Schwierigkeit eines Einstellungsitems eine additive Funktion der im jeweiligen Iteminhalt vertretenen Aspekte.

Diese linear-logistischen Testmodelle stellen einen *sehr allgemeinen Ansatz* dar, Tests und Fragebögen auszuwerten, deren Items in irgendeinem Sinne systematisch konstruiert worden sind. Ihre Anwendung erfordert jedoch sehr *präzise präexperimentelle Hypothesen*, da man die Struktur der Items in Form der Q-Matrix vorher festlegen muß. Ob das Modell dann auf die Daten paßt, hängt davon ab, ob es gelungen ist, in der Q-Matrix die für die Schwierigkeit ausschlaggebenden Komponenten zu spezifizieren. Diese Modelle bilden auch die Grundlage für die Messung von Veränderungen, wenn *unvollständige Datenerhebungsdesigns* vorliegen (s. Kap. 3.5.4).

Literatur

Das LLTM wurde von Fischer (1973, 1983a) entwickelt. Das Konzept von Itemkomponentenmodellen diskutieren Spada (1976) und Whitely (1980a,b). Anwendungen des LLTM auf systematisch konstruierte Items finden sich in Enbretson (1985), Fischer & Formann (1982a), Häußler (1981), Hornke & Habon (1986), Hornke und Rettig (1988), Medina-Diaz (1993), Nährer (1980), Scheiblechner (1972), Spada (1976), Spiel (1994), Whitely & Schneider (1981) und Van Maanen et al. (1989). Das Problem von Fehlspezifikationen der Q-Matrix untersucht Baker (1993). Die Verallgemeinerungen des LLTM für ordinale Daten stammen von Fischer & Parzer (1991a,b) und Fischer & Ponocny (1994).

Übungsaufgaben:

1. In der Einleitung von Kapitel 3.4 wurde als 'Beispiel 1' die Annahme beschrieben, daß sich die Schwierigkeit von Rechenaufgaben daraus ergibt, wie häufig jede der Grundrechenarten im Lösungsweg auftritt. Stellen Sie aufgrund dieser Annahme die Q-Matrix für die folgenden Aufgaben auf:

$$5+3\cdot 2 = ?$$
$$(6:2) + 7 = ?$$
$$(3\cdot 5) + (7\cdot 2) = ?$$
$$(6-4) - (9-8) = ?$$
$$(14:2)\cdot(2\cdot 3) = ?$$

2. Die vier Items eines Tests haben im dichotomen Rasch-Modell die folgenden Schwierigkeitsparameter: $\sigma_1 = -2, \sigma_2 = -1, \sigma_3 = +1, \sigma_4 = +2.$ Berechnen Sie die Basisparameter des LLTM für die folgende Q-Marix:

	j =	1	2
i=	1	0	0
	2	1	0
	3	0	1
	4	1	1

Wie groß ist die Normierungskonstante?

3. Denken Sie sich ein Beispiel für einen Einstellungsfragebogen aus, auf den das lineare Ratingskalen-Modell (5) und (6) passen könnte. Was sind die Komponenten der Itemschwierigkeit in diesem Beispiel?

3.4.2 Mehrdimensionale Komponentenmodelle

Die zuvor behandelten linear-logistischen Testmodelle haben gemeinsam, daß die Berücksichtigung von Komponenten lediglich *auf die Items bezogen* ist. An den Personenfähigkeiten oder Personeneigenschaften ändert sich durch die Zerlegung der Items in Komponenten nichts. Insbesondere bleiben sie eindimensional, d.h. es gibt *keine komponentenspezifischen Personeneigenschaften.*

Für viele Hypothesen, die sich auf Itemkomponenten beziehen, ist es jedoch sinnvoll anzunehmen, daß die Lösungswahrscheinlichkeiten auch davon abhängen, wie ausgeprägt die *Personeneigenschaft hinsichtlich jeder Komponente* ist. Das erfordert Modelle, die nicht nur *einen* Personenparameter enthalten, sondern *für jede Komponente einen.*

Die allgemeinste linear-logistische Struktur, in der es komponentenspezifische Personen- *und* Itemparameter gibt, lautet:

$$(1)\quad p(X_{vi}=1) = \frac{\exp\left(\sum_{j=1}^{h} q_{ij}(\theta_{vj}-\eta_{ij})\right)}{1+\exp\left(\sum_{j=1}^{h} q_{ij}(\theta_{vj}-\eta_{ij})\right)}.$$

Hier spezifiziert die Q-Matrix (s. Kap. 3.4.1) wiederum, welche Komponenten j mit welchem Gewicht an jedem Item i beteiligt sind. Diese Werte stellen die Gewichtung für einen *komponentenspezifischen Personenparameter* θ_{vj} und einen *komponentenspezifischen Itemparameter* η_{ij} dar. Die Lösungswahrscheinlichkeit eines Items i hängt in diesem Modell von der so gewichteten Differenz der jeweils beteiligten Personen- und Itemparameter ab.

Diese generelle Modellstruktur ist in dieser Form sicherlich *nicht anwendbar*, weil sie viel zu viele Parameter enthält. Sie macht aber deutlich, durch welche Restriktionen das linear-logistische Testmodell (s. Kap. 3.4.1) zustandekommt und auch wie man zu einem Modell mit komponentenspezifischen Personenparametern gelangen kann.

Das linear-logistische Testmodell (LLTM) geht durch *zwei Restriktionen* aus dieser Modellstruktur hervor. *Erstens* sind die Basisparameter nicht itemspezifisch, d.h.

$$\eta_{ij} = \eta_j.$$

Zweitens sind alle komponentenspezifischen Personeneigenschaften gleich, d.h.

$$\theta_{vj} = \theta_v.$$

In diesem Fall kann θ_v vor das Summenzeichen gezogen werden, und es ergibt sich das Modell der Gleichung (2) in Kapitel 3.4.1 (Die Normierungskonstante wird hier und im folgenden aus Gründen der Übersichtlichkeit weggelassen).

Die erste dieser beiden Restriktionen ist durchaus sinnvoll, denn die Idee von Itemkomponenten besteht darin, *anstelle* der Itemparameter nur die Komponentenparameter berücksichtigen zu müssen. Behält man nur die Restriktion $\eta_{ij} = \eta_j$ bei, so ergibt sich das folgende Modell:

$$(2)\quad p(X_{vi} = 1) = \frac{\exp\left(\sum_{j=1}^{h} q_{ij}(\theta_{vj} - \eta_j)\right)}{1 + \exp\left(\sum_{j=1}^{h} q_{ij}(\theta_{vj} - \eta_j)\right)}.$$

In diesem Modell, in dem die *zweite* obengenannte Restriktion *nicht* gilt, erweisen sich die Komponentenparameter η_j jedoch als *überflüssig*: In Gleichung (2) kann die Schwierigkeit der Komponente j dadurch eliminiert werden, daß man alle Eigenschaftsausprägungen bezüglich Komponente j um diesen Betrag vermindert:

$$\theta_{vj}^* = \theta_{vj} - \eta_j.$$

Die so berechneten Personenparameter θ_{vj}^* ergeben dieselben Lösungswahrscheinlichkeiten.

Praktisch bedeutet dies, daß man die Komponentenschwierigkeiten η_j nicht schätzen kann, weil die komponentenspezifischen Personeneigenschaften θ_{vj} *nicht* von den globalen Komponentenschwierigkeiten *zu trennen* sind. Damit reduziert sich Modell (2) zu folgender Modellstruktur

$$(3)\quad p(X_{vi} = 1) = \frac{\exp\left(\sum_{j=1}^{h} q_{ij}\theta_{vj}\right)}{1 + \exp\left(\sum_{j=1}^{h} q_{ij}\theta_{vj}\right)}.$$

Das überraschende Resultat dieser Überlegungen besteht darin, daß es sich bei Modell (3) nicht mehr um ein Modell handelt, in dem der Personeneinfluß und der Itemeinfluß auf das Antwortverhalten getrennt werden. In diesem Sinne handelt es sich also *gar nicht um ein Rasch-Modell.*

Andererseits stellt Modell (3) ein interessantes und auch anwendbares Komponentenmodell dar, in dem die Lösungswahrscheinlichkeit von *mehreren* komponentenspezifischen Personenfähigkeiten abhängt. Es ist also ein *mehrdimensionales Modell.*

Welche Fähigkeiten zur Lösung welchen Items mit welcher Gewichtung benötigt werden, ist präexperimentell in Form der Q-Matrix festgelegt. Wie gut das Modell auf die Daten paßt, hängt somit wiederum davon ab, wie gültig die Q-Matrix ist.

Schreibt man das Modell in der folgenden Art und Weise um (vgl. Kap. 3.1.1.2.2):

$$(4)\quad \ln\frac{p_{vi}}{1-p_{vi}} = q_{i1}\,\theta_{v1} + q_{i2}\,\theta_{v2} + \cdots + q_{ih}\,\theta_{vh},$$

wobei $p_{vi} = p(X_{vi} = 1)$, so zeigt sich die Parallelität dieses Modells zum *Modell der Faktorenanalyse*, das auf metrische Variablen anwendbar ist.

Parallelen zur Faktorenanalyse

Das Modell der Faktorenanalyse nimmt an, daß sich der Meßwert X_{vi} der Person v auf Variable i additiv zusammensetzt aus einer gewichteten Summe von *Faktorwerten* F_{vi}, die diese Person auf einer begrenzten Anzahl von Faktoren hat. Diese sind jeweils mit Koeffizienten a_{ij} gewichtet, die angeben, wie stark der betreffende Faktor zur Ausprägung der Variable i beiträgt:

$$(5)\quad X_{vi} = a_{i1}\,F_{v1} + a_{i2}\,F_{v2} + \cdots + a_{ih}\,F_{vh}.$$

Im Modell der Faktorenanalyse stellen die Variablenausprägungen X_{vi} die *beobachteten Daten* dar, und es werden sowohl die Gewichte a_{ij} (sog. Ladungen) wie auch die Faktorwerte F_{vj} geschätzt.

Im Testmodell (4) ist das, was links vom Gleichheitszeichen steht, *nicht beobachtbar*, denn es handelt sich um die Logits der Lösungswahrscheinlichkeiten. Beobachtbar ist hier lediglich, ob ein Item gelöst wurde oder nicht, was keineswegs identisch zum Logit einer unbekannten Lösungswahrscheinlichkeit ist. Da das, was links vom Gleichheitszeichen steht, quasi unbekannt ist, müssen auf der rechten Seite der Modellgleichung bestimmte Dinge *als bekannt vorausgesetzt* werden. Das sind in diesem Fall die Q-Gewichte, die den Beitrag jeder Personenfähigkeit zur Itemlösung ausdrücken.

Die strukturelle Ähnlichkeit dieses Modells mit dem Modell der Faktorenanalyse ist frappierend, wenn auch aufgrund der gegebenen Informationsarmut von Testdaten die Faktorladungen präexperimentell festgelegt sein müssen.

Das allgemeine linear-logistische Modell (1) läßt sich jedoch auf eine andere Weise restringieren, so daß man neben den komponentenspezifischen Personenparametern auch Itemparameter schätzen kann. Diese Restriktion besteht darin, die Itemparameter *nicht* komponentenspezifisch zu konzipieren, d.h.

$$\sum_j q_{ij}\;\eta_{ij} = \sigma_i$$

zu setzen. Das damit definierte Testmodell

$$(6)\quad p(X_{vi}=1) = \frac{\exp\left(\left(\sum_{j=1}^{h} q_{ij}\,\theta_{vj}\right) - \sigma_i\right)}{1+\exp\left(\left(\sum_{j=1}^{h} q_{ij}\,\theta_{vj}\right) - \sigma_i\right)}$$

ist ein *mehrdimensionales Rasch-Modell*, da es die Lösungswahrscheinlichkeiten auf komponentenspezifische Personenvariablen und globale Itemschwierigkeiten zurückführt. Die oben dargestellte Ähnlichkeit zur Faktorenanalyse gilt auch für dieses mehrdimensionale Modell, es werden lediglich noch Itemschwierigkeiten als weitere 'Faktoren' der Lösungswahrscheinlichkeit berücksichtigt.

Die in diesem Kapitel dargestellten Testmodelle sind noch nicht bis zur Anwendungsreife entwickelt worden so daß auf Datenbeispiele verzichtet werden muß.

Literatur

Die mehrdimensionalen Komponentenmodelle gehen auf Arbeiten von Hilke et al. (1977) und Stegelmann (1983) zurück, wobei sich Stegelmann (1983) insbesondere mit den statistischen Eigenschaften des Modells (3) befaßt. Modell (6) wird derzeit von Rost und Carstensen (i.Vorb.) untersucht. Bartholomew (1987) beschreibt ein faktorenanalytisches Testmodell, bei dem die Ladungen als Parameter geschätzt werden. Die Anwendung dieses Modells ist derzeit auf zwei latente Variablen beschränkt.

Übungsaufgabe:

In der Einleitung von Kaptiel 3.4. wurde als 'Beispiel 2' ein Attributionsfragebogen beschrieben, der individuelle Attributionsstile erfassen soll. Ein 8 Items umfassender Fragebogen kombiniert die 3 dort genannten Faktoren vollständig:

1: interne, stabile Attr. eines pos. Ereig.
2: interne, stabile Attr. eines neg. Ereig.
3: interne, labile Attr. eines pos. Ereig.
4: interne, labile Attr. eines neg. Ereig.
5: externe, stabile Attr. eines pos. Ereig.
6: externe, stabile Attr. eines neg. Ereig.
7: externe, labile Attr. eines pos. Ereig.
8: externe, labile Attr. eines neg. Ereig.

Stellen Sie die Q-Matrix auf, mit der Sie den individuellen Attributionsstil als mehrdimensionale Variable erfassen können. Beseitigen Sie eine gegebenenfalls vorhandene lineare Abhängigkeit der Spaltenvektoren durch Streichung von Spalten. Formulieren Sie 2 Beispielitems.

3.4.3 Linear-logistische Klassenanalyse

Eine Zerlegung der Modellparameter in Itemkomponenten bzw. deren Parameter ist nicht nur bei quantitativen, sondern auch bei klassifizierenden Testmodellen möglich. Geht man von den *logistisch transformierten Parametern der Klassenanalyse* aus, die bereits in Kapitel 3.1.2.4 über lokalisierte Klassen und in Kapitel 3.3.3 über die Analyse ordinaler Daten verwendet wurden, so läßt sich eine lineare Zerlegung leicht realisieren. Bei den α-Parametern der *logistischen Klassenanalyse*

$$(1)\quad p\left(X_{vi}=1\right)=\sum_{g=1}^{G}\pi_g\frac{\exp\left(\alpha_{ig}\right)}{1+\exp\left(\alpha_{ig}\right)}$$

handelt es sich um Itemparameter, die in ihrem Wertebereich nicht beschränkt sind, wie die sonst üblichen Wahrscheinlichkeitsparameter. Daher können bei einer additiven Zerlegung auch *keine Überschreitungen des Wertebereichs* auftreten.

Im Gegensatz zu quantitativen Modellen sind diese Itemparameter jedoch *klassenspezifisch*, d.h. sie unterscheiden sich für verschiedene Personengruppen. Die additive Zerlegung der Parameter

$$(2)\qquad \alpha_{ig}=\sum_{j=1}^{h}q_{ijg}\,\eta_j+c_{ig}$$

benötigt daher eine *dreidimensionale Q-Matrix,* wenn man im allgemeinsten Fall die *Itemkomponenten klassenspezifisch* definieren möchte.

Diese Möglichkeit klassenspezifischer Itemkomponenten stellt einen wesentlichen Unterschied zu den linear-logistischen Rasch-Modellen dar, da hier unterschiedliche Itemkomponenten *für verschiedene Personengruppen* definiert werden können. Dies ermöglicht z. B. die Auswertung von Tests, bei denen man annimmt, daß zwei unterschiedliche Lösungsstrategien zur Bearbeitung der Items eingesetzt werden können, die beide in der getesteten Population verwendet werden.

Beispiel: zwei Lösungsstrategien

Ein Test läßt sich mit zwei unterschiedlichen Strategien bearbeiten, wobei die eine Strategie aus den *Denkoperationen A und B*, die andere Strategie aus den *Denkoperationen A, C und D* besteht. Die Items unterscheiden sich darin, wie oft man welche Denkoperation anwenden muß. Die Q-Matrix kann etwa wie folgt aussehen:

Denkoperationen

		A	B	C	D	
	1	1	1	0	0	
	2	0	3	0	0	
Items	3	2	1	0	0	Klasse 1
	4	2	2	0	0	
	5	1	1	0	0	
	1	1	0	1	1	
	2	0	0	1	4	
Items	3	2	0	1	1	Klasse 2
	4	2	0	2	2	
	5	1	0	1	1	

Während die Schwierigkeit der Denkoperation A anhand der Daten *aller* Personen geschätzt wird, da sie in beiden Klassen verwendet wird, sind die Parameter der Denkoperationen B, C und D klassenspezifisch.

Sind die angenommenen Itemkomponenten dagegen wirklich *Komponenten der Items*, die sich nicht zwischen den Personen unterscheiden, so kann selbstverständlich die Q-Matrix für alle latenten Klassen identisch definiert werden. Allerdings sind in diesem Fall für einige oder alle Denkoperationen *andere* Basisparameter in jeder Klasse zu spezifizieren, da es sonst keine Parameter gibt, hinsichtlich derer sich die Klassen unterscheiden.

Die folgende Q-Matrix drückt z.B. aus, daß in beiden Klassen die Denkoperationen A und B verwendet werden, daß sich die Lösungswahrscheinlichkeiten der beiden Klassen aber nur aufgrund der Schwierigkeit der Denkoperation B unterscheiden.

Denkoperationen

		A	B	B	
	1	1	1	0	
	2	0	3	0	
Items	3	2	1	0	Klasse 1
	4	2	2	0	
	5	1	1	0	
	1	1	0	1	
	2	0	0	3	
Items	3	2	0	1	Klasse 2
	4	2	0	2	
	5	1	0	1	

Wie auch beim linear-logistischen Testmodell (s. Kap. 3.4.1.) stellt die lineare Zerlegung der Modellparameter einen *Spezialfall* des Ausgangsmodells dar, hier also der normalen latent-class Analyse. Das bedeutet, daß das linear-logistische Klassenmodell nur passen kann, wenn die unrestringierte latent-class Analyse Modellgeltung besitzt. Inwieweit dann zusätzlich *die additive Zerlegung gültig* ist, läßt sich überprüfen, indem man die unrestringierten Modellparameter mit den aufgrund der Komponenten zurückgerechneten α_{ig}-Parametern vergleicht (vgl. das

Datenbeispiel in Kap. 3.4.1). Der Vergleich läßt sich auch mit *statistischen* Mitteln durchführen, nämlich in Form eines Likelihood-Quotienten-Tests (vgl. Kap. 5.).

Die Parameter dieses Modells liegen, wie auch die Parameter der in den beiden vorangehenden Kapiteln behandelten Modelle auf einer *Absolutskala*. Das bedeutet, es ist keinerlei Transformation der Parameterwerte möglich, ohne daß sich die vorhergesagten Antwortwahrscheinlichkeiten ändern.

Die lineare Zerlegung der klassenspezifischen Itemparameter läßt sich auch bei dem Modell der *mehrkategoriellen* Klassenanalyse (vgl. Kapitel 3.2.1) vornehmen. In der logistischen Version dieses Modells (vgl. Kap. 3.3.4),

$$(3)\quad p(X_{vi} = x) = \sum_{g=1}^{G} \pi_g \frac{\exp(\alpha_{ixg})}{\sum_{s=0}^{m} \exp(\alpha_{isg})}$$

drücken die Parameter α_{ixg} die Tendenz der Personen in Klasse g aus, auf Item i eine Antwort in Kategorie x zu geben. Zerlegt man diese Parameter wiederum mit Hilfe einer präexperimentell spezifizierten Q-Matrix, d.h.

$$(4)\quad \alpha_{ixg} = \sum_{j=1}^{h} q_{ixgj}\, \eta_j + c_{ixg},$$

so benötigt man hierfür eine *vierdimensionale Q-Matrix*. In ihr sind die Gewichte festgelegt, mit der Komponente j bei Item i in Klasse g zur Antwortwahrscheinlichkeit der Kategorie x beiträgt.

Als Beispiel für die große Flexibilität dieses linear-logistischen Klassenmodells zeigt Abbildung 115 eine Q-Matrix, die eine Verallgemeinerung des Modells lokalisierter Klassen für mehrkategorielle, nominale Itemantworten erzeugt (vgl. Kap. 3.1.2.4). Nimmt man an, daß es bei Fragebögen mit nominalem Antwortformat (vgl. das Datenbeispiel aus Kap. 3.2) für jede Klasse eine Eigenschaftsausprägung bezüglich jeder Kategorie, θ_{xg}, und für jedes Item eine Schwierigkeit hinsichtlich jeder Kategorie, σ_{ix}, gibt, so führt das zu dem Klassenmodell:

$$(5)\quad p(X_{vi} = x) = \sum_{g=1}^{G} \pi_g \frac{\exp(\theta_{xg} - \sigma_{ix})}{\sum_{s=0}^{m} \exp(\theta_{sg} - \sigma_{is})}.$$

Es handelt sich hierbei um die *lokalisierte Klassen* Version des mehrdimensionalen, mehrkategoriellen Rasch-Modells (Kap. 3.2.2). Da der Exponent eine additive Zerlegung der α_{ixg}-Parameter des Modells (3) darstellt, läßt sich Modell (5) mittels einer geeigneten Q-Matrix mit der linear-logistischen Klassenanalyse berechnen. Abbildung 115 zeigt diese Q-Matrix für 3 Items, 4 Kategorien und 2 Klassen.

Die ersten drei Basisparameter η_1 bis η_3 entsprechen in diesem Beispiel den kategorienspezifischen Eigenschaftsausprägungen der ersten Klasse, θ_{x1}. Für die 0-te Kategorie kann kein Parameter geschätzt werden, da eine entsprechende vierte Spalte lineare Abhängigkeit erzeugt. Dies ist analog zum mehrdimensionalen Rasch-Modell, bei dem ebenfalls nur 3 Personenparameter geschätzt werden können (s. Kap. 3.2.2). Die Basisparamete η_4 bis η_6 sind die Eigenschaftsausprägungen der zweiten Klasse.

j=

g	i	x	1	2	3	4	5	6	7	8	9	10	11	12	13	14	15
1	1	0															
		1	1						1								
		2		1						1							
		3			1						1						
	2	0															
		1	1									1					
		2		1									1				
		3			1									1			
	3	0															
		1	1												1		
		2		1												1	
		3			1												1
2	1	0															
		1				1			1								
		2					1			1							
		3						1			1						
	2	0															
		1				1						1					
		2					1						1				
		3						1						1			
	3	0															
		1				1									1		
		2					1									1	
		3						1									1

Abbildung 115: Die Q-Matrix des lokalisierte-Klassen Modells (5) für 2 Klassen, 3 Items und 4 Kategorien

Die übrigen Basisparameter entsprechen den Itemparametern des Modells (5), wobei wiederum für die 0-te Kategorie kein unabhängiger Parameter existiert.

Die Ersparnis an Modellparametern ist in diesem Beispiel gering: statt

$$m \cdot k \cdot G = 3 \cdot 3 \cdot 2 = 18$$

unrestringierte Antwortwahrscheinlichkeiten im normalen Klassenmodell sind im linear-logistischen Modell 15 Basisparameter zu schätzen. Die Einsparung wird jedoch umso größer, je mehr Items und Klassen man hat.

Das Beispiel macht deutlich, daß es sich bei der linear-logistischen Klassenanalyse um eine sehr allgemeine Modellstruktur handelt, mit der nicht nur Hypothesen über Itemkomponenten getestet werden können, sondern auch eine Vielzahl logistischer Klassenmodelle spezifiziert werden kann. Insbesondere lassen sich die Klassenmodelle für ordinale Daten (Kap. 3.3.3 und 3.3.4) mittels geeigneter Q-Matrizen herstellen.

Der Preis für den hohen Allgemeinheitsgrad dieser Modellstruktur liegt jedoch im praktischen Umgang mit dem Modell: die Q-Matrix wird bei mehreren Items, Kategorien und Klassen sehr groß und unübersichtlich.

Literatur

Die linear-logistische Klassenanalyse für dichotome Daten wird ausführlich von Formann (1984) behandelt. Weitere Anwendungen finden sich in Formann (1985, 1989). Die Verallgemeinerung für polytome Daten geht ebenfalls auf Formann zurück (1992).

Übungsaufgabe:

Spezifizieren Sie analog zu Abbildung 115 die Q-Matrix für das ordinale Klassenmodell (7) in Kapitel 3.3.3 mit (dekumulierten) Schwellenparametern τ_{ix} (ebenfalls für 2 Klassen, 3 Items und 4 Kategorien).

3.5 Modelle der Veränderungsmessung

Die Messung von Veränderungen mit Hilfe von Tests und Fragebögen ist eine sehr weit verbreitete Forschungsmethode in allen Bereichen der angewandten Psychologie. Dies betrifft die Kontrolle des *Therapieverlaufs* oder Therapieerfolgs in der klinischen Psychologie genauso wie die Messung des *Leistungsfortschrittes* und des Lernzuwachses in der pädagogischen Psychologie. Es betrifft auch *entwicklungspsychologische Fragestellungen* wie die Untersuchung der Interessenentwicklung oder der Intelligenzdifferenzierung genauso wie *experimentalpsychologischen Studien*, in denen sich durch die experimentellen Maßnahmen etwas verändert. Bei genauerer Betrachtung kann man sogar zu der Schlußfolgerung kommen, daß sich die *meisten* psychologischen Fragestellungen auf irgendeine Veränderung des menschlichen Erlebens und Verhaltens beziehen, sei es als Folge von Reifung, Lernen, Situationsanpassung, Alterung, Ermüdung, Persönlichkeitsentwicklung oder was auch immer.

Dem steht gegenüber, daß in den Testmodellen, soweit sie bisher behandelt wurden, Lernen und Veränderung gar nicht vorgesehen ist, ja man kann sogar sagen, die Modelle sind zunächst einmal *starr und statisch*: Konzepte wie Personenfähigkeit oder Itemschwierigkeit setzen eher Stabilität als Veränderung voraus. Dies ist der Grund, weswegen Modellen zur Veränderungsmessung ein eigenes Kapitel gewidmet ist.

Es gibt verschiedene Ansätze, eine Erweiterung der Testtheorie in Richtung auf Veränderungsmessung vorzunehmen. In den folgenden Unterkapiteln werden drei solche Ansätze behandelt.

Erstens kann man Veränderungsmessung als eine Erweiterung der zweidimensionalen Datenstruktur von Testdaten um eine *dritte Dimension*, nämlich die Zeit, auffassen. Man hat es im Falle der Veränderungsmessung also nicht mehr mit einer Datenmatrix Personen × Items, sondern mit einem *Datenkubus* Personen × Items × Zeitpunkte zu tun.

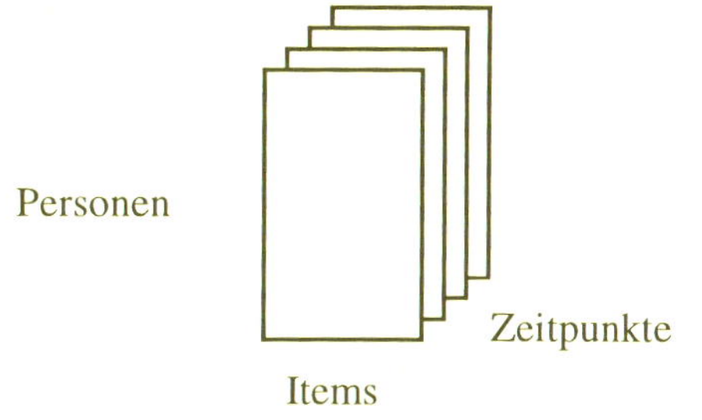

Abbildung 116: Der Datenkubus der Veränderungsmessung

In diesem Ansatz stellt sich Veränderungsmessung als die Erweiterung der Testtheorie von zwei auf drei Faktoren des Antwortverhaltens in einem Test dar. Dies wird in Kapitel 3.5.2 behandelt.

Zweitens kann Veränderung auch heißen, daß sich die Personenfähigkeit *während der Testbearbeitung* verändert, also das Stabilitätsprinzip der Personenvariable aufgegeben wird. Man spricht in diesem Fall von *dynamischen Testmodellen*, da sich die zu messende Variable, die Personenfähigkeit, während der Testbearbeitung verändert. Diese Veränderung ist meistens irgendeine Form von Lernen, weswegen man auch von 'Lernen während der Testbearbeitung' spricht. Dieser Ansatz wird in Kapitel 3.5.3 behandelt.

Drittens geht es bei der Veränderungsmessung oft darum, die *Ursachen* einer Veränderung z. B. in Form von bestimmten *experimentellen Maßnahmen* zum Gegenstand der Messung zu machen. Das bedeutet, daß bestimmte Veränderungen im Antwortverhalten auf bestimmte Maßnahmen oder Einflüsse auf dieses Testverhalten zurückgeführt werden sollen. Dafür benötigt man Testmodelle, in denen solche Faktoren in Form von Modellparametern berücksichtigt werden können. Dieser Ansatz wird in Kapitel 3.5.4 behandelt.

Bevor diese drei zentralen Ansätze der Erweiterung von Testmodellen behandelt werden, muß - nicht nur aus historischen Gründen - auf die sogenannten *klassischen Probleme der Veränderungsmessung* eingegangen werden. Dieses Kapitel 3.5.1 behandelt im engeren Sinne keine Testmodelle, macht aber die Notwendigkeit eigener Testmodelle für die Veränderungsmessung deutlich und schafft eine Grundlage für das Verständnis dieser Modelle.

3.5.1 Klassische Probleme der Veränderungsmessung

Die klassischen Probleme der Veränderungsmessung beziehen sich auf die denkbar einfachste Datenstruktur für Veränderungsmessung, nämlich den Fall, daß ein Test zu *zwei Zeitpunkten* vorgegeben wird, zwischen denen Veränderung stattfindet. Man hat es also nicht mit *einer* Datenmatrix zu tun, sondern mit *zwei* Datenmatrizen, wobei zunächst davon ausgegangen wird, daß nicht nur die Personen sondern auch die Items zu beiden Zeitpunkten dieselben sind.

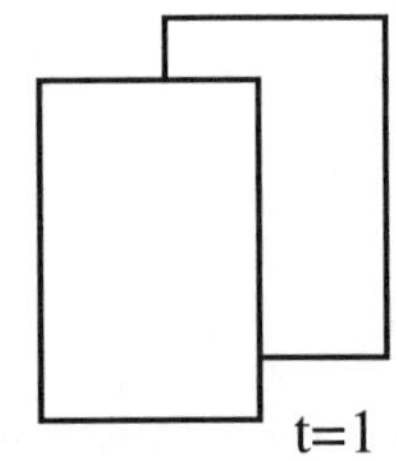

Abbildung 117: Die Datenstruktur für zwei Zeitpunkte

Als Maß für die Veränderung gilt in diesem Fall der Differenzwert der Personenvariable zum Zeitpunkt t=1 und zum Zeitpunkt t=2, also

$$D_v = \theta_{v2} - \theta_{v1} \; .$$

Mit diesen Differenzwerten sind *drei Probleme* verbunden, nämlich

1. sie sind meistens sehr *unreliabel*, also mit einem hohen Meßfehler behaftet,
2. sie *korrelieren negativ* mit der Personenvariable zum Zeitpunkt t=1, d. h. der sogenannte Anfangswert und der Differenzwert sind negativ korreliert und
3. es stellt sich die Frage, ob man diese Differenzen überhaupt bilden darf, da man bekanntlich nur Gleiches von Gleichem abziehen darf. Es ist die Frage zu beantworten, *ob Vor- und Nachtest dasselbe messen.*

Da diese drei Probleme grundsätzlicher Natur sind und in allen Ansätzen zur Veränderungsmessung in der einen oder anderen Form auftauchen, werden sie im folgenden eingehender behandelt.

Dabei wird eine vereinfachte Notation verwendet, bei der die Messung im Vortest, also zum ersten Zeitpunkt mit X, die

Messung im Nachtest mit Y bezeichnet wird. D bezeichnet den Differenzwert

$$D = Y - X.$$

Darüber hinaus wird die Notation der *Meßfehlertheorie* verwendet, d.h.

- D, X und Y bezeichnen die fehlerbehafteten Meßwerte,
- T_D, T_X und T_Y die zugehörigen *wahren*, d.h. fehlerfreien Meßwerte und
- $E_D = D - T_D$
  $E_X = X - T_X$
  $E_Y = Y - T_Y$ deren jeweilige Differenzen als Fehlervariablen.

Der Bezug zur sonst in Kapitel 3 verwendeten Notation besteht darin, daß die Meßwerte X und Y den anhand der Daten *geschätzten* Personenparametern zu zwei Zeitpunkten entsprechen und die wahren Werte T_X und T_Y den exakten Parameterwerten der Personen. Zur Abgrenzung von den fehlerfreien Personenparametern θ werden deren Schätzungen oft mit einem Dach gekennzeichnet $\hat{\theta}$, so daß $X = \hat{\theta}$ und $T_X = \theta$ ist. In Kapitel 6.1.1 wird dargestellt, daß die Differenz von dem exakten Personenparameter und seiner Schätzung, $E_\theta = \hat{\theta} - \theta$, eine Fehlervariable im Sinne der Meßfehlertheorie ist.

3.5.1.1. Die Reliabilität von Differenzwerten

Das Konzept der *Reliabilität* von Meßwerten wurde bereits in Kapitel 2.1.2 im Rahmen der allgemeinen Meßfehlertheorie eingeführt. Es bezeichnet das Verhältnis der Varianz der wahren Meßwerte zur Varianz der tatsächlich erhaltenen, also fehlerbehafteten Meßwerte,

$$\text{(1)} \qquad \text{Rel}(\hat{\theta}) = \frac{\text{Var}(\theta)}{\text{Var}(\hat{\theta})},$$

oder in der Notation der Meßfehlertheorie

$$\text{Rel}(X) = \frac{\text{Var}(T_X)}{\text{Var}(X)}.$$

Nach dieser Definition lautet die Reliabilität von Differenzwerten

$$\text{(2)} \qquad \text{Rel}(D) = \frac{\text{Var}(T_D)}{\text{Var}(D)}.$$

Da sich der Differenzwert aus dem wahren Differenzwert T_D und dem Meßfehler E_D zusammensetzt,

$$D = T_D + E_D$$

und sich deren Varianzen auch addieren (vgl. Kap. 2.1.2):

$$\text{Var}(D) = \text{Var}(T_D) + \text{Var}(E_D),$$

läßt sich Gleichung (2) auch umformen zu

$$\text{(3)} \quad \text{Rel}(D) = \frac{\text{Var}(D) - \text{Var}(E_D)}{\text{Var}(D)} = 1 - \frac{\text{Var}(E_D)}{\text{Var}(D)}.$$

Die Varianz der Differenzwerte im Nenner von (3) läßt sich auf die Varianzen von Vor- und Nachtest, unter Berücksichtigung von deren Kovarianz zurückführen (vgl. Kap. 2.1.2):

$$\text{Var}(D) = \text{Var}(X) + \text{Var}(Y) - 2 \cdot \text{Cov}(X, Y).$$

Die Fehlervariable der Differenzwerte, E_D, läßt sich als Differenz der beiden Fehlervariablen von Vor- und Nachtest darstellen:

$$\begin{aligned} E_D = D - T_D &= (Y - X) - (T_Y - T_X) \\ &= T_Y + E_Y - (T_X + E_X) - T_Y + T_X \\ &= E_Y - E_X, \end{aligned}$$

so daß sich auch deren Varianzen addieren

$$\mathrm{Var}(E_D) = \mathrm{Var}(E_Y) + \mathrm{Var}(E_X),$$

wenn man annimmt, daß die Fehlervariablen unkorreliert sind. Diese Annahme wird zwar im Rahmen der Meßfehlertheorie meistens getroffen (s. das sog. Axiom IV der Meßfehlertheorie, Kap. 2.1.2), ist aber gerade bei der Veränderungsmessung problematisch und wird bei einigen statistischen Modellen der Veränderungsmessung auch nicht oder nur in abgeschwächter Form getroffen.

Setzt man diese Varianzzerlegungen in Gleichung (3) ein, so ergibt sich

$$(4)\quad \mathrm{Rel}(D) = 1 - \frac{\mathrm{Var}(E_X) + \mathrm{Var}(E_Y)}{\mathrm{Var}(X) + \mathrm{Var}(Y) - 2 \cdot \mathrm{Cov}(X,Y)}.$$

Aus dieser Gleichung wird ersichtlich, daß in die Reliabilität der Differenzwerte die Meßfehlervarianzen von *beiden* Meßzeitpunkten additiv eingehen. Salopp ausgedrückt, haben die Differenzwerte einen *doppelten Meßfehleranteil*, was für die geringere Reliabilität verantwortlich ist.

Betrachtet man den Nenner in Formel (4), so stellt man fest, daß hier auch die Varianzen der geschätzten Meßwerte sich addieren und der Bruch somit wieder ausgewogener wird. Im Gegensatz zum Zähler wird aber im Nenner die *doppelte Kovarianz der Meßwerte* von der Summe ihrer Varianzen wieder abgezogen. D. h. der Nenner verringert sich in dem Maß, in dem die beiden Meßwerte miteinander kovariieren. Der doppelte Meßfehleranteil im Zähler wird also nicht durch eine doppelt hohe Varianz im Nenner kompensiert - wenn Vor- und Nachtestwerte kovariieren.

Man kann sagen, daß diese Reliabilitätsformel nur dann zu einer 'normalen' Höhe der Reliabilität führt, wenn beide Meßwerte *nicht* miteinander korrelieren. Eine solche Nullkorrelation ist aber im Rahmen von Veränderungsmessung kaum denkbar, da ja beide Messungen *dieselbe* Variable erfassen sollen, lediglich mit einer mehr oder weniger großen Veränderung zwischen den Messungen. Das Resultat klingt paradox, ist aber - wie die obigen Ausführungen gezeigt haben - durchaus logisch nachvollziehbar:

> *Je höher die Korrelation der Meßwerte zwischen zwei Meßzeitpunkten ist, desto geringer ist die Reliabilität der Differenzwerte.*

Dieser Sachverhalt kann auch graphisch nachvollzogen werden, wie die folgende Abbildung zeigt

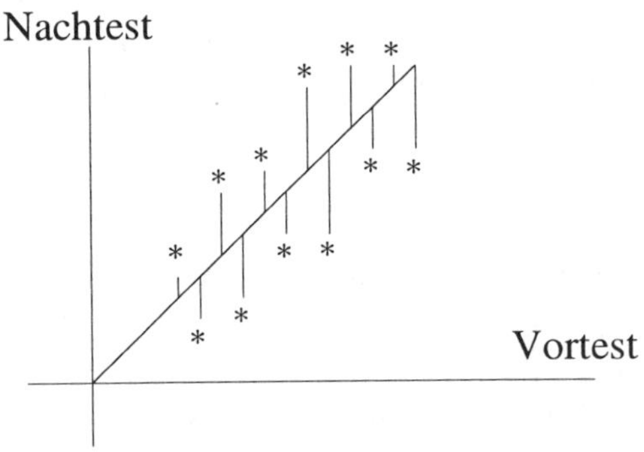

Abbildung 118: Differenzwerte als Abweichungen von der 45-Grad Linie

Die Differenzwerte D sind in der Abbildung als senkrechte Linien zwischen den Punkten, die jeweils eine Person repräsentieren, und der 45°-Linie dargestellt. Je schmaler und je länglicher die Punktewolke ist, desto höher ist die Korrelation von Vor- und Nachtestwerten und desto kleiner wird auch die Varianz von D. Sie nähert sich im Extremfall der Größenordnung der Fehlervarianz der beiden

Meßwerte an, was dann eine Reliabilität von Null bedeutet.

Man kann aus diesen Überlegungen folgern, daß zwei Meßwertreihen X und Y *möglichst unabhängig* voneinander variieren müssen, wenn die Differenzwerte reliabel sein sollen. Verändern sich alle Personen in etwa gleichem Ausmaß , so ist die Korrelation von X und Y sehr hoch und die Reliabilität der Differenzwerte nahe Null.

Es liegt an der Definition der Reliabilität als Varianzverhältnis, daß die Reliabilität von Differenzwerten nicht nur etwas darüber aussagt, wie genau *intra*individuelle Veränderungen (= innerhalb der Person) gemessen werden, sondern auch wie stark die *inter*individuellen Unterschiede (= zwischen den Personen) dieser Veränderung sind.

Während Formel (4) die Reliabilität der Differenzwerte auf die Varianzen und Kovarianzen von Vor- und Nachtest zurückführt, zeigt die folgende Gleichung die Abhängigkeit der Reliabilität der Differenzwerte von der *Reliabilität von Vor- und Nachtest* und deren *Korrelation*. Unter der Annahme, daß zu beiden Meßzeitpunkten die Fehlervarianzen gleich sind, die Varianzen der geschätzten Meßwerte gleich sind und somit auch deren Reliabilitäten gleich sind, gilt die folgende Beziehung:

(5) $$\mathrm{Rel}(D) = \frac{\mathrm{Rel}(X) - \mathrm{Korr}(X,Y)}{1 - \mathrm{Korr}(X,Y)}.$$

Korr(X,Y) bezeichnet die Korrelation von Vortest X und Nachtest Y.

Ableitung:

Aus der Reliabilitätsdefinition

$$\mathrm{Rel}(D) = \frac{\mathrm{Var}(D) - \mathrm{Var}(E_D)}{\mathrm{Var}(D)}$$

folgt nach Einsetzen von $D = X - Y$ und $E_D = E_Y - E_X$ wegen der Unkorreliertheit der Meßfehler:

$$\mathrm{Rel}(D) = \frac{\mathrm{Var}(X) + \mathrm{Var}(Y) - 2\,\mathrm{Cov}(X,Y) - \mathrm{Var}(E_X) - \mathrm{Var}(E_Y)}{\mathrm{Var}(X) + \mathrm{Var}(Y) - 2\,\mathrm{Cov}(X,Y)}$$

Nimmt man vereinfachend an, daß die Fehlervarianzen gleich sind, $\mathrm{Var}(E_X) = \mathrm{Var}(E_Y)$, und die Meßwertvarianzen gleich sind, $\mathrm{Var}(X) = \mathrm{Var}(Y)$, und dividiert man Zähler und Nenner durch Var(X), so ergibt sich

$$\mathrm{Rel}(D) = \frac{1 + 1 - 2 \cdot \mathrm{Korr}(X,Y) - 2(1 - \mathrm{Rel}(X))}{1 + 1 - 2 \cdot \mathrm{Korr}(X,Y)}$$

da $\dfrac{\mathrm{Var}(E_X)}{\mathrm{Var}(X)} = 1 - \mathrm{Rel}(X)$ ist.

Kürzt man die 2, so ergibt sich

$$\mathrm{Rel}(D) = \frac{\mathrm{Rel}(X) - \mathrm{Korr}(X,Y)}{1 - \mathrm{Korr}(X,Y)}.$$

Man sieht an dieser Gleichung, daß unter den getroffenen, vereinfachenden Annahmen die Reliabilität der Differenzwerte nur dann in ihrer Höhe der Reliabilität eines der beiden beteiligten Meßwerte entspricht, wenn die Korrelation der beiden Meßwerte 0 ist. Je höher beide Meßwertreihen miteinander korrelieren, desto stärker sinkt die Reliabilität der Differenzwerte.

Beträgt z.B. die Reliabilität beider Messungen 0.8 und korrelieren beide Messungen mit 0.7 miteinander, so beträgt die Reliabilität der Differenzwerte lediglich 0.33.

Für die Testkonstruktion ist aus diesen Ableitungen die Folgerung zu ziehen, daß man für Veränderungsmessung möglichst *änderungssensitive* Items formulieren muß, die dem sonst üblichen Prinzip möglichst großer Stabilität gegenüber der Testsituation widersprechen. Aufgrund der Reliabilitätsproblematik erfordert Veränderungsmessung auch eine andere Art der Itemkonstruktion.

3.5.1.2 Die Korrelation von Anfangswert und Differenzwert

Bei vielen Anwendungen von Modellen zur Veränderungsmessung müssen Fragen beantwortet werden, die *gleichzeitig* den Ausgangswert der Veränderung (Anfangswert) wie das Ausmaß der Veränderung (Differenzwert) betreffen. Oft ist man auch direkt am *Zusammenhang von Anfangswert und Differenzwert* interessiert, etwa wenn es darum geht, ob das Ausmaß der Veränderung eine andere diagnostische Information besitzt als das Ausgangsniveau.

In beiden Fällen macht es sich sehr nachteilig bemerkbar, daß Anfangswert und Differenzwert artifiziell, d.h. künstlich miteinander korreliert sind, und zwar in *negativer* Richtung. Das bedeutet, daß niedrigere Anfangswerte mit höheren Differenzwerten also Zuwachswerten einhergehen. Generell gibt es für die negative Korrelation von Anfangs- und Differenzwert einen *psychologischen*, einen *technischen* und einen *algebraischen* Grund.

Der psychologische Grund kann darin liegen, daß Probanden mit niedrigeren Ausgangswerten einfach *mehr Möglichkeiten* haben, sich in positive Richtung zu verändern und somit höhere Differenzwerte hervorzubringen. Z.B. haben Schüler mit schlechteren Ausgangsleistungen *die größeren Chancen* etwas dazu zu lernen, wenn der Unterricht auf die Förderung des unteren Leistungsspektrums ausgerichtet ist. Eine empirisch ermittelte negative Korrelation von Anfangswert und Differenzwert kann damit eine bestimmte inhaltliche Bedeutung haben, die mit der Abstimmung der Veränderungsmaßnahme auf das Ausgangsniveau zu tun hat. Eine dadurch bedingte negative Korrelation ist nicht artifiziell, sondern *substantiell*.

Der technische Grund liegt darin, daß der Vortest naturgemäß oft *zu schwer* ist, d.h. viele Items nicht in positiver Richtung beantwortet werden, während der Nachtest nach erfolgter Maßnahme oft *zu leicht* ist. Dies gilt nicht nur für *Leistungstests*, bei denen man vor einem Lernprogramm oft überfordert ist, während der Test nach dem Lernprogramm zu leicht ist. Das gilt im übertragenen Sinne auch für die Erfolgskontrolle bei Therapiestudien oder anderen Veränderungsmaßnahmen.

In diesem Fall weist der Vortest einen Bodeneffekt (Flooreffekt) auf, während der Nachtest einen Deckeneffekt (Ceilingeffekt) aufweist (vgl. Kap. 3.1). Diese Effekte sind insbesondere dann zu erwarten, wenn man *dieselben Items für beide Zeitpunkte* verwendet, anstatt die Items im Nachtest ein wenig schwerer, die im Vortest ein wenig leichter zu gestalten.

Während beide Effekte generell eine *Erhöhung der Fehlervarianz* im Vergleich zur tatsächlichen Varianz der Personenvariable, und somit eine *Senkung der Reliabilität* bewirken, bewirkt ein Ceilingeffekt im Nachtest speziell eine Veränderung der Korrelation zwischen Anfangswert und Differenzwert in Richtung einer Negativkorrelation. Dieser Effekt ist durch eine *geeignete Testkonstruktion* im Prinzip behebbar.

Die eigentlich problematische, weil algebraisch bedingte Ursache für die negative Korrelation liegt darin, daß hier eine *Variable mit einer Funktion von sich selbst* korreliert wird, und somit eine Art von 'Autokorrelation' (dt. etwa Selbstkorrelation) erzeugt wird. Der Differenzwert ist eine *lineare Funktion* vom Anfangswert, in der der Anfangswert mit negativem Vorzeichen enthalten ist. Somit wird die Korrelation zwischen Anfangswerten und Differenzwerten negativ beeinflußt.

Diese Ursache kann man noch in zwei Teilkomponenten aufteilen, nämlich einmal tritt dieser Effekt auch bei völlig exakten Messungen, d.h. *unabhängig vom Einfluß eines Meßfehlers* auf. Zum anderen trägt der Meßfehler *zusätzlich* zur Veränderung der Korrelation in negativer Richtung bei. Beides soll anhand eines kleinen Datenbeispiels verdeutlicht werden.

Beispiel: unkorrelierter Vor- und Nachtest

Die folgende Abbildung zeigt die fehlerfreien Vor- und Nachtestergebnisse von vier Personen mit einer Null-Korrelation zwischen den beiden Meßzeitpunkten.

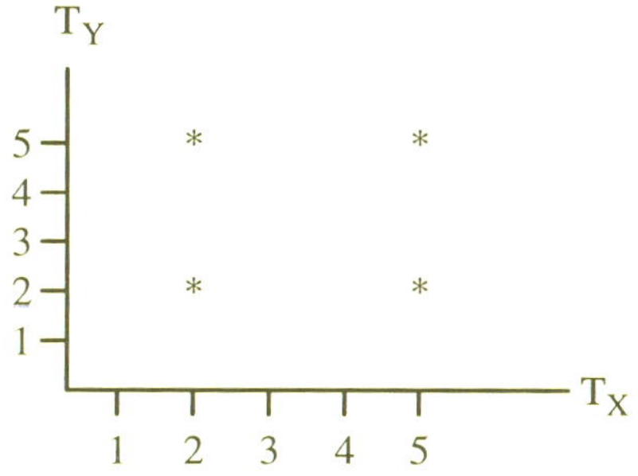

Jeder Vortestmeßwert ist in diesem Datenbeispiel gleich oft mit jedem Nachtestmeßwert verknüpft, so daß es sich korrelationsstatistisch um zwei völlig *unabhängige Dimensionen* handelt.

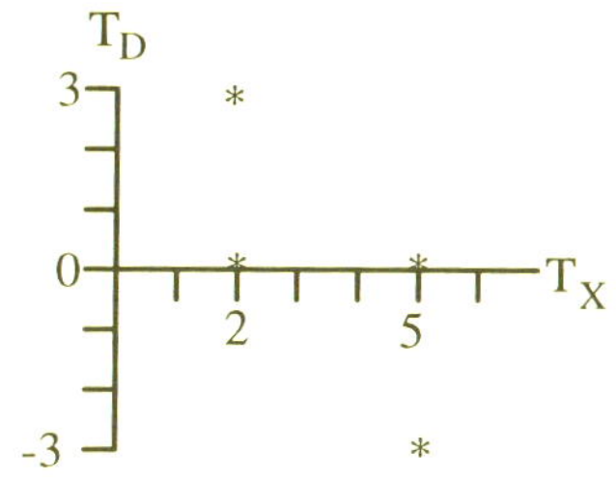

Die zweite Abbildung zeigt das Punktediagramm für Anfangswert und Differenzwert, woraus deutlich ersichtlich ist, daß die Korrelation zwischen beiden negativ ist. Dieser Effekt ist nicht überraschend, sondern eine algebraische Notwendigkeit.

Die zweite Wirkkomponente stellt der *Meßfehler des Vortests*, E_x, dar, der in beide Variablen, die hier miteinander korreliert werden, mit umgekehrtem Vorzeichen eingeht:

$$(1)\quad \mathrm{Korr}(X,D) = \mathrm{Korr}(T_X + E_X, T_D + E_D) = \mathrm{Korr}(T_X + E_X, T_Y - T_X + E_Y - E_X)$$

Dies führt dazu, daß sogar in Datensätzen, bei denen (wahrer) Anfangswert und (wahrer) Differenzwert *tatsächlich unkorreliert* sind, eine negative Korrelation der meßfehlerbehafteten Messungen zu beobachten ist. Das folgende Beispiel soll dies verdeutlichen.

Beispiel: unkorrelierter Anfangs- und Differenzwert

T_X	T_D	T_Y	E_X	X	D= T_Y–X
2	1	3	+1	3	0
2	3	5	+1	3	2
5	1	6	+1	6	0
5	3	8	+1	6	2
2	1	3	–1	1	2
2	3	5	–1	1	4
5	1	6	–1	4	2
5	3	8	–1	4	4

Die Tabelle gibt die Meßwerte von 8 Personen wieder, deren wahrer Anfangswert T_X *nicht* mit ihrem wahren Differenzwert T_D korreliert. Man sieht dies daran, daß jede Valenz von T_D gleich häufig mit jeder Valenz von T_X kombiniert ist.

Während T_Y meßfehlerfrei bleibt, was die Aussagekraft des Beispiels nicht beeinträchtigt, wird für T_X ein Meßfehler E_X eingeführt, der sowohl mit T_X als auch mit T_D unkorreliert ist. Für das meßfehlerbehaftete $X = T_X + E_X$ zeigt sich eine negative Korrelation mit D:

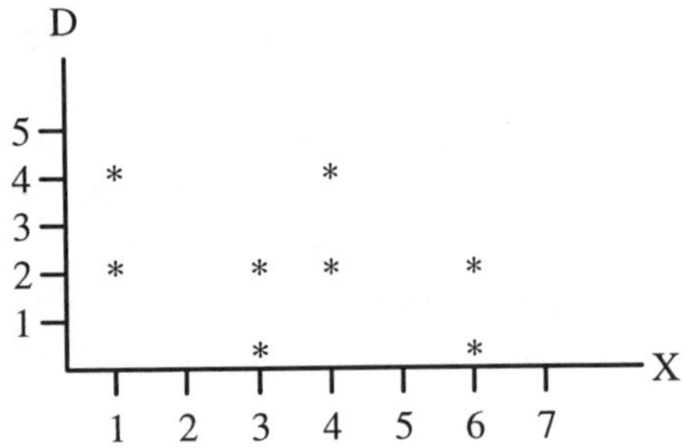

Während man gegen den erstgenannten Wirkungsmechanismus nichts unternehmen kann (es ist und bleibt problematisch, eine Variable mit einer Funktion ihrer selbst zu korrelieren), so kann man den *Effekt des Meßfehlers* abschätzen und die empirisch berechnete Korrelation entsprechend korrigieren. Dies geht mit Hilfe einer sogenannten *Verdünnungsformel*, die man im Rahmen der allgemeinen Meßfehlertheorie ableiten kann (s.a. Kap. 6.4.2).

Der Zweck solcher Verdünnungskorrekturen von Korrelationskoeffizienten besteht darin, die Korrelation zu berechnen, die sich ergeben würde, wenn man meßfehlerfrei messen könnte.

Mit Hilfe der sogenannten Axiome der Meßfehlertheorie (s.o. Kap. 2.1.2 und Kap. 6.1.1) läßt sich für die Korrelation von *meßfehlerfreiem* Anfangswert T_X und *meßfehlerfreiem* Differenzwert T_D die folgende Formel ableiten (s bezeichnet die Standardabweichung $s(X) = \sqrt{Var(X)}$, s^2 die Varianz und r die Korrelation):

$$(8)\ r(T_X, T_D) = \frac{s(Y)r(X,Y) - s(X)Rel(X)}{\sqrt{Rel(X)(Rel(Y)s^2(Y) + Rel(X)s^2(X) - 2r(X,Y)s(X)s(Y))}}.$$

Um die Struktur dieser Formel zu erkennen, ist es sinnvoll, sie mit Hilfe zusätzlicher Annahmen *weiter zu verkürzen*. So ergibt sich unter der Annahme, daß die Varianzen von Vor- und Nachtest gleich und auf eine Varianz von 1 standardisiert sind, die folgende Verkürzung:

$$(9)\ r(T_X, T_D) = \frac{r(X,Y) - Rel(X)}{\sqrt{Rel(X)(Rel(X) + Rel(Y) - 2(r(X,Y)))}}.$$

Man sieht an dieser Gleichung, daß unter der genannten Annahme die Korrelation von wahrem Anfangswert und wahrem Differenzwert in der Regel *negativ* ist, da die Reliabilität des Vortests größer als die

Korrelation mit dem Nachtest ist (und somit der Zähler negativ wird). Daß die Reliabilität eines Meßwertes stets größer ist als jede Korrelation mit einem anderen Meßwert gleicher Reliabilität, ergibt sich aus den Annahmen der Meßfehlertheorie (s.u. Kap. 6.4.2).

Nimmt man weiter an, daß *Vor- und Nachtest meßfehlerfrei* sind, also die Reliabilitäten von X und Y gleich 1 sind, so verkürzt sich diese Formel weiter zu

$$(10)\quad r\left(T_{X}, T_{D}\right) = \frac{r(X,Y) - 1}{\sqrt{2}\,\sqrt{1 - r(X,Y)}}.$$

Aus ihr ist der bereits oben dargestellte Sachverhalt ablesbar, daß selbst bei einer Nullkorrelation von Vortest und Nachtest der Vortest mit dem Differenzwert negativ korreliert, und zwar *unabhängig vom Meßfehler*. Unter den genannten Annahmen beträgt diese Korrelation

$$r(X,D) = -\frac{1}{\sqrt{2}} = -0.707\,.$$

Rechnet man für das obengenannte kleine Datenbeispiel die Höhe der negativen Korrelation aus, so ergibt sich ebenfalls dieser Betrag von –0.7.

Betrachtet man abschließend noch einmal die *vollständige Formel (8)*, so sieht man, daß die Korrelation zwischen wahrem Anfangswert und wahrem Differenzwert überhaupt nur positiv werden kann, wenn die *Varianz der Meßwerte im Nachtest sehr viel größer* ist als die Varianz der Meßwerte im Vortest. Dies ist auch intuitiv nachvollziehbar, denn bei einer positiven Korrelation von Anfangswert und Differenzwert kommen zu niedrigen Anfangswerten kleine Differenzen hinzu, während zu großen Anfangswerten große Differenzen hinzukommen. Dies bewirkt eine Erhöhung der Varianz des Nachtests im Vergleich zum Vortest.

Generell muß man sich dieser negativen Korrelation und ihrer verschiedenen Ursachen bewußt sein, wenn man mit Anfangswert und Differenzwert gemeinsam weitere Berechnungen anstellt, z.B. klären in Regressionsanalysen Anfangswert und Differenzwert als Prädiktoren gleiche Anteile der Kriteriumsvarianz auf.

3.5.1.3 Messen Vor- und Nachtest dasselbe?

Der Volksmund sagt, man darf nicht Äpfel und Birnen zusammenzählen. Genauso wenig darf man Meßwerte voneinander subtrahieren, wenn nicht klar ist, daß wirklich dieselbe Variable gemessen wurde. Dies ist das *Validitätsproblem* der Veränderungsmessung.

Genauso wie man bei der Berechnung eines Meßwertes aufgrund von Itemantworten zu prüfen hat, ob alle Items dieselbe Personenvariable messen, so muß auch bei der Bildung von Differenzwerten geprüft werden, ob die gemessene Personenvariable zu beiden Zeitpunkten dieselbe ist.

Zu einem 'klassischen' Problem der Veränderungsmessung ist dieser Sachverhalt deswegen geworden, weil normalerweise *mit Hilfe der Korrelation* zwischen zwei Variablen geprüft wird, inwieweit beide Variablen dasselbe messen. Im Falle von Veränderungen zwischen beiden Meßzeitpunkten *versagt* dieses Instrument der Korrelation, denn die Personenwerte *sollen* sich ja in individuell unterschiedlicher

Weise verändern (und daher niedrig miteinander korrelieren).

Mit der Anwendung von Testmodellen gibt es andere Möglichkeiten, die Frage nach der Validität zu beantworten, so daß dieses Problem lösbar wird.

'Dasselbe messen' heißt bei Testmodellen nichts anderes, als daß sich zwischen den Zeitpunkten *lediglich die Ausprägungen der Personenvariable* verändern dürfen, alle anderen Modellparameter aber konstant bleiben müssen.

Das bedeutet, man kann die Itemantworten zum zweiten Testzeitpunkt so behandeln als wären sie *von anderen Personen* hervorgebracht worden. Die Prüfung, ob die *echten* Personen (zum ersten Meßzeitpunkt) und die *virtuellen* Personen (zum zweiten Meßzeitpunkt) gemeinsam die Bedingungen eines Testmodells erfüllen, beantwortet dann die Frage, ob Vor- und Nachtest dasselbe messen.

Konkret ausgedrückt, kann man die Datenmatrizen von beiden Meßzeitpunkten untereinander schreiben und mit doppelter Personenanzahl bei gleicher Itemanzahl die Parameter eines Testmodells schätzen. Dies setzt natürlich voraus, daß zu beiden Meßzeitpunkten dieselben Items verwendet wurden.

Dieser Weg zur Untersuchung des Validitätsproblems ist sowohl bei quantitativen wie bei qualitativen Testmodellen anwendbar.

Im ersten Fall müssen die *Itemparameter für alle Personen konstant* sein, d.h. sie dürfen sich für die echten und die virtuellen Personen nicht unterscheiden. Das wäre mit entsprechenden Modellgeltungskontrollen zu prüfen (s.u. Kap. 5.).

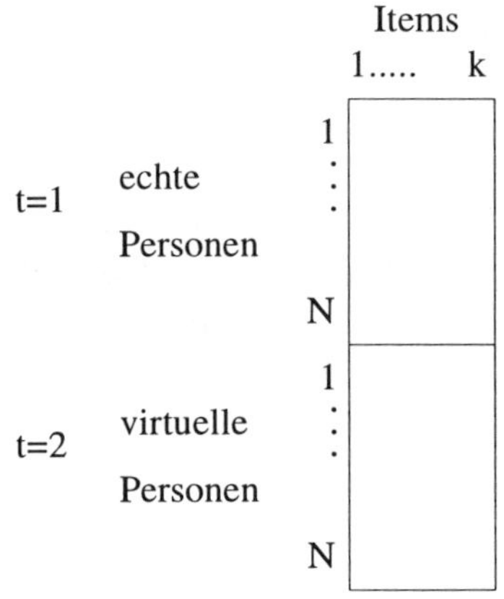

Abbildung 119: Reorganisation der Datenmatrix

Im zweiten Fall einer kategorialen Personenvariable heißt das, daß sich *zu beiden Meßzeitpunkten dieselben Klassen* ergeben müssen. Es müssen sich für Vor- und Nachtest dieselbe Klassenanzahl und dieselben Antwortwahrscheinlichkeiten innerhalb der Klassen ergeben. Veränderung drückt sich dann durch einen *Wechsel der Personen* von einer Klasse zu einer anderen Klasse aus.

Im Extremfall kann sich auch ergeben, daß es beim Nachtest Klassen gibt, die es im Vortest *noch nicht* gab, und im Vortest Klassen gab, die es beim Nachtest *nicht mehr* gibt. Ändern sich jedoch die Antwortwahrscheinlichkeiten in den Klassen zwischen den beiden Meßzeitpunkten, so ist das Validitätsproblem der Veränderungsmessung nicht gelöst: es gibt keinen Beleg dafür, daß Vor- und Nachtest dasselbe messen.

Die Voraussetzung dieser Art der Untersuchung der Validitätsproblematik, daß nämlich zu beiden Meßzeitpunkten *dieselben Items* verwendet werden, ist sehr restriktiv. Man kann die Überlegungen jedoch auf die Situation verallgemeinern, daß *lediglich einige Items* im Vor- und Nachtest identisch sind. Man erhält dann eine unvollständige Datenmatrix (s. Abb. 120) und die Beantwortung der Validitätsfrage ruht lediglich auf den jeweiligen *Brückenitems*.

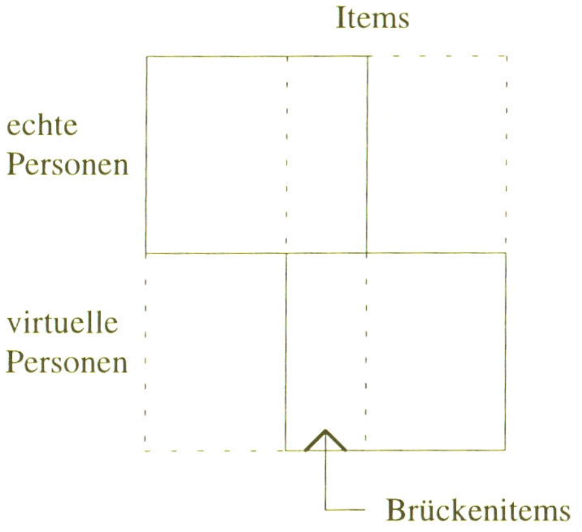

Abbildung 120: Unvollständige Datenmatrix

Items, die *nur* im Vortest oder *nur* im Nachtest vorgegeben werden, tragen nichts zur Klärung der Frage bei, ob Vor- und Nachtest dieselbe Personenvariable messen.

Literatur

Die klassischen Probleme der Veränderungsmessung wurden von Bereiter (1963) und Cronbach & Furby (1970) systematisch behandelt. Verdünnungsformeln zur Berücksichtigung des Meßfehlers bei der Veränderungsmessung finden sich in Lord & Novick (1968). Neuere Darstellungen geben Petermann (1978), Raykov 1994, Renkl & Gruber (1995), Rogossa (1988), Rogossa et al. (1982) und Willet (1989).

Übungsaufgaben:

1. Wie hoch ist die Reliabilität der Differenzwerte, wenn Vor- und Nachtest eine Reliabilität von 0.8 haben und ihre Korrelation 0.5 beträgt?
2. Wie hoch ist unter den Gegebenheiten der Aufgabe 1 und der Annahme gleicher Varianzen von Vor- und Nachtest die Korrelation von wahrem Anfangswert und wahrem Differenzwert? Wie groß muß die Varianz des Nachtests mindestens sein, damit diese Korrelation positiv wird (die Varianz des Vortests beträgt 1)?
3. Vortest und Nachtest bestehen aus unterschiedlichen Items und es gibt keine Brückenitems. Sie haben jedoch beide Tests zu *einem* Zeitpunkt, d.h. ohne Veränderungsmaßnahme, einer zweiten Personenstichprobe vorgegeben. Was tun Sie zur Klärung der Frage, ob Vor- und Nachtest in der Veränderungsstichprobe dasselbe messen?

3.5.2 Dreifaktorielle Testmodelle: Personen, Items und Zeitpunkte

Die Aufgabenstellung der Veränderungsmessung wird in diesem Kapitel als die Verallgemeinerung der Testtheorie von einer *zweidimensionalen* Datenstruktur (Personen × Item-Datenmatrix) auf eine *dreidimensionale Datenstruktur* betrachtet (s. Abb.121).

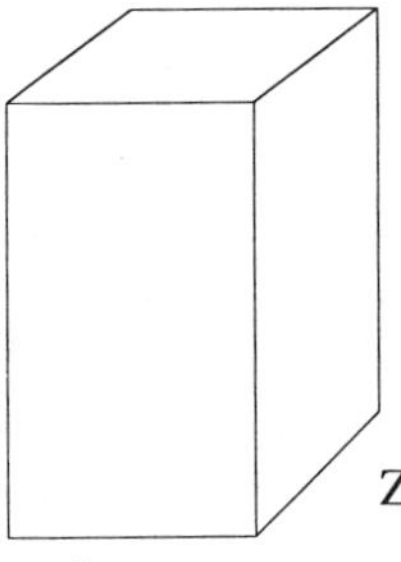

Abbildung 121: Dreidimensionale Datenstruktur

Diese Verallgemeinerung wird hier *nur für dichotome Daten* dargestellt. Für das *Rasch-Modell* zeigt sich dabei, daß es nicht nur *eine* Verallgemeinerung gibt, sondern je nach den getroffenen Annahmen ein *System von 8 Testmodellen* für dreifaktorielle Datenstrukturen resultiert. Dieses System wird im folgenden beschrieben, beginnend mit dem einfachsten und zugleich *restriktivsten Modell.*

Das Rasch-Modell läßt sich derart auf 3 Faktoren erweitern, daß man neben der Personenfähigkeit und der Itemschwierigkeit einen dritten Parameter, den *Zeitpunkteffekt* δ_t (delta) einführt.

Der Zeitpunktparameter δ_t beschreibt den Einfluß des Meßzeitpunktes auf die Lösungswahrscheinlichkeit, der *bei allen* Personen und *bei allen* Items als gleich groß angenommen wird. Man bezeichnet dieses Veränderungsmodell daher auch als das Modell *globaler Veränderungen,* weil die Veränderung weder spezifisch für einzelne Personen noch spezifisch für einzelne Items ist.

$$(1)\quad p(X_{vit}=1)=\frac{\exp(\theta_v+\sigma_i+\delta_t)}{1+\exp(\theta_v+\sigma_i+\delta_t)}$$

Aus Symmetriegründen werden in diesem Unterkapitel alle Modellparameter mit einem Pluszeichen verknüpft. Es handelt sich bei σ_i somit um die Item*leichtigkeit,* statt -schwierigkeit. Entsprechend beschreibt der Zeitpunktparameter δ_t die *Leichtigkeit* des Tests zum Zeitpunkt t.

Führt man z.B. im Rahmen einer Studie zum Therapieverlauf in jeder Woche denselben Test durch, so beschreibt δ_t die 'Leichtigkeit' des Tests in der t-ten Therapiewoche und kann als globales Maß für den Therapieverlauf bei allen Patienten interpretiert werden.

Eine allgemeinere Bezeichnung des Modells (1) lautet *dreifaktorielles Rasch-Modell,* da es nicht auf *Zeitpunkte* als dritten Faktor beschränkt ist, sondern z.B. auch unterschiedliche *Situationen* als dritten Einflußfaktor berücksichtigen kann.

In Analogie zur Terminologie der *Varianzanalyse* kann man das Modell auch als *Haupteffektmodell* bezeichnen.

Analogie zur Varianzanalyse

Die Analogie zur Varianzanalyse ergibt sich dadurch, daß man den Datenkubus (vgl. Abb. 121) als dreifaktoriellen Versuchsplan betrachtet mit den 3 unabhängigen Variablen: Personen, Items und Zeitpunkte. Da in dem Logit-Modell, in das sich Gleichung (1) umschreiben läßt (vgl. Kap. 3.1.1.2.2),

$$\log \frac{p(X_{vit}=1)}{p(X_{vit}=0)} = \theta_v + \sigma_i + \delta_t$$

keinerlei Wechselwirkungen zwischen den drei Faktoren zugelassen sind, handelt es sich um ein Haupteffektmodell.

Modell (1) stellt insofern die *konsequenteste Art* einer dreifaktoriellen Verallgemeinerung des Rasch-Modells dar, als auch hier die verschiedenen Einflüsse auf das Antwortverhalten voneinander *separiert* werden. Andererseits ist es äußerst restriktiv, da es annimmt, daß Veränderung für alle Personen und Items in gleichem Ausmaß stattfindet.

Nimmt man demgegenüber an, daß sich jede Person in unterschiedlichem Ausmaß verändert, so benötigt man ein Modell, das eine *Wechselwirkung* zwischen Personen und Items zuläßt. Statt der beiden Haupteffekt-Parameter θ_v und δ_t wird ein doppelt indizierter Paramter δ_{vt} eingeführt, so daß sich für den Exponenten α_{vit} in der dreifaktoriellen logistischen Modellstruktur

$$p(X_{vit}=1) = \frac{\exp(\alpha_{vit})}{1+\exp(\alpha_{vit})}$$

die additive Zerlegung

(2) $$\alpha_{vit} = \sigma_i + \delta_{vt}$$

ergibt. In diesem Modell beschreibt der Parameter δ_{vt} die Ausprägung der Personeneigenschaft zum Zeitpunkt t. Das Modell bildet *personenspezifische Veränderungen* ab.

In dem Beispiel einer Studie zum Therapieverlauf erhält man für jede Person in jeder Woche einen Eigenschaftsparameter, mit denen sich die *individuellen* Therapieverläufe darstellen lassen.

Im Hinblick auf die Schätzung seiner Parameter läßt sich dieses Modell auf das normale zweifaktorielle Rasch-Modell reduzieren, indem man die Personen zu jedem weiteren Zeitpunkt als *virtuell neue Personen* handhabt, d.h. die Datenmatrizen *untereinander* anordnet.

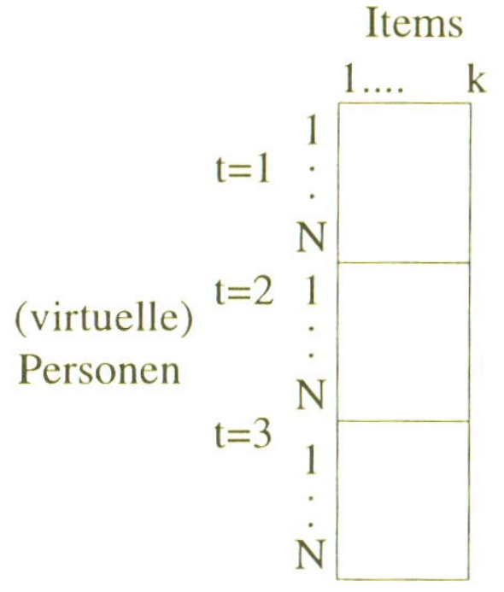

Abbildung 122: Datenorganisation für personenspezifische Veränderungen

Auf diese Weise wird *ein* Satz von Itemparametern geschätzt, der *für alle Personen* und *alle Zeitpunkte* gilt, jedoch wird für jede Person für jeden Zeitpunkt ein neuer Eigenschaftsparameter geschätzt.

Damit entspricht dieses Modell personenspezifischer Veränderung den Überlegungen, die im vorangegangenen Kapitel über die *klassischen Probleme der Veränderungsmessung* angestellt wurden. Insbesondere sind Differenzen der geschätzten $\delta_{vt^{\wedge}}$-Parameter zwischen den Zeitpunkten relativ unreliabel, negativ mit dem ersten

Zeitpunktparameter korreliert und nur valide interpretierbar, wenn tatsächlich die Itemparameter für alle echten und virtuellen Personengruppen konstant sind. Letzteres ist bei der Modellanwendung zu prüfen.

Die übrigen 6 Veränderungsmodelle ergeben sich, wie Modell (2), durch Berücksichtigung verschiedener *Wechselwirkungen zwischen je zwei* der drei Einflußfaktoren.

Geht man davon aus, daß die Veränderung nicht personenspezifisch ist, aber die einzelnen *Items* in unterschiedlichem Ausmaß von der Veränderung betroffen sind, so ergibt sich das folgende Veränderungsmodell

(3) $\alpha_{vit} = \theta_v + \sigma_{it}$.

Es enthält mit dem σ_{it} Parameter einen Leichtigkeitsparameter für jedes Item zu jedem Zeitpunkt, ist also in der Lage, *itemspezifische Veränderungen* in Form von Differenzen dieser Parameter abzubilden.

Bei einem Test zur Kontrolle des Therapieverlaufs könnte es sich z.B. um einen Symptomfragebogen handeln, wobei sich die erfaßten Symptome während der Therapie in unterschiedlichem Ausmaß verändern. Der Therapieverlauf kann dann mittels der Paramter σ_{it} in Form von symptomspezifischen Veränderungsverläufen dargestellt werden.

Auch dieses Modell läßt sich auf das normale zweifaktorielle Rasch-Modell reduzieren, wenn man die Items zu jedem Testzeitpunkt als *virtuell neue Items* auffaßt, d.h. die Datenmatrizen *nebeneinander* schreibt.

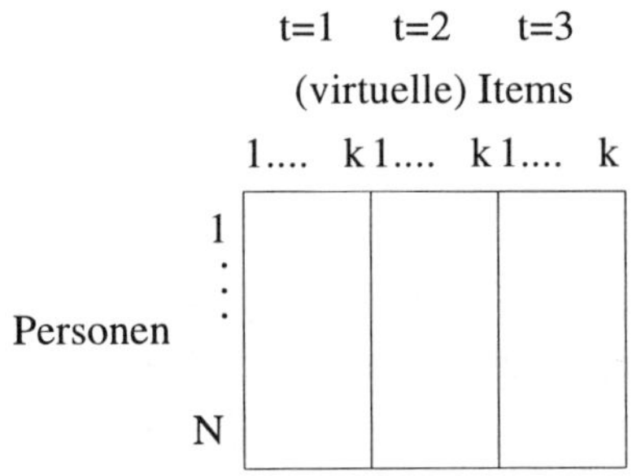

Abbildung 123: Datenorganisation für itemspezifische Veränderungen

Jede Veränderung wird hier durch eine Veränderung der Itemleichtigkeiten erfaßt, und die Personeneigenschaften bleiben konstant über alle Zeitpunkte.

Das dritte Modell mit *einem* Wechselwirkungsparameter ist das folgende:

(4) $\alpha_{vit} = \theta_{vi} + \delta_t$,

in dem die Veränderung mit dem Parameter δ_t global erfaßt wird, aber eine *Wechselwirkung zwischen Personen und Items* erlaubt ist. In diesem Modell wird das Grundprinzip von Rasch-Modellen aufgegeben, nämlich die Personeneinflüsse von den Itemeinflüssen zu separieren. Es stellt somit *keine* Anforderungen an die *Homogenität* des Itemmaterials, setzt aber voraus, daß sich die Veränderungen gleichmäßig auf jede Person × Item-Kombination auswirken.

Dieses Modell ist praktisch nur anwendbar, wenn man auf die Schätzung der *Wechselwirkungsparameter* θ_{vi} verzichtet. Das bedeutet, sie werden bei der Parameterschätzung der δ_t Parameter durch ihre er*schöpfenden Statistiken ersetzt* (vgl. Kap. 3.1.1.2.2). Die Grundstruktur dieses

Modells liegt dem sogenannten linear-logistischen Testmodell mit abgeschwächten Annahmen (LLRA wie **r**elaxed **a**ssumptions) zugrunde, das in Kapitel 3.5.4 ausführlicher behandelt wird.

In dem Beispiel der Therapiestudie würde Modell (4) es ermöglichen, den *globalen* Therapieeffekt von Woche zu Woche zu quantifizieren, auch wenn der eingesetzte Fragebogen gar nicht homogen im Sinne des Rasch-Modells ist. Das heißt, bei den Patienten kann das Muster der Symptome sehr unterschiedlich sein, so daß es keine konstanten Itemschwierigkeiten für alle Personen gibt. Das Modell (4) ermöglicht trotzdem eine Quantifizierung des Therapieverlaufs, sofern sich die Maßnahmen auf alle Personen und alle Symptome gleichermaßen auswirken.

Neben diesen drei Modellen mit jeweils *einer* Wechselwirkung zwischen zwei Faktoren gibt es auf der nächsten Verallgemeinerungsstufe drei Modelle mit je *zwei* Wechselwirkungsparametern. Das erste dieser Modelle realisiert eine *Kombination von itemspezifischen und personenspezifischen* Veränderungen:

(5) $$\alpha_{vit} = \sigma_{it} + \delta_{vt}.$$

Angewendet auf das Therapie-Beispiel besagt dieses Modell, daß die Therapieerfolge symptomspezifisch sind, wobei sich der symptomspezifische Verlauf für die σ_{it}-Parameter darstellen läßt. Zudem gibt es aber auch individuelle Unterschiede im Therapieerfolg, was in den Verläufen der Eigenschaftsparameter δ_{vt} zum Ausdruck kommt. Insgesamt gesehen, ist es ein sehr wenig restriktives Modell, das aber fragwürdig in seiner Anwendung ist.

Da im Vergleich zum normalen Rasch-Modell sowohl Itemparameter wie Personenparameter einen *zweiten Index, t,* haben, erhält man die Parameter dieses Modells, indem man *für jeden Zeitpunkt getrennt* die Parameter des normalen Rasch-Modells schätzt: Alle Personen haben zu jedem neuen Zeitpunkt andere Fähigkeiten und stellen daher virtuell neue Personen dar. Ebenso haben alle Items zu jedem Zeitpunkt andere Leichtigkeiten und stellen somit virtuell neue Items dar.

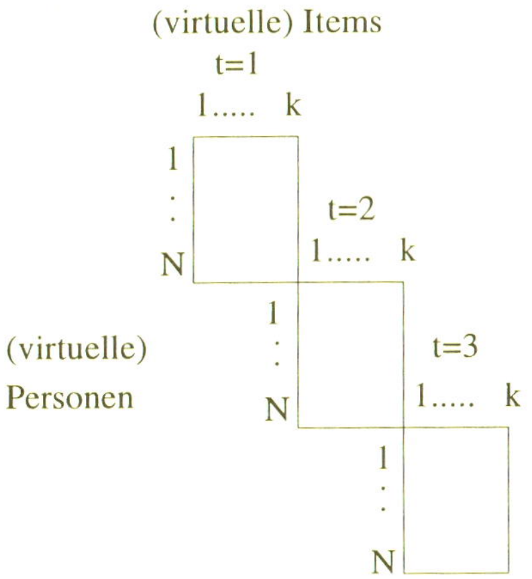

Abbildung 124: Datenorganisation für item- und personenspezifische Veränderungen

Es gibt bei dieser Datenstruktur keinen Zusammenhang mehr zwischen den Zeitpunkten und damit auch *kein Gesamtmodell* mehr für die gesamte Datenstruktur. Insbesondere ist das *Validitätsproblem*, d.h. die Frage, ob zu jedem Zeitpunkt noch dasselbe gemessen wird, bei diesem Modell nicht mehr lösbar. Jedoch ist das Modell *anwendbar*, da seine Parameter geschätzt werden können.

Schwieriger sieht es bei den beiden anderen Modellen mit doppelter Wechselwirkung aus. Nimmt man sowohl eine Wechselwirkung von Personen und Items als auch von Personen und Zeitpunkten an, so ergibt sich das Modell:

(6) $\alpha_{vit} = \theta_{vi} + \delta_{vt}.$

Hier sieht man allein schon an der Anzahl der zu schätzenden Parameter, daß das Modell praktisch nicht anwendbar ist: Jede Person erhält hier so viele Eigenschaftsparameter wie es Items und Zeitpunkte gibt.

Etwas weniger Parameter enthält das dritte Modell auf dieser Verallgemeinerungsstufe:

(7) $\alpha_{vit} = \theta_{vi} + \sigma_{it}.$

Es bildet mit dem Parameter σ_{it} itemspezifische Veränderungen ab und gibt gleichzeitig die Annahme der Itemhomogenität für alle Personen auf, da es einen Wechselwirkungsparameter zwischen Personen und Items enthält. In diesem Modell gibt es praktisch keinen Zusammenhang zwischen den Items mehr: sowohl die Personeneigenschaften als auch die Veränderungen sind itemspezifisch. Als Konsequenz lassen sich die Parameter dieses Modells schätzen, indem man für jedes *Item* getrennt eine Personen × Zeitpunkte Matrix aufstellt und darauf das normale zweifaktorielle Rasch-Modell anwendet:

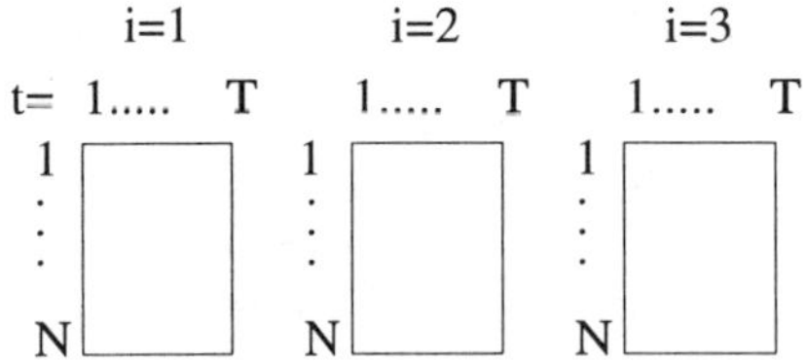

Abbildung 125: Datenorganisation für Modell (7)

Die Itemparameter entsprechen dabei den Zeitpunktparametern des Modells (7). Auch wenn bei diesem Modell jedes einzelne Item wie ein eigener Test behandelt wird, hat das Modell interessante Anwendungsfelder. Im Beispiel der Therapiestudie beschreiben die σ_{it}-Parameter den 'globalen', d.h. für alle Patienten gleichen Verlauf der Veränderungen jedes einzelnen Symptoms. Die Ausprägung des Symptoms kann dabei für jede Person unterschiedlich sein.

Als *achtes Modell* in dieser Systematik ergibt sich ein Modell mit *drei* Wechselwirkungsparametern:

(8) $\alpha_{vit} = \theta_{vi} + \sigma_{it} + \delta_{vt}.$

Wie bereits Modell (6), so ist auch dieses Modell praktisch nicht anwendbar und vervollständigt lediglich das System, welches in Abbildung 126 dargestellt ist.

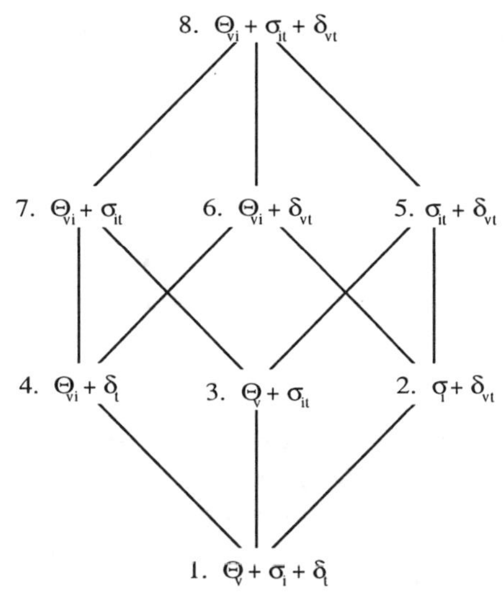

Abbildung 126: Das System der 8 dreifaktoriellen Veränderungsmodelle

Die Abbildung zeigt die vier Ebenen der Verallgemeinerung und verbindet solche Modelle miteinander, von denen das darunter stehende ein *Spezialfall* des darüber liegenden ist. Solche Relationen sind wichtig, wenn man Modellgeltungskontrollen vornehmen will, in denen ein spezifischeres Modell gegen ein allgemeineres getestet wird (s.u. Kap. 5.).

Dieses System läßt sich auch für *ordinale* Rasch-Modelle verallgemeinern, was hier jedoch nicht nachvollzogen werden soll.

Für Testmodelle mit kategorialer Personenvariable, also für *qualitative Testmodelle* reduziert sich dieses System auf lediglich *drei* unterschiedliche Modelle, da Wechselwirkungen zwischen Personen und Items bei latent-class Modellen ohnedies enthalten sind (alle Items haben für jeden Wert der Personenvariable unterschiedliche Leichtigkeiten). Es entfallen somit die Modelle 4, 6, 7 und 8.

Auch das restriktivste Modell (1) mit *globaler Veränderung* ist *nicht* auf qualitative Testmodelle übertragbar: Da bei diesen Modellen die Items einen quantitativen Parameter haben, die Personen aber einen kategorialen, kann globales Lernen nicht als für alle Personen konstante Veränderung definiert werden.

Hingegen sind die Konzepte von *itemspezifischer Veränderung und personenspezifischer Veränderung* sehr wohl auf qualitative Testmodelle übertragbar. Das Analogon zu Modell (3) mit itemspezifischer Veränderung bedeutet, daß sich die klassenspezifischen Itemlösungswahrscheinlichkeiten von Zeitpunkt zu Zeitpunkt verändern, während die Personenvariable, also die Klassenzugehörigkeit, konstant bleibt. Daraus ergibt sich das Klassenmodell

(9) $$p(X_{vit}=1)=\sum_{g=1}^{G}\pi_g\,\pi_{igt}.$$

Die Parameter dieses Modells können wiederum dadurch geschätzt werden, daß die Datenmatrizen *nebeneinander* gestellt werden und die Items zu jedem neuen Testzeitpunkt als *virtuell neue Items* behandelt werden (s. Abb. 123). Die ermittelte Klasseneinteilung gilt dann für alle Items und Testzeitpunkte, d.h. die Personen wechseln *nicht* die Klassenzugehörigkeit von Zeitpunkt zu Zeitpunkt. Veränderung bedeutet in diesem Modell, daß sich *innerhalb* der Klassen die Lösungswahrscheinlichkeiten ändern.

Demgegenüber läßt sich *personenspezifische Veränderung* in Klassenmodellen als *Klassenwechsel* beschreiben, wobei die Lösungswahrscheinlichkeiten innerhalb der Klassen über die Zeitpunkte hinweg konstant bleiben:

(10) $$p(X_{vit}=1)=\sum_{g=1}^{G}\pi_{gt}\,\pi_{ig}.$$

Der Parameter π_{gt} bezeichnet hier die Größe der Klasse g zum Zeitpunkt t.

Die Parameter dieses Modells lassen sich dadurch schätzen, daß man die Datenmatrizen *untereinander* schreibt, d.h. die Personen zu jedem neuen Zeitpunkt als *virtuell neue Personen* behandelt (vgl. Abb. 122). Damit werden die klassenspezifischen Lösungswahrscheinlichkeiten über alle Zeitpunkte konstant gehalten, während sich Veränderung im Klassenwechsel ausdrückt.

Auf diese Weise erhält man nur die über alle Zeitpunkte *gemittelten* Klassengrößenparameter π_g. Wie groß die Klassen zu jedem Zeitpunkt sind, π_{gt}, läßt sich über die individuellen Zuordnungswahrscheinlichkeiten berechnen.

Das Analogon zu Modell (5) mit itemspezifischen *und* personenspezifischen Veränderungen entspricht wiederum der *getrennten Anwendung* der latent-class Analyse auf jeden Testzeitpunkt. Die *Validitätsproblematik* ist auch hier *nicht gelöst*, da sich zu jedem Testzeitpunkt nicht nur neue Klassenzugehörigkeiten der Personen ergeben, sondern auch qualitativ andere Klassen.

Die Verallgemeinerung von kategorialen und quantitativen Testmodellen auf die dreifaktorielle Datenstruktur der Veränderungsmessung ist somit prinzipiell möglich. Sie führt bei quantitativen Modellen zu einem System von 8, bei kategorialen Modellen lediglich zu 3 Veränderungsmodellen. Bei den meisten Modellen ist die Parameterschätzung durch eine entsprechende *Reorganisation des Datenkubus zu einer Datenmatrix* möglich.

Literatur

Das System der 8 quantitativen Veränderungsmodelle wurde von Rost & Spada (1983) beschrieben. Das dreifaktorielle Rasch-Modell (1) ist von Micko (1970) und Fischer (1974) behandelt worden. Das personenspezifische Modell (2) diskutiert Embretson (1991) und Modell (4) ist ein Spezialfall des LLRA von Fischer (1989, Fischer & Formann 1982b). Rost (1989) geht auf die Übertragung des Konzeptes item- und personenspezifischer Lerneffekte auf Klassenmodelle ein. Meiser et al. (1995) verglichen Veränderungsmodelle mit quantitativer und kategorialer latenter Variable

Übungsaufgaben

1. Sie lassen von 50 Personen über 2 Monate hinweg täglich die allgemeine Lebenszufriedenheit hinsichtlich der 3 Bereiche 'Beruf', 'Freizeit' und 'Partnerschaft' auf einer 2-stufigen Skala (hoch-niedrig) beurteilen. Um den 'Wochenendeffekt' zu untersuchen, wenden Sie Modell (7) an. Wieviele Parameter müssen Sie schätzen?
2. Wir würden Sie die Daten aus Aufgabe 1 mit einem Klassenmodell auswerten?

3.5.3 Dynamische Modelle: Lernen während der Testbearbeitung

Eine ganz andere Sichtweise der Verallgemeinerung von Testmodellen in Richtung auf Veränderungsmessung stellt die Berücksichtigung von Veränderungen oder Lernen *während* der Testbearbeitung dar. Hier wird nicht die Datenstruktur auf einen dreidimensionalen Kubus erweitert, sondern Veränderung oder Lernen findet *zwischen* den Items, sozusagen *von Item zu Item* statt. Die Konstanz der Personeneigenschaft während des ganzen Tests wird nicht mehr vorausgesetzt, weshalb solche Modelle *dynamische Modelle* heißen.

Auch diese Lernprozesse können *itemspezifisch, personenspezifisch oder global* konzipiert werden (s. vorangehendes Kapitel). Daran orientiert sich auch die Einteilung der folgenden Unterkapitel. In ihnen werden *ausschließlich quantitative* Testmodelle behandelt, da die Veränderung einer kategorialen Personenvariable von Item zu Item schwierig zu realisieren und zu interpretieren ist.

3.5.3.1 Personenspezifisches Lernen

Die Konzeption des hier vorgestellten Modells geht auf die Idee sogenannter *Lerntests* zurück. In Lerntests wird versucht, die Veränderung der Personenfähigkeit während der Testbearbeitung als Indikator für *die individuelle Lernfähigkeit* zu messen. Dies setzt natürlich voraus, daß der Lerngewinn von Item zu Item *personenspezifisch* parametrisiert wird. Das bedeutet, daß neben dem Fähigkeitsparameter ein *zweiter Personenparameter* einzuführen ist, der das Ausmaß des Lerngewinns durch die Bearbeitung eines Items ausdrückt.

Beispiel

In einem Test, der aus 10 Items besteht, haben zwei Personen A und B die folgenden Antwortvektoren:

A: (0110110100)
B: (0000011111)

Beide Personen haben insgesamt 5 Items gelöst, also auch dieselbe Fähigkeitsausprägung. Die *Lernfähigkeit* beider Personen unterscheidet sich jedoch, denn offensichtlich hat Person B am Anfang sehr große Schwierigkeiten mit der Lösung der Items gehabt, dann aber dazugelernt und die restlichen 5 Items mit hoher Lösungswahrscheinlichkeit bearbeitet.

Genau diesen Sachverhalt soll ein zweiter Personenparameter δ_v abbilden, der umso höher sein soll, je mehr Items gegen *Ende* des Tests im Vergleich zum Testbeginn gelöst werden.

In dem folgenden Testmodell ist diese Idee eines Lernfähigkeitsparameters realisiert:

$$(1)\quad p(X_{vi}=1)=\frac{\exp(\theta_v-\sigma_i+(i-1)\delta_v)}{1+\exp(\theta_v-\sigma_i+(i-1)\delta_v)}.$$

Der Lernfähigkeitsparameter δ_v trägt zur Lösung des ersten Items gar nichts bei ($i-1=0$), während er zur Lösung des zehnten Items mit dem Faktor 9 beiträgt. Der Parameter δ_v bewirkt, daß die Lösungswahrscheinlichkeit von Item zu Item um einen konstanten Betrag erhöht wird, sofern er positiv ist. Ist er negativ, verringert er die Lösungswahrscheinlichkeiten von Item zu Item, man könnte ihn z.B. als Ermüdungsparameter interpretieren.

Der 'Bonus' δ_v, der der Personenfähigkeit θ_v zugeschlagen wird, richtet sich allein nach der Position des Items i, welche in der hier benutzten Notation seiner Itemnummer entspricht. Der Lernparameter δ_v erfaßt also personenspezifisches Lernen, ist aber *nicht itemspezifisch*, da der Betrag des Lerneffektes unabhängig vom jeweiligen Item ist.

Aufgrund seines Koeffizienten (i–1) drückt der Parameter δ_v nicht den Lerngewinn infolge der Bearbeitung des ganzen Tests sondern nur eines einzelnen Items aus. Dieser Lerngewinn ist zudem *unabhängig* davon, ob ein Item gelöst wurde oder nicht. Die Lernvorgänge, die mit diesem Modell erfaßt werden, sind daher nicht *reaktionskontingent*, d.h. von den Reaktionen der Personen abhängig, sondern nur von der *Anzahl bearbeiteter* Items (vgl. Kap. 3.5.3.3).

Wie auf alle Modelle mit personenspezifischem Lernen treffen auch hier die *Probleme der Veränderungsmessung* - wenn auch in abgewandelter Form - zu. Die *Meßgenauigkeit* beider Personenparameter ist geringer, und der Meßfehler beider Parameterschätzungen ist korreliert, was auch zu einer *Beeinflussung der Korrelation* beider Parameterschätzungen führt. Auch die *Validitätsfrage* stellt sich hier, denn ein Test mißt bei einer Person, die während der Bearbeitung *nichts* dazulernt, nicht unbedingt dasselbe wie bei einer Person, die während der Testbearbeitung *sehr viel* dazulernt.

Insbesondere aus Gründen der Meßgenauigkeit haben Klauer und Sydow (1992) darauf verzichtet, die beiden Personenparameter *einzeln* zu schätzen. Sie haben vielmehr mit Hilfe einer *Verteilungsannahme* bezüglich beider Personenvariablen versucht, die Korrelation der *Statusfähigkeit* θ_v und der *Lernfähigkeit* δ_v meßfehlerbereinigt zu schätzen.

Konkret sieht das so aus, daß die Annahme einer *bivariaten Normalverteilung* von θ und δ getroffen wird, und anstelle der einzelnen Personenparameter die 5 Parameter dieser bivariaten Normalverteilung geschätzt werden.

Die bivariate Normalverteilung

Die bivariate Normalverteilung ist die zweidimensionale Verallgemeinerung der Gauss'schen Glockenkurve (vgl. Abb. 3). Ihr Funktionsgraph sieht wie ein eingipfliger Berg aus:

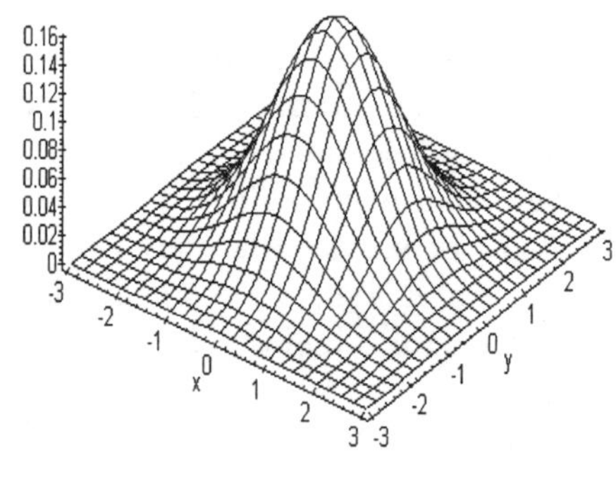

Abbildung 127: Die bivariate Normalverteilung

Die *5 Parameter* der bivariaten Normalverteilung sind die *Mittelwerte* und *Standardabweichungen* der beiden univariaten Verteilungen (hier: von θ und δ) sowie die *Korrelation* beider Variablen. Dieser Korrelationsparameter sagt etwas über die Frage aus, wie hoch Lernfähigkeit und Statusfähigkeit miteinander korreliert sind, und zwar unabhängig von dem verzerrenden Einfluß des Meßfehlers einzelner Personenparameter.

Die Schätzung der Korrelation von Status- und Lernfähigkeit mittels einer bivariaten Verteilungsannahme stellt einen sehr eleganten Weg dar, die Problematik der *meßfehlerbedingten Korreliertheit* beider Maße zu umgehen (vgl. Kap. 3.5.1.2).

Bei der Anwendung dieses Testmodells ist darauf zu achten, daß während der Testbearbeitung auch Maßnahmen getroffen werden, die tatsächlich eine *Steigerung der Fähigkeit* erwarten lassen. Ein Beispiel hierfür ist die Rückmeldung über die Richtigkeit der Lösung nach jedem Item oder gar die Angabe des richtigen Lösungsweges.

3.5.3.2 Itemspezifisches Lernen

Im Unterschied zum vorangehenden Kapitel wird hier nicht angenommen, daß die *Personen* über unterschiedliche Lernfähigkeiten verfügen, sondern daß von den *Items* ein unterschiedlicher Lerneffekt ausgeht bzw. sich ein Lerneffekt bei den Items in unterschiedlicher Weise manifestiert: Der Lerneffekt ist abhängig davon, *welches* Item bearbeitet wird, und er erhöht nicht die Lösungswahrscheinlichkeit für *jedes andere Item* gleichermaßen.

Diese Art von Lernen läßt sich mit Hilfe des *linear-logistischen Testmodells* (s.o. 3.4.1) abbilden, da sich die Lerneffekte als eine lineare Verschiebung der Schwierigkeiten bestimmter Items ausdrücken lassen. Die Modellgleichung des LLTM lautet (vgl. Kap. 3.4.1):

$$(1)\quad p(X_{vi}=1)=\frac{\exp\left(\theta_v-\sum_{j=1}^{h} q_{ij}\,\eta_j-c\right)}{1+\exp\left(\theta_v-\sum_{j=1}^{h} q_{ij}\,\eta_j-c\right)}.$$

Um daraus ein Veränderungsmodell mit itemspezifischen Lerneffekten zu machen, muß in der Q-Matrix spezifiziert werden, welcher Lerneffekt von welchem Item ausgeht und auf welches Item wirkt.

Beispiel

Die folgende Q-Matrix beschreibt einen Test, der 7 Items umfaßt (= Anzahl der Zeilen), und in dem zwei unterschiedliche Lerneffekte wirksam werden:

Items i=	Komponenten j= 1	2	3	4	5	6	7	8	9
1	1							0	0
2		1						–1	0
3			1					–1	–1
4				1				–1	0
5					1			–2	–2
6						1		–2	0
7							1	–3	–3

Die ersten sieben Spalten dieser Q-Matrix drücken aus, daß die *Itemparameter* der 7 Items unbekannt sind, d.h. es wird für jedes Item ein eigener Basisparameter η_j geschätzt.

In der achten Spalte ist ein *Parameter* für den Lerneffekt spezifiziert, der von Item 1, 4 und 6 ausgeht und jeweils auf alle nachfolgenden Items wirkt. Die q-Gewichte haben ein negatives Vorzeichen, da der zugehörige Basisparameter die Itemschwierigkeiten *verringern*, also die Lösungswahrscheinlichkeiten *erhöhen* soll (die Basisparameter gehen in Formel (1) als Subtrahend ein). Spalte 8 beschreibt also einen itemspezifischen Lerneffekt, der nur von bestimmten Items ausgelöst wird, aber auf alle nachfolgenden wirkt.

Demgegenüber spezifiziert die neunte Spalte einen Parameter, bei dem ein Lerneffekt nur von den ungeraden Items ausgeht und jeweils auch nur auf die ungeraden Items, also das 3., 5. und 7. Item wirkt. Alle geradzahligen Items sind von diesem Lerneffekt unberührt.

Dieses Beispiel illustriert, wie man mit Hilfe des LLTM Annahmen über itemspezifisches Lernen während der Testbearbeitung als *präexperimentelle Hypothese* formalisieren kann. Die Stärke dieses Lerneffektes wird in Form eines *Basisparameters* geschätzt.

Das obige Beispiel hat jedoch einen Haken, denn die Q-Matrix im LLTM darf keine linear abhängigen Spaltenvektoren enthalten (vgl. Kap. 3.4.1). Es stellt eine mathematische Gesetzmäßigkeit dar, daß in einer Matrix nur dann alle Spalten linear unabhängig sein können, wenn es *mehr Zeilen als Spalten* gibt. Das wiederum bedeutet, daß die Einführung von itemspezifischen Lerneffektparametern *nur möglich* ist, wenn man zugleich die Itemparameter auf eine geringere Anzahl von Itemkomponenten zurückführt, wie es in Kapitel 3.4.1 dargestellt ist.

Dieses Erfordernis hört sich gravierender an als es ist: wenn man schon itemspezifische Lerneffekthypothesen hat, so beruhen diese oft auf bestimmten *Strukturannahmen* bezüglich der Items dieses Tests. Der Schritt, aus diesen strukturellen Annahmen auch Itemkomponenten abzuleiten, ist dann nicht mehr groß. Diese Itemkomponenten sind anstelle der Itemparameter in der Q-Matrix zu spezifizieren.

Beispiel

Das obige Beispiel kann dahingehend ergänzt werden, daß im Lösungsweg der Items 1, 4 und 6 eine Denkoperation enthalten ist, deren Ausführung die Grundschwierigkeit der Items 2 bis 7 verringert. Alle Items mit ungerader Nummer erfordern eine zweite Denkoperation, deren Ausführung nur einen Lerneffekt auf die Schwierigkeit derselben Denkoperation hat. Aus diesen Annahmen resultiert die Q-Matrix:

	j= 1	2	3	4	5
1	0	1	1	0	0
2	1	0	0	-1	0
3	1	0	1	-1	-1
i= 4	1	1	0	-1	0
5	1	0	1	-2	-2
6	1	1	0	-2	0
7	1	0	1	-3	-3

Danach bezeichnet der Basisparameter η_j für j=

1: die Grundschwierigkeit der Items 2 bis 7
2: die Schwierigkeit der ersten Denkoperation
3: die Schwierigkeit der zweiten Denkoperation
4: den Lerneffekt der ersten Denkoperation
5: den Lerneffekt der zweiten Denkoperation.

Auch wenn dieses Beispiel ohne eine inhaltliche Benennung von Denkoperationen konstruiert wurde, macht es die Idee deutlich, itemspezifische Lerneffekte während der Testbearbeitung mit der Komponentenzerlegung von Itemschwierigkeiten (Kap. 3.4.1) zu verbinden. Man kann in diesem Fall statt von itemspezifischen Lerneffekten auch von *operationsspezifischen* Lerneffekten sprechen.

3.5.3.3 Globales reaktionskontingentes Lernen

In beiden vorangehenden Unterkapiteln sind die Lerneffekte unabhängig davon, ob eine Person ein Item *tatsächlich gelöst* hat oder nicht. Das Lernen findet in diesem Fall *reaktionsinkontingent* statt, d.h. unabhängig vom tatsächlichen Verhalten in diesem Test.

In den meisten Lerntheorien geht man dagegen davon aus, daß Lernen in *Abhängigkeit vom tatsächlichen bisherigen Verhalten* stattfindet, d.h. daß ein Lerneffekt anders ausfällt, wenn man ein Item gelöst hat, als wenn man es nicht gelöst hat.

Generell sind *beide Richtungen* denkbar, nämlich daß man nur dann lernt, wenn man ein Item gelöst hat, weil man ein 'reinforcement' (dt. eine Verstärkung) aufgrund der gelungenen Lösung erhält. Es ist aber auch denkbar, daß man ein Lerneffekt nur bei nicht-gelösten Aufgaben erzielt, denn nur bei solchen gibt es *noch etwas zu lernen*, z.B. durch die nachträgliche Mitteilung des korrekten Lösungsweges. Wie dem auch sei, Lernen findet oft *reaktionskontingent* statt, d.h. in Abhängigkeit davon, ob ein Item gelöst wird oder nicht.

In diesem Kapitel geht es um ein Testmodell, das reaktionskontingentes Lernen als *globales* Lernen erfaßt. Dieser Lerneffekt ist *itemunspezifisch*, da er nicht davon abhängt, *welche* Items gelöst wurden, sondern nur *wie viele*. Zudem ist er *personenunspezifisch*, d.h. er gilt für alle Personen gleichermaßen.

Ein historischer Exkurs

Historisch gehen die Überlegungen zu einem solchen Modell auf Arbeiten von Kempf (1974) zurück, der folgende Modellgleichung als Ansatz für ein dynamisches Modell mit reaktionskontingentem Lernen untersuchte

$$(1)\quad p(X_{vi}=1)=\frac{\xi_v+\psi_r}{\xi_v+\varepsilon_i},$$

$$\text{mit } \xi_v=\exp(\theta_v) \text{ und } \varepsilon_i=\exp(\sigma_i).$$

In dieser Gleichung bezeichnet ξ_v (ksi) einen (delogarithmierten) Personenparameter, ε_i (epsilon) einen (delogarithmierten) Itemparameter und ψ_r den Lerneffekt, der damit verbunden ist, bei den vorangegangenen Items genau r-mal eine richtige Lösung erzielt zu haben.

Diese Gleichung sieht zunächst gar nicht nach einem *verallgemeinerten Rasch-Modell* aus, ist es aber. Um dies zu verstehen, muß man eine Umformung des Rasch-Modells zu Hilfe nehmen, in dem die exponentiellen Parameter θ_v und σ_i durch multiplikative Parameter ξ_v und ε_i ersetzt werden. Aus der Transformation

$$\xi_v=\exp(\theta_v) \text{ und } \varepsilon_i=\exp(\sigma_i)$$

ergibt sich nach Einsetzen in die Gleichung des Rasch-Modells (s. Kap. 3.1.1.2.2) die *multiplikative* Version des Rasch-Modells:

$$(2)\quad p(X_{vi}=1)=\frac{\xi_v\cdot\frac{1}{\varepsilon_i}}{1+\xi_v\cdot\frac{1}{\varepsilon_i}}.$$

Multipliziert man Zähler und Nenner mit ε_i, so ergibt sich das nur scheinbar additive, aber in Wirklichkeit immer noch multiplikative Rasch-Modell:

$$(3)\quad p(X_{vi}=1)=\frac{\xi_v}{\xi_v+\varepsilon_i}.$$

Die Idee des dynamischen Testmodells von Kempf bestand darin, in der gleichen Weise wie im Nenner Personenfähigkeit mit Itemschwierigkeit verknüpft ist, im Zähler die Personenfähigkeit mit einem 'Bonus' zu verknüpfen, der den *Lerneffekt infolge von r richtigen Itemlösungen* im bisherigen Test ausdrückt, siehe Gleichung (1).

Dieses Modell erwies sich als *schwer praktikabel*, d.h. die Parameter waren schwer zu schätzen, und es gab auch Interpretationsprobleme.

Dieselbe Idee eines reaktionskontingenten dynamischen Lernmodells ist jedoch in der üblichen *exponentiell additiven* Form im folgenden Modell realisiert, das von Verhelst und Glas (1993) publiziert wurde:

$$(4)\quad p(X_{vi}=1)=\frac{\exp(\theta_v-\sigma_i+\beta_{ri})}{1+\exp(\theta_v-\sigma_i+\beta_{ri})}.$$

In diesem Modell drückt β_{ri} den *Lerneffekt* aus, den man aufgrund von r richtigen Beantwortungen *vor* Item i erzielt. Wiederum stellt β_{ri} eine Art *Bonus* dar, der die Personenfähigkeit θ_v in Abhängigkeit von der Anzahl bisheriger richtiger Lösungen erhöht. Dieser Effekt ist nicht personenspezifisch und nur insofern itemspezifisch, als die Auswirkung auf das nachfolgende Item für jedes Item unterschiedlich sein kann.

Das schwierige Problem der Parameterschätzung, das bei der erstgenannten Version nicht befriedigend lösbar war, hat in diesem Modellansatz eine überraschend einfache Lösung. Mit Hilfe von *virtuellen Items* lassen sich die Parameter dieses Modells nämlich im Rahmen des *linear-logistischen Testmodells* (LLTM, s. Kap. 3.4.1) berechnen. Wie diese virtuellen Items zu konstruieren sind, zeigt das folgende Beispiel.

Beispiel

In dem Beispiel sind 3 reale Items dargestellt, die insgesamt 8 unterschiedliche Antwortpattern erzeugen können. Jede Person weist eines dieser 8 Antwortpattern auf. Nun werden statt der 3 tatsächlichen Items 6 virtuelle Items gebildet, die in folgender Tabelle wiedergegeben sind.

reale Items			virtuelle Items					
1	2	3	(1,0)	(2,0)	(2,1)	(3,0)	(3,1)	(3,2)
1	1	1	1	*	1	*	*	1
1	1	0	1	*	1	*	*	0
1	0	1	1	*	0	*	1	*
1	0	0	1	*	0	*	0	*
0	1	1	0	1	*	*	1	*
0	1	0	0	1	*	*	0	*
0	0	1	0	0	*	1	*	*
0	0	0	0	0	*	0	*	*

Die *erste* dieser sechs Spalten ist identisch zum realen Item 1, d.h. eine Person bekommt immer dann eine 1, wenn sie das erste Item tatsächlich gelöst hat. Hier konnte noch kein Lernen stattfinden.

Das *zweite Item* wird in zwei virtuelle Items transformiert. So bekommt jede Person in der zweiten Spalte eine 1, wenn sie das zweite reale Item tatsächlich gelöst hat *und* zuvor 0 richtige Lösungen aufwies. Sie bekommt eine 0, wenn sie das zweite Item nicht gelöst hat *und* zuvor 0 richtige Lösungen aufwies. In allen anderen Fällen bekommt sie *Sternchen*.

Sternchen werden wie *'missing-data'* (dt. fehlende Daten) behandelt, d.h. Personen, die das erste Item gelöst haben, haben das zweite virtuelle Item gar nicht bearbeitet.

Analog sind die weiteren vier Spalten konstruiert, so daß die virtuellen Items die Lösungen der realen Items widerspiegeln, jedoch unter der Bedingung einer bestimmten Anzahl vorher gelöster Aufgaben.

Für die so definierten sechs virtuellen Items erhält man *Parameterschätzungen*, die die Schwierigkeit dieses Items ausdrücken - jeweils differenziert nach der Anzahl vorher gelöster Items. Ist das dritte virtuelle Item z.B. um 0.5 Einheiten leichter als das zweite virtuelle Item, so drückt dieser Wert 0.5 den Lerngewinn einer richtigen Lösung des ersten Items aus.

Einerseits handelt es sich hierbei um *itemspezifisches Lernen*, denn der Effekt einer bestimmten Anzahl richtiger Lösungen wird getrennt für jedes Item parametrisiert. Andererseits ist der Effekt auch itemunspezifisch, denn für die Größe des Lerneffekts spielt es keine Rolle, *welche* Items zuvor gelöst wurden.

Um dieses Modell auf Daten anwenden zu können, bedarf es der Transformation der realen Items in virtuelle Items und eines Computerprogramms, das mit sogenannten missing-data umgehen kann. Da dies in der allgemeinen Version des linear-logistischen Testmodells (LLTM) vorgesehen ist, stellt Modell (4) einen *Spezialfall des LLTM* dar. Auf die Eigenschaft des LLTM, mit unvollständigen Datenmatrizen umgehen zu können, wird im folgenden Kapitel eingegangen.

Literatur

Das Konzept von Lerntests diskutieren Guthke et al. (1990), Klauer & Sydow (1992) haben das personenspezifische Lernmodell dargestellt und Klauer et al. (1994) beschreiben eine experimentelle Anwendung dieses Modells. Beispiele für die Messung von item- und operationsspezifischen Lerneffekten finden sich in Spada (1976) und Spada & McGaw (1983). Kempf (1974) diskutiert das Konzept reaktionskontingenter Lernprozesse und Verhelst & Glas (1993) gehen auf die Parameterschätzung des Modells für reaktionskontingente Lernprozesse ein. Langeheine und v.d.Pol (1990a, b) stellen Modelle vor, mit denen die reaktionskontingente Veränderung einer kategorialen Personenvariable während der Testbearbeitung analysiert werden kann.

Übungsaufgaben

1. Eine sehr fähige Person ($\theta_1 = 2.0$) und eine durchschnittliche Person ($\theta_2 = 0.0$) bearbeiten einen Lerntest. Dabei wird für die erste Person eine Lernfähigkeit von $\delta_1 = 0.0$ und für die zweite Person von $\delta_2 = 0.1$ ermittelt. Mit welcher Wahrscheinlichkeit lösen beide Personen das fünfte Item mit dem Parameter $\sigma_5 = 1.0$? Wieviele Items muß der Test umfassen, damit beide Personen beim letzten Item dieselbe Lösungswahrscheinlichkeit haben?

2. Sie vermuten, daß die Itemschwierigkeit in einem Konzentrationstest, der aus sehr vielen gleichartigen Items besteht, *nur* von der Position der Items im Test abhängt. Die Annahme lautet, daß die Schwierigkeit als Effekt der Konzentrationsabnahme von Item zu Item um einen konstanten Betrag zunimmt. Beschreiben Sie eine Q-Matrix, mit der Sie diese Annahme formalisieren können.
3. Die 6 virtuellen Items im Beispiel des letzten Unterkapitels erhalten für einen Datensatz die Schwierigkeitsparameter $\sigma_1 = 1.5$, $\sigma_2 = 1.8$, $\sigma_3 = 1.4$, $\sigma_4 = 0.9$, $\sigma_5 = 0.5$ und $\sigma_6 = 0.1$. Wie groß ist der Lerneffekt, den man erzielt, wenn man 1 Item (2 Items) richtig beantwortet?

3.5.4 Die Messung der Wirksamkeit von Maßnahmen

In den bisherigen Kapiteln zur Veränderungsmessung wurde davon ausgegangen, daß die getesteten Personen den Veränderungseinflüssen oder den Lernbedingungen in gleicher Weise oder *in gleichem Ausmaß ausgesetzt* sind. Dies gilt sowohl für Lernen zwischen den Testzeitpunkten (Kap. 3.5.2) als auch für Lernen während der Testbearbeitung (Kap. 3.5.3).

In vielen empirischen Studien möchte man jedoch die *Wirksamkeit verschiedener Maßnahmen vergleichen* und setzt daher verschiedene Personengruppen unterschiedlichen Veränderungseinflüssen aus. Die Funktion von Testmodellen besteht dann darin, die *Effekte* dieser unterschiedlichen Veränderungsmaßnahmen in den Modellparametern abzubilden, so daß sie *zwischen den Gruppen* von Personen verglichen werden können.

Für solche Untersuchungen gibt es eine *sehr einfache Art der Auswertung*, die allerdings in vielen Fällen große Nachteile hat. Diese Methode besteht darin, parallelisierten Personengruppen denselben Test vorzugeben, für jede einzelne Person den Personenparameter zu bestimmen und die Wirksamkeit der Maßnahmen durch *Vergleiche der Mittelwerte von Personenparametern* zu untersuchen. Diese Datenstruktur zeigt Abbildung 128.

Die *Nachteile* dieser Methode bestehen darin, daß allen Personen, auch wenn sie unterschiedlichen Maßnahmen ausgesetzt sind, *dieselben Items* vorgegeben werden müssen. Ein weiterer Nachteil liegt darin, daß der Vergleich der Wirksamkeit der Maßnahmen auf den Schätzungen der Personenparameter beruht. Diese Personenparameter haben aber, je nach Anzahl der Items, einen relativ hohen *Schätzfehler*. Dieser würde bei einem anschließenden Vergleich der Gruppenmittelwerte z. B. mit Hilfe von t-Tests oder einer Varianzanalyse *nicht berücksichtigt*, obwohl er berechenbar ist.

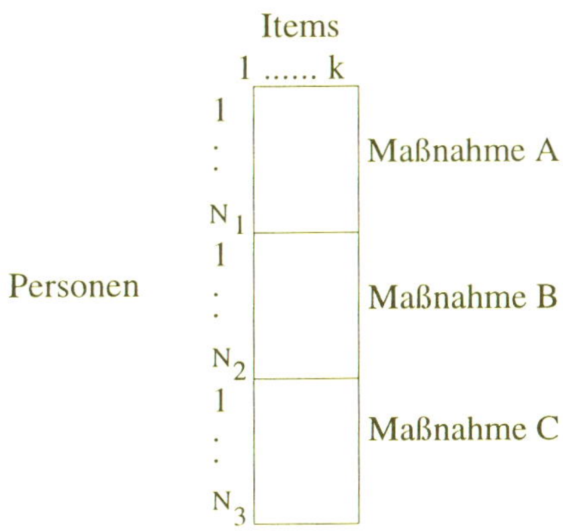

Abbildung 128: Die Datenstruktur bei Gruppenvergleichen

Diese Auswertungsmethode ist insofern *unflexibel*, als man mit ihr keine Untersuchungen auswerten kann, bei denen *dieselben Personen unterschiedlichen* Kombinationen von *Veränderungseinflüssen* ausgesetzt sind oder auch *mehrfach* mit unterschiedlichen Itemmengen *getestet* werden.

Was man für die Analyse derartiger Daten braucht, ist ein Testmodell, das mit *unvollständigen Datenmatrizen* umgehen kann. Damit sind Datenstrukturen gemeint, wie sie Abbildung 129 zeigt.

Ein solches Testmodell stellt das *linear-logistische Testmodell* dar, das bereits in Kapitel 3.4.1. über Itemkomponenten dargestellt wurde. Es ist die Kombination von *zwei Eigenschaften*, die dieses Modell zur Messung von Veränderungen mit unvollständigen Datenmatrizen so universell einsetzbar macht:

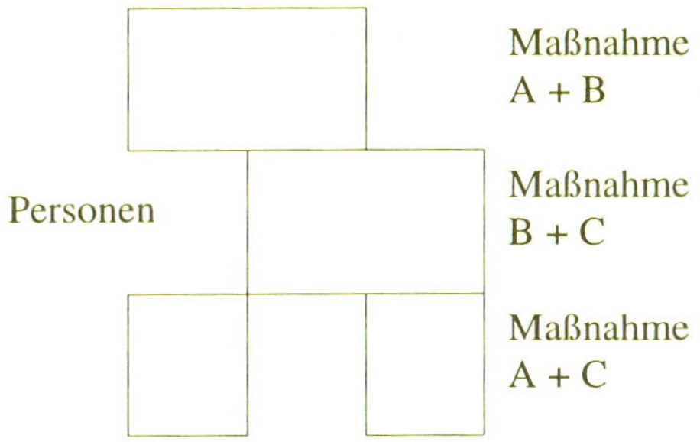

Abbildung 129: Unvollständige Datenstruktur

Erstens, die Eigenschaft in Form der Q-Matrix, *Beziehungen zwischen den Items* spezifizieren zu können. *Zweitens*, die Eigenschaft, daß nicht alle Personen alle Items bearbeitet haben müssen, sondern verschiedene Personengruppen jeweils bestimmte *Teilmengen von Items* bearbeiten können. Diese Teilmengen von Items müssen sich nicht einmal überlappen, wenn eine Verbindung zwischen ihnen mit Hilfe der Q-Matrix hergestellt wird.

Im linear-logistischen Testmodell

$$(1)\quad p(X_{vi}=1)=\frac{\exp\left(\theta_v-\sum_{j=1}^{h} q_{ij}\eta_j-c\right)}{1+\exp\left(\theta_v-\sum_{j=1}^{h} q_{ij}\eta_j-c\right)}$$

(vgl. auch Kap. 3.4.1) gibt die Q-Matrix an, auf welche *Basisparameter* η_j die Itemparameter des Rasch-Modells zurückgeführt werden können. Diese Rückführung auf Basisparameter erfolgt mit Hilfe einer gewichteten Summe, wobei die q_{ij}-Koeffizienten die präexperimentell spezifizierten *Gewichte* darstellen.

Dieses Modell wurde in Kapitel 3.4.1 dazu benutzt, Itemschwierigkeiten in einzelne Itemkomponenten zu zerlegen und in Kapitel 3.5.3.2, um itemspezifisches Lernen während der Testbearbeitung abzubilden.

Im Folgenden soll dargestellt werden, wie das Modell *zur Messung der Wirksamkeit* von Maßnahmen eingesetzt werden kann.

Beispiel: globales Lernen

Der wohl einfachste Fall, Lernen abzubilden, nämlich einen *globalen Lerneffekt* zwischen zwei Testzeitpunkten anzunehmen (zum Begriff 'globales Lernen' s. Kap. 3.5.2), drückt sich in folgender Q-Matrix aus:

		1			j				h
	1	1							
	.		1						
	.			1					
Vortest	.				1				
	.					1			
	.						1		
	k							1	
	1	1							1
	.		1						1
	.			1					1
Nachtest	.				1				1
	.					1			1
	.						1		1
	k							1	1

Abbildung 130: Die Q-Matrix für globales Lernen

In ihr ist spezifiziert, daß derselbe Test als Vor- und Nachtest vorgegeben wurde und lediglich globales Lernen stattfindet. Die Q-Matrix enthält 2·k Zeilen, wobei k die Anzahl der Items zu jedem Testzeitpunkt ist. Diese 2·k Itemparameter werden auf lediglich k Basisparameter (die Itemschwierigkeiten zu *beiden* Testzeitpunkten) zurückgeführt. Hinzu kommt ein weiterer Basisparameter, der nur in den Zeilen für den *zweiten* Meßzeitpunkt eine 1 enthält. Der Wert dieses Parameters drückt den *Schwierigkeitsunterschied der Items* im Nachtest im Vergleich zum Vortest aus. Er parametrisiert das Ausmaß an globalem Lernen.

Da die Q-Matrix keine linear abhängigen Spaltenvektoren enthalten darf (vgl. Kap. 3.4.1), muß von den ersten k Spalten *eine eliminiert* werden. Diese Reduktion der Komponentenparameter um 1 entspricht der Summennormierung im normalen Rasch-Modell.

Das mit dieser Q-Matrix (Abb. 130) spezifizierte Lernmodell ist identisch mit dem dreifaktoriellen Testmodell mit globalem Lernen, Gleichung (1) in Kapitel 3.5.2. Der Basisparameter η_h entspricht dem Zeitpunktparameter δ_2. Das dreifaktorielle Rasch-Modell stellt also ebenfalls einen Spezialfall des LLTM dar.

Das zweite Beispiel für die Abbildung von Veränderungen in der Q-Matrix betrifft die Situation, daß als Vor- und Nachtest *unterschiedliche Items* vorgelegt werden.

Beispiel: globales Lernen bei unterschiedlichem Vor- und Nachtest

In diesem Fall ist lediglich erforderlich, daß *mindestens ein Item* (in Abb. 131 sind es zwei Items) *in Vor- und Nachtest identisch* ist bzw. einen identischen Schwierigkeitsparameter aufweist:

j=	1	2	3	4	5	6	7	8	9
	1								
		1							
Vortest			1						
				1					
					1				
				1					1
					1				1
Nachtest						1			1
							1		1
								1	1

Abbildung 131: Q-Matrix für Vor- und Nachtest mit 2 Brückenitems

Diese sogenannten *Brückenitems* sind erforderlich, da sonst die Schwierigkeiten der Vortestitems nicht in Bezug auf die Schwierigkeiten der Nachtestitems bestimmt werden können.

Allerdings hängt die Meßgenauigkeit und Validität des Lerneffektparameters, hier η_9, stark von diesen Brückenitems ab. Sie sollten daher sehr sorgfältig ausgewählt werden und im Zweifelsfall sollte lieber ein weiteres Brückenitem aufgenommen werden.

Diese beiden Beispiele für die Quantifizierung von Veränderungen in Vortest-Nachtest-Designs bedienen sich lediglich der Q-Matrix, in der die Itemparameter auf Basisparameter zurückgeführt werden. Die eingangs genannte Verbindung mit der Möglichkeit, *unvollständige Datenmatrizen* zu verarbeiten, wurde hier noch nicht beansprucht. Dies ist anders, wenn man nicht zwei Tests anhand derselben Personenstichprobe vergleichen will, sondern Personengruppen, die *unterschiedliche* Maßnahmen erhalten haben.

j=

	1	2	3	4	5	6
1	1				0	0
2		1			0	0
.			1		0	0
k_1				1	0	0
.	1				1	0
.		1			1	0
.			1		1	0
k_2				1	1	0
.	1				0	1
.		1			0	1
.			1		0	1
k				1	0	1

Abbildung 132: Q-Matrix für 3 Personengruppen

Die Q-Matrix in Abbildung 132 stellt ein Beispiel dar, in dem 3 verschiedene Personengruppen vor der Testbearbeitung unterschiedliche Maßnahmen erhalten haben.

Diese Q-Matrix entspricht der in Abbildung 130 dargestellten, jedoch hier für den Vergleich von drei (statt zwei) Messungen. Demzufolge gibt es *zwei Effektparameter*, die jeweils den Unterschied zur ersten Gruppe quantifizieren.

Der wesentliche Unterschied liegt jedoch darin, daß *nicht alle Items von denselben Personen* bearbeitet wurden, sondern jeweils ein Drittel der Items von einer anderen Personengruppe. Um diesen Sachverhalt zu erfassen, benötigt man eine zweite Matrix, in der für alle Personen spezifiziert ist, welche Items sie bearbeitet haben. Dies ist die sogenannte B-Matrix, die für das Beispiel folgendermaßen aussieht:

Items

		1 .... k_1				.... k_2				.... k			
	1	1	1	1	1								
	.	1	1	1	1								
	.	1	1	1	1								
	.	1	1	1	1								
	.					1	1	1	1				
Per-	.					1	1	1	1				
sonen	.					1	1	1	1				
	.					1	1	1	1				
	.									1	1	1	1
	.									1	1	1	1
	.									1	1	1	1
	N									1	1	1	1

Abbildung 133: Die zu Abbildung 132 gehörende B-Matrix

Die 3 Teilmatrizen, in die die gesamte Datenstruktur *zerfällt,* sind mit Hilfe der Q-Matrix (s. Abb. 132) miteinander *verbunden*, in der ausgedrückt ist, daß die drei Gruppen *dieselben Items* bearbeitet haben.

Die in den letzten beiden Spalten der Q-Matrix spezifizierten globalen Effektparameter quantifizieren die Unterschiede zwischen den Gruppen.

Und zwar quantifizieren sie *sämtliche* Gruppenunterschiede, d.h. sowohl die Effekte der Maßnahmen als auch gegebenenfalls *vor* den Maßnahmen vorhandene Gruppenunterschiede. Es ist daher mit den Mitteln der Versuchsplanung dafür Sorge zu tragen, daß die 3 Personengruppen vergleichbar sind (z.B. durch Parallelisierung oder Randomisierung).

Dieses System, in dem die B-Matrix angibt, welche Personen welche Items bearbeitet haben, und die Q-Matrix, welche Items in welche Komponenten zerlegt werden, ist äußerst flexibel und ermöglicht es, *so gut wie alle denkbaren Datenstrukturen* der Veränderungsmessung zu analysieren.

Ein Beispiel für eine etwas komplexere Datenstruktur stellt die folgende Q-Matrix mit zugehöriger B-Matrix dar:

Beispiel: Drei-Gruppen Design mit 2 Meßzeitpunkten

Es handelt sich um ein Experiment mit drei Personengruppen, die jeweils einen Vortest und einen Nachtest bearbeiten. Die Nachtestitems entsprechen den Items des Vortests und es wird lediglich globales Lernen angenommen. Die drei Personengruppen wurden aber unterschiedlichen Veränderungsmaßnahmen ausgesetzt, deren Effekte auf die Nachtestleistung analysiert werden sollen.

		Komponenten							
Items	Vortest	1							
			1						
				1					
					1				
	Gruppe 1	1				1			1
			1			1			1
				1		1			1
					1	1			1
	Gruppe 2	1					1		1
			1				1		1
				1			1		1
					1		1		1
	Gruppe 3	1						1	1
			1					1	1
				1				1	1
					1			1	1

Abbildung 134: Q-Matrix für 3-Gruppen und 2 Meßzeitpunkte

Der *globale Lerneffekt, der für alle drei Personengruppen identisch ist,* ist in der letzten Spalte der Q-Matrix spezifiziert. In den drei vorangehenden Spalten sind die *gruppenspezifischen Lerneffekte* spezifiziert. Von diesen drei Spalten muß wiederum eine gestrichen werden, da sie sich sonst zum letzten Spaltenvektor addieren.

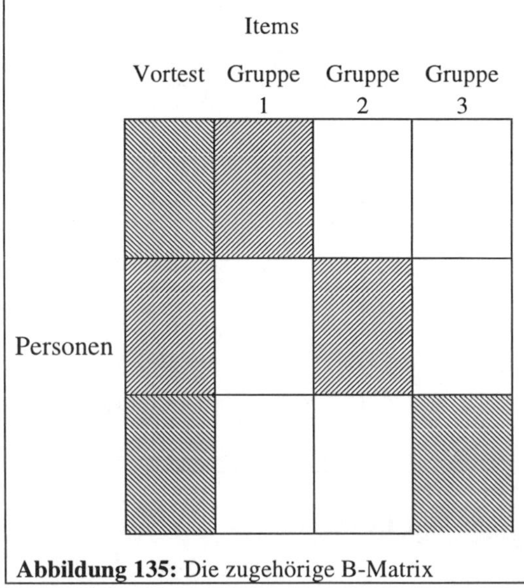

Abbildung 135: Die zugehörige B-Matrix

Was ist der Vorteil, wenn man Veränderungsmaßnahmen auf diese Weise quantifiziert anstatt über den *Mittelwertsvergleich* von Personenparametern?

Der erste Vorteil besteht darin, daß man prüfen kann, ob die getroffene *Annahme einer globalen Veränderung* überhaupt auf die Daten zutrifft. Dies kann man mit Hilfe der in Kapitel 5 beschriebenen Modellgeltungskontrollen tun. Man testet damit auch die *Voraussetzungen für einen Mittelwertsvergleich*, denn ein Mittelwertsvergleich setzt voraus, daß sich die Gruppenunterschiede quantitativ auf der gemessenen Dimension abbilden lassen.

Der zweite Vorteil liegt darin, daß die *statistische Signifikanz* der Veränderungseffekte (was der statistischen Signifikanz der Mittelwertunterschiede analog ist) direkt im Rahmen der Anwendung des Testmodells geprüft werden kann. Hierfür gibt es zwei Möglichkeiten, nämlich entweder, indem man einen *Modellvergleich* mit und ohne diesen Parameter durchführt (s. Kap. 5), oder indem man einen *Einzelparameter über seinen Standardschätzfehler* auf Abweichung von 0 testet (s. Kap. 6.1). Diese Art der Hypothesenprüfung ist insofern ein Vorteil, als man nicht mit fehlerbehafteten Schätzungen der Personenparameter rechnen muß (wie bei Mittelwertsvergleichen).

Bei diesen Beispielen zur Veränderungsmessung enthält die Q-Matrix nur Nullen und Einsen. Dies muß nicht notwendigerweise der Fall sein. Die Q-Matrix kann wie in Kapitel 3.4.1 beschrieben, auch *gebrochene Zahlen als Gewichte* enthalten. Dies ist dann sinnvoll, wenn man die *Dosis einer Maßnahme* in *Zeiteinheiten* wie Tagen oder Wochen, in *Häufigkeiten* oder in *Prozentanteilen* spezifizieren möchte. Diese Flexibilität bringt zusätzliche Vorteile gegenüber normalen Mittelwertsvergleichen.

Wie schon in Kapitel 3.4.1 ausgeführt wurde, stellt das linear-logistische Testmodell einen *Spezialfall des normalen Rasch-Modells* dar. Die Zerlegung in additive Komponenten setzt voraus, daß die Items die Annahmen des Rasch-Modells erfüllen. Insbesondere wird die Annahme der *Itemhomogenität* vorausgesetzt, d. h. alle Items erfassen dieselbe latente Dimension, auf der auch der Lernfortschritt oder die Veränderung abgetragen wird.

Dies ist eine sehr *restriktive Annahme*, wenn es um die Messung von Veränderungen geht. Das sogenannte *linear-logistische Testmodell mit abgeschwächten Annahmen* (LLRA wie relaxed assumptions) gibt diese Annahme der Homogenität der Items zu allen Meßzeitpunkten auf.

Das Modell setzt allerdings voraus, daß dieselben Personen *mindestens zweimal* getestet wurden. Sie können jedoch eine individuelle Dosis verschiedener Maßnahmen erfahren haben, die wiederum in einer präexperimentell festzulegenden Q-Matrix zu spezifizieren ist.

Für zwei Testzeitpunkte, $t = 1$ und $t = 2$, läßt sich das Modell wie folgt schreiben. Für den ersten Testzeitpunkt gilt die logistische Funktion, wobei keine Homogenität der Items angenommen wird. Der Parameter θ_{vi} beschreibt die Tendenz einer Person, bei Item i eine 1-Antwort zu geben.

$$(2)\quad p\left(X_{vit} = 1 \middle| t = 1\right) = \frac{\exp\left(\theta_{vi}\right)}{1 + \exp\left(\theta_{vi}\right)}.$$

Das Modell ist insofern als ein *mehrdimensionales Modell* zu charakterisieren, als jede Person hinsichtlich jedes Items eine andere Eigenschaftsausprägung in Form des Parameters θ_{vi} hat.

Die Antwortwahrscheinlichkeit zum Zeitpunkt $t = 2$ hängt von demselben Parameterwert ab, jedoch kommt nun ein globaler Effekt der Maßnahmen $j = 1$ bis $j = h$ hinzu, und zwar in Form einer mit q_{vj} gewichteten Summe.

$$(3)\quad p(X_{vit}=1|t=2)=\frac{\exp\left(\theta_{vi}-\sum_{j=1}^{h} q_{vj}\,\eta_j\right)}{1+\exp\left(\theta_{vi}-\sum_{j=1}^{h} q_{vj}\,\eta_j\right)}.$$

Anders als beim LLTM, gibt diese Q-Matrix für jede *Person* an, welcher *Dosis der Maßnahme* j sie zwischen den beiden Zeitpunkten ausgesetzt war. Die in der Q-Matrix spezifizierten Gewichte können z.B. Dosierungen einer Medikation, Zeiteinheiten eines Lernprogramms oder Übungshäufigkeiten sein.

Die Veränderung, die in diesem Modell abgebildet wird, ist jedoch *global*, und zwar sowohl hinsichtlich der Items als auch hinsichtlich der Personen. Das bedeutet, der Effekt der Maßnahme j wirkt sich *in gleicher Höhe* auf die Veränderung der Antwortwahrscheinlichkeiten *aller Personen und aller Items* aus.

Es ergibt sich somit die zunächst etwas paradox erscheinende Kombination einer *relativ strengen Annahme*, was die Wirkung der Maßnahmen anbetrifft (daß sie nämlich gleich groß für alle Items und Personen sei) mit dem *Fehlen jeglicher Homogenitätsannahme* bezüglich der Items. Dies mag insofern paradox erscheinen, als nicht jedes Item dieselbe Dimension messen muß, andererseits sich aber die Veränderungsmaßnahmen gleichmäßig auf alle Items auswirken müssen, in diesem Sinne also einen 'homogenen' Effekt haben.

Inwieweit dies wirklich eine Paradoxie darstellt, kann wohl nur für den konkreten Fall entschieden werden. Auf jeden Fall gibt es viele Anwendungsfälle in der Veränderungsmessung, in denen man sich einen *globalen Effekt* auf eine Reihe von Indikatoren erhofft, ohne daß die einzelnen Indikatoren jedoch Ausdruck einer einzigen latenten Dimension sind.

Mit diesem Modellannahmen realisiert das LLRA eine eigenwillige Antwort auf die *Validitätsfrage* der Veränderungsmessung (Kap. 3.5.1.3): die Validität des Veränderungsmaßes drückt sich darin aus, daß die Veränderung bei allen Items *gleich groß* ist, unabhängig davon, ob die Items auch nur zu einem Zeitpunkt dasselbe messen.

Was das LLRA überhaupt erst anwendbar macht, ist die Tatsache, daß die θ_{vi}-Parameter *gar nicht geschätzt* zu werden brauchen. Vielmehr werden sie bei der Parameterschätzung 'herauskonditioniert' (s. u. Kap. 4.), so daß lediglich die η-Parameter geschätzt werden müssen.

Beispiel: Kontrollgruppendesign

Im Fall eines einfachen Versuchs-Kontrollgruppendesigns, in dem alle Personen der Kontrollgruppe *keine* Veränderungsmaßnahme und alle Personen der Experimentalgruppe *dieselbe* Maßnahme erhalten, besteht die Q-Matrix lediglich aus einem *einzelnen Spaltenvektor*: alle Personen der Kontrollgruppe erhalten eine 0 und alle Personen der Experimentalgruppe eine 1. Dementsprechend ist auch nur *ein einziger Effektparameter* η_j zu schätzen, der den Unterschied zwischen Experimentalgruppe und Kontrollgruppe zum zweiten Meßzeitpunkt charakterisiert.

Dies stellt ein überaus *günstiges Verhältnis* von Datenmenge zur Anzahl der zu schätzenden Modellparameter dar.

Rückblickend auf Kapitel 3.5.2 sei daran erinnert, daß das LLRA mit diesen Modelleigenschaften die Messung *globaler* Veränderungen unter Zulassung einer *Wechselwirkung zwischen Personen und Items* erlaubt (Modell (4) in Kap. 3.5.2).

In diesem Kapitel wurden alle Modelle nur für *dichotome* Daten und eine *quantitative* Personenvariable dargestellt. Die Verallgemeinerungen auf mehrkategorielle ordinale Itemantworten ist für linear-logistische Modelle prinzipiell möglich und wurde bereits in Kapitel 3.4.1 kurz dargestellt. Diese verallgemeinerten Modelle lassen sich ebenso für Zwecke der Veränderungsmessung einsetzen, wie die hier dargestellten dichotomen Modelle.

Das Gleiche trifft auf linear logistische Klassenmodelle zu (s. Kap. 3.4.3), mit denen Veränderung als Klassenwechsel und als Änderung der klassenspezifischen Itemparameter abgebildet werden kann.

Literatur

Das LLTM als Modell zur Quantifizierung von Effekten von Maßnahmen wurde von Fischer (1972, 1976, 1983a, 1987 und 1989) und Fischer & Formann (1982b) vorgestellt. Das LLRA geht ebenfalls auf Fischer zurück (1974a, 1977a, 1983b, s.a. Formann & Spiel, 1989).

Übungsaufgabe

Sie führen ein Kontrollgruppenexperiment mit Vor- und Nachtestmessung durch. Die Kontrollgruppe bearbeitet vor und nach einer Placebo-Maßnahme den aus 4 Items bestehenden Test. Von der Experimentalgruppe erwarten Sie, daß sich die experimentelle Maßnahme im Sinne einer itemspezifischen Veränderung nur auf die ersten beiden Items auswirkt. Spezifizieren Sie die Q- und die B-Matrix des LLTM, so daß sich die erwarteten Effekte an jeweils einem Parameter ablesen lassen.

4. Parameterschätzung

In Kapitel 3 wurde eine Vielzahl von Testmodellen dargestellt, die das Anwortverhalten in einem Test in unterschiedlicher Weise beschreiben. Die meisten dieser Testmodelle enthalten sogenannte *Parameter*, d.h. Kenngrößen, deren Werte für einen bestimmten Test erst anhand der Daten ermittelt werden müssen. Ein solcher Parameter kann z.B. die Schwierigkeit eines Items sein, seine Trennschärfe eines Items oder die Distanz der Schwellen bei mehrkategoriellen ordinalen Itemantworten. Vor allem stellen bei quantitativen Testmodellen auch die Meßwerte der Personen Parameter dar, nämlich die Personenparameter.

Bei vielen Modellen können diese Parameter nicht einfach dadurch berechnet werden, daß man beobachtete Daten in eine Formel einsetzt und die Parameterwerte ausrechnet. Das liegt daran, daß es bei diesen Modellen *keine expliziten Gleichungen* gibt, d.h. Formeln, die jeweils nach einer unbekannten Größe auflösbar sind. Vielmehr stehen in diesen Gleichungen rechts und links vom Gleichheitszeichen unbekannte Größen (die Modellparameter), so daß man spezielle Rechenverfahren anwenden muß, um die Parameterwerte zu bestimmen. In diesem Kapitel soll das *Prinzip* dieser Rechenverfahren dargestellt werden, ohne jedoch für jedes Testmodell ein entsprechendes Verfahren im Detail darzustellen.

Man spricht von Parameter*schätzung* und nicht von Parameter*berechnung*, weil es sich um die Ermittlung von Populationskennwerten anhand von Stichprobendaten handelt. Mit dem Begriff der Parameterschätzung ist auch verbunden, daß man nicht nur einen Schätzwert *ermittelt*, sondern auch berechnen kann, *wie genau* dieser Schätzwert den wahren Parameter trifft.

Die Rolle der Parameterschätzung im Prozeß einer Testanalyse ist in Abbildung 136 veranschaulicht, die an die Diskussion des Modellbegriffs in Kapitel 1.2.3 anknüpft.

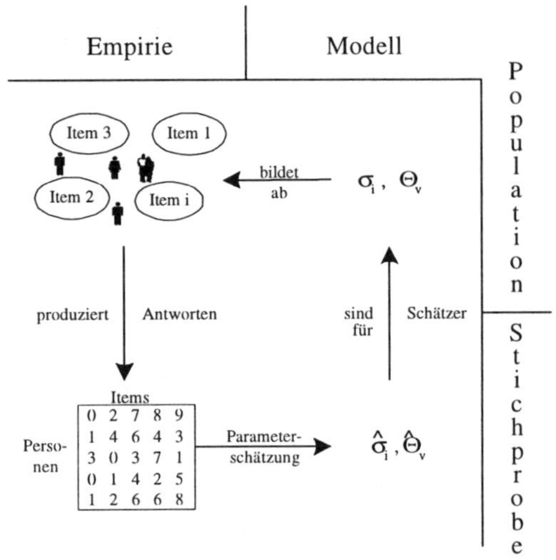

Abbildung 136: Die Rolle der Parameterschätzung bei der Testanalyse.

Während die linke Seite in Abbildung 136 *reale Gegebenheiten* wie die Personen, die Items und die Testdaten darstellt, enthält die rechte Seite der Abbildung die Modellparameter und deren Schätzer als die *unbekannten*, noch zu bestimmenden *Größen.* Einer Erläuterung bedarf die vertikale Unterteilung der Abbildung in *Population* und *Stichprobe*. Man könnte sich auf den Standpunkt stellen, daß überhaupt kein Stichprobenproblem gegeben ist, da man nur genau jene Personen messen will, die man auch untersucht hat, und genau jene Items, die auch im Test enthalten sind.

Warum *Schätzung* von Populationskennwerten?

Wenn man hier von Parameterschätzung anhand von Stichprobendaten spricht, so ist *nicht* gemeint, daß man aus einer Stichprobe von Personen auf eine *Population von Personen* verallgemeinern will.

Vielmehr hat man für die Ermittlung der Fähigkeit einer Person nur eine *Verhaltensstichprobe*, nämlich die Stichprobe der Reaktionen auf die Items im Test zur Verfügung. Entsprechend hat man zur Bestimmung der Itemeigenschaften nur eine *Stichprobe von Personen* zur Verfügung, nämlich diejenigen, die den Test bearbeitet haben.

Insofern schließt man von einer Stichprobe von *Item*antworten auf die Eigenschaftsausprägung einer *Person* und aus einer Stichprobe von *Personen*antworten auf die Eigenschaften eines *Items*. Die Genauigkeit der Schätzungen der *Personen*eigenschaften hängt daher von der Größe der *Item*stichprobe und ggf. von anderen Merkmalen dieser Stichprobe ab. Entsprechend hängt die Genauigkeit der Schätzungen der *Item*parameter von der Größe und weiteren Merkmalen der *Personen*stichprobe ab.

Der Vorgang der Parameterschätzung ist bei einigen Testmodellen, insbesondere bei den *deterministischen* Modellen sehr einfach, jedoch beim Großteil der *probabilistischen* Testmodelle so kompliziert, daß er nicht per Hand oder per Tischrechner durchgeführt werden kann. Hierfür ist man auf geeignete Computerprogramme angewiesen. Es fragt sich daher, warum man diese komplizierten Rechenverfahren überhaupt in einem Lehrbuch behandelt, wenn die Berechnung ohnedies stets dem Computer überlassen bleibt. Hierauf gibt es drei Antworten.

Erstens wird in diesem Kapitel nicht für jedes Testmodell ein Schätzverfahren beschrieben, sondern es wird exemplarisch für zwei Grundmodelle das jeweilige Prinzip des Schätzverfahrens dargestellt. Damit soll diesem Rechenvorgang das *Mystische genommen* und ein Eindruck vermittelt werden, um welche Arten von Berechnungen es sich dabei handelt.

Zweitens dient ein solches Grundverständnis dazu zu *beurteilen*, welche praktischen Möglichkeiten die Testmodelle überhaupt bieten und welche Modell*erweiterungen* seitens der Parameterschätzung möglich sind. Es dient dazu, die Notwendigkeit gewisser Modellrestriktionen einzusehen, die man in Kauf nehmen muß, um zuverlässige Parameterschätzungen zu erhalten.

Drittens gibt es auch *im praktischen Umgang* mit entsprechenden Computerprogrammen manchmal *Probleme*, die man nur verstehen und lösen kann, wenn man eine Idee von dem jeweiligen Schätzverfahren hat.

Die Darstellung ist in diesem Kapitel insofern vereinfacht, weil sie sich ausschließlich auf sogenannte *Maximum-Likelihood-Verfahren* bezieht. Diese sind auf alle hier behandelten Modelle erfolgreich anwendbar und können sich auf eine ausgereifte mathematische Theorie stützen, deren Sätze und Theoreme bei der Anwendung von Testmodellen von großem praktischen Nutzen sind.

Ausgenommen von dieser Maximum-Likelihood-Methode sind alle *deterministischen* Modelle, in denen nur die Wahrscheinlichkeiten 0 und 1 unterschieden werden. Bei diesen Modellen stellt sich das Problem der Parameterschätzung im allgemeinen nicht. So wurde z.B. bei der Guttman-Skala (Kap. 3.1.1.1.1), dem Parallelogramm-Modell (Kap. 3.1.1.3.1) oder beim Modell deterministischer Klassen (Kap. 3.1.2.1) darauf hingewiesen, daß man allein durch Auszählen von Patternhäufigkeiten oder Umsortieren von Personen und Items die gewünschten 'Meßwerte' für Personen und Items erhält, welche meist nur in Rangordnungen bestehen.

Im ersten Unterkapitel 4.1 wird zunächst dargestellt, was man unter der Likelihoodfunktion versteht. Das zweite Unterkapitel beschreibt einige Verfahren, wie man das Maximum einer solchen Likelihoodfunktion anhand von Testdaten bestimmen kann. Wie gut und zuverlässig schließlich die so erhaltenen Parameterschätzungen sind, wird im dritten und vierten Unterkapitel behandelt.

4.1 Die Likelihoodfunktion

Die *Likelihoodfunktion* beschreibt die Wahrscheinlichkeit der beobachteten Testdaten unter der Bedingung des angenommenen Testmodells als Funktion der Modellparameter. Der Begriff wurde bereits im Kapitel 3.1.1.2.1 über das Binomialmodell eingeführt und in vielen Kapiteln über quantitative Testmodelle ist die Likelihoodfunktion des betreffenden Modells dargestellt worden.

Die Likelihoodfunktion beschreibt die Wahrscheinlichkeit der Daten *unter der Annahme, daß das Modell gilt.* Der Wert der Likelihoodfunktion gibt somit eine Antwort auf die Frage: Wie wahrscheinlich ist das, was ich beobachte, wenn mein Modell wirklich gilt? Haben dieselben Testdaten unter einem anderen Modell eine *höhere* Wahrscheinlichkeit, so ist das andere Modell offensichtlich *besser.* Man kann den Wert der Likelihoodfunktion also direkt benutzen, um etwas über die *Güte* des jeweiligen Testmodells auszusagen. Diese Einsatzmöglichkeit der Likelihoodfunktion wird in Kapitel 5 aufgegriffen. In diesem Kapitel interessiert dagegen, wie man mit Hilfe der Likelihoodfunktion Modellparameter schätzen kann.

Die *Modellgleichung* eines Testmodells beschreibt die Wahrscheinlichkeit einer einzelnen Itemantwort x_{vi}, d.h. einer Zelle der Datenmatrix:

(1) $$p\left(X_{vi}=x\right)=p_{vix}.$$

Eine solche Modellgleichung, was auch immer man für p_{vix} einsetzt, stellt *selbst schon eine Likelihoodfunktion* dar, nämlich die Likelihood eines einzelnen Datums. Was im folgenden jedoch unter Likelihoodfunktion verstanden wird, ist die Likelihood der gesamten Testdatenmatrix, d.h. die Wahrscheinlichkeit *aller* beobachteten Itemantworten.

Wenn man so will ist die Modellgleichung das 'Likelihood-atom', welches nicht weiter aufgesplittet werden kann. Die Likelihoodfunktion der *gesamten* Testdaten setzt sich multiplikativ aus diesen elementaren Bausteinen zusammen, d.h. die Wahrscheinlichkeit der Testdatenmatrix ist das Produkt über alle Personen und über alle Items der Wahrscheinlichkeit der jeweiligen Itemantwort:

(2) $$L=\left(\text{Daten}\middle|\text{Modell}\right) = \prod_{v=1}^{N}\prod_{i=1}^{k} p_{vix}.$$

Diese Berechnung der Wahrscheinlichkeit aller Daten beruht auf dem Multiplikationssatz der Wahrscheinlichkeitsrechnung und setzt daher voraus, daß alle Itemantworten *stochastisch unabhängig* voneinander zustande gekommen sind (s. Kap. 2.3.3). Nur in diesem Fall dürfen die Einzelwahrscheinlichkeiten multipliziert werden, um die Gesamtwahrscheinlichkeit zu erhalten.

Rechenbeispiel

Es haben 3 Personen 2 Testitems bearbeitet und aufgrund des angenommenen Testmodells haben sie die folgenden Lösungswahrscheinlichkeiten:

		Item 1	Item 2
Person	1	.1	.3
	2	.5	.6
	3	.8	.9

Sofern alle 3 Personen die beiden Items gelöst haben, also die Testdatenmatrix folgendermaßen aussieht:

	Item	
Person	1	1
	1	1
	1	1

nimmt die Likelihoodfunktion den Wert:

$L = 0.1 \cdot 0.3 \cdot 0.5 \cdot 0.6 \cdot 0.8 \cdot 0.9 = 0.00648$

an.

Sofern die erste Person jedoch beide Items nicht gelöst hat, d.h. die Testdaten folgendermaßen aussehen

0	0
1	1
1	1

nimmt die Likelihood den Wert $L = 0.9 \cdot 0.7 \cdot 0.5 \cdot 0.6 \cdot 0.8 \cdot 0.9 = 0.13608$ an. Der zweite Datensatz hat also unter den gegebenen Modellparametern eine wesentlich *höhere* Likelihood oder Wahrscheinlichkeit.

Diese Relation ist letztlich Ausdruck der Tatsache, daß man von einer Person mit so geringen Lösungswahrscheinlichkeiten, wie die erste Person sie hat, auch eher erwartet, daß sie die Items *nicht* löst.

Das Rechenbeispiel demonstriert, daß bei der Berechnung der Likelihood immer die Wahrscheinlichkeiten der *beobachteten* Itemantworten aufmultipliziert werden, d.h. die Likelihoodfunktion ist eine Funktion für einen *bestimmten* gegebenen Datensatz.

Die Likelihoodfunktion kann stets nur Werte *zwischen 0 und 1* annehmen, da sie als Produkt von Wahrscheinlichkeiten definiert ist und das Produkt von Wahrscheinlichkeiten stets wieder eine Wahrscheinlichkeit ergibt. Fernerhin werden diese Werte in der Regel ziemlich klein, d.h. sie liegen nahe *bei 0*, da das Produkt von Wahrscheinlichkeiten mit wachsender Anzahl der Faktoren immer kleiner wird.

Eine *Funktion* beschreibt die Abhängigkeit einer Größe von anderen Größen. Im Falle der Likelihoodfunktion wird die Abhängigkeit der Wahrscheinlichkeit der Daten *von den Modellparametern* beschrieben. Damit ist gemeint, daß die Parameter eines Testmodells die *veränderlichen* Größen darstellen, also die X-Variablen in der üblichen Notation. Das bedeutet, daß die Likelihoodfunktion eine Funktion *mehrerer* Veränderlicher ist, in der Regel sogar sehr vieler Veränderlicher, nämlich so viele, wie es Modellparameter gibt.

Würde ein Testmodell nur einen *einzigen* Modellparameter enthalten, so könnte man sich die Likelihoodfunktion in Form eines Funktionsgraphen veranschaulichen (s. Abb. 137).

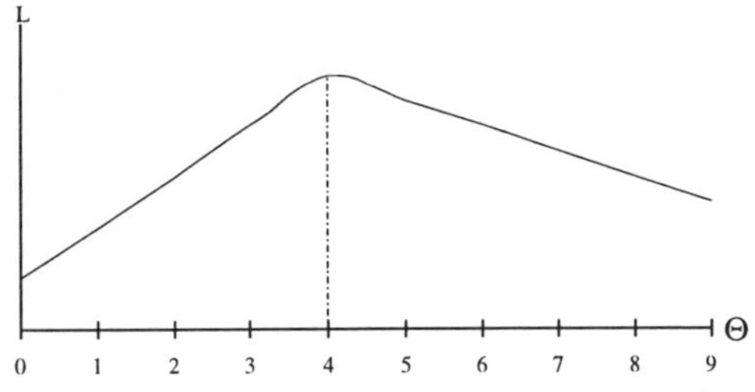

Abbildung 137: Beispiel für einen Funktionsgraphen der Likelihood in Abhängigkeit von nur einem Modellparameter θ

Anhand dieses Beispiels läßt sich verdeutlichen, inwiefern man die Likelihoodfunktion zur Parameterschätzung benutzen kann. Da man sein Testmodell, wozu auch die Modellparameter gehören, so konstruieren möchte, daß die Daten möglichst wahrscheinlich sind, wählt man in diesem Fall für den Modellparameter den Wert 4, da die Likelihoodfunktion an der Stelle $\theta = 4$ ein *Maximum* besitzt.

Das ist die Grundidee der Maximum-Likelihood-Methode (ML-Methode), die besagt, daß alle Modellparameter auf *den* Wert festgelegt werden, an dem die Likelihoodfunktion ihr *Maximum* hat. Der Wert 4 ist also in diesem Beispiel der Maximum-Likelihood-Schätzer (ML-Schätzer) für den Modellparameter θ.

Im Fall *mehrerer* Modellparameter kann man sich die Likelihoodfunktion nur noch als ein mehrdimensionales *Gebirge* vorstellen (sofern man hier noch von *Vorstellung* sprechen kann). Die Aufgabe der ML-Schätzung besteht in dieser Vorstellung darin, den *höchsten Gipfel* aufzuspüren und dessen Koordinaten zu bestimmen, welche dann die Schätzwerte für die Modellparameter sind. Hierfür benötigt man die Hilfsmittel des (partiellen) Differenzierens, worauf im nächsten Kapitel eingegangen wird.

Bevor man jedoch einen Maximierungsalgorithmus anwendet, um die Modellparameter zu bestimmen, kann man an der Gleichung der Likelihoodfunktion für ein bestimmtes Testmodell bereits sehen, *welche Informationen* aus den Testdaten überhaupt zur Schätzung der Modellparameter *benötigt* werden. Die Likelihoodfunktion zeigt, welche Informationen aus den Testdaten bei der Anwendung eines bestimmten Testmodells ausgewertet und welche Informationen als irrelevant betrachtet werden.

Bei der Darstellung einzelner Testmodelle in Kapitel 3 wurde daher oft die Likelihoodfunktion betrachtet, so z.B. für das Binomialmodell in Kapitel 3.1.1.2.1, das Rasch-Modell in Kapitel 3.1.1.2.2, das mehrdimensionale Rasch-Modell in Kapitel 3.2.2 oder für das ordinale Rasch-Modell in Kapitel 3.3.1.

Sinn dieser Betrachtungen war es zu sehen, welche Häufigkeitsstatistiken aus der Testdatenmatrix zur Schätzung welcher Parameter benötigt werden. Im Fall des Binomialmodells wird z.B. nur benötigt, wieviele Aufgaben eine Person gelöst hat, um ihren Fähigkeitsparameter zu ermitteln. Die Likelihoodfunktion dieses Modells lautet nämlich:

$$(3) \qquad L = \prod_{v=1}^{N} \theta_v^{r_v} \cdot (1-\theta_v)^{k-r_v} ,$$

vgl. Kapitel 3.1.1.2.1. Es wird *nicht* die Information benötigt, *welche Items* eine Person gelöst hat und welche nicht. Lediglich der Summenscore r_v einer Person taucht in der Likelihoodfunktion auf.

Auch die Information, wie oft ein bestimmtes *Item* insgesamt gelöst wurde, wird in diesem Fall nicht benötigt, um den Wert der Likelihoodfunktion zu ermitteln. Dies ist Ausdruck der Tatsache, daß im Binomialmodell alle Items als *gleich schwierig* angenommen werden.

Wie auch immer man das Maximum einer solchen Likelihoodfunktion ermittelt, es werden bei der Parameterschätzung von den beobachteten Testdaten nur jene Häufigkeitsstatistiken benötigt, die in der Likelihoodfunktion enthalten sind.

Literatur

Zum Begriff der Likelihood und zur Maximum-Likelihood-Methode siehe Wendt (1983) und Bortz (1984). Die mathematische Theorie der Maximum-Likelihood-Methode ist in Kendall & Stuart (1973) abgehandelt.

Übungsaufgabe

Die folgende Matrix gibt die anhand von Modellparametern berechneten Lösungswahrscheinlichkeiten von 4 Personen bei 5 Items wieder:

		Item 1	2	3	4	5
Person	1	.2	.3	.45	.6	.7
	2	.1	.25	.4	.45	.6
	3	.4	.55	.8	.9	.9
	4	.7	.8	.8	.9	.9

Wie sieht die Datenmatrix mit dichotomen Antworten aus, die in diesem Beispiel den höchsten Wert der Likelihoodfunktion hat?

4.2 Die Suche nach dem Maximum

Die Prozedur der Parameterschätzung besteht darin, das Maximum der Likelihoodfunktion zu ermitteln. Dies geschieht auf die gleiche Art und Weise, wie man bei Funktionen *einer* Veränderlichen die Extrema, d.h. die *Minima* und *Maxima* ermittelt. Man berechnet die erste Ableitung nach der Unbekannten X, setzt diese erste Ableitung gleich 0 und löst die Gleichung nach X auf.

Anmerkung: Im folgenden wird vorausgesetzt, daß diese Methode der Extremwertbestimmung bei einfachen Funktionen, z.B. aus dem Mathematikunterricht der Schule, bekannt ist.

Bei der Likelihoodfunktion handelt es sich jedoch um eine Funktion *mehrerer* Veränderlicher. Das Verfahren des 'Differenzierens und Nullsetzens' ist jedoch im wesentlichen das gleiche, d.h. es folgt derselben Logik und es wird praktisch genauso durchgeführt. Man spricht in diesem Fall vom *partiellen Differenzieren.*

Beim *partiellen Differenzieren* nach einer bestimmten Veränderlichen, d.h. nach einem bestimmten Parameter, werden alle anderen Parameter *wie Konstanten* behandelt und die üblichen Differenzierungsregeln angewandt.

Als Resultat erhält man nicht mehr nur *eine* Gleichung, die Null-gesetzt werden muß, sondern ein ganzes Gleichungs*system.* Die Auflösung dieser Gleichungen besteht nicht mehr nur aus *einem Wert*, bei dem das Maximum liegt, sondern aus den Koordinaten des Maximums in einem mehrdimensionalen Raum, der soviel Dimensionen hat, wie es Modellparameter gibt. Diese Koordinaten sind genau die gesuchten Schätzwerte der Modellparameter.

Dieses Verfahren ist im folgenden anhand der Likelihoodfunktion des Binomialmodells illustriert. Die Likelihoodfunktion des *Binomialmodells* (s. Kap. 3.1.1.2.1)

$$L = \prod_{v=1}^{N} \theta_v^{r_v} \cdot (1 - \theta_v)^{k - r_v}$$

ist eine Funktion von N Unbekannten, nämlich den Parametern θ_v der N getesteten Personen. Soll ein bestimmter Personenparameter θ_v geschätzt werden, so stellt dieser die Unbekannte dar, nach der partiell differenziert werden muß.

Da nach den Ableitungsregeln (s. Kasten 'Grundregeln des Differenzierens') die Ableitung von Produkten sehr mühsam ist, wird die Likelihoodfunktion zuvor *logarithmiert.* Dies ändert am Ort des Maximums nichts, da der Logarithmus eine *monotone* Transformation ist (s.o. Kap. 3.1.1.2.2). D.h., nimmt man von einer Menge von Zahlen deren Logarithmus, so bleibt die größte Zahl auch nach ihrer Logarithmierung die relativ größte. Dementsprechend sind die Koordinaten des Maximums der *logarithmierten* Likelihoodfunktion identisch zu den Koordinaten des Maximums der *unlogarithmierten* Likelihood.

Der Logarithmus der Likelihoodfunktion des Binomialmodells lautet

$$(1) \quad \log L = \sum_{v=1}^{N} \left[r_v \log(\theta_v) + (k - r_v) \log(1 - \theta_v) \right].$$

Um diese Transformation nachzuvollziehen, benötigt man zwei Rechenregeln über das Logarithmieren von algebraischen Ausdrücken (s.a. Kap. 3.1.1.2.2:

1. Der Logarithmus eines Produktes ist gleich der Summe der Logarithmen und
2. der Logarithmus einer Potenz ist gleich dem Exponenten multipliziert mit dem Logarithmus der Basis.

Differenziert man jetzt partiell nach einem bestimmten Personenparameter θ_v, so benötigt man von der gesamten Summe nur den oder die Summanden, in dem θ_v enthalten ist. Alle anderen Summanden stellen Konstanten dar und die Ableitung eines konstanten Summanden ist Null (s. Rechenregeln).

Grundregeln des Differenzierens

Summenregel: $(u+v)' = u' + v'$

Produktregel: $(u\,v)' = u\,v' + u'\,v$

Konstanter Summand: $(c + u')= u'$

Konstanter Faktor: $(c\,u)' = c\,u'$

Quotientenregel: $\left(\frac{u}{v}\right)' = \frac{v\,u' - u\,v'}{v^2}$

Kettenregel: Ist $y = f(u)$ und $u = g(x)$

so ist $\frac{\partial_y}{\partial_x} = f'(u) \cdot g'(x)$

Funktion	Ableitung
x^n	$n \cdot x^{n-1}$
$\log(x)$	$\frac{1}{x}$
e^x	e^x

Es ergibt sich für die erste partielle Ableitung nach θ_v der folgende Ausdruck:

$$(2) \quad \frac{\partial \log L}{\partial \theta_v} = r_v \cdot \frac{1}{\theta_v} + (k - r_v)\frac{1}{1-\theta_v} \cdot (-1).$$

Hier benötigt man wiederum die Rechenregeln des Differenzierens. Insbesondere muß man beachten, daß die Ableitung des Logarithmus einer Unbekannten gleich 1 durch diese Unbekannte ist. Der letzte Koeffizient (–1) stellt die innere Ableitung von $(1-\theta_v)$ dar (s. die sog. Kettenregel).

Setzt man Gleichung (2) gleich Null und bringt einen der beiden Summanden auf die andere Seite, so erhält man die Gleichung

$$(3) \quad \frac{r_v}{\theta_v} = \frac{k - r_v}{1 - \theta_v} \quad ,$$

die sich folgendermaßen auflösen läßt

$$(4) \quad r_v - r_v\theta_v = k\,\theta_v - r_v\theta_v$$

$$\theta_v = \frac{r_v}{k}.$$

Somit ist die relative Häufigkeit gelöster Items, $\frac{r_v}{k}$, der ML-Schätzer für den Fähigkeitsparameter θ_v.

Dieses Resultat ist nicht überraschend, man hätte es auch intuitiv erwartet: Die relative Anzahl gelöster Aufgaben in einem Test ist ein direktes Maß für die Personenfähigkeit, wenn alle Items als gleich schwierig angenommen werden.

Gleichung (4) beschreibt, genau genommen, nur *eine* Schätzgleichung, nämlich die für den Parameter der v-ten Person, nach dem differenziert wurde. Da aber die Schätzgleichungen für alle anderen Personen genauso aussehen, kann man Gleichung (4) auch als System von N Gleichungen auffassen, die sich für $v = 1$ bis $v = N$ ergeben.

Das Untypische an dieser Ableitung der Likelihoodfunktion des Binomialmodells liegt darin, daß sie zu *expliziten* Gleichungen für die Schätzung der Modellparameter geführt hat. Dies ist bei komplexeren Modellen nicht mehr der Fall, was oft schon daran liegt, daß die ersten partiellen Ableitungen Funktionen *mehrerer* Unbekannter sind und nicht nur *einer*, wie im Fall des Binomialmodells.

In solchen Fällen benötigt man sogenannte *iterative Verfahren*. 'Iterativ' bedeutet, 'wiederkehrend' oder 'wiederholend' und meint, daß man dieselben Rechenschritte immer wieder durchführt, bis man sich einer Lösung angenähert hat. Iterative Verfahren kann man z.B. anwenden, wenn nach dem Auflösen einer Gleichung nach *einer* Unbekannten rechts vom Gleichheitszeichen *weitere* Unbekannte stehen. Setzt man dann für die Unbekannten rechts vom Gleichheitszeichen Näherungswerte ein, erhält man für die Unbekannte links vom Gleichheitszeichen einen 'besseren' Näherungswert. Diese neuen Näherungswerte kann man wiederum in andere Gleichungen einsetzen, um damit neue Nährerungswerte für die anderen Unbekannten zu berechnen.

Unter bestimmten Bedingungen *konvergiert* ein solches iteratives Verfahren gegen die richtigen Parameterwerte. Konvergieren heißt, daß jeder neue Näherungswert ein Stückchen dichter am richtigen Wert liegt als der vorige. Auf diese Weise erhält man in der Regel keinen endgültigen, bis auf die letzte Kommastelle festgelegten Wert, sondern nur eine mehr oder weniger genaue Schätzung. Die *Genauigkeit der Schätzwerte* hängt unter anderem davon ab, wie weit man das iterative Verfahren treibt, d.h. wann man es abbricht und sich mit der erreichten Genauigkeit zufrieden gibt.

In den beiden folgenden Unterkapiteln werden zwei sehr unterschiedliche iterative Verfahren beschrieben. Kapitel 4.2.1 behandelt ein Verfahren zur Schätzung der Parameter im dichotomen Rasch-Modell. Kapitel 4.2.2 behandelt ein Schätzverfahren zur Bestimmung der Modellparameter der dichotomen Klassenanalyse.

Diese beiden Schätzverfahren sind jeweils typisch für quantitative Modelle und Klassenmodelle. Die Schätzmethoden für *komplexere* Testmodelle bauen entweder auf diesem Verfahren auf, indem sie den Algorithmus um zusätzliche Bestandteile *erweitern*, oder sie bedienen sich eines *modifizierten* Ansatzes, um bessere statistische Eigenschaften der Schätzer zu erreichen. Im folgenden werden weder solche Erweiterungen noch alternative Ansätze im Detail dargestellt, da sie für das Verständnis der Testtheorie und ihrer Modelle nicht von entscheidender Bedeutung sind.

4.2.1 Parameterschätzung für das dichotome Rasch-Modell

Zur Schätzung der Parameter des Rasch-Modells gibt es mehrere Verfahren, die zum großen Teil zu identischen Ergebnissen führen. In diesem Kapitel wird zunächst die unbedingte Maximum-Likelihood (UML) Methode dargestellt, da sie relativ leicht nachvollzogen werden kann und das Prinzip von ML-Schätzungen gut verdeutlicht. Im Anschluß daran wird der Ansatz der *bedingten* ML-Methode zur Schätzung der Itemparameter und ein genaueres Verfahren zur Schätzung der Personenparameter dargestellt.

Die Likelihoodfunktion des Rasch-Modells,

$$(1) \quad L = \prod_{v=1}^{N} \prod_{i=1}^{k} \frac{\exp\left(x_{vi}(\theta_v - \sigma_i)\right)}{1 + \exp(\theta_v - \sigma_i)},$$

wurde in Kapitel 3.1.1.2.2 in den folgenden Ausdruck umgewandelt (vgl. Formel (8):

$$(2)\quad L = \frac{\exp\left(\sum_{v=1}^{N} r_v\theta_v - \sum_{i=1}^{k} n_i\sigma_i\right)}{\prod_{v=1}^{N}\prod_{i=1}^{k}\left(1+\exp(\theta_v - \sigma_i)\right)},$$

der sich dadurch auszeichnet, daß von den beobachteten Testdaten lediglich die *Randsummen* in die Funktion eingehen. Hierbei handelt es sich um r_v, die Anzahl der Items die eine Person v gelöst hat, und n_i, die Anzahl der richtigen Itemanworten bei Item i. Im Nenner dieses Ausdrucks tauchen die beobachteten Testdaten gar nicht auf.

Bevor die ersten partiellen Ableitungen gebildet werden, wird die Funktion *logarithmiert*, um die multiplikative Verknüpfung in eine additive Verknüpfung umzuwandeln:

$$(3)\quad \log L = \sum_{v=1}^{N} r_v\theta_v - \sum_{i=1}^{k} n_i\sigma_i - \sum_{v=1}^{N}\sum_{i=1}^{k}\log\left(1+\exp(\theta_v - \sigma_i)\right).$$

Da der Logarithmus die inverse Funktion der Exponentialfunktion ist, d.h.

$$\log(\exp(x)) = x,$$

bleiben beim Logarithmieren vom Zähler lediglich die Exponenten übrig. Im Nenner heben sich die Exponentialfunktion und der Logarithmus leider nicht gegenseitig auf, da der Logarithmus einer Summe nicht weiter aufgeschlüsselt werden kann.

Die erste *partielle Ableitung* nach einem Personenparameter θ_v lautet dann:

$$(4)\quad \frac{\partial \log L}{\partial \theta_v} = r_v - \sum_{i=1}^{k} \frac{1}{1+\exp(\theta_v - \sigma_i)} \cdot \exp(\theta_v - \sigma_i)$$

Vom *ersten* Summanden in (3) bleibt lediglich der Koeffizient r_v desjenigen θ übrig, nach dem differenziert wurde. Der *zweite* Summand ist eine Konstante, deren Ableitung Null ist. Vom *dritten* Term bleibt nur *ein* Summenzeichen erhalten, da sich die Summe über die Personen auf jenen Summanden reduziert, der θ_v enthält (alle anderen Summanden sind Konstanten). Auf die einzelnen Summanden muß die Kettenregel angewendet werden, wobei die Ableitung der logarithmischen und der Exponentialfunktion benötigt werden (s.o. Grundregeln des Differenzierens).

Setzt man diese Gleichung gleich Null und löst sie nach r_v auf, so erhält man die folgende Gleichung

$$(5)\quad r_v = \sum_{i=1}^{k} \frac{\exp(\theta_v - \sigma_i)}{1+\exp(\theta_v - \sigma_i)}$$

als Schätzgleichung für den Personenparameter θ_v. Die Gleichung läßt sich *nicht* nach θ_v auflösen. Für jedes andere θ erhält man eine Gleichung, die genauso aussieht, so daß man Gleichung (5) auch als Gleichungs*system* ansehen kann, das man zur Schätzung der Personenparameter nutzen kann.

In analoger Weise werden die ersten partiellen Ableitungen nach den Itemparametern σ_i gebildet, was zu folgendem Ausdruck führt:

$$(6)\quad \frac{\partial \log L}{\partial \sigma_i} = -n_i - \sum_{v=1}^{N} \frac{1}{1+\exp(\theta_v - \sigma_i)} \exp(\theta_v - \sigma_i)\cdot(-1)$$

Die Ableitung ist analog zu der von Gleichung (4). Der auffallende Unterschied ist der Koeffizient (−1) ganz am Ende des zweiten Summanden. Er kommt daher, daß die Kettenregel in diesem Fall zweimal angewendet werden muß, d.h. die innere Ableitung der Exponentialfunktion ist nicht +1, wie im Fall des Fähigkeitsparameters, sondern −1, da σ_i ein negativer Summand ist.

Wiederum ergibt sich zur Schätzung der Itemparameter ein Gleichungssystem:

$$(7) \quad n_i = \sum_{v=1}^{N} \frac{\exp(\theta_v - \sigma_i)}{1 + \exp(\theta_v - \sigma_i)} .$$

Die Gleichungssysteme (5) und (7) lassen sich kürzer schreiben, wenn man für den logistischen Quotienten p_{vi} schreibt, die Lösungswahrscheinlichkeit von Person v bei Item i:

$$(5') \quad r_v = \sum_{i=1}^{k} p_{vi}$$

$$(7') \quad n_i = \sum_{v=1}^{N} p_{vi} .$$

In dieser Schreibweise wird deutlich, daß die Modellparameter solche Werte annehmen müssen, daß die Summenscores r_v und n_i in etwa ihren *Erwartungen* anhand der Modellgleichung entsprechen. D.h. der Summenscore einer Person, r_v, ist in Gleichung (5') gleich der Summe der Lösungswahrscheinlichkeiten über alle Items, was dem theoretisch erwarteten Summenscore entspricht. Analoges gilt für die Gleichungen (7').

Die ersten partiellen Ableitungen führen also zu sehr plausiblen Ergebnissen, jedoch ist bislang nicht klar, wie man anhand dieser Gleichungen die Modellparameter praktisch schätzt. Hierzu wird im folgenden ein einfaches Verfahren angegeben, von dem allerdings nicht ohne weiteres ersichtlich ist, *warum* es funktioniert. Ein anschließendes Rechenbeispiel soll illustrieren, *daß* es funktioniert.

Gleichung (5) läßt sich folgendermaßen nach dem zu schätzenden Parameter θ_v auflösen, wobei hier nicht eine 'echte' Auflösung gemeint ist, denn der zu schätzende Parameter θ_v steht weiterhin auf der rechten Seite der Gleichung:

$$(8) \quad \exp(\hat{\theta}_v) = \frac{r_v}{\sum_{i=1}^{k} \frac{\exp(-\sigma_i)}{1 + \exp(\theta_v - \sigma_i)}}$$

oder logarithmiert:

$$(9) \quad \hat{\theta}_v = \log(r_v) - \log \sum_{i=1}^{k} \frac{\exp(-\sigma_i)}{1 + \exp(\theta_v - \sigma_i)} .$$

Das θ auf der linken Seite hat jetzt ein Dach erhalten, um anzudeuten, daß man auf der linken Seite der Gleichung einen besseren *Schätzer* für θ_v erhält, wenn man auf der rechten Seite eine vorläufige Schätzung für θ_v und für alle σ_i einsetzt.

Entsprechend kann Gleichung (7) folgendermaßen nach σ_i 'aufgelöst' werden:

$$(10) \quad \hat{\sigma}_i = -\log(n_i) + \log \sum_{v=1}^{N} \frac{\exp(\theta_v)}{1 + \exp(\theta_v - \sigma_i)} ,$$

was das entsprechende Gleichungssystem zur Schätzung der Itemparameter ergibt.

Mit diesem Gleichungssystem, bestehend aus den Gleichungen (9) und (10), läßt sich nun ein einfaches iteratives Verfahren durchführen, das tatsächlich konvergiert. Man muß lediglich beliebige *Startwerte,* z.B. alle Parameter gleich Null, auf der rechten Seite dieser Gleichungen einsetzen und man erhält erste Schätzungen der Modellparamater θ und σ. Setzt man diese

Schätzungen wiederum rechts in die Gleichungen ein, so erhält man verbesserte Schätzwerte, d.h. solche, die dichter an den wahren Parameterwerten liegen.

Da es für eine Beispielrechnung mühsam ist, diese Prozedur auch nur über ein paar Iterationen per Hand zu berechnen, wird im folgenden ein kleines Computerprogramm beschrieben, das genau diese Rechnung durchführt.

Ein Programm zur Parameterschätzung

Das folgende Fortran-programm enthält die minimalen Rechenschritte zur Parameterschätzung nach dem zuvor beschriebenen Verfahren. Es wurden nur einfache Befehle verwendet, so daß die Programmschritte mit geringen Kenntnissen einer Programmiersprache nachvollzogen werden können. Die einzelnen Programmschritte werden in kleiner Schrift erläutert.

Deklarierung von zwei Datenfeldern für ganzzahlige Werte (integer) und gebrochene Zahlen (real).

```
integer nr(4),ni(5)
real theta(4),sigma(5)
```

Belegung der integer-Felder mit den Randsummen des KFT-Dateibeispiels.

```
ni(1)=157
ni(2)=137
ni(3)=105
ni(4)=75
ni(5)=56
nr(1)=48
nr(2)=46
nr(3)=50
nr(4)=60
```

Es beginnt die Iterationsschleife: alle Befehle bis zur Zeile mit der Nummer 5 werden 10-mal durchlaufen.

```
do 5 iter=1,10
sum=0.0
```

Die nächsten 4 Zeilen sorgen für die Summennormierung der Items.

```
  do 6 i=1,5
6 sum=sum+sigma(i)
  do 7 i=1,5
7 sigma(i)=sigma(i)-sum/5.0
```

Die Schleife bis zur Zeile Nr. 1 berechnet die Personenparameter nach Gleichung (9) für r = 1 bis r = 4 (der Laufindex j steht für r).

```
  do 1 j=1,4
  sum=0.0
  do 2 i=1,5
2 sum=sum+exp(0.0-sigma(i))/
     (1.0+exp(theta(j)-sigma(i)))
1 theta(j)=alog(j)-alog(sum)
```

In dieser Schleife werden die Itemparameter nach Gleichung (10) berechnet.

```
  do 3 i=1,5
  sum=0.0
  do 4 j=1,4
4 sum=sum+(nr(j)*exp(theta(j)))/
     (1.0+exp(theta(j)-sigma(i)))
3 sigma(i)=alog(sum)-alog(ni(i))
```

Zeile 5 druckt die Schätzungen aller Parameter in jedem Iterationsschritt aus.

```
5 write(2,100)(theta(j),j=1,4),
     (sigma(i),i=1,5)
100 format(9f6.2)
  end
```

Das Computerprogramm wurde für das Datenbeispiel für dichotome Itemantworten aus Kapitel 3.1 geschrieben ('KFT-Daten'). Um die Parameter berechnen zu können, benötigt man lediglich die Randsummen der Datenmatrix, d.h. die n_i-Werte, und die Häufigkeiten der Summenscores, n_r. Hier interessieren die Häufigkeiten des minimalen und maximalen Scores nicht, da die Personenparameter für die Scores $r = 0$ und $r = k$ mit diesem Algorithmus, der unbedingten ML-Methode, nicht geschätzt werden können. Die Schätzungen für diese Parameter würden in der Iterationsschleife gegen $-\infty$ und $+\infty$ streben. Entsprechend sind nur 4 n_r-Werte im Computerprogramm definiert.

Das Programm rechnet 10 Iterationen durch. Zu Beginn jeder Iteration werden die Itemparameter σ summennormiert, danach werden die Berechnungen gemäß Formel (9) und (10) durchgeführt.

Im Gegensatz zur Schreibweise bei Formel (10), in der beim zweiten Summanden über alle *Personen* addiert wird, wird im Computerprogramm lediglich über alle unterschiedlichen *Summenscores* j addiert. Daher sind die Summanden in der Schleife Nr. 4 noch jeweils mit der Anzahl der Personen mit diesem Score, nr(j), zu multiplizieren.

Läßt man das Programm laufen, so erhält man die folgenden Schätzungen für die Parameter des dichotomen Rasch-Modells:

θ_1	θ_2	θ_3	θ_4	Iteration
-0.92	-0.22	0.18	0.47	1
-1.29	-0.33	0.28	0.74	2
-1.44	-0.39	0.34	0.92	3
-1.51	-0.43	0.38	1.06	4
-1.55	-0.45	0.41	1.17	5
1.58	-0.46	0.43	1.26	6
-1.60	-0.48	0.45	1.33	7
-1.62	-0.48	0.46	1.39	8
-1.63	-0.49	0.47	1.44	9
-1.65	-0.49	0.48	1.48	10

σ_1	σ_2	σ_3	σ_4	σ_5	Iteration
-0.47	-0.33	-0.07	0.27	0.56	1
-0.74	-0.52	-0.10	0.42	0.84	2
-0.91	-0.62	-0.09	0.52	1.00	3
-1.03	-0.69	-0.08	0.59	1.09	4
-1.11	-0.73	-0.06	0.64	1.16	5
-1.18	-0.76	-0.05	0.69	1.21	6
-1.23	-0.78	-0.03	0.72	1.24	7
-1.27	-0.79	-0.02	0.74	1.27	8
-1.31	-0.81	-0.01	0.76	1.30	9
-1.34	-0.81	0.00	0.78	1.32	10

Die *Startwerte* für diese Beispielrechnung waren Null für alle Parameter und es zeigt sich, daß die Parameter bereits nach der ersten Iteration in die richtige Richtung auseinandergehen. Die Veränderungen der Schätzwerte werden von Iteration zu Iteration kleiner, so daß man vermuten kann, daß die Werte der zehnten Iteration schon relativ dicht an den endgültigen Parameterwerten liegen.

Vergleicht man diese Schätzwerte für die Itemparameter mit den in Kapitel 3.1.1.2.2 angegebenen, so fallen Unterschiede auf: Die hier angegebenen Werte sind etwas extremer, d.h. die positiven Parameter sind noch größer und die negativen noch kleiner. Diese Unterschiede sind systematisch. Sie beruhen darauf, daß der hier dargestellte einfache Schätzalgorithmus nur 'richtige' ML-Schätzer liefert, wenn man relativ *große* Item- und Personenstichproben hat. Man sagt die Schätzer sind nur dann *konsistent*, wenn N und k gegen ∞ gehen (also für wachsende Personen- und Itemanzahlen). Dies ist im vorliegenden Datenbeispiel natürlich nicht gegeben, da es nur wenige Items umfaßt.

Konsistente Schätzer

Man bezeichnet Schätzer dann als konsistent, wenn sich die Schätzwerte mit wachsender Anzahl von Beobachtungen dem wahren Wert des Parameters annähern. Konsistent in diesem Sinne sind die Schätzer im zuvor dargestellten Verfahren sehr wohl, nur daß 'wachsende Anzahl von Beobachtungen' hier heißt, daß Personenanzahl N *und* Itemanzahl k groß werden müssen, damit die Schätzer sich dem wahren Parameterwert annähern. Damit ist dieses Verfahren aber für Tests mit wenigen Items problematisch.

Man kann den *bias* (das ist der Betrag, um den der Erwartungswert des Schätzers vom wahren Wert abweicht) in diesem Fall sogar bestimmen: Die Schätzer sind nämlich in etwa um den Faktor $\frac{k}{k-1}$ zu groß, d.h. man kann sie *korrigieren*, indem man die Schätzwerte mit dem reziproken Wert, also $\frac{k-1}{k}$ multipliziert. Wie man sieht, ist diese Korrektur für großes k vernachlässigbar, da der Faktor gegen 1 strebt.

Im Datenbeispiel sind die Itemparameterschätzungen also mit $4/5 = 0.8$ zu multiplizieren, was die Werte ergibt:

$\sigma_1 = -1.07$, $\sigma_2 = -0.65$, $\sigma_3 = 0.0$, $\sigma_4 = 0.62$ und $\sigma_5 = 1.04$.

Obwohl diese Werte schon dichter an den im Kapitel 3.1.1.2.2 angegebenen liegen, wird auch deutlich, daß diese Korrektur den bias nicht 'beseitigt' sondern nur eine Verschiebung in der richtigen Richtung und Größenordnung bewirkt.

Die hier dargestellte Methode der Parameterschätzung ist die sogenannte *unbedingte* ML-Methode, während in 'großen' Computerprogrammen die sogenannte *bedingte* ML-Methode verwendet wird. Die in Kapitel 3.1.1.2.2 angegebenen Parameterschätzungen wurden mittels der bedingten ML-Methode errechnet.

Bedingte und unbedingte ML-Methode

Die hier dargestellte Parameterschätzmethode basiert auf der in den Gleichungen (1) und (2) angegebenen Likelihoodfunktion. Diese Likelihood ist eine Funktion *sowohl* der Itemparamter *als auch* der Personenparameter.

Bei Rasch-Modellen besteht auch die Möglichkeit eine Likelihoodfunktion zu definieren, in der die *Personenparameter nicht* enthalten sind (vgl. Kap. 3.1.1.2.2). Es handelt sich hierbei um die Wahrscheinlichkeit der Testdaten *unter der Bedingung* der beobachteten Scoreverteilung. Die Schätzungen der Itemparameter, die auf dieser Likelihoodfunktion beruhen, nennt man daher *bedingte ML-Schätzungen.* Die Personenparameter lassen sich auf diese Art und Weise nicht schätzen.

In Abgrenzung zu dieser bedingten Methode wird die Parameterschätzung nach der 'normalen' Likelihoodfunktion (Gleichung (1) und (2)) als *unbedingte* ML-Methode bezeichnet.

Da die *bedingte* ML-Methode von der Schätzgenauigkeit her eindeutig die überlegenere ist, soll im folgenden zumindest der *Ansatz* der bedingten ML-Methode dargestellt werden. Ein iteratives Verfahren zur Lösung der resultierenden Gleichungen wird jedoch nicht vorgestellt, da diese Verfahren etwas komplizierter sind und mehr mathematische Vorkenntnisse erfordern. Das Prinzip, daß auch hier das Maximum der Likelihoodfunktion gesucht wird, bleibt jedoch dasselbe.

Während die unbedingte Likelihoodfunktion dem Produkt über alle Patternwahrscheinlichkeiten entspricht:

$$(11) \quad uL = \prod_{v=1}^{N} p(\underline{x}_v),$$

wobei uL für *unbedingte* Likelihood steht, ist die *bedingte* Likelihoodfunktion definiert als das Produkt über alle Patternwahrscheinlichkeiten unter der Bedingung des zum jeweiligen Pattern gehörenden Summenwertes r:

$$(12)\quad cL = \prod_{v=1}^{N} p\left(\underline{x}_v \middle| r\right),$$

wobei cL für *conditional* (bedingte) Likelihood steht.

In Kapitel 3.1.1.2.2 wurde bereits die bedingte Patternwahrscheinlichkeit $p(\underline{x}|r)$ behandelt und dargestellt, daß sie allein eine Funktion der Itemparameter ist (vgl. dort Formel (15)):

$$(13)\quad p\left(\underline{x}_v \middle| r\right) = \frac{\exp\left(-\sum_{i=1}^{k} x_i\,\sigma_i\right)}{\gamma_r\left(\exp(-\sigma)\right)}.$$

Im Nenner steht die symmetrische Grundfunktion r-ter Ordnung, eine Funktion der Itemparameter (s. Kap. 3.1.1.2.2).

In diesem Kapitel wurde die bedingte Patternwahrscheinlichkeit auch benutzt, um eine dritte Likelihoodfunktion, die marginale Likelihood (mL), zu definieren:

$$(14)\quad mL = \prod_{v=1}^{N} p\left(r_v\right) \cdot p\left(\underline{x}_v \middle| r_v\right).$$

Der Summenscore r erhält in dieser Gleichung den Index v, um deutlich zu machen, daß es der Score der v-ten Person ist.

Vergleicht man die bedingte (12) und die marginale Likelihood (14), so wird deutlich, daß die cL ein *Teil* der mL ist. Schreibt man das Produktzeichen in (14) getrennt vor jeden Faktor, so ergibt sich:

$$(15)\quad mL = \prod_{v=1}^{N} p\left(r_v\right) \cdot \prod_{v=1}^{N} p\left(\underline{x}_v \middle| r_v\right)$$
$$= \prod_{v=1}^{N} p\left(r_v\right) \cdot cL.$$

Auch das verbleibende Produkt in (15) kann zusammengefaßt werden als Produkt über r, wobei jeder Faktor mit der Häufigkeit von r, n_r, potenziert werden muß,

$$(15')\quad mL = \prod_{r=0}^{k} p(r)^{n_r} \cdot cL.$$

Für die Parameterschätzung ist es egal, ob man die mL oder cL maximiert: beim Logarithmieren und partiellen Differenzieren fällt der erste Teil der mL, das Produkt aller Scorewahrscheinlichkeiten, ohnedies weg, da die Itemparameter in ihm nicht vorkommen. Die Schätzgleichungen und die Schätzungen der Itemparameter, die man durch die Maximierung der mL und der cL erhält, sind identisch.

Gegenüber den Schätzern, die man durch die zuvor dargestellte Maximierung der uL erhält, haben die mL- und cL-Schätzer der Itemparameter einen entscheidenden Vorteil: sie sind auch bei kleiner Itemanzahl konsistent. Das heißt, es gibt keine systematische Abweichung des Schätzwertes vom wahren Parameterwert.

Das übliche Vorgehen bei der Parameterschätzung für Rasch-Modelle besteht daher darin, zunächst die Itemparameter nach der bedingten ML-Methode zu schätzen, um *anschließend* die *Personenparameter* zu schätzen.

Aber auch für die Schätzung der Personenparameter hat sich gezeigt, daß die Schätzgleichungen (9) der *unbedingten* ML-Methode nicht optimal sind. Zum einen haben sie den gravierenden Nachteil, daß für Personen, die alle oder kein Item mit '1' beantwortet haben, kein Eigenschaftsparameter geschätzt werden kann. Zum anderen werden auch die Parameter für die Scores zwischen 0 und k *zu extrem* geschätzt, d.h. die negativen zu klein und die positiven zu groß.

Sehr viel bessere Schätzer für die Personenparameter liefert die sog. *weighted* (gewichtete) ML-Methode. Diese Methode beruht auf dem sog. *Bayes-Ansatz* der Parameterschätzung. Hierbei wird nicht wie bei der ML-Methode die Wahrscheinlichkeit der Daten unter der Bedingung der Modellparameter maximiert,

$$(16)\quad p(\underline{x}|\theta,\sigma)\rightarrow \max,$$

sondern die Wahrscheinlichkeit der Personenparameter unter der Bedingung der Daten und der Itemparameter:

$$(17)\quad p(\theta|\underline{x},\sigma)\rightarrow \max.$$

Diese Methode ist nach Bayes benannt, weil sich mit Hilfe des Satzes von Bayes die Ereignisse vor und hinter dem Bedingungsstrich vertauschen lassen (s. Kap 3.1.2.2 über die Klassenanalyse). Auch die Maximierung dieser Wahrscheinlichkeit hat ihre Logik: sollen doch diejenigen Parameterwerte für die Personen ermittelt werden, die bei den gegebenen Daten *am wahrscheinlichsten* sind.

Der Bayes-Ansatz hat jedoch den Nachteil, daß man irgendeine Annahme über die Art der Verteilung derjenigen Parameter treffen muß, deren Wahrscheinlichkeit man maximieren will, hier also der θ. Während man für die *unbedingte* Likelihood (16) eines Antwortpatterns den Ausdruck

$$(18)\quad p(\underline{x}_v|\theta,\sigma)=\frac{\exp(r_v\,\theta_v)}{\prod_{i=1}^{k}\left(1+\exp(\theta_v-\sigma_i)\right)}\cdot\exp\left(-\sum_{i=1}^{k}x_i\,\sigma_i\right)$$

erhält (s.o. Gleichung (2)), ist die Bayes-Wahrscheinlichkeit (17) zu einem Ausdruck proportional (≈ ist das Proportionalitätszeichen), in dem die Dichtefunktion der Personenvariable f(θ) auftaucht:

$$(19)\quad p(\theta|\underline{x}_v,\sigma)\approx\frac{\exp(r_v\,\theta_v)}{\prod_{i=1}^{k}\left(1+\exp(\theta_v-\sigma_i)\right)}\cdot f(\theta).$$

Worm (1989) setzt für f(θ) die Wurzel aus der Informationsfunktion ein (s. Kap. 4.4):

$$(20)\quad f(\theta)=\sqrt{I(\theta)}$$
$$=\sum_{i=1}^{k}p_{vi}\left(1-p_{vi}\right),$$

eine Funktion, in der extrem kleine oder große Werte für θ sehr unwahrscheinlich sind. Diese Funktion verhindert, daß die Schätzwerte für θ zu stark auseinandergehen und für $r=0$ und $r=k$ gegen $-\infty$ bzw. $+\infty$ streben.

Logarithmieren und Differenzieren von (19) ergibt nach mehreren Zwischenschritten

$$(21)\quad \frac{\partial\log\left(p(\theta|\underline{x},\sigma)\right)}{\partial\,\theta_v}$$
$$=r_v-\sum_{i=1}^{k}p_{vi}+\frac{\sum_{i=1}^{k}p_{vi}\left(1-p_{vi}\right)\left(1-2p_{vi}\right)}{2\sum_{i=1}^{k}p_{vi}\left(1-p_{vi}\right)}.$$

Im Unterschied zur Ableitung der unbedingten Likelihood (vgl. (4)) tritt hier noch ein dritter Summand auf, der die Rolle eines *Korrekturterms* spielt. Setzt man Gleichung (21) gleich Null und löst sie folgendermaßen auf (vgl. (5'))

$$(22)\quad r_v + \frac{\sum_{i=1}^{k} p_{vi}(1-p_{vi})(1-2p_{vi})}{2\sum_{i=1}^{k} p_{vi}(1-p_{vi})} = \sum_{i=1}^{k} p_{vi},$$

so läßt sich die Funktionsweise dieses Korrekturterms analysieren. Während der Nenner nur positiv werden kann, wird der Zähler in Abhängigkeit vom dritten Faktor, (1-2 p_{vi}), mal positiv und mal negativ:

Ist $p_{vi} < 0.5$, so ist (1-2 p_{vi}) positiv.
Ist $p_{vi} > 0.5$, so ist (1-2 p_{vi}) negativ.

Das bedeutet, *kleine* Scores r werden etwas *vergrößert*, *große* Scores etwas *verkleinert*. Genau dieser Effekt ermöglicht auch die Schätzung von Parametern für den Score r = 0 und r = k: durch den Korrekturterm in Schätzgleichung (22) brauchen die erwarteten Scores, $\sum_i p_{vi}$, nicht 'ganz' gleich 0 bzw. k zu werden, was nur mit $\theta = -\infty$ bzw. $\theta = +\infty$ erreicht wäre.

Diese Kombination von *bedingten* ML-Schätzern für die Itemparameter und gewichteten ML-Schätzern für die Personenparameter ist auch bei allen *mehrkategoriellen* Rasch-Modellen (vgl. Kap. 3.2 und 3.3), den Itemkomponentenmodellen (vgl. Kap. 3.4) und den Rasch-Modellen zur Veränderungsmessung (vgl. Kap. 3.5) möglich.

Das 'Herauskonditionieren' der Personenparameter als Voraussetzung dieses Verfahrens ist jedoch nur bei *Rasch-Modellen* möglich und z.B. nicht bei mehrparametrigen Item-response-Modellen (vgl. Kap. 3.1.1.2.3).

Es gibt einige Algorithmen, die Schätzwerte liefern, welche äquivalent zu den bedingten ML-Schätzern, also auch für kleines k konsistent sind. Hierzu gehört die Methode der *paarweisen Parameterschätzung* (pairwise), die auch als Symmetrisierungsverfahren bezeichnet wird. Diese Methode hat den Vorteil, daß sie problemlos mit sog. missing data, also fehlenden Itemantworten umgehen kann. Hierzu gehören auch die marginalen ML-Methoden, die zur Schätzung der Parameter die marginale Likelihoodfunktion (15) maximieren. Dabei wird oft für das Produkt der Scorewahrscheinlichkeiten eine bestimmte Verteilungsfunktion der Personenvariable θ, z.B. eine Normalverteilung eingesetzt.

Literatur

Einen sehr allgemeinen Algorithmus für die Suche der Maxima von Likelihoodfunktionen stellt die Newton-Raphson-Methode dar (s. Andersen 1980). Molenaar (1995) gibt einen Überblick über die Schätzung der Itemparameter im Rasch-Modell. Die Eigenschaften bedingter ML-Schätzer hat Andersen (1973a) systematisch untersucht. Gustaffson (1980a) beschreibt Verfahren zur rekursiven Berechnung der symmetrischen Grundfunktionen. Der Bayes-Ansatz zur Schätzung der Personenparameter geht auf Warm (1989) zurück. Hoijtink & Boomsma (1995) vergleichen diese Methode mit anderen Schätzmethoden für die Personenparameter. Die marginale ML-Methode beschreibt Thissen (1982) und Wright und Masters (1982) stellen mehrere Parameterschätzmethoden für ordinale Rasch-Modelle vergleichend vor.

Fischer (1974) geht auch auf die Parameterschätzung beim mehrdimensionalen, mehrkategoriellen Rasch-Modell ein. Die Parameterschätzung bei mehrparametrigen item-response Modellen behandelt Baker (1992).

Übungsaufgaben

1. Das Programm WINMIRA gibt als 'likelihood' den logarithmierten Wert der *marginalen* Likelihoodfunktion (15) aus. Berechnen Sie anhand der Ergebnisse den Wert der *bedingten* Likelihoodfunktion für das KFT-Datenbeispiel.
2. Berechnen Sie mit WINMIRA die Itemparameter der KFT-Daten mit nur 3 Iterationsschritten. Wie stark weichen die Likelihood und die Itemparameter von den endgültigen Werten ab?

4.2.2 Parameterschätzung für die dichotome Klassenanalyse

Die Parameterschätzung für klassifizierende Testmodelle galt lange Zeit als recht schwierig und wurde erst in den 70-er Jahren für größere Datensätze technisch durchführbar. Obwohl inzwischen sehr viele verschiedene Algorithmen einsetzbar sind, hat sich doch eine Methode besonders bewährt, nämlich der sogenannte *EM-Algorithmus*. Der Name stellt eine Abkürzung dar, wobei E für *Erwartungswerte* und M für *Maximierung* steht. Die Bedeutung dieser Begriffe wird im folgenden deutlich werden.

Der EM-Algorithmus basiert nicht auf den partiellen Ableitungen der Likelihoodfunktion des jeweiligen Testmodells, sondern er stellt eine recht einfache Iterations*vorschrift* dar, für die man lediglich die Modellgleichungen benötigt. Über diesen Algorithmus ist nachgewiesen, daß mit jedem Iterationsschritt Parameterwerte erhalten werden, für die die Likelihoodfunktion einen *höheren Wert* annimmt, als im vorigen Iterationsschritt. Das heißt nichts anderes, als daß der Algorithmus stets ein Maximum der Likelihoodfunktion findet (auf Ausnahmen wird später eingegangen).

Dieser Algorithmus ist zudem so *flexibel*, daß alle in Kapitel 3 behandelten probabilistischen Modelle mit qualitativer Personenvariable mit ihm berechnet werden können. Im folgenden ist er für den *einfachsten* Fall dargestellt, nämlich für die Klassenanalyse für dichotome Daten ohne jede Parameterrestriktion (s. Kap. 3.1.2.2).

Die Idee des EM-Algorithmus besteht darin, die beobachteten *Häufigkeiten* der Antwortmuster auf die latenten Klassen *aufzusplitten*. Wurde ein bestimmtes Antwortmuster z.B. fünfmal beobachtet, d.h. von fünf Personen produziert, so stellt sich die Frage, welcher Anteil dieser Häufigkeit auf welche latente Klasse entfällt. Ist ein Pattern typisch für die erste latente Klasse, so würde man es dort z.B. mit einer Häufigkeit von 3.8 erwarten, in der zweiten Klasse, vielleicht mit einer Häufigkeit von 0.9 und in der dritten Klasse nur mit einer Häufigkeit von 0.3.

Die Aufsplittung der Patternhäufigkeiten

Item 1 2 3 4 5 6 7	f	Häufigkeit in Klassen 1	2	3
0 1 1 0 1 0 1	5	3.8	0.9	0.3
1 0 0 0 1 1 1	1	0.1	0.8	0.1
1 1 1 1 0 1 1	15	11.2	1.2	2.6
0 0 1 0 0 1 0	3	0.8	0.1	2.1
.	.	.	.	.
.	.	.	.	.

Die Frage ist, wie man diese Aufsplittung der Häufigkeiten erhält, wenn man die Modellparameter doch noch gar nicht kennt. Der EM-Algorithmus *optimiert* eine zunächst willkürlich vorgenommene Aufsplittung von Iteration zu Iteration. Hat man erst einmal für jede Klasse die Häufigkeiten der Antwortmuster, so ist es ein leichtes, die Modellparameter zu berechnen:

Die Modellgleichung der Analyse latenter Klassen lautet (vgl. Kap. 3.1.2.2):

$$(1)\quad p(X_{vi}=1)=\sum_{g=1}^{G}\pi_g\,\pi_{ig},$$

d.h. es sind die Klassengrößenparameter π_g und die Lösungswahrscheinlichkeiten der Items innerhalb der Klassen π_{ig} zu berechnen.

Schätzer für die *Klassengrößenparameter* π_g erhält man, indem man die erwarteten Häufigkeiten in jeder Klasse zusammenzählt und durch die Gesamtanzahl der Personen dividiert. Für das obige Beispiel erhält man also folgende Klassengrößen, wenn man annimmt, daß nur diese vier Pattern beobachtet worden sind:

$\pi_1 = 15.9/24 = 0.66$
$\pi_2 = 3/24 = 0.13$
$\pi_3 = 5.1/24 = 0.21$

Entsprechend lassen sich die klassenspezifischen *Lösungswahrscheinlichkeiten* ermitteln, z.B. für die erste Klasse im obigen Beispiel:

	1	2	3	4	5	6	7
n_{ig}	11.3	15	15.8	11.2	3.9	12.1	15.1
π_{ig}	.71	.94	.99	.70	.24	.76	.95

Die Itemlösungshäufigkeiten n_{ig} ergeben sich jeweils durch das Zusammenzählen derjenigen Patternhäufigkeiten, in denen das Item gelöst wurde. Die Modellparameter π_{ig} erhält man dann durch Division durch die erwartete Personenanzahl in der jeweiligen Klasse, also z.B. 15.9 für die erste Klasse.

Hat man die Modellparameter auf diese Weise berechnet, so kann man mit deren Hilfe ein *neues Splitting* der beobachteten Patternhäufigkeiten vornehmen. Hierfür berechnet man für jedes beobachtete Pattern, wie wahrscheinlich es in jeder Klasse ist und splittet die beobachtete Patternhäufigkeit proportional zu diesen

Werten auf. Anhand dieser neuen Patternhäufigkeiten für die einzelnen latenten Klassen lassen sich dann wieder die Modellparameter berechnen usw.

Genau dieses Verfahren bezeichnet man als *EM-Algorithmus*. Der E-Schritt (E wie Erwartungswerte) ist der Schritt, in dem man die beobachteten Patternhäufigkeiten proportional zu den Patternwahrscheinlichkeiten in den latenten Klassen aufsplittet. Man berechnet also die *erwarteten Patternhäufigkeiten* in den Klassen (daher E).

Der zweite Schritt, in dem man die Modellparameter für die einzelnen Klassen berechnet, ist der M-Schritt (M wie Maximierung), da die so berechneten Modellparameter *Maximum-Likelihood-Schätzungen* der Modellparameter unter der Bedingung der gegebenen klassenspezifischen Patternhäufigkeiten sind.

Tatsächlich *konvergiert* die iterative Abfolge dieser beiden Schritte zu einem Maximum der Likelihoodfunktion des jeweiligen klassifizierenden Testmodells. Im folgenden werden die beiden Rechenschritte etwas präziser als zuvor definiert.

E-Schritt

Der E-Schritt setzt vorläufige Parameterschätzungen aller Modellparameter voraus und ermittelt die erwarteten Patternhäufigkeiten für jede Klasse. Die in einer Klasse erwarteten Patternhäufigkeiten $\hat{n}_g(\underline{x})$ lassen sich aus den beobachteten Patternhäufigkeiten $n(\underline{x})$ dadurch berechnen, daß man sie mit der Wahrscheinlichkeit multipliziert, genau dieses Pattern in Klasse g zu beobachten :

$$(2)\quad \hat{n}_g(\underline{x}) = n(\underline{x}) \cdot \frac{p(\underline{x} \wedge g)}{p(\underline{x})}.$$

Der Zähler dieser letztgenannten Wahrscheinlichkeit, $p(\underline{x} \wedge g)$, ist von der bedingten Patternwahrscheinlichkeit $p(\underline{x}|g)$ folgendermaßen zu unterscheiden:

$$(3)\quad p(\underline{x} \wedge g) = \pi_g \cdot p(\underline{x}|g),$$

was sich aus der Definition bedingter Wahrscheinlichkeiten ergibt. Der Nenner in Gleichung (2), $p(\underline{x})$, ist folgendermaßen definiert (vgl. Gleichung (8) in Kapitel 3.1.2.2):

$$(4)\quad p(\underline{x}) = \sum_{g=1}^{G} \pi_g \, p(\underline{x}|g).$$

Die bedingte Patternwahrscheinlichkeit $p(\underline{x}|g)$, die in beiden Gleichungen (3) und (4) auftaucht, ist durch das Produkt aller Antwortwahrscheinlichkeiten definiert (vgl. Formel (9) in Kap. 3.1.2.2).

Mit Hilfe dieser Gleichungen lassen sich für jede beobachtete Patternhäufigkeit die erwarteten Anteile für jede latente Klasse g ermitteln.

M-Schritt

In diesem Schritt werden aufgrund der klassenspezifischen Patternhäufigkeiten $\hat{n}_g(\underline{x})$ die Modellparameter geschätzt. Die Schätzer für die Klassengrößenparameter lauten:

$$(5)\quad \hat{\pi}_g = \sum_{\underline{x}} \hat{n}_g(\underline{x}) / N ,$$

das ist die relative Häufigkeit der erwarteten Personenanzahl an der Gesamtstichprobe.

Die Schätzer für die klassenspezifischen Lösungswahrscheinlichkeiten lauten

(6) $\hat{\pi}_{ig} = \sum_{\underline{x}|x_i=1} \hat{n}_g(\underline{x}) / (\hat{\pi}_g \cdot N)$,

also die relative Anzahl aller in diese Klasse entfallenden Pattern, in denen das Item i eine 1-Antwort hat.

Auch hier ist es wieder nicht möglich, den Algorithmus per Hand durchzurechnen, so daß ein einfaches Computerprogramm die einzelnen Rechenschritte verdeutlichen soll. Die Variablennamen im Programm entsprechen weitgehend der Notation in den Formeln, d.h. pxg sind die Patternwahrscheinlichkeiten in Klasse g, $p(\underline{x}|g)$, und nx ist die Patternhäufigkeit $n(\underline{x})$.

Um den Algorithmus starten zu können, benötigt man im ersten E-Schritt *Startwerte* für die Modellparameter. Anders als bei dem im vorangehenden Kapitel beschriebenen Algorithmus, dürfen hier die Startwerte *nicht* alle gleich sein.. Auf die mögliche Abhängigkeit der Ergebnisse von der Wahl dieser Startwerte wird im nächsten Kapitel eingegangen.

Ein Fortran-Programm zur Schätzung der Modellparameter

Deklarierung von zwei Datenfeldern für die Antwortpattern (xvi) und deren Häufigkeiten (nx). Die reellwertigen Felder enthalten die Modellparameter (pg und pig), Patternwahrscheinlichkeiten (pxg) und die zugehörigen klassenspezifischen Häufigkeiten.

```
      integer xvi(30,5),nx(30)
      real pg(2),pig(2,5),pxg(2)
      real ng(2),nig(2,5),ngx(30,2)
```

Es werden die 30 Patternhäufigkeiten des KFT-Datenbeispiels mit zugehörigen Antwortpattern eingelesen (s. Kap. 3.1).

```
      do 1 i=1,30
    1 read(1,100) nx(i),(xvi(i,j),j=1,5)
  100 format(i4,3x,5i2)
```

Die Modellparameter werden auf beliebige Startwerte gesetzt.

```
      pg(1)=0.4
      pg(2)=0.6
      do 2 j=1,2
      do 2 i=1,5
    2 pig(j,i)=0.5
      pig(1,1)=0.6
```

Die Iterationsschleife beginnt, sie endet bei Zeile Nr. 3.

```
      do 3 iter=1,20
```

Hier beginnt der **E-Schritt:** Die Doppelschleife 10 setzt die erwarteten Häufigkeiten auf Null.

```
      do 10 j=1,2
      ng(j)=0.0
      do 10 k=1,5
   10 nig(j,k)=0.0
```

Die Schleife 4 geht alle 30 Pattern durch und die Schleifen 5 und 6 berechnen die bedingten Patternwahrscheinlichkeiten.

```
      do 4 i=1,30
      sum=0.0
      do 5 j=1,2
      pxg(j)=pg(j)
      do 6 k=1,5
    6 pxg(j)=pxg(j)*pig(j,k)**xvi(i,k)*
         (1.0-pig(j,k))**(1-xvi(i,k))
    5 sum=sum+pxg(j)
```

Die Schleife 7 splittet die Patternhäufigkeiten gemäß Gleichung (2) auf.

```
      do 7 j=1,2
      ngx(i,j)=nx(i)*pxg(j)/sum
      ng(j)=ng(j)+ngx(i,j)
      do 7 k=1,5
    7 nig(j,k)=nig(j,k)+ngx(i,j)*xvi(i,k)
    4 continue
```

Hier beginnt der **M-Schritt:** Schleife 8 und 9 berechnen die Modellparameter gemäß den Gleichungen (5) und (6) und drucken sie aus.

```
      do 8 j=1,2
      pg(j)=ng(j)/300
      do 9 k=1,5
    9 pig(j,k)=nig(j,k)/ng(j)
    8 write(2,200) pg(j),(pig(j,k),k=1,5)
  200 format(6f6.3)
    3 continue
      end
```

Das Programm berechnet für das Datenbeispiel der KFT-Items (vgl. Kap. 3.1) die Parameter der Zweiklassenlösung der latent-class Analyse für dichotome Daten. Läßt man dieses Programm laufen, so ergeben sich die in der folgenden Tabelle wiedergegebenen Schätzwerte der Modellparameter für die ersten 20 Iterationen.

π_g	π_{gi}	Iterationsschritt
0.411	0.704 0.612 0.493 0.394 0.325	1
0.589	0.613 0.564 0.465 0.364 0.305	
0.412	0.729 0.658 0.532 0.437 0.353	2
0.588	0.595 0.531 0.438 0.334 0.285	
0.419	0.793 0.749 0.616 0.528 0.415	3
0.581	0.546 0.464 0.376 0.267 0.240	
0.442	0.876 0.870 0.727 0.655 0.492	4
0.558	0.471 0.357 0.279 0.157 0.172	
0.466	0.907 0.932 0.781 0.716 0.518	5
0.534	0.426 0.280 0.212 0.081 0.135	
0.481	0.907 0.944 0.787 0.720 0.513	6
0.519	0.412 0.249 0.189 0.059 0.129	
0.492	0.905 0.945 0.782 0.712 0.506	7
0.508	0.403 0.234 0.181 0.052 0.127	
0.500	0.903 0.943 0.776 0.704 0.501	8
0.500	0.396 0.223 0.177 0.049 0.126	
0.507	0.902 0.942 0.771 0.697 0.498	9
0.493	0.391 0.215 0.175 0.048 0.124	
0.512	0.902 0.940 0.766 0.691 0.495	10
0.488	0.385 0.208 0.173 0.046 0.122	
⋮	⋮	
0.530	0.900 0.935 0.751 0.673 0.486	16
0.470	0.369 0.187 0.167 0.043 0.118	
0.531	0.899 0.935 0.750.0.671 0.486	17
0.469	0.367 0.185 0.167 0.043 0.118	
0.532	0.899 0.935 0.749 0.670 0.485	18
0.468	0.366 0.183 0.167 0.043 0.118	
0.533	0.899 0.934 0.748 0.669 0.485	19
0.467	0.365 0.182 0.166 0.042 0.117	
0.534	0.899 0.934 0.748 0.668 0.484	20
0.466	0.365 0.181 0.166 0.042 0.117	

Es zeigt sich schon nach wenigen Iterationen die Struktur der beiden entstehenden Klassen, daß es sich nämlich bei der ersten Klasse um eine Klasse mit durchweg höheren Lösungswahrscheinlichkeiten handelt, während diese in der zweiten Klasse niedriger sind. Lediglich die Klassengrößenparameter, deren Startwerte offensichtlich in der falschen Reihenfolge spezifiziert waren, kehren sich erst später, d.h. genau nach der achten Iteration um. Das nach 20 Iterationen erreichte Resultat entspricht dem in Kapitel 3.1.2.2 wiedergegebenen.

Es ist ein typisches Merkmal dieses EM-Algorithmus, daß er am Anfang in relativ großen Schritten in Richtung des Maximums der Likelihoodfunktion schreitet, gegen Ende des Konvergenzprozesses jedoch *sehr langsam* wird, d.h. viele Iterationen braucht, in denen sich die Parameterwerte nur noch minimal verändern.

Dieser Algorithmus, dessen Prinzip hier für den einfachsten Fall einer Klassenanalyse dargestellt wurde, ist äußerst *universell anwendbar*, d.h. auch für die komplexeren Modelle mit Parameterrestriktionen oder für ordinale Daten.

Diese Flexibilität verdankt der EM-Algorithmus der Tatsache, daß im M-Schritt, in dem bereits die auf die Klassen aufgesplitteten Patternhäufigkeiten vorliegen, so ziemlich jedes Modell spezifiziert werden kann. Einzige Bedingung ist, daß man im M-Schritt *Maximum-Likelihood-Schätzer* für das jeweilige Modell berechnet. Zudem kann man im M-Schritt auch Modellparameter *gleichsetzen*, d.h. durch ihren gemeinsamen Mittelwert ersetzen oder auf apriori *fixierten Werten* festhalten (vgl. Kap. 3.1.2.3).

Dabei ist es *nicht* notwendig, daß im M-Schritt die Maximum-Likelihood-Schätzer für die Modellparameter anhand von *expliziten Gleichungen* berechnet werden, wie im Fall der dichotomen Klassenanalyse (s.o. 'M-Schritt'). Vielmehr kann man auch in jedem M-Schritt ein iteratives Verfahren anwenden, das der Berechnung von ML-Schätzern für das Modell *innerhalb* jeder Klasse dient. Ein solches ineinandergeschachteltes, 'doppeltes' Iterationsverfahren wird z.B. für die mixed Rasch-Modelle verwendet (s. Kap 3.1.3 und 3.3.5).

Einige *Probleme*, die bei der praktischen Arbeit mit klassifizierenden Testmodellen auftreten können und die mit diesem EM-Algorithmus zu tun haben, werden im folgenden Kapitel behandelt.

Literatur

Der hier dargestellte Algorithmus geht auf Goodman (1974a, 1979) zurück. Der EM-Algorithmus wurde in seiner allgemeinen Form von Dempster et al. (1977) untersucht und Andersen (1982) hat gezeigt, daß der Goodmann-Algorithmus ein Spezialfall dieses EM-Algorithmus ist. Einen historischen Überblick über die Methoden der Parameterschätzung bei Klassenmodellen gibt Formann (1980), der auch eine andere Methode der Parameterschätzung entwickelt hat, die auf der Maximierung der Likelihood der logistischen Klassenanalyse beruht (Formann 1984). Eine dritte Methode der Parameterschätzung verwendet Haberman (1988). Der erweiterte EM-Algorithmus für Klassenmodelle für ordinale Daten findet sich in Rost (1988b, d) und für mixed Rasch-Modelle in Rost (1990, 1991).

Übungsaufgaben

1. Untersuchen Sie anhand der Schätzgleichungen des EM-Algorithmus, was passiert, wenn man für alle Modellparameter den Startwert 0.5 wählt.

2. Berechnen Sie mit WINMIRA den Wert der Likelihoodfunktion der KFT-Daten nach 5, 10 und 20 Iterationen.

4.3 Die Eindeutigkeit der Parameterschätzungen

Im vorangehenden Kapitel wurden Algorithmen zur Ermittlung von Parameterschätzwerten dargestellt, die die Likelihoodfunktion des betreffenden Testmodells maximieren. Dabei wurde die Frage ausgeklammert, ob die Likelihoodfunktion im Bereich der zulässigen Parameterwerte *überhaupt ein* Maximum besitzt (das ist die Frage nach der Existenz von ML-Schätzungen) und ob es *nur ein* eindeutig definiertes Maximum gibt (das die Frage nach der Eindeutigkeit von ML-Schätzungen).

Die Eindeutigkeit der Parameterschätzungen kann wiederum durch zwei Gegebenheiten verletzt sein, nämlich dadurch, daß es neben dem globalen Maximum noch weitere, *lokale Maxima* oder Nebenmaxima gibt, oder daß das Maximum der Likelihoodfunktion *nicht durch ein Punkt* definiert ist, sondern selbst ein Plateau oder eine Fläche darstellt.

Kann letzteres für ein bestimmtes, rechnerisch ermitteltes Maximum ausgeschlossen werden, d.h. stellt das Maximum tatsächlich einen Punkt und keine Fläche dar, so sagt man, daß das Modell *lokal identifizierbar* ist. Lokale Identifizierbarkeit impliziert jedoch nicht, daß es keine multiplen Maxima, d.h. Maxima an anderen Stellen des mehrdimensionalen Parameterraums gibt.

Wir haben es also mit drei Problemen zu tun, nämlich der Frage nach

- der Existenz von ML-Schätzungen
- möglichen multiplen Maxima und
- der lokalen Identifizierbarkeit

Im Fall von quantitativen Testmodellen, insbesondere bei *Rasch-Modellen*, sind diese Punkte im allgemeinen unproblematisch, d.h. man kann bei 'regulären' Testdaten davon ausgehen, daß die ML-Schätzungen existieren und eindeutig sind.

Für das dichotome Rasch-Modell gibt es eine einfache, *notwendige und hinreichende Bedingung* für die Existenz und Eindeutigkeit. Diese Bedingung besteht darin, daß sich in der Testdatenmatrix die Items und Personen *nicht* so umordnen lassen dürfen, daß die Datenmatrix die folgende Struktur annimmt:

$$R=\left[\begin{array}{c|c} R_1 & R_2 \\ \hline R_3 & R_4 \end{array}\right]=\begin{array}{cc} \quad I_1 & \quad I_2 \\ \multicolumn{2}{c}{\left[\begin{array}{c|c} & 1\,1\ldots 1 \\ R_1 & 1\,1\ldots 1 \\ & \ldots \\ & 1\,1\ldots 1 \\ \hline 0\,0\ldots 0 & \\ 0\,0\ldots 0 & R_4 \\ \ldots & \\ 0\,0\ldots 0 & \end{array}\right]} \end{array}\begin{array}{c} V_1 \\ \\ \\ V_2 \end{array}$$

Abbildung 138: Struktur einer Datenmatrix, bei der Existenz und Eindeutigkeit von ML-Schätzungen *nicht* gegeben ist

Das bedeutet, es darf keine Aufteilung der Items in zwei Gruppen, I_1und I_2, und keine Aufteilung der Personen in zwei Gruppen, V_1 und V_2, geben, so daß alle Items der einen Gruppe von *allen* Personen einer Gruppe gelöst werden (R_2), während alle Items der anderen Gruppe von *keiner* Person der anderen Gruppe gelöst werden (R_3).

Daß bei Vorliegen einer solchen Datenstruktur keine Parameterschätzung möglich ist, ist *intuitiv leicht nachvollziehbar:*

In diesem Fall würden nämlich die Parameterschätzungen der ersten Itemgruppe nur auf den Antworten der ersten Personengruppe beruhen und die Parameterschätzungen der zweiten Itemgruppe nur auf den Antworten der zweiten Personengruppe. Wie schwer jedoch die Items aus I_2 für die Personen aus V_1 sind oder wie schwer die Items aus I_1 für die Personen aus V_2 sind, läßt sich nicht schätzen, weil diese Personen alle bzw. kein Item der betreffenden Gruppe gelöst haben.

Der Datensatz 'zerfällt' in diesem Fall in zwei separate Datensätze R_1 und R_4, für die nur getrennte Parameterschätzungen möglich sind. Die Anordnung der Personen aus beiden Datensätzen auf einer *gemeinsamen* Skala ist nicht möglich, da sich weder die Item- noch die Personenstichproben überlappen.

Diese Bedingung ist für einen gegebenen Datensatz sehr leicht *überprüfbar*. Sofern eine Struktur wie in Abbildung 138 vorliegt, sind nämlich alle Itemscores n_i der Items aus I_1 kleiner als die der Items aus I_2. Entsprechend sind alle Personenscores r_v der Personen aus V_2 kleiner als die der Personen aus V_1. Ein *Sortieren* der Items und der Personen nach der Größe ihrer jeweiligen Summenscores erlaubt daher eine direkte visuelle Prüfung der resultierenden Datenmatrix, ob die in Abbildung 138 dargestellte kritische Struktur gegeben ist.

Auf eine *routinemäßige* Überprüfung dieser Bedingung wird in den meisten Computerprogrammen jedoch verzichtet, da sie sehr selten gegeben ist.

Bei *klassifizierenden* Testmodellen gibt es zur Frage der Eindeutigkeit der Parameterschätzungen leider keine vergleichbaren Bedingungen, die leicht zu prüfen wären. Darüber hinaus zeigt sogar die Erfahrung, daß es bei großen Datensätzen mit vielen Items und mehreren latenten Klassen sehr wohl *des öfteren multiple Maxima* gibt. Auch gibt es bei Datensätzen mit wenig Items aber mehreren latenten Klassen manchmal Probleme mit der *lokalen Identifizierbarkeit*.

Es stellt sich also bei der praktischen Anwendung dieser Testmodelle die Notwendigkeit, entsprechende Berechnungen anzustellen und sich gegen Fehlinterpretationen von Ergebnissen abzusichern.

Im folgenden wird dieses Problem nicht theoretisch abgehandelt, sondern es werden einige Analyseschritte genannt, die man bei der Anwendung eines klassifizierenden Testmodells im Zweifelsfall durchführen sollte.

Ist die Parameteranzahl zu groß?

Eine erste Berechnung, die vor der Testanalyse durchgeführt werden kann, betrifft die Frage, ob das Testmodell eventuell *mehr* Modellparameter enthält als es beobachtete Patternhäufigkeiten gibt. Es stellt nämlich eine notwendige Voraussetzung dar, daß die Parameteranzahl *kleiner* sein muß, d.h. es muß gelten

$$(1)\ m^k - 1 > \text{Anz. unabh. Modellparameter},$$

wenn m die Anzahl der Antwortkategorien bei jedem von k Items ist. Wurden nicht alle möglichen Antwortpattern beobachtet, so ist auf der linken Seite der Ungleichung die entsprechend kleinere Anzahl *beobachteter* Antwortmuster einzusetzen.

Dies bedeutet z.B., daß mit drei dichotomen Items *keine* Zweiklassenlösung des

Modells latenter Klassen berechnet werden kann, da es bei sieben unabhängigen Patternhäufigkeiten auch genau sieben zu schätzende Parameter gibt. Für komplexere Modelle ist die Anzahl unabhängiger Modellparameter jeweils unter Berücksichtigung der *Normierungsvorschriften* zu ermitteln (s. Kap. 3).

Neben dieser relativ einfachen, aber noch nicht sehr aussagekräftigen Prüfung, gibt es einen Test auf lokale Identifizierbarkeit, den manche Computerprogramme anbieten:

Sind die geschätzten Parameter lokal identifiziert?

Diese Prüfung bedient sich einer Gesetzmäßigkeit aus der Maximum-Likelihood-Theorie, die besagt, daß die Matrix der ersten partiellen Ableitungen der Patternwahrscheinlichkeiten nach den Modellparametern vollen Rang haben muß, d.h. Spaltenrang:

$$(2) \quad \text{Rang}\left[\frac{\partial\, p(\underline{x})}{\partial \pi_s}\right]_{m^k \times q} = q\,.$$

Die in der Klammer stehende Matrix hat m^k Zeilen, nämlich soviele wie es Patternwahrscheinlichkeiten gibt, und q Spalten, wobei q die Anzahl unabhängiger Modellparameter ist. Mit π_s wurde hier ein beliebiges Element aus dem Vektor der Modellparameter

$$\pi = (\pi_1, \pi_2, \ldots\pi_s\ldots\pi_q)$$

bezeichnet. Diese Matrix hat mehr Zeilen als Spalten und kann daher nur den Rang q erreichen (Spaltenrang). Ist der Rang der Matrix *kleiner*, so ist die lokale Identifizierbarkeit *nicht* gegeben.

Aber selbst wenn diese beiden Bedingungen erfüllt sind, ist immer noch nicht garantiert, daß nicht noch *weitere Maxima* neben dem gefundenen Maximum existieren.

Was sind multiple Maxima?

Diese Frage läßt sich am einfachsten mit einem Bild beantworten. So zeigt der folgende Funktionsgraph eine Funktion mit mehreren Maxima:

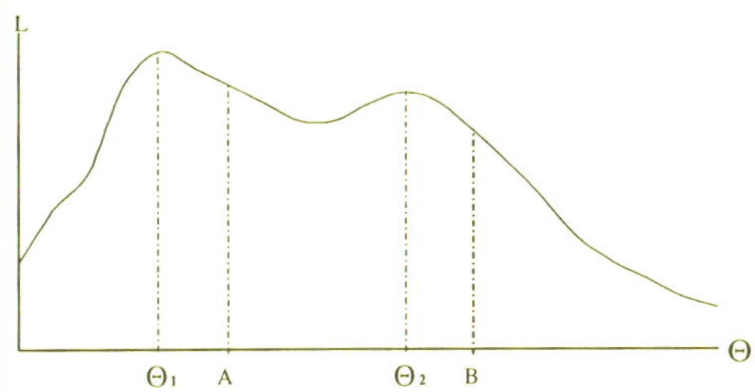

Abbildung 139: Ein Funktionsgraph mit multiplen Maxima

Wenn man von dieser Funktion das Maximum mit Hilfe des EM-Algorithmus sucht, so erhält man unterschiedliche Parameterschätzungen, je nachdem, ob man von Wert A oder Wert B aus startet (vgl. 4.2.2). Von B aus würde der Algorithmus zu θ_2 als bestem Schätzer konvergieren und von A aus zu θ_1.

Es ist klar, daß θ_1 der bessere Schätzer ist, weil die Wahrscheinlichkeit der Daten an diesem Punkt sehr viel höher ist. θ_1 definiert das *globale* Maximum, θ_2 lediglich ein *lokales* Maximum oder Nebenmaximum.

Um sich gegen die Interpretation lokaler Maxima abzusichern, gibt es derzeit nur eine Strategie, und das ist die Berechnung der Modellparameter ausgehend von *ver-*

schiedenen Startwerten. Das bedeutet, daß man dieselben Testanalysen mehrfach durchführen muß, wobei man jeweils die Startwerte für den Schätzalgorithmus ändert.

Die verschiedenen Computerprogramme bieten hierfür unterschiedliche Varianten an. Während eine Möglichkeit darin besteht, systematisch unterschiedliche *Startwerte* für alle Modellparameter in das Programm *einzugeben,* besteht die leichtere Möglichkeit darin, mit dem Zufallszahlengenerator jedesmal *neue zufällige Startwerte* für die Modellparameter zu generieren. In diesem Fall muß man bei dem entsprechenden Computerprogramm lediglich den *Startwert für den Zufallszahlengenerator* ändern, da auch ein Zufallszahlengenerator stets dieselben Zahlen produziert, wenn er mit demselben Startwert 'gezündet' wird. Noch komfortabler ist Software, die Berechnungen von mehreren Startwerten selbständig durchführt und die Ergebnisse automatisch vergleicht.

Im allgemeinen muß dieser *Vergleich* jedoch vom Benutzer des Programms selbst durchgeführt werden, d.h. man muß schauen, ob die verschiedenen Rechnungen mit unterschiedlichen Startwerten zum selben Maximum der Likelihoodfunktion geführt haben. Ist dies nicht der Fall, d.h. sind mit verschiedenen Startwerten auch unterschiedliche Werte der Likelihoodfunktion verbunden, so muß man den *größten* Wert der Likelihoodfunktion suchen. Dieses Resultat sollte man weiter absichern, indem man Rechnungen mit weiteren neuen Startwerten durchführt.

Dieses Verfahren klingt nicht sehr wissenschaftlich und ist in der Tat auch nur eine *Notlösung*. Es ist aber stets dann unerläßlich, wenn aufgrund der Daten- und Modellstruktur mit multiplen Maxima zu rechnen ist. Erfahrungsgemäß ist dies z.B. bei fünf latenten Klassen und mehr als 10 oder 12 Items öfters der Fall.

Hinsichtlich der Frage multipler Maxima gibt es bei Klassenmodellen noch ein spezielles Problem, nämlich dann, wenn einzelne Parameterwerte *zu ihren Grenzen* hin *konvergieren*, d.h. im Fall von Wahrscheinlichkeitsparametern die Werte Null oder Eins annehmen. Man spricht hier von sogenannten *boundary values*, d.h. Grenzwerten, die deswegen so problematisch sind, weil sich der Schätzalgorithmus im allgemeinen nicht mehr von diesem Wert wegbewegt.

Anders ausgedrückt, ein Finden des Maximums der Likelihoodfunktion kann verhindert werden, wenn im Laufe des Iterationsprozesses eine Antwortwahrscheinlichkeit den Wert 0 oder 1 annimmt. Auch dies passiert bei großen Klassenanzahlen manchmal und macht es erforderlich, dieselbe Rechnung mit neuen Startwerten durchzuführen. Erst wenn jedesmal *dieselben Modellparameter* auf *dieselben Grenzwerte* hin konvergieren, darf die gefundene Lösung akzeptiert und interpretiert werden.

Konvergieren bei wiederholten Berechnungen immer andere Modellparameter gegen ihre Grenzwerte, so ist dies ein Warnsignal, daß die gegebenen Daten zu *informationsarm* sind, das entsprechende Testmodell zu berechnen. Hier sollte die *Klassenanzahl verringert* werden und/oder das Modell durch *Parameterrestriktionen* sparsamer gemacht werden.

Literatur

Die Eindeutigkeitsbedingungen des Rasch-Modells hat Fischer (1981) untersucht. Den Rang der Matrix der ersten partiellen Ableitungen als Kriterium für die lokale Identifizierbarkeit beschreiben Goodman (1974) und Formann (1984). Die wiederholte Schätzung der Parameter mit anderen Startwerten empfiehlt Clogg (1981). Zur Identifizierbarkeit bei Klassenmodellen s.a. Titterington et al. (1985).

Übungsaufgaben

1. Berechnen Sie für alle 3 Datensätze (KFT-, ESU- und NEOFFI-Daten), wieviele latente Klassen geschätzt werden können, wenn man nur das Kriterium der Parameteranzahl, Gleichung (1), berücksichtigt.
2. Prüfen Sie mit WINMIRA, welche Probleme der Eindeutigkeit der Schätzungen es bei der 3-Klassenlösung der NEOFFI-Daten gibt.

4.4 Die Genauigkeit der Parameterschätzungen

Hat man das Maximum der Likelihoodfunktion gefunden und sich vergewissert, daß es sich um das globale Maximum handelt, so stellt sich die Frage, *wie genau* denn der erhaltene Schätzwert ist, d.h. wie groß möglicherweise die Abweichung vom wahren Parameterwert ist.

Die Frage nach der *Meßgenauigkeit eines Tests* ist immer dann identisch zu der Frage nach der Genauigkeit der *Parameterschätzungen*, wenn die zu messende Personenvariable durch *Modellparameter* repräsentiert wird. Dies ist bei allen *quantitativen* Testmodellen der Fall, da die Schätzwerte der Personenparameter das Testergebnis oder den Meßwert darstellen.

Bei *klassifizierenden* Testmodellen ist die Klassenzugehörigkeit als 'Meßwert' selbst *kein* Modellparameter, jedoch ist auch hier die Zuordnungssicherheit zu den latenten Klassen indirekt von der Genauigkeit der Parameterschätzungen abhängig.

Die Möglichkeit, die Meßgenauigkeit eines Tests über die Genauigkeit der Parameterschätzungen zu erfassen, stellt einen wesentlichen *Unterschied zur Meßfehlertheorie* dar. Im Rahmen der Meßfehlertheorie ist nämlich die Bestimmung der Genauigkeit eines Meßwertes nur über den 'Umweg' der *Reliabilitätsbestimmung* möglich (vgl. Kap. 6.1). Die Genauigkeit eines geschätzten Parameters, also auch eines Personenmeßwertes, läßt sich im Rahmen der Maximum-Likelihood-Theorie dagegen *direkt,* d.h. ohne Berechnung der Reliabilität eines Tests bestimmen. Dies ist im folgenden dargestellt.

Die Berechnung der Schätzgenauigkeit beruht auf einem generellen Satz der Maximum-Likelihood-Theorie, nach dem ML-Schätzer *asymptotisch normalverteilt* sind. Das bedeutet, daß sich bei wiederholter Schätzung desselben Parameters anhand unabhängiger Stichproben die Schätzwerte so verteilen, wie es die Normalverteilung angibt.

Der Mittelwert dieser Normalverteilung (s. Kap. 1.2.2) ist der wahre Parameterwert und die Glockenkurve spezifiziert, mit welcher Wahrscheinlichkeit Schätzwerte erhalten werden, die von diesem wahren Wert abweichen (s. Abb. 140).

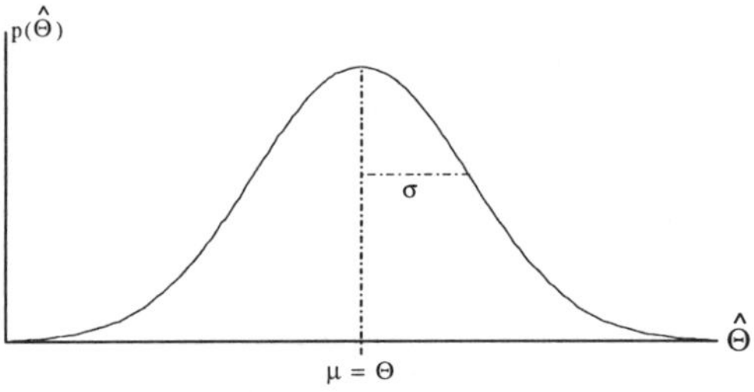

Abbildung 140: Normalverteilte ML-Schätzer

Je *kleiner* die Standardabweichung dieser Glockenkurve ist, desto *höher* ist die Genauigkeit einer Parameterschätzung, da stärkere Abweichungen vom wahren Wert dann weniger wahrscheinlich sind.

Von ML-Schätzern weiß man nicht nur, *daß* sie normalverteilt sind, sondern man kann sogar die *Varianz* dieser Normalverteilung berechnen.

Kennt man die Varianz der Verteilung eines Schätzers, so weiß man zwar immer noch nicht, wie groß der wahre Parameterwert ist, aber man kann sagen, *mit welcher Wahrscheinlichkeit* er in welchem

Abstand vom geschätzten Wert liegt. Abbildung 141 verdeutlicht das.

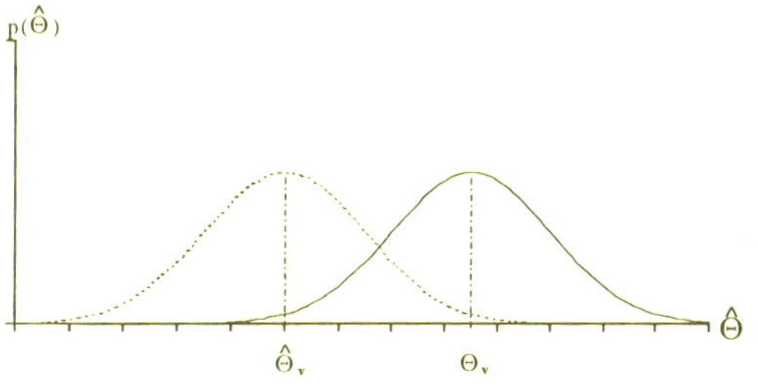

Abbildung 141: Die Wahrscheinlichkeit des Abstands von wahrem und geschätztem Parameterwert

Eigentlich gibt die Normalverteilung des Schätzers an, mit welcher Wahrscheinlichkeit ein *Schätzwert* einen bestimmten Abstand vom *wahren* Wert hat (rechte Kurve in Abb. 141). Diese Wahrscheinlichkeit ist aber identisch zu der Wahrscheinlichkeit des *wahren* Wertes, wenn man die Glockenkurve um den *geschätzten* Parameter zeichnet (linke Kurve).

Man kann also aus der Varianz der Verteilung der Schätzwerte sehr *praktische* Schlußfolgerungen bezüglich der Meßgenauigkeit ziehen, z.B. wie weit der wahre Wert vom Schätzwert entfernt liegen könnte. Hiervon wird im Kapitel 6.1.3 Gebrauch gemacht.

Diese Varianz der Schätzwerte eines Parameters kann mit Hilfe der sogenannten *Informationsfunktion* berechnet werden, ein Begriff der bereits 1921 von R.A. Fischer eingeführt wurde.

Die *Informationsfunktion* drückt die in den Daten enthaltene statistische Information hinsichtlich der Schätzung eines einzelnen Modellparameters aus. Sie ist gleich dem negativen Erwartungswert der zweiten partiellen Ableitung der log-Likelihoodfunktion nach einem bestimmten Parameter π, also

$$(1) \quad I(\pi) = -\mathrm{Erw}\left(\frac{\partial^2 \log L}{\partial \pi^2} \right).$$

Je größer dieser Wert ist, desto mehr Information ist in den Daten bezüglich der Schätzung eines Modellparameters enthalten und desto kleiner ist demnach auch die Varianz des Schätzwertes dieses Parameters. Man nennt diese Varianz auch die Schätz*fehler*varianz, da sie allein durch die Ungenauigkeit der Parameterschätzung, also den *Schätzfehler* zustande kommt.

Tatsächlich ist die *Schätzfehlervarianz* eines Parameters direkt gleich dem reziproken Wert des Informationsbetrages (1), d.h. es gilt

$$(2) \quad \mathrm{Var}(E_\pi) = \frac{1}{I(\pi)}.$$

Die Standardabweichung der Normalverteilung des Schätzfehlers ist dann Eins durch Wurzel aus der Informationsfunktion:

$$(3) \quad s(E_\pi) = \frac{1}{\sqrt{I(\pi)}}.$$

Diese Berechnung der Schätzfehlervarianz gilt für *alle Testmodelle* deren Parameter nach der ML-Methode geschätzt werden, d.h. nicht nur für Rasch-Modelle, sondern auch für klassifizierende Testmodelle. Bevor darauf eingegangen wird, wozu man die so ermittelte Schätzgenauigkeit eines Parameters verwenden kann, soll das Prinzip ihrer Berechnung nach Formel (3) anhand der Parameter des dichotomen Rasch-Modells illustriert werden.

Die zweiten partiellen Ableitungen des dichotomen Rasch-Modells

Die ersten partiellen Ableitungen der Likelihoodfunktion dieses Modells wurden bereits in Kapitel 4.2.1 angegeben:

$$(4)\quad \frac{\partial \log L}{\partial \sigma_i} = -n_i + \sum_{v=1}^{N} \frac{\exp(\theta_v - \sigma_i)}{1+\exp(\theta_v - \sigma_i)} = -n_i + \sum_{v=1}^{N} p_{vi}$$

und

$$(5)\quad \frac{\partial \log L}{\partial \theta_v} = r_v - \sum_{i=1}^{k} \frac{\exp(\theta_v - \sigma_i)}{1+\exp(\theta_v - \sigma_i)} = r_v - \sum_{i=1}^{k} p_{vi}\,.$$

Die zweiten partiellen Ableitungen nach jeweils denselben Parametern lauten (nach mehreren Zwischenschritten) für die Itemparameter:

$$(6)\quad \frac{\partial^2 \log L}{\partial \sigma_i^2} = -\sum_{v=1}^{N} \frac{\exp(\theta_v - \sigma_i)}{\left(1+\exp(\theta_v - \sigma_i)\right)^2} = -\sum_{v=1}^{N} p_{vi}\left(1-p_{vi}\right)$$

und für die Personenparameter:

$$(7)\quad \frac{\partial^2 \log L}{\partial \theta_v^2} = -\sum_{i=1}^{k} \frac{\exp(\theta_v - \sigma_i)}{\left(1+\exp(\theta_v - \sigma_i)\right)^2} = -\sum_{i=1}^{k} p_{vi}\left(1-p_{vi}\right).$$

Nach der Definition der Informationsfunktion in Gleichung (1) benötigt man den *negativen Erwartungswert* dieser zweiten partiellen Ableitungen. Den Erwartungswert kann man natürlich nicht berechnen, wenn man nur eine *Stichprobe* zur Verfügung hat, so daß man die zweiten partiellen Ableitungen *selbst* als Annäherung des Erwartungswertes nimmt.

Das negative Vorzeichen in den Gleichungen (6) und (7) hebt sich mit dem negativen Vorzeichen aus Gleichung (1) auf, so daß die positiven Summen in Gleichung (6) und (7) den reziproken Wert der *Fehlervarianz* definieren:

$$(8)\quad \operatorname{Var}(E_\sigma) = \frac{1}{\sum_{v=1}^{N} p_{vi}\left(1-p_{vi}\right)}$$

$$(9)\quad \operatorname{Var}(E_\theta) = \frac{1}{\sum_{i=1}^{k} p_{vi}\left(1-p_{vi}\right)}.$$

Hierbei handelt es sich um relativ einfache Ausdrücke, anhand derer sich gut nachvollziehen läßt, *wovon die Schätzgenauigkeit bei Rasch-Modellen abhängt.* Die Fehlervarianzen werden umso kleiner, je größer die jeweilige Summe im Nenner wird, d.h. die Fehlervarianz der *Item*parameterschätzungen wird umso kleiner, je mehr *Personen* getestet wurden und die Fehlervarianz der *Personen*parameterschätzungen wird umso kleiner, je mehr *Items* der Test umfaßt.

Dieses Resultat ist plausibel und war nicht anders zu erwarten. Aufschlußreich ist darüber hinaus, die einzelnen Summanden in den beiden Nennern zu betrachten. Es handelt sich in beiden Fällen um das Produkt der Lösungswahrscheinlichkeit p_{vi} und seiner Gegenwahrscheinlichkeit $(1-p_{vi})$. Dieses Produkt entspricht der *Varianz der* (dichotomen) *Antwortvariablen* (vgl. Kap. 2.2.4). Es wird dann maximal, wenn die Lösungswahrscheinlichkeit genau 0.5 beträgt, d.h. das Produkt kann maximal den Wert 0.25 annehmen.

Daraus folgt, daß die Schätzfehlervarianz *umso kleiner* wird, je besser die Schwierigkeiten der Items zu den Fähigkeiten der Personen passen, d.h. *je näher* die Lösungswahrscheinlichkeiten *bei 0.5* liegen. Auch dieses Resultat ist plausibel, denn ein Test mit *zu schweren* oder *zu leichten* Items für die jeweilige Personenstichprobe muß auch eine geringere Schätzgenauigkeit der Personenparameter haben.

Datenbeispiel

Für das Datenbeispiel der KFT-Items (s. Kap. 3.1) ergeben sich folgende *Standardschätzfehler* (das ist die Wurzel aus den Schätzfehlervarianzen, s. Formel 3) für die Item- und Personenparameterschätzungen:

	Item				
	1	2	3	4	5
$\hat{\sigma}_i$	-1.17	-0.69	0.04	0.70	1.12
$s(E_\sigma)$	.154	.150	.147	.149	.153

	Score					
	0	1	2	3	4	5
$\hat{\theta}_r$	-2.77	-1.33	-0.41	0.42	1.33	2.76
$s(E_\theta)$	1.71	1.11	0.98	0.98	1.11	1.71

Wie man sieht, ist die Schätzungenauigkeit für Personen mit einem Score von 0 oder 5 größer als für Personen mit einem Score von 2 oder 3. Der Test mißt also *im Mittelbereich* der Fähigkeiten *besser* als in den Randbereichen, was immer dann zu erwarten ist, wenn die Itemparameter auch im Mittelbereich liegen. Dies ist im gegebenen Datenbeispiel der Fall.

Natürlich sind die Standardschätzfehler für die *Personenparameter* sehr groß, was daran liegt, daß dieses Testbeispiel nur 5 Items umfaßt. Dagegen sind die Standardschätzfehler der *Items* viel kleiner, da die Stichprobe 300 Personen umfaßt.

Die Schätzfehlervarianzen kann man *für verschiedene Auswertungsschritte* gebrauchen, nicht nur zur Bestimmung der Meßgenauigkeit eines Tests (vgl. auch Kap. 6.1). Z.B. kann man mit Hilfe von den Schätzfehlervarianzen auch prüfen, ob *sich zwei Parameter* signifikant voneinander *unterscheiden* oder ob ein geschätzter Parameter von einem apriori angenommenen Parameterwert *abweicht*. Auch lassen sich die Parameterschätzungen, die man in *zwei* getrennten *Personenstichproben oder Itemstichproben* erhält, miteinander vergleichen (s. Kap. 6.2.1).

Literatur

Die asymptotischen Eigenschaften von ML-Schätzern sind in Standardwerken der mathematischen Statistik wie Kendall & Stuart (1973) oder Bickel & Doksum (1977) zu finden. Neuere Entwicklungen beschreiben Mislevy & Sheehan (1989). Formann (1984) geht auf die Standardschätzfehler bei Klassenmodellen ein.

Übungsaufgaben:

1. Eine Person löst alle 10 Aufgaben eines Tests mit der Lösungswahrscheinlichkeit p = 0.5, eine zweite Person mit p = 0.9. Wie groß sind die Schätzfehlervarianzen ihrer Fähigkeitsparameter, wenn sich das Antwortverhalten beider Personen durch das Rasch-Modell beschreiben läßt?
2. Berechnen Sie mit WINMIRA die Standardschätzfehler der Personenparameter des NEOFFI-Datenbeispiels. Für welchen Score ist die Fehlervarianz am geringsten?

5. Modellgeltungstests

Jede Testauswertung beruht auf einem Modell über das Antwortverhalten der Personen in diesem Test (vgl. Kap. 1.2). *Ob* die Testergebnisse etwas über die getesteten Personen aussagen und *was* sie bestenfalls aussagen können, hängt davon ab, ob das bei der Auswertung angewendete Testmodell überhaupt auf die erhobenen Daten paßt. Dies ist die Frage nach der Modellgültigkeit, die mit Hilfe von *Modellgeltungskontrollen* oder *Modellgeltungstests* zu beantworten ist.

Die *Parameter* eines Testmodells lassen sich anhand von Testdaten im allgemeinen auch dann *schätzen,* wenn das Modell nur schlecht auf die Daten paßt. Das bedeutet, daß die Frage nach der Modellgeltung noch nicht beantwortet ist, wenn die Parameter des Modells geschätzt wurden. Jedoch ist für die meisten Modellgeltungstests die Schätzung der Parameter eine Voraussetzung, so daß die Prüfung der Modellgültigkeit der Parameterschätzung nachgeordnet ist.

Die Frage, ob ein Testmodell auf die Daten paßt, ist genauso wenig mit 'ja' oder 'nein' zu beantworten, wie die Frage, ob eine Theorie *wahr oder falsch* ist (vgl. Kap. 1.2). Neben den allgemeinen erkenntnistheoretischen Gesichtspunkten zur Wahrheit wissenschaftlicher Aussagen, sind es vor allem zwei Gründe, warum man die Frage nach der Gültigkeit eines Testmodells nicht mit ja oder nein beantworten kann.

Zum einen paßt jedes probabilistische Testmodell (und um diese geht es hier vor allem) *mehr oder weniger gut* auf die Daten, so daß es einer willkürlichen *Grenzziehung* bedarf, um zu sagen: 'ab hier paßt das Modell auf die Daten'.

Zum anderen ist bei der Beurteilung des Ausmaßes, in dem ein Modell auf die Daten paßt, zu berücksichtigen, mit welchem Aufwand, d.h. *mit welcher Komplexität* der Modellstruktur diese Passung erreicht wird. Mit einem komplizierten Modell, das sehr viele Modellparameter umfaßt, kann man allemal eine bessere Passung auf die Daten erreichen als mit einem sparsamen Modell, das nur wenige Parameter umfaßt.

Das Einfachheitskriterium

Das Ziel einer Theorienbildung kann nicht nur darin bestehen, eine möglichst gute Übereinstimmung mit empirischen Daten herzustellen, sondern es besteht auch darin, dies mit möglichst *wenigen und einfachen Annahmen* zu erreichen. Neben dem Gütekriterium der *empirischen Gültigkeit* einer Theorie ist daher die Einfachheit einer Theorie ein weiteres wichtiges Gütekriterium: Je einfacher eine Theorie ist, desto besser ist sie.

Eine einfache Theorie ist aber natürlich nur dann besser, wenn sie *dieselben Sachverhalte* beschreibt und erklärt, wie die komplexere Theorie. Das heißt, man muß bei der Anwendung des Einfachheitskriteriums normalerweise auch den *Geltungsbereich* der Theorie mitberücksichtigen. Dies kann bei der Beurteilung der Güte von Testmodellen jedoch entfallen, da der Geltungsbereich eines Modells derselbe ist wie der eines konkurrierenden Modells, nämlich die gegebene Datenmatrix, die es zu analysieren gilt.

Die Prüfung der Modellgültigkeit hat daher stets zwei Dinge im Auge zu behalten, nämlich erstens, *wie gut* erklärt das Modell die Daten und zweitens, *mit welchem Aufwand* an Modellparametern wird dies erreicht. Die Berücksichtigung beider Kriterien stellt ein Gewichtungsproblem dar, das heißt, man muß die Übereinstimmung zwischen Modell und Daten dagegen aufwiegen, wieviel Parameter man 'investiert' hat.

Die verschiedenen Möglichkeiten, die Gültigkeit eines Testmodells zu kontrollieren, berücksichtigen die beiden genannten Gesichtspunkte der Datenübereinstimmung und der Einfachheit in unterschiedlicher Weise. Allen Möglichkeiten ist jedoch gemeinsam, daß man sie stets als einen *Modellvergleich* auffassen kann: Da man nie über ein einzelnes Modell aussagen kann, ob es paßt oder nicht, kann eine Modellgeltungskontrolle nur ergeben, daß ein Modell angemessener ist als ein anderes Modell. Bei vielen Modellgeltungstests ist es auf den ersten Blick nicht leicht zu erkennen, daß es sich um Modellvergleiche handelt. In den folgenden Kapiteln wird dies deutlich werden.

Prinzipiell lassen sich *drei* verschiedene Arten von Modellgeltungstests unterscheiden. *Zum einen* kann man Modelle anhand ihrer *Likelihoodwerte miteinander vergleichen*. Die Likelihood der Daten unter einem bestimmten Modell sagt etwas darüber aus, wie wahrscheinlich die beobachteten Daten sind, so daß prinzipiell ein Modell mit einer höheren Likelihood auch die bessere Anpassung an die Daten aufweist. Diese Art der Modellgeltungskontrolle wird in Kapitel 5.1 behandelt.

Zweitens läßt sich prüfen, wie gut sich mit einem Testmodell *die beobachteten Daten reproduzieren* lassen. Dabei können die Häufigkeiten der unterschiedlichen Antwortpattern als jene Daten gelten, die es zu reproduzieren gilt. Modellgeltungskontrollen im Sinne der Reproduzierbarkeit der Patternhäufigkeiten werden in Kapitel 5.2 behandelt.

Drittens kann man gezielt bestimmte *Annahmen des Modells* zum Gegenstand einer Modellgeltungskontrolle machen. Derartige Modellgeltungstests werden in Kapitel 5.3 beschrieben.

5.1 Modellvergleiche anhand der Likelihood

In den vorangegangenen Kapiteln wurde schon mehrfach gesagt, daß die Likelihood der Daten unter einem bestimmten Modell sehr viel darüber aussagt, *wie gut* das Modell auf die Daten paßt: Je höher die Likelihood ist, desto besser erklärt das Modell die Daten.

Die Likelihood ist ganz allgemein definiert als das Produkt der Patternwahrscheinlichkeiten über alle Personen:

$$(1) \qquad L = \prod_{v=1}^{N} p(\underline{x}_v) \; .$$

Da Personen mit demselben Antwortpattern $\underline{x}_v$ auch stets dieselbe Wahrscheinlichkeit ihres Patterns haben, läßt sich die Likelihood folgendermaßen schreiben

$$(2) \qquad L = \prod_{\underline{x}} p(\underline{x})^{n(\underline{x})} \; ,$$

wobei $n(\underline{x})$ die Häufigkeit bezeichnet, mit der das Pattern $\underline{x}$ in der Testdatenmatrix auftritt. Wurde ein *Pattern nicht beobachtet*, so ist diese Häufigkeit 0, und der entsprechende Faktor gleich 1, so daß die Wahrscheinlichkeiten nicht beobachteter Pattern die Likelihood nicht beeinflussen.

Die Werte von Likelihoodfunktionen werden *sehr klein*, da sie aus dem Produkt von N · k Wahrscheinlichkeiten bestehen. Die Größenordnung der Likelihoodwerte ist daher im wesentlichen durch die Anzahl der Personen N und die Anzahl der Items k bestimmt. Um zu interpretierbaren Werten zu gelangen, ist es daher sinnvoll, aus diesem Produkt wiederum die (N·k)-te Wurzel zu ziehen. Damit erhält man einen Wahrscheinlichkeitswert, der wieder in der Größenordnung der Wahrscheinlichkeit *einer einzelnen Itemantwort* liegt. Dieser Wert

(3) $\bar{L} = \sqrt[N\cdot k]{L}$

ist das *geometrische Mittel* aller Antwortwahrscheinlichkeiten.

Arithmetisches und geometrisches Mittel

Während das arithmetische Mittel von N Zahlen definiert ist als die *Summe* dieser N Zahlen dividiert durch N

$$\bar{X}_a = \frac{\sum_{v=1}^{N} x_v}{N},$$

ist das geometrische Mittel über das *Produkt* dieser N Zahlen definiert. Der Division durch N entspricht beim geometrischen Mittel die Ziehung der N-ten Wurzel:

$$\bar{X}_g = \sqrt[N]{\prod_{v=1}^{N} x_v}$$

Das geometrische Mittel ist die Zahl, die N-mal mit sich selbst multipliziert wiederum das Produkt ergibt:

$$\bar{X}_g^N = \prod_{v=1}^{N} x_v.$$

Der Nachteil des geometrischen Mittelwerts von Wahrscheinlichkeiten besteht darin, daß er stets *kleiner* ist als das arithmetische Mittel. Nimmt man etwa die folgenden neun Wahrscheinlichkeiten

0.1, 0.2, 0.3, 0.4, 0.5, 0.6, 0.7, 0.8, 0.9,

so ist deren *arithmetisches* Mittel 0.5. Das *geometrische* Mittel derselben Zahlen beträgt jedoch nur 0.4147, ist also wesentlich kleiner. Nur mit dieser Einschränkung kann man $\bar{L}$ als eine *mittlere* Antwortwahrscheinlichkeit interpretieren.

Datenbeispiel

Für das Datenbeispiel des KFT mit 5 Items und 300 Personen (vgl. Kap. 3.1) ergeben sich die folgenden Likelihoodwerte für das Einklassenmodell der Klassenanalyse, die Zweiklassenlösung und das Rasch-Modell.

	log L	$\bar{L}$
1 Klasse	−990.85	.516
2 Klassen	−850.55	.567
Rasch-Modell	−854.83	.566

In der Tabelle sind die *logarithmierten* Likelihoodwerte (die sog. 'Loglikelihoods') aufgeführt, da die unlogarithmierten Werte so klein sind, daß sie ein normaler Taschenrechner gar nicht darstellen könnte. Die logarithmierten Werte benötigt man ohnedies, um die (N·k)-te Wurzel ziehen zu können: diese wird nämlich berechnet, indem man den Logarithmus der Likelihood durch N·k dividiert und das Resultat wiederum delogarithmiert, das heißt, als Exponent der e-Funktion einsetzt. Für die erste Zeile der Tabelle lautet die Rechnung:

$$\exp(-990.85/1500) = 0.516.$$

Die *arithmetischen* Mittelwerte der Antwortwahrscheinlichkeiten sind auch hier größer, so beträgt, das arithmetische Mittel für die Einklassenlösung 0.532.

Man sieht an diesen Werten, daß die Zweiklassenlösung und das Rasch-Modell wesentlich besser auf die KFT-Daten passen.

Das Beispiel macht deutlich, wie man die Likelihood bzw. Loglikelihood zur Beurteilung der Modellgültigkeit verwenden kann. Generell ist es so, daß die Loglikelihood *größer* wird (ihr Absolutbetrag also kleiner, da die Loglikelihood immer negativ ist), wenn man *zusätzliche Parameter* einführt. So hat z.B. die Zweiklassenlösung immer eine *höhere* Loglikelihood als die Einklassenlösung.

Will man ein Modell anhand der Höhe seiner Loglikelihood beurteilen, so muß man gleichzeitig berücksichtigen, *wie viele Modellparameter* es enthält.

Im Fall der *Einklassenlösung* des Datenbeispiels sind 5 Parameter zu schätzen, nämlich die 5 Antwortwahrscheinlichkeiten der Items. Für die *Zweiklassenlösung* sind es 11 Parameter, nämlich die 5 Antwortwahrscheinlichkeiten in beiden Klassen und ein unabhängiger Klassengrößenparameter. Im *Rasch-Modell* werden 9 Parameter geschätzt.

Die Berechnung der Anzahl unabhängiger Modellparameter bei Rasch-Modellen bedarf einer Erläuterung, da die Personenparameter hier eine Sonderrolle spielen.

Die Anzahl der Modellparameter bei Rasch-Modellen: uL, cL und mL

Bei der Likelihoodfunktion, die für Modellvergleiche herangezogen wird, handelt es sich *nicht* um die *unbedingte Likelihood* (uL) wie sie in Kapitel 3.1.1.2.2 durch die Gleichungen (7) und (8) oder in Kapitel 4.2.1 durch die Gleichungen (1) und (2) definiert ist. In die unbedingte Likelihoodfunktion geht *jede Person* mit einem *neuen Parameter* ein, was dazu führt, daß die Likelihoodwerte nicht mehr mit denen von latent-class Modellen vergleichbar sind. Bei letzteren bringen neue Versuchspersonen nur dann weitere Parameter ins Spiel, wenn sie neue latente Klassen definieren.

Auch kann man *nicht* die *bedingte Likelihoodfunktion* (cL), die zur Schätzung der Itemparamter benutzt wird (s. Kap. 4.2.1, Gleichung (12)), für Modellvergleiche heranziehen. Die bedingte Likelihood beschreibt nämlich nicht die Wahrscheinlichkeit der Testdaten wie sie sind, sondern *unter der Bedingung* der Verteilung der Summenscores.

Vergleiche mit anderen Testmodellen sind allein anhand der *marginalen Likelihood* (mL) möglich, die das Produkt aus der bedingten Likelihood und den Scorewahrscheinlichkeiten darstellt (vgl. (16) in Kap. 3.1.1.2.2 und (15) in Kap. 4.2.1):

$$(4) \quad mL = \prod_{r=0}^{k} p(r)^{n_r} \cdot cL.$$

Die bedingte Likelihood ist eine Funktion der *Itemparameter*, enthält also wegen der Summennormierung k-1 unabhängige Modellparameter. Die *Scorewahrscheinlichkeiten* p(r) stellen in der marginalen Likelihoodfunktion ebenfalls unbekannte

Größen dar und fungieren als *Modellparameter*. Sie werden durch die relativen Häufigkeiten der Summenscores geschätzt:

$$\hat{p}(r) = \frac{n_r}{N}.$$

Da von den k+1 Scorewahrscheinlichkeiten nur k voneinander unabhängig sind (die Summe *aller* Wahrscheinlichkeiten muß 1 sein), enthält die marginale Likelihood des Rasch-Modells insgesamt 2k-1 unabhängige Modellparameter. Im Fall ordinaler Itemantworten sind es bei m+1 Antwortkategorien 2mk-1 Parameter.

Nach dieser Berechnung gibt es im *Datenbeispiel* 9 unabhängige Modellparameter für das Rasch-Modell, während es 11 Parameter bei der Zweiklassenlösung sind. Hier stellt sich die Frage, ob die um vier Punkte höhere Likelihood bei der Zweiklassenlösung (-850 gegenüber -854) eine *bessere* Modellgeltung anzeigt, wenn man bedenkt, daß zwei Parameter *mehr* zu schätzen sind.

Es werden Methoden benötigt, die die Likelihoods unterschiedlicher Modelle vergleichen und dabei die unterschiedlichen Parameteranzahlen berücksichtigen.

Die beiden folgenden Unterkapitel behandeln zwei solche Methoden, die in ihrer Logik sehr unterschiedlich sind, sich aber auf dieselbe Information stützen, nämlich die Loglikelihood und die Parameteranzahl.

5.1.1 Informationstheoretische Maße

Die in diesem Kapitel behandelten Kriterien zur Beurteilung der Modellgeltung beruhen auf einem *informationstheoretischen* Hintergrund, der hier jedoch nicht dargestellt werden kann. Es gibt eine Reihe solcher informationstheoretischer Maße, die den Wert der Likelihoodfunktion mit der Parameteranzahl in Beziehung setzen. Es handelt sich hierbei um sogenannte *Straffunktionen* (penalty functions), da ein Anstieg der Likelihood mit den zusätzlich investierten Parametern 'bestraft' wird.

Der historisch erste dieser Indizes ist der AIC, der nach seinem Autor Akaike benannt ist: *Akaikes information criterion.* Er ist durch folgenden Ausdruck definiert.

(1) $AIC = -2 \log L + 2\, n_p,$

wobei n_p für die Anzahl unabhängiger Modellparameter steht. Ein Modell ist nach diesem Kriterium *umso besser je kleiner* sein AIC-Wert ist.

Datenbeispiel

Für die drei Modelle im KFT-Datenbeispiel lauten die AIC-Werte

	Log L	n_p	AIC
1 Klasse	–990.85	5	1991.7
2 Klassen	–850.55	11	1723.1
Rasch-Modell	–854.83	9	1727.6

Nach diesen Ergebnissen paßt die Zweiklassenlösung besser als das Rasch-Modell, da hier der AIC-Wert kleiner ist. Demnach ist es für die 5 Items aus dem KFT wichtiger, *unterschiedliche Item-*

schwierigkeiten für die Könner und die Nichtkönner anzunehmen (Zweiklassenlösung) als bei konstanten Itemparametern für alle Personen ein Kontinuum von Fähigkeiten anzunehmen (Rasch-Modell).

Beim AIC-Index wird in keiner Weise der *Stichprobenumfang,* das heißt, die Anzahl der Personen N berücksichtigt. Dies versucht das sogenannte Schwartz-Kriterium oder auch Best Information Criterion, BIC, genannt auszugleichen.

(2) $BIC = -2 \log L + (\log N)\, n_p$.

Im Vergleich zum AIC wird hier die '2' als Koeffizient der Parameteranzahl durch den Logarithmus der Stichprobengröße N ersetzt, was im allgemeinen ein wesentlich größerer Koeffizient ist. Die folgende Tabelle gibt einen Eindruck von der Größenordnung des Logarithmus von N.

log N	N
2	>7
3	>20
4	>54
5	>148
6	>403
7	>1096

Für das Datenbeispiel ergeben sich folgende BIC-Werte:

	BIC	CAIC
1 Klasse	2010.2	2015.2
2 Klassen	1763.8	1774.8
Rasch-Modell	1761.0	1770.0

Hier zeigt sich die zentrale Problematik dieser Indizes: Die Schlußfolgerung dreht sich für den BIC, im Vergleich zum AIC um: das Rasch-Modell hat den niedrigsten BIC-Wert. Unter Berücksichtigung der Stichprobengröße paßt offensichtlich das Rasch-Modell besser auf die Daten als die Zweiklassenlösung.

Zuletzt sei noch ein dritter Index genannt, der sogenannte CAIC, der folgendermaßen definiert ist:

(3) $CAIC = -2 \log L + (\log N) \cdot n_p + n_p$,

wobei CAIC für *consistent* AIC steht und eine Korrektur des AIC darstellt, die auch bei größerem Stichprobenumfang konsistent sein soll.

Bezüglich der Interpretation des Datenbeispiels ergeben sich keine Veränderungen im Vergleich zum BIC. Die Überlegenheit des Rasch-Modells wird eher noch deutlicher.

Mit Hilfe dieser Straffunktionen lassen sich die beiden Gütekriterien für Theorien, das Kriterium der *empirischen Gültigkeit* und das *Einfachheitskriterium* rein rechnerisch miteinander verknüpfen. Es zeigt sich jedoch auch, daß es für die Verknüpfung keine mathematisch beweisbare Funktion gibt, sondern stets *gewisse Beliebigkeit* bei der Auswahl eines Index herrscht.

Trotzdem ist der Wert dieser Informationskriterien bei der *praktischen Testanalyse* nicht zu unterschätzen. Geben sie doch erste, einfach interpretierbare Hinweise darauf, welches Testmodell das Antwortverhalten wie gut repräsentiert. Als grobes Auswahlkriterium kann gelten, daß der *AIC bei kleinen Itemanzahlen* mit *großen Patternhäufigkeiten,* der BIC bei großen Itemanzahlen und kleinen Patternhäufigkeiten vorzuziehen ist.

Ein *Vorteil* von diesen Informationsmaßen besteht darin, daß Modelle miteinander verglichen werden können, die in *keiner hierarchischen Beziehung* zueinander stehen, wie eben z.B. die Zweiklassenlösung der Klassenanalyse und das Rasch-Modell. Das ist mit den im nächsten Kapitel behandelten Likelihoodquotiententests nicht möglich.

Ein *Nachteil* dieser Informationsmaße besteht darin, daß es keine Anhaltspunkte dafür gibt, *um wieviel kleiner* ein Index sein muß, um daraus den Schluß zu ziehen, daß das Modell besser paßt als ein anderes. Rein theoretisch reicht hier schon ein Unterschied hinter dem Komma aus, um von einer besseren Modellanpassung zu sprechen.

Diese Art rein qualitativer Modellvergleiche deckt sich nicht mit dem üblichen statistischen Denken, nach dem ein beobachteter Unterschied größer sein muß als eine gewisse kritische Grenze, um dann von einem 'signifikanten' Unterschied zu sprechen. Auch hierin unterscheiden sich die im folgenden behandelten Likelihoodquotiententests.

5.1.2 Likelihoodquotiententests

Mit sogenannten Likelihoodquotiententests (englisch: likelihood ratio tests) lassen sich ebenfalls die Likelihoods von zwei unterschiedlichen Modellen miteinander vergleichen. Ein Likelihoodquotient ist der Quotient zweier Likelihoodwerte derselben Datenmatrix unter zwei unterschiedlichen Modellen:

(1) $$\mathrm{LR} = \frac{\mathrm{L}_0}{\mathrm{L}_1}.$$

Bezüglich der beiden Likelihoods im Zähler und im Nenner müssen die folgenden *drei Bedingungen* erfüllt sein:

1. Das Modell, dessen Likelihood im Nenner steht, muß ein *echtes Obermodell* von dem Modell des Zählers sein. Das heißt, das Zählermodell muß sich durch eine Restriktion der Parameter des Nennermodells darstellen lassen. Aus diesem Grund wird die Likelihood des Zählers auch L_0 genannt (in Anlehnung an die Null-Hypothese der Inferenzstatistik).

2. Das restriktivere Modell im Zähler darf *nicht durch Null-Setzen einzelner Parameter* aus dem allgemeineren Modell hervorgehen. Dies ist eine sehr einschränkende Bedingung. Vergleicht man z.B. Modelle mit unterschiedlichen Klassenanzahlen miteinander, so ergibt sich das Modell mit einer niedrigeren Klassenanzahl durch die Fixierung aller Parameter einer (oder mehrerer) Klassen auf Null. In diesem Fall ist die Verteilung der Prüfstatistik (s.u.) unbekannt.

3. Es muß für das allgemeinere Modell im Nenner die *Modellgültigkeit* bereits nachgewiesen sein.

Sind diese drei Bedingungen erfüllt, so kann man den Likelihoodquotienten in eine χ^2-verteilte Prüfstatistik umwandeln:

(2) $$-2\log(\mathrm{LR}) \rightarrow \chi^2 ,$$

das heißt, der doppelte negative Logarithmus eines Likelihoodquotienten ist bei hinreichend großer Datenmenge χ^2-verteilt.

Die *Anzahl der Freiheitsgrade* für diese χ^2-Verteilung entspricht der Differenz zwischen Parameteranzahl des Nennermodells minus Parameteranzahl des Zählermodells:

$$df = n_p(L_1) - n_p(L_0).$$

Was ist ein χ^2-Test?

Ein χ^2-Test (Chi-quadrat) ist ein *Signifikanztest*, d.h. ein Verfahren, mit dem man eine statistische Hypothese prüfen kann. 'Signifikanz' heißt 'Bedeutsamkeit' und der Begriff 'Signifikanztest' bezeichnet die Prüfung (=Test), ob die Abweichung einer anhand der Daten berechneten Größe (=Prüfgröße) von dem Idealwert, den diese Größe bei Geltung der Hypothese annimmt, bedeutsam, also signifikant ist. Voraussetzung für die Durchführung eines Signifikanztests ist daher, daß eine *Prüfgröße* bekannt ist, deren *Verteilung bei Geltung der statistischen Hypothese* man kennt (= Prüfverteilung). Wenn man für jeden möglichen Wert der Prüfgröße sagen kann, wie wahrscheinlich er bei Geltung der Hypothese ist, kann man entscheiden, ob die statistische Hypothese eher wahrscheinlich oder eher unwahrscheinlich ist. Üblicherweise heißt 'unwahrscheinlich' daß die Auftretenswahrscheinlichkeit eines Wertes kleiner als $p = 0.05$ oder 5% ist. Diese Grenze ist die *Signifikanzgrenze* oder das *Signifikanzniveau*.

Im Falle des χ^2-Tests ist die Prüfverteilung die χ^2-Verteilung. Anders als z.B. bei der Normalverteilung hängt die Form der χ^2-Verteilung von ihren sogenannten *Freiheitsgraden* ab. Um eine Prüfgröße anhand der χ^2-Verteilung testen zu können, muß man die Anzahl der Freiheitsgrade der χ^2-Verteilung kennen. Den *kritischen Wert* für die Prüfgröße, d.i. der Wert, der nur mit einer Wahrscheinlichkeit kleiner als 0.05 überschritten wird, kann man in einer χ^2-Tabelle nachschauen. Die statistische Hypothese wird *verworfen*, wenn der errechnete Wert der Prüfgröße *größer* ist als der kritische Wert, also unwahrscheinlicher als 5%.

Datenbeispiel

Es soll die Geltung der *Zweiklassenlösung* für das KFT-Datenbeispiel mit der *restringierten Zweiklassenlösung* verglichen werden, in der angenommen wird, daß eine Klasse von Könnern alle Items mit *90%iger Wahrscheinlichkeit* löst (vgl. das Datenbeispiel in Kapitel 3.1.2.3). Dieses Modell hat eine Loglikelihood von -899.5 bei nur 6 zu schätzenden Parametern. Die unrestringierte Zweiklassenlösung hat die Likelihood -850.5 bei 11 zu schätzenden Parametern.

Der Logarithmus des Likelihoodquotienten ist gleich der Differenz der Loglikelihoods, das heißt, es gilt

$$\log(LR) = \log(L_0) - \log(L_1) .$$

Der logarithmierte Likelihoodquotient beträgt in diesem Fall

$$-899.5 -(-850.5) = -49.$$

Die zugehörige χ^2-Verteilung hat $11 - 6 = 5$ Freiheitsgrade und laut χ^2-Tabelle liegt die 5%-Grenze bei 11.07. Das bedeutet, der errechnete Wert von

$$-2 \cdot (-49) = 98.0$$

liegt weit außerhalb der Signifikanzgrenze, womit die Annahme verworfen werden muß, daß es eine Klasse von Könnern gibt, die alle Items mit 10%iger Irrtumswahrscheinlichkeit lösen.

Anders verhält es sich mit der Hypothese, daß die Klassen der Könner und Nichtkönner *gleich groß* sind (vgl. ebenfalls Kapitel 3.1.2.3). Die Loglikelihood dieses Modells beträgt –850.9 und ist demnach nur um 0.4 Punkte kleiner als die Likelihood der unrestringierten Zweiklassenlösung. Der daraus berechnete χ^2-Wert von 0.8 gehört zu einer χ^2-Verteilung mit einem Freiheitsgrad, da lediglich ein Klassengrößenparameter auf 0.5 fixiert wurde. Der kritische Wert der χ^2-Verteilung mit einem Freiheitsgrad beträgt 3.84, womit der empirische Wert von 0.8 nicht signifikant ist. Die Hypothese, daß die Klassen der Könner und Nichtkönner gleich groß sind, kann beibehalten werden.

Likelihoodquotienten beziehen wie die informationstheoretischen Maße sowohl den Wert der Likelihoodfunktion als auch (indirekt über die Freiheitsgrade der Prüfverteilung) die Anzahl der geschätzten Parameter ein. Auch hier wird also das Gültigkeitskriterium gemeinsam mit dem Einfachheitskriterium berücksichtigt.

Der *Vorteil* von Likelihoodquotiententests ist darin zu sehen, daß sie eine *statistische Absicherung* des Unterschieds der Likelihoods zweier Modelle unter Berücksichtigung der Parameteranzahl erlauben. Somit läßt sich eindeutig aussagen, ob ein bestimmtes Modell besser auf die Daten paßt als ein anderes Modell.

Die *Nachteile* von Likelihoodquotienten liegen darin, daß die Voraussetzungen für ihre Berechnung oft nicht erfüllt sind. So läßt sich z.B. mit Hilfe eines Likelihoodquotienten nicht testen, ob ein *quantitatives Testmodell* oder ein *Klassenmodell* besser auf die Daten paßt, da beide nicht in einer hierarchischen Beziehung zueinander stehen, d.h. das eine Modell ein Obermodell des anderen ist. Auch geht sehr oft das restriktivere Modell durch Fixierung von Wahrscheinlichkeiten auf 0 aus dem allgemeineren hervor, so daß die Prüfverteilung nicht gilt. Auch die dritte Voraussetzung, die Gültigkeit des allgemeineren Modells, ist oft nicht gegeben, da man diese nicht immer prüfen kann.

Am meisten Probleme bereiten jedoch die *Voraussetzungen bezüglich der Datenmenge*, auf die bisher noch gar nicht eingegangen wurde. Die Voraussetzung dafür, daß die Prüfstatistik $-2\log(LR)$ annähernd χ^2-verteilt ist, besteht nämlich darin, daß die *erwarteten Patternhäufigkeiten mindestens den Wert 1* haben. Dies ist in unserem kleinen Datenbeispiel mit 5 Items zwar annähernd gegeben, jedoch kann bereits bei 10 Items mit 1024 unterschiedlichen Antwortpattern davon ausgegangen werden, daß diese Voraussetzung selbst bei großen Personenstichproben nicht erfüllt ist. Somit entfällt die Grundlage der inferenzstatistischen Absicherung des Likelihoodquotienten, und damit sein entscheidender Vorteil.

Als *Fazit* kann festgehalten werden, daß sich der Likelihoodquotient besonders dann eignet, wenn man anhand von kleinen Itemanzahlen gezielt Hypothesen testen will, die sich aufgrund von Parameterrestriktionen eines Modells darstellen lassen.

Ein *Spezialfall*, und vielleicht die *häufigste Anwendung* des Likelihoodquotienten besteht darin, die Likelihood eines Modells gegen die des saturierten Modells zu testen.

Saturiertes Modell

Unter einem *saturierten* Modell versteht man das Modell, das die beobachteten Daten perfekt erklären kann und soviele Parameter enthält wie es unabhängige Daten gibt. Die Likelihood des saturierten Modells ist allein eine Funktion der Patternhäufigkeiten:

$$(3) \qquad L_{sat} = \prod_{\underline{x}} \left(\frac{n(\underline{x})}{N} \right)^{n(\underline{x})} .$$

Die Patternwahrscheinlichkeiten $p(\underline{x})$ stellen die Modellparameter des saturierten Modells dar und werden durch die relativen Häufigkeiten der Pattern geschätzt. Somit hat dieses Modell tatsächlich soviele Modellparameter wie es Antwortpattern gibt, von denen jedoch einer abhängig ist.

Der *Vorteil* von Modellvergleichen mit dem saturierten Modell liegt darin, daß das saturierte Modell *nicht irgendeine beliebige Alternative* darstellt, sondern es das höchste Kriterium verkörpert, das es zu erreichen gilt: Ist der Likelihoodquotient eines Testmodells beim Vergleich mit dem saturierten Modell *nicht* signifikant, so erklärt das Modell die Daten genauso gut, wie wenn man die Patternhäufigkeiten selbst interpretieren würde.

Allerdings ist in diesem Fall nicht ausgeschlossen, daß *auch andere Modelle* den Vergleich mit dem saturierten Modell 'aushalten'. Die Schlußfolgerung kann also nicht sein, daß das ausgewählte Testmodell das *einzige* Modell ist, das die Daten erklärt, sondern nur *ein* Modell unter möglicherweise mehreren.

Ein *Nachteil* besteht darin, daß ein *negatives Ergebnis* des Modellvergleichs (das heißt, das saturierte Modell paßt besser) wenig darüber aussagt, *welche* Modellannahmen verletzt sind. Bei Modellvergleichen zwischen zwei *ähnlichen* Modellen oder zwei Modellen, die sich in einem *bestimmten* Merkmal unterscheiden, ist die Schlußfolgerung wesentlich eindeutiger.

Datenbeispiel

In dem Datenbeispiel hat das saturierte Modell die Loglikelihood –830.4 mit 31 unabhängigen Parametern. Testet man die Geltung des *Rasch-Modells* gegen das saturierte Modell, so beträgt die Prüfgröße

$$-2 \cdot (-854.8 + 830.4) = 48.8 \ .$$

Die χ^2-Verteilung hat $31 - 9 = 22$ Freiheitsgrade, so daß das Rasch-Modell *nicht* auf die Daten paßt (der kritische Wert beträgt bei 22 Freiheitsgraden 33.9).

Dasselbe trifft auf die *Zweiklassenlösung* der Klassenanalyse zu, für die der empirische Wert der Prüfstatistik bei 20 Freiheitsgraden 40.3 beträgt (die kritische Grenze der χ^2-Verteilung beträgt 31.4).

Lediglich die Zweiklassenlösung des *mixed Rasch-Modells* (vgl. Kap. 3.1.3) weist beim Vergleich mit dem saturierten Modell eine gute Modellanpassung auf: Die Loglikelihood beträgt -841, so daß die Prüfstatistik den Wert 21.2 annimmt, was bei 14 Freiheitsgraden unterhalb der kritischen Grenze liegt (23.7).

Auch für Modellvergleiche mit dem saturierten Modell müssen die *asymptotischen Voraussetzungen* (Erwartungswert der Patternhäufigkeiten größer als 1) erfüllt sein. Sind diese nicht erfüllt, so bietet sich ein Vergleich über informationstheoretische Maße an (vgl. Kap. 5.1.1). Bei sehr vielen Items ist allerdings auch dieser Vergleich problematisch, da die Anzahl der Modellparameter im saturierten Modell immens groß werden kann und diese Indices dann wenig aussagekräftig sind.

Literatur

Informationstheoretische Kriterien der Modellgeltung behandeln Bozdogan (1987) und Read & Cressie (1988). Likelihoodquotiententests werden im Rahmen der allgemeinen Maximum-Likelihood Theorie (Kendall & Stuart 1973) und der Kreuztabellen-Analyse (Bishop et al. 1975) dargestellt.

Übungsaufgaben

1. Für die KFT-Daten beträgt die Loglikelihood des saturierten Modells –830.4. Wie groß ist das geometrische Mittel der Antwortwahrscheinlichkeiten in diesem Modell? Wie groß ist der BIC-Wert des saturierten Modells?

2. Die folgende Tabelle zeigt die Loglikelihoods der ESU-Daten aus Kapitel 3.2 für das 2-, 3- und 4-Klassenmodell sowie für das saturierte Modell:

2 Klassen	–4513.5
3 Klassen	–4458.1
4 Klassen	–4432.5
saturiert	–4100.4

   Welches Modell paßt nach informationstheoretischen Kriterien am besten?

3. Berechnen sie mit WINMIRA den Likelihoodquotienten zwischen dem Ratingskalen-Modell und dem ordinalen Rasch-Modell für die NEOFFI-Daten. Ist die Annahme gleicher Schwellenabstände danach gerechtfertigt?

5.2 Reproduzierbarkeit der Patternhäufigkeiten

Hat man die Parameter eines bestimmten Testmodells geschätzt, so hat jedes mögliche Antwortpattern in einem Test eine bestimmte, aufgrund des Modells und seiner Parameter zu berechnende Auftretenswahrscheinlichkeit. Ein direkter Weg der Modellgeltungskontrolle besteht daher darin, diese *erwarteten Patternhäufigkeiten* mit den tatsächlich *beobachteten Häufigkeiten* zu vergleichen.

Bei *deterministischen* Testmodellen, wie z.B. bei der Guttman-Skala (Kap. 3.1.1.1) oder beim Modell deterministischer Klassen (Kap. 3.1.2.1) ist diese Methode der Modellgeltungskontrolle die einzig sinnvolle. Solche deterministischen Modelle unterscheiden generell zwischen zulässigen und unzulässigen Antwortmustern, das heißt, viele Antwortpattern haben die *erwartete Häufigkeit von 0*, während alle anderen Pattern mit beliebiger Häufigkeit auftreten dürfen.

Hier gestaltet sich der Vergleich zwischen beobachteten und erwarteten Patternhäufigkeiten denkbar *einfach*, indem man lediglich nachschaut, ob unzulässige Antwortpattern auftreten oder nicht.

Bei *probabilistischen* Testmodellen hat *jedes* Antwortpattern eine Auftretenswahrscheinlichkeit, auch wenn diese oft sehr klein ist. Hier gilt es, die erwarteten mit den beobachteten Häufigkeiten *quantitativ* zu vergleichen.

Datenbeispiel

Die folgende Tabelle zeigt für das KFT-Datenbeispiel die *beobachteten* Patternhäufigkeiten und die unter drei verschiedenen Testmodellen *erwarteten* Patternhäufigkeiten.

$\underline{x}$	RM	LCA	2MR	$n(\underline{x})$
0 0 0 0 0	58.0	51.6	57.8	58
0 0 0 0 1	2.2	6.8	2.5	4
0 0 0 1 0	3.4	2.3	2.8	2
0 0 0 1 1	0.4	0.4	0.3	1
0 0 1 0 0	6.5	10.3	5.7	11
0 0 1 0 1	0.9	1.5	0.9	2
0 0 1 1 0	1.3	0.7	1.0	1
0 0 1 1 1	0.5	0.3	0.4	1
0 1 0 0 0	13.6	11.7	11.9	8
0 1 0 0 1	1.8	2.1	1.9	1
0 1 0 1 0	2.7	1.8	2.0	2
0 1 1 0 0	5.2	4.1	4.3	3
0 1 1 0 1	1.9	2.1	2.0	1
0 1 1 1 0	2.8	4.0	2.5	2
0 1 1 1 1	2.7	3.6	7.7	8
1 0 0 0 0	22.2	29.5	24.6	23
1 0 0 0 1	2.9	4.2	4.4	7
1 0 0 1 0	4.4	2.1	2.3	2
1 0 1 0 0	8.6	7.0	9.1	6
1 0 1 0 1	3.1	1.9	4.6	2
1 0 1 1 0	4.6	2.7	2.6	2
1 0 1 1 1	4.4	2.3	4.3	3
1 1 0 0 0	17.7	12.2	19.2	21
1 1 0 0 1	6.3	6.4	19.7	10
1 1 0 1 0	9.6	12.2	5.5	8
1 1 0 1 1	9.0	11.1	8.9	10
1 1 1 0 0	18.6	18.7	20.4	24
1 1 1 0 1	17.4	16.4	6.4	6
1 1 1 1 0	26.5	34.7	33.2	33
1 1 1 1 1	38	32.3	38.5	38

Es zeigt sich, daß die Zweiklassenlösung des mixed Rasch-Modells die beobachteten Patternhäufigkeiten am besten reproduziert, wohingegen bei zwei Klassen der latent-class Analyse und beim Rasch-Modell die Abweichungen einzelner Patternhäufigkeiten größer sind.

Ein Modelltest hat die *Gesamtheit* aller Abweichungen zu berücksichtigen. Diese Prüfung kann mittels der Pearson'schen χ^2-Statistik erfolgen, die folgendermaßen definiert ist:

$$(1) \quad CHI = \sum_{\underline{x}} \frac{\left(o_{\underline{x}} - e_{\underline{x}}\right)^2}{e_{\underline{x}}}.$$

$o_{\underline{x}}$ bezeichnet die *beobachtete* Häufigkeit des Pattern $\underline{x}$ (o wie 'observed = beobachtet') und $e_{\underline{x}}$ die unter dem jeweiligen Modell *erwartete* Patternhäufigkeit. Diese Prüfstatistik ist χ^2-verteilt, wobei die Anzahl der Freiheitsgrade gleich der Anzahl der Antwortpattern minus der Anzahl unabhängiger Modellparameter minus 1 ist:

$$df = m^k - n_p - 1 \ .$$

Somit hat diese χ^2-Statistik zum Vergleich beobachteter und erwarteter Patternhäufigkeiten *dieselbe Anzahl von Freiheitsgraden* wie der *Likelihoodquotient* eines Modells im Vergleich zum saturierten Modell (vgl. Kap. 5.1.2). Tatsächlich sind beide Prüfstatistiken annähernd äquivalent und führen in der Regel zu denselben Ergebnissen.

Datenbeispiel

Für das KFT-Datenbeispiel ergeben sich für drei unterschiedliche Modelle die folgenden χ^2-Werte

	−2 log (LR)	CHI	df
2 Klassen	40.3	38.7	20
Rasch-Modell	48.8	49.4	22
2 Kl. mixed Rasch-Modell	21.2	18.3	14

Wie auch beim Likelihoodquotiententest zeigt sich hier, daß lediglich die Zweiklassenlösung des mixed Rasch-Modells einen nicht-signifikanten χ^2-Wert besitzt, das heißt, die Daten hinreichend gut reproduziert (s. die χ^2-Tabelle im Anhang).

Der *Vorteil* dieses χ^2-Tests besteht darin, daß man den Grund für signifikante Modellabweichungen leichter rekonstruieren kann: Da sich der χ^2-Wert aus den quadrierten Abweichungen von beobachteten und erwarteten Häufigkeiten zusammensetzt, kann man zurück verfolgen, welche Antwortpattern besonders zu dem hohen χ^2-Wert beitragen. Im Datenbeispiel sind dies vor allem die Pattern $\underline{x}$ = (00100) und $\underline{x}$ = (11101).

Die Prüfung, welche Antwortpattern für eine fehlende Modellanpassung verantwortlich sind, nennt man auch *Residuenanalyse* ('Residuum' bedeutet so viel wie 'Rest'). Bei einer Residuenanalyse sieht man sich an, welche 'Reste' an beobachteten Häufigkeiten übrig bleiben, wenn man die unter dem Modell erwarteten Häufigkeiten abzieht.

Der *Nachteil* dieser χ^2-Statistik ist im wesentlichen derselbe wie bei einem Likelihoodquotiententest zwischen Modell und saturiertem Modell: Für größere Tests sind die *asymptotischen Bedingungen* dieser Prüfstatistik nicht erfüllt. Darunter versteht man die Notwendigkeit einer hinreichend großen Datenmenge, die im Fall der χ^2-Statistik so groß sein sollte, daß alle erwarteten Häufigkeiten größer als Eins sind. Wenn es viele Antwortpattern gibt, die gar nicht beobachtet wurden oder einen zu geringen Erwartungswert haben, folgt die Prüfgröße nicht mehr einer χ^2-Verteilung.

Es gibt zwei *Auswege* aus dieser Situation. Ein Weg besteht darin, eine solche χ^2-Prüfung nicht mit den einzelnen Patternhäufigkeiten vorzunehmen, sondern mit *aggregierten Daten*, das sind die zusammengefaßten Häufigkeiten mehrerer Pattern. Mit jeder Zusammenfassung von Patternhäufigkeiten wird die Modellprüfung jedoch *weniger streng*, da sich möglicherweise vorhandene Abweichungen von beobachteten und erwarteten Häufigkeiten durch die Summenbildung ausgleichen und gegenseitig aufheben können.

Es kommt faktisch einer Aggregation von Pattern gleich, wenn man die χ^2-Prüfung jeweils für *kleinere Gruppen von Items* durchführt. Besteht ein Test z.B. aus 10 Items und nimmt man die Prüfung für die ersten und die letzten 5 Items getrennt vor, so aggregiert man bei der Auszählung der Patternhäufigkeiten für die ersten 5 Items jeweils über alle Pattern der restlichen 5 Items. Im folgenden Beispiel ergibt sich die Häufgkeit des Patterns (1 1 0 0 1) bei den ersten 5 Items aus der Summe der Patternhäufigkeiten aller 10 Items, bei denen die ersten 5 genau dieses Muster haben:

Item	
1 2 3 4 5	6 7 8 9 10
1 1 0 0 1	0 0 0 0 0
1 1 0 0 1	0 0 0 0 1
1 1 0 0 1	0 0 0 1 0
1 1 0 0 1	0 0 0 1 1
1 1 0 0 1	0 0 1 0 0
. . . . .	. . . . .
. . . . .	. . . . .
1 1 0 0 1	1 1 1 1 1

Dieses Vorgehen kann in manchen Fällen sinnvoll sein, insbesondere wenn man anhand der Residuen bestimmte Hypothesen über möglicherweise unter- oder überrepräsentierte Antwortmuster überprüfen will.

Im allgemeinen ist jedoch die Frage, *welche* Pattern man zusammenfaßt, nur mit einer gewissen Beliebigkeit zu beantworten.

Der *zweite* Ausweg aus der Situation, daß schon bei Tests mittlerer Länge die Prüfverteilung nicht mehr der χ^2-Verteilung entspricht, besteht darin, die Prüfverteilung über *simulierte Daten* zu ermitteln. Als simulierte (dt. 'ähnlich gemachte') Daten bezeichnet man Daten, die mittels eines Zufallszahlengenerators auf dem Computer erzeugt werden. Dabei gibt man ein Testmodell einschließlich seiner Parameterwerte vor und erzeugt sich auf dem Computer Daten, die zu dem Modell passen. Von diesen künstlichen Daten weiß man dann genau, daß das Modell gilt und man kennt die wahren Parameterwerte.

Wie simuliert man Daten?

Es sollen beispielsweise dichotome Testdaten erzeugt werden, für die das Rasch-Modell gilt. Hierfür müssen zunächst alle Item- und Personenparameter festgelegt werden. Mit Hilfe der Modellgleichung rechnet man sich für jede Person die Lösungswahrscheinlichkeit hinsichtlich jedes Items, p_{vi}, aus. Für jede einzelne Itemantwort wird dann der Zufallszahlengenerator aktiviert, der eine Zufallszahl a_{vi} ausgibt, die zwischen 0 und 1 liegt. Alle Zahlen zwischen 0 und 1 werden mit gleicher Wahrscheinlichkeit gezogen, d.h. die Zufallszahlen sind *gleichverteilt*.

Ist die erzeugte Zufallszahl a_{vi} *kleiner* als die Lösungswahrscheinlichkeit p_{vi}, so ist die Itemantwort $x_{vi} = 1$, d.h. es kommt eine 1 in die Datenmatrix. Ist $a_{vi} \geq p_{vi}$, so ist $x_{vi} = 0$. Auf diese Weise entspricht die Wahrscheinlichkeit, eine 1 für die Datenmatrix zu erhalten, genau der Lösungswahrscheinlichkeit.

Hat man für einen *echten* Datensatz die Parameter eines Testmodells geschätzt, so kann man mit diesen Parameterschätzungen wiederum neue, künstliche Daten simulieren. Dies bezeichnet man als *Resimulation*, weil man sich die Ausgangsdaten aufgrund der Parameterschätzungen *zurück* simuliert. Von solchen resimulierten Datensätzen weiß man, daß das Modell, das man für die *echten* Daten interpretieren will, *gilt*.

Um eine Prüfverteilung für den anhand der echten Daten errechneten CHI-Wert zu erhalten, resimuliert man viele künstliche Datensätze, berechnet für jeden die betreffende Prüfstatistik und beurteilt, ob der Wert der echten Daten noch im Schwankungsbereich der simulierten Werte liegt. Dieses Verfahren nennt man das *bootstrap-Verfahren*.

Was ist bootstrapping?

Bootstraps heißen die Schlaufen an Cowboy-Stiefeln, an denen man die Stiefel hochzieht. Die Metapher steht dafür, daß man versucht, sich an den eigenen Stiefelschlaufen hochzuheben, so wie Baron Münchhausen sich am eigenen Schopf aus dem Sumpf zieht. Das damit bezeichnete Verfahren der Modellgeltungskontrolle hat etwas von diesem Versuch: Man will wissen, ob ein Modell auf die Daten paßt, und beantwortet die Frage mit Hilfe von Daten, die man mit diesem Modell erzeugt hat.

Abbildung 142 zeigt die Häufigkeitsverteilung der CHI-Prüfgröße (1) von 100 Datensätzen, die anhand der Parameterschätzungen des Rasch-Modells für die KFT-Daten simuliert wurden.

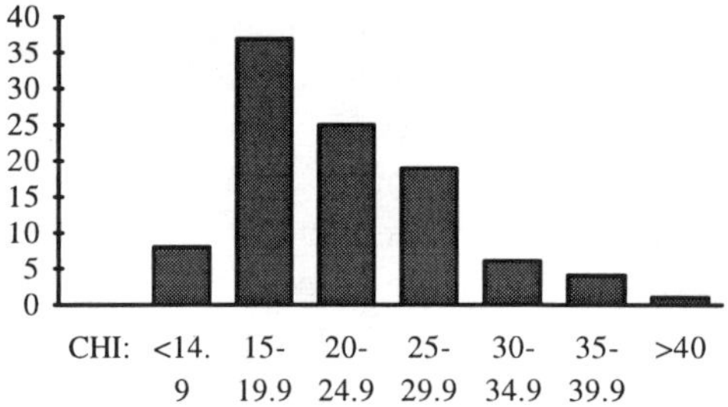

Abbildung 142: Häufigkeitsverteilung der CHI-Werte für 100 bootstrap-Stichproben

Der CHI-Wert des echten KFT-Datensatzes beträgt 49.4. Ein Vergleich mit der Verteilung in Abbildung 142 ergibt, daß ein derart hoher Wert äußerst selten erreicht wird, wenn das Modell gilt. In diesem Fall gab es nur 1 von 100 Werten in dieser Größenordnung. Demnach beschreibt das Rasch-Modell die Daten *nicht* hinreichend.

Da bei diesen Daten mit 32 Antwortpattern und 300 Personen die Voraussetzungen dafür, daß die Prüfgröße (1) χ^2-verteilt ist, recht gut erfüllt sind, entspricht das Bild der *simulierten* Häufigkeitsverteilung (Abb. 142) in etwa dem der χ^2-Verteilung mit 22 Freiheitsgraden.

Der *Vorteil* des bootstrap-Verfahrens besteht aber gerade darin, daß man auch für Datensätze, die die Voraussetzungen der χ^2-Verteilung *nicht* erfüllen, einen Modelltest zur Verfügung hat, der ähnlich wie ein Signifikanztest funktioniert.

Ein *Nachteil* ist der enorme Rechenaufwand, der hierbei betrieben wird. Die bootstrap-Stichproben müssen nicht nur simuliert werden (was den geringsten Zeitanteil ausmacht), für jeden Datensatz müssen auch die Modellparameter geschätzt und die Prüfgrößen berechnet werden.

Literatur

Der Chi-quadrat Test von Pearson ist in allen Statistiklehrbüchern enthalten (Bortz 1977) und wird von Bishop et al. (1975) speziell für die Kreuztabellenanalyse behandelt. Holland (1981) und Cressie & Holland (1983) behandeln den Ansatz für quantitative Testmodelle, Glas (1988a) und Kelderman (1984) für Rasch-Modelle. Das bootstrap-Verfahren als Möglichkeit der Modellgeltungskontrolle stellen Efron & Tishirani (1993) dar, Resimulationen als Mittel der Modellgeltungskontrolle bei Klassenmodellen haben erstmals Aitkin et al. (1981) angewendet.

Übungsaufgaben

1. Der CHI-Wert für das ordinale Rasch-Modell beträgt bei den 5 Neurotizismus-Items des NEOFFI-Beispiels CHI = 14277.8. Paßt das Modell auf die Daten, wenn man einmal annimmt, daß die Voraussetzungen für die χ^2-Verteilung erfüllt sind (was bei diesen Daten nicht der Fall ist)? Wieviele Freiheitsgrade hat die zugehörige χ^2-Verteilung?
2. Berechnen Sie mit WINMIRA 10 bootstrap-Stichproben für die 3-Klassenlösung der ESU-Daten (s. Kap. 3.2). Wieviele der 10 CHI-Werte sind größer als der CHI-Wert der echten Daten?

5.3 Prüfung einzelner Modellannahmen

Die dritte Möglichkeit, die Gültigkeit eines Testmodells zu überprüfen, besteht darin, zentrale *Annahmen* des Modells gezielt zu überprüfen. Hierzu gehören:

- Die Annahme der *Itemhomogenität*, das ist die Annahme, daß alle Items eines Tests dieselbe Personenvariable erfassen.
- Die Annahme der *Personenhomogenität*, das ist die Annahme, daß alle Personen den Test aufgrund der gleichen Personeneigenschaft bearbeiten.
- Die Annahme der *stochastischen Unabhängigkeit*, die besagt, daß die Wahrscheinlichkeit, zwei Items zu lösen, gleich dem Produkt der beiden einzelnen Lösungswahrscheinlichkeiten ist (vgl. Kap. 2.3.3).

Darüber hinaus kann noch eine Vielzahl von *spezifischen* Modellannahmen zum Gegenstand einer Modellgeltungskontrolle gemacht werden. Dies sind meist Annahmen, die auf *Parameterrestriktionen* beruhen, wie z.B. die Annahme, daß zwei oder mehr Items dieselbe Schwierigkeit haben oder daß ein Item in zwei oder mehr Klassen dieselbe Schwierigkeit aufweist. Solche Annahmen können über Modellvergleiche mit Hilfe von Likelihoodquotiententests oder informationstheoretischen Maßen überprüft werden (Kap. 5.1).

Demgegenüber sind die drei obengenannten Modellannahmen genereller Natur und mit Abstrichen *allen Testmodellen* gemeinsam. Genauer betrachtet ist die Annahme der *Itemhomogenität* und die der *stochastischen Unabhängigkeit* allen Testmodellen gemeinsam, während die Annahme der *Personenhomogenität* für Modelle mit latenten Klassen nur eingeschränkt gilt: Hier ist durch die Zugehörigkeit zu unterschiedlichen latenten Klassen ein gewisses Maß an Personenheterogenität geradezu ein Modellbestandteil.

Die in diesem Kapitel behandelten Modelltests stammen primär aus dem Bereich der *quantitativen Testmodelle,* das heißt der Rasch-Modelle. Bei Klassenmodellen werden im allgemeinen nur die Modellgeltungskontrollen im Sinne von Kapitel 5.1 und 5.2 durchgeführt.

Von den drei eingangs genannten Modellannahmen ist die Annahme der *stochastischen Unabhängigkeit am schwersten* zu überprüfen. Auch wenn es hierzu einzelne Ansätze gibt, gehört die Überprüfung dieser Annahme derzeit nicht zum Standardvorgehen bei der Testanalyse. Im folgenden wird zunächst auf Tests zur Überprüfung der Personenhomogenität und dann der Itemhomogenität eingegangen.

5.3.1 Prüfung der Personenhomogenität

Die Annahme der Personenhomogenität besagt, daß alle getesteten Personen den Test aufgrund *derselben Eigenschaft oder Fähigkeit* bearbeiten. Bei quantitativen Testmodellen bedeutet dies, daß dieselbe Personenvariable θ bei allen Personen gemessen wird. Mißt der Test dagegen bei einigen Personen z.B. die Einstellung zur Kernenergie, bei anderen Personen z.B. die Tendenz, sozial erwünschte Antworten zu geben, so sind die Personen heterogen.

Bei Modellen mit *latenten Klassen* ist die Annahme der Personenhomogenität nicht in derselben Weise zu treffen, da sich die verschiedenen Personenklassen darin unterscheiden können, daß in jeder Klasse eine andere Variable für das Antwortverhalten ausschlaggebend ist. Bei klassifizierenden Testmodellen kann man daher nur *innerhalb* der latenten Klassen von Personenhomogenität sprechen.

Tatsächlich spielt die Prüfung der Personenhomogenität auch nur bei *quantitativen* Testmodellen eine Rolle. Das Prinzip derartiger Modellgeltungstests besteht darin, die *Itemparameter* in verschiedenen Untergruppen der Personenstichprobe zu schätzen und zu prüfen, ob sie sich zwischen den Gruppen unterscheiden. Diesem Vorgehen liegt die Überlegung zugrunde, daß die Itemschwierigkeiten in allen Personengruppen, in denen *dieselbe* Variable gemessen wird, *identisch* sind.

Um diesen Test auf Personenhomogenität durchführen zu können, gibt es *zwei* Möglichkeiten:

- Entweder man hat eine Hypothese darüber, *welche* Personengruppen zueinander heterogen sein könnten. Dann kann man für diese Gruppen getrennt die Itemparameter schätzen und miteinander vergleichen.

- Oder man hat *keine Hypothese* über möglicherweise heterogene Personengruppen, dann wendet man das mixed Rasch-Modell an, welches nach latenten Personenpopulationen sucht, die zueinander heterogen sind. Ein Modelltest, der die Einklassenlösung mit der Zwei- oder Dreiklassenlösung des mixed Rasch-Modells vergleicht, ergibt dann die Prüfung auf Personenhomogenität.

Zunächst zum erstgenannten Fall. Das bei weitem am häufigsten verwendete *Teilungskriterium* für die Personenstichprobe ist der *Summenscore* der Personen. Das heißt, man vergleicht die Itemparameterschätzungen in zwei oder mehr Scoregruppen miteinander.

Datenbeispiel

Teilt man die Personenstichprobe bei den KFT-Daten danach in zwei Gruppen ein, ob die Personen 0, 1 oder 2 Items gelöst haben (Gruppe 1) oder 3, 4 oder 5 Items (Gruppe 2), so ergeben sich die folgenden *Itemscores* in den beiden Personengruppen:

		r = 0,1,2	r = 3,4,5
	1	59	136
	2	35	140
Item	3	23	120
	4	8	105
	5	15	79
	N	152	148

Schätzt man die *Itemparameter* für diese beiden Personengruppen, so ergeben sich folgende Schätzwerte

		r = 0,1,2	r = 3,4,5
	1	−1.27	−0.52
	2	−0.45	−0.68
Item	3	0.04	−0.01
	4	1.17	0.35
	5	0.51	0.86

Um beurteilen zu können, *wie gut* die Schätzungen aus beiden Stichproben übereinstimmen, zeichnet man diese Werte in ein Diagramm ein:

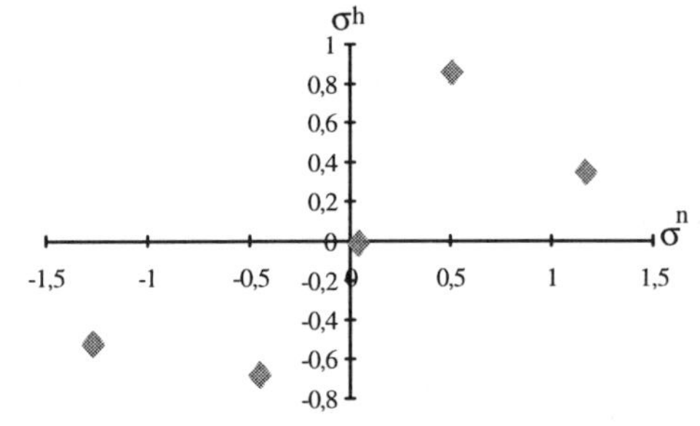

Abbildung 143: Der graphische Modelltest

Wenn die Itemparameter in beiden Stichproben genau übereinstimmen, liegen alle Punkte auf einer 45 Grad-Linie. Je weiter sie von dieser abweichen, desto ausgeprägter ist die Unterschiedlichkeit der beiden Personengruppen hinsichtlich der relativen Schwierigkeiten der Items. Man nennt diese graphische Prüfung auch den *graphischen Modelltest*.

Eine bloße Betrachtung der Unterschiedlichkeit von Itemparameterschätzungen stellt natürlich noch keine Modellgeltungs*prüfung* dar. Sie gibt lediglich Hinweise darauf, *welche* Items in *welchen* Gruppen relativ leicht und relativ schwer sind. Diese Abweichungen sollten interpretiert werden, den sie können interessante inhaltliche Ergebnisse liefern über die psychologische Struktur des Tests für verschiedene Teilpopulationen.

Einen statistischen Modellgeltungstest erhält man, indem man den sogenannten *bedingten* Likelihoodquotiententest durchführt, der auch nach seinem Erfinder als '*Andersen*-Test' bezeichnet wird. Das Prinzip von Likelihoodquotiententests wurde in Kapitel 5.1.2 dargestellt. Hier wird jedoch der Likelihoodquotient mit den *bedingten Likelihoods* gebildet (vgl. Kap. 4.2.1, Gleichung (12)):

$$(1) \qquad cLR = \frac{cL_0}{\prod_{r=1}^{k-1} cL_r}.$$

Das *restriktivere* Modell, dessen Annahmen getestet werden sollen, ist das Rasch-Modell für die gesamte Stichprobe, so daß im Zähler des Likelihoodquotienten die bedingte Likelihood aller Daten cL_0 steht. Das *weniger restriktive* Modell, dessen Likelihood in den Nenner des Quotienten gehört, nimmt an, daß das Rasch-Modell *in jeder Scoregruppe* gilt, das heißt, in den Scoregruppen können unterschiedliche Itemparameter gelten. Die bedingten Likelihoods der Daten von Personen mit Score r werden hier mit cL_r bezeichnet.

Unter Geltung der Annahme der *Personenhomogenität* ist das Produkt der bedingten Likelihoods der Scoregruppen gleich der bedingten Gesamtlikelihood des Zählers. Je *heterogener* die Scoregruppen zueinander sind, desto größer wird die Wahrscheinlichkeit des Nenners im Vergleich zum Zähler und umso eher wird die Prüfgröße

$$-2 \log (cLR)$$

signifikant.

Die χ^2-Verteilung hat in dem Fall, daß man die Itemparameter für jede der $k-1$ Scoregruppen getrennt schätzt (für $r = 0$ und $r = k$ sind keine Itemparameterschätzungen möglich),

$$df = (k-1) \cdot (k-2)$$

Freiheitsgrade. Üblicherweise führt man den Test jedoch nicht so durch, daß man in *jeder* Scoregruppe die Itemparameter schätzt, sondern man faßt Scoregruppen zusammen. Im oben genannten Beispiel wurden lediglich die 'Hochscorenden' und die 'Niedrigscorenden' unterschieden, wobei der *Trennscore* zwischen zwei und drei liegt.

Datenbeispiel

Der Logarithmus der bedingten Likelihood des Rasch-Modells beträgt für die KFT-Daten −320.6. Der Logarithmus des Produktes der beiden bedingten Likelihoods für die niedrigscorenden und die hochscorenden Versuchspersonen beträgt −319.6. Die Differenz ist −1, so daß die Prüfgröße

$$-2 \log (CLR) = 2.0$$

beträgt. Die Anzahl der Freiheitsgrade entspricht der Anzahl der Modellparameter im Nenner minus der im Zähler. Werden im Zähler 4 unabhängige Itemparameter geschätzt (wegen der Summennormierung), so sind es im Nenner 8, d.h. die χ^2-Verteilung hat 4 Freiheitsgrade.

Der empirische χ^2-Wert von 2.0 ist bei 4 Freiheitsgraden *nicht signifikant*, so daß die Annahme unterschiedlicher Itemschwierigkeiten für Personen mit hohem und mit niedrigem Summenscore verworfen werden muß.

Ein bedingter Likelihoodquotient wird sehr oft auch für *andere* Teilungskriterien der Personenstichprobe berechnet, z.B. für eine Teilung nach Geschlecht oder nach Alter.

Für den *Score* als Teilungskriterium kann der Likelihoodquotient auch mit Hilfe der marginalen Likelihood berechnet werden (vgl. Kap. 3.1.1.2.2 und 4.2.1). Der resultierende Likelihoodquotient ist in beiden Fällen identisch.

cLR- und mLR-Tests bei Scoregruppen

Die rechnerische Äquivalenz von bedingten und marginalen Likelihoodquotiententests beim Vergleich von Scoregruppen wird anhand der Aufteilung der Stichprobe in hoch- und niedrigscorende Personen gezeigt. In diesem Fall lautet der *bedingte* Likelihoodquotient:

$$\text{(2)} \qquad cLR = \frac{cL_0}{cL_n \cdot cL_h}$$

und der entsprechende, mit Hilfe der *marginalen Likelihood* gebildete Quotient:

$$\text{(3)} \qquad mLR = \frac{mL_0}{mL_n \cdot mL_h}.$$

Der Index n steht für die Gruppe mit niedrigem, h für die Gruppe mit hohem Score.

Aufgrund der in Kapitel 4.2.1 dargestellten Beziehung zwischen marginaler und bedingter Likelihood, daß nämlich erstere gleich der letzteren, multipliziert mit dem *Produkt aller Scorewahrscheinlichkeiten* ist,

$$\text{(4)} \qquad mL = \prod_{r=0}^{k} p(r)^{n_r} \cdot cL,$$

läßt sich der marginale Likelihoodquotient auch folgendermaßen schreiben:

$$\text{(5)} \quad mLR = \frac{\prod_{r=0}^{k} p(r)^{n_r} \cdot cL_0}{\prod_{r=0}^{t} p(r)^{n_r} \cdot cL_n \cdot \prod_{r=t+1}^{k} p(r)^{n_r} \cdot cL_h} = \frac{cL_0}{cL_n \cdot cL_h}.$$

t bezeichnet den *Trennscore*, d.h. den höchsten Score in der Gruppe der Niedrigscorenden. Die Scorewahrscheinlichkeiten des Zählers und Nenners lassen sich *her-*

auskürzen, so daß ein bedingter Likelihoodquotient übrigbleibt.

Die Äquivalenz von bedingtem und marginalem Likelihoodquotient gilt jedoch *nur für den Score* als Teilungskriterium. Bei allen anderen externen Teilungskriterien sind die Ergebnisse nicht identisch.

Anstatt eine Vielzahl unterschiedlicher Teilungskriterien *durchzuprobieren*, um die Annahme der Personenhomogenität abzusichern, besteht die einfachere Möglichkeit darin, einen Modellvergleich mit der *Zweiklassenlösung des mixed Rasch-Modells* durchzuführen (s. Kap. 5.1). Dies ist insofern der elegantere Weg, als mit der Zweiklassenlösung des mixed Rasch-Modells jene Aufteilung der Personenstichprobe identifiziert wird, für die die *Itemparameter maximal unterschiedlich* sind.

Diese Aufteilung *kann, muß aber nicht* mit einem manifesten Teilungskriterium korrespondieren. Man kann mit dem mixed Rasch-Modell auch Personenheterogenität identifizieren, die man mit einer *manifesten* Aufteilung der Personenstichprobe nicht finden würde.

Datenbeispiel

Die Itemparameter der Zweiklassenlösung des mixed Rasch-Modells lauten für die KFT-Daten:

	Klasse 1 $\pi_2 = .63$	Klasse 2 $\pi_1 = .37$
1	−1.54	−0.14
2	−0.70	−0.90
Item 3	−0.04	0.13
4	1.54	−0.42
5	0.73	1.33
	Erw(r) = 1.4	Erw(r) = 4.1

Der zugehörige graphische Modelltest ergibt folgendes Bild:

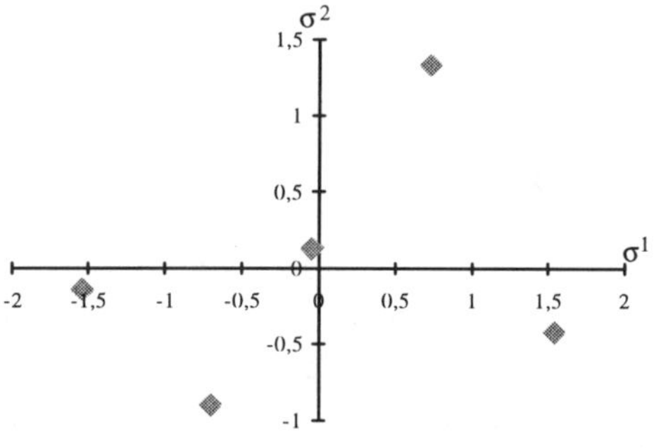

Abbildung 144: Der graphische Modelltest für das 2-Klassen mixed Rasch-Modell

Die beiden ermittelten Klassen haben ein *ähnliches Profil* ihrer Itemparameter wie die Klasse der niedrig- und der hochscorenden Personen (vgl. die vorangehende Beispielrechnung). In beiden Aufteilungen der Stichprobe gibt es eine Gruppe, in der das erste Item das leichteste und das vierte Item das schwierigste ist, und eine Gruppe, in der das zweite das leichteste und das fünfte das schwierigste ist.

Diese Korrespondenz zeigt sich auch in den *erwarteten Scores* für die beiden Klassen des mixed Rasch-Modells, denn der Erwartungswert des Scores ist in der zweiten. Klasse 1.4, während er in der ersten Klasse 4.1 beträgt. Offensichtlich haben bei den KFT-Items die *'Könner' ein anderes Profil* der Itemschwierigkeiten *als die 'Nichtkönner'*.

Dieser Unterschied ist in der Zweiklassenlösung noch ausgeprägter als beim Andersen-Test, was sich auch in der Größe des zugehörigen Likelihoodquotienten ausdrückt.

Dieser beträgt nämlich

$$(6) \quad -2\log(\text{MLR}) = -2\left(\log(mL_{RM}) - \log(mL_{2Kl})\right) = -2(-854.8 + 841.0) = 27.6,$$

was bei df = 17 – 9 = 8 Freiheitsgraden signifikant ist.

Offensichtlich existiert in den KFT-Daten eine *bedeutsame Personenheterogenität*, die sich bei der Aufteilung der Stichprobe in hoch- und niedrigscorende Personen nicht als signifikant erwiesen hat, jedoch bei der Aufteilung in zwei latente Klassen. Diese Diskrepanz verwundert etwas, da die Profile der Itemleichtigkeiten in beiden Aufteilungen ähnlich sind. Allerdings zeigt sich bei der Aufteilung in latente Klassen, daß die Klasse der 'Könner' mit 37 % kleiner ist als die Klasse der 'Nichtkönner' und auch der erwartete Score mit 4.1 sehr hoch liegt.

Aus diesem Grunde wurde der Andersen-Test mit einer *anderen Scoreaufteilung* berechnet, die den beiden latenten Klassen besser entspricht, nämlich für den Trennscore t = 3 statt t = 2. Für diese Scoreaufteilung ergibt sich ein Likelihoodwert von –844.9, so daß der zugehörige χ^2-Wert

$$-2(-854.8 + 844.9) = 19.8$$

beträgt, was bei 4 Freiheitsgraden signifikant ist.

Dieses Datenbeispiel zeigt, daß mit dem mixed-Rasch-Modell eine möglicherweise vorhandene Personenheterogenität *besser* identifiziert wird, als mit einem manifesten Teilungskriterium.

5.3.2 Prüfung der Itemhomogenität

Sowohl quantitative wie auch klassifizierende Testmodelle nehmen an, daß *alle Items dieselbe Personeneigenschaft* erfassen und in diesem Sinne *homogen* sind. Die Homogenität der Items kann zum einen über *Abweichungsmaße* für einzelne Items geprüft werden (vgl. Kap. 6.2). Zum anderen kann man aber auch über die Bildung von möglicherweise *heterogenen Itemgruppen* einen Modelltest durchführen. Dies ist ganz analog zur Prüfung der Personenhomogenität, nur daß nicht die Personen sondern die Items gruppiert werden.

Ausgangspunkt für diesen Modelltest ist eine *Hypothese* darüber, welche Itemgruppen möglicherweise unterschiedliche Persönlichkeitseigenschaften ansprechen. Im einfachsten Fall sind dies *zwei Testhälften*. Die Idee eines darauf beruhenden Modelltests ist die, daß man für beide Testhälften getrennt die *Personenparameter* bzw. die *Klassenzugehörigkeiten* ermittelt und prüft, ob beide Meßwerte (Personenparameter bzw. Klassenzugehörigkeiten) bis auf Zufallsschwankungen identisch sind.

Für *quantitative* Testmodelle gibt es einen solchen Signifikanztest, der jedoch nicht die geschätzten Personenparameter zum Gegenstand hat, sondern deren *erschöpfende Statistiken*, die Summenscores für beide Testhälften.

Datenbeispiel

Um die Hypothese zu testen, daß bei dem KFT *leichte* und *schwere Items* unterschiedliche Personeneigenschaften erfassen, wurden 10 Items ausgewählt, von denen 5 Items eher leicht und 5 Items eher schwer sind. Es handelt sich um die Items 21 bis 25 und 31 bis 35 der Form A des KFT. Berechnet man für die 300 getesteten Personen (vgl. Kap. 3.1) die *Summenscores* für beide Testteile, so ergeben sich die folgenden Häufigkeiten:

schwere Items

	r =	s = 0	1	2	3	4	5
	0	33	2	3	1		
leichte	1	25	11	9	2		1
Items	2	10	16	8	5	5	
	3	9	13	8	8	4	6
	4	7	6	12	11	17	12
	5	1	4	5	14	16	16

So haben z.B. 25 Personen ein leichtes Item, aber kein schweres Item gelöst.

Es zeigt sich eine recht gute Übereinstimmung der Summenscores in beiden Testteilen, da die Felder in der Nähe der Hauptdiagonalen am höchsten besetzt sind. Daß die größten Häufigkeiten etwas *unterhalb* der Hauptdiagonalen liegen, kommt daher, daß die meisten Personen für die schweren Items niedrigere Scores haben als für die leichten.

Ein *Signifikanztest*, der prüft, ob beide Testteile dieselbe latente Dimension erfassen, basiert auf den Häufigkeiten n_{rs}, mit denen Personen im ersten Testteil den Score r und im zweiten Testteil den Score s erhalten haben (vgl. die Tabelle im obigen Datenbeispiel). Der Signifikanztest ist ein modifizierter Likelihoodquotiententest, der auf den *bedingten Likelihoods beider Testteile* beruht (vgl. Kap. 4.2.1). Er wird nach seinem Erfinder auch Martin-Löf-Test genannt. Die Prüfstatistik lautet

$$(7) \quad -2\log\frac{a\cdot cL_0}{b\cdot cL_1\cdot cL_2}$$

$$\text{mit } a=\prod_{r=0}^{k}\left(\frac{n_r}{N}\right)^{n_r}$$

$$\text{mit } b=\prod_{r=0}^{k_1}\prod_{s=0}^{k_2}\left(\frac{n_{rs}}{N}\right)^{n_{rs}},$$

wobei n_r die Häufigkeit des Scores r in dem gesamten Test und n_{rs} die Häufigkeit des Scores r in der ersten und s in der zweiten Testhälfte bezeichnet. Diese Prüfstatistik ist χ^2-verteilt mit

$$df = k_1\cdot k_2 - 1$$

Freiheitsgraden, wobei k_1 und k_2 die Itemanzahlen in der ersten und zweiten Testhälfte darstellen.

Datenbeispiel

Für die beiden oben genannten Testteile des KFT lauten die zur Berechnung der Prüfstatistik notwendigen Bestandteile:

$$\log(a\cdot cL_0) = -1640.75$$
$$\log(cL_1) = -350.21$$
$$\log(cL_2) = -311.39$$
$$\log(b) = -962.6.$$

Es ergibt sich eine Prüfstatistik von

$$-2\cdot(-1640.75+1624.2)=33.11$$

Die zugehörige χ^2-Verteilung hat $5\cdot 5-1 = 24$.

Freiheitsgrade, so daß der empirische Wert unter der 5 % Grenze der χ^2-Verteilung liegt (36.4). Demnach sind beide Itemuntergruppen zueinander homogen und erfassen *dieselbe* Persönlichkeitseigenschaft.

Mit diesem Verfahren der Bildung von Itemgruppen läßt sich die Annahme der Itemhomogenität nur *hypothesengeleitet* testen, das heißt, man benötigt eine vorgegebene Aufteilung der Items in zwei Untergruppen. Ist der dafür berechnete χ^2-Wert nicht signifikant, so heißt das noch nicht, daß *alle* Items zueinander homogen sind, sondern lediglich, daß sich die Itemheterogenität nicht in dieser Aufspaltung niederschlägt.

Ein *heuristisches Verfahren* für die Suche nach maximal heterogenen Itemgruppen, analog zur Identifikation von Personengruppen mit dem mixed Rasch-Modell (s.o. 5.3.1) gibt es nicht.

Bei klassifizierenden Modellen fehlt ein derartiger Signifikanztest, so daß man sich hier mit der Berechnung der Kreuztabelle der Klassenzugehörigkeiten begnügen muß.

Datenbeispiel

Berechnet man die Zweiklassenlösungen des Klassenmodells für die 5 leichten und die 5 schweren Items getrennt, so ergeben sich die folgenden klassenspezifischen Lösungswahrscheinlichkeiten.

	leichte Items				
	1	2	3	4	5
Klasse 1	.88	.81	.95	.60	.77
Klasse 2	.45	.14	.13	.13	.30
	schwere Items				
	1	2	3	4	5
Klasse 1	.80	.74	.70	.94	.59
Klasse 2	.07	.14	.13	.30	.11

Für beide Itemgruppen zeigt sich, daß es eine Klasse mit *hohen* und eine Klasse mit *niedrigen* Lösungswahrscheinlichkeiten gibt. Erfassen beide Itemgruppen dieselbe Fähigkeitsvariable, so ist zu erwarten, daß in der Kreuztabelle der Klassenzugehörigkeiten im wesentlichen die beiden Felder der Hauptdiagonalen besetzt sind. Die berechnete Kreuztabelle sieht folgendermaßen aus:

		schwere Items	
		Klasse 1	Klasse 2
leichte Items	Klasse 1	105	57
	Klasse 2	15	123

Die Übereinstimmung ist nicht perfekt, d. h. 15 bzw. 57 Personen werden bei der einen Itemgruppe der Klasse der Könner, bei der anderen Itemgruppe der Klasse der Nichtkönner zugeordnet. Inwieweit dies eine Zufallsschwankung darstellt oder tatsächlich darauf hinweist, daß beide Itemgruppen heterogen sind, muß unter Berücksichtigung der individuellen Zuordnungswahrscheinlichkeiten entschieden werden. Einen einfachen Signifikanztest gibt es hierfür nicht.

Die Prüfung der Itemhomogenität bei *klassifizierenden* Testmodellen ist noch relativ unbefriedigend und gehört nicht zur Standardpraxis bei der Testauswertung. Es sei jedoch auf die Möglichkeiten der Beurteilung einzelner Items hingewiesen, die in Kapitel 6.2 dargestellt sind.

Literatur

Einen Überblick über Modelltests, die jeweils bestimmte Annahmen von Rasch-Modellen testen, geben Glas & Verhelst (1995), Gustafsson (1980b) und v.d. Wollenberg (1988). Der Andersen-Test geht auf Andersen (1973b) zurück, Rost & v.Davier (1995) gehen darauf ein, daß das mixed Rasch-Modell einen strengeren Test auf Personenhomogenität darstellt. Daß der Andersen-Test nicht notwendigerweise auf Itemheterogenität reagiert, zeigen Stelzl (1979) und Formann & Rop (1987). Der Martin-Löf Test (Martin-Löf 1973) wird von Gustafsson (1980b) beschrieben. Weitere Modelltests für Rasch-Modelle werden von Formann (1981), Glas (1988b), Molenaar (1983) und v.d. Wollenberg (1982a,b) vorgeschlagen.

Übungsaufgaben

1. Sie möchten bei einem Test mit 15 dichotomen Items die Personenhomogenität untersuchen. Um den Andersen-Test durchführen zu können, teilen Sie die Personenstichprobe in 3 Scoregruppen auf: $r = 0$ bis $r = 5$, $r = 6$ bis $r = 10$ und $r = 11$ bis $r = 15$. Die marginale Loglikelihood für die Gesamtstichprobe beträgt $\log(mL_0) = -1815$, die für die drei Scoregruppen: $\log(mL_1) = -590$, $\log(mL_2) = -600$ und $\log(mL_3) = -610$. Kann nach dem Ergebnis des Andersen-Tests die Annahme der Personenhomogenität aufrecht erhalten werden?

2. Prüfen Sie mit WINMIRA, ob die 5 Neurotizismus-Items (s. Kap. 3.3, Einleitung) und die 5 Extraversions-Items (s. Kap. 3.3.5) des NEOFFI dieselbe zweikategorielle Personenvariable (Modell der latent-class Analyse) messen.

6. Testoptimierung

Hat man einen Test entwickelt, ein Testmodell auf die Daten angewendet, dessen Parameter geschätzt und Modellgeltungskontrollen durchgeführt, so ist damit noch nicht unbedingt sichergestellt, daß der Test auch 'gut' ist. Zumindest wird man ihn in aller Regel noch *verbessern* können oder auch müssen, wenn zum Beispiel die Modellgeltungskontrollen keine hinreichende Modellgültigkeit anzeigen oder die Modellparameter schwierig zu interpretieren sind. Um die Frage, wie man einen Test optimiert, geht es in diesem Kapitel.

Will man etwas optimieren, so benötigt man *Gütekriterien*, also in diesem Fall Testgütekriterien. Diese Gütekriterien wurden bereits in Kapitel 2.1 behandelt. Dort werden vier Gütekriterien unterschieden, nämlich neben den klassischen drei der Objektivität, Reliabilität und Validität noch das Kriterium der Normierung von Testergebnissen. Die Gliederung des vorliegenden Kapitels orientiert sich an diesen vier Gütekriterien, jedoch gibt es ein paar Abweichungen.

Die Optimierung eines Tests durch Verbesserung seiner *Objektivität* wird hier nicht behandelt, sondern wurde bereits in Kapitel 2.5 aufgegriffen. Der Grund liegt darin, daß man eine hinreichende Testobjektivität im allgemeinen *vor* der Anwendung eines Testmodells sicherstellen kann und sollte. Hierfür müssen zwar auch einige Berechnungen angestellt werden, jedoch sind diese im allgemeinen nicht auf ein bestimmtes Testmodell bezogen. Anders herum kann jedoch die Tatsache, daß ein bestimmtes Testmodell *nicht* auf die Daten paßt, sehr wohl darauf hinweisen, daß mit der Testobjektivität etwas nicht in Ordnung ist. Allerdings sind solche Rückschlüsse nicht sehr spezifisch, d.h. man kann an den Modellparametern nicht unbedingt ablesen, *was* mit der Testobjektivität nicht stimmt.

Anders verhält es sich mit der *Reliabilität* oder allgemeiner mit der *Meßgenauigkeit* des Tests. Diese läßt sich überhaupt nur unter der Bedingung der Gültigkeit eines bestimmten Testmodells berechnen. Das Ziel der Testoptimierung besteht dann darin, den Meßfehler zu verringern oder die Reliabilität zu erhöhen. Dieser Aspekt der Testoptimierung wird in Kapitel 6.1 behandelt.

Kapitel 6.2 und 6.3 behandeln zwei komplementäre Möglichkeiten, die *interne Validität* eines Tests zu verbessern. Wenn ein Testmodell nicht gut auf die Daten paßt, so kann das daran liegen, daß einzelne *Items* nicht dasselbe messen wie die Mehrzahl der anderen Items. Durch Selektion, d.h. Eliminierung einzelner Items kann man einen Test so verbessern, daß er das besser mißt, was er messen soll. Man verbessert damit die interne Validität des Tests.

Ganz symmetrisch zur Selektion einzelner Items kann man auch durch Selektion einzelner *Personen* oder Personengruppen die interne Validität eines Tests verbessern. Dies ist dann der Fall, wenn ein Test bei einzelnen Personen nicht das mißt, was er messen soll - sei es, daß diese Personen die zu messende Eigenschaft gar nicht 'in sich' haben oder sei es, daß sie den Test einfach schlampig bearbeitet haben. Dieser Weg der Testoptimierung wird in Kapitel 6.3 behandelt.

Kapitel 6.4 befaßt sich mit der Verbesserung der *externen Validität*. Obwohl dies das höchste Ziel der Testentwicklung darstellt, überschreitet man mit diesem Punkt bereits die Grenzen der Testtheorie. Es werden hierfür nämlich neben den Testdaten noch andere Daten benötigt, die Validitätskriterien. Auch benötigt man neben den Testmodellen weitere statistische Modelle, mit denen man die Testergebnisse mit den Validitätskriterien in Beziehung setzen kann. Hier kommt eine Vielzahl von statistischen Methoden in Betracht wie z.B. Regressionsanalyse, Diskriminanzanalyse oder Kreuztabellenanalyse, welche nicht in diesem Buch behandelt werden können. Kapitel 6.4. beschränkt sich daher auf einige Aspekte der *Erhöhung* der externen Validität, die direkt mit der Meßfehlertheorie und der Anwendung bestimmter Testmodelle zu tun haben.

Kapitel 6.5 behandelt das letzte Gütekriterium, nämlich die *Normierung* oder Standardisierung von Testergebnissen. Im engeren Sinne wird durch eine Normierung der Testergebnisse der Test nicht wirklich 'besser', seine Ergebnisse werden lediglich brauchbarer und besser interpretierbar.

Der gesamte Komplex der *Anwendung* von Tests, d.h. wann man welche Tests wie einsetzt, wird hier nicht behandelt. Diese Fragen gehören in den Kontext einer allgemeinen psychologischen Diagnostik und können nur in einem solchen Rahmen sinnvoll diskutiert werden.

6.1 Optimierung der Meßgenauigkeit eines Tests

Ganz salopp ausgedrückt, mißt ein Test *umso genauer je länger* er ist, d.h. je mehr Items er umfaßt. Diese Regel drückt einen wichtigen Sachverhalt aus, um den es - unter anderem - in diesem Kapitel geht, der jedoch nur unter mehreren Einschränkungen gilt.

Zum einen ist dies ein rein statistisches Argument, das sämtliche *psychologischen Folgen* einer Testverlängerung außer acht läßt. Natürlich führt eine Testverlängerung durch Ermüdungserscheinungen, Konzentrationsmängel, absinkender Testmotivation und Effekte des 'Genervtseins' dazu, daß die Testergebnisse unbrauchbarer werden und auch mit größeren Meßfehlern versehen sind. Insofern gilt die eingangs gemachte Aussage nur unter der *'Konstanzannahme'*, daß die hinzugefügten Items genauso sorgfältig bearbeitet werden wie die ursprünglichen.

Zweitens kommt es darauf an, um *welche* Items ein Test verlängert wird. Ein Test kann selbstverständlich auch schlechter werden, wenn man unbrauchbare Items hinzufügt, und er kann sogar besser werden, wenn man ihn verkürzt, indem man schlechte Items eliminiert (s. Kap. 6.2). Insofern gilt die oben gemachte Aussage nur unter der zweiten Konstanzannahme, daß die hinzugefügten Items von der *gleichen Qualität* sind wie die ursprünglichen Items.

Der Effekt einer Erhöhung der Meßgenauigkeit durch Testverlängerung ist sowohl im Rahmen der allgemeinen *Meßfehlertheorie* nachweisbar als auch im Rahmen der Maximum-Likelihood Theorie, die zur Schätzung der Modellparameter herangezogen wird (s. Kap. 4). Im Rahmen der *Maximum-Likelihood Theorie* kann man die Meßgenauigkeit einzelner Personenmeßwerte bestimmen, aber auch die Reliabilität eines Tests berechnen (Kap. 6.1.1). Im Rahmen der *allgemeinen*

Meßfehlertheorie kann global berechnet werden, wie sich die Reliabilität eines Tests als Funktion der Testlänge verändert (Kap. 6.1.2).

In Kapitel 6.1.3 ist dargestellt, wie man *Vertrauensintervalle* aufgrund der Reliabilität des Tests oder der Schätzfehlervarianz eines Meßwertes berechnet.

Das Konzept des Meßfehlers bezieht sich zunächst nur auf quantitative Personenvariablen. Bei Testmodellen mit *qualitativer Personenvariable* entspricht das Konzept der Zuordnungssicherheit bzw. -unsicherheit am ehesten dem, was man sonst Meßfehler nennt. Hierauf wird in Kapitel 6.1.4 eingegangen.

6.1.1 Meßgenauigkeit der Personenmeßwerte

Jeder Test braucht eine Meßgenauigkeit, die seinen Einsatzbereichen entspricht. Für manche Zwecke kann man sich mit einer geringeren Genauigkeit zufrieden geben, oft möchte man sie aber erhöhen. Im folgenden ist dargestellt, wie man die Meßgenauigkeit berechnet. Anhand dessen wird auch klar, wie man sie verändert.

Da der Meßwert einer Person bei quantitativen Testmodellen einen Modellparameter darstellt, nämlich θ_v, ist die Frage nach der Meßgenauigkeit eines Tests mit der Frage gleichzusetzen, wie gut sich die *Personenparameter* eines Testmodells anhand der Daten schätzen lassen.

In Kapitel 4.4 wurde bereits die Berechnung der Genauigkeit von Parameterschätzungen dargestellt. Diese Berechnung ist bei allen Testmodellen möglich, deren Parameter nach der Maximum-Likelihood Methode geschätzt werden (vgl. Kap. 4.2). Das dort abgeleitete zentrale Ergebnis zur Genauigkeit von Personenparameterschätzungen wird im folgenden aufgegriffen und mit den Begriffen der *Meßfehlertheorie* dargestellt.

Als *Meßfehler* wird allgemein die *Abweichung* des 'wahren' Meßwertes einer Person θ_v von ihrem 'beobachteten' oder anhand von Beobachtungen *geschätzten* Meßwert $\hat{\theta}_v$ bezeichnet (vgl. Kap. 2.1.2):

(1) $\theta_v = \hat{\theta}_v - E_{\theta_v}$.

Ist E_{θ_v} eine Fehlervariable?

Von Fehlervariablen muß gewährleistet sein, daß ihr Erwartungswert 0 ist. Dies ist dann gegeben, wenn $\hat{\theta}$ ein *erwartungstreuer Schätzer* für θ ist, da die Eigenschaft der Konsistenz besagt, daß der Erwartungswert des Schätzers gleich dem wahren Parameter ist (s. Kap. 4.2.1):

$$\mathrm{Erw}\left(\hat{\theta}_v\right) = \theta_v \ .$$

Daraus folgt aber auch, daß

$$\mathrm{Erw}\left(E_{\theta_v}\right) = 0$$

ist, da der Additionssatz für Erwartungswerte gelten muß,

$$\mathrm{Erw}(\theta_v) = \mathrm{Erw}\left(\hat{\theta}_v\right) - \mathrm{Erw}\left(E_{\theta_v}\right)$$

und der Erwartungswert von $\hat{\theta}_v$ laut Voraussetzung θ_v selbst ist.

Der Meßwert einer Person, $\hat{\theta}_v$, ist umso genauer, je weniger der Schätzwert im Durchschnitt vom wahren Parameter abweicht (s. Gleichung (1)), d.h. je kleiner die *Varianz der Fehlervariable* E_{θ_v} ist.

In Kapitel 4.4 wurde abgeleitet, daß die Varianz dieser Fehlervariablen für das dichotome Rasch-Modell folgendermaßen berechnet werden kann:

$$(2) \quad \mathrm{Var}\left(E_{\theta_v}\right) = \frac{1}{\sum_{i=1}^{k} p_{vi}\left(1 - p_{vi}\right)}.$$

p_{vi} bezeichnet die Lösungswahrscheinlichkeit der Person v bezüglich Item i, wie sie durch die Modellgleichung definiert ist.

An dieser Formel für die Fehlervarianz eines Personenmeßwertes lassen sich einige interessante Dinge ablesen. Zum einen sieht man, daß die Fehlervarianz eines Meßwertes umgekehrt proportional zur *Summe* von Anteilen *aller Items* ist. Das bedeutet, jedes Item trägt einen bestimmten Anteil zur Meßgenauigkeit eines Personenmeßwertes bei. Da alle diese Anteile positiv sind (sie stellen nämlich das Produkt einer Wahrscheinlichkeit mit ihrer Gegenwahrscheinlichkeit dar), mißt ein Test umso genauer, je länger er ist, d.h. je mehr Items er umfaßt. Damit ist die eingangs getroffene Feststellung bereits bewiesen: Je länger ein Test ist, desto genauer mißt er.

Die *Anteile jedes einzelnen Items* an der Meßgenauigkeit können jedoch *unterschiedlich groß* sein. Ein Summand in Formel (2) wird dann am größten, wenn $p_{vi} = 0.5$ ist (nämlich $0.5 \cdot 0.5 = 0.25$). Ist die Lösungswahrscheinlichkeit größer oder kleiner, so wird das Produkt von Wahrscheinlichkeit und Gegenwahrscheinlichkeit (das ist die *Varianz* der Antwortvariable, s. Kap. 2.2.4) stets kleiner.

Das bedeutet, ein Item trägt am meisten zur Schätzung eines Personenmeßwertes bei, wenn es bei dieser Person eine Lösungswahrscheinlichkeit von 50% hat. Dieser Wert wird genau dann erreicht, wenn das Item 'so schwierig ist, wie die Person fähig ist': Personenparameter und Itemparameter müssen übereinstimmen, so daß der Exponent der logistischen Funktion 0 wird.

Ein Test wird also durch Hinzufügung weiterer Items besonders in seiner Meßgenauigkeit erhöht, wenn die hinzugefügten Items zu der zu messenden Fähigkeitsausprägung *passen*. Möchte man Eigenschaftsausprägungen im unteren Bereich gut messen, so muß man leichte Items hinzufügen, für den oberen Bereich schwere Items.

Dasselbe gilt für mehrkategorielle, ordinale Itemantworten. Die Fehlervarianzen der Personenparameter sehen für *ordinale* Rasch-Modelle nämlich ganz ähnlich aus:

$$(3) \quad \mathrm{Var}\left(E_{\theta_v}\right) = \frac{1}{\sum_{i=1}^{k}\left[\sum_{x=0}^{m} x^2 p_{vix} - \left(\sum_{x=0}^{m} x\, p_{vix}\right)^2\right]},$$

wobei p_{vix} die Antwortwahrscheinlichkeit von Person v bei Item i in Kategorie x bezeichnet. Auch hier handelt es sich bei dem Ausdruck im Nenner um die Summe der Varianzen der Antwortvariablen.

Varianz einer Zufallsvariablen mit bekannter Wahrscheinlichkeitsverteilung

Die Antwortvariable X_{vi} nimmt Werte $x_{vi} \in \{0,1,2\ldots m\}$ mit den Wahrscheinlichkeiten p_{vix} an. Die Varianz einer Variable ist durch den Erwartungswert der quadrierten Mittelwertabweichungen definiert:

$$\mathrm{Var}(X_{vi}) = \mathrm{Erw}\left(X_{vi} - \mathrm{Erw}(X_{vi})\right)^2 ,$$

was sich umformen läßt zu

$$\mathrm{Var}(X_{vi})$$
$$= \mathrm{Erw}\left(X_{vi}^2 - 2\,X_{vi}\,\mathrm{Erw}(X_{vi}) + \left(\mathrm{Erw}(X_{vi})\right)^2\right)$$
$$= \mathrm{Erw}(X_{vi}^2) - 2\,\mathrm{Erw}(X_{vi})\,\mathrm{Erw}(X_{vi}) + \left(\mathrm{Erw}(X_{vi})\right)^2$$
$$= \mathrm{Erw}(X_{vi}^2) - \left(\mathrm{Erw}(X_{vi})\right)^2$$

Setzt man hier die Definition des Erwartungswertes ein

$$\mathrm{Erw}(X_{vi}) = \sum_{x=0}^{m} x\, p_{vix} ,$$

so ergibt sich:

$$\mathrm{Var}(X_{vi}) = \sum_{x=0}^{m} x^2\, p_{vix} - \left(\sum_{x=0}^{m} x\, p_{vix}\right)^2 .$$

Die Varianz der Fehlervariable ist also gleich dem Kehrwert der Summe aller Varianzen der Antwortvariablen. Das bedeutet, *je größer die Varianz* der Itemantwort, *desto stärker* trägt ein Item zur Meßgenauigkeit bei.

Der dritte Punkt, der sich an den Formeln (2) und (3) ablesen läßt, ist der, daß die Fehlervarianz *nicht für alle Personen gleich groß* ist, sondern sich für verschiedene Meßwerte unterscheidet. Diese Abhängigkeit der Fehlervarianz von der Höhe des Personenmeßwertes ist in Abbildung 145 anhand des NEOFFI-Datenbeispiels aus Kapitel 3.3 dargestellt.

Abbildung 145 zeigt, daß ein Test im mittleren Bereich am genauesten mißt, d. h. die Standardabweichung der Fehlervariable zu den beiden Extremen hin größer wird.

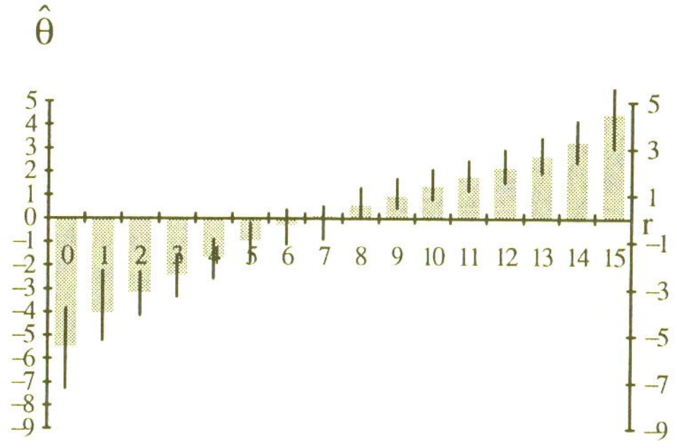

Abbildung 145: Die Abhängigkeit der Fehlervarianz (Länge der senkrechten Striche) vom Personenmeßwert.

Die Frage nach *der* Meßgenauigkeit eines Tests läßt sich also im Rahmen der Maximum-Likelihood Theorie nicht mit einer einzigen Zahl beantworten, sondern nur bezogen auf einen bestimmten Wertebereich der zu messenden Personenvariable.

Mit dem Konzept der *Reliabilität* wurde dagegen ein *globales* Gütekriterium für Tests eingeführt, das die Meßgenauigkeit eines Tests *für eine ganze Personenpopulation* ausdrückt (vgl. Kap. 2.1.2). Die Idee dieses Konzeptes besteht darin, die *Fehlervarianz* der Meßwerte mit der *Varianz der Meßwerte* selbst in Beziehung zu setzen. Dies ist eine sehr sinnvolle Konzeption, denn derselbe Betrag an Fehlervarianz kann *relativ 'groß'*, und somit schwerwiegend sein, wenn die Meßwerte selbst nur wenig variieren. Oder er kann *relativ 'klein'*, sprich unbedeutend sein, wenn die Varianz der Meßwerte sehr groß ist.

Die Reliabilität ist folgerichtig als *Varianzverhältnis* definiert, nämlich als Verhältnis der Varianz der 'wahren', meßfehlerfreien Meßwerte zur Varianz der geschätzten Meßwerte:

$$(4) \quad \mathrm{Rel}(\hat{\theta}) = \frac{\mathrm{Var}(\theta)}{\mathrm{Var}(\hat{\theta})}$$

Da sich die Varianz der wahren Werte mit der Fehlervarianz zur Varianz der geschätzten Meßwerte *addiert*, läßt sich diese Reliabilitätsdefinition auch umschreiben zu:

$$(5) \quad \mathrm{Rel}(\theta) = 1 - \frac{\mathrm{Var}(E_\theta)}{\mathrm{Var}(\hat{\theta})} .$$

An dieser Formel sieht man, daß die Reliabilität 0 wird, wenn die Meßwerte selbst gar nicht stärker variieren, als ihr Fehleranteil, d.h. jegliche Variation der Meßwerte durch ihren Meßfehler bedingt ist.

In dieser Definition ist mit 'Varianz der Fehlervariable', $\mathrm{Var}(E_\theta)$, nicht die Schätzfehlervarianz eines *einzelnen* Meßwertes θ_v gemeint, sondern die Varianz des Fehleranteils *aller* Personenmeßwerte (daher fehlt hier der Index v). Diese Varianz des Fehleranteils über alle Personen läßt sich über den Mittelwert aller individuellen Schätzfehlervarianzen berechnen:

$$(6) \quad \mathrm{Var}(E_\theta) = \frac{\sum_{v=1}^{N} \mathrm{Var}\left(E_{\theta_v}\right)}{N} ,$$

so daß sich als Formel für die Reliabilität folgender Ausdruck ergibt:

$$(7) \quad \mathrm{Rel}(\theta) = 1 - \frac{\sum_{v=1}^{N} \mathrm{Var}\left(E_{\theta_v}\right)}{N \cdot \mathrm{Var}(\hat{\theta})} .$$

Datenbeispiel

Im Datenbeispiel der 5 dichotomen KFT-Items beträgt der Mittelwert der Fehlervarianzen

$$\mathrm{Var}(E_\theta) = 1.67$$

und die Stichprobenvarianz der geschätzten Personenparameter

$$\mathrm{Var}(\hat{\theta}) = 3.13.$$

Somit beträgt die Reliabilität Rel = 0.46.

Das Besondere an dieser Art der Reliabilitätsberechnung liegt darin, daß die Fehlervarianz *unabhängig* von der Varianz der beobachteten Meßwerte bestimmt wird. Die Fehlervarianz jedes Personenmeßwertes hängt nicht davon ab, welche anderen Personen noch in der Stichprobe sind, sondern allein von der Anzahl und Schwierigkeit der Items in einem Test (vgl. Formel (2) und (3)).

Das unterscheidet diese Art der Reliabilitätsbestimmung von der Berechnung der Reliabilität im Rahmen der Meßfehlertheorie. Da die *Meßfehlertheorie* von 'fertigen' Meßwerten ausgeht, stehen keine Schätzfehlervarianzen von Meßwerten zur Verfügung. Daher muß dort die Reliabilität über den Umweg der Berechnung von *Korrelationen zwischen Meßwerten* bestimmt werden.

Reliabilitätsberechnung im Rahmen der Meßfehlertheorie

Aus der Annahme, daß zwei Tests dieselbe latente Variable messen und gleiche

Meßgenauigkeit haben, ist ableitbar, daß die Reliabilität beider Tests der Korrelation ihrer Meßwerte entspricht:

$$\text{Rel}(X) = \text{Rel}(X') = \text{Korr}(X,X').$$

Je nachdem, *welche* Meßwerte man miteinander korreliert, um die Reliabilität zu bestimmen, unterscheidet man verschiedene *Arten* von Reliabilität.

Korreliert man die Ergebnisse zweier parallel konstruierter Testformen, die man derselben Stichprobe vorgegeben hat, miteinander, so wird das als *Paralleltest-Methode* bezeichnet. Gibt man denselben Test in zeitlichem Abstand denselben Personen noch einmal vor und korreliert die Ergebnisse, so erhält man die *Retest-Reliabilität*. Teilt man die Items eines Tests in zwei Gruppen und korreliert die Ergebnisse beider Testhälften, so nennt man das die *Halbtest-Methode*.

Die Korrelation zweier Testhälften entspricht allerdings nicht der Reliabilität des Gesamttests sondern nur einer Testhälfte, ist also geringer. Sie muß mittels der im nächsten Kapitel (6.1.2) behandelten Formeln mit dem Verlängerungsfaktor 2 *aufgewertet* werden.

Schließlich kann man einen Test nicht nur in *zwei* Hälften teilen, sondern jede Itemantwort als Meßwert betrachten (s. Kap. 3.1.1.2.1). Schätzt man die Reliabilität auf diesem Weg, so erhält man die *interne Konsistenz* eines Tests.

Als Maß der internen Konsistenz stellt Cronbachs Alpha eine Schätzung der Reliabilität des *Summenscores* r_v als Meßwert im Rahmen der Meßfehlertheorie dar. Dieses Maß beträgt für das KFT-Datenbeispiel Alpha = 0.742 und ist deutlich höher als die Reliabilität der Personenparameter im Rasch-Modell (0.46). Dieser Unterschied ist damit zu erklären, daß im KFT-Datensatz relativ viele Personen kein Item bzw. alle Items gelöst haben. Für diese Personen erhält man recht große Fehlervarianzen der Personen-Parameter. Die unterschiedliche Meßgenauigkeit wird in der Meßfehlertheorie nicht in die Berechnung einbezogen.

Die Berechnungen nach dem Rasch-Modell und der Meßfehlertheorie klaffen nicht immer so weit auseinander. Gibt es weniger Extremscores mit einem großen Meßfehler, wie bei den Neurotizismus-Items des NEOFFI, so sind die Reliabilitätsberechnungen ähnlich. Im Rasch-Modell erhält man die Reliabilität von 0.742 und Cronbachs alpha als Maß der internen Konsistenz beträgt 0.764.

Für die Extraversions-Items, die wesentlich heterogener sind, erhält man im Rasch-Modell die Reliabilität 0.46 und nach der Meßfehlertheorie 0.47.

6.1.2 Reliabilitätssteigerung durch Testverlängerung

Im vorangehenden Kapitel stellte sich heraus, daß die Erhöhung der Meßgenauigkeit eines Tests durch Hinzufügen weiterer Items davon abhängt, *welche* Items man hinzufügt, d.h. im wesentlichen von deren Schwierigkeit. Im Rahmen der allgemeinen Meßfehlertheorie kann man unter der vereinfachenden Annahme, daß *alle Items gleich gut messen*, Formeln ableiten, die die Veränderung der Reliabilität in Abhängigkeit von der Testlänge (Itemanzahl) angeben. Das ist im folgenden dargestellt.

Die Grundlagen der allgemeinen Meßfehlertheorie wurden bereits in Kapitel 2.1.2 behandelt. In Kapitel 3.5.1.1 wurde die Meßfehlertheorie verwendet, um Aussagen über die Reliabilität von *Differenzwerten* zu machen. Dort zeigte sich, daß die Reliabilität der *Differenz* von zwei Meßwerten in der Regel kleiner ist als die Reliabilitäten der beiden beteiligten Meßwerte.

Ein analoges Problem stellt die Frage nach der Reliabilität der *Summe* zweier Meßwerte dar. Die Reliabilität der *Summe* zweier Meßwerte ist dabei identisch zu der Reliabilität des *Mittelwertes* der beiden Meßwerte, da das eine durch einen konstanten Faktor (2 bzw. $\frac{1}{2}$) in das andere überführt werden kann.

Die Reliabilität der *Summe zweier Meßwerte* X_1 und X_2, die nicht nur dieselbe Personeneigenschaft messen sondern auch dieselbe Reliabilität haben, entspricht folgendem Ausdruck:

(1) $$\mathrm{Rel}(X_1 + X_2) = \frac{2 \cdot \mathrm{Rel}(X_1)}{(1 + \mathrm{Rel}(X_1))}.$$

Ableitung

Die Reliabilität der Summe zweier Variablen lautet nach Definition

$$\mathrm{Rel}(X_1 + X_2) = \frac{\mathrm{Var}(T_1 + T_2)}{\mathrm{Var}(X_1 + X_2)}.$$

Da die Varianz der Summe zweier Variablen gleich der Summe der Varianzen plus zweimal die Kovarianz ist (s. Kap. 2.1.2), ergibt sich:

$$\mathrm{Rel}(X_1 + X_2) = \frac{\mathrm{Var}(T_1) + \mathrm{Var}(T_2) + 2\,\mathrm{Cov}(T_1, T_2)}{\mathrm{Var}(X_1) + \mathrm{Var}(X_2) + 2\,\mathrm{Cov}(X_1, X_2)}.$$

Da die wahren Werte beider Messungen, T_1 und T_2, identisch sind, steht im *Zähler* die *Kovarianz einer Variablen mit sich selbst.* Dies entspricht der *Varianz* der betreffenden Variable, wie sich anhand der Kovarianzformel (Kap. 2.1.1) erkennen läßt. Laut Voraussetzung sind die Varianzen von T_1 und T_2, bzw. von X_1 und X_2 jeweils identisch, was zu folgender Verkürzung führt:

$$\mathrm{Rel}(X_1 + X_2) = \frac{4\,\mathrm{Var}(T_1)}{2\,\mathrm{Var}(X_1) + 2\,\mathrm{Cov}(X_1, X_2)}$$

Aus den Axiomen der allgemeinen Meßfehlertheorie läßt sich ableiten, daß die Kovarianz zweier Meßwerte gleich der Kovarianz ihrer wahren Werte ist, da die Meßfehleranteile nichts zur Kovarianz beitragen. Das bedeutet, daß im *Nenner* die Kovarianz von X_1 und X_2 durch die Kovarianz der beiden wahren Werte und somit durch die *Varianz der wahren Werte* ersetzt werden kann:

$$\mathrm{Rel}(X_1 + X_2) = \frac{4\,\mathrm{Var}(T_1)}{2\,\mathrm{Var}(X_1) + 2\,\mathrm{Var}(T_1)} = \frac{2\,\mathrm{Var}(T_1)}{\mathrm{Var}(X_1) + \mathrm{Var}(T_1)}.$$

Nach Division dieses Bruches durch die Varianz der Meßwerte X_1 ergibt sich die oben genannte Formel für die Reliabilität der Summe zweier Meßwerte:

$$\mathrm{Rel}(X_1 + X_2) = \frac{2\,\mathrm{Rel}(X_1)}{1 + \mathrm{Rel}(X_1)}.$$

An dieser Formel läßt sich ablesen, daß die Reliabilität der Summe oder des Mittelwertes zweier Meßwerte, die dasselbe messen, *stets größer* ist als die Reliabilität jedes einzelnen Meßwertes. Damit ist einmal mehr die eingangs gemachte Aussage bewiesen. Abbildung 146 zeigt den durch Gleichung (1) definierten Zusammenhang.

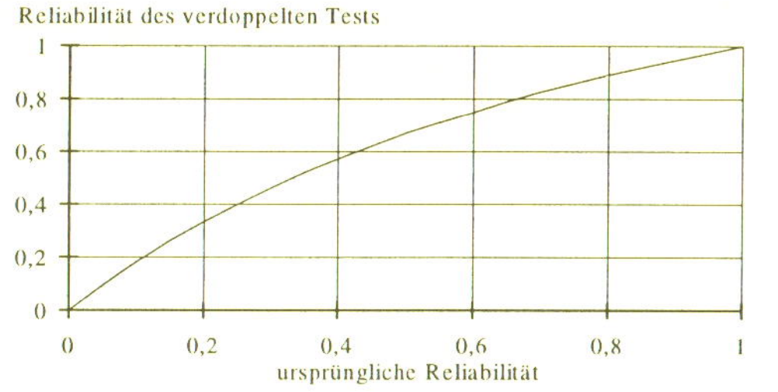

Abbildung 146: Reliabilitätssteigerung durch Testverdopplung

An der Graphik läßt sich z.B. ablesen, daß ein Test, der eine Reliabilität von 0.6 hat, nach Verdoppelung seiner Itemanzahl eine Reliabilität von 0.75 aufweist.

Die Beziehung zwischen der Reliabilität eines Tests und einer verlängerten Testversion läßt sich auch auf den Fall *verallgemeinern*, daß der Test um den Faktor k verlängert wird. Die entsprechende Formel lautet:

$$(2)\operatorname{Rel}(X \cdot k) = \frac{k \cdot \operatorname{Rel}(X)}{1 + (k-1)\operatorname{rel}(X)}.$$

Der Verlängerungsfaktor k liegt zwischen 1 und ∞. Wird ein Test von 10 Items auf 12 Items verlängert, so ist k = 1.2 und die Reliabilität wächst z.B. von 0.6 auf 0.72/1.12 = 0.64. Dieser Zusammenhang ist in Abbildung 147 für verschiedene Ausgangsreliabilitäten wiedergegeben.

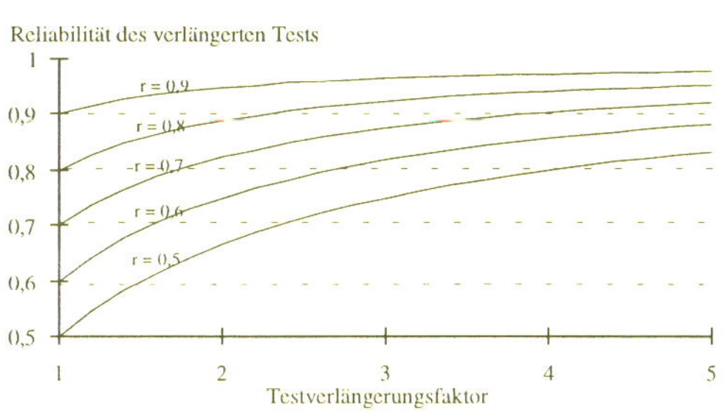

Abbildung 147: Reliabilitätssteigerung durch Testverlängerung

Man kann die Beziehung zwischen der Reliabilität einer Messung und der Reliabilität des um den Faktor k verlängerten Tests auch in umgekehrter Richtung betrachten: *Wie lang muß ein Test sein, damit er eine bestimmte Reliabilität aufweist?*

Hat ein Test, der aus 10 Items besteht, z.B. eine Reliabilität von .70, so müßte er aus 40 Items bestehen, um eine Reliabilität von .90 zu erreichen. Ob das den befragten Personen zumutbar ist und ob überhaupt so viele unterschiedliche Items formuliert werden können, steht auf einem anderen Blatt.

Diese Ableitungen beruhen auf der vereinfachenden Annahme, daß alle Testteile, also der ursprüngliche Test und der Verlängerungsteil, *gleich gut* messen. Im vorangehenden Kapitel hatte sich dagegen herausgestellt, daß die Erhöhung der Meßgenauigkeit davon abhängt, wie gut die *Schwierigkeiten der neuen Items* zu den Eigenschaftsausprägungen der getesteten Personen passen. Im konkreten Fall können sich bei einer Testverlängerung daher Abweichungen von der aufgrund von Gleichung (2) vorhergesagten Reliabilität ergeben.

6.1.3 Berechnung von Vertrauensintervallen

Eine wichtige Funktion der Bestimmung der Meßgenauigkeit eines Tests besteht darin, die *Schwankungsbreite der einzelnen Meßwerte* berechnen zu können. Man bestimmt die aufgrund des Meßfehlers zu erwartende Schwankung in Form von sogenannten *Konfidenz- oder Vertrauensintervallen.* Ein Vertrauensintervall gibt den Bereich um einen geschätzten Meßwert an, in dem der 'wahre' Meßwert mit einer bestimmten Wahrscheinlichkeit liegt. Dies ist in Abbildung 148 verdeutlicht.

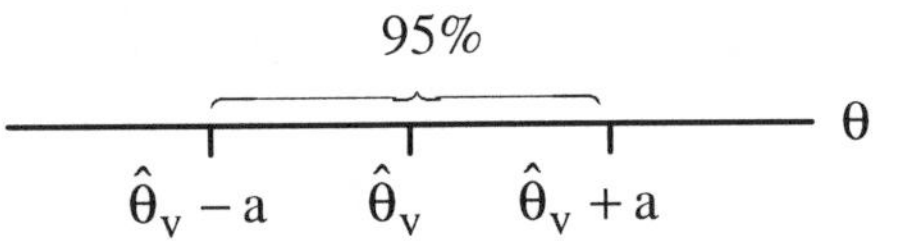

Abbildung 148: Vertrauensintervall für einen Meßwert

Ein Vertrauensintervall besteht also generell aus

- zwei Zahlenangaben, die ein *Intervall* auf der Zahlengerade markieren, sowie
- aus einer *Wahrscheinlichkeitsangabe*, die spezifiziert, mit welcher Wahrscheinlichkeit der tatsächliche Meßwert der Person innerhalb dieser Intervallgrenzen liegt.

Es hat sich eingebürgert, *95% Vertrauensintervalle* anzugeben, jedoch ist das eine beliebige Konvention. Es kann genauso sinnvoll sein, 50% Konfidenzintervalle anzugeben, wenn man sich mit dieser geringeren Sicherheit zufrieden gibt.

Voraussetzung für die Berechnung ist die Kenntnis der *Verteilung des Fehleranteils* eines Meßwertes, also der Fehlervariablen E_θ. Aus der Maximum-Likelihood-Theorie folgt (s. Kap. 4.4), daß die Schätzwerte von Modellparametern *normalverteilt* sind: Der *Mittelwert* dieser Normalverteilung ist der wahre Meßwert θ und die *Varianz* entspricht der in Kapitel 6.1.1 dargestellten Fehlervarianz des Personenmeßwertes $\mathrm{Var}\left(E_{\theta_v}\right)$.

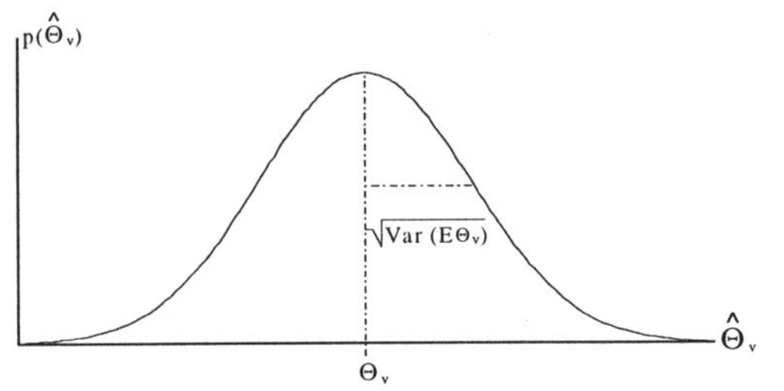

Abbildung 149: Die Verteilung der Schätzwerte um den wahren Meßwert θ

Abbildung 149 zeigt, wie sich die berechneten Schätzwerte eines Parameters um den wahren Parameterwert verteilen würden, wenn man sie wiederholt anhand unabhängiger Datensätze schätzen würde. Das Problem besteht nun darin, daß man den *wahren* Parameterwert nicht kennt, sondern nur eine einzige (fehlerbehaftete) Schätzung.

Hier wendet man einen 'Trick' an (vgl. a. Kap 4.4), indem man die Fehlerverteilung um den *geschätzten* Parameterwert zeichnet (s. Abb. 150).

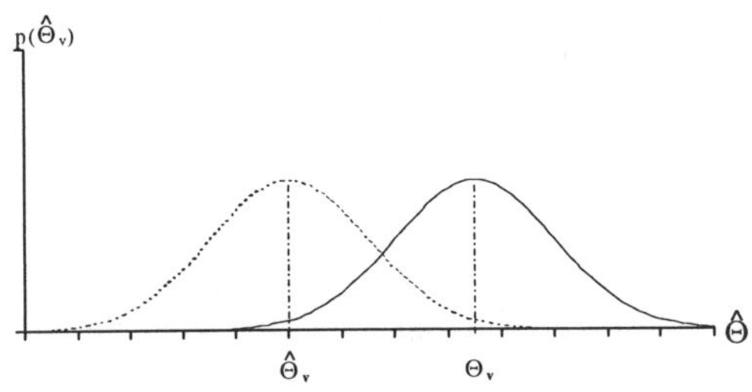

Abbildung 150: Die Fehlerverteilung um den wahren und den geschätzten Parameterwert

Dies ist insofern ein völlig 'legitimer' Trick, als es nur auf die *Distanz* zwischen wahrem und geschätztem Parameterwert ankommt: Die Wahrscheinlichkeit, daß der wahre Wert im Fehlerbereich des geschätzten Parameters liegt, ist genauso groß wie die Wahrscheinlichkeit, daß ein geschätzter Parameter im Fehlerbereich um den wahren Wert liegt.

Mit Hilfe der Verteilung der Fehlervariable um den geschätzten Parameterwert läßt sich nun das Vertrauensintervall für diese Parameterschätzung berechnen. Die Intervallgrenzen ergeben sich durch die beiden Werte der Fehlerverteilung, zwischen denen genau 95% der Fläche der Glockenkurve liegen.

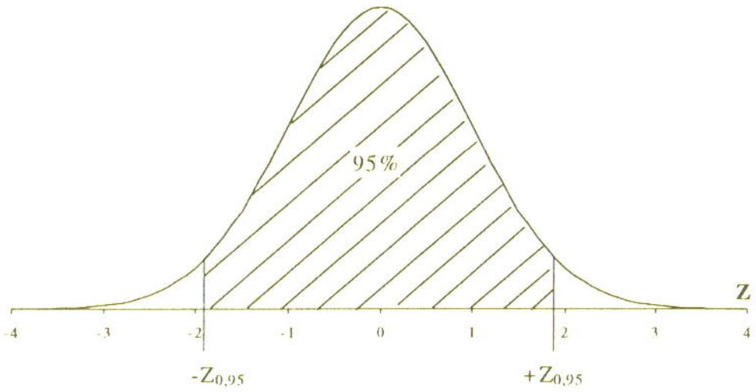

Abbildung 151: Die 95% Intervallgrenzen der Standardnormalverteilung

Für die *Standardnormalverteilung*, also jener Normalverteilung, die den Mittelwert 0 und Standardabweichung 1 hat, betragen die Grenzen, innerhalb derer 95% der Fläche liegen, −1.96 und +1.96.

Intervallgrenzen der Standardnormalverteilung

Da sich die Wahrscheinlichkeit, mit der ein Wert zwischen zwei Grenzen einer Normalverteilung liegt, relativ schwer berechnen läßt, hat man diese Wahrscheinlichkeiten für die *Standardnormalverteilung* als Tabelle den meisten Statistiklehrbüchern beigefügt. Die wichtigsten Intervallgrenzen gibt die folgende Abbildung wieder:

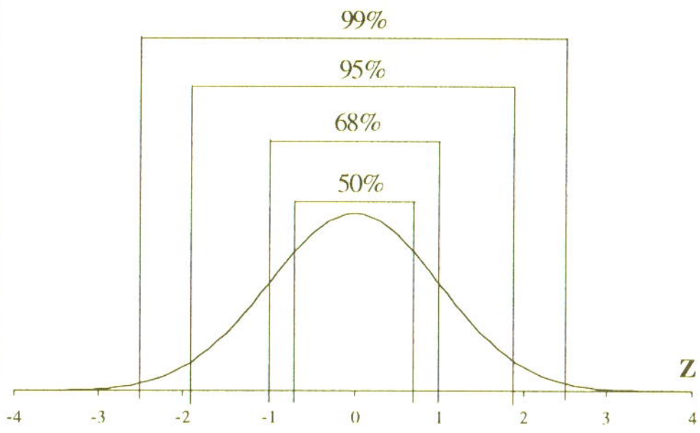

Abbildung 152: Einige wichtige Intervallgrenzen der Standardnormalverteilung

Die Intervallgrenzen der Standardnormalverteilung lassen sich in Intervallgrenzen der jeweiligen Fehlerverteilung eines Parameters $\hat{\theta}$ umrechnen, indem man sie mit der errechneten Standardabweichung der Fehlervariable multipliziert und zum jeweiligen Schätzwert addiert bzw. subtrahiert.

(1) $$\text{KI: } \hat{\theta}_v \pm z_\alpha \cdot \sqrt{\text{Var}\left(E_{\theta_v}\right)} .$$

In dieser Gleichung gibt z_α die Intervallgrenze der Standardnormalverteilung an und $\text{Var}\left(E_{\theta_v}\right)$ die Schätzfehlervarianz (vgl. Kap 6.1.1):

(2) $$\text{Var}\left(E_{\theta_v}\right) = \frac{1}{\sum_i p_{vi}\left(1-p_{vi}\right)} .$$

Datenbeispiel

Im KFT hat der geschätzte Personenparameter $\hat{\theta}_v = -1.33$ einen Standardschätzfehler von $\sqrt{\text{Var}\left(E_{\theta_v}\right)} = 1.11$. Somit liegt der wahre Parameter der Person v mit 95%-iger Wahrscheinlichkeit zwischen den Werten

$$-1.33 - 1.96 \cdot 1.11 = -3.50$$

und

$$-1.33 + 1.96 \cdot 1.11 = +0.84 .$$

Setzt man in Gleichung (2) für p_{vi} die Lösungswahrscheinlichkeiten des dichotomen Rasch-Modells ein, so ergibt sich folgende Gleichung zur Bestimmung des Vertrauensintervalls:

$$(3) \quad \text{KI: } \hat{\theta}_v \pm z_\alpha \frac{1}{\sqrt{\sum_i \frac{\exp(\theta_v - \sigma_i)}{(1+\exp(\theta_v - \sigma_i))^2}}} .$$

Jeder Personenparameter erhält ein unterschiedlich breites Vertrauensintervall, da der Personenparameter selbst Bestandteil der Berechnung der Fehlervarianz ist (s. Gleichung (3)).

Kennt man von einem Test nur die *Reliabilität* als globales Maß der Meßgenauigkeit und nicht die Fehlervarianzen der einzelnen Personenmeßwerte, so lassen sich auch Konfidenzintervalle berechnen. Diese sind dann allerdings für alle Personen gleich groß.

Man benötigt hierfür neben der Reliabilität des Tests auch noch die *Varianz der Meßwerte* in der Stichprobe, um aus beidem die Fehlervarianz zurückrechnen zu können. Löst man nämlich die Reliabilitätsdefinition (s. Gleichung (4) und (5) in Kap. 6.1.1) nach der Fehlervarianz auf, so ergibt sich

$$(4) \quad \text{Var}(E_\theta) = \text{Var}(\hat{\theta})(1 - \text{Rel}(\theta)) .$$

Die Formel für die Berechnung eines Konfidenzintervalls sieht dann folgendermaßen aus

$$(5) \quad \text{KI: } \hat{\theta}_v \pm z_\alpha \sqrt{\text{Var}(\hat{\theta})(1 - \text{Rel}(\theta))} .$$

In dieser Formel bezeichnet $\text{Var}(\hat{\theta})$ die Varianz der Meßwerte $\hat{\theta}$ in einer Stichprobe und z_α die Grenzen der Standardnormalverteilung innerhalb derer die gewünschte Prozentzahl aller Fälle liegt.

Datenbeispiel

Die 5 Items des KFT haben bei den 300 getesteten Personen eine Reliabilität von Rel = 0.46 und eine Varianz der Meßwerte von $\text{Var}(\hat{\theta}) = 3.13$ (vgl. Kap. 6.1.1). Nach Gleichung (5) ergibt sich für *jede* Person eine Intervallbreite (bei 95%) von

$$\hat{\theta}_v \pm 1.96\sqrt{3.13 \cdot 0.54} = \hat{\theta}_v \pm 3.31 .$$

Ein Vergleich mit den individuell berechneten Konfidenzintervallen (vgl. Gleichung (3)) zeigt, daß die Konfidenzintervalle für die Parameter der Scores 1 bis 4 kleiner sind:

$\hat{\theta}_v \pm 1.92$ für die Scores 2 und 3,
$\hat{\theta}_v \pm 2.17$ für die Scores 1 und 4.

Die Konfidenzintervalle sind nicht nur *für alle Meßwerte gleich breit*, auch das Faktum ist bemerkenswert, daß die *Varianz der Meßwerte in der Stichprobe* Bestandteil der Berechnung des Konfidenzintervalls ist: je größer die Varianz der Meßwerte ist, desto größer werden auch die Konfidenzintervalle.

Dies ist nicht ganz so verwunderlich wie es klingt, da auch die Reliabilität ein *varianzabhängiges Maß* darstellt, welches als Verhältnis der Varianz der wahren Meßwerte zur Varianz der errechneten Meßwerte definiert ist. Durch die Multiplikation mit der Varianz der Meßwerte in der Stichprobe (vgl. Formel 5) wird lediglich die *Stichprobenvarianz* wieder aus der Berechnung der Reliabilität 'herausgeholt'.

Es ist daher wichtig, zur Berechnung der Vertauensintervalle in Gleichung (5) stets diejenige Varianz der Meßwerte einzusetzen *mit der auch die Reliabilität bestimmt wurde*.

Es würde zu einer groben *Unterschätzung* der Konfidenzintervalle (und damit zu einer *scheinbar hohen Meßgenauigkeit*) führen, wenn man die Reliabilität an einer varianzstarken Stichprobe (z.B. in der Gesamtbevölkerung) bestimmt, für die Berechnung der Konfidenzintervalle aber die Varianz der Meßwerte in einer sehr homogenen Stichprobe (z.B. nur Psychologiestudenten) verwendet.

Die Berechnung der Konfidenzintervalle mittels der Reliabilität beruht ebenfalls auf der Annahme, daß der Meßfehler *normalverteilt* ist. Diese Annahme der Normalverteiltheit einer Fehlervariable ist selbst keine besonders strenge Annahme, denn unabhängige Störeinflüsse, deren Effekte sich addieren, führen stets zu normalverteilten Fehlervariablen. Die Frage ist lediglich, *wie* man die *Varianz* dieser Fehlervariable bestimmt. Hier unterscheidet sich das Vorgehen im Rahmen der Maximum-Likelihood Theorie von der Berechnung mittels der Reliabilität.

6.1.4 Erhöhung der Zuordnungssicherheit

Die Überlegungen zur Berechnung und Verringerung des Meßfehlers eines Tests in den vorangehenden drei Unterkapiteln lassen sich nur auf Testmodelle mit *quantitativer* Personenvariable anwenden. Bei Testmodellen mit kategorialer Personenvariable gibt es keine Fehlervariable, deren Varianz man berechnen könnte. Der Meßfehler bei solchen qualitativen Testmodellen drückt sich darin aus, mit welcher *Sicherheit* man eine Person ihrer latenten Klasse also, ihrer Kategorie der Personenvariable *zuordnen* kann.

Diese Zuordnungssicherheit ist allgemein durch die *Wahrscheinlichkeit der Klassenzugehörigkeit* unter der Bedingung des gegebenen Antwortmusters in einem Test definiert (vgl. (11) in Kap. 3.1.2.2):

$$(1) \qquad p(g|\underline{x}) = \frac{\pi_g \, p(\underline{x}|g)}{\sum_{h=1}^{G} \pi_h \, p(\underline{x}|h)} .$$

Die Gleichung gilt gleichermaßen für alle Klassenmodelle und mixed Rasch-Modelle. Den *Meßfehler verringern* heißt bei qualitativen Testmodellen die *Zuordnungssicherheit erhöhen*.

Die Zuordnungssicherheiten sind spezifisch für jede Person bzw. jedes unterschiedliche Antwortmuster, können aber auch über alle Personen einer Klasse oder über alle getesteten Personen *gemittelt* werden (s. Kap. 3.1.2.2).

Die *Reliabilität* eines Tests entspricht am ehesten der über *alle* Personen gemittelten Zuordnungssicherheit oder *Treffsicherheit* (vgl. (14) in Kap. 3.1.2.2):

$$(2) \qquad T = \frac{\sum_{v=1}^{N} \max_g \left(p(g|\underline{x}_v) \right)}{N} .$$

Wie bei der Fehlervarianz gilt auch hier die allgemeine Regel, daß die Zuordnungssicherheit *mit steigender Itemanzahl wächst*, sofern die hinzugefügten Testitems dieselbe kategoriale Personenvariable erfassen.

Datenbeispiel

Fügt man den 5 KFT-Beispielitems sukzessive weitere Items aus dem gleichen Test hinzu und berechnet man jeweils die 2-Klassenlösung der Klassenanalyse, so steigt die Treffsicherheit folgendermaßen an:

k	T
5	.928
6	.945
7	.953
8	.953
9	.954
10	.960

Der Anstieg ist nicht sehr groß, da die 5 Items bereits eine hohe Treffsicherheit haben.

Auch hier gilt, daß der Anstieg der Zuordnungssicherheit von der *Art* der hinzugefügten Items abhängt. Allerdings ist hier *nicht die Schwierigkeit* des Items das ausschlaggebende Moment, sondern die *Unterschiedlichkeit* der Antwortwahrscheinlichkeiten in den Klassen: Je größer diese Unterschiede sind, desto mehr trägt ein Item zur Zuordnungssicherheit bei.

Dies ist ein Aspekt der Itemtrennschärfe, der in Kapitel 6.2.2 aufgegriffen wird.

Literatur

Das Buch von Steyer & Eid (1993) geht ausführlicher auf verschiedene Arten der Parametrisierung des Meßfehlers im Rahmen der Meßfehlertheorie ein. Lienert & Raatz (1994) behandeln die Methoden der Reliabilitätsberechnung im Rahmen der Meßfehlertheorie, der Berechnung von Konfidenzintervallen und der Reliabilitätssteigerung durch Testverlängerung. Andrich (1988b) geht auf die Reliabilitätsberechnung beim dichotomen Rasch-Modell ein.

Übungsaufgaben

1. Ein Test mit 3 Items hat in einer Stichprobe die Varianz der Meßwerte $\mathrm{Var}(\hat{\theta}) = 1.44$ und die Scorehäufigkeiten:

$r =$	0	1	2	3
$n_r =$	10	20	30	20
$S(E_{\theta_r})$	1.0	0.7	0.7	1.0

   In der dritten Zeile der Tabelle stehen die Standardschätzfehler (d. i. die Wurzel aus der Schätzfehlervarianz) der Personenparameter, die für diese Scores geschätzt wurden. Berechnen Sie die Reliabilität des Tests.

2. Auf welchen Wert müßte die Reliabilität des KFT-Beispielstests ansteigen, wenn man den 5 Items 2 weitere hinzufügt, die gleiche Meßgenauigkeit haben? Berechnen Sie mit WINMIRA, auf welchen Wert die Reliabilität tatsächlich ansteigt, wenn Sie Item Nr. 7 und 10 des 15 Items umfassenden Datensatzes hinzunehmen.

3. Berechnen Sie mit WINMIRA, für welche Scores im NEOFFI-Datenbeispiel die Personenparameter größere Konfidenzintervalle, und für welche Scores sie kleinere Konfidenzintervalle haben als das mittels der Reliabilität berechnete Konfidenzintervall.

6.2 Optimierung durch Itemselektion

Die am häufigsten angewendete Technik, einen Test zu verbessern, besteht sicherlich darin, 'schlechte' Items zu *eliminieren*. Man benutzt dabei die Daten einer ersten Erhebung mit einer umfangreichen Testversion, um den Test oder Fragebogen dann durch Testverkürzung zu optimieren.

Hierfür benötigt man Kriterien dafür, was ein *gutes Item* und was ein *schlechtes Item* ist. Ein solches Kriterium wurde bereits in Kapitel 6.1 behandelt, nämlich der Beitrag eines Items zur Meßgenauigkeit des Tests. Es stellte sich dort heraus, daß der Beitrag zur Meßgenauigkeit im wesentlichen davon abhängt, wie gut die *Schwierigkeit des Items zur Personenfähigkeit* paßt.

Für die Selektion von Items ist jedoch ein anderes Gütekriterium für Items von zentraler Bedeutung, nämlich das *Ausmaß, in dem die Beantwortung eines einzelnen Items mit der zu messenden Personeneigenschaft zusammenhängt.*

Je besser sich die einzelne Itemantwort aufgrund der Kenntnis der zu messenden Personenvariable vorhersagen läßt, desto besser oder brauchbarer ist ein Item.

Man kann diesen Zusammenhang zwischen Itemantwort und gemessener Personenvariable in unterschiedlicher Weise formalisieren. Dies wird in Kapitel 6.2.1 für quantitative Testmodelle und in Kapitel 6.2.2 für klassifizierende Modelle behandelt.

Oft betrifft die Frage der Testoptimierung durch Itemselektion jedoch nicht nur die Eliminierung *einzelner* Items, sondern gleich ganzer *Itemgruppen*. Oder es stellt sich gar die Frage, welche Itemgruppen überhaupt eine homogene Untergruppe des Tests darstellen, auf die ein bestimmtes Testmodell erfolgreich angewendet werden kann. Möglichkeiten, solche homogenen Itemgruppen zu identifizieren, werden in Kapitel 6.2.3 behandelt.

6.2.1 Itemselektion bei quantitativen Modellen

Bei quantitativen Testmodellen stellt das Konzept der *Itemtrennschärfe* oder *Itemdiskrimination* ein zentrales Gütekriterium für Items dar. Der Begriff *'Trennschärfe'* zielt darauf ab, wie *'scharf'* die Antworten auf ein Item zwischen hohen und niedrigen Eigenschaftsausprägungen *'trennen'*, also wie gut sie die Personenstichprobe *'teilen'*. Die folgende Tabelle verdeutlicht dieses Konzept:

	$\hat{\theta}_v$	x_{v1}	x_{v2}	x_{v3}
	-3.5	0	0	0
	-2.7	0	1	0
	-2.1	0	0	1
	-1.6	0	1	0
	-1.0	0	0	0
Personen v	-0.6	0	1	0
	-0.3	0	0	1
	0.0	0	1	0
	0.2	1	0	1
	0.7	1	1	0
	1.2	1	0	1
	1.9	1	1	1
	2.6	1	0	1

In diesem Beispiel von hypothetischen Antworten auf 3 Items trennen die Antworten auf das *erste* Item perfekt zwischen hohen und niedrigen Meßwerten. Die

Trennschärfe dieses Items ist maximal. Dagegen hat das *zweite* Item überhaupt keine Trennschärfe, während das *dritte* Item ein Antwortmuster aufweist, wie man es bei empirischen Daten für ein brauchbares Item erwarten würde.

Das Konzept der Itemtrennschärfe läßt sich in unterschiedlicher Weise *operationalisieren*, oder besser: *formalisieren*.

In der sog. 'klassischen Testtheorie', die hier als allgemeine Meßfehlertheorie behandelt wird, ist die Trennschärfe als *Korrelation* eines Items i mit dem Testergebnis t definiert, die sog. Item-Test-Korrelation:

(1) $$r_{it} = \text{Korr}\left(\hat{\theta}_v, x_{vi}\right).$$

Hierbei handelt es sich um eine unter praktischen Gesichtspunkten sehr *brauchbare* Operationalisierung des Trennschärfebegriffs: während die Korrelation der beiden ersten Spalten in der o.g. Tabelle bei der gegebenen Schwierigkeit des Items maximal ist, ist die Korrelation zwischen der ersten und dritten Spalte so gut wie 0. Gibt es im Bereich der niedrigen Eigenschaftsausprägungen mehr Einsen als bei hohen Eigenschaftsausprägungen, kann die Korrelation sogar negativ werden und man spricht dann von einer *negativen Trennschärfe*.

Diese Operationalisierung der Trennschärfe mittels des Korrelationskoeffizienten wird bei probabilistischen Modellen *nicht* verwendet, vor allem weil die Korrelation für metrische Variablen definiert ist, die Itemantwort aber prinzipiell als nominal oder ordinal aufgefaßt wird. Ein anderer Grund liegt darin, daß sich ein so wichtiges Konzept wie die Itemtrennschärfe in den *Modellparametern* eines Testmodells ausdrücken sollte, die Item-Test-Korrelation aber kein solcher ist.

Es ist daher konsequent, die Trennschärfe am *Verlauf der Itemfunktion* festzumachen. Es wurde in Kapitel 3 schon mehrfach angesprochen, daß die Trennschärfe als *Anstieg der Itemfunktion* definiert ist.

Auch diese Operationalisierung spiegelt sehr gut das Konzept der Trennschärfe wider, denn wenn ein Item eine steile Itemfunktion hat, heißt das, daß bis zu einer bestimmten Eigenschaftsausprägung die 0-Antwort extrem wahrscheinlich ist und von diesem Wert an aufwärts eine 1-Antwort.

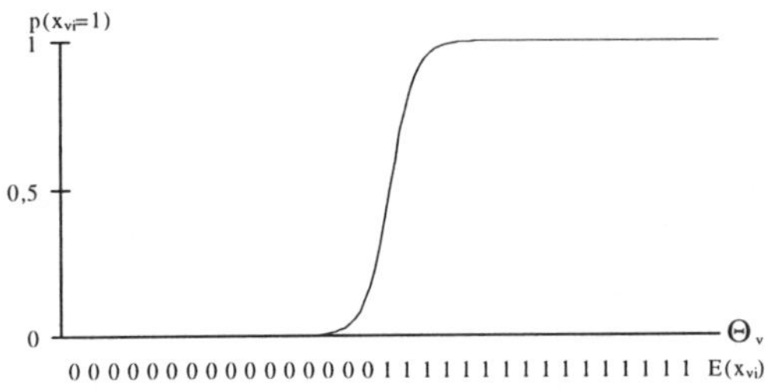

Abbildung 153: Eine steile Itemfunktion bedeutet hohe Trennschärfe

Bei einer flachen Itemfunktion ist die 'Trennung' zwischen niedrigen und hohen Eigenschaftsausprägungen nicht so 'scharf'.

Eine naheliegende Operationalisierung der Trennschärfe besteht daher darin, einen *eigenen Parameter* für den Anstieg der Itemfunktion einzuführen. Dies ist im sog. Birnbaum-Modell (auch 2-parametriges logistisches Modell genannt) geschehen (vgl. Kap. 3.1.1.2.3):

$$(2)\quad p(x_{vi}) = \frac{\exp(x_{vi}\,\beta_i(\theta_v - \sigma_i))}{1 + \exp(\beta_i(\theta_v - \sigma_i))},$$

$$x \in \{0,1\}.$$

In diesem Modell bestimmt ein zweiter Itemparameter β_i den Anstieg der Itemfunktion.

Die Formalisierung der Trennschärfe durch einen zweiten, *multiplikativen* Parameter führt jedoch zu großen statistischen Problemen, die damit zusammenhängen, daß die Parameterverknüpfung im Exponenten der logistischen Funktion nicht mehr rein additiv ist.

Zudem hat sich herausgestellt, daß bei drei- und mehrkategoriellen, ordinalen Itemantworten der Anstieg der Itemfunktion eine Funktion der *Schwellendistanzen* ist: je enger die Schwellen beieinander liegen, desto steiler ist die Itemfunktion, die jetzt als Funktion der *erwarteten Itemantwort* von der Personeneigenschaft definiert ist (vgl. Kap. 3.3.2).

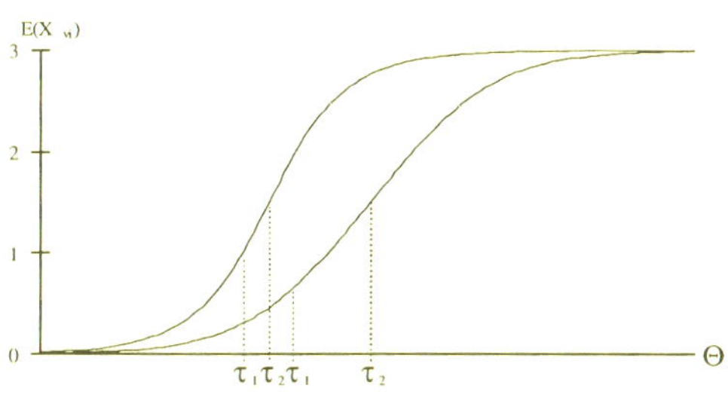

Abbildung 154: Die Steigung der Itemfunktion in Abhängigkeit von der Distanz zweier Schwellen τ_1 und τ_2

Da es bei dichotomen Antworten nur eine Schwelle, also keine *Schwellendistanz* gibt, müssen dort alle Itemfunktionen denselben Anstieg haben. Von 3 Kategorien an aufwärts braucht man keinen multiplikativen Trennschärfeparameter mehr, da jetzt die Steigung der Itemfunktion von der Schwellendistanz abhängt.

Aber auch diese Formalisierung der Trennschärfe als über die Schwellendistanzen *vermittelte Steigung* der Itemfunktion hat zu einem Problem der Verwendung der Trennschärfe *als Gütekriterium* geführt. Üblicherweise wird die Trennschärfe als Gütekriterium so verwendet, daß ein Item *umso besser* ist, *je größer* seine Trennschärfe ist.

Bei mehrkategoriellen, ordinalen Itemantworten führt das zu dem *Paradoxon*, daß ein Item umso trennschärfer ist, *je weniger die mittleren Antwortkategorien* verwendet werden. In dem folgenden hypothetischen Beispiel hat das erste Item die geringsten Schwellendistanzen, somit die steilste Itemfunktion und daher die höchste Trennschärfe.

	$\hat{\theta}_v$	x_{v1}	x_{v2}
	-3.5	0	0
	-2.7	0	0
	-2.1	0	0
	-1.6	0	1
	-1.0	0	1
Personen v	-0.6	0	1
	-0.3	3	1
	0.0	3	2
	0.2	3	2
	0.7	3	2
	1.2	3	3
	1.9	3	3
	2.6	3	3

Obwohl die Itemantworten für das *zweite Item* so verteilt sind, wie man es sich für ein 'gutes' Item wünschen würde, hat es eine *geringere* Steigung der Itemfunktion und damit eine *kleinere Trennschärfe.*

'Paradox' ist dieser Effekt, weil man sich von mehrkategoriellen Itemantworten natürlich wünscht, daß die *mittleren Antwortkategorien* nicht nur *benutzt* werden, sondern auch im Mittelbereich der latenten Dimension diskriminieren, d.h. zwischen Personen mit 'mittelhohen' und 'mittelniedrigen' Eigenschaftsausprägungen trennen. Dies kann im o.g. Beispiel Item 2 offenbar *besser* als Item 1.

Sinnvoller ist ein Gütekriterium zur Itemselektion, das die Benutzung der mittleren Antwortkategorien zumindest *nicht 'bestraft'.* Beide Items im obigen Beispiel sollten von einem solchen Gütekriterium *gleich gute* Trennschärfe bescheinigt bekommen.

Ein solches Gütekriterium ist der sog. Q-Index, ein Itemfit-Maß, das von der *Wahrscheinlichkeit des beobachteten Itemvektors* ausgeht. Mit Itemvektor ist der Spaltenvektor in der Datenmatrix gemeint, der alle Antworten bezüglich eines Items enthält:

				Item i		
	1			0		
	2			2		
	.			3		
Person	.			1		
	.			4		
	.			2		
	N			0		

Jeder dieser Spaltenvektoren hat aufgrund der geschätzten Modellparameter eine bestimmte Wahrscheinlichkeit, die dazu herangezogen werden kann, die Güte des Items zu beurteilen: *Je höher diese Wahrscheinlichkeit ist, desto besser ist das Item.*

Berechnet man solche Wahrscheinlichkeiten für ganze Spaltenvektoren, so erhält man sehr kleine Werte, die nahe bei 0 liegen. Was man daher benötigt, ist ein *Vergleichsmaßstab*, um die Wahrscheinlichkeit des Spaltenvektors zu beurteilen. Einen solchen Vergleichsmaßstab bilden die *maximal* und *minimal* erreichbaren Wahrscheinlichkeiten eines Spaltenvektors. Je dichter die Wahrscheinlichkeit des *beobachteten* Itemvektors (p_{beo}) an der maximalen Wahrscheinlichkeit (p_{max}) liegt, desto besser ist das Item. Je dichter es an der minimalen Wahrscheinlichkeit (p_{min}) liegt, desto schlechter ist es.

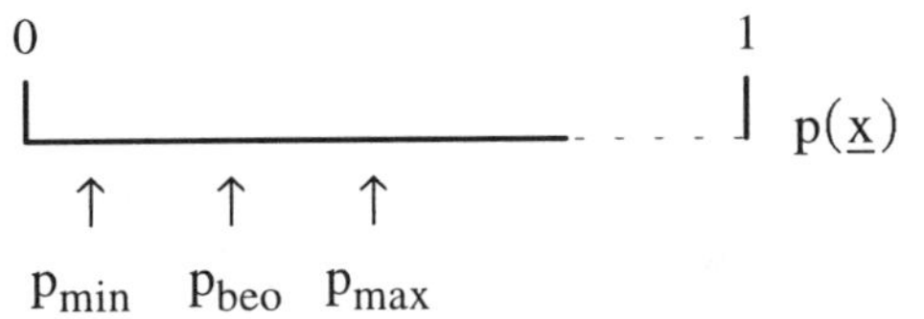

Abbildung 155: Die Einordnung der Wahrscheinlichkeit des beobachteten Pattern in das Intervall von minimaler und maximaler Wahrscheinlichkeit

Diese drei Wahrscheinlichkeiten, p_{min}, p_{beo} und p_{max}, lassen sich anhand der geschätzten Modellparameter berechnen,

$$(3) \quad p(\underline{x}_i) = \prod_{v=1}^{N} p(x_{vi}),$$

$$\underline{x}_i = (x_{1i}, x_{2i} \cdots x_{vi} \cdots x_{Ni}),$$

wenn man neben dem beobachteten Vektor $\underline{x}_{beo}$ auch den Vektor mit der maximalen, $\underline{x}_{max}$, und der minimalen Wahrscheinlichkeit, $\underline{x}_{min}$, kennt.

Die Ermittlung der Pattern mit maximaler und minimaler Wahrscheinlichkeit

Es werden hier nicht die Pattern mit der *absolut* höchsten oder niedrigsten Wahrscheinlichkeit gesucht, sondern diejenigen Pattern, die *unter der Bedingung der beobachteten Kategorienhäufigkeiten* die maximale oder minimale Wahrscheinlichkeit haben. Hat ein Item m + 1 Antwortkategorien (von 0 bis m) und ist jede Kategorie x mit der Häufigkeit n_{ix} aufgetreten, so geht es um die *bedingten* Wahrscheinlichkeiten

$$p\left(\underline{x}_i \middle| n_{i0}, n_{i1} \cdots n_{im}\right).$$

Die Pattern, für die diese bedingten Wahrscheinlichkeiten maximal oder minimal sind, lassen sich leicht finden, indem man die Personen nach aufsteigender Eigenschaftsausprägung ordnet: Für die beiden gesuchten Pattern sind dann nämlich die Itemantworten ebenfalls aufsteigend bzw. absteigend geordnet:

$\hat{\theta}_v$	$\underline{x}_{beo}$	$\underline{x}_{max}$	$\underline{x}_{min}$
−3.5	1	0	3
−2.7	0	0	3
−2.1	0	0	3
−1.6	2	1	2
−1.0	0	1	2
−0.6	1	1	2
−0.3	1	1	1
0.0	2	2	1
0.2	3	2	1
0.7	1	2	1
1.2	3	3	0
1.9	2	3	0
2.6	3	3	0

Damit ist das beobachtete, das maximale und das minimale Itempattern eindeutig definiert und es lassen sich deren Wahrscheinlichkeiten berechnen.

Um ein Itemgütemaß zu erhalten, wird ein *Index* gebildet, der zwischen 0 und 1 liegt und der ausdrückt, inwieweit die Wahrscheinlichkeit des beobachteten Pattern vom Minimum bzw. vom Maximum entfernt liegt. Es handelt sich um ein *Verhältnis von logarithmierten Wahrscheinlichkeitsverhältnissen:*

$$(4) \qquad Q_i = \frac{\log \dfrac{p\left(\underline{x}_{beo}\right)}{p\left(\underline{x}_{max}\right)}}{\log \dfrac{p\left(\underline{x}_{min}\right)}{p\left(\underline{x}_{max}\right)}}\ .$$

Dieser Index variiert zwischen 0 und 1: Er wird 0, wenn das beobachtete Pattern dasjenige mit *maximaler* Wahrscheinlichkeit ist (da dann der Zähler von Q_i Null wird, log(1) = 0), und er wird 1, wenn das beobachtete Pattern dasjenige mit *minimaler* Wahrscheinlichkeit ist (da dann der Zähler und Nenner von Q_i gleich sind). Es handelt sich also um ein *Abweichungsmaß*: *Je größer* der Q-Index, *desto schlechter* das Item.

Der Index nimmt den Wert 0.5 an, wenn die Antwortkategorien *völlig zufällig* über den Vektor verteilt sind, und er wird größer als 0.5, wenn die höheren Antwortkategorien eher bei niedrigen Eigenschaftsausprägungen auftreten (was einer *'negativen Trennschärfe'* im Sinne der Item-Test-Korrelation entspricht, s.o.). Items mit einem Q-Wert von 0 sind in dieser Formalisierung von Trennschärfe maximal *trennscharf*.

Setzt man in Gleichung (4) für die verschiedenen Patternwahrscheinlichkeiten die Produkte der Itemlösungswahrscheinlichkeiten des ordinalen Rasch-Modells ein, d.h.

$$(5)\quad p(\underline{x}_i) = \prod_{v=1}^{N} \frac{\exp(x_{vi}\,\theta_v - \sigma_{ix})}{\sum_{s=0}^{m} \exp(s\,\theta_v - \sigma_{is})}$$

$$= \frac{\exp\left(\sum_v x_{vi}\,\theta_v\right) \cdot \exp\left(-\sum_{x=0}^{m} n_{ix}\,\sigma_{ix}\right)}{\prod_{v=1}^{N} \sum_{s=0}^{m} \exp(s\,\theta_v - \sigma_{is})},$$

wobei n_{ix} die Häufigkeit von Kategorie x bezeichnet (s.o.), so kürzt sich einiges aus den Wahrscheinlichkeitsverhältnissen heraus.

Da für alle drei Patternwahrscheinlichkeiten die *Nenner* der entsprechenden Ausdrücke sowie der *zweite Faktor* im Zähler gleich sind (die n_{ix} sind per Definitionem für alle 3 Pattern gleich), können diese beiden Terme im Q-Index weggekürzt werden. Es ergibt sich für den Itemfit-Index Q_i der folgende Ausdruck:

$$(6)\quad Q_i = \frac{\sum_v x_v^{beo}\,\theta_v - \sum_v x_v^{max}\,\theta_v}{\sum_v x_v^{min}\,\theta_v - \sum_v x_v^{max}\,\theta_v}.$$

Zur Berechnung des Q_i-Index benötigt man also *nicht* den Schwierigkeitsparameter dieses Items, sondern allein die *Fähigkeitsparameter* θ_v. Die *Kategorienhäufigkeiten* n_{ix} braucht man zur Ermittlung der Pattern mit maximaler bzw. minimaler Wahrscheinlichkeit.

Datenbeispiel

Die Q-Werte für die 5 KFT-Items lauten:

i	Q_i
1	0.09
2	0.04
3	0.09
4	0.03
5	0.11

Demnach weichen das erste und fünfte Item am stärksten vom maximalen Pattern ab, sind also am wenigsten trennscharf.

Die Q-Werte von 'brauchbaren' Items liegen zwischen 0.0 und 0.3, jedoch hängt dies auch von bestimmten Charakteristika der Verteilung der Itemschwierigkeiten und Personenfähigkeiten ab.

Es ist ein naheliegender Fehlschluß anzunehmen, daß *bei perfekter Modellgeltung* alle Q-Indices 0 werden. Aufgrund des probabilistischen Antwortverhaltens ist der Erwartungswert von Q unter der Bedingung der Modellgeltung *größer* als Null. Da Q eine lineare Funktion von Modellparametern ist, die nach der Maximum-Likelihood Methode geschätzt wurden (vgl. Kap. 4.2), hat Q einen *normalverteilten Schätzfehler*, dessen Varianz berechenbar ist (vgl. Kap. 4.4).

Erwartungswert und Varianz von Q

Der Nenner von Q stellt eine von den beobachteten Daten unabhängige Konstante dar, so daß lediglich der Erwartungswert des Zählers berechnet wird. Der Zähler stellt eine gewichtete Summe der Fähigkeitsparameter dar, nämlich

$$Q^z = \sum_{v=1}^{N} \left(x_v^{beo}\,\hat{\theta}_v - x_v^{max}\,\hat{\theta}_v\right),$$

so daß der Erwartungswert dieser Summe gleich der Summe der Erwartungswerte der Summanden ist

$$\mathrm{Erw}\left(Q^z\right) = \sum_{v=1}^{N} \left(\mathrm{Erw}\left(x_v^{beo}\ \hat{\theta}_v\right) - x_v^{max}\ \hat{\theta}_v\right).$$

Der jeweils zweite Summand hängt wiederum nicht von den Daten ab: er stellt eine Konstante dar, deren Erwartungswert die Konstante selbst ist. Der Erwartungswert des jeweils ersten Summanden kann mit Hilfe der Wahrscheinlichkeitsverteilung von x_v berechnet werden:

$$\mathrm{Erw}\left(x_v^{beo}\ \hat{\theta}_v\right) = \sum_{x=0}^{m} p_v(x)\, x\, \hat{\theta}_v\ ,$$

wobei $p_v(x)$ die laut Modellgleichung berechnete Antwortwahrscheinlichkeit von Person v für Kategorie x (bei diesem Item) ist.

Für die Berechnung der Varianz von Q^z benötigt man nur die Varianzen der jeweils ersten Summanden, da der Subtrahend als Konstante nichts zur Varianz beiträgt:

$$\mathrm{Var}\left(Q^z\right) = \sum_{v=1}^{N} \mathrm{Var}\left(x_v\ \hat{\theta}_v\right).$$

Die Varianz von $x_v\ \hat{\theta}_v$ ist die Varianz des Produktes von zwei Zufallsvariablen und läßt sich folgendermaßen berechnen:

$$\mathrm{Var}\left(x_v\ \hat{\theta}_v\right)$$

$$= \mathrm{Var}\left(\hat{\theta}_v\right)\mathrm{Var}(x_v) + \hat{\theta}_v^2\ \mathrm{Var}(x_v) + \mathrm{Var}\left(\hat{\theta}_v\right)\mathrm{Erw}(x_v)^2,$$

wobei

$$\mathrm{Erw}(x_v) = \sum_{x=0}^{m} p_v(x)\, x$$

und

$$\mathrm{Var}(x_v) = \sum_{x=0}^{m} p_v(x)\left(x - \mathrm{Erw}(x)\right)^2.$$

Mittels des Erwartungswertes und der Varianz des Zählers von Q, Q^z, läßt sich eine *standard-normalverteilte Prüfgröße*, eine sog. *Z-Statistik* berechnen:

$$(7) \qquad Z_Q = \frac{Q^z - \mathrm{Erw}\left(Q^z\right)}{\sqrt{\mathrm{Var}\left(Q^z\right)}}.$$

Mit Hilfe derer kann man prüfen, ob ein empirisch ermittelter Q-Index signifikant von dem unter Modellgeltung zu erwartenden Q-Index abweicht. Ist Z_Q bei Wahl der üblichen 95%-Grenze kleiner als −1.96 oder größer als +1.96, so weicht der berechnete Q-Index bedeutsam von dem bei Modellgeltung zu erwartenden Wert ab (vgl. Kap. 6.1.3).

Datenbeispiel

Die Q-Indices der 5 KFT-Items haben folgende Z_Q-Werte:

i	Q_i	Z_Q
1	.09	0.47
2	.04	−0.68
3	.09	0.34
4	.03	−1.02
5	.11	0.92

Demnach hat nur das 5-te Item eine etwas schlechtere Modellanpassung oder Trennschärfe.

Den Q-Index kann man zur *Optimierung* eines Tests heranziehen, indem man Items mit einem zu *großen* Q-Index eliminiert. Verkürzt man den KFT auf die ersten vier Items, läßt man also das *schlechteste* Item weg, so ergibt sich ein χ^2-Wert zur Prüfung der Reproduzierbarkeit der Patternhäufigkeiten (s. Kap. 5.2) von 22.5 bei 8 Freiheitsgraden. Selegiert man dagegen ein *gutes* Item, z.B. das zweite, so erhält man einen χ^2-Wert von 26.6 bei ebenfalls 8 Freiheitsgraden, also einen deutlich schlechteren Wert. Allerdings sind beide Werte noch signifikant, d.h. auch die Selektion des schlechten Items, Nr. 5, bewirkt nicht, daß das Rasch-Modell auf die Daten paßt.

Auch die Reliabilität verändert sich infolge der Itemselektion: bei Eliminierung des 'schlechten' Items 5 sinkt sie von 0.460 auf 0.341. Selegiert man dagegen das 'gute' Item 2, so sinkt sie auf 0.279.

Die Reliabilität eines Tests kann sogar *größer* werden wenn man unpassende Items selegiert. Ein Beispiel hierfür sind die 5 Extraversions-Items des NEOFFI, die in Kapitel 3.3.5 als Datenbeispiel verwendet wurden. Wendet man das ordinale Rasch-Modell auf die Daten an, so haben die 5 Items eine Reliabilität von 0.46. Eliminiert man das Item mit dem größten Q-Index, so haben die restlichen 4 Items eine Reliabilität von 0.47. Der Anstieg ist nicht groß, aber dafür, daß der Test auf 80% verkürzt wurde und infolge dessen unreliabler werden müßte (s. Kap. 6.1), ist er doch beachtenswert.

In der Einleitung des Kapitels 6 wurde gesagt, daß eine Itemselektion nach der Trennschärfe der Items die *interne Validität* des Tests, also die Modell*gültigkeit* optimiert und nicht so sehr die Meß*genauigkeit*. Die Beispiele zeigen, daß sich auch die Reliabilität in entsprechender Weise verändert.

Das liegt daran, daß die Reliabilität ein *kombiniertes* Maß für Meßgenauigkeit und interne Validität ist. Man erkennt das an der Reliabilitätsdefinition (s. Gleichung (7) in 6.1.1):

$$(8)\quad \mathrm{Rel}(\theta) = 1 - \frac{\sum_{v=1}^{N} \mathrm{Var}\left(E_{\theta_v}\right)}{N\,\mathrm{Var}\left(\hat{\theta}\right)}.$$

Die Schätzfehlervarianzen $\mathrm{Var}\left(E_{\theta_v}\right)$ im Zähler von (8) werden durch Itemselektion stets größer, und zwar unabhängig von der Trennschärfe der selegierten Items. Sie hängen allein von der Anzahl der Items und deren Schwierigkeiten ab (s. Gleichung (2) in 6.1.1). Insofern optimiert eine Itemselektion nach Trennschärfe *nicht* die Meßgenauigkeit im Sinne der Verringerung der Fehlervarianz.

Die Eliminierung trennschwacher Items erhöht jedoch die *Varianz der Meßwerte*, $\mathrm{Var}\left(\hat{\theta}\right)$, im Nenner von (8). Diese ist umso größer, je höher die Itemantworten kovariieren: Die Varianz der Summenscores $r_v = \sum_{i=1}^{k} x_{vi}$ ist als Varianz einer Summe von Variablen auch von der Kovarianz der Summanden abhängig (s. Kap 2.1.2) und die Varianz der Meßwerte $\hat{\theta}_v$ wächst mit der Varianz der Summenscores.

Eine Itemselektion nach Trennschärfe kann daher den Nenner von (8) stärker erhöhen als der Zähler wächst und somit zu einer *Reliabilitätssteigerung* führen. Die Reliabilität ist somit als ein kombiniertes Maß für Meßgenauigkeit und interne Validität anzusehen und als Kriterium für die Testoptimierung gut geeignet.

Bei der Prüfung der Abweichung eines berechneten Q-Wertes von seinem Erwartungswert mittels der Z_Q-Statistik sind die beiden Richtungen zu unterscheiden, daß der Q-Index signifikant *kleiner* oder signifikant *größer* als sein Erwartungswert ist, d.h. daß der Z-Wert *negativ* oder *positiv* ist.

Ein zu kleiner Q-Wert bedeutet, daß die beobachteten Itemantworten *weniger* von den vorhergesagten Itemantworten abweichen als dies unter Modellannahmen zu erwarten ist. Dies ist eine seltsame Art von Modellverletzung, da das Item sozusagen *'zu gut'* paßt.

Man spricht in diesem Fall auch von einem *Overfit*, d.h. von einer Überanpassung. Man kann sich einen solchen Overfit so vorstellen, daß *zu wenig Probabilistik* in den Daten ist, d.h. daß jede Person exakt die Antwortkategorie auswählt, die ihrer Eigenschaftsausprägung entspricht.

Das Gegenstück hierzu, also positive Z-Werte oder ein Q-Index, der signifikant *größer* als sein Erwartungswert ist, bezeichnet man als *Underfit*. Dies stellt den eigentlich interessierenden Fall einer Modellabweichung dar im Sinne einer zu geringen Abhängigkeit der Itemantwort von der Eigenschaftsausprägung, also einer *zu geringen Trennschärfe*.

Das Besondere an der Operationalisierung der Trennschärfe durch den Q-Index besteht darin, daß man *inferenzstatistisch prüfen* kann, ob ein Item eine zu geringe Trennschärfe hat. Das ist bei der Item-Test-Korrelation r_{it} (s. (1)) nicht möglich.

Eine weitere Möglichkeit, die Modellanpassung einzelner Items zu prüfen, basiert auf den sogenannten *Itemresiduen*. Als Residuen bezeichnet man die Differenzen zwischen theoretisch erwarteten und beobachteten Größen. Ein Itemresiduum ist die Differenz zwischen theoretisch erwarteter und beobachteter Itemantwort.

Hat eine Person bei einem dichotomen Item aufgrund ihrer Fähigkeit θ_v und der Itemschwierigkeit σ_i z.B. die Lösungswahrscheinlichkeit 0.75, so beträgt ihr Itemresiduum $1 - 0.75 = 0.25$, wenn sie das Item gelöst hat, bzw. $0 - 0.75 = -0.75$, wenn sie das Item nicht gelöst hat. Allgemein ist das Itemresiduum für dichotome Items folgendermaßen definiert:

$$(9) \quad \mathrm{Res}_{vi} = x_{vi} - p(X_{vi} = 1), \text{für } x \in \{0,1\}.$$

An dieser Definition zeigt sich ein Problem der Verwendung von Itemresiduen zur Konstruktion von Itemfitmaßen: Die beobachtete Itemantwort kann in den seltensten Fällen genau der theoretisch erwarteten Itemantwort entsprechen, da sie nur ganzzahlige Werte annimmt. Bei Personen mit *mittleren* Lösungswahrscheinlichkeiten sind die Residuen daher *stets größer* als bei Personen mit extremen Lösungswahrscheinlichkeiten, selbst wenn die Personen ganz im Sinne des Testmodells antworten.

Für *ordinale* Itemantworten lautet die entsprechende Definition eines Residuums:

$$(10) \quad \mathrm{Res}_{vi} = x_{vi} - \mathrm{Erw}(x_{vi}), \text{ für } x \in \{0, m\},$$

wobei der Erwartungswert der Itemantwort wie üblich definiert ist:

$$(11) \quad \mathrm{Erw}(x_{vi}) = \sum_{x=0}^{m} x \, p(X_{vi} = x_{vi}).$$

Der Erwartungswert stellt einen Punkt auf der Antwortskala dar, in dessen Nähe die Itemantwort idealerweise zu erfolgen hätte (s. Abb. 155).

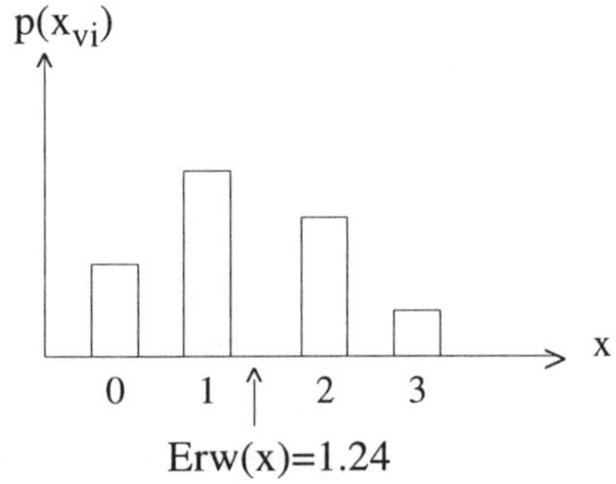

Abbildung 155: Erwartete Itemantwort

Auch hier liegt die zu erwartende Itemantwort in der Regel *zwischen* den vorgegebenen Antwortkategorien, so daß es in jedem Fall ein Residuum gibt.

Diese Residuen lassen sich *über alle Personen addieren*, so daß die Summe aller Residuen bzw. eine entsprechend transformierte Größe etwas über die Güte des Items aussagt. Obwohl die Möglichkeit, Itemfitmaße auf Residuen aufzubauen, sehr anschaulich ist, birgt sie doch einige Schwierigkeiten, die mit der zuvor dargestellten Eigenschaft zusammenhängen, daß es stets Residuen einer bestimmten Größe geben *muß*. Dieser Ansatz wird daher im folgenden nicht weiter ausgeführt.

Das Vorgehen, mit Hilfe von Itemresiduen oder dem Q-Index abweichende Itemvektoren zu identifizieren, stellt ein Verfahren der Itemselektion dar, für das es keinerlei *präexperimentieller Hypothesen* bedarf. Oft hat man jedoch bestimmte Annahmen darüber, daß einzelne Items in *bestimmten Teilpopulationen* eine unterschiedliche Bedeutung und daher eine unterschiedliche Schwierigkeit haben.

In diesen Fällen kann man prüfen, ob die Modellparameter für das betreffende Item in den jeweiligen Teilpopulationen übereinstimmen. Hierfür schätzt man die Itemparameter z.B. getrennt für Männer und Frauen oder getrennt für Experimental- und Kontrollgruppe, um sie anschließend miteinander zu vergleichen.

Bei allen Rasch-Modellen dürfen sich die Itemparameterschätzungen *nicht* zwischen Personenteilstichproben unterscheiden. *Ob* beobachtete Unterschiede zwischen Itemparameterschätzungen signifikant sind, läßt sich mit Hilfe der *Schätzfehlervarianzen* für die Itemparameter, beantworten (vgl. Kap. 4.4, Gleichung (8)).

Bezeichnet man die Schätzfehlervarianzen eines Items in zwei Stichproben mit $\mathrm{Var}\left(E_{\sigma_{i1}}\right)$ bzw. $\mathrm{Var}\left(E_{\sigma_{i2}}\right)$, so kann man mit folgendem Z-Wert die Signifikanz der Abweichung zweier Itemparameterschätzungen σ_{i1} und σ_{i2} prüfen:

$$(12) \quad Z_i = \frac{\hat{\sigma}_{i1} - \hat{\sigma}_{i2}}{\sqrt{\mathrm{Var}\left(E_{\sigma_{i1}}\right) + \mathrm{Var}\left(E_{\sigma_{i2}}\right)}}.$$

Ist dieser Z-Wert größer oder kleiner als der kritische Z-Wert ±1.96, so unterscheiden sich die beiden Itemparameter mit einer Wahrscheinlichkeit von 95% voneinander.

Das übliche Vorgehen bei der Itemselektion besteht darin, daß man Items mit einer zu geringen Modellanpassung *eliminiert* und die Testergebnisse unter Ausschluß dieser Items *neu berechnet*. Obwohl dieses Vorgehen bei jeder Testentwicklung angewendet wird, birgt es das Problem in sich, daß man nachträglich, d.h. nach Datenerhebung die Daten manipuliert (in diesem Fall Items eliminiert), um sie mit der Theorie konform zu machen.

Eine derartige nachträgliche Datenmanipulation erfordert in jedem Fall eine *Kreuzvalidierung*, d.h. eine erneute Datenerhebung und Überprüfung der Modellgeltung für den reduzierten Test. Ist eine Kreuzvalidierung nicht durchführbar, sollten wenigstens *post-hoc Hypothesen* darüber aufgestellt werden, *warum* ein Item nicht modellkonform ist.

6.2.2 Itemselektion bei klassifizierenden Modellen

Auch für die Itemselektion im Rahmen von klassifizierenden Modellen gilt als Gütekriterium das Ausmaß, mit dem die Beantwortung eines Items mit der Personeneigenschaft zusammenhängt. Ein Item ist dann umso besser, je besser man von der Antwort auf dieses Item auf die *Klassenzugehörigkeit* der Person schließen kann. Dieser Schluß gelingt umso eher, je mehr sich die Antwortwahrscheinlichkeiten für dieses Item *zwischen den Klassen unterscheiden*.

Für *dichotome* und *ordinale* Itemantworten läßt sich ein Itemgütemaß berechnen, das die Abweichungen der erwarteten (mittleren) Itemantworten *zwischen* den Klassen in Beziehung setzt zu der Variation der Itemantworten *innerhalb* der Klassen. Diesem Gütemaß liegt die Idee zugrunde, daß die Unterschiede im mittleren Antwortniveau *zwischen* den Klassen daran relativiert werden müssen, wie breit die Antworten bei dem Item innerhalb der Klassen streuen, wie homogen also die Personen in den Klassen sind. Ist die Streuung der Antwortvariable innerhalb einer Klasse gering, so kann schon ein kleiner Unterschied im Antwortniveau zwischen den Klassen auf eine gute Trennschärfe hinweisen. Ist die Streuung in den Klassen dagegen groß, muß auch der Unterschied zwischen den Erwartungswerten der Klassen größer sein, um von einer hohen Trennschärfe sprechen zu können.

Der auf diesem Konzept basierende *Diskriminationsindex* ist als Varianzverhältnis definiert, nämlich als das Verhältnis der Varianz der erwarteten Itemantworten *zwischen den Klassen* zur mittleren Varianz der Itemantworten *innerhalb der Klassen:*

$$(1) \qquad D_i = \frac{\mathrm{Var}\left(\mathrm{Erw}\left(x_i \mid g\right)\right)}{\sum\limits_g \pi_g \, \mathrm{Var}\left(x_i \mid g\right)} .$$

Der *Erwartungswert* der Itemantworten innerhalb der Klasse g ist folgendermaßen definiert :

$$(2) \qquad \mathrm{Erw}\left(x_i \mid g\right) = \sum_{x=0}^{m} x \, \pi_{ixg} ,$$

wobei π_{ixg} die Kategorienwahrscheinlichkeit von x in Klasse g ist (laut Modellgleichung (3) in Kap. 3.2.1 oder (1) in Kap. 3.3.3).

Die *Varianz* der Itemantworten innerhalb einer Klasse g ist nach der Varianzberechnung mittels der Wahrscheinlichkeitsverteilung (s. Kap. 6.1.1):

$$(3) \qquad \mathrm{Var}\left(x_i \mid g\right) = \sum_{x=0}^{m} \left(x - \mathrm{Erw}\left(x_i \mid g\right)\right)^2 \pi_{ixg} .$$

Die im *Nenner* von D_i benötigte *mittlere* Varianz ist gleich der mit den Klassengrößen π_g gewichteten Summe über alle Klassen. Auch die Varianz im Zähler von D_i läßt sich über die gewichtete Summe der Erwartungswerte berechnen:

(4) $\mathrm{Var}\left(\mathrm{Erw}\left(x_i|g\right)\right) = \sum_{g=1}^{G}\left[\mathrm{Erw}\left(x_i|g\right) - \left(\sum_{g=1}^{G}\pi_g\,\mathrm{Erw}\left(x_i|g\right)\right)\right]^2 \pi_g.$

Der Diskriminationsindex wird 1, wenn die Itemantworten zwischen den Klassen nicht stärker variieren als innerhalb der Klassen, die *Trennschärfe* dieses Items also *gering* ist. Er kann natürlich auch kleiner als 1 (aber nicht negativ) werden, wenn die Trennschärfe noch geringer ist. Nach oben ist D_i nicht begrenzt.

Datenbeispiel

Die Diskriminationsindices lauten für die 2-Klassenlösung des KFT-Beispiels:

$D_1 = 0.46$
$D_2 = 1.42$
$D_3 = 0.50$
$D_4 = 0.70$
$D_5 = 0.18$

Demnach stellt Item 5 das trennschwächste Item und die Items 2 und 4 die trennschärfsten Items dar.

Die mittlere Zuordnungswahrscheinlichkeit (Treffsicherheit) beträgt für die 5 Items $T = 0.928$. Läßt man das zweite Item weg, so sinkt die Treffsicherheit auf $T = 0.914$. Eliminiert man dagegen das trennschwache Item 5, so steigt die Treffsicherheit auf $T = 0.938$.

Bei der Anwendung des Diskriminationsindexes zur Itemselektion ist zu beachten, daß er die Diskrimination bezüglich *aller* Personenklassen ausdrückt. Es kann jedoch auch passieren, daß einzelne Items sehr gut zwischen *zwei* Klassen diskriminieren aber nicht zwischen den übrigen. So kann es durchaus sinnvoll sein, ein Item trotz eines niedrigen Diskriminationsindexes im Test zu belassen, weil es zur Unterscheidung zweier Klassen besonders gut geeignet ist.

Dieser Index ist nur für *dichotome* oder *ordinale* Itemantworten geeignet, da für echte *nominale mehrkategorielle Antwortvariablen* der Erwartungswert und die Varianz der Antwortvariablen keinen Sinn machen. Bei nominalen Itemantworten gibt es bislang keinen vergleichbaren Itemindex, so daß hier auf einen Einzelvergleich der Kategorienwahrscheinlichkeiten zwischen den Klassen zurückgegriffen werden muß.

Auch bei *mixed Rasch-Modellen* für dichotome oder ordinale Antworten ist dieser Index nicht geeignet, da es dort innerhalb der Klassen eine Variation der Eigenschaftsausprägungen gibt. Da diese Modelle gleichzeitig eine *kategoriale und* eine *quantitative* Personenvariable messen, kann sich die Überprüfung der Itemgüte auch auf *beide* Diskriminationsleistungen beziehen:

- Inwieweit ein Item zwischen *zwei Klassen* trennt, läßt sich an der Differenz der klassenspezifischen Itemparameter ablesen. Gegebenenfalls kann diese Differenz mittels der Schätzfehlervarianzen der Itemparameter auf Signifikanz getestet werden (vgl. Gleichung (12) im vorangehenden Kap. 6.2.1).

- Inwieweit ein Item *innerhalb einer Klasse* eine hohe Trennschärfe hat, kann mittels des Q_i-Index überprüft werden, der in diesem Fall klassenspezifisch zu berechnen ist, also getrennt für alle Personen einer Klasse.

Welches Kriterium man bei einer Itemselektion in welcher Weise zu berücksichtigen hat, kann nicht generell beantwortet werden, sondern hängt vom jeweiligen Test ab.

Datenbeispiel

Für die 5 Extraversions-Items des NEOFFI (vgl. Kap. 3.3.5) sehen die beiden genannten Selektionskriterien folgendermaßen aus:

i	σ_{i1}	σ_{i2}	Q_{i1}	Q_{i2}	Z_{Qi1}	Z_{Qi2}
1	0.01	0.14	.13	.18	-0.21	-0.76
2	0.66	0.53	.15	.27	0.15	1.17
3	-0.68	0.19	.13	.23	-0.14	0.37
4	0.80	0.23	.20	.23	0.81	-0.09
5	-0.79	-1.09	.13	.23	-0.40	-0.5

Nach den klassenspezifischen Itemparametern σ_{ig} trennt das dritte Item am besten zwischen den beiden Klassen ($\sigma_{32} - \sigma_{31} = 0.87$) und die ersten beiden Items trennen am schlechtesten.

Hinsichtlich der Itemgüte *innerhalb* der beiden Klassen zeigen alle Items eine relativ gute Modellanpassung. Den größten Z-Wert hat Item 2 in Klasse 2, der aber auch nicht signifikant ist.

Vergleicht man beide Klassen einmal anhand ihrer Q-Werte und einmal anhand ihrer Z_Q-Werte, so fällt ein Phänomen auf, das auf eine Eigenschaft von *genereller* Bedeutung hinweist: Die Q-Indices selbst sind sämtlich für die 2. Klasse größer, während die zugehörigen Z_Q-Werte diesen Unterschied *nicht* in gleicher Weise widerspiegeln.

Ganz drastisch ist dieses Phänomen beim *ersten und vierten Item*, die in der 2. Klasse eine *höheren Q-Wert*, aber laut Z_Q-Statistik eine *bessere Modellanpassung* haben (negative Z_Q-Werte!) als in der ersten Klasse.

Dies hängt mit der sogenannten *Power* des Signifikanztests zusammen, welche von der *Varianz der Personenparameter* abhängt.

Power eines Signifikanztests

Unter der *Power* (dt. = Kraft, Mächtigkeit) eines Signifikanztests versteht man die *Leichtigkeit*, mit der eine Prüfstatistik zu einem signifikanten Resultat führt, also ihre *Mächtigkeit*, Modellabweichungen 'aufzuspüren'.

Daß die Power von Z_Q von der Varianz der Personenfähigkeiten abhängt, ist leicht einzusehen, wenn man sich vor Augen führt, was mit Q bzw. Z_Q geprüft wird (vgl. Kap. 6.2.1.). Zur Illustration ist nochmals eine Tabelle aus Kap. 6.2.1. gezeigt, hier jedoch ergänzt um eine Spalte mit einer geringen Varianz der Eigenschaftsausprägungen:

$\hat{\theta}_{v1}$	$\hat{\theta}_{v2}$	$\underline{x}_{beo}$	$\underline{x}_{max}$	$\underline{x}_{min}$
-3.5	−1.1	1	0	3
−2.7	−0.9	0	0	3
−2.1	−0.8	0	0	3
−1.6	−0.6	2	1	2
−1.0	−0.5	0	1	2
−0.6	−0.3	1	1	2
−0.3	−0.1	1	1	1
0.0	0.1	2	2	1
0.2	0.4	3	2	1
0.7	0.6	1	2	1
1.2	0.8	3	3	0
+1.9	+1.0	2	3	0
+2.6	+1.2	3	3	0

Die maximale und minimale Patternwahrscheinlichkeit $p(\underline{x}_{max})$ und $p(\underline{x}_{min})$ werden bei der in Spalte 1 gezeigten *großen Streuung* der Personenparameter *weiter auseinanderliegen* als bei der in Spalte 2 gezeigten kleinen Streuung. Ist im Extremfall die Streuung gleich Null, variieren die Personeneigenschaften also gar nicht, so ist $p(\underline{x}_{max}) = p(\underline{x}_{min})$. Generell liegen bei einer kleineren Streuung der Personenparameter *alle* Patternwahrscheinlichkeiten *dichter beieinander*, da es gar nicht so extreme Antwortwahrscheinlichkeiten wie $p_{vi} = 0.05$ oder $p_{vi} = 0.95$ gibt.

Für die Höhe des Q-Indexes selbst spielt die Intervallbreite von $p(\underline{x}_{max})$ bis $p(\underline{x}_{min})$ keine Rolle, da Q gerade bezüglich dieses Intervalls *standardisiert* ist (vgl. (4) in Kap. 6.2.1). Anders verhält es sich mit der Prüfstatistik Z_Q. Ist hier ein abweichendes Pattern wegen der geringen Streuung der Personenparameter gar *nicht viel weniger wahrscheinlich*, so wird es auch *nicht so schnell signifikant*.

Im Datenbeispiel hat die zweite Klasse eine sehr viel geringere Streuung der Personenparameter, nämlich

$$\sqrt{Var(\hat{\theta}_{v2})} = 0.68,$$

als die erste Klasse,

$$\sqrt{Var(\hat{\theta}_{v1})} = 1.26.$$

Dies illustriert, wie wichtig es ist, bei der Itemselektion stets *beide Kriterien* zu beachten, die Höhe der Q-Werte als *deskriptives Maß* und Z_Q als *inferenzstatistisches* Kriterium.

6.2.3 Die Identifizierung eindimensionaler Itemgruppen

Oft geht es bei der Testentwicklung zunächst nicht darum, einzelne 'schlechte' Items zu eliminieren, sondern zu prüfen, welche Items überhaupt dieselbe Personeneigenschaft ansprechen. Sofern man darüber *Hypothesen* hat, *welche* Itemgruppen zueinander heterogen sind, d.h. jeweils andere Personeneigenschaften ansprechen, kann man die in Kapitel 5.3.2 behandelten *Modelltests* anwenden.

Sofern man derartige Hypothesen *nicht* hat (man sollte sie aber im Sinne einer theoriegeleiteten Testauswertung *immer* haben) oder sich diese als *unzutreffend erwiesen* haben, benötigt man *heuristische* Verfahren ('heuristisch' heißt so viel wie 'suchend'), die von der Gesamtmenge aller Items ausgehend ermitteln, welche Items dieselbe latente Personeneigenschaft ansprechen.

Solche heuristischen Verfahren stecken im Rahmen des probabilistischen Ansatzes der Testtheorie noch in den Kinderschuhen, während sie im Rahmen der sog. klassischen Testtheorie, (der *allgemeinen Meßfehlertheorie*, vgl. Kap. 2.1.2 und 6.1.1), *sehr weit* entwickelt sind und auch *sehr oft* angewendet werden. Dort setzt man das korrelationsstatistische Modell der *Faktorenanalyse* ein, um anhand einer Testdatenmatrix zu ermitteln, welche Items jeweils dieselbe Personeneigenschaft erfassen.

Die Faktorenanalyse als Testmodell

Die Faktorenanalyse ist ein allgemeines korrelationsstatistisches Modell, das die korrelativen Zusammenhänge von *metrischen Variablen* beschreibt. Will man es auf *Testdaten* anwenden, um homogene Itemgruppen zu finden, muß man die einzelnen Itemantworten als Ausprägungen einer *metrischen Antwortvariable* X_{vi} auffassen. Das dadurch implizierte Testmodell ist durch folgende *Modellgleichung* definiert (vgl. (5) in Kap. 3.4.2):

$$(1) \qquad X_{vi} = \sum_{j=1}^{h} a_{ij} F_{vj} + E_{vi} .$$

X_{vi} bezeichnet die als metrisch aufgefaßte Antwortvariable von Item i, F_{vj} ist die Eigenschaftsausprägung der v-ten Person auf der j-ten Eigenschaftsdimension, auch Faktor genannt, und die a_{ij} sind die zu schätzenden Modellparameter. Sie werden *Faktorladungen* genannt und entsprechen formal den Korrelationen der Antworten auf Item i mit dem j-ten Faktor:

$$a_{ij} = \mathrm{Korr}\left(X_{vi}, F_{vj}\right).$$

Somit können diese Parameter auch als *Trennschärfeparameter* interpretiert werden, da sie wie r_{it} (vgl. Kap. 6.2.1) die Korrelation eines Items mit der zu messenden Eigenschaft ausdrücken. Der Unterschied besteht darin, daß es hier *mehrere* solcher Eigenschaften gibt. Tatsächlich stellt das Modell der Faktorenanalyse die mehrdimensionale Verallgemeinerung des Modells *kongenerischer* Messungen dar (vgl. (8) in Kap. 3.1.1.2.1).

Zur Modellgleichung (1) gehört noch die Annahme der Unkorreliertheit aller Fehlervariablen E_{vi} und Faktoren F_{vj}, d.h. für alle i und j muß gelten:

$$(2) \qquad \mathrm{Korr}\left(E_{vi}, E_{vi'}\right) = \mathrm{Korr}\left(E_{vi}, F_{vj}\right) = \mathrm{Korr}\left(F_{vj}, F_{vj'}\right) = 0.$$

Damit ist die Faktorenanalyse als Testmodell bis auf eine 'kleine' Unbestimmtheit festgelegt. Diese *Unbestimmtheit* betrifft die Tatsache, daß die Testitems (als Punkte in einem h-dimensionalen Raum, h = die Anzahl der Faktoren) zwar in ihrer *Konstellation zueinander festgelegt* sind; jedoch führt jede Drehung (*Rotation*) der Achsen dieses Raumes zu *gleich guten Lösungen* (Schätzungen der a_{ij}). Da die Ladungen a_{ij} die Koordinatenwerte der Punkte (= Items) auf diesen Achsen sind, kann man ihre Werte nur berechnen, wenn man sich vorher auf eine bestimmte *Lage der Achsen* festlegt. Das wird in Form eines sogenannten *Rotationskriteriums* gemacht. Im folgenden Datenbeispiel wird das *Varimax*-Kriterium verwendet, das bewirkt, daß jeder Faktor nur *möglichst hohe* und *möglichst niedrige* Ladungen aufweist (aber keine mittleren).

Die Faktorenanalyse als heuristisches Instrument zur Identifizierung homogener Itemgruppen sucht nach Gruppen von Items, die *untereinander hoch* korrelieren, also eine *hohe Trennschärfe* erhalten, wenn man sie zu einem eigenen Test zusammenfaßt.

Um dies anhand eines *Datenbeispiels* zu demonstrieren, wurden die 5 Neurotizismus-Items (s. Kap. 3.3, Einleitung) und die 5 Extraversions-Items aus Kapitel 3.3.5 *gemeinsam* mit dem Modell der Faktorenanalyse analysiert.

Datenbeispiel

Die 2-Faktoren-Lösung ergibt folgende Faktorladungen:

	Faktor 1	Faktor 2
E1	–.05	.45
E2	–.01	.10
E3	–.52	.25
E4	.22	.57
E5	–.29	.57
N1	.57	.19
N2	.63	–.02
N3	.67	–.08
N4	.67	–.06
N5	.60	–.06

Die 10 Items lassen sich mittels dieser Koordinatenwerte als Punkte in einem 2-dimensionalen Faktorraum darstellen:

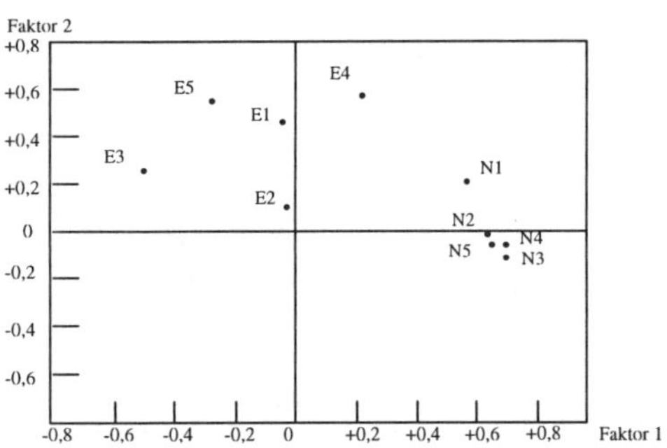

Abbildung 156: Der zweidimensionale Faktorraum der Neurotizismus- (Ni) und Extraversions-Items (Ei)

Die 5 Beispielitems, die die Eigenschaft 'Neurotizismus' erfassen, weisen alle eine hohe Trennschärfe bezüglich des horizontalen Faktors auf und nahezu Null-Korrelationen mit dem vertikalen Faktor. der horizontale Faktor kann daher als die Persönlichkeitseigenschaft 'Neurotizismus' interpretiert werden.

Die Extraversions-Items haben bezüglich des *vertikalen* Faktors mittelhohe Ladungen, aber auch fast ebenso große, positive und negative Ladungen auf dem horizontalen Faktor. Diese 5 Items messen offenbar 'ihren' Faktor nicht so gut wie die 5 Neurotizismus-Items.

Eingangs wurde gesagt, daß derartige heuristische Verfahren zur Identifizierung von homogenen Itemgruppen bei *probabilistischen Testmodellen* nicht so weit entwickelt sind. Dies' trifft insbesondere auf *quantifizierende* Testmodelle zu. *Klassifizierende Testmodelle* haben dagegen eine sehr hohe *heuristische Qualität*, da sie Klassen von Personen *suchen*, in denen *unterschiedliche, vorher nicht bekannte* Itemparameter gelten.

Klassifizierende Testmodelle können benutzt werden, um Itemgruppen zu identifizieren, die mit einem *quantitativen* Testmodell analysiert werden können. Dies klingt zunächst paradox. Gemeint ist damit jedoch, daß man an den *Itemprofilen* oder *Erwartungswertprofilen* von latenten Klassen (vgl. Kap. 3.1.2.2 oder 3.3.3) ablesen kann, *welche Items* einen *parallelen* oder zumindest *überschneidungsfreien* Verlauf ihrer Profilabschnitte haben, was darauf hinweist, daß ein *quantitatives* Testmodell auf sie paßt (vgl. Kap. 3.1.2.3 und 3.1.2.4).

Datenbeispiel

Für die 10 Items des NEOFFI sehen die Erwartungswertprofile der 4-Klassenlösung des klassenspezifischen Ratingskalen- Modells (Kap. 3.3.4) folgendermaßen aus:

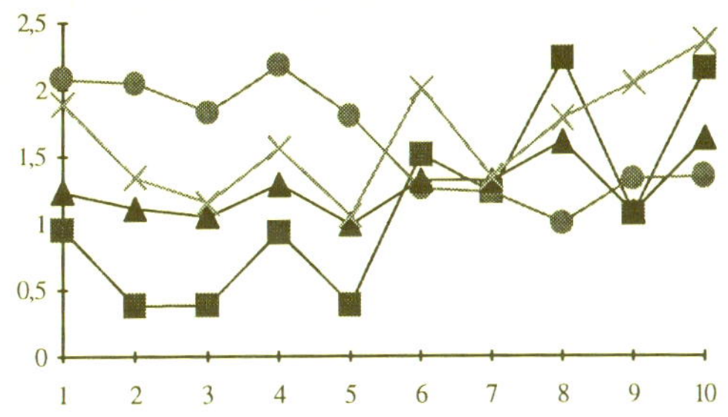

Abbildung 157: Die Erwartungswertprofile von 4 latenten Klassen

Es zeigt sich deutlich, daß die 4 Klassen *Abstufungen* auf der Neurotizismus-Dimension darstellen (die ersten 5 Items erfassen diese Dimension), während die 5 Extraversions-Items in ihren Profilen eher 'durcheinander gehen'. Man kann hieraus den Schluß ziehen, daß auf die ersten 5 Items erfolgreich ein *quantitatives* (eindimensionales) Testmodell angewendet werden kann.

Dieses Ergebnis deckt sich insofern mit den Ergebnissen der *Faktorenanalyse* (s.o.), als auch dort die Neurotizismus-Items das *reinste Ladungsmuster*, d.h. hohe Ladungen auf dem einen, niedrige Ladungen auf dem anderen Faktor aufweisen.

Homogene Itemgruppen mittels der Analyse latenter Klassen zu bestimmen, hat den *Nachteil*, daß man relativ *viele Klassen* braucht, um auch alle *quantitativen Personenunterschiede* mit abzubilden. Dies ist bei *mixed Rasch-Modellen* anders, da quantitative Personenunterschiede hier *innerhalb* der Klassen abgebildet werden (vgl. Kap. 3.1.3 und 3.3.5). Das Kriterium *paralleler Profilverläufe* für homogene Itemgruppen kann auch auf die Itemprofile eines mixed Rasch-Modells angewandt werden:

Für einen Test, der *mehrere* Eigenschaften mißt, ist zu erwarten, daß es Rasch-Klassen gibt, in denen sich die *Schwierigkeitsparameter* der Items einer homogenen Gruppe *gleichsinnig verhalten*, also z.B. in einer Klasse sehr *hoch*, in einer anderen eher *niedrig* sind. Verlaufen die Profile der Itemparameter einer Itemgruppe zudem parallel, so läßt sich auf diese Itemgruppe ein eindimensionales Rasch-Modell anwenden.

Datenbeispiel

Für die 10 Neurotizismus- und Extraversions-Items des NEOFFI ergeben sich folgende Profile der Itemschwierigkeiten der 2-Klassenlösung des mixed Ratingskalen-Modells (vgl. Kap. 3.3.5., Gleichung (7)):

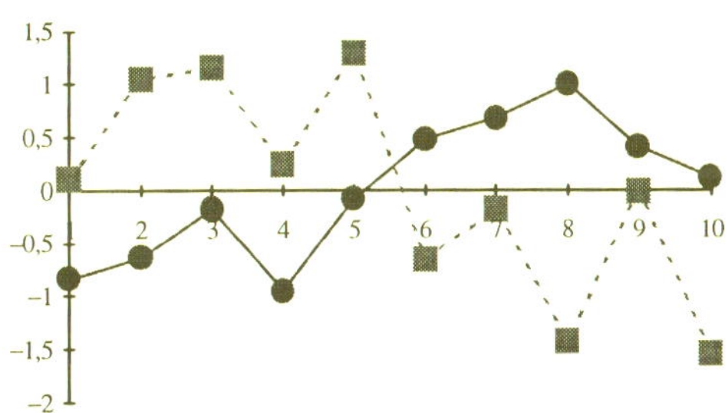

Abbildung 158: Die Profile der Itemparameter der 2-Klassenlösung des mixed Ratingskalen-Modells

In der Klasse mit dem gestrichelten Profil sind alle *Neurotizismus*-Items schwerer als in der Klasse mit der durchgezogenen Profillinie, während das für die Extraversions-Items umgekehrt ist. Die beiden latenten Klassen trennen Personen mit hohen N- aber niedrigen E-Werten von Personen mit niedrigen N- und hohen E-Werten.

Die Profilabschnitte verlaufen für die N-Items nahezu parallel, was darauf hinweist, daß diese 5 Items homogener sind und ihre Eigenschaftsdimension *besser messen* als die 5 E-Items. Das deckt sich mit den Resultaten der Faktorenanalyse und der Klassenanalyse (s.o.).

Die Rechenbeispiele zeigen, daß sich mit *klassifizierenden* Testmodellen auch Itemgruppen identifizieren lassen, die im Sinne eines eindimensionalen quantitativen Testmodells *homogen* sind. Verglichen mit der *Faktorenanalyse* ist dieses Verfahren etwas 'schwerfälliger', zumal *keine* sehr *großen Itemmengen* auf diese Weise 'sortiert' werden können.

Die *Vorteile* liegen darin, daß man mit diesen Verfahren im Rahmen des probabilitistischen Ansatzes der Testtheorie bleibt und man nicht die *Annahmen über die Datenqualität* und das *Modell über das Antwortverhalten* zwischen den Analyseschritten wechseln muß. Weiterhin sind *Modellvergleiche* zwischen den klassifizierenden und den quantifizierenden Modellen möglich (vgl. Kap. 5.1), um die Frage der Eindimensionalität einer Itemgruppe zu beantworten. Schließlich *zwingt* die Begrenzung auf eine geringere Itemanzahl *zu einer Hypothesenbildung* über möglicherweise homogene Itemgruppen und somit zu einer theoriegeleiteten Testauswertung.

Literatur

Die Methoden der Itemselektion im Rahmen der Meßfehlertheorie stellen Lienert & Raatz (1994) dar. Moosbrugger & Zistler (1994) gehen auf spezielle Probleme der Trennschärfe als Item-Test-Korrelation ein. Der Q-Index wird von Rost & v. Davier (1994) behandelt, Itemfit-Maße, die auf Itemresiduen beruhen, von Andrich & Kline (1981) und Wright & Masters (1982). Reise (1990) geht auf Itemfit-Maße ein, die auf der Likelihood des Itemvektors beruhen. Die Prüfung der Unterschiedlichkeit der Itemparameter in zwei Teilstichproben geht auf Fischer & Scheiblechner (1970) zurück. Der Diskriminationsindex bei klassifizierenden Modellen wird auch bei Clusteranalysen verwendet (s. z.B. Späth 1983). Strauß (1995) vergleichen die Faktorenanalyse und das mixed Rasch-Modell hinsichtlich der Identifizerung homogener Itemgruppen.

Übungsaufgaben

1. Berechnen Sie mit WINMIRA, wie sich die Reliabilität der 5 Neurotizismus-Items verändert, wenn man das nach dem Q-Index trennschärfste Item wegläßt, und wie, wenn man das trennschwächste eliminiert. In welchem Fall ist die Varianz der Personenparameter größer?
2. Untersuchen Sie mit WINMIRA, welche der 5 Extraversions-Items besonders gut und welche besonders schlecht zwischen den Klassen des Klassenmodells für ordinale Daten diskriminieren. Vergleichen Sie die Ergebnisse bezüglich der 2- und der 3-Klassenlösung.

6.3 Optimierung durch Personenselektion

Von einem *formalen* Standpunkt aus betrachtet, besteht in der Testtheorie eine weitgehende *Symmetrie* zwischen *Items* und *Personen*, so auch bei der Frage nach der Modellgültigkeit eines Testmodells für eine gegebene Datenmatrix. Die Modellgültigkeit kann dadurch eingeschränkt sein, daß abweichende *Spaltenvektoren* (= Items) oder abweichende *Zeilenvektoren* (= Personen) in der Datenmatrix enthalten sind. Deren *Eliminierung* kann die Modellanpassung erhöhen.

Von einem *wissenschafts-ethischen* Standpunkt aus betrachtet, gibt es jedoch eine *Asymmetrie* in dieser Frage. Während die Selektion von *Items* als legitim gilt, schließlich sind sie von Menschenhand gemacht und können mit allen Fehlern behaftet sein, die eine Eliminierung rechtfertigen, gilt die Eliminierung unpassender Personen aus der Datenmatrix als illegitim. Es liegt der Argwohn der *Datenmanipulation* nahe, wenn man von einer *Stichprobe* von Beobachtungen, das sind in diesem Fall die Testprotokolle, einfach einem Teil wegläßt, um die Ergebnisse zu *'verschönern'*.

Auch vom *Ziel* einer Testanalyse her betrachtet gibt es diese Asymmetrie, denn das Ziel besteht im allgemeinen darin, den *Test zu verbessern*. Das Testinstrument selbst verändert sich aber nur durch Itemselektion, nicht durch Personenselektion.

Trotzdem gibt es *einige gute Gründe*, weswegen man sich auch um abweichende Personen oder Personengruppen kümmern sollte.

Erstens muß ein Test nicht unbedingt *beanspruchen*, bei *allen* Personen eine Eigenschaft zu messen. Es kann durchaus sein, daß einige Personen von der zu messenden Eigenschaft gar keinen definierten Ausprägungsgrad haben.

Zweitens kann es einen *diagnostischen Wert* haben, Personen mit einem abweichenden Antwortmuster zu identifizieren. Das Ziel einer solchen Analyse besteht dann nicht darin, diese Personen aus den Ergebnissen herauszunehmen, sondern die Tatsache eines abweichenden Antwortmusters selbst *stellt das Testergebnis* für diese Person *dar*. So können z.B. Personen, die in einem Einstellungsfragebogen nicht das aufgrund ihres Summenscores zu erwartende Muster von Zustimmung und Ablehnung zeigen, gerade diejenigen mit einer besonders interessanten Einstellungsstruktur sein.

Drittens haben Test- und Fragebogendaten, die unter 'natürlichen Bedingungen' erhoben werden (im Gegensatz zu experimentellen Labordaten) einen hohen Grad an *bearbeitungsbedingter 'Verwässerung'*. Damit ist gemeint, daß ein gewisser Prozentsatz an Personen infolge fehlender Testmotivation, verfälschender Absicht, mangelnder Konzentration usw. überproportional stark zum *Meßfehler des Test* beitragen. Bevor man hier wertvolle Items eliminiert oder brauchbare Testmodelle verwirft, ist es sinnvoller, unbrauchbare Testprotokolle als solche zu erkennen und von weiteren Analysen auszuschließen.

Viertens trifft allzuoft das Argument, daß die Personen eine *Zufallsstichprobe* aus einer definierten Population darstellen, welche man im Nachhinein *nicht* verändern darf, *gar nicht* zu. Vielmehr sind die meisten verfügbaren Testdaten an stark vorselegierten Personengruppen, wie Patienten, Kursteilnehmern, Stellenbewerbern oder Schülern gewonnen worden. Die 'Unantastbarkeit' einer Zufallsstichprobe dürfte hier nicht gegeben sein.

Schließlich kann man durch die Analyse abweichender Antwortmuster sehr wohl auch zur *Optimierung des Testinstrumentes selbst* beitragen, sei es dadurch, daß die abweichenden Antwortmuster Hinweise geben, wie die *Formulierung oder Reihenfolge der Items verbessert* werden kann, sei es dadurch, daß man erfährt, *für welche Personen* der Test *ungeeignet* ist.

In Kapitel 6.3.1 wird zunächst die Identifizierung *einzelner* abweichender Antwortmuster behandelt. Dieses Vorgehen der Begutachtung einzelner Antwortmuster ist in zweierlei Hinsicht *problematisch*. Zum einen muß es bei probabilistischem Antwortverhalten *immer* einzelne Antwortpattern geben, die nur eine sehr geringe Wahrscheinlichkeit haben und somit 'abweichend' sind. Von einem einzelnen Pattern läßt sich daher kaum sagen, ob es zu 'unwahrscheinlich' ist. Zum anderen werden die Modellparameter meistens (aber nicht notwendigerweise) *unter Einschluß* all jener Pattern geschätzt, die man später als *nichtmodellkonform* identifiziert. Dies' stellt ein auswertungslogisches Problem dar.

Kapitel 6.3.2 behandelt die in dieser Hinsicht *eleganteren* Methoden, ganze *Personengruppen* mit untypischem Antwortverhalten zu identifizieren.

6.3.1 Abweichende Antwortmuster

Nimmt man die Geltung eines bestimmten Testmodells für einen Datensatz an und hat man die Parameter dieses Modells geschätzt, so hat jedes aufgetretene Antwortmuster einer Person eine mehr oder weniger hohe *Wahrscheinlichkeit* in diesem Modell. Antwortmuster, für die diese Wahrscheinlichkeit sehr gering ist, bezeichnet man als (vom Modell) *abweichend* (engl.: 'deviant' oder 'aberrant').

In Kapitel 6.2.1 wurde zum Zweck der Itemselektion ein *Itemfit-Maß* dargestellt, das auf der Wahrscheinlichkeit eines Spaltenvektors der Datenmatrix beruht, der *Q-Index*. Dasselbe Maß kann auch als Personenfit-Maß verwendet werden, wenn man es für die Wahrscheinlichkeit eines *Zeilenvektors* umdefiniert. Mit $p(\underline{x}_{beo})$ wird daher in diesem Kapitel die Wahrscheinlichkeit des beobachteten Antwortmusters einer *Person* v *unter der Bedingung* ihres Summenscores r_v bezeichnet :

$$(1) \quad p\left(\underline{x}_{beo}\right) = p\left(\underline{x}_v \mid r_v\right)$$

Bei Rasch-Modellen ist diese bedingte Patternwahrscheinlichkeit allein eine Funktion der Itemparameter und nicht des Personenparameters der Person (s. Gleichung (13) in Kap. 3.1.1.2.2).

Diese Wahrscheinlichkeit wird *maximal*, wenn das Antwortmuster dem sog. Guttman-Pattern (vgl. Kap. 3.1.1.1.1) entspricht, d.h. genau die r leichtesten Items eine 1-Antwort aufweisen. Sie wird *minimal*, wenn genau die r schwierigsten Items die 1-Antwort zeigen (was man auch als 'Anti-Guttman-Pattern' bezeichnen kann).

Der Personenfit-Index Q_v setzt analog zum Itemfit-Index Q_i die Wahrscheinlichkeit des beobachteten Patterns zur maximalen, $p(\underline{x}_{max})$, und zur minimalen Patternwahrscheinlichkeit, $p(\underline{x}_{min})$, in Beziehung (vgl. Kap. 6.2.1). Für den Fall von 5 Items, die nach *aufsteigender Schwierigkeit* geordnet sind, sehen die beteiligten Pattern z.B. wie folgt aus:

σ_i	−1.17	−0.69	0.04	0.70	1.12
$\underline{x}_{beo}$	1	0	1	1	0
$\underline{x}_{max}$	1	1	1	0	0
$\underline{x}_{min}$	0	0	1	1	1

Der *Personenfit-Index* Q_v ist folgendermaßen definiert (vgl. (4) in Kap. 6.2.1):

$$(2) \qquad Q_v = \frac{\log \dfrac{p(\underline{x}_{beo})}{p(\underline{x}_{max})}}{\log \dfrac{p(\underline{x}_{min})}{p(\underline{x}_{max})}} ,$$

und reduziert sich nach dem Einsetzen der bedingten Patternwahrscheinlichkeiten (vgl. (13) in Kap. 3.1.1.2.2):

$$(3) \qquad p(\underline{x}|r) = \frac{\exp\left(-\sum_{i=1}^{k} x_i \sigma_i\right)}{\sum_{\underline{x}|r} \exp\left(-\sum_{i=1}^{k} x_i \sigma_i\right)}$$

zu dem 'einfacheren' Ausdruck

$$(4) \qquad Q_v = \frac{-\sum_{i=1}^{k} x_i \sigma_i + \sum_{i=1}^{r} \sigma_i}{-\sum_{i=k-r+1}^{k} \sigma_i + \sum_{i=1}^{r} \sigma_i} ,$$

der wegen der verkürzten Schreibweise allerdings voraussetzt, daß die Items nach aufsteigender Schwierigkeit *numeriert* sind. Auf die Verallgemeinerung dieses Indexes für ordinale Daten wird weiter unten eingegangen.

Der Index variiert zwischen 0 und 1, wobei

- 0 anzeigt, daß die Person ein *'perfektes'* Guttman-Pattern produziert hat,
- eine 1 anzeigt, daß sie gerade die schwersten Items gelöst hat (und daher vom Modell abweicht), und
- ein Wert von 0.5 ein völlig *zufälliges* Antwortverhalten anzeigt.

Üblicherweise variieren empirische Q_v-Werte zwischen 0.1 und 0.5. Sie können ebenso wie die Itemfit-Maße Q_i in *standard-normal-verteilte* Prüfgrößen Z_{Q_v} transformiert werden (vgl. Kap. 6.2.1). Auch hier zeigt dann z.B. ein Z-Wert, der größer als +1.96 ist, an, daß die Person mit 95%-iger Wahrscheinlichkeit einen *zu schlechten Modellfit* hat ('Underfit'), während ein signifikant negativer Z-Wert ($Z< -1.96$) eine *zu gute* Modellanpassung ('Overfit') anzeigt (vgl. Kap 6.2.1).

Datenbeispiel

Bei den KFT-Daten, ergeben sich *nur 2* abweichende Antwortmuster, wenn man einen kritischen Z-Wert von $Z = 3.0$ zugrundelegt. Diese Signifikanzgrenze entspricht einem Wahrscheinlichkeitsniveau von $p = 0.0026$, daß man ein Pattern *zu unrecht als abweichend* einstuft. Die hohe Signifikanzgrenze soll der Tatsache Rechnung tragen, daß man bei 300 Personen 300-mal die Signifikanzprüfung vornimmt und daher bei einem Signifikanzniveau von $p = 1/300 = 0.0033$ schon *ein* abweichendes Pattern zu erwarten ist.

Die beiden signifikanten Antwortpattern, die jeweils nur einmal aufgetreten sind, lauten

$$\underline{x}_v = 0\,0\,1\,1\,1\,, Q_v = 1.0,$$

und $\underline{x}_w = 0\,0\,0\,1\,1\,, Q_w = 1.0.$

Es handelt sich in beiden Fällen um perfekte Anti-Guttman-Pattern.

Die folgende Tabelle gibt die Häufigkeiten n(Q) der in Intervalle zusammengefaßten Q-Werte wieder:

Q_v	n(Q)
0-0.1	197
0.1-0.2	20
0.2-0.3	18
0.3-0.4	7
0.4-0.5	19
0.5-0.6	15
0.6-0.7	2
0.7-0.8	4
0.8-0.9	4
0.9-.99	0
1.0	14

Beachtenswert an der Beispielrechnung ist die Tatsache, daß die beiden anderen Anti-Guttman-Pattern, 0 0 0 0 1 und 0 1 1 1 1, *auch* aufgetreten sind, und zwar sogar 4-mal bzw. 8-mal (vgl. Kap 3.1), jedoch an demselben Signifikanzniveau *nicht* signifikant werden.

Auch sie haben einen Q_v-Wert von 1.0, jedoch ist die Varianz der unter Modellgeltung errechneten Patternwahrscheinlichkeiten der jeweils 5 möglichen Pattern mit Score r = 1 oder r = 4 zu groß, als daß eine einzige 'falsche' Itemantwort (eine '1' beim letzten statt beim ersten Item) einen signifikanten Z-Wert bewirken könnte.

Die *Power* oder Teststärke (vgl. Kap. 6.2.2) der Z-Statistik ist von der *Anzahl* der Items und der *Varianz* der Itemparameter abhängig: Ein abweichendes Antwortpattern, wird *umso eher* signifikant, *je länger* der Test und *je größer die Varianz* der Itemschwierigkeiten ist. Insofern sind die genannten Resultate des nur 5 Items umfassenden Datenbeispiels nicht aussagekräftig für längere Tests, bei denen im allgemeinen Q_v-Werte über 0.5 auch signifikant werden.

Gleichung (4) beschreibt den Q_v-Index für *dichotome* Itemantworten. Seine Verallgemeinerung für *ordinale* Itemantworten ist leicht möglich, er lautet dann:

$$(5) \qquad Q_v = \frac{\sum_{i=1}^{k} -\sigma_{ix}^{beo} + \sum_{i=1}^{k} \sigma_{ix}^{max}}{\sum_{i=1}^{k} -\sigma_{ix}^{min} + \sum_{i=1}^{k} \sigma_{ix}^{max}},$$

wenn man das unrestringierte Rasch-Modell für ordinale Daten zugrundelegt. Die Itemparameter σ_{ix}^{beo}, σ_{ix}^{max} und σ_{ix}^{min} sind die kumulierten Schwellenparameter derjenigen Kategorie x, die bei dem jeweiligen Pattern (beo, max oder min) bei Item i auftritt. Das heißt, man muß zur Berechnung von Q_v die beiden Antwortmuster mit maximaler und minimaler Wahrscheinlichkeit kennen. Diese zu ermitteln ist deswegen schwieriger als bei dem analogen Itemfit-Maß Q_i, weil hier die Patternwahrscheinlichkeiten unter der Bedingung des *Summenscores* der Person, r_v, gesucht sind:

$$p\left(\underline{x}_{max} \middle| r_v\right) \quad \text{und} \quad p\left(\underline{x}_{min} \middle| r_v\right).$$

Der Summenscore r_v gibt aber lediglich an, *wieviele Schwellen* eine Person im gesamten Test überschritten hat, und nicht *wie oft* die *Kategorien* 0,1,2 ... bis m aufgetreten sind.

Die Ermittlung der *perfekten Guttman-Pattern* oder auch der 'Anti-Guttman-Pattern' ist bei *ordinalen Daten* daher nicht einfach dadurch möglich, daß man die Items nach ihrer Schwierigkeit ordnet und eine *'gestaffelte' Dreiecksmatrix* herstellt (vgl. Kap. 3.1.1.1.1), etwa der Art:

0	0	0	0
1	0	0	0
1	1	0	0
2	1	0	0
2	1	1	0
2	2	1	0
3	2	1	0
3	2	1	1
3	2	2	1
3	3	2	1
3	3	2	2
3	3	3	2
3	3	3	3

Wenn sich die Schwellendistanzen zwischen den Items unterscheiden, können sich sogar drastische Verletzungen einer wohlgeordneten Dreieckstruktur ergeben, wie das folgende Beispiel zeigt.

Guttman- und Anti-Guttman-Pattern bei ordinalen Daten

Für das Datenbeispiel der NEOFFI-Items ergeben sich die folgenden Antwortpattern mit maximaler bzw. minimaler Wahrscheinlichkeit unter der Bedingung eines gegebenen Summenscores r:

Gutman						Anti-Guttman				
$\underline{x}_{max}$					r	$\underline{x}_{min}$				
0	0	0	0	0	0	0	0	0	0	0
0	0	0	1	0	1	0	0	0	0	1
1	0	0	1	0	2	0	0	0	0	2
1	0	1	1	0	3	0	0	0	0	3
1	1	1	1	0	4	0	1	0	0	3
1	1	1	1	1	5	0	0	3	0	2
1	1	1	2	1	6	0	0	3	0	3
2	1	1	2	1	7	0	1	3	0	3
2	2	1	2	1	8	0	2	3	0	3
2	2	2	2	1	9	0	3	3	0	3
2	2	2	2	2	10	1	3	3	0	3
2	3	2	2	2	11	3	2	3	0	3
3	3	2	2	2	12	3	3	3	0	3
3	3	2	3	2	13	1	3	3	3	3
3	3	2	3	3	14	3	2	3	3	3
3	3	3	3	3	15	3	3	3	3	3

Auch wenn man die Items nach *absteigendem Summenscore ordnet*, ergibt sich keine Dreieckstruktur. Nicht einmal aufsteigende Kategoriennummern innerhalb einer *Spalte* sind notwendig, wie sich an mehreren Stellen der Pattern mit minimaler Wahrscheinlichkeit zeigt.

Auch wenn diese extrem wahrscheinlichen oder unwahrscheinlichen Antwortmuster weniger 'regelmäßig' aussehen als im dichotomen Fall, sind sie *eindeutig definiert* und, sofern die Schwellenparameter aller Items bekannt sind, mit einem entsprechenden Algorithmus *identifizierbar*: die *Summe der Schwierigkeitsparameter* aller r überschrittenen Schwellen muß minimal bzw. maximal sein. Dies sind auch gleichzeitig die Summen, die zur Berechnung von Q_v anhand von Gleichung (5) benötigt werden.

Datenbeispiel

Bei den 1000 befragten Personen im NEOFFI-Beispiel ergibt sich folgende Häufigkeitsverteilung der Q_V-Werte:

Q_V	n(Q)
0.-0.1	649
0.1-0.2	178
0.2-0.3	87
0.3-0.4	42
0.4-0.5	18
0.5-0.6	9
0.6-0.7	4
0.7-0.8	3
0.8-0.9	1
0.9-0.99	6
1.0	3

Davon haben 39 Pattern einen Z-Wert, der größer als 3.0 ist. Da die Wahrscheinlichkeit, diese Signifikanzgrenze 'per Zufall' zu überschreiten, etwa ¼ Prozent beträgt (s.o.), sind 39 Personen eine beträchtliche Anzahl.

Abweichende Antwortmuster mittels eines Personenfit-Maßes zu identifizieren, ist *nur* bei *quantifizierenden* Testmodellen üblich, auch wenn es prinzipiell möglich ist, den Q_V-Index für klassifizierende Testmodelle zu definieren. Bei letzteren arbeitet man jedoch ohnedies mit *bedingten Patternwahrscheinlichkeiten*, nämlich den $p(\underline{x}_v|g)$, die mit Hilfe des Satzes von Bayes in *Zuordnungswahrscheinlichkeiten* $p(g|\underline{x}_v)$ transformiert werden (vgl. Kap. 3.1.2.2).

In Kapitel 6.1.4 wurden diese Zuordnungswahrscheinlichkeiten als Indikator für die *Meßgenauigkeit* benutzt. Sie sind ebenso ein Indikator für *abweichende* Antwortmuster, denn bei klassifizierenden Testmodellen gilt ein Antwortmuster dann als abweichend, wenn es in keine Klasse so recht paßt. Möchte man bei einem klassifizierenden Testmodell Personen mit untypischem Antwortmuster herausfiltern, so würde man solche Personen nehmen, deren Zuordnungswahrscheinlichkeiten in etwa den Klassengrößenparametern entsprechen:

$$p(g|\underline{x}_v) = \pi_g .$$

In diesem Fall ist das Antwortmuster $\underline{x}_v$ für keine Klasse typisch.

6.3.2 Unskalierbare Personengruppen

Im vorangehenden Kapitel wurden zwei Datenbeispiele gezeigt, bei denen einmal 2 von 300 Personen und einmal 39 von 1000 Personen ein 'signifikant' abweichendes Antwortverhalten aufweisen. Während diese Zahl im ersten Fall vernachlässigbar klein ist, handelt es sich im zweiten Fall um eine recht große Gruppe von abweichenden Personen.

Ob es überhaupt eine *separierbare Gruppe* von Personen mit abweichendem Antwortverhalten gibt und *wie groß* diese Gruppe ist, läßt sich mit einem *klassifizierenden* Testmodell 'eleganter' klären. Der Vorteil dieser Methode der Personenselektion besteht darin, daß man nicht *im Nachhinein* Antwortmuster als 'abweichend' deklariert, die man zuvor noch zur Schätzung der Modellparameter herangezogen hat.

Ein *Nachteil* besteht darin, daß man mit dieser Methode alle abweichenden Pattern *in einer Klasse* zusammenfaßt, in welcher ein *bestimmtes Wahrscheinlichkeitsmodell* die Daten beschreibt. Damit ist gemeint, daß für *jede* latente Klasse, also auch für eine Klasse von *Unskalierbaren,* Modellparameter geschätzt werden müssen und diese Parameter eine bestimmte Wahrscheinlichkeitsverteilung der Itemantworten vorschreiben. Es stellt sich die Frage, ob es ein Widerspruch in sich ist, eine bestimmte Wahrscheinlichkeitsverteilung für 'unskalierbare' Itemantworten festzulegen.

Das häufigste Modell für eine Klasse von Unskalierbaren besteht darin, eine *Gleichverteilung* aller Itemantworten anzunehmen. Dahinter steht die Vorstellung, daß unskalierbare Personen wahllos Antworten geben, und somit jede von m + 1 möglichen Antwortalternativen gleich oft gewählt und durch die Wahrscheinlichkeit

$$p(X_{vi} = x) = \frac{1}{m+1} \quad \text{für} \quad x \in \{0,1,2\ldots m\}$$

beschrieben wird.

Datenbeispiel

Die Items als KFT werden durch die 2-Klassenlösung der Klassenanalyse recht gut beschrieben, wenn auch die 2-Klassenlösung des mixed Rasch-Modells besser paßt (s. Kap. 5.1.2).

Bei der Berücksichtigung einer Klasse von Unskalierbaren geht es um die Einführung einer *dritten* Klasse, in der die Lösungswahrscheinlichkeiten auf einen bestimmten Wert *fixiert* werden. Soll es sich hierbei um eine *Klasse von 'Ratern'* handeln, also Personen, die die richtige Antwort ohne Ansehen der Antwortalternativen 'erraten', so wären die Lösungswahrscheinlichkeiten auf $p(X_{vi} = 1) = 0.2$ zu fixieren, da der KFT 5 Alternativen anbietet, von denen genau eine richtig ist. Die Ergebnisse einer solchen Berechnung sind jedoch eher verwirrend, da diese Rateklasse sehr groß wird (sie nimmt einen Großteil der leistungsschwachen Schüler auf), der *Anstieg der Likelihood* gegenüber der 2-Klassenlösung aber fast gleich Null ist.

Im folgenden sind daher die Ergebnisse dargestellt, bei denen die Lösungswahrscheinlichkeiten der dritten Klasse auf $p(X_{vi} = 1) = 0.5$ fixiert sind. Die Personen in dieser Klasse sollen also nicht deswegen unskalierbar sein, weil sie die richtige Lösung per Zufall erraten, sondern weil sie *alle* Items mit einer *mittleren* Wahrscheinlichkeit lösen. Dies kann z.B. das Resultat einer eher *sporadischen Aufmerksamkeitszuwendung* sein.

Die geschätzten Lösungswahrscheinlichkeiten der ersten beiden Klassen lauten:

i	1	2	3	4	5
π_{i1}	0.91	0.95	0.75	0.67	0.48
π_{i2}	0.36	0.17	0.16	0.03	0.10

und sind denen der 2-Klassenlösung sehr ähnlich.

Die Klassengrößenparameter dieser beiden Klassen betragen $\pi_1 = 0.51$ und $\pi_2 = 0.44$, so daß die dritte Klasse einen Parameter von $\pi_3 = 0.05$ hat. Das bedeutet, daß 5% der 300 Personen in diese Klasse der Unskalierbaren gehören.

Nimmt man anhand der maximalen Zuordnungswahrscheinlichkeiten eine manifeste Zuordnung jeder Person zu ihrer 'wahrscheinlichsten' Klasse vor, so entfallen in die dritte Klasse nur 3 Personen. Eine solche Diskrepanz zwischen der Größe der *latenten* und der *manifesten* Klasse kann es geben, da der Klassengrößenparameter π_g die Summe der Anteile jeder Person an einer Klasse g darstellt, während nur solche Personen *manifest* in Klasse g gelangen, deren Zuordnungswahrscheinlichkeit für diese Klasse am *größten* ist.

Bezeichnenderweise handelt es sich bei den Personen in dieser dritten Klasse um die beiden mittels des Q_v-Index als 'signifikant abweichend' ermittelten Personen mit den Pattern 0 0 0 1 1 und 0 0 1 1 1 (vgl. Kap. 6.3.1), sowie eine weitere Person mit dem Pattern 0 0 1 1 0.

Die Frage, ob es *sinnvoll* ist, eine solche dritte Klasse vorzusehen, läßt sich mit einem Modellvergleich zwischen der 2-Klassen- und dieser 3-Klassenlösung beantworten (vgl. Kap. 5.1). Die folgende Tabelle zeigt die entsprechenden Prüfgrößen:

	log L	AIC
2 Klassen	−850.55	1723.1
2 Klassen + 1 50%-Klasse	−850.18	1724.36

Nach dem AIC-Kriterium paßt das 2-Klassen-Modell besser. Auch der Likelihoodquotiententest zwischen beiden Modellen ergibt mit einem empirischen χ^2-Wert von 0.74 bei 1 Freiheitsgrad, daß die dritte Klasse, für die nur ein zusätzlicher (Klassengrößen-)parameter zu schätzen ist, *keine* signifikant bessere Modellgeltung bewirkt.

Eine mögliche Klasse von Unskalierbaren derart zu *restringieren*, daß nur noch ihr Klassengrößenparameter zu schätzen ist, ist zwar sehr sparsam, läßt aber dieser Klasse wenig Spielraum als *Sammelbecken* für Personen mit abweichendem Antwortverhalten. Abweichendes Antwortverhalten kann auch dadurch zustandekommen, daß Personen aus Unterforderung nur die schwersten Items lösen, aus Ermüdung nur die ersten oder ihre Kreuze nach einem bestimmten Muster auf dem Antwortbogen verteilen.

Die Alternative zu einer stark restringierten Klasse von 'Unskalierbaren' besteht in einer eher *flexiblen Klasse*, die mit *vielen* zu schätzenden Parametern auch abweichende Antwortverteilungen beschreiben kann. Konkret heißt das, eine *unrestringierte* latente Klasse für abweichende Antwortmuster vorzusehen oder, im Falle von *mixed Rasch-Modellen* gar eine unrestringierte Klasse, in der das Rasch-Modell gilt.

Bei diesem Vorgehen, also dem Verzicht auf Restriktionen für die Unskalierbaren, stellt sich die Frage, *woran man erkennt*, daß eine latente Klasse ein Sammelbecken für abweichendes Antwortverhalten darstellt. Hierfür gibt es vier Kriterien, die als Heuristik zur Identifikation einer Klasse von Unskalierbaren verwendetet weden können:

- *Erstens*, sollten die *Itemparameter* in einer solchen Klasse eine geringere Varianz haben als in der (den) anderen Klasse(n) und möglicherweise auch eine *andere Ordnung* als die Itemscores in der Gesamtpopulation.

- *Zweitens*, sollten bei mehrkategoriellen, ordinalen Itemantworten die *Schwellen nicht geordnet* sein, da geordnete Schwellenparameter darauf hinweisen, daß die *zu messende* Eigenschaft die Benutzung der Antwortskala steuert.

- *Drittens,* sollte die *Varianz der Personenparameter eingeschränkt* sein, da eine große Personenvarianz darauf hindeutet, daß die Itemantworten von einer gemeinsamen Eigenschaftsdimension abhängen (die Personen also 'skalierbar' sind).

- *Viertens,* sollte das klassenspezifisch berechnete *Itemfit-Maß* Q_i in einer Klasse von Unskalierbaren *hohe Werte* annehmen, also schlecht passende Items anzeigen, die aber dennoch *nicht-signifikant* sind, da die Power wegen der geringen Personenvarianz nicht ausreicht (vgl. Kap. 6.2.2).

Hinsichlich dieses Vorgehens zur Identifizierung von Personengruppen mit abweichendem Antwortverhalten liegen bislang nur wenige Erfahrungen vor. So ist z.B. noch unklar, inwieweit man eine vorhandene Klasse von Unskalierbaren in ihrer Größe *überschätzt,* da stets auch ein gewisser Anteil der Antwortmuster der skalierbaren Population dieser Klasse zugeordnet wird.

Literatur

Die Identifizierung abweichenden Antwortverhaltens wird als 'appropriateness measurement' von Drasgow et al (1987), Levine & Drasgow (1982, 1988), als Anwendung von 'caution indices' von Tatsuoka & Linn (1983), Reise & Due (1991) und als Untersuchung des 'person fit' von Molenaar & Hoijtink (1990) und Trabin & Weiss (1983) behandelt. Tarnai & Rost (1990) haben den Q-Index als Personenfit-Maß diskutiert.

Auf Literatur zur Identifikation von unskalierbaren Personengruppen bei Klassenmodellen wurde in den betreffenden Unterkapiteln von Kapitel 3.1.2 verwiesen. Ein Beispiel für die Identifizierung einer Klasse von Unskalierbaren mit dem mixed Rasch-Modell geben Rost & Georg (1991).

Übungsaufgabe

Prüfen Sie mit WINMIRA, ob man die Gültigkeit des ordinalen Rasch-Modells für die 5 Extraversions-Items des NEOFFI (s. Kap. 3.3.5) erhöhen kann, indem man Personen mit untypischem Antwortverhalten aus dem Datensatz herausnimmt.

6.4 Optimierung der externen Validität

Der Nachweis, daß ein bestimmtes, theoretisch plausibles Testmodell auf die Testdaten paßt, ist bereits ein Nachweis von *Gültigkeit* des Tests, also von Validität. In Kapitel 2.1.1 wurde dieser Aspekt von Validität als *interne Validität* eingeführt. Die in den beiden vorangehenden Kapiteln diskutierten Verfahren der Optimierung durch Item- und Personenselektion optimieren die interne Validität, da sie die Geltung eines Testmodells für die Testdaten erhöhen.

In diesem Kapitel geht es um die *externe Validität*, ein Gütekriterium, das stets die Existenz einer externen, also 'testfremden' Variable voraussetzt. Wie man die externe Validität eines Tests berechnet, wird im Kapitel 6.4.1 dargestellt.

Wie kann man einen Test hinsichtlich seiner externen Validität optimieren? Hierauf gibt es zwei Antworten, die sich teilweise widersprechen. Zum einen gilt die plakative Regel, daß ein Test nicht valider sein kann als es seine Reliabilität zuläßt. Das bedeutet, daß man die externe Validität durch eine Steigerung der Meßgenauigkeit erhöhen kann. Diese Zusammenhänge werden in Kapitel 6.4.2 behandelt.

Zum anderen gilt auch die von vielen Testkritikern angeführte Beziehung, daß Maßnahmen zur Erhöhung der Reliabilität die externe Validität eines Tests *senken* können. Diese partielle Unvereinbarkeit einer gleichzeitigen Optimierung von Reliabilität und externer Validität wird als *Reliabilitäts-Validitäts-Dilemma* bezeichnet und in Kapitel 6.4.3 dargestellt.

6.4.1 Die Berechnung der externen Validität

Eine saloppe, aber zutreffende Aussage zur Bestimmung externer Validität besagt:

Ein Test hat so viele Validitäten wie es Validitätskriterien gibt.

Diese Aussage zielt darauf ab, daß die externe Validität nicht ein Gütekriterium *des Tests selbst* ist, das durch eine einzelne Zahl ausgedrückt werden kann, sondern stets ein Merkmal des Tests *in bezug auf* eine bestimmte Außenvariable, ein *Validitätskriterium* (s. Kap. 2.1.1).

Diese Variable muß sich per Definitionem von der durch den Test gemessenen latenten Variable θ unterscheiden und wird im folgenden mit Y bezeichnet. Da sowohl θ wie auch Y eine quantitative oder eine kategoriale Variable sein kann, gilt es bei der Berechnung des Zusammenhangs vier Fälle zu unterscheiden:

		Y: quantitativ	Y: kategorial
θ	quantitativ	Korr	η
	kategorial	η	C

Üblicherweise wird die externe Validität nur für den Fall definiert, daß beide Variablen quantitativ sind, und zwar als Korrelation zwischen dem Meßwert $\hat{\theta}$ und dem Kriterium Y:

$$(1) \quad \mathrm{Val}_Y(\hat{\theta}) = \mathrm{Korr}(\hat{\theta}, Y)$$

Das Quadrat des Korrelationskoeffizienten gibt den gemeinsamen Varianzanteil beider Variablen an, was in Abbildung 159 graphisch veranschaulicht ist:

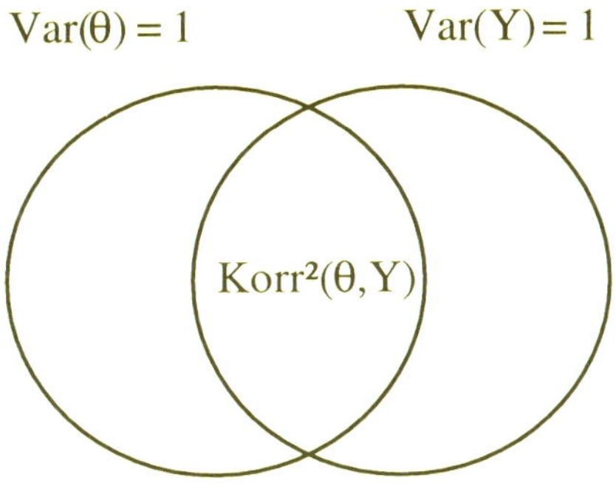

Abbildung 159: Der quadrierte Korrelationskoeffizient als gemeinsamer Varianzanteil

Somit gibt das Quadrat der Validität eines Tests an, welcher Anteil der Varianz des Validitätskriteriums durch den Test *erklärt* oder *vorhergesagt* werden kann. Hat ein Test bzgl. eines Kriteriums eine Validität von 0.70, so kann man mit dem Test 49% der Varianz des Kriteriums vorhersagen.

Ein solcher *Varianzanteil* läßt sich auch bestimmen, wenn die gemessene Variable θ kategorial ist, es sich also um einen klassifizierenden Test handelt. Das entsprechende Maß wird im Rahmen der Varianzanalyse als η^2 (Eta-quadrat) bezeichnet und läßt sich folgendermaßen berechnen:

(2) $$\eta^2 = \frac{\sum_{g=1}^{G} n_g\left(\overline{Y}_g - \overline{Y}\right)^2}{\sum_{v=1}^{N} \left(y_v - \overline{Y}\right)^2},$$

wobei y_v den Wert der Person v auf der Variable Y, $\overline{Y}$ den Gesamtmittelwert von Y und $\overline{Y}_g$ den Mittelwert aller Personen in Klasse g bezeichnet.

Die Wurzel aus η^2, also η, gibt die Validität eines klassifizierenden Tests an.

Datenbeispiel

Für das in Kapitel 3.2 beschriebene Datenbeispiel zum Umwelthandeln wird ein Validitätskriterium herangezogen, das das (selbstberichtete) Ausmaß an 'politischem' Umwelthandeln repräsentiert. Hierbei handelt es sich um eine quantitative Variable. Ihre Korrelationen mit den 4, durch den Fragebogen erhaltenen Meßwerten betragen:

$$\mathrm{Val}_y(\theta_1) = 0.62$$

$$\mathrm{Val}_y(\theta_2) = -0.32$$

$$\mathrm{Val}_y(\theta_3) = -0.03$$

$$\mathrm{Val}_y(\theta_4) = -0.28.$$

Erwartungsgemäß ist die Korrelation mit dem ersten Meßwert am höchsten. Dieser erfaßt die Tendenz der Personen, in Kategorie '0' zu antworten ('Habe ich schon getan bzw. tue ich bereits'). Der Meßwert hat also eine Validität von 0.62. Da es sich bei den 4 Meßwerten um ipsative Werte handelt, sind ihre Validitäten voneinander abhängig (vgl. Kap. 3.2.2). In diesem Fall ist ihre Summe fast gleich Null, wie es für ipsative Variablen mit gleichen Varianzen auch der Fall sein muß.

Die Klassenanalyse desselben Fragebogens ergab 3 Klassen, von denen die dritte Klasse die Personen mit der stärksten Tendenz zum Umwelthandeln umfaßt. Dies spiegelt sich auch in den folgenden Mittelwerten der Variable Y wider:

	$\overline{Y}_g$	n_g
Klasse 1	0.31	163
Klasse 2	0.15	187
Klasse 3	1.34	450

Zur Berechnung der Validität des klassifikatorischen Testergebnisses, d.h. zur Berechnung von η, benötigt man noch den Gesamtmittelwert, $\overline{Y} = 0.856$, und die Varianz von Y, $Var(Y) = 0.818$. Da die Varianz einer Variable definiert ist als die Abweichungsquadratsumme dividiert durch die Stichprobengröße

$$Var(Y) = \frac{\sum_{v=1}^{N} (y_v - \overline{Y})^2}{N},$$

erhält man den Nenner von η^2 (Gleichung (2)) durch Multiplikation der Varianz mit N, also $0.818 \cdot 800 = 654$. Der Zähler läßt sich mit den o.g. Klassenmittelwerten und Klassengrößen berechnen und beträgt 247, so daß sich ein η^2 von 0.38 und eine Validität von $\eta = 0.61$ ergibt.

Es handelt sich um einen glücklichen Zufall, daß bei diesen Daten die Validitäten des quantitativen und des klassifikatorischen Testergebnisses nahezu identisch sind. In der Regel muß das nicht der Fall sein. Beide Validitäten können sich dann unterscheiden, wenn die individuellen Unterschiede durch eines der Modelle schlechter repräsentiert sind als durch das andere.

Das Validitätskriterium kann auch aus einer *kategorialen Variable* bestehen, z.B. bei einem Test, der den Studienerfolg vorhersagen soll, aus der Variable mit den drei Kategorien:

Y = 1 : Studium abgebrochen
Y = 2 : Studium in der Regelstudienzeit abgeschlossen
Y = 3 : Studium mit zusätzlichen Semestern abgeschlossen.

Besteht das Testergebnis aus einem quantitativen Meßwert, so kann dessen Validität ebenfalls mit Hilfe von η bestimmt werden, auch wenn hier die Rollen von θ und Y vertauscht sind:

$$(3) \qquad Val_y(\hat{\theta}) = \sqrt{\frac{\sum_{h=1}^{H} n_h (\overline{\theta}_h - \overline{\theta})^2}{\sum_{v=1}^{N} (\hat{\theta}_v - \overline{\theta})^2}}.$$

Mit $\overline{\theta}_h$ ist hier der Mittelwert der Meßwerte aller Personen in der Kriteriumsgruppe h bezeichnet und mit n_h die Anzahl der Personen in dieser Gruppe. Zwar kann man das Quadrat der so berechneten Validität nicht als durch den Test aufgeklärten Anteil an der Varianz *des Validitätskriteriums* interpretieren, da für die kategoriale Variable Y keine Varianz berechnet werden kann. Aber es handelt sich trotzdem um einen Varianzanteil, nämlich den Anteil der *Meßwertvarianz*, der für die Zuordnung zu den Kriteriumsgruppen herangezogen wird. Man nennt diesen Varianzanteil auch die *valide Varianz* des Tests.

Sind beide Variablen, θ und Y, kategorial, so wird ihr empirischer Zusammenhang durch eine *Häufigkeitstabelle* repräsentiert, z.B. für 3 latente Klassen und 3 Kriteriumsgruppen:

		Y: h = 1	h = 2	h = 3	
	g = 1	n_{11}	n_{12}	n_{13}	n_1
θ	g = 2	n_{21}	n_{22}	n_{23}	n_2
	g = 3	n_{31}	n_{32}	n_{33}	n_3
		n_1	n_2	n_3	

Diese Häufigkeitstabelle muß nicht quadratisch sein, da θ und Y unterschiedliche Kategorienanzahlen haben können. Damit entfällt die Möglichkeit, als Zusammenhangsmaß das in Kapitel 2.5.1 beschriebene Maß 'Cohen's κ' heranzuziehen.

Das allgemeinste Maß zur Beschreibung des Zusammenhangs zweier kategorialer Variablen ist der *Kontingenzkoeffizient* C, der aus dem χ^2-Wert einer Häufigkeitstabelle abgeleitet ist.

Der χ^2-Wert ist folgendermaßen definiert (vgl. Kap. 5.2):

$$(4) \qquad \chi^2 = \sum_{g=1}^{G} \sum_{h=1}^{H} \frac{\left(n_{gh} - e_{gh}\right)^2}{e_{gh}} ,$$

wobei die n_{gh} die *beobachteten* Zellenhäufigkeiten der Tabelle bezeichnen und e_{gh} die *erwarteten* Häufigkeiten unter der Annahme, daß es *keinen* Zusammenhang zwischen Testergebnis und Validitätskriterium gibt. Letztere lassen sich aus den Randsummen der Häufigkeitstabelle, also den Klassen- bzw. Gruppengrößen n_g und n_h berechnen:

$$e_{gh} = \frac{n_g \cdot n_h}{N} .$$

Der Kontingenzskoeffizient C ist dann folgendermaßen definiert:

$$(5) \qquad C = \sqrt{\frac{\chi^2}{\chi^2 + N}} .$$

Die möglichen Werte von C liegen zwischen 0 und 1, wobei C allerdings den Nachteil hat, daß der maximal erreichbare Wert bei kleineren Häufigkeitstabellen deutlich unter 1 liegt. Für quadratische Häufigkeitstabellen läßt sich das Maximum von C berechnen, es beträgt nämlich

$$C_{max} = \sqrt{\frac{G-1}{G}} ,$$

wenn G die Anzahl der Zeilen bzw. Spalten der Tabelle ist. Um einen errechneten Wert von C hinsichtlich der Tabellengröße zu korrigieren, läßt sich folgende 'Aufwertung' von C vornehmen:

$$C_{corr} = \frac{C}{C_{max}} .$$

Anhand dieser Darstellung wird deutlich, daß der Kontingenzkoeffizient zwar eine pragmatische Möglichkeit bietet, die Validität eines klassifikatorischen Testergebnisses hinsichtlich eines kategorialen Validitätskriteriums zu berechnen. Er ist jedoch algebraisch nicht äquivalent zu dem Korrelationskoeffizienten oder zu η.

Neben diesen Möglichkeiten der Validitätsberechnung, die sich aus den unterschiedlichen *Skalenniveaus* der Meßwerte und des Validitätskriteriums ergeben, werden verschiedene *Arten der Testvalidität* unterschieden, die sich aus der Art der Kriteriumsvariablen Y ergeben.

Von *prädiktiver* oder *prognostischer* Validität spricht man, wenn das Validitätskriterium Y zeitlich später erhoben wird und einen Teil dessen repräsentiert, was der Test vorhersagen soll (Prädiktion) oder im vorhinein erkennen soll (Prognose). Beispiele sind ein Schuleingangstest, der an der Abiturnote validiert wird, oder ein Psychotizismusfragebogen, der an einer späteren psychiatrischen Diagnose validiert wird. Das Gegenstück zur prädiktiven Validität ist die *konkurrente* Validität, bei der das Validitätskriterium mehr oder weniger zeitgleich mit der Testvorgabe erhoben wird.

Mit *Konstruktvalidität* ist der Zusammenhang des Testergebnisses mit anderen Meßwerten gemeint, die dasselbe psychologische Konstrukt erfassen sollen. Ein Beispiel ist etwa die Validierung eines neu entwickelten Intelligenztests anhand anderer, bereits existierender Intelligenztests oder anhand weiterer Indikatoren für das, was der Testkonstrukteur unter Intelligenz versteht.

Als *faktorielle* Validität bezeichnet man eine Variante der Konstruktvalidität, die ihren Namen daher hat, daß die Validität mittels der *Faktorenanalyse* analysiert wird. Bei einer Faktorenanalyse werden die korrelativen Zusammenhänge sehr vieler Testergebnisse gemeinsam verarbeitet. Als Ergebnis erhält man sog. Faktorladungen, die die Korrelation eines Tests mit einer latenten Variable, einem Faktor angeben (vgl. Kap. 6.2.3). Hat ein Test eine hohe Ladung auf einem Faktor, der als das identifiziert werden kann, was der Test messen soll, so hat der Test eine hohe faktorielle Validität.

Das Begriffspaar *konvergente* und *diskriminante* Validität zielt darauf ab, daß ein Test nicht nur mit Tests, die ein ähnliches Konstrukt erfassen, *hoch* korrelieren sollte (konvergente Validität), sondern auch mit Tests, von denen sich das Konstrukt abgrenzen möchte, *niedrig* korrelieren sollte (diskriminante Validität). Ein Beispiel wäre etwa ein neuer Fragebogen zur Einstellung zum Umweltschutz, der nicht allzu hoch mit althergebrachten Skalen zum politischen Konservativismus korrelieren sollte, da er sonst keine wirklich eigenständige Einstellung erfaßt.

6.4.2 Maximal erreichbare Validitäten

Die Validität eines Tests ist definiert als Korrelation des (meßfehlerbehafteten) Meßwertes $\hat{\theta}$ mit einem Kriterium Y. Darüber, ob das Validitätskriterium fehlerfrei gemessen wird oder nicht, wurde nichts ausgesagt. Da man die Korrelation eines Testergebnisses mit einem Kriterium aber stets anhand empirisch festgestellter Werte ermittelt, kann man auch hier einen Meßfehler annehmen. Die *empirisch berechnete* Validität ist daher in der Regel eine Korrelation zwischen zwei Schätzwerten oder fehlerbehafteten Meßwerten:

$$\mathrm{Val}_Y\left(\hat{\theta}\right) = \mathrm{Korr}\left(\hat{\theta}, \hat{Y}\right).$$

Wie wirkt sich der Meßfehler des Testergebnisses und der Messung des Validitätskriteriums auf die Höhe der errechneten Validität aus? Die Antwort ist eindeutig: negativ. Bezeichnet man mit θ und Y, im Gegensatz zu $\hat{\theta}$ und $\hat{Y}$, die *fehlerfreien* also *wahren* Werte einer Person auf den beiden Variablen, so gilt allgemein:

$$\text{(1)}\quad \mathrm{Korr}\left(\hat{\theta}, \hat{Y}\right) \le \left\{\begin{matrix} \mathrm{Korr}\left(\hat{\theta}, Y\right) \\ \text{oder} \\ \mathrm{Korr}\left(\theta, \hat{Y}\right) \end{matrix}\right\} \le \mathrm{Korr}(\theta, Y).$$

Das bedeutet, daß man die 'wahre Validität' eines Tests, also die Validität des Test, wenn es keine Meßfehler gäbe, stets *unterschätzt* und das umso mehr, je größer der Meßfehler ist. Im Rahmen der allgemeinen Meßfehlertheorie (vgl. Kap. 6.1) gilt die Beziehung, daß die Korrelation zweier Variablen stets kleiner sein muß als die Wurzel aus der Reliabilität der Variablen mit der geringeren Reliabilität:

(2) $\text{Korr}(\hat{\theta}, \hat{Y}) < \min\left(\sqrt{\text{Rel}(\hat{\theta})}, \sqrt{\text{Rel}(\hat{Y})}\right).$

Hat ein Test z.B. eine Reliabilität von 0.81, so kann seine Validität gar nicht größer als 0.9 werden. Diesen Grenzwert erreicht die Validität auch nur dann, wenn das Validitätskriterium nicht nur völlig fehlerfrei gemessen wurde, sondern zudem auch noch identisch mit der im Test gemessenen latenten Variable θ ist. Die Wurzel aus der Testreliabilität entspricht nämlich der Korrelation des Meßwertes mit dem fehlerfreien, *wahren* Meßwert:

(3) $\sqrt{\text{Rel}(\hat{\theta})} = \text{Korr}(\hat{\theta}, \theta).$

Ableitung

Die Beziehung (3) ergibt sich allein aus dem Sachverhalt, daß das Quadrat einer Korrelation den *gemeinsamen* Varianzanteil der beiden korrelierten Variablen angibt (s. Abb. 159). Gleichung (3) läßt sich somit direkt aus der Definition der Reliabilität (vgl. Kap. 2.1.2) ableiten:

$$\text{Rel}(\hat{\theta}) = \frac{\text{Var}(\theta)}{\text{Var}(\hat{\theta})} = \text{Korr}(\hat{\theta}, \theta)^2 ,$$

wenn man bedenkt, daß die Varianz der *wahren* Werte in der Varianz der Meßwerte *enthalten* ist (vgl. Kap. 6.1.1), d.h.

$$\text{Var}(\hat{\theta}) = \text{Var}(\theta) + \text{Var}(E_\theta) .$$

Da kein Meßwert mit einer anderen Variable höher korrelieren kann als mit seinem eigenen wahren Wert, gilt die in Gleichung (2) ausgedrückte obere Grenze der Validität.

Diese Obergrenze läßt sich weiter präzisieren, wenn man annimmt, daß das Validitätskriterium dieselbe (oder keine höhere) Reliabilität hat wie der Test. In diesem Fall gilt

(4) $\text{Korr}(\hat{\theta}, \hat{Y}) \leq \text{Rel}(\hat{\theta})$, wenn $\text{Rel}(\hat{Y}) \leq \text{Rel}(\hat{\theta})$.

Die Kurzformel *'Die Validität kann nicht größer sein als die Reliabilität'* gilt also nur für den Fall, daß das Validitätskriterium auch keine höhere Reliabilität hat als der Test (was oft der Fall ist).

In Formel (4) gilt das Gleichheitszeichen, wenn die wahren Werte von Test und Validitätskriterium identisch sind:

(5) $\text{Korr}(\hat{\theta}, \hat{Y}) = \text{Rel}(\hat{\theta}),$

wenn $\theta = Y$ und $\text{Rel}(\hat{Y}) = \text{Rel}(\hat{\theta}).$

Diese Beziehung stellt die Grundlage dar für die Reliabilitätsberechnung im Rahmen der Meßfehlertheorie (s. Kap. 6.1.1).

Bei einer Testentwicklung ist man oft daran interessiert zu berechnen, wie hoch denn die Validität des Tests wäre, wenn der Test reliabler wäre oder sich das Validitätskriterium reliabler erfassen ließe. Hier sind drei Fälle zu unterscheiden, nämlich die Korrelation des Meßwertes $\hat{\theta}$ mit dem fehlerfreien Kriterium Y

(6) $\text{Korr}(\hat{\theta}, Y) = \dfrac{\text{Korr}(\hat{\theta}, \hat{Y})}{\sqrt{\text{Rel}(\hat{Y})}} ,$

die Korrelation des wahren Meßwertes θ mit dem fehlerbehafteten Kriterium $\hat{Y}$

(7) $\text{Korr}(\theta, \hat{Y}) = \dfrac{\text{Korr}(\hat{\theta}, \hat{Y})}{\sqrt{\text{Rel}(\hat{\theta})}}$

und schließlich die Korrelation, wenn beide Meßwerte fehlerfrei wären,

$$(8) \qquad \operatorname{Korr}(\theta, Y) = \frac{\operatorname{Korr}(\hat{\theta}, \hat{Y})}{\sqrt{\operatorname{Rel}(\hat{\theta}) \cdot \operatorname{Rel}(\hat{Y})}} .$$

Diese Formeln heißen *Verdünnungsformeln* (engl.: attenuation formulae), da sie zeigen, wie die empirisch ermittelten Validitäten durch die Meßfehler von Test und Kriterium 'verdünnt' also 'verwässert' oder 'verkleinert' werden. Umgekehrt spricht man von einer *Aufwertung* oder *Minderungskorrektur* empirisch ermittelter Korrelationen, wenn man sie um den Meßfehler der beteiligten Variablen bereinigt.

Ableitung

Die Verdünnungsformeln gehen bereits auf den Intelligenzforscher Spearman (1904) zurück, der diese Formeln ableitete und zur Stützung seiner Intelligenztheorie benützte, lange bevor die Meßfehlertheorie als sog. klassische Testtheorie axiomatisiert wurde. Trotzdem sind die bisher behandelten Gesetzmäßigkeiten der allgemeinen Meßfehlertheorie für die Ableitung dieser Formeln hilfreich. Zunächst benötigt man die Tatsache, daß die Kovarianzen (im Gegensatz zu den Korrelationen) *nicht* vom Meßfehler beeinflußt sind, d.h. es gilt

$$(9) \quad \operatorname{Cov}(\hat{\theta}, \hat{Y}) = \operatorname{Cov}(\hat{\theta}, Y) = \operatorname{Cov}(\theta, \hat{Y}) = \operatorname{Cov}(\theta, Y).$$

Gleichung (9) ergibt sich aus der Additivität der Kovarianz für zusammengesetzte Werte

$$\operatorname{Cov}(\hat{\theta}, \hat{Y}) =$$

$$\operatorname{Cov}(\theta, Y) + \operatorname{Cov}(\theta, E_y) + \operatorname{Cov}(E_\theta, Y) + \operatorname{Cov}(E_\theta, E_y)$$

und der Tatsache, daß die letzten drei Summanden wegen der Axiome II und IV der Meßfehlertheorie (s. Kap. 2.1.2) gleich Null sind.

Unter Heranziehung der Definition des Korrelationskoeffizienten und der Reliabilität läßt sich Gleichung (8) folgendermaßen auflösen:

$$\operatorname{Korr}(\theta, Y) = \frac{\operatorname{Korr}(\hat{\theta}, \hat{Y})}{\sqrt{\operatorname{Rel}(\hat{\theta}) \cdot \operatorname{Rel}(\hat{Y})}}$$

$$= \frac{\operatorname{Cov}(\hat{\theta}. \hat{Y})}{\sqrt{\operatorname{Var}(\hat{\theta}) \cdot \operatorname{Var}(\hat{Y})} \sqrt{\frac{\operatorname{Var}(\theta)}{\operatorname{Var}(\hat{\theta})} \cdot \frac{\operatorname{Var}(Y)}{\operatorname{Var}(\hat{Y})}}}$$

$$= \frac{\operatorname{Cov}(\hat{\theta}, \hat{Y})}{\sqrt{\operatorname{Var}(\theta) \cdot \operatorname{Var}(Y)}},$$

was wegen Gleichung (9) tatsächlich der Definition der Korrelation der wahren Werte entspricht. Die Gleichungen (6) und (7) lassen sich nach demselben Muster beweisen.

Die Effekte dieser Minderungskorrektur sind umso stärker, je weniger reliabel der Test oder das Validitätskriterium erfaßt wurde.

Die folgende Tabelle vermittelt einen Eindruck von der Stärke des Korrektureffektes:

		$\operatorname{Rel}(\hat{\theta})$		
		.7	.8	.9
	.5	.60	.56	.53
	.6	.72	.67	.63
$\operatorname{Korr}(\hat{\theta}, \hat{Y})$	.7	.84	.78	.74
	.8	.96	.89	.84
	.9	–	–	.94

Das Innere der Tabelle gibt die nach Formel (7) aufgewertete Validität des Tests wieder, wenn dessen Meßwerte fehlerfrei wären. Die beiden freien Plätze der Tabelle stellen Fälle dar, die nach Gleichung (2) nicht vorkommen können, da hier die Validität des Tests höher ist als die Wurzel aus seiner Reliabilität.

Anhand der Verdünnungsformeln läßt sich einerseits abschätzen, ob es sich lohnt, die Validität eines Tests über eine Erhöhung seiner Reliabilität zu optimieren. Andererseits macht es oft auch Sinn, Validitätsangaben gleich um den Meßfehler des *Validitätskriteriums* zu bereinigen, denn die Unreliabilität eines Validierungskriteriums soll ja nicht zu Lasten eines Gütekriteriums *des Tests* gehen. Angaben über die *faktorielle Validität* eines Tests (s.o) sind in der Regel schon fehlerbereinigt (und somit höher), da eine Ladungszahl die Korrelation mit einer *latenten* Variable angibt und nicht mit einem Meßwert.

6.4.3 Das Reliabilitäts-Validitäts-Dilemma

In diesem Kapitel geht es um die Frage, ob eine gleichzeitige Optimierung von Validität und Reliabilität überhaupt möglich ist, oder ob eine Validitätssteigerung durch Reliabilitätserhöhung nicht einen Widerspruch in sich birgt. Ein solcher Widerspruch wird in der weit verbreiteten Kritik an psychologischen Tests behauptet, daß ein zu starkes Augenmerk auf Steigerung der Meßgenauigkeit bei der Testentwicklung letztlich dazu führt, daß der Test etwas völlig Irrelevantes mißt - das allerdings sehr präzise.

Tatsächlich läßt sich im Rahmen der allgemeinen Meßfehlertheorie ein solcher Widerspruch formal ableiten. Hierfür muß man die Axiome der Meßfehlertheorie (vgl. Kap. 2.1.2) auf die Bestandteile eines Tests, also die Items anwenden. Das bedeutet, daß die Itemantworten X_{vi} selbst als fehlerbehaftete Meßwerte betrachtet werden. Diese Annahme ist für dichotome Antwortvariablen problematisch (s. Kap. 3.1.1.2.1) aber zum Zwecke der Beweisführung kann man sich auch metrische Antwortvariablen vorstellen oder die Summenscores von *Itembündeln*, d.h. von kleinen Gruppen dichotomer Items. Diese Meßwertvariablen werden mit X_i bezeichnet, ihr Summenscore $X = \sum_{i=1}^{k} X_i$ stellt das Testergebnis, also die Meßwertvariable des Gesamttests dar, und Y ist ein externes Validitätskriterium.

Anmerkung

Das ^ über X und Y zur Unterscheidung von fehlerbehafteten und wahren Werten wird in diesem Kapitel weggelassen, da es sich *stets* um fehlerbehaftete Meßwerte handelt.

Die *Validität eines einzelnen Items* läßt sich über seine Korrelation mit dem Kriterium definieren,

$$\mathrm{Val}(X_i) = \mathrm{Korr}(X_i, Y),$$

und seine Reliabilität ist eine monotone Funktion der Korrelation mit dem Gesamtmeßwert X, also der Trennschärfe des Items:

$$\mathrm{Rel}(X_i) \approx \mathrm{Korr}(X_i, X).$$

Diese Beziehung zwischen der Reliabilität eines Items und seiner Trennschärfe ergibt sich aus der Tatsache, daß im Rahmen der allgemeinen Meßfehlertheorie die Reliabilität eines Tests gleich der Korrelation des Tests mit einem anderen Test ist, welcher dieselbe Personenvariable mit gleicher Meßgenauigkeit mißt (sog. *Paralleltest* vgl. (5) in Kap. 6.4.2). Da jedes Item und der Gesamtscore zwar dieselbe Personenvariable erfassen, dies aber mit ungleicher Genauigkeit tun (der Gesamtscore ist wesentlich genauer), entsprechen Reliabilität und Trennschärfe nicht einander, stehen aber in einer engen Beziehung zueinander.

Aus Gleichung (8) des vorangehenden Kapitels läßt sich ableiten, daß die Korrelation zweier Meßwerte X_i und X, die dieselbe Variable messen, gleich der Wurzel aus dem Produkt beider Reliabilitäten ist

$$(1) \quad \mathrm{Korr}(X_i, X) = \sqrt{\mathrm{Rel}(X_i) \cdot \mathrm{Rel}(X)}.$$

Die Auflösung der Gleichung nach der Itemreliabilität

$$\mathrm{Rel}(X_i) = \frac{\mathrm{Korr}(X_i, X)^2}{\mathrm{Rel}(X)}$$

zeigt, daß die Reliabilität eines Items stets kleiner ist als seine Trennschärfe. Sie könnte nur dann größer werden, wenn die Reliabilität des Gesamttests *kleiner* wäre als die Trennschärfe. Dieser Fall ist aber nach den Voraussetzungen nicht möglich.

Nach diesen Feststellungen über die Validität und Reliabilität eines *Items*, wird im folgenden eine Gleichung abgeleitet, die das widersprüchliche Verhältnis von Reliabilität und Validität deutlich macht.

Die Validität des Gesamttests läßt sich folgendermaßen zerlegen:

$$(2) \quad \mathrm{Korr}(X, Y) = \frac{\mathrm{Cov}(X, Y)}{\sqrt{\mathrm{Var}(X) \cdot \mathrm{Var}(Y)}} = \frac{\mathrm{Cov}\left(\sum_i X_i, Y\right)}{\sqrt{\mathrm{Cov}\left(\sum_i X_i, X\right) \cdot \mathrm{Var}(Y)}}.$$

Hier wurde im Nenner die Varianz von X durch die Kovarianz von X mit sich selbst ersetzt (was algebraisch identisch ist) und im Zähler wie im Nenner wurde jeweils eine X-Variable durch die Summe der Itemvariablen ersetzt. Da die Kovarianz einer Summe von Variablen gleich der Summe der Kovarianzen ist (vgl. den Kasten in Kapitel 6.4.2) läßt sich die Validität weiter umwandeln in:

$$(3) \quad \frac{\sum_{i=1}^{k} \mathrm{Cov}(X_i, Y)}{\sqrt{\sum_{i=1}^{k} \mathrm{Cov}(X_i, X) \cdot \mathrm{Var}(Y)}} = \frac{\sum_{i=1}^{k} \mathrm{Cov}(X_i, Y) \cdot \sqrt{\mathrm{Var}(X)}}{\sum_{i=1}^{k} \mathrm{Cov}(X_i, X) \cdot \sqrt{\mathrm{Var}(Y)}},$$

nach Erweiterung des Bruches um $\sqrt{\mathrm{Var}(X)}$. Ersetzt man die Kovarianzen durch dic Korrelationen, multipliziert mit der Wurzel aus den Varianzen, so ergibt sich

(4) $\mathrm{Korr}(X,Y)$

$$= \frac{\sqrt{\mathrm{Var}(X)} \sum_{i=1}^{k} \mathrm{Korr}(X_i,Y)\sqrt{\mathrm{Var}(X_i)}\sqrt{\mathrm{Var}(Y)}}{\sqrt{\mathrm{Var}(Y)} \sum_{i=1}^{k} \mathrm{Korr}(X_i,Y)\sqrt{\mathrm{Var}(X_i)}\sqrt{\mathrm{Var}(X)}}$$

$$= \frac{\sum_{i=1}^{k} \mathrm{Korr}(X_i,Y)\sqrt{\mathrm{Var}(X_i)}}{\sum_{i=1}^{k} \mathrm{Korr}(X_i,X)\sqrt{\mathrm{Var}(X_i)}}.$$

Dies ist die gesuchte Gleichung für die Validität des Gesamttests, in der im Zähler die Item-Validitäten und im Nenner die Item-Reliabilitäten (genauer: Trennschärfen) stehen. Die Gleichung besagt, daß die Validität des Gesamttests *sinkt*, wenn die Trennschärfen der Items (und somit die Testreliabilität) *steigen* (bei konstanten Itemvaliditäten). Die in der Gleichung ausgedrückte Beziehung wird als das *Reliabilitäts-Validitäts-Dilemma* (der klassischen Testtheorie) bezeichnet.

Es läßt sich gut darüber spekulieren, ob die Annahmen unter denen Gleichung (4) zu einem Dilemma führt, wirklich realistisch sind. So ist es fraglich, ob eine Vergrößerung des Nenners (der Trennschärfen) möglich ist, *ohne* auch den Zähler (die Item-Validitäten) zu erhöhen: Ersetzt man nämlich ein trennschwaches Item bei der Testentwicklung durch ein trennschärferes, so dürfte dieses Item nach allem, was in Kapitel 6.4.2 gesagt wurde, auch eine höhere Validität besitzen. Die durch Gleichung (4) beschriebene Validität des Gesamttests senkt sich in diesem Fall *nicht*. Gleichung (4) beschreibt nur dann ein Dilemma, wenn man davon ausgeht, daß sich Trennschärfen und Item-Validitäten unabhängig voneinander variieren lassen.

Trotzdem stellt sich die Frage, ob sich das spannungsreiche (wenn schon nicht widersprüchliche) Verhältnis zwischen Reliabilität und Validität auch dann zeigt, wenn man nicht die allgemeine Meßfehlertheorie, sondern eines der in Kapitel 3 beschriebenen Testmodelle auf die Itemantworten anwendet. Leider gibt es hierzu keine vergleichbare Formel, anhand derer sich das Verhältnis analysieren ließe.

Daß eine Itemauswahl, die sich ausschließlich an der Verringerung des Meßfehlers und der Erhöhung der internen Validität (Modellgeltung) orientiert, zu einer *Homogenisierung* der Testitems führt, gilt wohl für jedes quantitative Testmodell. Items, die einen etwas anderen Aspekt der zu messenden Variable ansprechen, als der Rest der Items, laufen am ehesten Gefahr, eine schlechte Modellanpassung (Itemfit, vgl. Kap. 6.2) zu zeigen und bei der Testentwicklung herauszufallen. Das führt dazu, daß die verbleibenden Items einander immer ähnlicher, also *homogener* werden.

Will man andererseits ein lebensnahes Kriterium wie 'den Studienerfolg' oder 'das Auftreten psychischer Störungen' mit einem Test vorhersagen, so korreliert ein Testergebnis, das *sehr viele* Bedingungen des derart komplexen Kriteriums abdeckt, *höher* mit der Kriteriumsvariable. Für die externe Validität kann also *Heterogenität* der Testitems förderlich sein. So besehen gibt es auch hier ein 'Reliablilitäts-Validitäts-Dilemma'.

Dieses Dilemma ist jedoch kein Schwachpunkt irgendeiner Testtheorie, es ist überhaupt kein Problem der Testtheorie. Es entsteht erst dadurch, daß man die Konstruktion von intern validen Meßwerten *nicht* trennt von der Frage, mit welchen anderen Variablen diese Meßwerte korrelieren. Natürlich soll ein Testergebnis auch zur Vorhersage komplexer Kriterien brauchbar sein, aber *in Kombination* mit anderen Variablen, um der Komplexität des Kriteriums gerecht zu werden. Die notwendige *Heterogenität* von Variablen zur Vorhersage eines komplexen Kriteriums *innerhalb* eines Tests und eines Meßwertes anzusiedeln, heißt, auf die sonstigen Qualitäten des Tests zu verzichten.

Literatur

Methoden und Probleme der Validitätsberechnung behandeln z.B. Lienert & Raatz (1994). Die Berechnung η^2 und des Kontingenzkoeffizienten findet sich in Bortz (1977). Die Verdünnungsformeln werden ausführlich von Lord & Norick (1968) behandelt und das Reliabilitäts-Validitäts-Dilemma diskutiert Loevinger (1954). Fragen der Validierung von Tests werden in vielen Lehrbüchern der psychologischen Diagnostik ausführlich behandelt.

Übungsaufgaben

1. Eine quantitative Variable θ, die an 500 Personen gemessen wurde, hat die Varianz $\mathrm{Var}(\hat{\theta}) = 0.2$. Diese Variable sollte das Ergebnis in der theoretischen Fahrprüfung vorhersagen. Die 100 Personen, die bei der Prüfung durchgefallen sind, hatten den mittleren Meßwert –0.8, die 400, die bestanden haben, einen Mittelwert von +0.2. Wie groß ist die Validität des Tests?

2. Die Prognose des Fahrlehrers, welche(r) Fahrschüler(in) die theoretische Prüfung beim erstenmal bestehen würde, ergab zusammen mit dem tatsächlichen Prüfungsergebnis folgende Häufigkeitstabelle:

		tatsächliches Ergebnis +	tatsächliches Ergebnis –	
Prognose	+	390	60	450
Prognose	–	10	40	50
		400	100	

Wie groß ist die Validität des Fahrlehrer Urteils?

3. In einem Testmanual lesen Sie, daß die minderungskorrigierte Validität des Tests 0.85 betrage. Seine Reliabilität beträgt 0.75. Wie hoch ist die empirisch berechnete Korrelation des Tests mit dem Kriterium?

4. Sie wollen mit einem Fragebogen die Einstellung zum Umweltschutz erfassen und Sie verfügen zur Validierung des Tests über die Information, ob die Personen bei der letzten Wahl 'Die Grünen' gewählt haben oder nicht. Bitte formulieren Sie 3 sehr homogene Items, von denen sie eine geringe externe Validität des Gesamttests erwarten, und 3 heterogene Items mit vermutlich höherer externer Validität.

6.5 Die Normierung von Tests

In Kapitel 2.1.5 wurde der Unterschied zwischen einer normorientierten und einer kriteriumsorientierten Testauswertung dargestellt. Das Konzept des *kriteriumsorientierten* Testens ist theoretisch sehr attraktiv, da es darauf abzielt, die Person nicht mit einem statistischen Populationsmittelwert zu vergleichen, sondern mit einem inhaltlich-psychologisch gesetzten Kriterium. Trotzdem arbeitet man in der Testpraxis meistens *normorientiert*, da es sehr informativ ist zu wissen, welche Position eine Person innerhalb ihrer Referenzpopulation einnimmt.

Es stellt sich die Frage, ob die für ein quantitatives Testmodell geschätzten Parameter $\hat{\theta}$ oder die anhand eines klassifizierenden Modells geschätzten Klassenzugehörigkeiten *per se* schon kriteriumsorientierte oder normorientierte Meßwerte darstellen, wenn man die zur Datenanalyse herangezogene Personenstichprobe als *repräsentativ* für eine Referenzpopulation betrachtet. Für beide Möglichkeiten gibt es Argumente.

Zunächst zu den Parametern *quantitativer* Modelle. Diese unterliegen bereits gewissen *Normierungsbedingungen*, die in Kapitel 3 jeweils mit dargestellt wurden. Die Normierungsbedingung des dichotomen Rasch-Modells lautet z.B., daß die Summe der *Itemschwierigkeiten* während der Parameterschätzung gleich Null gesetzt wird. Das führt dazu, daß eine einzelne Itemschwierigkeit nichts aussagt, sondern nur ein Vergleich mit anderen Itemparametern.

Mit der Normierung der Itemparameter sind auch die *Personenparameter* festgelegt, jedoch *nicht* so, daß auch ihre Summe gleich Null wäre. Ist der Test zu leicht, so liegt der Mittelwert aller Personenparameter deutlich über Null (die Personen sind also sehr 'fähig'). Ist der Test zu schwer, liegt der Mittelwert unter Null. Ein Meßwert von $\hat{\theta} = 0.0$ besagt, daß die Person die Items dieses Tests im Mittel mit der Wahrscheinlichkeit $p = 0.5$ löst.

Insofern machen die Personenparameter hier eine *kriteriumsorientierte* Aussage, nämlich darüber, wo die Personen hinsichtlich des durch die Itemauswahl gesetzten Kriteriums stehen.

> *Stellen die in einem Test zusammengefaßten Items das Kriterium dar, an dem die Personen gemessen werden sollen, so ermöglicht die übliche Summennormierung der Items eine kriteriumsorientierte Interpretation der Personenparameter.*

Andererseits wird bei Rasch-Modellen oft hervorgehoben, daß die Testergebnisse *unabhängig* davon sind, ob der Test eher leichte oder eher schwere Items umfaßt. Diese Aussage bezieht sich auf den Fall, daß die *Personenparameter* für sich genommen normiert werden, also z.B. auch auf 'Summe gleich Null'. Tatsächlich sind dann die Schätzungen der Personenparameter in ihrer Höhe (nicht in ihrer Meßgenauigkeit, vgl. Kap. 6.1) von der Schwierigkeit der Items *unabhängig*.

Normiert man die Modellparameter in dieser Weise, so machen die Personenparameter eine *normorientierte* Aussage, nämlich darüber, wo die Personen hinsichtlich des Populationsmittelwertes stehen.

Die Personenparameter des Rasch-Modells kann man normorientiert interpretieren, wenn man statt der Summe der Itemparameter die Summe der Personenparameter gleich Null setzt.

Datenbeispiel

Werden die Parameter des dichotomen Rasch-Modells für die KFT-Daten (vgl. Kap. 3.1) wie üblich normiert, d.h. so, daß die *Summe der Itemparameter* gleich Null ist, erhält eine Person, die 3 der 5 Items gelöst hat, einen Meßwert von $\hat{\theta} = 0.42$. Dieser Meßwert ist kriteriumsorientiert zu interpretieren und besagt, daß die Person die Aufgaben im Durchschnitt mit einer etwas größeren Wahrscheinlichkeit als 0.5 löst. Über die Leistung der Person relativ zu anderen Personen sagt dieser Wert zunächst nichts aus.

Normiert man statt der Itemparameter die *Personenparameter*, so liegt der Mittelwert aller Personenparameter bei $\overline{\theta} = 0.0$ und dieselbe Person erhält den Meßwert $\hat{\theta} = 0.55$. Dieser Meßwert ist normorientiert zu interpretieren, denn er besagt, daß die Person 0.55 Einheiten auf der logistischen Skala oberhalb des Populationsmittelwertes liegt. Darüber, wie leicht es der Person fällt, die Aufgaben zu lösen, sagt der Meßwert nichts aus.

Die Normierung der Personenparameter kann man auch *nachträglich* vornehmen, indem man den Mittelwert $\overline{\theta}$ aller Personenparameter bei der üblichen (Item-) Normierung berechnet und ihn von allen Meßwerten abzieht:

$$(1) \qquad \hat{\theta}_{\text{norm}} = \hat{\theta}_{\text{krit}} - \overline{\theta}.$$

Der Mittelwert beträgt im Datenbeispiel $\overline{\theta} = -0.13$, so daß sich aus dem kriteriumsorientierten Meßwert $\hat{\theta}_{\text{krit}} = 0.42$ der normorientierte Wert $\hat{\theta}_{\text{norm}} = 0.55$ ergibt.

Obwohl der so definierte, normorientierte Meßwert eine Aussage über die *Richtung* und das *Ausmaß* der Abweichung vom Populationsmittelwert macht, ist das *Ausmaß* der Abweichung selbst nicht *normorientiert* interpretierbar. Eine Abweichung von 0.55 Einheiten vom Mittelwert läßt sich eindeutig in eine Differenz von Lösungswahrscheinlichkeiten umrechnen: löst eine 'mittlere' Person ein Item mit

$$p = \exp(0)/(1 + \exp(0)) = 0.5,$$

so löst es eine Person mit $\hat{\theta} = 0.55$ mit der Wahrscheinlichkeit

$$p = \exp(0.55)/(1 + \exp(0.55)) = 0.63.$$

Wie viele Personen aber eine vergleichbare Abweichung nach oben haben, wird mit diesem Meßwert nicht ausgedrückt.

Um auch der Abweichung vom Mittelwert eine normorientierte Interpretation zu verleihen, wird diese Abweichung *in Einheiten der Standardabweichung* der Meßwerte ausgedrückt. Hierfür dividiert man die nach (1) berechneten Mittelwertsabweichungen durch die Standardabweichung der Meßwerte (d.i. die Wurzel aus der Varianz):

$$(2) \qquad \hat{\theta}_{\text{norm}} = \frac{\hat{\theta}_{\text{krit}} - \overline{\theta}}{\sqrt{\text{Var}(\hat{\theta})}}.$$

Datenbeispiel

Im Datenbeispiel beträgt die Standardabweichung der Meßwerte

$$\sqrt{\mathrm{Var}(\hat{\theta})} = 1.77$$

so daß sich für denMeßwert $\hat{\theta} = 0.42$ die folgende Transformation ergibt

$$\hat{\theta}_{\mathrm{norm}} = \frac{0.42 + 0.13}{1.77} = 0.31 \; .$$

Die folgende Tabelle gibt eine Übersicht über die Umrechnungsschritte aller Personenparameter des Datenbeispiels:

r	n_r	$\hat{\theta}_r$	$\hat{\theta}_r - \overline{\theta}$	$(\hat{\theta}_r - \overline{\theta}) / \sqrt{\mathrm{Var}(\hat{\theta})}$
0	58	–2.77	–2.64	–1.49
1	48	–1.33	–1.20	–0.68
2	46	–0.41	–0.28	–0.15
3	50	+0.42	+0.55	0.31
4	60	1.33	+1.46	0.82
5	38	2.75	2.48	1.63

Sofern die *Scoreverteilung* einer Normalverteilung einigermaßen ähnlich sieht (was in unserem Datenbeispiel *nicht* der Fall ist) sind die nach Gleichung (2) transformierten, normorientierten Meßwerte wie standardnormalverteilte, sog. Z-Werte zu interpretieren (vgl. Kap. 6.1.3). So besagt z.B. ein normorientierter Meßwert von $\hat{\theta}_{\mathrm{norm}} = +1.0$, daß 50+34=84% der Personen in der Referenzpopulation *unterhalb* dieses Meßwertes liegen (vgl. Abb. 152 in Kap. 6.1.3). Über diese zusätzliche Standardisierung ist auch die *Abweichung* vom Mittelwert normorientiert interpretierbar.

Natürlich kann die Normierung der Meßwerte auch getrennt für bestimmte Teilpopulationen vorgenommen werden, z.B. für Männer und Frauen, bestimmte Berufsgruppen oder Altersgruppen. In diesem Fall ist in Gleichung (2) lediglich der Mittelwert und die Standardabweichung der entsprechenden Teilpopulation einzusetzen.

Bei der Interpretation *klassifizierender* Testmodelle ist die Unterscheidung zwischen normorientierter und kriteriumsorientierter Auswertung nicht üblich aber möglich. Die Berechnung der Klassenzugehörigkeit einer Person ist insofern schon *normorientiert*, als die Klassengrößenparameter π_g und somit die Verteilung der latenten Variable in der Referenzpopulation mit in die Berechnung eingeht.

In Kapitel 3.1.2.2 wurde die bedingte Klassenwahrscheinlichkeit $p(g|\underline{x})$ folgendermaßen definiert (vgl. Gleichung (11) in Kap. 3.1.2.2):

$$(3) \qquad p(g|\underline{x}) = \frac{\pi_g \; p(\underline{x}|g)}{\sum_{h=1}^{G} \pi_h \; p(\underline{x}|h)} .$$

In dieser Gleichung sind die Klassengrößen π_g als Gewichtungsfaktor für eine Klassenzugehörigkeit enthalten, so daß eine Person mit dem Pattern $\underline{x}$ eine *höhere* Wahrscheinlichkeit für Klasse g erhält, wenn diese Klasse in der Population stark vertreten ist, also π_g groß ist. Insofern ist das Testergebnis nicht allein von den Testitems *als Kriterium* abhängig, sondern auch von der Verteilung der Personenvariable in der (Norm-)Population.

Zu der normorientierten Interpretation der Klassenzugehörigkeiten gehört auch, daß man die Klassengrößen π_g mit angibt und zur Interpretation heranzieht. Die Aussage, daß eine Person zu Klasse 3 gehört, ist anders zu bewerten, wenn die Klassengröße $\pi_3 = 0.05$ beträgt als wenn sie $\pi_3 = 0.65$ beträgt.

Eine *kriteriumsorientierte* Interpretation von klassifizierenden Testergebnissen ist jedoch auch möglich. In diesem Fall bleiben die Klassengrößen in der Referenzpopulation unberücksichtigt und zwar bereits bei der Berechnung der bedingten Klassenwahrscheinlichkeiten:

(4) $$p(g|\underline{x}) = \frac{p(\underline{x}|g)}{\sum_{h=1}^{G} p(\underline{x}|h)}.$$

Hier ist der Meßwert, also die Klassenzugehörigkeit allein an den Itemantworten als Kriterium orientiert und unabhängig davon, welche Meßergebnisse *andere* Personen erhalten haben.

Literatur

Auf Fragen der Testnormierung oder -eichung gehen z.B. Lienert & Raatz (1994) ein. Als Grundlage kriteriumsorientierten Testens behandelt Klauer (1983, 1987) vor allem das Binomialmodell und seine Verallgemeinerungen, Hilke (1980) das Rasch-Modell und Hambleton et al. (1978) die item-response Modelle.

Übungsaufgaben

1. In einem Test beträgt der Mittelwert der Meßwerte aller befragten Frauen $\overline{\theta} = 0.48$ und die zugehörige Standardabweichung $\sqrt{Var(\hat{\theta})} = 1.55$. Welchen normorientierten Meßwert erhält eine Frau mit dem Personenparameter $\hat{\theta} = 0.33$, der sich mittels der üblichen Itemnormierung ergab?

2. Ein Antwortpattern $\underline{x}$ hat in drei Klassen die Auftretenswahrscheinlichkeit
$p(\underline{x}|g=1) = 0.0035$
$p(\underline{x}|g=2) = 0.0045$ und
$p(\underline{x}|g=3) = 0.0008$.
Die Klassengrößen betragen $\pi_1 = .40$, $\pi_2 = .30$, $\pi_3 = .30$. In welche Klasse gehört eine Person mit diesem Pattern bei einer kriteriumsorientierten Zuordnung, in welche Klasse bei einer normorientierten Zuordnung?

Literaturverzeichnis

Aitkin, M., Anderson, D., Hinde, J. (1981). Statistical modelling of data on teaching styles. *Journal of the Royal Statistical Society A, 144*, 419-461.

Allesch, C.G. (1991). Über die Vorteile der Nachteile projektiver Techniken. *Diagnostica, 37,* 1, 93-96.

Amthauer, R. (1970). *Intelligenzstrukturtest IST-70.* Göttingen: Hogrefe.

Andersen, E.B. (1973a). Conditional inference for multiple-choice questionnaires. *British Journal of Mathematical and Statistical Psychology, 26*, 31-44.

Andersen, E.B. (1973b). A goodness of fit test for the Rasch-model. *Psychometrika, 38,* 1, 123-140.

Andersen, E.B. (1974). Das mehrkategorielle logistische Testmodell. In W.F. Kempf (Hrsg.), *Probabilistische Modelle in der Sozialpsychologie*. Bern: Huber.

Andersen, E.B. (1977). Sufficient statistics and latent trait models. *Psychometrika, 42,* 1, 69-81.

Andersen, E.B. (1982). Latent structure analysis - A survey. *Scandinavian Journal of Statistics, 9*, 1-12.

Andrich, D. (1978a). Application of a psychometric rating model to ordered categories which are scored with successive integers. *Applied Psychological Measurement, 2*, 581-594.

Andrich, D. (1978b). A rating formulation for ordered response categories. *Psychometrika , 43,* 4, 561-573.

Andrich, D. (1978c). Scaling attitude items constructed and scored in the Likert tradition. *Educational and Psychological Measurement, 38*, 665-680.

Andrich, D. (1978d). A binomial latent trait model for the study of Likert-style attitude questionnaires. *British Journal of Mathematical and Statistical Psychology, 31*, 84-98.

Andrich, D. (1982). An extension of the Rasch-Modell for ratings providing both location and dispersion parameters. *Psychometrika, 47,* 1, 105-113.

Andrich, D. (1988a). The application of an unfolding model of the PIRT type to the measurement of attitude. *Applied Psychological Measurement, 12*, 33-51.

Andrich, D. (1988b). *Rasch-Modells for measurement.* London: Sage.

Andrich, D. (1995a). Models for measurement, precision, and the nondichotomization of graded responses. *Psychometrika, 60,* 1, 7-26.

Andrich, D. (1995b). Further remarks on nondichotomization of graded responses. *Psychometrika, 60,* 1, 37-46.

Andrich, D. (1995c). *A hyperbolic cosine latent trait model for unfolding polychotomous responses: Reconciling Thurstone and Likert methodologies.* Zur Veröffentlichung eingereicht.

Andrich, D. & Kline, P. (1981). Within and among population item fit with the simple logistic model. *Educational and Psychological Measurement, 41*, 35-48.

Andrich, D. & Luo, G. (1993). A hyperbolic cosine latent trait model for unfolding dichotomous singlestimulus responses. *Applied Psychological Measurement, 17*, 253-276.

Angleitner, A. & Wiggins, J.S. (1986). *Personality assessment via questionnaires.* Berlin: Springer.

Asendorpf, J. (1994). Zur Mehrdeutigkeit projektiver Testergebnisse: Motiv-Projektion oder Thema-Sensitivität? *Zeitschrift für Differentielle und Diagnostische Psychologie, 15,* 3, 155-165.

Asendorpf, J. & Wallbott, H.G. (1979). Maße der Beobachterübereinstimmung: Ein systematischer Vergleich. *Zeitschrift für Sozialpsychologie, 10*, 243-252.

Backmund, V. (1993). *Aspekte der Paarbeziehung. Eine Analyse des Paarklimas in jungen Ehen.* München: Institut für Psychologie der Universität.

Baker, F.B (1992). *Item response theory. Parameter estimation techniques.* New York: Marcel Dekker.

Baker, F.B. (1993). Sensitivity of the linear logistic test model to misspecification of the weight matrix. *Applied Psychological Measurement, 17,* 3, 201-210.

Bartholomew, D.J. (1987). *Latent variable models and factor analysis.* London: Charles Griffin & Company LTD.

Baumert, J., Heyn, S., Köller, O. & Lehrke, M. (1992). *Naturwissenschaftliche und psychosoziale Bildungsprozesse im Jugendalter (BIJU) - Testdokumentation.* Kiel: IPN.

Becker, P. (1982). *Der Interaktions-Angstfragebogen (IAF).* Weinheim: Beltz.

Bereiter, C. (1963). Some persisting dilemmas in the measurement of change. In C.W. Harris (ed.), *Problems in measuring change.* Madison: University of Wisconsin Pr.

Bergan, J.R. & Stone, C.A. (1985). Latent class models for knowledge domains. *Psychological Bulletin, 98*, 166-184.

Bickel, P.J. & Doksum, K.A. (1977). *Mathematical statistics: Basic ideas and selected topics*. Prentice Hall: Englewood Clifts.

Birnbaum, A. (1968). Some latent trait models and their use in inferring an examinee's ability. In F.M. Lord & M.R. Novick (eds.), *Statistical theories of mental test scores* (pp. 395-479). Reading/Mass.: Addison-Wesley.

Bishop, Y.M.M., Fienberg, S.E., Holland, P.W. (1975). *Discrete multivariate analysis: Theory and practice*. Cambridge, MA: MIT Press.

Borg, I. & Staufenbiel, T. (1989). *Theorien und Methoden der Skalierung*. Bern: Huber.

Borkenau, P. & Ostendorf, F. (1991). Ein Fragebogen zur Erfassung fünf robuster Persönlichkeitsfaktoren. *Diagnostica, 37,* 1, 29-41.

Bortz, J. (1977). *Lehrbuch der Statistik für Sozialwissenschaftler*. Berlin: Springer.

Bortz, J. (1984). *Lehrbuch der empirischen Forschung für Sozialwissenschaften*. Berlin: Springer.

Bozdogan, H. (1987). Model selection for Akaike's information criterion (AIC). *Psychometrika, 53,* 3, 345-370.

Clogg, C.C. (1979). Some latent structure models for the analysis of Likert-type data. *Social Science Research, 8*, 287-301.

Clogg, C.C. (1981). New developments in latent structure analysis. In D.J. Jackson & E.F. Borgatta (eds.), *Factor analysis and measurement in sociological research*. London: Sage.

Clogg, C.C. (1988). Latent class models for measuring. In R. Langeheine & J. Rost, *Latent trait and latent class models*. New York: Plenum.

Clogg, C.C. & Goodman, L.A. (1985). Simultaneous latent structure analysis in several groups. In N.B. Tuma (ed.), *Sociological Methodology*. San Francisco: Jossey Bass.

Clogg, C.C. & Sawyer, D.O. (1981). A comparison of alternative models for analyzing the scalability of response patterns. In S. Leinhardt (ed.), *Sociological Methodology*. San Francisco: Jossey Bass.

Cohen, J. (1960). A coefficient of agreement for nominal scales. *Educational and Psychological Measurement, 20*, 37-46.

Cohen, J. (1968). Weighted kappa: Nominal scale agreement with provision for scaled disagreement of partial credit. *Psychological Bulletin, 70*, 213-220.

Colonius, H. (1977). On Keats' generalisation of the Rasch-Modell. *Psychometrika, 42,* 3, 443-445.

Coombs, C.H. (1950). Psychological scaling without a unit of measurement. *Psychological Review, 57*, 145-158.

Coombs, C.H. (1964). *A theory of data*. New York: Wiley (2nd ed. 1976).

Coombs, C.H., Dawes, R. & Tversky, A. (1975). *Mathematische Psychologie*. Weinheim: Beltz.

Couch, A. & Keniston, K. (1960). Yeasayers and naysaysers: Agreeing response set as a personality variable. *Journal of Abnormal and Social Psychology, 60*, 150-174.

Cressie, N. & Holland, P.W. (1983). Characterizing the manifest probabilities of latent trait models. *Psychometrika, 48*, 129-142.

Cronbach, L.J. & Furby, L. (1970). How we should measure "change" - or should we? *Psychological Bulletin, 74,* 1, 68-80.

Croon, M. (1990). Latent class analysis with ordered latent classes. *British Journal of Mathematical und Statistical Psychology, 43*, 171-192.

Croon, M. (1991). Investigating Mokken scalability of dichotomous items by means of ordinal latent class analysis. *British Journal of Mathematical and Statistical Psychology, 44*, 315-331.

Davier, v. M. & Rost, J. (1995). Polytomous mixed Rasch-Modells. In G. Fischer & I. Molenaar (eds.), *Rasch-Modells: Foundations, recent developments, and applications*. Berlin: Springer.

Davier, v. M. & Rost, J. (1996). Self-Monitoring - A class variable? In J. Rost & R. Langeheine (eds.), *Applications of latent trait and latent class models in the social sciences*. (in press).

Dawes, R.M. (1977). *Grundlagen der Einstellungsmessung*. Weinheim: Beltz.

Dayton, C.M. & Macready, G.B. (1976). A probabilistic model for validation of behavioral hierarchies. *Psychometrika, 41*, 189-204.

Dayton, C.M. & Macready, G.B. (1980). A scaling model with response errors and intrinsically unscalable respondents. *Psychometrika, 45,* 3, 343-356.

de Gruijter, D.N.M. (1994). Comparison of the nonparametric Mokken model and parametric IRT models using latent class analysis. *Applied Psychological Measurement, 18,* 1, 27-34.

Dejong-Gierveld & Kamphuis, F. (1985). The development of a Rasch-type loneliness scale. *Applied Psychological Measurement, 9,* 3, 289-299.

Dempster, A.P., Laird, N.M., Rubin, D.B. (1977). Maximum likelihood estimation from incomplete data via the EM-algorithm. *Journal of the Royal Statistical Society, 39*, 1-22.

Dillon, W.R. & Mulani, N. (1984). A probabilistic latent class model for assessing inter-judge reliability. *Multivariate Behavioral Research, 19*, 438-458.

Drasgow, F., Levine, M.V. & McLaughlin, M.E. (1987). Detecting inappropriate test scores with optimal and practical appropriateness indices. *Applied Psychological Measurement, 11*, 59-79.

Dubois, B. & Burns, J.A. (1975). An analysis of the meaning of the question mark response category in attitude scales. *Educational and Psychological Measurement, 35*, 869-884.

Edwards, A.L. (1957). *The social desirability variable in personality assesment and research.* New York.

Efron, B. & Tibshirani, R.J. (1993). *An introduction to the bootstrap.* New York: Chapman & Hall.

Eggert, D. (1974). *Eysenck-Persönlichkeits-Inventar (EPI).* Göttingen: Hogrefe.

Eid, M. (1995). *Modelle der Messung von Personen in Situationen.* Weinheim: Beltz.

Embretson, S.E. (ed.) (1985). *Test design: Developments in psychology and psychometrics.* New York: Academic Press.

Embretson, S.E. (1991). A multidimensional latent trait model for measuring learning and change. *Psychometrika, 56,* 3, 495-515.

Esser, H. (1977). Response set - Methodische Problematik und soziologische Interpretation. *Zeitschrift für Soziologie, 6,* 3, 253-263.

Eulefeld, G., Bolscho, D., Rode, H., Rost, J. & Seybold, H. (1993). *Entwicklung der Praxis schulischer Umwelterziehung in Deutschland (138).* Kiel: IPN.

Fischer, G.H. (1972). A measurement model for the effect of mass-media. *Acta Psychologica, 36*, 207-220.

Fischer, G.H. (1973). The linear logistic test model as an instrument in educational research. *Acta Psychologica, 37*, 359-374.

Fischer, G.H. (1974a). *Einführung in die Theorie psychologischer Tests.* Bern: Huber.

Fischer, G.H. (1974b). Lineare logistische Modelle zur Beschreibung von Einstellungs- und Verhaltensänderungen unter dem Einfluß von Massenkommunikation. In W.F.Kempf (Hrsg.), *Probabilistische Modelle in der Sozialpsychologie* (pp. 81-127). Bern: Huber.

Fischer, G.H. (1976). Some probabilistic models for measuring change. In D.N.M. de Gruijter & L. van der Kamp (eds.), *Advances in psychological and educational measurement* (pp. 97-110). New York: Wiley.

Fischer, G.H. (1977). Linear logistic trait models: Theory and application. In H. Spada & W. Kempf (eds.), *Structural models of thinking and learning* (pp. 203-225). Bern: Huber.

Fischer, G.H. (1978). Probabilistic test models and their application. *The German Journal of Psychology, 2*, 298-319.

Fischer, G.H. (1981). On the existence and uniqueness of maximum likelihood estimates in the Rasch model. *Psychometrika, 46*, 59-77.

Fischer, G.H. (1983a). Logistic latent trait models with linear constraints. *Psychometrika, 48*, 3-26.

Fischer, G.H. (1983b). Some latent trait models for measuring change in qualitative observations. In D.J. Weiss (ed.), *New horizons in testing* (pp. 309-329). New York: Academic Press.

Fischer, G.H. (1983c). Neuere Testtheorie. In C.F. Graumann u.a. (Hrsg.), *Enzyklopädie der Psychologie.* Göttingen: Hogrefe.

Fischer, G.H. (1987). Applying the principles of specific objectivity and generalizability to the measurement of change. *Psychometrika, 52*, 565-587.

Fischer, G.H. (1988). Spezifische Objektivität. In K.D. Kubinger (Hrsg.), *Moderne Testtheorie* (pp. 87-111). Weinheim: Beltz.

Fischer, G.H. (1989). An IRT-based model for dichotomous longitudinal data. *Psychometrika, 54*, 599-624.

Fischer, G.H. (1995a). Derivations of the Rasch model. In G.H. Fischer & I.W. Molenaar (eds.), *Rasch models - Foundations, recent developments, and applications.* New York: Springer.

Fischer, G.H. (1995b). The derivation of polytomous Rasch models. In G.H. Fischer & I.W. Molenaar (eds.), *Rasch models - Foundations, recent developments, and applications.* New York: Springer.

Fischer, G.H. & Formann, A.K. (1982a). Some applications of logistic latent trait models with linear constraints on the parameters. *Applied Psychological Measurement, 6*, 397-416.

Fischer, G.H. & Formann, A.K. (1982b). Veränderungsmessung mittels linear-logistischer Modelle. *Zeitschrift für Differentielle und Diagnostische Psychologie, 3*, 75-99.

Fischer, G.H. & Molenaar, I.W. (1995). *Rasch models - Foundations, recent developments, and applications.* New York: Springer.

Fischer, G.H. & Parzer, P (1991a). An extension of the rating scale model with an application to the measurement of treatment effects. *Psychometrika, 56*, 637-651.

Fischer, G.H. & Parzer, P. (1991b). LRSM: Parameter estimation for the linear rating scale model. *Applied Psychological Measurement, 15*, 138.

Fischer, G.H. & Ponocny, I. (1994). An extension of the partial credit model with an application to the measurement of change. *Psychometrika, 59*, 177-192.

Fischer, G.H. & Scheiblechner, H. (1970). Algorithmen und Programme für das probabilistische Testmodell von Rasch. *Psychologische Beiträge, 12*, 23-51.

Fischer, G.H. & Spada, H. (1973). *Die psychometrischen Grundlagen des Rorschachtests und der Holtzman Inkblot Technique*. Bern: Huber.

Fleiss, J.L. (1971). Measuring nominal scale agreement among many raters. *Psychological Bulletin, 76*, 378-382.

Fleiss, J.L. & Cohen, J. (1973). The equivalence of weighted kappa and the intraclass-correlation coefficient as measures of reliability. *Educational and Psychological Measurement, 33*, 613-619.

Fleiss, J.L., Cohen, J. & Everitt, B.S. (1969). Large sample standard errors of kappa and weighted kappa. *Psychological Bulletin, 72*, 323-327.

Formann, A.K. (1980). Neuere Verfahren der Parameterschätzung in der Latent-Class-Analyse. *Zeitschrift für Differentielle und Diagnostische Psychologie, 1,* 2, 107-116.

Formann, A.K. (1981). Über die Verwendung von Items als Teilungskriterium für Modellkontrollen im Modell von Rasch. *Zeitschrift für Experimentelle und Angewandte Psychologie, 28,* 4, 541-560.

Formann, A.K. (1984). *Die Latent-Class-Analyse*. Weinheim: Beltz.

Formann, A.K. (1985). Constrained latent class models: Theory and applications. *British Journal of Mathematical and Statistical Psychology, 38*, 87-111.

Formann, A.K. (1989). Constrained latent class models: Some further applications. *British Journal of Mathematical and Statistical Psychology, 42*, 37-54.

Formann, A.K. (1992a). Latent class models with order Restrictions. *Methodika, VI*, 131-149.

Formann, A.K. (1992b). Linear logistic latent class analysis for polytomous data. *Journal of the American Statistical Association, 87*, 476-486.

Formann, A.K., Ehlers, T. & Scheiblechner, H. (1980). Die Anwendung der "Latent-Class-Analyse" auf Probleme der diagnostischen Klassifikation am Beispiel der Marburger Verhaltensliste. *Zeitschrift für Differentielle und Diagnostischen Psychologie, 1,* 4, 319-330.

Formann, A.K. & Rop, I. (1987). On the inhomogenity of a test compounded of two Rasch homogenous subscales. *Psychometrika, 52*, 263-267.

Formann, A.K. & Spiel, C. (1989). Measuring change by means of a hybrid variant of the linear logistic model with relaxed assumptions. *Applied Psychological Measurement, 13,* 1, 91-103.

Frick, U., Rehm, J. & Thien, U. (1996). Some hints on the latent structure of the Beck Depression Inventory (BDI): Using the "somatic" subscale to evaluate a clinical trial. In J. Rost & R. Langeheine (eds.), *Applications of latent trait and latent class models in the social sciences.* (in press).

Giegler, H. & Rost, J. (1993). Typenbildung und Response sets beim Gießen-Test: Clusteranalyse versus Analyse latenter Klassen. *Zeitschrift für Differentielle und Diagnostische Psychologie, 14,* 3, 137-152.

Gigerenzer, G. (1981). *Messung und Modellbildung in der Psychologie*. München: Reinhardt.

Gitomer, D.H. & Yamamoto, K. (1991). Performance modeling that integrates latent trait and class theory. *Journal of Educational Measurement, 28,* 2, 173-189.

Gittler, G. (1991). *Dreidimensionaler Würfeltest (3DW). Ein Rasch-skalierter Test zur Messung des räumlichen Vorstellungsvermögens*. Weinheim: Beltz Test.

Gittler, G. & Wild, B. (1988). Der Einsatz des LLTM bei der Konstruktion eines Itempools für das adaptive Testen. In K.D. Kubinger (ed.), *Moderne Testtheorie* (pp. 115-139). Weinheim: Beltz.

Glas, C.A.W. (1988a). The Rasch model and multistage testing. *Journal of Educational Statistics, 13*, 45-52.

Glas, C.A.W. (1988b). The derivation of some tests for the Rasch model from the multinomial distribution. *Psychometrika, 53*, 525-546.

Glas, C.A.W. & Verhelst, N.D. (1989). Extensions of the partial credit model. *Psychometrika, 54*, 635-659.

Glas, C.A.W. & Verhelst, N.D. (1995). Testing the Rasch model. In G.H. Fischer & I.W. Molenaar (eds.), *Rasch models - Foundations, recent developments, and applications* (pp. 69-95). New York: Springer.

Goodman, L.A. (1974a). The analysis of systems of qualitative variables when some of the variables are unobservable, Part I-A modified latent structure approach. *American Journal of Sociology, 79,* 5, 1179-1259.

Goodman, L.A. (1974b). Exploratory latent structure analysis using both identifiable and unidentifiable models. *Biometrika, 61,* 2, 215-231.

Goodman, L.A. (1975). A new model for scaling response patterns: An application of the quasi-independence concept. *Journal of the American Statistical Association, 70,* 755-768.

Goodman, L.A. (1979). On the estimation of parameters in latent structure analysis. *Psychometrika, 44,* 123-128.

Grubitzsch, S., Rexilius, G. (Hrsg.) (1978). *Testtheorie und Testpraxis.* Hamburg: Rowohlt.

Gulliksen, H. (1950). *Theory of mental tests.* New York: Wiley.

Gustafsson, J.E. (1980a). A solution of the conditional estimation problem for long tests in the Rasch model for dichotomous items. *Educational and Psychological Measurement, 40,* 377-385.

Gustafsson, J.E. (1980b). Testing and obtaining fit of data to the Rasch model. *British Journal of Mathematical and Statistical Psychology, 33,* 205-233.

Guthke, J., Böttcher, H.R. & Sprung, L (Hrsg.) (1991). *Psychodiagnostik Bd. 1 u. Bd. 2.* Berlin: Deutscher Verlag der Wissenschaften.

Guttman, L. (1950). The basis of scalogram analysis. In S.A. Stouffer, L. Guttman, E.A. Suchman, P.F. Lazarsfeld, S.A. Star, J.A. Clausen (eds.), *Studies in social psychology in world war II, Vol. IV.* Princeton/N.J.: Princeton Univ. Press.

Haberman, S.J. (1988). A stabilized Newton-Raphson algorithm for log-linear models for frequency tables derived by indirect observation. In C.C. Clogg (ed.), *Sociological Methodology 1988* (pp. 193-211). Washington: American Sociological Association.

Hambleton, R.K. & Swaminathan, H. (1985). *Item response theory. Principles and applications.* Boston: Kluwer-Nijhoff Publishing.

Hambleton, R.K., Swaminathan, H., Algina, J. & Coulson, D.B. (1978). Criterionreferenced testing and measurement: A review of technical issues and developments. *Review Educational Research, 48,* 1-48.

Hamerle, A. (1982). *Latent-Trait-Modelle.* Weinheim: Beltz.

Häussler, P. (1981). *Denken und Lernen Jugendlicher beim Erkennen funktionaler Beziehungen.* Bern: Huber.

Heller, K., Gaedike, A.-K. & Weinläder, H. (1976). *Kognitiver Fähigkeits-Test (KFT 4-13).* Weinheim: Beltz.

Henning, H.J. (1976). Die Technik der Mokken-Skalenanalyse. *Psychologische Beiträge, 18,* 410-430.

Hicks, L.E. (1970). Some properties of ipsative, normative, and forced-choice normative measures. *Psychological Bulletin, 74,* 167-184.

Hilke, R. (1980). *Grundlagen normorientierter und kriteriumorientierter Tests.* Bern: Huber.

Hilke, R., Kempf, W.F. & Scandura, J.M. (1977). Deterministic and probabilistic theorizing in structural learning. In H. Spada & W.F. Kempf (eds.), *Structural models of thinking and learning.* Bern: Huber.

Hoijtink, H. (1990). A latent trait model for dichotomous choice data. *Psychometrika, 55,* 641-656.

Hoijtink, H. (1991). The measurement of latent traits by proximity items. *Applied Psychological Measurement, 15,* 2, 153-169.

Hoijtink, H. & Boomsma, A (1995). On person parameter estimation in the dichotomous Rasch model . In G.H. Fischer & I.W. Molenaar (eds.), *Rasch models - Foundations, recent developments, and applications* (pp. 53-68). New York: Springer.

Holland, P.W. (1981). When are item response models consistent with observed data? . *Psychometrika, 46,* 1, 79-92.

Hörmann, H. & Moog, W. (1957). *Der Rosenzweig P-F Test.* Göttingen: Hogrefe.

Hornke, L.F. & Habon, M.W. (1986). Rule-based item bank construction and evaluation within the linear logistic framework. *Applied Psychological Measurement, 10,* 369-380.

Hornke, L.F. & Rettig, K. (1988). Regelgeleitete Itemkonstruktion unter Zuhilfenahme kognitionspsychologischer Überlegungen. In K.D. Kubinger (ed.), *Moderne Testtheorie* (pp. 140-162). Weinheim: Beltz.

Hornke, L.F. & Rettig, K. (1992). Gibt es brauchbare, theoriegeleitete Konstruktionsansätze für Analogieitems? *Zeitschrift für Differentielle und Diagnostische Psychologie,* 4, 249-268.

Institut für Test- und Begabungsforschung (Hrsg.) (1989). *Test für medizinische Studiengänge (TMS).* Göttingen: Hogrefe.

Jansen, P.G.W. & Roskam, E.E. (1986). Latent trait models and dichotomization of graded responses. *Psychometrika, 51,* 69-92.

Keats, J.A. (1974). Applications of projective transformations to test theory. *Psychometrika, 39*, 359-360.

Kelderman, H. (1984). Log linear Rasch model tests. *Psychometrika, 49*, 223-245.

Kelderman, H. & Macready, G.B. (1990). The use of loglinear models for assessing differential item functioning across manifest and latent examinee groups. *Journal of Educational Measurement, 27*, 4, 307-327.

Kelderman, H. & Rijkes, C.P.M. (1994). Loglinear multidimensional IRT models for polytomously scored items. *Psychometrika, 59*, 149-176.

Kempf, W.F. (1972). Probabilistische Modelle experimentalpsychologischer Versuchssituationen. *Psychologische Beiträge, 14*, 16-37.

Kempf, W.F. (1974). Dynamische Modelle zur Messung sozialer Verhaltensdispositionen. In W.F. Kempf (Hrsg.), *Probabilistische Modelle in der Sozialpsychologie* (pp. 13-55). Bern: Huber.

Kendall, M.G. & Stuart, A. (1973). *The advanced theory of statistics*. London: Griffin.

Klauer, K.C. & Sydow, H. (1992). Interindividuelle Unterschiede in der Lernfähigkeit: Zur Analyse von Lernprozessen bei Kurzzeitlerntests. *Zeitschrift für Differentielle und Diagnostische Psychologie,* 3, 175-190.

Klauer, K.C., Kauf, H. & Sydow, H. (1994). Experimentelle Validierung eines Lernmodells für Kurzzeitlerntests. *Diagnostica, 40,* 2, 124-142.

Klauer, K.J. (1983). Kriteriumsorientierte Tests. In H. Feger & J. Bredenkamp (Hrsg.), *Enzyklopädie der Psychologie, Bd.3: Messen und Testen*. Göttingen: Hogrefe.

Klauer, K.J. (1987). *Kriteriumsorientierte Tests.* Göttingen: Hogrefe.

Kline, P. (1986). *A handbook of test construction: Introduction to psychometric design*. London.

Köller, O. (1994). Psychometrische und psychologische Betrachtungen des Rateverhaltens in Schulleistungstests. *Empirische Pädagogik, 8,* 1, 59-84.

Köller, O., Rost, J. & Köller, M. (1994). Individuelle Unterschiede beim Lösen von Raumvorstellungsaufgaben aus dem IST-70 bzw. IST-70 Untertest "Würfelaufgaben". *Zeitschrift für Psychologie, 202*, 65-85.

Köller, O. & Strauß, B. (1994). Was mißt der Kompetenzfragebogen? Eine Reanalyse der Kurzform des Kompetenzfragebogens von Stäudel. *Diagnostica, 40,* 1, 42-60.

Krohne, H.W., Rösch, W. & Kürsten, F. (1989). Die Erfassung von Angstbewältigung in physisch bedrohlichen Situationen. *Zeitschrift für Klinische Psychologie, 18,* 3, 230-242.

Kubinger, K.D. (1979). Das Problemlöseverhalten bei der statistischen Auswertung psychologischer Experimente. *Zeitschrift für Experimentelle und Angewandte Psychologie, 26*, 467-495.

Kubinger, K.D. (1988). *Moderne Testtheorie.* Weinheim: PVU.

Langeheine, R. (1984). Neuere Entwicklungen in der Analyse latenter Klassen und latenter Strukturen. *Zeitschrift für Sozialpsychologie, 15*, 199-210.

Langeheine, R. (1988). New developments in latent class theory. In R. Langeheine & J. Rost (eds.), *Latent trait and latent class models*. New York: Plenum.

Langeheine, R. & Rost, J. (1988). *Latent trait and latent class models*. New York: Plenum.

Langeheine, R. & Rost, J. (1993). Latent Class Analyse. *Psychologische Beiträge, 35*, 177-198.

Langeheine, R. & van de Pol, F. (1990a). A unifying framework for Markov modeling in discrete space and discrete time. *Sociological Methods and Research, 18,* 4, 416-441.

Langeheine, R. & van de Pol, F. (1990b). Veränderungsmessung bei kategorialen Daten. *Zeitschrift für Sozialpsychologie, 21*, 88-100.

Laux, L., Glanzmann, P., Schaffner, P. & Spielberger, C.D. (1981). *Das State-Trait-Angstinventar (STA)*. Weinheim: Beltz.

Lazarsfeld, P.F. (1950). Logical and mathematical foundations of latent structure analysis. In S.A. Stouffer, L. Guttman, E.A. Suchman, P.F. Lazarsfeld, S.A. Star, J.A. Clausen (eds.), *Studies in social psychology in world war II, Vol. IV.* Princeton/N.J.: Princeton Univ. Press.

Lazarsfeld, P.F. & Henry, N.W. (1968). *Latent structure analysis*. Boston: Houghton Mifflin Co.

Levine, M.V. & Drasgow, F. (1982). Appropriateness measurement: Review, critique and validating studies. *British Journal of Mathematical and Statistical Psychology, 35*, 42-56.

Levine, M.V. & Drasgow, F. (1988). Optimal appropriateness measurement. *Psychometrika, 53*, 161-176.

Lienert, G.A. (1969). *Testaufbau und Testanalyse.* Weinheim: Beltz.

Lienert, G.A. & Raatz, U. (1994). *Testaufbau und Testanalyse (5. Aufl.)*. Weinheim: Beltz.

Light, R.J. (1971). Measures of response agreement for qualitative data: Some generalizations and alternatives. *Psychological Bulletin, 76*, 365-377.

Likert, R. (1932). A technique for the measurement of attitude. *Archives of Psychology, 140.*

Linden, van der, W.J. (1979). Binomial test models and item difficulty. *Applied Psychological Measurement, 3*, 401-411.

Lindsay, B., Clogg, C.C. & Grego, J. (1991). Semiparametric estimation in the Rasch model and related exponential response models, including a simple latent class model for item analysis. *Journal of the American Statistical Association, 86*, 96-107.

Loevinger, J. (1954). The attenuation paradox in test theory. *Psychological Bulletin, 51*, 493.

Lord, F.M. (1980). *Applications of item response theory to practical testing problems*. Hillsdale: Erlbaum.

Lord, F.M. & Novick, M.R. (1968). *Statistical theories of mental test scores*. Reading, Mass.: Addison-Wesley.

Macready, G.B. & Dayton, C.M. (1977). The use of probabilistic models in the assessment of mastery. *Journal of Educational Statistics, 2*, 99-120.

Macready, G.B. & Dayton, C.M. (1980). The nature and use of state mastery learning models. *Applied Psychological Measurement, 4*, 493-516.

Martin-Loef, P. (1973). *Statistiska modeller*. (Statistical models. Notes from seminars 1969-70 by Rolf Sundberg. 2nd ed.). Stockholm.

Masters, G.N. (1982). A Rasch model for partial credit scoring. *Psychometrika, 47*, 149-174.

Masters, G.N. & Wright, B.D. (1984). The essential process in a family of measurement models. *Psychometrika, 49,* 4, 529-544.

Matschinger, H. & Angermeyer, M.C. (1992). Effekte der Itempolung auf das Antwortverhalten. *Zeitschrift für Differentielle und Diagnostische Psychologie, 13*, 97-110.

McCutcheon, A.L. (1987). *Latent class analysis*. Newbury Park: Sage.

Medina-Diaz, M. (1993). Analysis of cognitive structure using the linear logistic test model and quadratic assignment. *Applied Psychological Measurement, 17,* 2, 117-130.

Meijer, R.R., Sijtsma, K., Smid, N.G. (1990). Theoretical and empirical comparison of the Mokken and the Rasch approach to IRT. *Applied Psychological Measurement, 14,* 3, 283-298.

Meiser, T. & Fichtel, M (1995). Analyzing homogeneity and heterogeneity of change using Rasch and latent class models: A comparative and integrative approach. *Applied Psychological Measurement, in press.*

Metzler, P. & Schmidt, K.-H. (1992). Rasch-Skalierung des Mehrfachwahl-Wortschatztests (MWT). *Diagnostica, 38,* 1, 31-51.

Micko, H.-C. (1970). Eine Verallgemeinerung des Meßmodells von Rasch mit einer Anwendung auf die Psychophysik der Reaktionen. *Psychologische Beiträge, 12*, 4-22.

Mislevy, R.J. & Sheehan, K.M. (1989). Information matrices in latent-variable models. *Journal of Educational Statistics, 14*, 335-350.

Mislevy, R.J. & Verhelst, N. (1990). Modeling item responses when different subjects employ different solution strategies. *Psychometrika, 55,* 2, 195-215.

Mokken, R.J. (1971). *A theory and procedure of scale analysis*. The Hague: Mouton.

Mokken, R.J. & Lewis, C. (1982). A nonparametric approach to the analysis of dichotomous item responses. *Applied Psychological Measurment, 6*, 417-430.

Molenaar, I.W. (1983). Some improved diagnostics for failure of the Rasch model. *Psychometrika, 48,* 1, 49-72.

Molenaar, I.W. (1995). Estimation of item parameters. In G.H. Fischer & I.W. Molenaar (eds.), *Rasch models - Foundations, recent developments, and applications* (pp. 39-51). Berlin: Springer.

Molenaar, I.W. & Hoijtink, H. (1990). The many null distributions of person fit indices. *Psychometrika, 55*, 75-106.

Moosbrugger, H. & Frank, D. (1992). *Clusteranalytische Methoden in der Persönlichkeitsforschung: Eine anwendungsorientierte Einführung in taxometrische Klassifikationsverfahren*. Bern: Huber.

Moosbrugger, H. & Zistler, R. (1993). Wie befreit man die Item-Trennschärfe von den Zwängen der Item-Schwierigkeit? Das SPS-Verfahren. *Diagnostica, 39,* 1, 22-43.

Müller, H. (1987). A Rasch model for continuous ratings. *Psychometrika, 52,* 2, 165-181.

Müller, H. (1995). *Ein probabilistisches Testmodell mit separierbaren Parametern für Items mit kontinuierlichem Beantwortungsmodus*. In Druck.

Mummendey, H.D. (1987). *Die Fragebogenmethode*. Göttingen: Hogrefe.

Muraki, E. (1992). A generalized partial credit model: Application of an EM Algorithm. *Applied Psychological Measurement, 16,* 2, 159-176.

Nährer, W. (1980). Zur Analyse von Matrizenaufgaben mit dem linearen logistischen Testmodell. *Zeitschrift für Experimentelle und Angewandte Psychologie, 27*, 553-564.

Nährer, W. (1986). *Schnelligkeit und Güte als Dimensionen kognitiver Leistungen.* Berlin: Springer.

Orth, B. (1983). Grundlagen des Messens. In H. Feger & J. Bredenkamp (Hrsg.), *Enzyklopädie der Psychologie, Band 3: Messen und Testen.* Göttingen: Hogrefe.

Petermann, F. (1978). *Veränderungsmessung.* Stuttgart: Kohlhammer.

Piel, E., Hautzinger, M. & Scherbarth-Roschmann, P (1991). Analyse der Freiburger Beschwerdenliste (FBL-K) mit Hilfe des stochastischen Testmodells von Rasch. *Diagnostica, 37,* 3, 226-235.

Popper, K.R. (1972). *Logik der Forschung.* Tübingen: J.C.B. Mohr.

Post, W.J. & Snijders, T.A.B. (1993). Nonparametric unfolding models for dichotomous data. *Methodika, 7,* 130-156.

Puchhammer, M. (1988a). Simulationsstudien zur Schätzbarkeit der Parameter des Birnbaum-Modells. In K.D. Kubinger (Hrsg.), *Moderne Testtheorie.* Weinheim: Beltz.

Puchhammer, M. (1988b). Die Berücksichtigung von Rateparametern im Modell von Rasch. In K.D. Kubinger (Hrsg.), *Moderne Testtheorie.* Weinheim: Beltz.

Rasch, G. (1960). *Probabilistic models for some intelligence and attainment tests.* Copenhagen: Nielsen & Lydiche (2nd Edition, Chicago, University of Chicago Press, 1980).

Rasch, G. (1961). *On general laws and the meaning of measurement in psychology.* Berkeley: University of California Press.

Rasch, G. (1977). On specific objectivity. An attempt at formalizing the request for generality and validity of scientific statements. *Danish Yearbook of Philosophy, 14,* 58-94.

Raykov, T. (1994). Two-wave measurement of individual change and initial value dependence. *Zeitschrift für Psychologie, 202,* 275-290.

Read, T.R.C. & Cressie, N.A.C. (1988). *Goodness-of-fit statistics for discrete multivariate data.* New York: Springer.

Reise, S.P. (1990). A comparison of item- and person-fit methods of assessing model-data fit in IRT. *Applied Psychological Measurement, 14,* 2, 127-137.

Reise, S.P. & Due, A.M. (1991). The influence of test characteristics on the detection of aberrant response patterns. *Applied Psychological Measurement, 15,* 3, 217-226.

Renkl, A. & Gruber, H. (1995). Erfassung von Veränderung: Wie und wieso? *Zeitschrift für Entwicklungspsychologie und Pädagogische Psychologie, 27,* 173-190.

Revers, W.J. & Taeber, K. (1968). *Der thematische Apperzeptionstest (TAT).* Bern: Huber.

Rindskopf, D. (1983). A general framework for using latent class analysis to test hierarchical and nonhierarchical learning models. *Psychometrika, 48,* 1, 85-97.

Rogassa, D.R. (1988). Myths about longitudinal research. In K.W. Schaie, R.T. Campbell, W. Meredith & S.C. Rawlings (eds.), *Methodological issues in aging research* (pp. 171-209). New York: Springer.

Rogossa, D.R., Brand, D. & Zimowski, M. (1982). A growth curve approach to the measurement of change. *Psychological Bulletin, 90,* 726-748.

Roid, G.H. & Haladyna, M. (1982). *A technology for test-item writing.* New York.

Rorschach, H. (1954). *Psychodiagnostik.* Bern: Huber.

Roskam, E.E. (1983). Allgemeine Datentheorie. In H. Feger & J. Bredenkamp (Hrsg.), *Enzyklopädie der Psychologie, Band 3: Messen und Testen.* Göttingen: Hogrefe.

Roskam, E.E. (1995). Graded responses and joining categories: A rejoinder to Andrich's "Models for measurement, precision, and nondichotomization of graded responses". *Psychometrika, 60,* 1, 27-35.

Roskam, E.E. & Jansen, P.G.W. (1989). Conditions for Rasch-dichotomizability of the unidimensional polytomous Rasch model. *Psychometrika, 54,* 317-333.

Rost, J. (1983). Cognitive preferences as components of student interest. *Studies in Educational Evaluation, 9,* 285-302.

Rost, J. (1985). A latent class model for rating data. *Psychometrika, 50,* 1, 37-49.

Rost, J. (1988a). Measuring attitudes with a threshold model drawing on a traditional scaling concept. *Applied Psychological Measurement, 12,* 4, 397-409.

Rost, J. (1988b). Rating scale analysis with latent class models. *Psychometrika, 53,* 3, 327-348.

Rost, J. (1988c). Test theory with qualitative and quantitative latent variables. In R. Langeheine & J. Rost (eds.), *Latent trait and latent class models.* New York: Plenum.

Rost, J. (1988d). *Quantitative und qualitative probabilistische Testtheorie.* Bern: Huber.

Rost, J. (1989). Rasch models and latent class models for measuring change with ordinal variables. In R. Coppi & S. Bolasco (eds.), *Multiway data analysis.* North Holland: Elsevier Science Publishers B.V.

Rost, J. (1990a). Rasch models in latent classes: An integration of two approaches to item analysis. *Applied Psychological Measurement, 14,* 3, 271-282.

Rost, J. (1990b). Einstellungsmessung in der Tradition von Thurstones Skalierungsverfahren. *Empirische Pädagogik, 4,* 83-92.

Rost, J. (1991). A logistic mixture distribution model for polychotomous item responses. *The British Journal of Mathematical and Statistical Psychology, 44,* 75-92.

Rost, J. (1995). Die testdiagnostische Erfassung von Typen. In K.Pawlik (Hrsg.), *Bericht über den 39. Kongreß der DGPs in Hamburg* (pp. 392-393). Göttingen: Hogrefe.

Rost, J. (1996). Logistic mixture models. In W. van der Linden & R. Hambleton, *Handbook of modern item response theory.* Berlin: Springer (in press).

Rost, J., Carstensen, C. & Davier, v. M. (1996). Applying of the mixed Rasch model to personality questionnaires. In J. Rost & R. Langeheine (eds.), *Applications of latent trait and latent class models in the social sciences.* (in press).

Rost, J. & Davier, v. M. (1993). Measuring different traits in different populations with the same items. In R. Steyer, K.F. Wender & K.F. Widaman, *Psychometric Methodology. Proceedings of the 7th European Meeting of the Psychometric Society in Trier.* Stuttgart: Fischer.

Rost, J. & Davier, v. M. (1994). A conditional item fit index for Rasch models. *Applied Psychological Measurement, 18,* 171-182.

Rost, J. & Davier, v. M. (1995). Mixture distribution Rasch models. In G. Fischer & I. Molenaar (eds.), *Rasch models: Foundations, recent developments, and applications.* Berlin: Springer.

Rost, J. & Erdfelder, E. (1995). Mischverteilungsmodelle. In E. Erdfelder, R. Mausfeld, G. Rudinger & T. Meiser (Hrsg.), *Handbuch qualitativer Methoden.* Weinheim: PVU.

Rost, J. & Georg, W. (1991). Alternative Skalierungsmöglichkeiten zur klassischen Testtheorie am Beispiel der Skala "Jugendzentrismus". *ZentralArchiv-Information, 28.*

Rost, J. & Gresele, C. (1994). Ermittlung idealtypischer Merkmalskonfigurationen: Die Latent Class Analyse. In W. Schröder, L. Vetter & O. Fränzle (Hrsg.), *Neuere statistische Verfahren und Modellbildung in der Geoökologie.* Wiesbaden: Vieweg.

Rost, J. & Langeheine, R. (eds.) (1996). *Applications of latent trait and latent class models in the social sciences.* in press.

Rost, J. & Luo, G. (1995). *An operationalization of the general hyperbolic cosine model for polytomous item responses.* submitted for publication.

Rost, J. & Spada, H. (1983). Die Quantifizierung von Lerneffekten anhand von Testdaten. *Zeitschrift für Differentielle und Diagnostische Psychologie, 4,* 29-49.

Rost, J. & Strauß, B. (1992). Review: Recent developments in psychometrics and test theory. *The German Journal of Psychology, 16,* 2, 91-119.

Samejima, F. (1969). Estimation of latent ability using a response pattern of graded scores. *Psychometrika Special monograph, Monograph Supplement No.17.*

Sarris, V. (1990). *Methodologische Grundlagen der Experimentalpsychologie. 1: Erkenntnisgewinnung und Methodik.* München: PVU.

Scheiblechner, H.H. (1972). Das Lernen und Lösen komplexer Denkaufgaben. *Zeitschrift für Experimentelle und Angewandte Psychologie, 19,* 476.

Schmid, H. (1992). *Psychologische Tests: Theorie und Konstruktion (Freiburger Beiträge zur Psychologie Bd. 11).* Göttingen : Hogrefe.

Schmidt, L.R. (1975). *Objektive Persönlichkeitsmessung in diagnostischer und klinischer Psychologie.* Weinheim: Beltz.

Schmidt, L.R., Häcker, H., Schwenkmezger, P., Cattell, R.B. & Hänsgen, H.D. (1994). *Objekive Persönlichkeitstests.* Göttingen: Hogrefe.

Schmidt, L.R. & Schwenkmezger, P. (1994). Differentialdiagnostische Untersuchungen mit objekten Persönlichkeitstests und Fragebogen im psychiatrischen Bereich: Neue empirische Ergebnisse. *Diagnostica, 40,* 1, 27-41.

Schneewind, K.A. (1992). Paarklima - die "Persönlichkeit" von Partnerschaften. In H. Mandl & H.-J. Kornadt (Hrsg.), *Kultur, Entwicklung, Denken.* Göttingen: Hogrefe.

Schnell, R., Hill, P.B. & Esser, E. (1989). *Methoden der empirischen Sozialforschung.* München: Oldenbourg.

Sijtsma, K., Debets, P. & Molenaar, I.W. (1989). Mokken scale analysis for polychotomous items: Theory, a computer program and an empirical application. *Quality and Quantity, 24,* 173-188.

Smith, R.M., Kramer, G.A. & Kubiak, A.T. (1992). Components of difficulty in spatial ability test items. In M. Wilson (ed.), *Objective measurement theory into practice* (pp. 157-174). Norwood: Ablex Publishing Corporation.

Spada, H. (1976). *Modelle des Denkens und des Lernens.* Bern: Huber.

Spada, H. & May, R. (1982). The linear logistic test model and its application in educational research. In D. Spearritt (ed.), *The improvement of measurement in education and psychology* (pp. 67-84). Hawthorn, Victoria: The Australian Council for Educational Research.

Spada, H. & McGaw, B. (1983). The assessment of learning effects with linear logistic test models. In S.E. Whitely (ed.), *Test design: Contributions from psychology, education and psychometrics*. New York: Academic Press.

Späth, H. (1983). *Cluster-Formation und -Analyse*. München: Oldenbourg.

Spiel, C. (1994). Latent trait models for measuring change. In A. v. Eye & C.C. Clogg (eds.), *Latent variables analysis* (pp. 274-293). London: Sage.

Stegelmann, W. (1983). Expanding the Rasch model to a general model having more than one dimension. *Psychometrika, 48,* 2, 259-267.

Stelzl, I. (1979). Ist der Modelltest des Rasch-Modells geeignet, Homogenitätshypothesen zu prüfen? Ein Bericht über Simulationsstudien mit inhomogenen Daten. *Zeitschrift für Experimentelle und Angewandte Psychologie, 26,* 4, 652-672.

Steyer, R. (1989). Models of classical psychometric test theory as stochastic measurement models: Representation, uniqueness, meaningfulness, identifiability, and testability. *Methodika, 3,* 25-60.

Steyer, R. & Eid, M. (1993). *Messen und Testen.* Berlin: Springer.

Strauß, B. (1994). Orientierungen von Sportzuschauern. *Psychologie und Sport, 8,* 19-25.

Strauß, B. (1995). *Mixed Rasch model and factor analysis*. Paper presented at the annual meeting of the AERA in San Francisco.

Strauß, B., Köller, O. & Möller, J. (1995). Geschlechtsrollentypologien - Eine empirische Prüfung des additiven und des balancierten Modells. *Zeitschrift für Differentielle und Diagnostische Psychologie, in Druck.*

Tarnai, C. (1989). Abbildung der Struktur von Inhaltskategorien mittels Latent-Class-Analyse für ordinale Daten. In W. Bos & C. Tarnai (Hrsg.), *Angewandte Inhaltsanalyse in Empirischer Pädagogik und Psychologie*. Münster: Waxmann.

Tarnai, C. (1994). *Beurteilung der Studienbedingungen durch Studierende der Fächer Jura, Betriebswirtschaftslehre und Soziologie*. Münster: Institut für sozialwissenschaftliche Forschung e.V.

Tarnai, C. & Rost, J. (1990). *Identifying aberrant response patterns in the Rasch model. The Q index.* Münster: Institut für sozialwissenschaftliche Forschung e.V.

Tarnai, C. & Rost, J. (1991). Die Auswertung inhaltsanalytischer Kategorien mit Latent-Class Modellen. *Zentralarchiv für empirische Sozialforschung, 28,* 75-87.

Tarnai, C. & Wuggenig, U. (1996). Traditionalism in the artworlds of Vienna and Hamburg . In J. Rost & R. Langeheine (eds.), *Applications of latent trait and latent class models in the social sciences*. (in press).

Tatsuoka K.K. & Linn R.L. (1983). Indices for detecting unusual patterns: Links between two general approaches and potential applications. *Applied Psychological Measurement, 7,* 81-96.

Tent, L. (1991). Aus der Arbeit des Testkuratoriums. *Diagnostica, 37,* 1, 83-88.

Thissen, D. (1982). Marginal maximum likelihood estimation for the one-parameter logistic model. *Psychometrika, 47,* 2, 175-186.

Thissen, D. & Steinberg, L. (1984). A response model for multiple choice items. *Psychometrika, 49,* 501-519.

Thurstone, L.L. & Chave, E.J. (1929). *The measurement of attitude*. Chicago: University of Chicago Press.

Titterington, D.M., Smith, A.F.M. & Makov, U.E. (1985). *Statistical analysis of finite mixture distributions*. Chichester: Wiley.

Trabin, T.E. & Weiss, D.J. (1983). The person response curve: Fit of individuals to item response theory models. In D.J. Weiss (ed.), *New horizons in testing*. New York: Academic Press.

Tränkle, U. (1983). Fragebogenkonstruktion. In H. Feger & J. Bredenkamp (Hrsg.), *Enzyklopädie der Psychologie, Bd. 2, Datenerhebung* (pp. 222-301). Göttingen: Hogrefe.

Tutz, G. (1990). Sequential item response models with an ordered response. *The British Journal of Mathematical and Statistical Psychology, 43,* 39-55.

van den Wollenberg, A.L. (1982a). Two new statistics for the Rasch model. *Psychometrika, 47,* 123-140.

van den Wollenberg, A.L. (1982b). A simple and effective method to test the dimensionality axiom of the Rasch model. *Applied Pschological Measurement, 6,* 83-92.

van den Wollenberg, A.L. (1988). Testing a latent trait model. In R. Langeheine & J. Rost (Hrsg.), *Latent trait and latent class models*. New York: Plenum.

Van Maanen, L., Been, P. & Sijtsma, K. (1989). The linear logistic test model and heterogeneity of cognitive strategies. In E.E. Roskam (ed.), *Mathematical Psychology in Progress* (pp. 267-287). New York: Springer.

Van Schuur, W.H. (1988). Stochastic unfolding. In W.E. Saris & I.N. Gallhofer (eds.), *Sociometric Research, vol.1: Data collection and scaling.* London: MacMillan.

Van Schuur, W.H. (1993). Nonparametric unidimensional unfolding for multicategory data. *Political Analysis, 4,* 41-74.

Van Schuur, W.H. (1996). Nonparametric latent trait analysis of single peaked items: Instrinsic and extrinsic work satisfaction as a single unfolding scale. In J. Rost & R. Langeheine (eds.), *Applications of latent trait and latent class models in the social science.* (in press).

Verhelst, N.D. & Glas, C.A.W. (1993). A dynamic generalization of the Rasch model. *Psychometrika, 58,* 395-415.

Verhelst, N.D. & Glas, C.A.W. (1995). The one parameter logistic model. In G.H. Fischer & I.W. Molenaar (eds.), *Rasch models - Foundations, recent developments, and applications.* New York: Springer.

Verhelst, N.D. & Verstrahlen, H.H.F.M. (1993). A stochastic unfolding model derived from the partial credit model. *Kwantitatieve Methoden, 42,* 73-92.

Vierzigmann, G. (1993). *Beziehungskompetenz im Kontext der Herkunftsfamilie: Intrapersonale Modelle von Frauen und Männern.* München: Institut für Psychologie der Universität.

Warm, T.A. (1989). Weighted likelihood estimation of ability in item response models. *Psychometrika, 54,* 427-450.

Wendt, D. (1983). Statistische Entscheidungstheorie und Bayes-Statistik. In J. Bredenkamp & H. Feger (Hrsg.), *Enzyklopädie der Psychologie, Bd. 5, Hypothesenprüfung.* Göttingen: Hogrefe.

Westmeyer, H. (1994). Zu Selbstverständnis und Perspektiven der Verhaltensdiagnostik. *Diagnostica, 40,* 3, 270-292.

Whitely, S.E. (1980). Multicomponent latent trait models for ability tests. *Psychometrika, 45,* 479-494.

Whitely, S.E. (1980). Modeling aptitude test validity from cognitive components. *Journal of Educational Psychology, 72,* 750-769.

Whitely, S.E. & Schneider, L.M. (1981). Information structure for geometric analogies: A test theoretic approach. *Applied Psychological Measurement, 5,* 383-397.

Willet, J.B. (1989). Questions and answers in the measurement of change. *Review of Research in Education, 15,* 345-422.

Wilson, M. (1992). The ordered partition model: An extension of the partial credit model. *Applied Psychological Measurement, 16,* 4, 309-325.

Wilson, M. & Masters, G.N. (1993). The partial credit model and null categories. *Psychometrika, 58,* 87-99.

Wright, B.D. & Masters, G.N. (1982). *Rating scale analysis: Rasch measurement.* Chicago: Mesa Press.

Zegers, F.E. (1991). Coefficients for interrater agreement. *Applied Psychological Measurement, 15,* 4, 321-333.

Zysno, P.V. (1993). Polytome Skalogramm-Analyse. *Zeitschrift für Differentielle und Diagnostische Psychologie, 14,* 1, 37-49.

Lösungen der Übungsaufgaben

Kapitel 1

1. siehe Seite 18f.

2. Religionszugehörigkeit, (nominal, laut Melderegister), Freundlichkeit (ordinal, laut Fremdeinschätzung auf einer 7-stufigen Skala), Reaktionsgeschwindigkeit (intervallskaliert, laut Reaktionszeitmeßgerät)

3. Beim χ^2-Test auf Unabhängigkeit (vgl. Kap. 5.1.2, S. 331, und 5.2, S. 336) sind die Randwahrscheinlichkeiten der Vierfeldertafel p_i und p_j die Modellparameter, die Gleichung zur Berechnung der erwarteten Häufigkeiten, $e_{ij} = p_i \cdot p_j \cdot N$, das formale Modell, welches falsifiziert ist, wenn der berechnete Wert der Prüfstatistik größer ist als der kritische Wert aus der χ^2-Tabelle.
   Das formale Modell der Varianzanalyse besagt, daß die drei Populationsmittelwerte gleich sind, $\mu_1 = \mu_2 = \mu_3 = \mu$ und auch die drei Varianzen gleich sind, $\sigma_1^2 = \sigma_2^2 = \sigma_3^2 = \sigma^2$. μ und σ sind die beiden Modellparameter, und das Modell ist falsifiziert, wenn der berechnete F-Bruch größer als der kritische Wert aus der F-Tabelle ist.

4. Die latente Variable kann die Leistungsmotivation sein, die bei Erstgeborenen stärker gefördert wird und zu größerem beruflichem Erfolg führt. Wenn diese Erklärung zutrifft, darf sich in Stichproben mit konstanter Leistungsmotivation keine Kontingenz mehr zwischen Geschwisterposition und beruflichem Erfolg zeigen.

Kapitel 2.1

1. Die beiden ersten Axiome sind erfüllt, Rel (X) = 0.94, Val (X) = 0.52.

2. siehe S. 37f.

3. Der Schüler hat das mit den Klausuraufgaben gesteckte Kriterium zu 84% erreicht. Eine normorientierte Interpretation ist nicht möglich. Hierfür benötigt man die Ergebnisse der anderen Schüler.

Kapitel 2.2

1. Kreativaufgabe: es gibt keine Musterlösung!

2. a) begrenzte Zeit für gesamten Test
   b) begrenzte Zeit für jedes Item
   c) Zeitmessung für die Testbearbeitung
   d) Zeitmessung bis zur richtigen Lösung

   Vor- und Nachteile (+ und -):
   - Geschwindigkeit und Qualität der Lösung unterscheidbar (a+, c+, d-)
   - Berechnung eines Gesamtergebnisses (a-, d+)
   - gleiche Bearbeitungsbedingungen für alle Items (a-, b+, d-)
   - technische Durchführbarkeit (a+, b-, d-)

3. Metakognition, Offenbarungsbereitschaft, Beurteilungsmaßstab, geringe Tendenz zur sozialen Erwünschtheit und zur Selbstpräsentation.

4. Bei der Thurstone-Skalierung nimmt die Zustimmung einer Person mit wachsender Distanz zur Position des Items auf der Dimension ab, bei der Likert-Skalierung steigt die Zustimmung zu positiven Items und die Ablehnung von negativen Items mit wachsender Ausprägung der Einstellung. Bei Einstellungstests und Verhaltensfragebögen, aber auch bei Persönlichkeits- Motivations- und Interessensfragebögen.

Kapitel 2.3

1. Kreativaufgabe: keine Musterlösung!

2. - 12, 81, 32, 7
   - Carstens, Kohl, Nixon
   - 1.2 Pf, 6.6 Pf, 60 Pf

3. 5% und 6,6%

4. Kreativaufgabe

5. p(A) = 0.4, p(B) = 0.6, p(A und B) = 0.24, p(A und ¬B) = 0.16, p(B und ¬A) = 0.36, p(¬A und ¬B) = 0.24 (¬ ist das Negationszeichen)

Kapitel 2.4

1. Reliabilität und Validität sinken (vgl. Kap. 6.1.1).
2. N = 13824

Kapitel 2.5

1. - affektive Reaktion (1, 2 und 5)
   - verbale Reaktion (2 und 6)
   - vermeidende Reaktion (3, 4 und 6)
2. $\kappa = 0.53$
3. 0: kein Lämpchen leuchtet
   1: nur ein Lämpchen brennt
   2: Serienschaltung
   3: Parallelschaltung

Kapitel 3.1

1. Gleichverteilung
2. (01011) und (10011)

Kapitel 3.1.1.1.1

1. 24 unterschiedliche oder 190 beobachtete Pattern
2. 63%
3. 0.82

Kapitel 3.1.1.1.2

1. s. Abb. 73 auf S. 161
2. Das 2. Item bzw. das 3. Item

Kapitel 3.1.1.2.1

1. 0, 0.2, 0.4, 0.6, 0.8 und 1 für Personen mit Score 0, 1, 2, 3, 4 und 5.
2. p(r = 2) = 0.23, p(r = 4) = 0.26
3. L = 0.00325

Kapitel 3.1.1.2.2

1. 0.091
2. Wahrscheinlichkeit b ist größer.
3. -0.89, -0.41, 0.32, 0.98
4. -0.95, -0.45, 0.34, 1.06
5. Fünf parallele Kurven mit den Wendepunkten an den Werten der Itemparameter
6. p(0) = 0.19, p(1) = 0.16, p(2) = 0.15, p(3) = 0.17, p(4) = 0.2, p(5) = 0.13
7. 10
8. $p(11000|\theta = 0)$ und $p(11100|r = 3)$

Kapitel 3.1.1.2.3

1. Untere Asymptote bei 0.15, Wendepunkt bei 1.5, steilerer Anstieg als beim Rasch-Modell.
2. Bei $\theta = 3$.

Kapitel 3.1.1.2.4

Sie ist erfüllt: p(1 und 2) = 0.50, p(1 und 3) = 0.38, p(4 und 2) = 0.34, p(4 und 3) = 0.29

Kapitel 3.1.1.3.1

Items: 2, 1, 4, 3, 5.

Personen: 1, 4, 3, 6, 5, 2.

Kapitel 3.1.1.3.2

a) p = 0.33, b) p = 0.79

Kapitel 3.1.2.1

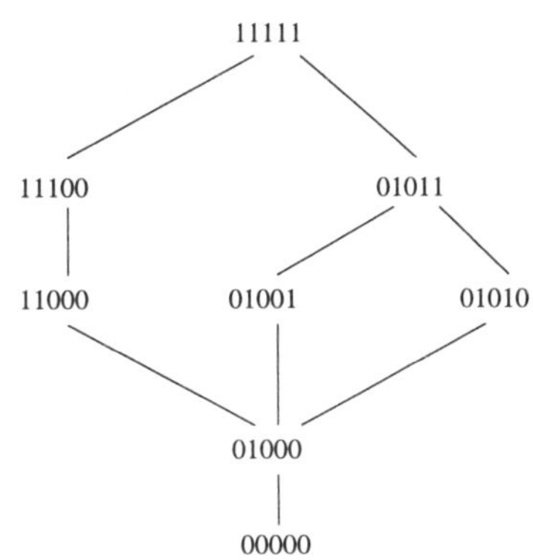

Kapitel 3.1.2.2

1. $p(11110|g = 1)$, $p(00000|g = 2)$
2. $p\left(g = 2 \middle| X_{v1} = 1\right) = 0.25$
3. Wenn man die beiden leichtesten löst.
4. Die Klassen sind nicht geordnet, die Treffsicherheiten betragen $T_1 = 0.898$, $T_2 = 0.896$ und $T_3 = 0.926$, die wahrscheinlichsten Pattern sind: (00000), (11000) und (11111).

Kapitel 3.1.2.3

Item 1 verletzt in Klasse 1 und 3 die Bedingung geordneter Klassen (monotoner Itemfunktionen). Die Annahme geordneter Items (überschneidungsfreier Itemfunktionen) ist in Klasse 1 bei Item 2 und 4, in Klasse 2 bei Item 4 und in Klasse 3 bei Item 2 und 4 verletzt.

Kapitel 3.1.2.4

1.

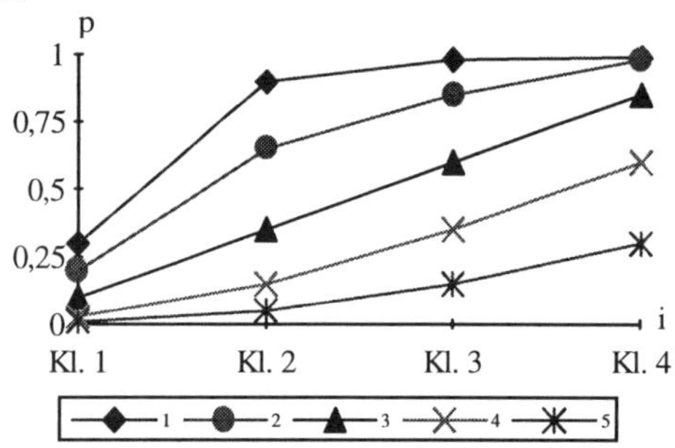

2. 8 lokalisierte Klassen

Kapitel 3.1.3

1. 17 Parameter
2. Klasse der Könner: (11000), (01010), (01100)
   Klasse der Nicht-Könner: (10100), (10010), (10001)
3. Kreativaufgabe: keine Musterlösung

Kapitel 3.2

1. 1024 Pattern
2. Kreativaufgabe

Kapitel 3.2.1

1. Der zweiten Klasse.
2. Das erste Item.

Kapitel 3.2.2

1. Nur 4: $\underline{r} = (2111)$, $\underline{r} = (1211)$, $\underline{r} = (1121)$ und $\underline{r} = (1112)$.
2. Das 5. Item.
3. $\underline{\theta}_v = (0.62, -0.30, -0.33, 0.01)$
   $\underline{x} = (23003)$

Kapitel 3.3

Reihenfolge: 1, 4, 2, 3, 5 nach den Erwartungswerten der Antwortvariablen

Kapitel 3.3.1

1. $p\left(X_{vi} = 1\right) = 0.576$, weiter auseinander
2. Geordnet: $\tau_{i1} = -1.35$, $\tau_{i2} = -0.25$, $\tau_{i3} = 0.4$, $\tau_{i4} = 1.1$
3. $r = 10$
4. Die erste Schwelle wird schwerer, die zweite leichter; ungeordnete Schwellen bei einigen Items.

Kapitel 3.3.2

1. Das ordinale Rasch-Modell und das Äquidistanzmodell.
2. Tendenz zur Vermeidung der Mitte.
3. $\tau_1 = -3.56$, $\tau_2 = 0.08$, $\tau_3 = 1.83$
4. Im Datenbeispiel 10, allgemein: $2k + m - 3$

Kapitel 3.3.3

1. links: $q_1 = 0.14$, $q_2 = 0.91$, $q_3 = 0.23$
   rechts: $q_1 = 0.58$, $q_2 = 0.22$, $q_3 = 0.75$
   $p_0 = 0.5$, $p_1 = 0.35$, $p_2 = 0.25$, $p_3 = 0.2$, $p_4 = 0.15$, $p_5 = 0.1$
2. $p_0 = 0.06$, $p_1 = 0.26$, $p_2 = 0.42$, $p_3 = 0.26$

3. $p(g = 1|\underline{x}) = 0.02$, $p(g = 2|\underline{x}) = 0.98$

4. $T_1 = 0.922$ und $T_2 = 0.916$

Kapitel 3.3.4

1. $n_p = 23$

2. x =

		1	2	3
	1	-2.34	0.84	1.50
	2	-1.70	0.84	0.86
i =	3	-2.44	0.84	1.60
	4	-2.65	0.84	1.81
	5	-2.47	0.84	1.63

3. Die kleinste Dispersion (= größte Distanz) hat Item 4, die größte Item 2. Im klassenspezifischen Modell hat einmal das Item 3 die kleinste Dispersion.

Kapitel 3.3.5

1. Ein kategorialer Meßwert (die wahrscheinlichste Klassennummer) und ein quantitativer Meßwert (der Personenparameter in dieser Klasse).

2.

	OM	RM	ÄM	DM
ohne restr. Score	57	40	46	48
mit restr. Score	33	16	22	24

3. In der ersten Klasse sind die beiden Mittelkategorien stärker besetzt als in der zweiten.

Kapitel 3.4.1

1.

		+	-	·	:
	1	1	0	1	0
	2	1	0	0	1
i=	3	1	0	2	0
	4	0	3	0	0
	5	0	0	2	1

2. $\eta_1 = 1$, $\eta_2 = 3$, $c = -2$

3. Kreativaufgabe: keine Musterlösung!

Kapitel 3.4.2

		int.	sta.	pos.
	1	1	1	1
	2	1	1	0
	3	1	0	1
i =	4	1	0	0
	5	0	1	1
	6	0	1	0
	7	0	0	1
	8	0	0	0

Kapitel 3.4.3

g i x	1	2	3	4	5	6	7	8	9	10	11	12
110												
1	1						1					
2	2							1				
3	3											
120												
1		1							1			
2		2							1	1		
3		3										
130												
1			1								1	
2			2								1	1
3			3									
210												
1				1			1					
2				2			1	1				
3				3								
220												
1					1				1			
2					2				1	1		
3					3							
230												
1						1					1	
2						2					1	1
3						3						

Kapitel 3.5.1

1. Rel (D) = 0.6

2. $\text{Korr}(T_X, T_D) = -0.43$, $s^2(Y) > 2.56$

3. Man analysiert die Vor- und Nachtestitems gemeinsam, aber getrennt für beide Personenstichproben. Vor- und Nachtest messen trotz Veränderung dasselbe, wenn sich die Itempa-

rameter des Nachtests in beiden Stichproben nur um einen konstanten Betrag unterscheiden.

Kapitel 3.5.2

1. 333 Parameter

2. Kreativaufgabe! Trotzdem eine Lösung: Jede Person in jeder neuen Woche als virtuell neue Person betrachten (50×8 = 400 Personen) und die drei Items an jedem Wochentag als virtuell neue Items (3×7 = 21 Items). Eine normale Klassenanalyse dieser Datenmatrix fördert Typen des Wochenverlaufs von Lebenszufriedenheit zutage.

Kapitel 3.5.3

1. $p(X_{1,5} = 1) = 0.73$, $p(X_{2,5} = 1) = 0.35$,
   21 Items

2. Die Q-Matrix hat nur einen Spaltenvektor, den der natürlichen Zahlen, beginnend mit 0.

3. 0.4 für ein, 0.8 für 2 gelöste Items.

Kapitel 3.5.4

Q:

	1	1					
	2		1				
VT	3			1			
	4				1		
	1	1				1	
NT	2		1			1	
KG	3			1		1	
	4				1	1	
	1	1				1	1
NT	2		1			1	1
EG	3			1		1	
	4				1	1	

B:

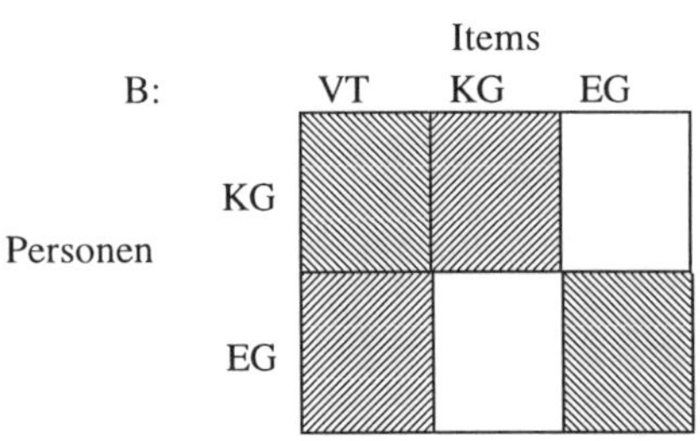

Kapitel 4.1

0	0	0	1	1
0	0	0	0	1
0	1	1	1	1
1	1	1	1	1

Kapitel 4.2.1

1. log(mL) = –854.8
   log(cL) = –320.7

2. Die log-Likelihood weicht um 4.18 Einheiten ab, die Itemparameter um ca. 0.16.

Kapitel 4.2.2

1. Die Schätzwerte ändern sich nicht.

2. Nach 10 Iterationen : –854.93, nach 20 Iterationen : –854.83.

Kapitel 4.3

1. KFT: 4 Klassen (max. 28 Parameter)
   ESU: 17 Klassen (max. 278 Parameter)
   NEOFFI: 16 Klassen (max. 268 Parameter)

2. Es gibt lokale Maxima

Kapitel 4.4

1. Die Schätzfehlervarianzen betragen 0.4 bzw. 1.1.

2. Bei Score 10 beträgt der Standardschätzfehler 0.642.

Kapitel 5.1

1. Geometrisches Mittel: 0.57, BIC = 1837

2. Nach AIC 4 Klassen, nach BIC 3 Klassen

3. Die Prüfstatistik beträgt 94.5, was bei 7 Freiheitsgraden bedeutet, daß die Schwellenabstände nicht konstant sind.

Kapitel 5.2

1. Der Wert ist bei 994 Freiheitsgraden signifikant.

2. Keiner, bzw. nur sehr wenige.

Kapitel 5.3

1. Die Prüfgröße beträgt 30 bei 28 Freiheitsgraden. Demnach sind die Personen homogen.
2. Die Kreuztabelle lautet:

		E −	E +	
N	−	467	215	682
	+	256	62	318
		723	277	

Demnach wird nicht dieselbe Variable gemessen: die Nebendiagonalfelder sind hoch besetzt und es gibt zu wenig Personen mit N+ E+.

Kapitel 6.1

1. Rel. = 0.758
2. Laut Formel steigt die Reliabilität auf 0.54, tatsächlich auf 0.6.
3. Für Personen mit einem Score von 8-12 ergibt sich ein kleineres Intevall.

Kapitel 6.2

1. Ohne Item 1 sinkt die Reliabilität von 0.742 auf 0.716 und die Standardabweichung steigt von 1.55 auf 1.71. Ohne Item 3 ist Rel = 0.679 und s = 1.52.
2. Bei der 2- und der 3-Klassenlösung diskriminiert Item 2 schlecht und Item 5 gut.

Kapitel 6.3

Der χ^2 – Wert sinkt zwar, bleibt aber oberhalb der Signifikanzgrenze.

Kapitel 6.4

1. $\eta^2 = 0.8$, Val = 0.894
2. $C = 0.447$, $C_{corr} = 0.63$
3. Korr = 0.73
4. Kreativaufgabe: keine Musterlösung!

Kapitel 6.5

1. $\theta = -0.097$
2. Kriteriumsorientiert in Klasse 2, normorientiert in Klasse 1.

Chi-Quadrat-Tabelle

Anzahl der Freiheitsgrade	95%-Niveau	99%-Niveau
1	3.84	6.63
2	5.99	9.21
3	7.81	11.34
4	9.49	13.28
5	11.07	15.09
6	12.59	16.81
7	14.07	18.48
8	15.51	20.09
9	16.92	21.67
10	18.31	23.21
11	19.68	24.73
12	21.03	26.22
13	22.36	27.69
14	23.68	29.14
15	25.00	30.58
16	26.30	32.00
17	27.59	33.41
18	28.87	34.81
19	30.14	36.19
20	31.41	37.57
21	32.7	38.9
22	33.9	40.3
23	35.2	41.6
24	36.4	43.0
25	37.7	44.3
26	38.9	45.6
27	40.1	47.0
28	41.3	48.3
29	42.6	49.6
30	43.8	50.9
40	55.8	63.7
50	67.5	76.2
60	79.1	88.4
70	90.5	100.4
80	101.9	112.3
90	113.1	124.1
100	124.3	135.8
110	135.1	146.7
120	146.2	158.2
130	157.2	169.7
140	168.2	181.1
150	179.2	192.5
160	190.1	203.8
170	201.0	215.1
180	211.9	226.4
190	222.8	237.6
200	233.6	248.8
210	244.4	259.9
220	255.2	271.0
230	266.0	282.1
240	276.7	293.2
250	287.5	304.3
260	298.2	315.3
270	308.9	326.3
280	319.6	337.3
290	330.3	348.3
300	341.2	359.2
310	351.6	370.2
320	362.3	381.1
330	372.9	392.0
340	383.6	402.9
350	394.2	413.8
360	404.8	424.7
370	415.4	435.6
380	426.0	446.4
390	436.6	457.2
400	447.2	468.1
410	457.8	478.9
420	468.3	489.7
430	478.9	500.5
440	489.5	511.3
450	500.0	522.1
460	510.6	532.8
470	521.1	543.6
480	531.6	554.4
490	542.2	565.1
500	552.7	575.9
600	657.6	682.9
700	762.2	789.4
800	866.4	895.4
900	970.4	1001.0
1000	1074.2	1106.4
1100	1177.8	1211.5
1200	1281.2	1316.3
1300	1384.5	1421.0
1400	1487.6	1525.5
1500	1590.7	1629.8

Notationstabelle:

Lateinische Buchstaben:

a Ladungszahlen im Modell der Faktorenanalyse

C Kontingenzkoeffizient

c eine konstante, aber beliebige oder unbekannte Größe

D Differenzwert zwischen Vor- und Nachtest, oder Diskriminationsindex bei Klassenmodellen

d Abkürzung für den Nenner in logistischen Funktionen

E Fehlervariable in der Meßfehlertheorie

e Eulersche Zahl 2.718.. (die Basis der natürlichen Logarithmen), oder Ausprägung einer Fehlervariable, oder erwartete Häufigkeiten in χ^2-Tests

F Faktorvariable im Modell der Faktorenanalyse

f wie 'Frequenz' für Häufigkeiten oder wie 'Funktion' als Funktionsname

G Anzahl der Klassen

g Index für Personenklassen bei qualitativen Testmodellen

h zweiter Laufindex für latente Klassen oder Anzahl der Komponenten in Komponentenmodellen

I Funktionsname für die statistische Information, die die Daten in Bezug auf einen Modellparameter enthalten

i Index für die Items eines Tests

j Index für die Items eines Tests

k Anzahl der Items in einem Test

L Funktionsname für die Likelihoodfunktion

m Anzahl der Schwellen bei ordinalen Daten, also Anzahl der Antwortkategorien minus 1

N Anzahl der Personen in der Stichprobe

n (im Allgemeinen mit Index) bezeichnet eine Personenhäufigkeit

o beobachtete (observed) Häufigkeit in einem χ^2-Tests

p Wahrscheinlichkeit eines Ereignisses (p wie probabilitas oder probability)

Q Bezeichnung für eine Matrix von präexperimentell festgelegten Gewichten, oder Bezeichnung für ein Abweichungsmaß für Items oder Personen (Q-Index)

q präexperimentell festgelegte Gewichte, oder Schwellenwahrscheinlichkeiten

r Summenscore einer Person, oder Funktionsname für den Korrelationskoeffizienten

s Laufindex für die Antwortkategorien, oder Bezeichnung für die Standardabweichung einer Variable

T wie 'Treffsicherheit' bezeichnet die mittlere Zuordnungswahrscheinlichkeit bei qualitativen Testmodellen oder Truescore-Variable in der Meßfehlertheorie

t Index für die Zeitpunkte (bei Veränderungsmessung) oder Ausprägung einer Truescore-Variable

v Index für die Personen

w Index für die Personen

w Index für die Personen

X Antwortvariable oder Symbol für die Meßwerte im Vortest

x Ausprägungen einer Antwortvariable

Y Symbol für die Meßwerte im Nachtest oder Variable, die als Validitätskriterium fungiert

Z Werte einer standardisierten Variable (Mittelwert =0 und Standardabweichung =1)

Griechische Buchstaben:

α (alpha) ein logistischer Parameter, der additiv zerlegt wird

β (beta) ein (zweiter) Itemparameter (neben der Schwierigkeit, z.B. für die Trennschärfe oder für einen Lerneffekt)

γ (gamma) Funktionsname für die symmetrischen Grundfunktionen, oder Ratewahrscheinlichkeit

δ (delta) ein Distanz- oder Dispersionsparameter bei Modellen für ordinale Daten, oder ein Veränderungsparameter bei Modellen zur Veränderungsmessung

ε (epsilon) ein de-logarithmierter Schwierigkeitsparameter im Rasch-Modell

η (eta) Basisparameter bei linear-logistischen Modellen, oder die Wurzel aus dem Varianzanteil η^2

θ (theta) ein Personenparameter

κ (kappa) das Übereinstimmungsmaß Cohen's kappa

μ (my) der Mittelwertsparameter in einer Normalverteilung, oder der Lokationsparameter in einer logistischen Verteilung für die Personenscores

ξ (ksi) ein de-logarithmierter Personenparameter im Rasch-Modell

π (pi, klein) ein Wahrscheinlichkeitsparameter (mit dem 0-1-Intervall als Wertebereich), der oft nur durch seine Indices zu identifizieren ist, oder die Zahl 'Pi'

Π (pi, groß) Produktzeichen

ρ (rho) Dispersionsparameter der restringierten Scoreverteilung

σ (sigma, klein) ein (logistischer) Schwierigkeitsparameter, oder der Parameter für die Standardabweichung in einer Normalverteilung

Σ (sigma, groß) Summenzeichen

τ (tau) ein Schwellenparameter bei Modellen für ordinale Daten

ϕ ein muliplikativer Parameter im mehrkategoriellen Rasch-Modell

χ (chi) Symbol der Chiquadrat-Verteilung

ψ (psi) ein kumulierter Kategorienparameter bei Modellen für ordinale Daten

Mathematische Symbole, Funktionen und Abkürzungen:

$\mid$	Bedingungsstrich (in der Wahrscheinlichkeitsrechnung steht vor dem Strich ein Ereignis, hinter dem Strich die Bedingung, unter der die Wahrscheinlichkeit betrachtet wird)
^	Dach auf Modellparametern zur Kennzeichnung von Parameterschätzungen
$\in$	ist Element von (steht zwischen dem Element und der Menge, aus der das Element stammt)
π	die Zahl Pi (3.14..)
∂	Symbol für die partielle Ableitung einer Funktion
∞	unendlich
$\overline{X}$	(sprich x quer) der Mittelwert der Variable x
$\underline{x}$	einfach unterstrichene Buchstaben bezeichnen Vektoren
$\underline{\underline{x}}$	doppelt unterstrichene Buchstaben bezeichnen Matrizen
CHI	eine χ^2-verteilte Prüfgröße
cL	bedingte Likelihood (conditional)
cLR	bedingter (conditional) Likelihoodquotient (ratio)
Cov	die Kovarianz zwischen zwei Variablen
df	Freiheitsgrade (degrees of freedom)
Erw	Erwartungswert einer Variable
exp	Funktionsbezeichnung für die Exponentialfunktion, $\exp(x)=e^x$, d.h. die Eulersche Zahl 'hoch' x, (das ist die Umkehrfunktion zum natürlichen Logarithmus)
KI	Konfidenzintervall für einen geschätzten Parameter
Korr	die Korrelation zwischen zwei Variablen
log	Funktionsbezeichnung für den natürlichen (!) Logarithmus (üblicherweise: ln)
logit	Funktionsbezeichnung: logit(p)=log(p/(1-p))
LR	Likelihoodquotient (ratio)
max	der maximale Wert einer Menge von Zahlen
mL	marginale Likelihood
ML	Maximum Likelihood
mLR	marginaler Likelihoodquotient (ratio)
Rel	die Reliabilität eines Tests oder einer Meßwertreihe
Rep	Reproduzierbarkeitsmaß
Res	Residuum
uL	unbedingte Likelihood
Var	die Varianz einer Variable oder einer Meßwertreihe
Val	die Validität eines Meßwertes

Stichwortverzeichnis

Kostenlose WINMIRA Studentenversion:

WINMIRA ist ein Programmsystem für Windows 3.x, daß Analysen mit vielen der im Lehrbuch dargestellten Modelle ermöglicht. Neben dem Rasch-Modell stehen die Latent Class Analyse, das Mixed Rasch-Modell und Hybrid Rasch-LC Modelle für die Auswertungen zur Verfügung.

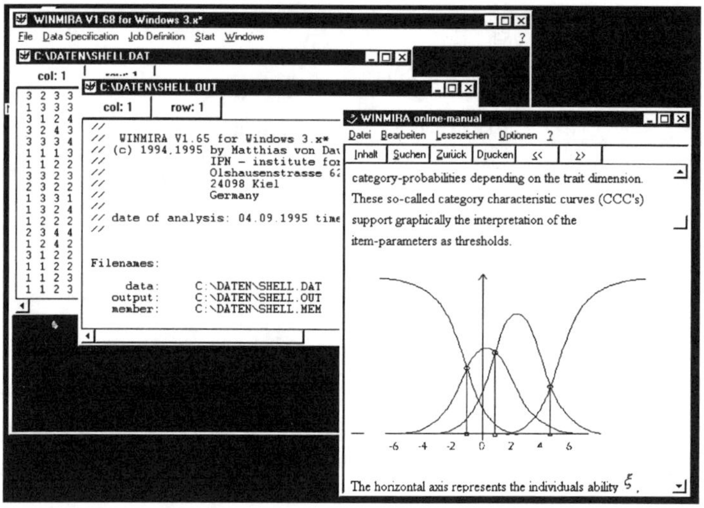

Das Programm verfügt über eine kontextsensitive Online-Hilfe, in der die jeweils notwendigen Eingaben erläutert werden. Viele Übungsaufgaben aus diesem Lehrbuch können mit dem Programm bearbeitet werden. Die Studentenversion ist auf Datensätze mit maximal 1000 Probanden und 7 Items mit maximal 4 Antwortkategorien beschränkt. Das Progamm kann von Käufern des Lehrbuchs kostenlos angefordert werden, die Vollversion ist für DM 200 erhältlich.

Wie erhält man WINMIRA am schnellsten?

Sie können sich das Programm (nur die Studentenversion) über die Verlagsadresse im World Wide Web aus dem Internet abrufen:

http://www.huberag.ch

oder es bestellen bei:

Bezugsadresse:

Matthias von Davier, Jürgen Rost
IPN - Institut für die Pädagogik der Naturwissenschaften
Olshausenstraße 62
24098 Kiel

e-mail: vdavier@ipn.uni-kiel.de, rost@ipn.uni-kiel.de

Bitte bei der Bestellung angeben:

❍ Kostenlose Studentenversion

❍ Vollversion für DM 200,00
(Scheck ist beigelegt)